教育部人文社会科学重点研究基地南京师范大学道德教育研究所2016年度
重大项目"儒家生活德育思想研究"成果
南京师范大学江苏省优势学科（心理学）资助成果
教育部人文社会科学重点研究基地南京师范大学道德教育研究所资助成果

国家出版基金项目
NATIONAL PUBLICATION FOUNDATION

中国德育心理学丛书

王云强　郭本禹　主编

汪凤炎　著

中国传统德育心理学思想新论

上海教育出版社

总　序

国无德不兴，人无德不立。孔子讲："为政以德，譬如北辰，居其所而众星共之。"《左传·襄公二十四年》中说："'大上有立德，其次有立功，其次有立言。'虽久不废，此之谓不朽。"孟子认为："善政不如善教之得民也。"董仲舒提出："国之所以为国者，德也；……是故为人君者，固守其德，以附其民。"伟大的人民教育家陶行知先生有一句名言："千教万教，教人求真；千学万学，学做真人。"

党和国家继承和发扬中华民族优秀传统文化，坚持把立德树人作为教育的根本任务。中国共产党始终坚持以人民为中心发展教育，强调教育的政治属性。党的十七大报告指出，要"坚持育人为本、德育为先"。党的十八大报告首次提出，"把立德树人作为教育的根本任务，培养德智体美全面发展的社会主义建设者和接班人"。2014年《教育部关于全面深化课程改革落实立德树人根本任务的意见》提出学校立德树人工作的整体思路，以及深化改革的"三个基本目标"、"五个统筹"任务和十项举措。党的十九大报告明确指出，要全面贯彻党的教育方针，落实立德树人根本任务。党的二十大报告进一步明确："教育是国之大计、党之大计。培养什么人、怎样培养人、为谁培养人是教育的根本问题。育人的根本在于立德。全面贯彻党的教育方针，落实立德树人根本任务，培养德智体美劳全面发展的社会主义建设者和接班人。"在2024年全国教育大会上，习近平总书记指出，建设教育强国是一项复杂的系统工程，需要紧紧围绕立德树人这个根本任务。中共中央、国务院印发的《教育强国建设规划纲要（2024—2035年）》更是对塑造立德树人新格局，培养担当民族复兴大任的时代新人作出了具体战略部署。

育人的根本在于立德，而立德的关键在于育心。也就是说，德育取得实效的前提是准确把握学生的品德发展特点，适应学生的品德形成规律开展德育活

1

动。德育心理学作为教育心理学的一门分支学科，正是研究德育过程中的心理现象及其规律，旨在揭示品德形成的心理机制、学生的品德发展特点及其在学校德育中的应用。因此，加强德育心理学研究是落实立德树人根本任务的题中应有之义。

西方的德育心理学研究迄今已逾百年。早在 1894 年，巴恩斯（Earl Barnes）和夏伦伯格（Margaret E. Schallenberger）在《教育论丛》杂志分别发表题为《儿童心目中的惩罚》和《儿童的公正观念》的研究报告。1928 年到 1930 年，美国耶鲁大学的哈桑（Hugh Hartshorne）和梅（Mark A. May）等人开展了著名的关于诚实与欺骗的研究。几乎在同期，瑞士心理学家皮亚杰（Jean Piaget）对儿童的道德判断进行了研究，开创了道德认知发展理论。20世纪五六十年代，德育心理学研究进入快速发展期。佩克（R. Peck）和哈维格斯特（R. J. Havighurst）对儿童道德发展进行了系统研究，被视为儿童道德发展研究的里程碑。科尔伯格（Lawrence Kohlberg）则在皮亚杰研究的基础上采用两难故事法进行了长期、大量的研究，提出以三水平六阶段为核心的道德认知发展与道德教育理论，对世界范围的道德心理研究和德育实践产生了广泛而深刻的影响。此后，德育心理学领域陆续出现关爱、宽恕、共情、内疚、领域理论、亲社会行为、攻击、道德同一性、道德敏感性、道德氛围、道德人格和道德推脱等诸多研究主题。当今西方的德育心理学研究呈现出理论整合、方法多元、生物机制与文化影响并重等特点，发表了大批有价值的研究成果。

中国古代有着丰富的德育心理学思想，但是现代科学意义上的德育心理学研究的历史很短。新中国成立后，仅有零星的相关研究，如《心理学报》发表的李伯黍和周冠生的《少年儿童道德行为动机特征的心理分析》（1964）、谢千秋的《青少年道德评价能力的一些研究》（1964）等。1978 年起，我国的心理学研究得以恢复，出现多个较有影响的德育心理学研究团队，这是我国德育心理学研究的第一个春天。例如，上海师范大学李伯黍教授领导的全国儿童道德发展研究协作组沿着科尔伯格的路线对儿童和青少年道德判断发展进行了系统研究，著有《品德心理研究》（1992）和《品德心理研究新进展》（1999）；北京师范大学章志光教授领导的学生品德形成的内外条件及动力系统课题组采用实验法对青少年的道德观念、道德判断与评价、归因、道德情感、价值观以及内外条件交互作用等进行了研究，研究成果结集出版了《学生品德形成新探》（1993）一书；北京师范大学林崇德教授对教育与青少年品德发展的关系进行了长期研究，发表多篇论文，并著成《品德发展心理学》（1989）。此外，还有辽宁师范大学韩进之教授等关于青少年理想形成和发展的研究，天津师范大学李怀美教授关于中小学生品德发展的研究，以及西南师范大学曾欣然教授关于品德结构及其发展的模拟实验研究等。进入21世纪以来，我国的德育心理学研究进入新的蓬勃发展阶段。

我国研究者在大力开展研究的同时，也在积极探索德育心理学学科体系的构建。李伯黍教授早在1981年就呼吁建立"教育心理学的一门新分支——德育心理学"。韩进之和王宪清的《德育心理学概论》（1986）、陈安福的《德育心理学》（1987）、左其沛的《中学德育心理学》（1990）、曾欣然和张大均的《大学生品德心理》（1990）、窦炎国的《道德心理学》（1990）、曾钊新和李建华的《道德心理学》（2002）、欧阳文珍的《品德心理学》（2005）、朱仁宝的《德育心理学》（2005）、马向真的《道德心理研究》（2007）、汪凤炎等的《品德心理学》（2012）等均是宝贵的尝试。这里特别提到三项研究工作：一是李伯黍教授和燕国材教授主编的《教育心理学》。该书的第一编就是"德育心理"，包含德育心理概述、道德认识的发展与教育、道德情感和道德价值取向的发展与教育、道德行为的发展与教育、影响道德发展的因素、品德发展的评定方法等六章内容。二是陈会昌教授撰写的《道德发展心理学》（2004）。虽然该书并未着力构建一个系统的理论体系，只是介绍主要的道德发展理论，但是对于理清德育心理学的发展脉络、重新思考德育心理学的学科体系有着重要启发。三是郭本禹教授和杨韶刚教授主编的"德育心理学丛书"。该丛书把德育心理学看作一个宽泛的学科概念，而不是一个结构严谨的学科体系，从勾画德育心理学的研究主题出发，以丰富而具体的研究来带动德育心理学的学科成熟。

构建中国德育心理学自主知识体系是心理学的时代使命和迫切需求。习近平总书记指出，"坚持和发展中国特色社会主义，必须高度重视哲学社会科学，结合中国特色社会主义伟大实践，加快构建中国特色哲学社会科学"。加快构建中国特色心理学，必然要建构中国德育心理学自主知识体系。为此，首先要坚持以马克思主义为指导。马克思主义理论深刻揭示了人类思维发展的普遍规律，是分析研究心理现象的思想武器。我们要坚持以马克思主义这一伟大的认识工具指导德育心理学的基础研究和应用实践，自觉运用马克思主义基本原理丰富和发展德育心理学的命题、概念和知识，推动中国特色德育心理学理论创新。其次，要根植于中华优秀传统文化。中华优秀传统文化能为当代中国德育心理学研究提供灵感、提供思想源泉、提供文化根基，使其既具备国际视野又具有中国文化灵魂。整理、发掘和创新中国传统文化中孕育的丰富的德育心理学思想，是构建中国德育心理学自主知识体系不可或缺的组成部分。再次，要以当代中国为观照。也就是要立足中国社会发展实际，关注时代的新要求、新特点、新问题。当代青少年呈现出更加包容、自主和开放等特点，同时面临着多元价值冲击、竞争日益激烈、人工智能不当使用、心理健康问题日趋低龄化等新问题。这些都是德育心理学要破解的难题。最后，要采用学科交融视野和多元研究方法。随着心理学研究问题的日益复杂、科研活动的日益组织化，中国德育心理学体系的建立更需要多学科深度交叉融合。德育心理学与哲学、社会学和文化学等的融合可以深刻剖析德育现象的精神属性，与脑科学、生物学和影像学等的融合有助于打开道德发展的机制之谜，与计算机科学、人工智能的结合能够极大地拓展德育心理学的应用和未来。

为推动高质量落实立德树人根本任务，构建中国德育心理学自主知识体系，我们精心组织编写了这套"中国德育心理学丛书"。丛书在选编上力图体现三大特色：一是建构性。以建构中国德育心理学学科体系为旨归，以研究者的长期积累和系统研究为基础，力求反映德育心理学的中国化研究成果。第一辑入选的《道德发展心理学》、《道德心理学新论》、《道德教育心理学（修订版）》、《品德理论及其整合》、《中国传统德育心理学思想新论》等体现著者对中国德育心理学学术研究成果和学科体系的思考。二是应用性。德育心理学是一门实践性很强的学科，道德教育实践也需要德育心理学揭示的个体道德发展本质和规律性知识的指导。因此，本丛书力求做到理论联系实际，将研究成果应用于学校道德教育实践，为学校道德教育实践提供具体的理论指导。三是开放性。丛书在研究主题、研究方法和研究风格上是开放的，我们非常欢迎德育心理学学科范畴内国内学者的高水平研究成果加入进来。

"中国德育心理学丛书"由王云强、郭本禹担任主编。丛书的出版得到教育部人文社会科学重点研究基地南京师范大学道德教育研究所、南京师范大学心理学院、南京师范大学教育科学学院、上海教育出版社的大力支持。在此，谨向所有关心"中国德育心理学丛书"的学界前辈、同仁和朋友致以衷心的感谢！

王云强　郭本禹

2025 年 3 月 20 日于南京师范大学

自 序

中国自西周以来就有尚德的文化传统，厚重的中国传统道德文化中蕴含丰富的德育心理学思想。系统深入梳理中国传统德育心理学思想并阐发其现代意义，在此基础上进行现代性转换与建构，是在德育心理学领域加快建构中国自主知识体系的重要举措，是提高当代中国德育心理学在国际心理学界学术地位的有效途径之一。中国心理学研究者只有花大力气研究既富有中国文化特色又具现代意义的心理学思想，才能体现中国心理学思想的当代价值，也更容易获得国际心理学界的关注与认可。在这方面，

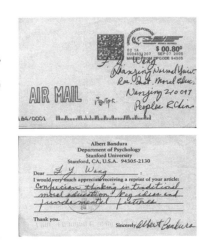

笔者有一点切身体会。2004 年笔者在国际著名道德教育研究学术刊物《道德教育杂志》（*Journal of Moral Education*， 英国，SSCI）上发表《中国传统道德教育中的儒家思想：核心观念和基本特征》（Wang，2004）一文，得到美国著名心理学家、斯坦福大学班杜拉（Albert Bandura，1925—2021）教授的赞赏。这是笔者 2005 年 10 月收到他当年 9 月 7 日寄来的一张亲笔写的明信片时才知道的。班杜拉教授在这张明信片上写道："Dear F. Y. Wang：I would very much appreciate receiving a reprint of your article：Confucian thinking in traditional moral education：Key ideas and fundamental features. Thank you. Sincerely，Albert Bandura."（见上图）这件事让笔者真真切切体会到"只有民族的，才是世界的"这句话的深刻内涵。

同时，系统深入梳理中国传统德育心理学思想并阐发其现代意义，在此基础上进行现代性转换和建构，对于提高当代中国德育的实效性具有重大现实意

义，毕竟土生土长的德育心理学思想更能契合中国人的思维方式、心理习惯和行为方式，因而更具鲜活的生命力和指导价值。正是基于上述这些想法，自2007年以来，笔者持续研究中国传统德育心理学思想，取得了一些新的研究成果，集中反映在本书中。

借此机会，诚挚地感谢笔者的博士后联系导师鲁洁（1930—2020）先生，感谢笔者的硕士、博士阶段导师杨鑫辉（1935—2024）先生。两位先生秉持的纯粹学术心以及言传身教的治学之方，让我受益终身！诚挚感谢上海师范大学燕国材（1931—2023）先生、原香港大学心理学系杨中芳先生以及南京师范大学心理学院、教育科学学院和道德教育研究所的领导与诸位老师，尤其是班华（1935—2022）教授和朱小蔓（1947—2020）教授。同时，承蒙上海教育出版社鼎力支持，本书得以顺利出版。在出版过程中，上海教育出版社的谢冬华付出了大量心血。另外，笔者指导的2017级博士生魏新东、2019级博士生张凯丽、2020级博士生许文涛和2018级硕士生任国庆等同学帮助查找并核对了一些文献资料。在此，谨向长期以来所有关心和帮助过笔者的领导、老师、同事、朋友、亲人和同学致以衷心的感谢！

汪凤炎

2024年10月26日

于南京之日新斋

目　录

第六章
化育美德思想 / 283

第七章
觉悟美德思想 / 319

第八章
情育美德思想 / 355

第十一章
品德考评思想 / 531

第十二章
防治品行不端思想 / 573

第十三章
中国传统德育心理学思想的基本特色和主要价值 / 591

第一章

导　言

按照科学研究的惯例，在正式进入主题之前，必须先澄清三个问题：研究什么（what）？为什么要研究（why）？怎样研究（how）？中国传统德育心理学思想研究也不例外。

第一节　中国传统德育心理学思想的内涵

一、何为中国传统德育心理学思想

根据《心理学大词典》，德育心理学（psychology of moral education）是研究德育过程中的心理现象及其规律的学科。它是教育心理学的一个组成部分，主要任务是探索学生思想、行为规范的学习特点及其过程与条件，揭示学生品德形成、发展的规律，为学校的思想道德教育提供心理科学依据（朱智贤，1989，p.108）。依《中国大百科全书（第三版）·心理学》，德育心理学是研究学校德育中心理现象的教育心理学分支。德育心理学的主要内容和任务有三个方面：（1）探讨学生品德的形成和教育过程及其规律性，为德育心理学学科建设和品德教育提供科学依据；（2）依据品德发展的年龄特征和德育目标，探索符合德育心理规律、有效的品德教育方法和途径，为立德树人服务；（3）对少数品德不良学生进行品德心理诊断，提供有针对性的矫正和预防措施，促进其人格健全发展［中国大百科全书（第三版）总编辑委员会，2021，p.37］。德育心理学的这两种定义虽在文字表述上略有差异，但其实质是相同的。依此，中国传统德育心理学思想是指中国传统道德文化中体现的揭示德育过程中的心理现象及其规律的思想。

二、如何准确把握中国传统德育心理学思想的内涵

准确把握中国传统德育心理学思想的内涵，关键要把握好"传统"一词的内涵。

何谓"传统"（tradition）？"传"是传递、传播、传授之义，也有由前人传递给后人之义。正如《论语·子张》所说："君子之道，孰先传焉？""统"有世代相续不断，事物彼此之间一脉相承、连续发展之义。《孟子·梁惠王下》

说："君子创业垂统，为可继也。"意思就是，有德君子创立功业，传之子孙，正是为着一代一代能够承继下去。英文"tradition"一词的词根"dit"是"给"之义，"tradition"一词也有世代相传之义（罗国杰，1998）。美国社会学家希尔斯（Edward Shils，1910—1995）曾说，"传统"的含义可以结合三个方面来理解：（1）代代相传的事物。即所有从过去延传至今或相传至今的东西。它不说明人们相传什么，也不说明它已相传多久或以何种方式（如口头的、书面的、实物的等）相传。如此理解传统这一概念，没有说明传统的真实性是否具备可被接受的证据，人们可能不知道其创造者是谁，也可能将其归功于有姓名可查证的人，但它是传统这一点不会改变。决定性的标准是，它是人类行为、思想和想象的产物，而且代代相传。（2）相传事物的同一性。作为时间链，传统是围绕被接受和相传的主题的一系列变体。这些变体间的联系在于它们的共同主题，在于它们表现出什么和偏离什么的相近性，在于它们同出一源。即便只经过三代人这样短暂的延传，传统也很可能经历某些变化，但它的基本因素保存了下来，并与其他发生变化的因素相结合，此时，使其成为传统的是被视为基本因素的东西，在一个外部观察者看来，它在延传和承袭的相继阶段或历程中基本上保持着同一性。（3）传统的持续性。从持续性角度看，一样东西至少要连续传承三代——无论每一代的时间是长还是短——才能成为传统。换言之，信仰或行动范型要成为传统，至少需要三代人的两次延传。如果一种信仰在形成后立刻被摒弃，如果其创始人或倡导者提出或身体力行这种信仰却不被人接受，那么它显然不是传统。即便一种信仰或惯例包含了作为传统本质的延传范型，即从倡导者到接受者这样的过程，若其仅在一代人中流行而被下一代完全抛弃，或者仅在两代人中流行又被第三代完全抛弃，那么它依然无法被视为传统（爱德华·希尔斯，1991，pp.15-21）。《心理学大词典》对"传统"的解释是："在一定社会群体中历代相袭的思想及行为习惯，如道德、艺术、宗教、民族传统等。它是一定社会、一定民族或一定居住地区的人们在长期共同生活中逐渐形成的，与一定的社会性质、民族特点交织在一起，具有深刻的社会心理基础。因此，具有较大的稳定性。在个体社会化过程中，传统作为一种具有历史价值的社会文化而发生作用。它对于形成个体的社会态度及信仰，有着重要的影响。"（朱智贤，1989，p.78）本书所用"传统"一词的含义兼顾了上述看法。

要进一步清楚地理解"传统"，还需要注意以下四个方面。

第一，本书所讲的"传统"一词，就时限而言，其主体部分主要在中国古代。这样，本书的主体内容是探讨中国古代历史上流传过并在当时产生巨大影响的德育心理学思想，本书所讲的中国传统德育心理学思想在很大程度上和中国古代的德育心理学思想有相似之处，本书的研究对象也主要是中国古代的德育心理学思想。既然如此，为什么要使用"中国传统德育心理学思想"呢？这主要考虑到三点：（1）从一定程度上讲，可以用中国传统德育心理学思想来指称中国古代的德育心理学思想。考古发现，"上山文化"的年代在距今8000—10000年间（浙江省文物考古研究所，浦江博物馆，2007），是比河姆渡—良渚文化早3000年的文化时代。在浙江省义乌市桥头村的"桥头遗址"，自2012年试发掘以来，通过考古发现一个距今8000—9000年的新石器时代早期聚落遗址，桥头遗址是迄今所知东亚大陆最早最完整的环壕聚落，属于上山文化中晚期遗址。桥头遗址的重大考古突破是发现上山文化第一座完整的墓葬。墓葬出土一具距今8000多年保存完整的男性人骨，1.73米，侧身屈肢，怀里"抱"着一只距今9000多年的红衣彩陶。除此之外，还出土了大量精美的陶制器物，里面有彩陶，在这些陶制器物上竟然发现易经卦形的纹饰。对文化层中获取的炭屑样品进行碳-14年代测定，校正年代为距今约9000年。由此推测，中华文明的产生至少在距今10000年（林森，等，2019；佚名，2022）。即便从仰韶文化（据碳-14法测定，其年代为公元前5000—前3000年）算起（陈至立，2019，p.5129），经庙底沟文化（据碳-14法测定，其年代为公元前3910±125年）（陈至立，2019，p.3046）和龙山文化（据碳-14法测定，其年代为公元前2600—前2000年）（陈至立，2019，p.2770），下启夏朝，中华文明发展脉络的考古学观测周期已逾七千年。中国至少有7000年的文明史，但其中古代史占了绝大部分时间，中国的近代史不到200年（一般认为，1840年的鸦片战争是中国近代史的开端），中国传统德育心理学思想主要在漫长的中国古代社会中形成和发展起来，在很大程度上，中国传统德育心理学思想的主体本就是中国古代的德育心理学思想。（2）避免让人产生老古董之类的误会。本书揭示的中国传统德育心理学思想，尽管其文字载体主要是中国古代的文献典籍，但其精神由中国古代流传至近代再到现代，对今天中国人的心理与行为仍有重要影响，就其影响范围而言并不限于古代，若用"中国古代的德育心理学思想"指称，容易被误解为这只是老古董，对今天中国人的心理生活没有什么影响。（3）彰显民族特色。本书所讲的德育心理学思想主要在中国传统文化中产生和发展起来，带有深深的中国文化烙印。因此，本书所讲的中国传统德育心理学思想主要是指中国特色的德育心理学思想，而不是泛泛地指曾在中华大地传播过的所有德育心理学思想。至于何谓"中国特色"，既可以经由相关专家的评判得出（简称"专家评判法"），也可以通过与公认的具有中国特色的文化相对比得出（简称"特色比较法"），还可以放在中国历史长河里进行考察，看其是不是在中国本土文化中生长的（简称"历史考察法"）。如果一个对中国文化深有研究的专家经过仔细评判以后认为某个主题涉及的德育心理学思想具有中国特色，或者某个主题涉及的德育心理学思想与公认的具有中国特色的文化具有较高的内在一致性，或者某个主题涉及的德育心理学思想是在中国文化土壤里土生土长的，那么就有充分理由断定这个主题涉及的德育心理学思想具有中国特色。专家评判法和历史考察法很好理解，这里不多讲，只对特色比较法作进一步说明。为什么可以用特色比较法来判断某个主题涉及的德育心理学思想是否具有中国特色呢？这是因为，用系统论的眼光看，任何一种文化，其内本是一个有机整体。一个国家形成的文化，其内各子文化之间，从表层结构上看可以存在一些相互矛盾之处，但从深层结构上看彼此之间绝不可能存在你死我活的对立关系，否则两种截然相反的文化是不可能融会贯通的，犹如生与死不可协调。中国文化之所以称作中国文化，必是一个有机整体。虽然从表层结构看，中国文化中存在儒与道的对立，儒家相对更偏重继承《周易·乾》中"天行健，君子以自强不息"的思想，故更偏向讲刚我与进取，道家则偏重继承《周易·坤》中"地势坤，君子以厚德载物"的思想，更偏向讲柔我、包容与谦虚，而且儒、道两家对德与智的理解也不尽相同，但从深层结构看，儒、道两家都看重修德，都将修身视作个体建立自我及处世、治世的基点（陈鼓应，2009a，p.268；朱熹，1983，pp.3-4），都认可自我的太极模型（taiji model of self）（Wang, Wang & Wang, 2019；Wang & Wang, 2020；汪凤炎，2022b，2023b），故二者并无本质不同，否则儒、道就不可能互补。正如《周易·系辞下》所说："天下同归而殊途，一致而百虑。"明白了这个道理就可知，从印度传来的佛教有"沙门不敬王者论"［如东晋庐山慧远（334—416）曾作《沙门不敬王者论》］，这与源于《荀子·礼论》的"天地君亲师"观念不合。《荀子·礼论》说："天地者，生之本也；先祖者，类之本也；君师者，治之本也。无天地恶生？无先祖恶出？无君师恶治？三者偏亡焉，无安人。故礼上事天，下事地，尊先祖而隆君师，是礼之三本也。"佛教要求僧众出家修行，不能结婚生子，通过化缘①讨生活，不事生产，这与中国古代"不孝有三，无后为大"的孝道精神和重农精神相悖。因此，佛教只有经过一番改造，才能真正融入中国文化。用这个眼光看，某个主题涉及的德育心理学思想若与公认的具有中国特色的文化具有较高的内在一致性，那么就一定属于中国特色文化的一部分，否则，对于中国特色的文化而言，它就是一种异质文化或非主流文化。这样，有些文化虽然曾在中华大地传播甚至一度流行，但由于其不具有中国特色，就不能视作中国文化的一部分。例如，从印度传入中国的原汁原味的佛教教义就不能算作中国文化的一部分，只能视作印度文化的一部分，因为它是在印度文化的土壤里生长的，对中国本土文化来说，它是一种外来文化；经由中国人改造并创立的蕴含浓厚儒家和道家色彩的禅宗教义则可视作中国文化的一部分。相应地，从印度传入中国的原汁原味的佛教教义里蕴含的德育心理学思想就不在中国传统德育心理学思想的研究范围之内，而中国土生土长的禅宗教义里蕴含的德育心理学思想，则是中国传统德育心理学思想的重要内容之一（汪凤炎，2019b，pp.61-62）。

第二，本书所讲"传统"不是静止的，而是具有生命力的，既处于不断变迁过程中，更流传至今。这意味着，即便一种思想观念或做法如美国社会学家希尔斯所说曾传承三代或三代以上，如果没有流传至今，在此之前已连续被三代或三代以上的人遗忘，它就成为被中断或被抛弃的死传统，除非今后再有人重续此传统，而且至少又连续传承三代，它才有可能复活，否则这种死传统就极有可能被后人慢慢遗忘。除非是陈述其历史状况及其在历史上的影响，本书

---

① 化缘，佛教、道教指僧、尼或道士、道姑向人求布施。佛教、道教宣称布施的人能与佛、仙结缘，故名（陈至立，2019，p.1803）。

不过多关注死传统。

第三，本书所讲的"传统"不是一维的，而是多维的，传统中的各子系统之间处于不断互动的过程中，相互渗透、相互吸收，不断产生新的内容。

第四，基于本书的研究旨趣，本书所讲的"传统"在性质上倾向于积极的方面，其消极的方面不是本书探讨的重点。这样，本书不求面面俱到，而主要挖掘中国传统德育心理学思想中"活的东西"，以展现其现代意义。正如中国哲学家张岱年（1909—2004）所说："中国旧哲学虽是过去时代的，其内容则并非完全过去。中国旧哲学中，有一些倾向，在现在看来，仍是可贵的、适当的。这可以说是中国哲学中之活的。而也有一些倾向，是有害的、该排弃的，便可以说是中国哲学中之死的。"（张岱年，1982，p.587）这番话虽然是就中国传统哲学而言的，但是对研究中国传统德育心理学思想仍有一定的借鉴意义。

第二节　研究中国传统德育心理学思想的意义

清政府在 1840 年 6 月至 1842 年 8 月的鸦片战争中战败，于 1842 年 8 月被迫和英国签订《南京条约》后，面临着亡国灭种的危机和西方文化的大量涌入。除了少数顽固分子对西方文化极端仇恨和百般阻挠外，中国多数有识之士不得不思考同一个问题——中学与西学的关系问题，而且对这一问题的认识逐渐深入。最初，大家看到西洋火炮、铁甲、声、光、化、电的奇妙，以为将这些东西搬到中国来，中国就可以富强，因此曾国藩和李鸿章等创办江南制造局，在制造局内译书，在北洋练海军，在马尾办船政。没想到，1894 年 7 月开始的中日甲午战争，结果却是中国北洋水师全军覆没，1895 年 4 月清政府被迫签订《马关条约》。大家这才意识到火炮和铁甲等不是可以如此拿过来的，其背后还有根本的东西，进而提倡废科举、兴学校、建铁路和办实业。这种思想盛行于当时，就有了戊戌变法不成功而继之以庚子事变，于是变法的声音更盛。其结果是科举废、学校兴，大家又逐渐着意于政治制度，以为西方文化的精华不仅仅在办实业、兴学校，更在西方的立宪制度、代议制度。于是大家又群起于政治制度方面的改革，形成立宪论和革命论两派。立宪论的主张逐渐得到实现，而革命论的主张也在辛亥年成功。不过，历经数年，西方的政治制度实际上仍不能在中国实现。于是，大家又有更进一步的觉悟，以为政治的改革仍是枝叶，而最根本的是伦理道德思想，认为若对此种根本所在不改革，则所有改革都没有用处，此时才发现中西方文化的根本的不同（梁漱溟，1999，pp.13-15）。正如新文化运动倡导者陈独秀（1879—1942）所说："自西洋文明输入吾国，最初促吾人之觉悟者为学术，相形见绌，举国所知矣；其次为政治，年来政象所证明已有不克守缺抱残之势。继今以往，国人所怀疑莫决者，当为伦理问题。此而不能觉悟，则前之所谓觉悟者，非彻底之觉悟，盖犹在惝恍迷离之境。吾敢断言曰：伦理的觉悟，为吾人最后觉悟之最后觉悟。"（陈独秀，1916）

为了解决中学与西学的关系问题，或者说是中国传统道德文化的价值问题，近代学者提出了不同主张。康有为、谭嗣同、严复等人立足中国文化传统来吸收消化西方近代的伦理道德观念。孙中山、蔡元培等人以西方"自由、平等、博爱"的人道主义伦理纲领来融会中国传统的伦理道德。陈独秀、李大钊、胡适、鲁迅等人基于反驳当时"尊孔复辟"的逆流和国民性批判的要求，开始表现出"全盘西化"的激进思想，等等（葛新斌，郭齐家，1999）。不过，也需要指出，即便是胡适（1891—1962）这种主张"全盘西化"的人，实际也不是完全拒绝中国传统的伦理道德。他曾说过："我是主张全盘西化的，但我同时指出，文化自有一种'惰性'。全盘西化的结果自然会有一种折中的倾向。例如中国人接受了基督教的，久而久之，自然和欧洲的基督教不同，他自成一个中国的基督徒。又如陈独秀先生接受共产主义，我总觉得他只是一个中国的共产主义者，和莫斯科的共产党不同。现在的人说折中，说中国本位，都是空谈。此时没有别的路可走，只有努力全盘接受这个新世界的新文明。全盘接受了，旧文化的惰性，自然会使他成为一个折中调和的中国本位新文化。若我们自命做领袖的人也空谈折中选择，结果只有抱残守阙而已。古人说：取法乎上，仅得其中；取法乎中，风斯下矣。这是最可玩味的真理。"（冯友兰，1984a，p.258）可见，胡适主张"全盘西化"的理由有些特别，他似乎也认为"全盘西化"的主张有点极端，但是只有主张极端，才能在实际上化得恰到好处（冯友兰，1984a，p.258）。中华人民共和国成立以来，对于中国传统道德文化的认识也经历了一个不断深化的过程。随着我国改革开放事业的深入发展，学术界对中国传统道德文化重又表现出浓厚兴趣，研究视角呈现出多样化的倾向，有教育学角度的，有伦理学角度的，有心理学角度的，有文化学角度的，等等。学术界对中国传统道德文化的态度也表现出很大的差异性，大致可分为贬斥和颂扬两大阵营。从贬斥中国传统道德文化的一方看，对于传统道德文化责难最甚的，是把它放到整个社会发展和经济发展的大背景中，认为其作为过去社会的文化模式，适应的只是过去的生产方式，在新的生产方式面前，这种已僵化的文化模式必定成为社会发展和经济发展的绊脚石。从颂扬中国传统道德文化的一方看，无论是海内外的新儒家，还是如汤因比（Arnold Joseph Toynbee，1889—1975）、卡恩（Herman Kahn，1922—1983）等世界著名的思想家，他们都看重中国传统道德文化，尤其是中国儒家道德文化，最根本的立足点是把中国传统道德文化同现代化连接起来，认为这种道德文化能够促进国家乃至世界健康的现代化进程。新儒家的兴起，除了其本身在理论上的进一步深化和完善外，更重要的原因是富有儒学传统的日本及"亚洲四小龙"（指中国香港、中国台湾、新加坡、韩国）的经济振兴，以及中国（此处不含港澳台）自1978年十一届三中全会开始实施改革开放以来在经济领域取得巨大成就，并于2010年超过日本，成为仅次于美国的世界第二大经济体的事实，这使新儒家在论证中国传统道德文化对经济现代化起促进作用时获得了最强有力的证据。新儒家思想由海外波及国内，并同国内新儒家思想彼此呼应而一度风靡全国，归根结底也是顺应了国内改革开放、发展经济的大潮（夏伟东，1989）。2021年7月，习近平总书记在庆祝中国共产党成立一百周年大会上的讲话，首次提出"坚持把马克思主义基本原理同中国具体实际相结合、同中华优秀传统文化相结合"的重大理论论断。2022年4月，习近平总书记在中国人民大学考察时指出："加快构建中国特色哲学社会科学，归根结底是建构中国自主的知识体系。要以中国为观照、以时代为观照，立足中国实际，解决中国问题，不断推动中华优秀传统文化创造性转化、创新性发展，不断推进知识创新、理论创新、方法创新，使中国特色哲学社会科学真正屹立于世界学术之林。"党的二十大报告指出，坚持和发展马克思主义，必须同中国具体实际相结合、同中华优秀传统文化相结合。习近平总书记关于"两个结合"的重要论述，深刻揭示了马克思主义在中国创新发展的现实路径和内在规律。"两个结合"是建构中国自主知识体系的关键。在这一时代大背景下研究中国传统德育心理学思想，不是仅仅为颂扬中国传统道德文化的一方提供新证据，更是自己学术反思的结果。

一、弥补西方德育心理学思想不足，发展世界德育心理学思想

第一，西方德育心理学是从西方心理学中分化出来的，西方心理学本身固有的一些不足也同样在西方德育心理学中体现出来。例如，在"美德即知识"思想的影响下，以皮亚杰（Jean Piaget，1896—1980）和科尔伯格（Lawrence Kohlberg，1927—1987）为代表的认知派道德发展理论主张认知发展与道德发展并行不悖，是同一发展过程的两个方面，而认知发展是道德发展的必要条件，于是着重从人的道德认知来说明人的道德发展水平。在这里，皮亚杰和科尔伯格几乎将"是什么"的科学判断与"应该怎样"的道德判断等同起来，难怪科尔伯格本人也承认自己犯了自然主义谬误（naturalistic fallacy）。何谓自然主义谬误？英国哲学家休谟（David Hume，1711—1776）在《人性论》（*A Treatise of Human Nature*）一书中区分了事实陈述和价值判断。在休谟看来，以客观立场讨论事情和讨论事情的价值是两种不同的推理，能够客观讨论的是诸如事物的物理性质之类的内容。因此，休谟声称："你不能从一个'是'（be）推出一个'应该'（should）。"英国哲学家摩尔（George Edward Moore，1873—1958）继承休谟区分"应该"（should）与"是"（be）的思想，首创"自然主义谬误"一词，并在《伦理学原理》中认为，善是内在的，不能下定义的，是不能用其他特性去说明的；如果有人从"是什么"延伸出"应该怎样"，或者将二者等同起来，这就是说，用善以外的其他特性去说明善，就犯了"自然主义谬误"（傅统先，等，1986，pp.152-154）。休谟和摩尔上述观点的贡献是，他们使人们清楚地认识到，有时某些人出于歪曲事实、隐瞒真相的目的，或存在将价值等同于事实的错误思维方式，喜欢将自己的价值判断当作对事实的描述。不过，即便在最客观、最中立的事实陈述里，实际上仍然蕴

含价值维度。这意味着，不必在事实陈述之后加一个价值陈述，仍能从"是什么"中合理地延伸出"应该怎样"（Standish，2016）。因此，休谟和摩尔上述观点也有值得商榷之处。由于科尔伯格承认自己犯了自然主义谬误（详见本书第四章第二节），他并没有彻底解决道德发展中的知行关系问题。一个人的全部道德面貌应包括获得部分（认识或能力）和操作部分（行为或表现）。假若仅有获得部分而没有操作部分，那没有实际意义，因为道德认识和道德行为是统一的。任何一种德育理论最终都要落实到人的道德行为上，德育的效果最终体现在道德行为效果上（郭本禹，1999，pp.229-230）。在精神分析学派的道德发展理论中，弗洛伊德（Sigmund Freud，1856—1939）过于强调潜意识中非理性因素对人的心理与行为的影响（弗洛伊德，2009，2016）。埃里克森（Erik H. Erikson，1902—1994）试图改变弗洛伊德的这一传统做法，改由生物、心理和社会环境三个方面来考察道德发展问题，不过埃里克森的理论思辨性多于科学性，体系也不够严密。班杜拉（Albert Bandura，1925—2021）说："行为、人的内部因素、环境影响三者彼此相互联结、相互决定。这一过程涉及三个因素的交互作用而不是两个因素的结合或两个因素之间的单向作用。我们曾经指出，行为和环境条件作为交互决定的因素而起作用。人的内部因素（即观念、信仰、自我知觉）和行为同样是彼此交互决定的因素。"（Bandura，1977，p.9）这表明，作为一种新的新行为主义流派，在班杜拉心中，人的行为并不是像新行为主义者斯金纳（Burrhus Frederic Skinner，1904—1990）所说的那样完全由环境决定，而应作这样的理解：在社会学习理论看来，行为、环境和个人内在诸因素三者之间是相互影响、交互决定的，它们构成一种三角互动关系，这些相互关联的因素在不同环境和不同行为中施加的影响不同，有时环境因素对人的行为施加强大的影响，有时个人因素对环境的变化产生最重要的影响（Bandura，1977，pp.9-10）。若用一个公式表示，则是 B=f（P，E），其含义是，人的行为（B）是人的内部因素（P）和环境因素（E）的函数（Bandura，1977，p.9）。正由于该学习理论中包含环境、个人与行为三项因素，班杜拉的学习理论又叫作学习理论的三元取向。班杜拉的社会学习理论颇为注重社会因素对人的心理与行为的影响，改变了以往行为主义者重个体轻社会的思想倾向，但班杜拉的理论实际上仍是以研究行为为重心与目的，对人的内在动机和内心冲突等的重视稍显不够。而上述三个流派在现代西方德育心理学中占据重要位置，由此可见，现代西方德育心理学存在一些不足之处。但在中国传统文化背景（主张天人合一、知行合一、真善合一等）下产生的中国传统德育心理学思想，对于道德发展中的知行问题、遗传与环境及教育问题等都提出了独到的见解，恰能弥补西方德育心理学思想在这些问题上的不足。

第二，主要在西方文化背景下产生和发展起来的心理学要想成为一种普遍有效的科学，必须融入具有中国文化特色的心理学思想。正如美国跨文化心理学家特里安迪斯（Harry C. Triandis）所说：

> 在得到中国的资料之前，心理学不可能成为一门普遍有效的科学，因为中国人口占了人类很大的比例，对于跨文化心理学来说，中国能够从新的背景上重新审查心理学的成果。在这样做时，中国的心理学家应该告诉西方的同行，哪些概念、量度、文化历史因素可以修正以前的心理学成果。（万明钢，1996，p.7）

可见，世界心理学的发展需要中国心理学的"帮助"，这种"帮助"得以实现的一个前提是，中国的心理学必须向世人展现独具自己文化特色的研究成果。这就要求中国的心理学研究走自己的道路（汪凤炎，郑红，2001a）。就德育心理学研究而言，必须加强中国传统德育心理学思想的研究。

第三，西方的现代化虽然取得了巨大成绩，但同时也暴露出诸如过度发展的个人主义、道德沦丧、物欲横流、能源枯竭、环境污染和生态失衡等问题。这已引起很多西方有识之士的反思。他们发现，尽管西方的科技和管理知识等是东方所需的，但东方的人文教育和道德理性等恰是西方所要的，消除现代西方现实的诸多弊病，要到东方的传统文化中去寻求灵感和智慧。例如，以孔子为代表的儒家文化蕴藏丰厚的智慧心理学思想，儒家倡导的"民无信不立"（《论语·颜渊》）、"君子和而不同，小人同而不和"（《论语·子路》）、"富与贵，是人之所欲也；不以其道得之，不处也。贫与贱，是人之所恶也；不以其道得之，不去也"（《论语·里仁》）、"仁且智"（《孟子·公孙丑上》）、"修身、齐家、治国、平天下"（《礼记·大学》）、"大道之行也，天下为公，选贤与能，讲信修睦"（《礼记·礼运》）等理念，至今仍是妥善平衡个体自身利益、人际利益（即个体与他人之间的利益）和个体外部利益（即外在于个体的利益，如组织利益和国家利益等）以增进公共福祉（common good）的有效法则（Sternberg，1998）。1989 年包括 75 位诺贝尔奖获得者在内的一批西方学者曾郑重宣告："如果人类要在 21 世纪继续生存下去，避免世界性的混乱，就必须回首 2500 多年前孔子的道德智慧。"（王殿卿，1999，p.171）英国历史学家汤因比也说："自从人类在大自然中的地位，处于优势以来，人类的生存没有比今天再危险的时代了。"（池田大作，汤因比，1985，p.376）他发现中国的传统文化，尤其是儒家的仁爱学说和墨家的兼爱思想，是医治现代社会文明的良药，儒家的仁爱是今天社会所必需的，"墨子主张的兼爱，过去只是指中国，而现在应作为世界性的理论去理解"（池田大作，汤因比，1985，p.411）。这就意味着，在西方文化背景中产生的西方德育心理学思想由于其自身存在某些弊病，难以有效化解西方道德实践中的诸多悖论，破解这一困境最有效的途径之一就是从东方道德文化中吸取营养。

简言之，研究中国传统德育心理学思想，对于弥补西方德育心理学思想的不足，促进世界德育心理学思想的发展，必将起到积极的推动作用。

二、为中国德育提供符合心理规律的育德模式、原则和方法

古代中国向以礼仪之邦闻名于世，中国传统道德文化可以说是中国传统文化中最成熟且分量最重的部分。在中国古代社会，无论是政治、经济，还是军事、教育，乃至文化、宗教等，无不烙上深深的道德痕迹，以至于很多学者将"泛道德主义"作为中国传统文化的基本特征之一，其中蕴藏丰富的德育心理学思想。从北京、南京和山东招远市等地开展的全国教育科学"九五"规划教育部重点研究课题"大中小学中华民族优秀传统道德教育实验与研究"中可以看到，在大、中、小学中进行中华民族优秀传统道德教育，能取得较明显的效果（王殿卿，1999，pp.300–384）。原因何在？一是，中国传统道德思想源远流长，既具有深厚的文化底蕴，又习染中华民族几千年，许多传统美德都已深深扎根于中国人的文化心理结构，进入中国人心灵深处，成为中华民族的"集体潜意识"（此处借用荣格的概念，含义与荣格讲的不尽相同），或隐或显地影响当代中国人的心理与行为，表现出较强的生命力。二是，中国传统道德文化

中的思想精华具有跨越时空的普遍价值，如诚实待人、为人要讲信用、友善待人等。正如《孟子·尽心上》所说："亲亲，仁也；敬长，义也；无他，达之天下也。"亲爱父母是仁，尊敬兄长是义，这没有缘由，因为这两种道德可以通行天下。有学者调查了社会公认的二十种道德品性（即善良、诚实、正直、勤俭、忍耐、节制、守信、责任感、宽容、谦虚、正义感、礼貌、博爱、节操、勇敢、智慧、忠诚、敬业、尊重、感谢），居前六位的是正直（13.06%）、善良（12.24%）、诚实（12.03%）、守信（8.24%）、责任感（7.10%）和正义感（6.08%），这些道德品质也是中国历代思想家和教育家提倡的德性，充分说明中国传统优良道德品质具有旺盛的生命力（廖申白，等，1997，pp.356–359）。面对当前中国德育中存在的一些问题，人们也应该反观传统，从祖先那里获得启示。从心理学视角来研究中国传统德育思想，可以为当今中国德育提供一些既符合心理规律又具借鉴意义的育德模式、原则和方法，对于提高当代中国人的道德素质，摆脱目前德育面临的某些困境，无疑是一条有效途径。

三、促进中国特色德育心理学建设

未来的竞争说到底是人才的竞争，而人才培养的关键在教育，因为教育是一项开发世界上最宝贵的人力资源和优化民族素质结构的宏伟工程。正如1993年2月中共中央、国务院印发的《中国教育改革和发展纲要》所说："谁掌握了面向21世纪的教育，谁就能在21世纪的国际竞争中处于战略主动地位。"德育在现代人的培养中是一个不可或缺的组成部分，用什么样的德育去培养社会主义建设需要的人才，是当前德育工作者面临的一个紧迫课题。德育的对象是人，德育必须做到以人为本，德育要取得理想的效果，必须依据一定的心理规律，这就对德育心理学这门交叉学科提出了较高的要求。同时，教育强国建设要求人才德智体美劳全面发展，这也对德育心理学提出了新课题。2020年10月党的十九届五中全会明确提出到2035年"建成文化强国"。2022年10月党的二十大报告明确提出到2035年"建成教育强国"。但是，中国德育心理学无论在理论上还是在实践上都还有不少方面需要研究和探索，特别是在建构中国德育心理学自主知识体系方面。为此，一些有识之士指出，构建中国德育心理学自主知识体系，创建中国特色德育心理学已刻不容缓。如何才能体现出中国特色？主要途径之一是，要对中国传统德育心理学思想进行研究并进行创造性转化和创新性发展，只有这样才能使中国德育心理学具有中国文化特色。从心理学视角出发来探讨中国传统道德文化中的思想精华，并融入德育心理学，无疑将促进中国特色德育心理学学科建设。

四、推动中国的文明建设

建设中国特色社会主义，既要抓好物质文明建设，又要抓好精神文明建设，特别是在社会主义市场经济体制下，更要重视精神文明建设。正如 1985 年 9 月邓小平在中国共产党全国代表会议上的讲话中所说："不加强精神文明的建设，物质文明的建设也要受破坏，走弯路。光靠物质条件，我们的革命和建设都不可能胜利。"2001 年 1 月，江泽民在与出席全国宣传部长会议的同志座谈并发表重要讲话时指出："我们在建设有中国特色社会主义、发展社会主义市场经济的过程中，要坚持不懈地加强社会主义法制建设，依法治国；同时也要坚持不懈地加强社会主义道德建设，以德治国。对一个国家的治理来说，法治和德治，从来都是相辅相成、相互促进的。二者缺一不可，也不可偏废。法治属于政治建设、属于政治文明，德治属于思想建设、属于精神文明。二者范畴不同，但其地位和功能都是非常重要的。我们要把法制建设与道德建设紧密结合起来，把依法治国与以德治国紧密结合起来。"这从宏观上清晰地指明法治与德治的辩证关系。法治讲究证据，"行"有迹可寻，有据可查，"心"则无影无踪，这样，法治只治行，即明文规定哪些可以做，并肯定合法行为，奖励卓越的合法行为，同时，明文规定哪些不可以做，并惩罚违法行为；法治不诛心，法若诛心，就一定会泛化，进而一定会让人生活在恐惧中，故诛心非法治；法治也不奖励善心，否则，易诱导人们生出各种虚假善心来骗奖励。培育善心和"灭心中贼"（王守仁语）要靠德治，即道德教育和道德学习（修心）（陈雅凌，2014）。

2006 年 3 月，胡锦涛在看望出席全国政协十届四次会议的委员发表关于树立社会主义荣辱观的重要讲话时提出，在社会主义社会，要引导广大干部群众特别是青少年树立社会主义荣辱观，坚持以热爱祖国为荣、以危害祖国为耻，以服务人民为荣、以背离人民为耻，以崇尚科学为荣、以愚昧无知为耻，以辛勤劳动为荣、以好逸恶劳为耻，以团结互助为荣、以损人利己为耻，以诚实守信为荣、以见利忘义为耻，以遵纪守法为荣、以违法乱纪为耻，以艰苦奋斗为荣、以骄奢淫逸为耻。这体现了中华民族传统美德与时代精神的有机结合，体现了社会主义基本道德规范和社会风尚的本质要求，体现了社会主义核心价值观的鲜明导向，对推动形成良好社会风气，构建社会主义和谐社会具有重要意义。中国人常说：不知荣辱，不能成人。社会主义荣辱观为中国道德建设树立了新的标杆。而中国传统道德是中华民族在长期发展过程中逐渐凝聚起来的民族精神的重要组成部分，继承和弘扬中华民族的传统美德无疑是精神文明建设的一个重要方面，因为从道德的发展看，社会主义道德不是凭空产生的，它必须植根于民族的传统道德。传统的东西作为一种文化历史积淀和文化心理积淀，本身具有广泛的社会物质基础和深厚的民众心理基础。传统是无法割裂的。一个民族要想更好地生存与发展，就必须保持自己的民族性，越是在寻求现代化的过程中保持自己的民族性的国家，越能真正获得符合国情的现代化（鲁洁，王逢贤，1994，p.21）。2013 年 11 月习近平总书记在山东曲阜考察时强调指出："一个国家、一个民族的强盛，总是以文化兴盛为支撑的，中华民族伟大复兴需要以中华文化发展繁荣为条件。对历史文化特别是先人传承下来的道德规范，要坚持古为今用、推陈出新，有鉴别地加以对待，有扬弃地予以继承。""国无德不兴，人无德不立。必须加强全社会的思想道德建设，激发人们形成善良的道德意愿、道德情感，培育正确的道德判断和道德责任，提高道德实践能力尤其是自觉践行能力，引导人们向往和追求讲道德、尊道德、守道德的生活，形成向上的力量、向善的力量。只要中华民族一代接着一代追求美好崇高的道德境界，我们的民族就永远充满希望。"2021 年 7 月，习近平总书记《在庆祝中国共产党成立一百周年大会上的讲话》中指出："坚持把马克思主义基本原理同中国具体实际相结合、同中华优秀传统文化相结合，……中国特色社会主义是党和人民历经千辛万苦、付出巨大代价取得的根本成就，是实现中华民族伟大复兴的正确道路。我们坚持和发展中国特色社会主义，推动物质文明、政治文明、精神文明、社会文明、生态文明协调发展，创造了中国式现代化新道路,创造了人类文明新形态。"2022年10月党的二十大报告指出:"坚持和发展马克思主义,必须同中华优秀传统文化相结合。只有植根本国、本民族历史文化沃土,马克思主义真理之树才能根深叶茂。中华优秀传统文化源远流长、博大精深,是中华文明的智慧结晶,其中蕴含的天下为公、民为邦本、为政以德、革故鼎新、任人唯贤、天人合一、自强不息、厚德载物、讲信修睦、亲仁善邻等,是中国人民在长期生产生活中积累的宇宙观、天下观、社会观、道德观的重要体现,同科学社会主义价值观主张具有高度契合性。我们必须坚定历史自信、文化自信,坚持古为今用、推陈出新,把马克思主义思想精髓同中华优秀传统文化精华贯通起来、同人民群众日用而不觉的共同价值观念融通起来,不断赋予科学理论鲜明的中国特色,不断夯实马克思主义中国化时代化的历史基础和群众基础,让马克思主义在中国牢牢扎根。"中国传统德育心理学思想是中国传统道德思想的重要组成部分,研究中国传统德育心理学思想,必将促进中国的政治文明、精神文明、社会文明、生态文明协调发展。

20世纪德国社会学家韦伯(Max Weber,1864—1920)一生致力于考察世界诸宗教的经济伦理观。他在《新教伦理与资本主义精神》一书中试图证明,西方经过宗教改革以后形成的新教,对于西方近代资本主义的发展起到重大的推动作用。在《中国宗教——儒家与道家》和《印度宗教——印度教与佛教》等书中,韦伯又力图证明,没有经过宗教改革的古老民族的宗教伦理精神对于这些民族的资本主义发展起了严重的阻碍作用(马克斯·韦伯,1987,p.1)。概要地说,在韦伯看来,加尔文教的"前定论"使得其教徒不得不通过俗世中简朴的生活和事业上的成功来证明其是上帝的"选民",正是这种"入世苦行"的精神使得现代经济在西方出现。中国虽然在16、17世纪的商品经济远远比西方发达,却未能发展出现代意义上的市场经济,其原因也正是由于儒教与道教缺乏"入世禁欲"的精神(刘梦岳,2017)。韦伯的这一观点统治学术界50余年。随着20世纪五六十年代后日本与亚洲"四小龙"的崛起以及20世纪80年代以来中国经济的腾飞,学者们开始重新思考儒家文化与现代经济的关系:为什么自20世纪中叶开始,世界上经济发展最快、最充满活力的地区恰恰都集中在儒家文化区(刘梦岳,2017)?于是,才有学者质疑韦伯的理论，并重新审视儒家文化与经济发展的关系。例如，在东亚经济崛起之后，美国学者卡恩在其《世界经济发展》一书中提出"新儒家文化"的概念，这里的"新"表示儒家文化在现代化的背景下成功转型，成为东亚经济发展的源头活水。卡恩认为，儒家文化使东亚国家和地区具有迎接未来挑战的文化优势，如儒家伦理中强调的忠诚、投入、责任等集体主义价值观，这些价值观被成功地运用到现代企业组织中，为东亚国家和地区社会与经济的协调发展创造了有利的条件（Kahn，1979，pp.121-131；张世平，1994；刘梦岳，2017）。卡恩的这一观点得到一些学者的支持。

20世纪90年代末亚洲金融危机爆发，对于儒家文化能促进一个国家或地区经济现代化的观点，又有学者提出质疑，不过马上遭到批驳。例如，国际著名经济学家、诺贝尔经济学奖得主阿马蒂亚·库马尔·森（Amartya Kumar Sen，1933— ）仍支持卡恩的观点，并在《亚洲价值观与经济发展》一文中说：

> 尽管亚洲发生了金融危机，但从最近数十年东亚在经济领域取得的引人注目的发展来看，这一地区整个的经济状况仍然给人留下了深刻的印象。这一成功使关于亚洲文化在经济成功与政治确认上发挥作用的新理论产生了。这些新理论首先是从亚洲一些国家和地区的经济快速发展中直接得到启示的。这一成功的取得部分地，甚至可以说大部分应归功于亚洲文化的价值观，特别是儒家价值观。……尽管对亚洲经济发展依靠的是亚洲文化价值观这一认识还有疑问，但我并不想断言，我们对这些价值观在亚洲经济增长与发展以及在经济方面取得引人注目的成果上所发挥的作用还一无所知。我相信，我们可以从中得出一些重要的教训，……在反面模式方面，有一个最重要的教训大概应该记取：欧洲文化并不是实现成功的现代化的唯一道路。我们现在知道，其他价值观是有效的，而且往往是有利的。①

当2008年美国次贷危机（sub-prime mortgage crisis）引发全球金融危机（张可为，2019），中国经济增长却取得了优异成绩，儒家文化促进了东亚国家和地区经济的高增长和实现现代化的观点又越来越受到认同。换言之，越来

---

① 转引自《参考消息》1998年10月29日第1版，原载法国《世界报》1998年10月27日。

越多的人相信，儒家文化是亚洲经济崛起的文化原因，儒家文化中强调诚信无欺、义利兼顾、勤俭节约和重教育的特点是中国乃至华人取得经济成就的重要因素（唐凯麟，罗能生，1998，pp.21-63；戢斗勇，2000，pp.1-30；张鸿翼，2010，pp.288-299；盛邦和，2013；何怀宏，2019）。儒家文化是中国传统文化的主体，研究中国传统德育心理学思想（主体部分是儒家德育心理学思想），对于促进中国特色社会主义物质文明的建设也具有积极的推动作用。因此，现在又有学者从20世纪末经济学界兴起的"新制度主义"中获得新的思路与视角，即从经济伦理转变到制度主义，借助"新制度主义"的理论框架，主张文化（包括儒家文化）更多的不是通过"道德"来影响人们的经济行为，而是作为一种协调机制来影响经济过程（刘梦岳，2017）。何怀宏（2019）则认为，儒家价值可能并不是近年中国经济崛起的主要动因，相反，被儒家主导价值长期"温和地压抑"的广大民众对物质生活的追求，才是40多年来中国经济高速发展的根本动力。这种动因也深深地植根于人性和中国的历史文化传统。也就是说，一种普通中国人持有的在数千年历史文化基础上形成的基本文化价值观，即物质生活主导型价值追求（对物质的追求和对财富的渴望），可能才是最近40多年中国经济飞跃发展的一种根本动力的秘密。这些观点（如何怀宏的观点）或值得商榷，或仅是对儒家促进东亚经济发展的一种补充。

合而言之，研究中国传统德育心理学思想，能推动当代中国物质文明、政治文明、精神文明、社会文明、生态文明的协调发展。

第三节 有效开展中国传统德育心理学思想研究

一、确定研究旨趣

基于上一节阐述的研究中国传统德育心理学思想的意义，本书着眼于中国传统德育心理学思想的积极方面。本书试图达到以下旨趣。

第一，紧扣德育心理学这一视角，以区别于教育学和伦理学等其他研究视角。德育心理学是从心理学的视角揭示品德形成的心理结构、过程及其变化的规律，阐明若干教育途径与措施的心理依据。假若说教育学研究德育偏重于任务、内容、原则、途径及方式方法等外部措施与效果的关系，那么德育心理学则着重于考察品德由于外部环境与教育的影响而在学生身上形成或变化的过程（潘菽，1980，p.158）。

第二，兼顾个体心理和社会心理两个视角来阐释中国传统德育心理学思想。这主要是因为先哲多善于从个体心理和社会心理两个角度来探讨德育问题。顺便指出，为了行文的简洁，除有特别说明外，本书讲的"先哲"、"先人"或"古人"等均指中国先哲、中国先人或中国古人。

第三，从问题入手来研究中国传统德育心理学思想。先哲在探讨德育这一主题时力图解决的问题实际上是差不多的。以问题为纲来组织史料，既易看出中国传统德育心理学思想的内在逻辑发展线索，又可避免罗列材料之嫌。当然，还有一个重要缘由是为了在体例上有所突破，因为现在已出版多本以人物为线索撰写的有关中国传统德育心理学思想的论著。

第四，运用深度比较法，探寻中国传统德育心理学思想中"活的东西"及特色（至于中国传统德育心理学思想中"死的"或消极层面的思想，则留待以后处理）。换句话说，既要对中国传统德育心理学思想与外国（主要是西方）德育心理学思想进行比较研究，发现中国传统德育心理学思想的特色，又要比较中国传统文化中不同流派（如儒、道两家）甚至同一流派中不同派别（如儒学中的孟子和荀子）的德育心理学思想的异同。同时，通过古今比较研究，阐释中国传统德育心理学思想的现代意义，即从中国传统德育心理学思想中挖掘出仍具有借鉴意义的德育心理观、原则和方法。要运用深度比较法来找出中国传统德育心理学思想中"活的东西"以凸显其现代意义，就先要确立筛选的标准，据此衡量中国传统德育心理学思想中哪些是"活的东西"。辩证唯物主义认为，实践是检验真理的唯一标准。衡量中国传统德育心理学思想中某一思想是否具有现代意义的标准也应是实践的标准。这里确立了三条具体的判断标准：（1）能否为当代德育心理学（主体是西方德育心理学）提供新视角，指出哪些概念、观点、思想体系受到文化历史因素影响，可以参照不同文化进行修正，从而弥补西方德育心理学思想的不足，并为解决现代西方德育心理学中的一些悖论提供新视角，促进世界德育心理学思想的发展；（2）能否有助于准确描述、解释、理解、预测和适度调控当代中国人的道德心理与行为方式，进而有助于提高当代中国德育的实效性；（3）能否有助于中国特色德育心理学的建设，这意味着，宜将重点放在研究中国传统文化中蕴含的、即使与现代外国德育心理学研究成果相比也毫不逊色的德育心理学思想，从而为中国现代德育心理学的教学或科研提供中国人自己的德育心理学思想。在中国传统德育心理学思想中，大凡能较好地满足上述三个标准中至少一个标准的，都是具有现代意义的思想；反之，则是不具有现代意义的。

二、用基本问题论证法证明中国传统文化中蕴含德育心理学思想

中国现代意义上的心理学主要通过移植西方的心理科学建立起来，中国文化在本质上是一种与西方文化异质的文化，这样，在将中国先哲的某一思想称作德育心理学思想时，就存在"正名"问题。这是由于：西方人将他们中某些人的某些思想（如亚里士多德的思想）叫德育心理学思想，这在他们是没有问题的，这就像给人取名字，爱叫什么就取什么，叫"德育心理学思想"可以，叫别的名称也行，第一次命名有完全的主动权。中国德育心理学思想在内容和形式上都与西方德育心理学有较大差异，两种在内容和形式上几乎完全不同的事物怎么能在一个名称——德育心理学——下统一起来呢？（陈坚，1999）对于这个问题，从理论上说大致有两种证明方法，即内容相似论证法和基本问题论证法。

（一）内容相似论证法

如何证明中国传统文化中蕴含德育心理学思想呢？一种简便易行的方法是内容相似论证法，即以现代西方德育心理学的概念与体系为参照，在中国传统文化中去寻找与西方德育心理学思想内容类似的东西，假若找到这些东西，那就证明中国传统文化中蕴含德育心理学思想。从公开发表或出版的研究成果看，以现代西方德育心理学的概念与体系为参照来看中国传统文化，发现其中的确蕴含丰富的德育心理学思想。需要指出，这种通过内容相似论证法来证明

中国传统文化中蕴含丰富的德育心理学思想的做法，并不是中国心理学研究者的发明，中国哲学家冯友兰（1895—1990）在撰写《中国哲学史》（上、下册）时，为了证明在本无"哲学"这一名称的中国古代思想里也有哲学思想，早就使用了内容相似论证法（陈坚，1999）。冯友兰说："哲学本一西洋名词。今欲讲中国哲学史，其主要工作之一，即就中国历史上各种学问中，将其可以西洋所谓哲学名之者，选出而叙述之。"（冯友兰，2000，p.3）不过，从理论上讲，运用内容相似论证法有一个致命弱点：它只能从中国传统文化中找出与西方德育心理学思想类似的德育心理学思想，无法找出与西方德育心理学思想不同的、体现中国文化自身特色的德育心理学思想，因为内容相似论证从方法论上讲属于求同研究。求同研究的理论依据在于：尽管中外学者所处的文化背景不同，但人的心理有共性；同时，不同历史时期、不同文化的人会遇到类似的问题，能提出类似的解决方案。求同研究的优点是较易做，而且在地球村的大背景下，求同研究易让来自不同国家或地区的心理学研究者找到对话的语境或桥梁。但是，在研究中国德育心理学思想时，若一味地做求同研究，不利于研究的深化，不利于让人看到心理的文化差异，从而阻碍研究者发现与西方德育心理学思想不同的、具有中国文化自身特色的德育心理学思想。这不但极易削弱中国德育心理学思想的价值，而且容易重蹈当年跨文化心理学所犯的错误，进而招来类似下面的批评："以西方科学心理学为参考构架。……结果在研究中，仅在于按西方科学心理学的标准来切割和筛淘我国古代思想家的思想，仅在于为从西方引入的科学心理学提供某些经典的例证和历史的证明。"（葛鲁嘉，1995，p.266）

（二）基本问题论证法

为了克服内容相似论证法的缺陷，实现本研究的宗旨，证明中国文化尤其是中国传统文化中蕴含德育心理学思想，最佳的论证方法应是基本问题论证法。基本问题论证法的长处在于，从理论上讲，对于同样的问题，不同的人或不同的文化既可以有相同的回答，也可以有不同的甚至完全相反的回答，只要有证据表明中国人尤其是中国古人也探讨过德育心理学中的一些基本问题，就能证明中国文化尤其是中国传统文化中蕴含德育心理学，至于中国人的解答是否与西方人的解答一样则无关紧要。这就为中国文化尤其是中国传统文化中蕴藏的具有中国文化自身特色的德育心理学思想留下了生存空间，也使在中国德育心理学思想研究中贯彻求异研究原则成为可能。

基本问题论证法的基本思路是，先讲明什么是德育心理学及其要解决的基本问题，再看我国是否也曾致力于解决这些问题。假若能拿出证据说明中国人尤其是中国古人中也曾有致力于解决这些问题，那么就能证明中国文化尤其是中国传统文化中确实有德育心理学思想。如上所述，德育心理学是从心理学的视角揭示品德形成的心理结构、过程及其变化的规律，阐明若干教育途径与措施的心理依据。它要探讨的基本问题主要是：何谓道德与品德？品德包括哪些心理成分？人的品德是怎样发生、发展的？为什么要进行道德教育？怎样按照人的心理规律去育德？如何鉴定一个人品行的高下？如何评定道德教育的效果？如何防治品行不端的问题？对于这些问题，只要对中国传统文化稍有了解的人都知道，先哲的确作过大量的思考与研究，尤其是对于怎样按照人的心理规律去育德这一问题，先哲有许多独到的研究，这就是蕴含在中国传统文化中的丰富的德育心理学思想。因此，中国传统文化中蕴含德育心理学思想，只是后来由于种种原因，中国传统文化中未演化出近现代意义上的科学，中国古代心理学思想也就未像西方古代心理学思想那样，自然而然地演化出近现代科学意义上的心理学。（汪凤炎，郑红，2001b）

本章开头所引《心理学大词典》和《中国大百科全书（第三版）·心理学》关于德育心理学的定义主要来源于西方心理学，这是目前得到公认的界定。只有采纳一个公认的定义，才能保证所研究的是德育心理学思想，才能与国外同行进行对话。假若完全用中国文化固有的概念与体系来研究中国德育心理学思想，容易遇到如下四个问题：（1）怎样来界定中国传统德育心理学思想中一些固有概念的内涵？因为中国传统文化中的概念往往一词多义，具有模糊性、不确指性的特点。（2）怎样确定中国传统德育心理学思想的理论体系？因为中国古代本无"心理学"这一名词，古代丰富的心理学思想多蕴藏在浩瀚的古籍中，显得比较零散。（3）如何与外国心理学界进行交流？因为中国传统心理学思想中有一些重要的范畴与概念是外国心理学中没有的。（4）用中国传统的、固有的概念与体系去挖掘和整理中国传统德育心理学思想时，若遇到与冯友兰所说的作义理之学史相类似的困难将如何处理？对于作义理之学史将会遇到的困难，冯友兰曾说："吾人本亦可以中国所谓义理之学为主体，而作中国义理之学史。并可就西洋历史上各种学问中，将其可以义理之学名之者，选出而叙述之，以成一西洋义理之学史。就原则上言，此本无不可之处。不过就事实而言，则近代学问，起于西洋，科学其尤著者。若指中国或西洋历史上各种学问之某部分，而谓为义理之学，则其在近代学问中之地位，与其与各种近代学问之关系，未易知也。若指而谓哲学，则无此困难。此所以近来只有中国哲学史之作，而无西洋义理之学史之作也。"（冯友兰，2000，p.6）冯友兰的这段话虽是就中国哲学史而说的，但其思想同样适用于中国传统心理学思想的研究。当然，若能妥善解决好以上几个问题，那么，完全抛开现代德育心理学的概念与体系，用中国传统的、固有的概念与体系来探讨中国传统德育心理学思想，也未尝不可。另外，在"实"已有较大变化之后，任何"名"也会随之作出相应的反应。随着中西文化对话的深入，也可能会产生融会中西文化的有关德育心理学的新定义。

三、采用"一导多元"的方法系统进行研究

中国传统德育心理学思想蕴含在浩如烟海的古籍中，既绚丽多彩、变化万千，又如雾里看花、迷雾重重。若想拨开云雾见青天，就必须拥有一套好的研究方法。本书主张运用"一导多元"的方法系统来研究中国传统德育心理学思想，其中"一导"指以辩证唯物主义和历史唯物主义为指导，"多元"指基本研究原则和具体研究方法应多样化（刘学照，1997）。也就是，既要坚持以现代德育心理学的概念与体系为参照的原则、科学的历史主义原则、系统性原则、求同研究与求异研究相结合的原则、古为今用的原则等，还要依研究对象的具体情况，灵活采用汪氏语义分析法、深度比较法和理论分析法等多种方法。这套方法系统中绝大多数内容一点就明，或在上文已有澄清，这里不多说。下面就汪氏语义分析法和深度比较法这两种常用的具体方法谈些看法。

（一）汪氏语义分析法

汪氏语义分析法，又称"字形字义综合分析法"（method of semantic and etymological analyses），是指这样一种研究方法：先分析某一字词的字形特点及蕴含的意义（尤其是心理学含义），接着从历史演化的角度剖析此字词的原始含义及其后的变化义，以便澄清此术语的本来面目，再用心理学的眼光进行观照，界定其在心理学中的准确内涵，或揭示其蕴含的心理学思想。在具体研究过程中，其做法一般包含以下八个步骤（汪凤炎，郑红，2010a）。

第一步，将某一字词或术语在中国历史上曾经使用过的各种名称尽可能全面地罗列出来；如果有足够证据确信某一字词或术语在中国传统文化中只有一种写法，那么这一步可以省略，直接进入第二步。

第二步，通过查阅《尔雅》、《说文解字注》、《尔雅翼》、《字汇》、《字汇补》、《字源》、《甲骨文字典》、《辞源》、《汉语大字典》、《辞海》等工具书，将这些名称在中国历史上使用过的字形和字义（用法）尽可能全面地罗列出来。

第三步，根据某一汉字在汉字史上曾经出现过的诸种字形，选择其中最具代表性的一种字形进行深入分析，以便从字形上揭示该字的原始含义，从而更好地看出其诸种引申含义。在判断某一汉字最具代表性的字形时，一般参照下述第一个标准（当某一个汉字古老的写法只有一种时）或综合考虑下述两个标准（当某一个汉字古老的写法存在多种时）来选择：（1）时间上的早晚。汉字一向是朝着实用、简化和规范的方向发展，特别是在"汉隶"（即"今隶"）字体产生后，汉字在字形上已定型，其字形较之相应古字体一般都发生了巨大变化。因为隶书字体的主要特点是，改曲为直，取消逆笔，简化偏旁，混同偏旁，省略篆文中的一部分（窦文宇，窦勇，2005，p.5）。这样，从时间上看，除非某个汉字是在汉代之后才产生的（果真如此，自然只能选用其产生时的字形加以分析），否则，一般选择在中国汉字史上出现时间尽可能早的汉字字形作为最佳代表进行深入分析。具体地说，一般至少是指"秦隶"（即"古隶"）及其以前的字形，若能找到相应的甲骨文字形更佳。不过，有三种情况使得有些在商代就已产生的汉字至今没有发现其甲骨文写法。情况一：虽然某个汉字本来有甲骨文写法，可惜至今仍埋在地底下或藏在某处，还未被世人发现。果真如此，将来等到发现它时，就可拿来作语义分析的材料。情况二：虽然从清光绪二十五年（1899 年）首次发现甲骨文开始，至今已发现 4500 个左右的甲骨文单字，但能确认已认识的只有约 1700 字（陈至立，2019，p.2022）。这样，虽然某个汉字本来有甲骨文写法，其甲骨文其实也已被人发现，可惜至今都无人能认识，故不知它的甲骨文写法到底是怎样的。果真如此，将来等到有人认识它时，就可拿来作语义分析的材料。情况三：某个汉字本来有甲骨文写法，可惜，或因自然原因而全部烂掉，或当年被人挖出后当龙骨被磨成粉，或被人挖出后因保管不当而损坏，等等。果真如此，那就永远也不可能找到它的甲骨文写法，此时就只能用其金文或更新字体作语义分析的材料。这样，由于有些汉字至今只能找到其金文字形，却没有发现其甲骨文的写法，退而求其次，对于暂时找不到甲骨文字形的，找到相应的金文字形也可，依此类推。如果以"今隶"或其后出现的某一字形进行分析，因这些字形出现时间太晚，往往很难再看出其最初的样子，也就很难从中得出一些有价值的东西。（2）字形的完整度。一些汉字越古老的写法往往越简单。在秦始皇推行"书同文"政策之前，有的汉字在甲骨文和金文中有多种写法，尚未完全定型。从一些太过简单的字形里往往难以看出更多的信息，因此从字形的完整度上看，如果一个汉字既有非常简单的古老字形，也有相对更加复杂、完整的古老字形，一般选择最完整的古老字形用作进一步分析的字体。

第四步，在对中国文化心理学进行比较研究时，主要进行中外对比尤其是中西对比，为此，根据某一字的含义，将其中带有封建色彩的用法、今天较少使用的用法、带有方言色彩的用法和名异实同的用法一一剔除掉，然后综合考虑下述三个标准，从中选出一个在历史上使用时间长且至今仍广泛使用、内涵最具代表性、能与现代西方心理学中相关术语进行匹配的概念或用语作进一步分析使用：（1）在中国汉字史上出现时间的早晚和持续时间的长短，一般而言，出现时间越早，持续使用时间越长，往往越具有深厚的文化底蕴；（2）使用人数的多寡，使用人数越多越具有代表性；（3）当今中国是否仍在广泛使用，如果今天中国人仍在广泛使用，说明具有强大生命力。顺便指出两点：一是，若想寻求生活在中国历史上不同时期人的心理与行为的变迁规律，一些明显带时代烙印的用语切不可以随意去掉，因为它们恰恰可能是打开生活在特定时期的人的心理与行为规律的窗口；二是，若是研究中国境内两个地方文化的人（如晋商、徽商）的心理与行为差异，则不能随意去掉明显带方言色彩的用语，因为它们恰恰可能是了解生活在这种地方文化中的人的心理与行为规律的窗口。

第五步，仔细分析这一概念或用语的诸种含义。先考察这一概念或用语的原始含义，再厘清其背后的变化义。常用的做法是，先查一些经典的工具书，如《说文解字》等，然后看这一用语的最古写法（一般指甲骨文或金文上的写法），继而通过交替使用第三、第四步，将二者结合起来分析其诸种含义。

第六步，以心理学视角谨慎地审视这一用语的所有含义，剔除其中确与心理学无关的含义。

第七步，将余下的诸种含义与外国心理学尤其是西方心理学的相关术语含义进行比较，看看其在哪些方面与外国心理学尤其是西方心理学相应术语的含义相通，在哪些方面与外国心理学尤其是西方心理学相应术语的含义有所不同。

第八步，作出心理学上的界定，指明此术语在心理学上的确切含义，或者揭示其蕴含的心理学思想。

由此可见，汪氏语义分析法实是一种实证的方法，因它特别重视证据。通过语义分析，可以剖析中国人常用的一些术语的准确内涵，从而在其后的研究中尽可能避免"鸡跟鸭讲"的尴尬局面。同时，汪氏语义分析法中的"分析"与作为思维心智操作一个方面的"分析"在含义上有本质差异：前者包括思维心智操作中的分析、综合、比较、抽象、概括、建构等多种过程；后者仅指在思想上把整体分解为部分，把复杂的事物分解成简单的要素，逐一加以考虑的心智操作（黄希庭，2007）。再者，在对某个字或词作语义分析时，初学者要注意防范四种常见的弊病：（1）随便抓一个汉字就作语义分析。对字词作语义分析的目的是指明它在心理学上的确切含义，或揭示其蕴含的心理学思想，因此一般只有某个字词与人尤其是与人的心理与行为有关时，才可对它作语义分析。若某个字词在含义和用法上完全与人无关，一般不必语义分析。一般而言，最适合作语义分析的汉字是会意字和象形字，其次是指事字和形声字，最后是假借字和转注字。在对假借字和转注字作语义分析时，一般先将重点放在分析它们在未假借或转注前的字形和字义，此时，它们往往也是会意字、象形字、指事字或形声字。因此，初学者宜选用会意字和象形字作语义分析，等用熟练后再挑更难的字作语义分析。（2）只将某个字的字形和字义罗列出来，却不作深入分析。若仅停留在此层面，那属于中小学生查字典和词典的功夫，不属于研究的范畴。（3）虽对某个字的字形和字义作了较深入的训诂工作，但未指明其在心理学上的确切含义，或者未揭示汉字里蕴含的心理学思想。心理学研究者必须在文字研究的基础上再往前走一步，指明文字在心理学中的确切含义，或揭示其蕴含的心理学思想。（4）望字（文）生义，缺乏扎实证据的支撑。如有人将“教师”拆成“孝”、“攵”、“刂”、“帀”，认为“孝”代表“品德”，“攵”代表“文化”，“刂”代表“思辨”，“帀”代表“价值”，进而声称教师只需教会学生品德、文化、思辨和价值即可，这是不懂汪氏语义分析法的一个典型。简化字在简化过程中往往丢掉许多信息，甚至丢掉一些关键信息，一些简化字已不吻合“六书”造字法和用字法。如“灋”是会意字，简化成“法”字后，既不是会意字，也不是形声、象形、指事、转注或假借。这样，通常不能用简化字作语义分析。同时，学术研究的精义是，用充足的证据证实或证伪某个新想法。因此，望字（文）能生义，只说明你对它有了想法，但此想法是否成立，必须提供足够证据予以证实或证伪才行。对“教”字字形和字义的正确解释是，“教”字的甲骨文写作“[illegible]”、“[illegible]”，金文写作“[illegible]”，至汉代写作“[illegible]”，“爻”代表变化和开悟的意思，也作声符用。以“爻”加于童子（“教”字“爻”的下半部是“子”的象形字，从其活泼样看，指童子），就是使童子或弟子变化或开悟之意（约斋[①]，1986，p.231）。“教”字右边的字形本指教鞭。《说文 · 攴部》：“教，上所施下所效也。从攴，从孝。”徐锴系传：“攴所执以教道人也……言，……以言教之。”段玉裁注：“上施，故从攴；下效，故从𡥈。”合起来，“教”字的含义是“上所施，下所效”。“教”字的另一写法“[illegible]”的含义也是这样的（汉语大字典编辑委员会，2010，p.1562）。对“师”字字形和字义的正确解释是，“师”字的甲骨文写作“[illegible]”、“[illegible]”，金文写作“[illegible]”、“[illegible]”、“[illegible]”，石鼓文写作“[illegible]”，已与今天通行的

① “约斋”真名叫“傅东华”，上海复旦大学中文系著名的教授、著译家（约斋，1986，pp.263-266）。

"师"字的繁体字形完全相同。《说文·帀部》："师，二千五百人为师。从帀，从𠂤。𠂤，四帀众意也。𡴬，古文师。"孔广居疑疑："𠂤俗作堆，积聚也，聚则众，㮰则寡，故𠂤有众意。帀，俗作匝，周遍也，寡则不周，故匝亦有众意。众必有长以率之教之，故又为师长字。"严可均校议："'众意'下当有𠂤亦声。"按：甲骨文、金文多以𠂤、帀为师（汉语大字典编辑委员会，2010，p.851）。有人认为，甲骨文"𠂤"（师）字是甲骨文"丘"字（ᗅ）的立放（汉语大字典编辑委员会，2010，p.18）。古代军队远征往往依靠着山丘扎营，故以"丘"的立放来表示军队"师"这个概念（郑春兰，2018，pp.462-463）。这种解释有一定道理。"师"的本义为商周时代军队的一种编制单位，以2500人为师。由此引申指"军队"。众必有长以率之教之，又引申为"先生；老师"、"对僧、尼、道士的尊称"和"效法；学习"。又引申指"掌握专门知识或精通某种技艺的人"。后指"太师"、"师氏"之类的官名，掌教民之事。"师"人数众多，又引申为"众人"。"师"又指"古代行政区划单位。十都为师"和"都邑"（汉语大字典编辑委员会，2010，pp.851-852）。

根据上文所论，汪氏语义分析法虽然与奥斯古德（Charles E. Osgood）及其同事创立的语义分析法（method of semantic differential）的中文称谓相同，但二者的内涵不一样。后者实际上是控制联想与计量相组合，用来研究事物"意义"的一种方法。在实施时，被试在一些意义对立的成对形容词构成的量尺上，来对一种事物或概念进行评量，以了解该项事物或概念在各方面具有的意义及其"分量"（杨国枢，文崇一，吴聪贤，李亦园，2006，p.578；汪凤炎，2019b，pp.96-108）。

（二）深度比较法

1. 深度比较法的含义与类型

在研究中，只要能找到好的比较标准和参照系，善用比较的眼光看问题，往往就会有新的收获。

比较是确定对象之间相同点和差异点的方法。根据一定的标准把彼此有某种联系的对象加以对照，从而确定其相同与相异之点，便可以对对象作初步分类。只有在对各个对象的内部矛盾的各个方面进行比较后，才能把握对象间的内在联系，认识对象的本质（陈至立，2019，p.258）。在研究中国传统德育心理学思想时恰当运用比较法，可以很好地突显其特色与时代价值。不过，在进行中外比较（尤其是中西比较或中日比较）研究时，不能作简单比较，而要进行深度比较。深度比较法是指对生活于两种或两种以上的大文化圈或小文化圈的人的心理与行为进行比较研究时，要深入人的心灵深处进行对比，而不是作雾里观花式或隔靴搔痒式比较。浅层次的比较法或简单比较法是本书不赞成使用的。

深度比较法就比较方式而言，主要有以下两大类。

一是纵向深度比较法和横向深度比较法。按比较对象所处时间向度的不同，可以将深度比较法分为纵向深度比较法和横向深度比较法，在具体研究中，这两种比较法可灵活运用。纵向深度比较法是将不同时期彼此有某种联系的事物加以对照，从而确定其同异关系的方法。通过纵向深度比较，可以看出中国文化心理学的发展变化情况。横向深度比较法是将同一时期内彼此有某种联系的事物加以对照，从而确定其同异关系的方法。通过横向比较，能看出各家心理学思想的特色及相互关系（杨鑫辉，1994，pp.28-29）。当然，在比较不同性质的心理学思想时要妥善兼顾进化论、演化论和文化相对论的视角。这是因为科技思想一般是进化的，而人文社会学科思想一般是演化的，在对比偏重自然科学领域的心理学思想时宜用进化论视角，在对比偏重人文社会科学领域的心理学思想时宜用演化论视角。同时，在运用横向深度比较法比较两种异质文化的某种思想时一般要适当坚持文化相对论，平等看待各种异质文化，做到相互取长补短。正如许嘉璐所说："人类需要不同文明的对话，在对话中一定离不开传统，因为现实就是过去的延续和发展。不同文明之间需要相互了解，每一种文明都有自己独有的杰出贡献。对于对方有而自己欠缺的，就要欣赏，只有达到一个欣赏的高度，才会向对方学习，最后达到双方共同发展的目的。"（钟哲，2011）因此，在运用横向深度比较法比较两种异质文化的某种思想时，要尽量避免出现"自己的文化处于优势文化的霸道论调"或"自己的文化属于劣等文化的自卑论调"。因为一旦有"自己的文化处于优势文化的霸道论调"，就容易看不到自身文化的缺点以及他种文化的优点，不但容易让自己成为"井底之蛙"，也不利于不同文化圈的平等对话与交流；一旦有"自己的文化属于劣等文化的自卑论调"，就容易让自己丧失文化自觉意识与研究者的主体性，进而容易对"外来和尚"产生盲从，不但会降低研究成果的文化效度，而且不易产生原创性成果。（汪凤炎，郑红，2014，pp.28-29）

二是明比法和暗比法。按呈现比较对象的方式是明还是暗的特点，可以将深度比较法分为明比法和暗比法。在具体研究中，这两种比较法可以灵活运用。明比法是先将 A 和 B 两个事物都明确摆放出来，然后对二者进行深度对比的方法。暗比法是先将 A 事物作为一个隐含的背景知识，在此基础上将 B 事物与其进行深度对比，然后揭示 B 事物的内在规律的比较方法。一般而言，只有当某一事物是公认的，或者至少为学术圈内的大多数同行所熟悉，此事物才可以作为隐含的背景，相应地，才可以进行暗比（汪凤炎，郑红，2014，p.29）。

2. 使用深度比较法时宜注意的事项

无论从个体还是从群体角度看，人的心理兼具的自然性和人文社会性往往呈现出宋代大儒程颐所说的"理一而分殊"（程颢，程颐，2004，p.609）规律。"理一而分殊"的含义与施韦德等人（Shweder et al., 1998）主张的"一种心智，多种心态"（One mind, many mentalities）的含义相通：只要是人，即作为人类物种，不管分属于哪一种文化，都有共同的基因谱系与基本生理结构以及共同的人性、共同的心智结构与功能，这种共同性便是"理一"。正因为有共同的基因谱系与基本生理结构，不同人种、不同地域的男女（只要彼此身心健康且发育成熟）相互通婚才能生出正常的子代。正因为有共同的人性，生活在同一个地球上的不同人种、不同地域的人才有共同的心理结构、共同的需要以及共同的情绪等共同的心理。正如宋代大儒陆九渊（1139—1193）在《陆九渊集》卷二十二《杂说》里所说："千万世之前，有圣人出焉，同此心同此理也。千万世之后，有圣人出焉，同此心同此理也。东南西北海有圣人出焉，同此心同此理也。"美国心理学家尼斯比特（Nisbett, 2003，p.xiv）也指出，人具有相同的基本认知过程，它包括感知、记忆、因果分析（causal analysis）、分类（categorization）和推理（inference）；来自不同文化的人有不同信仰，不是因为他们的认知过程有差异，而是因为他们接触到世界的不同方面，或是因为他们所受的教育有差异。中西方人所处的自然与人文社会环境有一定差异，所受教育也有一定差异，不同个体的心理与行为还有一定的个体差异。因此，共同的基因谱系与生理结构造就个体相貌体质的差异，而共同的人性基础与心智功能，在不同文化及同一文化中的不同个体间也存在差异性表现，结果，生活在不同文化类型中的人有不同心态，生活在同一文化类型中的个体的心态也有较大差异，这表现在生活的各个层面上。这种差异性便是"分殊"。这意味着，越是偏重通过生物进化得来的心智结构与功能，越具有较多的文化普适性；越是侧重通过文化生成的心理，越具有较高的文化相对性（李美枝，2011；汪凤炎，2019b，pp.2-4）。克拉克洪和默里（Kluckhohn & Murray，1953，p.53）说得好："每个人在某些方面：像所有其他人；像一些其他人；不像其他人。"这意味着，每个人的心理都包含三部分：一部分心理是全人类共有的，一部分心理是部分人共有的，还有一部分心理是个体独有的。这三部分心理分别类似于荷兰学者吉尔特·霍夫斯泰德（Geert Hofstede）及其长子格特·扬·霍夫斯泰德（Gert Jan Hofstede）所说的人性、文化和人格。尽管这三部分心理在每个人身上所占份额不同，但几乎可以肯定，对绝大多数人而言，完全属个体独有的心理所占份额一定是最小的。同时，人类由进化而来的心理基本是相同的；不同文化虽有差异，但也有共性，故由文化而生的心理也有一定的相通之处。相应地，在个体心理中，属全人类共有的心理所占份额最大，属某种文化独有的心理所占份额次之，属个体独有的心理所占份额最小。

这样，在具体研究中，若想切实贯彻深度比较法，运用纵向深度比较法要兼顾文化进化论和演化论，运用横向深度比较法要坚持文化相对论，此外还必须做到以下五点。

第一，摒弃不恰当的对比思路，坚持科学的对比思路。在当代中国心理学界，一些学人有意无意存在这样一种心理：一提及中国的心理学思想尤其是中国传统心理学思想，就将其和"老古董"等同起来，以为只有西方尤其是美国的心理学思想才是先进的、值得探讨的。在这种意识下进行中西心理学的专题比较，容易滋生出这样一个想法：中西心理学思想具有可比性吗？言下之意，西方现代心理学那么发达，而中国现代几乎没有自己的心理学思想可言，中国传统的心理学思想又全是"老古董"，二者之间有什么可比之处？若真要进行中西心理学的专题比较,那结论是明摆着的:西方心理学思想达到世界领先水平,而中国心理学思想非常落后,因此,只有全盘接受西方心理学思想,才能促进当代中国心理学的发展。之所以会得出这种结论,是因为在进行中西心理学思想的对比时用错了视角。这种错误的视角主要有二:(1)运用外在逻辑原则,简单地以西方心理学思想为参照进行中西对比。蕴含在甲(或 A)种文化之内而非蕴含在乙(或 B)种文化之内的逻辑,这种逻辑对甲(或 A)种文化而言属内在逻辑,对乙(或 B)种文化而言便属外在逻辑。外在逻辑原则是指用通行于甲(或 A)种文化的逻辑来研究乙(或 B)种文化的做法。内在逻辑是指用通行于甲(或 A)种文化的逻辑来研究甲(或 A)种文化的做法。稍加比较可知,在史学研究中,用内在逻辑原则比用外在逻辑原则更易得到有价值的结论。若简单地以西方心理学思想为参照和标准来看待中国心理学思想,就好比用刀或叉的标准来看待筷子,自然筷子绝不是好的刀或叉。(2)机械地以时间为参照系进行中西对比。若机械地以时间为参照系,将中国古代、近代和现代的心理学思想一一对应地与西方古代、近代和现代的心理学思想进行对比,就很容易得出中国现当代心理学思想远不如西方现当代心理学思想的结论。因为由于种种因素的影响,现当代中国的科学文化发展水平(包括心理学)总体不如西方。不过,这并不意味着就承认中国的科学文化发展水平都落后于西方。就拿心理学思想而言,一些人之所以得出上述这种对比结果,说到底,是因为采用了不恰当的对比思路。之所以这样说,是因为这种对比从逻辑上说是一种简单的、以时间为向度的对比,而且从思维方式上,这是一种机械思维方式。合理的视角是,兼顾中西文化特色,同时打破时空的物理限制,在中西心理学思想史上找到不仅具有历史价值更具有现代意义的主题进行中西对比,审视各自的价值。用这种研究视角反观中国德育心理学思想尤其是中国传统德育心理学思想就会发现这样一个事实:一些中国德育心理学思想尽管产生的时间颇早,尽管其载体是古籍,但其影响和价值并不局限于古代,对近现代中国人的心理与行为都有重要的影响,与现代西方相关的德育心理学思想进行对比,毫不逊色。

第二,从文化的内部进行比较。在就某一主题进行中外对比之前,对中国文化以及将要与之对比的他国文化先要有尽可能系统而深刻的把握,力求深入到两种文化的内部来看生活在这两种文化中的人的心理与行为方式的异同，而不能重蹈过去跨文化心理学研究者的覆辙：一些跨文化心理学研究者在研究中主要采用自然科学模式，而且常常是以西方的文化为视角，站在别的文化的"外部"来简单对比某种文化下人的心理和行为与西方文化中人的心理和行为的异同；同时，强调文化间的心理与行为的相似性甚于差异性，目的主要是验证西方（尤其是美国）心理学者发展的理论和方法适合非西方文化，从而试图建立适用于全人类的心理学理论体系，于是受到一些学人的批评，批评者将此类受美国主流心理学主宰的跨文化心理学称作西化的跨文化心理学（Westernized cross-cultural psychology）（杨国枢，黄光国，杨中芳，2005，p.4，p.9）。那么，如何衡量一种比较是站在文化内部还是文化外部进行的？这就要确定一个标准：看研究成果是否有良好的解释力。如果一项研究成果具有良好的解释力，它就是站在文化内部比较得出的研究成果；反之亦然。为了便于操作，又可以细化为三个具体做法。（1）与生活在此文化圈多数人的日常生活方式相比，看二者一致性程度的高低。如果将一项比较研究的结果与生活于此文化圈多数人的日常生活方式相比，二者存在高度一致性，那么这项比较研究就是深入文化内部进行的；反之亦然。例如，中日两国文化中都有厚重的耻感文化，但通过深入比较研究可以发现，中日两国的耻感文化有本质差异：假若说日本人信奉的耻感文化的主体是他律文化，那么中国人信奉的耻感文化则既有他律性更有自律性，为此有必要将在日本流行的耻感文化命名为"日式耻感文化"，将在中国流行的耻感文化命名为"中式耻感文化"。将此研究成果与当代多数中国人的日常行为或日本人的日常行为相对照，发现彼此之间有高度的一致性，能较好地解释中国人的脸面行为与日本人的脸面行为，因此这项研究就是基于中日文化的内部进行比较的。（2）与一项公认做得好的研究成果相比较，看二者一致性程度的高低。假若将一项比较研究的结果与一项公认做得好的研究成果相比，二者存在高度的一致性，那么这项比较研究就是深入文化内部进行的；反之亦然。（3）与广泛流行于一文化内部的经典语录、格言、谚语、俚语、俗语或口头禅相比较，看彼此之间吻合程度的高低。假若将一项比较研究的结果与广泛流行于一文化内部的经典语录、格言、谚语、俚语、俗语或口头禅相对照，二者之间有较高的吻合程度，那么这项比较研究就是深入文化内部进行的；反之亦然（汪凤炎，郑红，2011，pp.43-44）。

第三，不能简单地将其他因素引起的差别归因于文化。人的心理受到来自主观和客观方面多种因素的影响，文化只是其中重要的影响因素之一。在对中外尤其是中西方人的心理进行比较时，不能简单地将其他因素（例如经济因素、管理制度因素、性别因素、年龄因素、人格因素与智力因素等）引起的差别归因于文化，否则，会犯泛文化主义的错误。

第四，切实贯彻求同研究与求异研究相结合的原则。现代新儒学大家熊十力（1885—1968）说得好："凡言学者，宜求析异，亦不可忽于观同。……故知言同不能无异，言异不能无同。"（熊十力，1996，p.203）求同研究在上文已有论述，这里只再简要论述求异研究。求异研究要求在研究某一个主题时，要适当参照研究中国文化尤其是中国传统文化相关学科（如中医史、中国哲学史和中国思想通史）的研究成果，甚至还要适当参照有关描述中国人心理与行为的一般常识，看中国学人是否提出过与西方学人不同的主张或思想。求异研究的理论依据在于，人的心理有个体差异，同时，不同文化之间有差异，对于同一问题，中国学人可能会提出与西方学人不同的见解。求异研究的现实意义在于，只有民族的才是世界的。从中国文化中提炼出不同于西方的心理学思想，有利于促进整个心理学的发展，有利于促进中国特色心理学的建设，有利于增强民族自信心。因此，笔者主张，在兼顾求同研究与求异研究的同时，更要突出求异研究的重要性。同时，也要谨记避免下述不恰当的做法：片面夸大心理差异而忽视共性心理。因为广义的文化心理学[①]研究成果表明，不论中国人还是西方人，都有同样或类似的心理。在对中西方人的心理进行比较时，宜避免片面夸大心理差异而忽视共性心理的错误做法。由此可见，笔者的这一看法不同于跨文化心理学强调文化间的心理与行为的相似性甚于差异性，与文化心理学强调文化间的心理与行为的差异性甚于相似性也是不一样的。

---

① 广义的文化心理学，包括狭义文化心理学、跨文化心理学、本土心理学与心理人类学（psychological anthropology）在内（Berry, Poortinga & Pandey, 1997）。

第五，找出中国传统德育心理学中"活的东西"以突显其现代意义。基于上文所讲研究中国传统德育心理学的主要理由，运用深度比较法的一个重要目的是，找出中国传统德育心理学里"活的东西"以突显其现代意义（汪凤炎，郑红，2014，pp.29–33）。

第二章

中国传统德育心理学思想的历史背景

中国传统文化缘何蕴含丰富的德育心理学思想？从逻辑上讲，要回答这个问题，必须弄清：（1）中国传统文化为何重德育？（2）中国传统德育为何重视心理因素的作用？

第一节　中国传统文化重德育

以礼仪之邦闻名于世的古代中国非常重德育，道德文化可以说是中国传统文化中最成熟且分量最重的部分。是什么缘由让古代中国如此重德育？从理论上说，这个问题可以分解为下面两个小问题：一是德的功能问题；二是德的来源问题。假若说德对人对己的功能不大，人们无需德，当然也就不需要德育。只有当人们认识到德的益处时，人们才需要德。德要有用，这是德育成为可能的一个必要条件。仅由此一点还不能解答为什么先哲多重德育的事实，还必须进一步追问：个体是否先天具有德？假若是，人们也不需要德育；如果不是，个体的德又是怎样获得的？

一、德之功能

先哲认识到德具有两大功能：内圣功能与外王功能。德的内圣功能主要指德具有促使个体自我完善的作用；德的外王功能主要指德具有维护国家长治久安的作用。先哲多认为德的这两种功能互为促进、相辅相成。德的内圣功能是发挥其外王功能（即社会功能）的基础，德的外王功能是德的内圣功能的具体体现，用《庄子·天下》中的话说，就是"内圣外王之道"。

（一）"德者所以修己也"：德的内圣功能

先哲重视德，在于他们很早就清楚认识到德有重要的内圣功能。

1."民无信不立"：德是做人的基准

中国人向来重视做人问题，这是每一个中国人乃至生活在中国文化圈里的外国人都能深深感悟到、体会到的。其中的缘由主要是，中国传统文化多认为，个体在诞生之初充其量只是一个自然人，这种自然人与禽兽其实并无什么本质的区别，还不能叫作真正的人，真正意义上的人实指合乎一定社会文化要求的社会人，这种社会人主要是靠自己做出来的，这个"做"字的含义就是"做父亲"和"做儿子"的"做"。是父或子的人，做父或子应该做的事情，就是做父亲或做儿子。是父亲或儿子的人，不做父亲或儿子应该做的事情，即"父不父，子不子"。如果是人的人，不做人应该做的事，即"人不人"。所谓"人不人"，其实就是说一个人不是人。在汉语里，人们骂人常用"你不是个人"这句话，这句严厉的骂人之语就是基于上述文化背景的。在别的语言中，好像没有与此相当的话语。美国人常用的一句骂人的话，译为汉语是"天杀的"，美国人这句骂人的话是以一种信仰为文化心理背景的（冯友兰，1996a，pp.387–388）。

可见，在中国人的做人过程中，"德"具有重要作用："德"是成"人"的依据。换句话说，人们需要"德"，主要在于"德"是做人的最起码要求，人无"德"就不成为"人"。例如，对"德"之一目的"信"而言，据《论语·颜渊》记载，孔子就说"民无信不立"，主张"信"是做人最起码的准则。《孟子·离娄下》说："人之所以异于禽兽者几希，庶民去之，君子存之。"认为人不同于禽兽的地方不多，一个人若想使自己不沦落为与禽兽为伍，就必须时刻保持人不同于禽兽的独特的心理品质。综观孟子的言论，这些独特的心理品质主要就是人的道德品质。因此，《孟子·公孙丑上》说："无恻隐之心，非人也；无羞恶之心，非人也……"正由于此，据《二程集·河南程氏遗书》卷第二十五记载，深谙孟子思想原旨的程颐才说："君子所以异于禽兽者，以有仁义之性也。苟纵其心而不知反，则亦禽兽而已。"（程颢，程颐，2004，p.323）《荀子·王制》也说："水火有气而无生，草木有生而无知，禽兽有知而无义，人有气、有生、有知，亦且有义，故最为天下贵也。"荀子未必有清晰的进化论思想，不过，从他的这一言论看，似乎也有朦胧的进化论思想，这里仅是将之明确化而已，并无美化古人之意。从物种进化的角度立论，由水火进化至草木再进化至禽兽再进化至人，前一级生物与紧接着的后一级生物之间的差别其实是很小的。例如，就禽兽与人而言，其差别就在于有无"义"：无"义"者为禽兽，有"义"者为人。于是，一个人若无"义"，那么他与禽兽就没有什么区别。因此，荀子在《劝学》中说："故学数有终，若其义则不可须臾舍也。为之，人也；舍之，禽兽也。"此思想为其后历代学者所承继，限于篇幅，此处仅举二例。

扬雄在《法言·修身》里说："或问：'何如斯谓之人？'曰：'取四重，去四轻，则可谓之人。'曰：'何谓四重？'曰：'重言，重行，重貌，重好。言重则有法，行重则有德，貌重则有威，好重则有观。''敢问四轻。'曰：'言轻则招忧，行轻则招辜，貌轻则招辱，好轻则招淫。'""重言"与"重行"明显属于"德"的范畴；"貌重则有威"一语典出《论语·尧曰》："君子正其衣冠，尊其瞻视，俨然人望而畏之，斯不亦威而不猛乎？""'好重则有观'者，好是懿德，所以视民不佻。"（汪荣宝，1987，p.97）合而言之，扬雄主张的上述四种判断人之所以为人的标准全属道德标准。正因为如此，扬雄在《法言·修身》里又说："天下有三门：由于情欲，入自禽门；由于礼义，入自人门；由于独智，入自圣门。"认为个体必由礼义才可入"人门"而成为"人"，在此基础上，若能做到潜心涵养，进而不已，就可入"圣门"；不过，个体若任情纵欲，则入"禽门"，不得为"人"。一句话，一个人假若按照人之所以为人者、人之所以异于禽兽者去做，就是做人；做人做到完美无缺的程度，就是圣人。北宋邵雍在《皇极经世·观物篇四十二》里所说："是知人也者，物之至者也；圣也者，人之至者也。"反之，如果不照着人之所以异于禽兽者去做，而只照着人之所以同于禽兽者去做，他就不是做人，而是做禽兽。这表明，依中国传统的做人理念，人主要是靠自己做出来的，而不是天赋的，这样，中国先哲实际上是将人的社会性尤其是德性作为确定一个人是"人"的主要依据，因此出自清人刘芳喆著的《拙翁庸语》中的下面这段话是中国人向来深信不疑的道理："自己肯作人，便是个人；自己不肯作人，便不是个人。自己是个人，别人也把你当个人；自己不是个人，别人也把你不当个人。别人把你当个人，你便真是个人；别人把你不当个人，你便真不是个人。"于是，做人是中国古人的头等大事，一个人在未做好"人"之前，是没有精力也没有必要去做事的。这是致使中国传统文化具有伦理道德型特点的深层原因之一。此思想至今仍有相当影响。这从今人对"人才"的解释里可见一斑。在当代一些学人乃至平常人的心中，"人才"是先成人（成有德之人）后成才之义，一个人若未成人，要才干什么？这种做人理念的最大优点是，以德性的有无为尺度，将人从其他万物尤其是禽兽中凸显出来，强调人的独特价值与做人的尊严。这种做人理念的明显不足有二：一是容易抹杀人的生物属性，进而不易重视和尊重一个人的基本做人权利（基本人权）；二是割裂了德与才之间的辩证关系，主张在德与才不能兼得的时候，宁要德不要才。这种思想若发展至极处，就会产生德与才完全对立的观点，滋生"知识越多越反动"之类极左思想。当代中国的道德教育应引以为戒。

中国人的这一做人思想与西方人的观念截然不同。在西方文化中，人们多认为，"人"是上帝"制造"出来的，这样，任何人都天赋地拥有做人的权利（天赋人权）；换言之，在西方人眼中，确定一个人之所以为人的主要依据是人的生物性，一个人只要具备为人的基本生物条件，不论你做与不做，都是人。西方人的这一成人的条件其实很容易达到：一个生物个体只要是由人妈妈生出来的（试管婴儿之类的技术是现代科技的产物，过去任何一个人都必须从人妈妈子宫里生出来），不论长相俊丑，智商高低，实际上都具备为人的生物条件，因此人权实际上是天赋的。既然做人如此容易，这样，相对而言，做人问题在西方文化传统里就不构成一个重要问题，由是，西方人转而将目光转向做事，做事成为西方人心目中一个挺重要的事情。

2. "学者，所以求为君子也"：提升人格境界

美国心理学家罗希（Eleanor Rosch）提出的原型理论（prototype theory）告诉人们，概念主要以原型（即它的最佳实例）来表示，人们主要从最能说明概念的一个典型实例来理解概念（Rosch，1975）。就原型而言，孔子、孟子、范仲淹和王守仁等人身上展现出来的自我可视作儒家自我太极模型的原型，因为这些人可视作儒家的典范。若将太极中的阴和阳分别代表小我和大我，就生出儒家自我的太极模型（见图 2-1）。

根据图 2-1，从自我边界的大小上讲，外面代表"太极"的最大圆指儒家自我；因为小我比大我相对黑暗（更易自私），故用"阴"（黑色）表示小我；因为大我比小我相对明亮（更易亲社会），故用"阳"（白色）表示大我；"黑中白点"暗示小我里蕴含大我的种子，即天理

图 2-1 儒家自我的太极模型
（Wang, Wang & Wang, 2019）

或孟子所说的善端，故个体通过持久的修身养性便能不断成全大我；"白中黑点"暗示大我里潜藏小我的种子，即人欲或荀子所说的恶端，个体的品行若未达到"从心所欲，不逾矩"的圣人境界时就放弃继续修行的念头，一旦放松警惕，只要一遇不良道德情境，就易心生恶念，心生恶念后若不能及时消除，就极有可能使个体的自我倒退，大我就变小我了。儒家自我的太极模型形象地告诉人们：（1）儒家自我的太极模型吻合中国人推崇的阴阳思维模式（也叫中式辩证思维），因此，儒家自我的太极模型里的小我与大我双方相互对应，互为参照，它们虽然能各自独立存在，却无法彻底分离，因为彼此相互包含，小我中蕴含大我的种子，大我中潜藏小我的种子；与此同时，小我与大我此消彼长、此长彼消，不过，双方虽然能相互转化，却只能是部分转化，而且是有条件的，双方永远共存，一方无法彻底扬弃或消灭另一方（李平，2014，pp.246-248）。这意味着，即便极端自私乃至万恶之徒，其心中仍潜藏大我的种子，才有"放下屠刀，立地成佛"的可能；即便是圣人，其心中也仍有小我的种子，只不过圣人将其收拾得非常好，才能做到"从心所欲，不逾矩"；若是君子，一旦不洁身自爱，仍有可能成魔。（2）儒家自我的太极模型在人性论上融汇了孟子的性善论和荀子的性恶论，体现了《孟子·尽心上》所说的"穷则独善其身，达则兼善天下"，即穷时退守到小己，做到"独善其身"，达时则将自我扩展至"民胞物与"的境界，做到"兼善天下"，也体现了阴阳思维方式，吻合儒家自我在中国社会文化历史里的演化脉络，暗合费孝通的"差序格局"观，因此，自《韩非子·显学》说"世之显学，儒、墨也"起（在时间上至迟不晚于公元前233年，因为韩非子于公元前233年在秦国狱中自杀身亡），直至当代，儒家倡导的自我的太极模型在多数时间内都是自我太极模型的主流样式。（3）以儒家自我的太极模型为内核，就能生出自我圆融说。它的核心要义是，个体虽然只有一个自我，但自我中有大我与小我之分，犹如太极内的阴与阳一般，而且二者的关系是此消彼长、此长彼消，持久的心性修养使小我变得越来越小（最终小至一个黑点，却无法消亡），大我变得越来越大（最大的大我是民胞物与式自我），并让它们相互和谐、圆融，就能不断提升自我，当自我提升到一定境界后便能发展出成熟自我乃至圆融式自我，此时，他就能做到万事圆融（安乐哲，2006）。事实上，儒家以及深受儒家影响的中国人的自我修养过程正是有意无意地按自我圆融说进行的。

在儒学看来，自我修养与做人密切相关，而做人主要是要妥善处理好大我与小我的关系。要处理好大我与小我的关系，就必须处理好"忠与孝"（国与家）、"公与私"、"知与行"、"情与理"、"天理与人欲"、"人与自然"等多对关系，并由此而生不同的做人境界，即自我修养境界。借鉴冯友兰在《新原人》中按觉解程度由低到高将做人分为自然境界、功利境界、道德境界、天地境界四重境界（冯友兰，1996a，pp.554-558）的思想，在儒家文化中实蕴含如下四重做人境界说，同时，若引入数量的概念，在这四种境界的做人之间还有无数混合层次。

第一重做人境界：做自然人。如果一个人全然不知其所处社会的伦理道德规范和法律制度、自己与他人的处境以及自己言行的利害得失，全然不理会其所处社会的伦理道德规范和法律制度、自己与他人的处境以及自己言行的利害得失，只照着自己的自然本性去做人，他就在做自然人。自然人浑然不知世事，其言行无善无恶。像婴儿饿了就要吃，渴了就要喝，困了就要睡，否则，就又哭又闹，全然不顾及当时的情境和行为的利害得失，就是在做自然人。自然人未步入"成人"的行列，不算真正意义上的社会人。在儒家自我的太极模型中，自然人处于阴阳未分化前的混沌状态，也处于自我的起点，在这一点上，它是绝对小我，而且是未将任何社会规范纳入其中的绝对小我。

第二重做人境界：做常人。这样两类伦理道德规则构成人类伦理道德的底线：一类是伦理道德中有关禁止做那些连禽兽都不会去做的事的规则，如"虎毒不食子"，个体一旦突破此底线去做了，便连禽兽都不如；另一类是伦理道德中有关禁止做那些禽兽可做但人不能做的事的规则，如"乱伦"，个体一旦突破此底线去做了，就是禽兽。无论是"禽兽"还是"连禽兽都不如"，都意味着未"成人"。假若个体在做人过程中谨守伦理道德的底线，不让自己的言行沦落到伦理道德底线之下，他就"成人"了（汪凤炎，2022a）。

"成人"有不同的境界或阶段，"成人"的第一阶段是做常人。如果一个人参与社会生活，通过交互活动习得知识和行为规范，并遵守行为规范，从而转变成社会成员之一，知晓或计较自己言行的利害与得失，但无论是做人还是做事，一生都业绩平平，他就在做常人。据《论语·学而》记载，孔子说："弟子，入则孝，出则悌，谨而信，泛爱众，而亲仁。行有余力，则以学文。"在孔子看来，在现实生活中，一个后生若能够做到在父母跟前就尽孝，离开自己的房子就敬爱兄长，寡言少语，诚实可信，博爱大众，亲近有仁德的人，这样身体力行之后还有余力，再去学习文献，就是一个合格的后生。这种合格的后生就是常人（杨伯峻，1980，pp.4-5；杨泽波，2019）。可见，常人就是守规矩的普通人。这个规矩，在先秦儒家眼中，主要是孔子在《论语·颜渊》中所说的"君君，臣臣，父父，子子"以及孟子所说的"五伦"；自汉武帝之后至清朝灭亡止，主要是"三纲五常"。在当代中国，这个规矩主要是社会主义核心价值观和法律。常人的德行与事迹都普普通通，其言行既有小善，也可能有小恶。常人包括人们常说的老实人与成熟人等多种子类型。做成常人就算步入"成人"序列，虽然它仅是"成人"的最低阶段，却是真正意义上的社会人。若做成小人或罪犯，则属做人失败，即未步入"成人"的序列，自然也算不上是常人。

将常人做好既是"成人"的必要一环，也有一定难度，此难度主要体现在知难和行难两个方面。知难主要体现在对社会认可的一套做常人的行为规范不易做到全面、准确的理解，常常仅知其然，但不知其所以然。行难主要体现在三个方面：易松懈，不易做到持之以恒；遇到诱惑易分心，不易做到一心一意地行善；遇到困难和阻力尤其是遇到大困难和大阻力时易退却，甚至放弃初心（杨泽波，2019）。在儒家自我的太极模型中，常人自我结构中的阴与阳部分已经分离，二者之间的转变也已经开始，也就是说，其大我与小我均已初步形成，而且大我有逐渐增大的趋势，但其发展程度相对初级，也未达到与小我和谐相处的状态。

顺便指出，德国哲学家海德格尔（Martin Heidegger，1889—1976）在《存在与时间》第一篇第四章"在世作为共在与自己存在。常人"中也有"常人"的概念（海德格尔，2012，p.131）。不管海德格尔是在何种意义上使用"常人"概念，其"常人"概念带有负面色彩，常人有共处同在、庸庸碌碌、平均状态（常人是一种平均状态）、公共意见、卸除存在之责、迎合和从众等特征。"常人以非自立状态与非本真状态的方式而存在。"（海德格尔，2012，p.149）人们也常在这个意义上使用"常人"概念。受此影响，摆脱"常人"状态，追求本真存在，早已成为当下伦理学界和德育界流行的观点。不过，尽管追求善的生活不能满足于做常人，但做常人是"成人"的基础与前提，并非如人们想象的那样不堪，若想做成君子，做成圣人，首先应该考虑的不是从"常人"状态中解脱出来，而是先要做好"常人"（杨泽波，2019），正所谓"登高必自卑"。

第三重做人境界：做君子。做人要力争做君子，莫做小人，此见解是孔子首倡的。"君子"本是"古代大夫以上、据有土地的各级统治者的通称"，其含义从春秋末年后逐渐转变成泛称"有才德的人"（陈至立，2019，p.2317；广东、广西、湖北、河南辞源修订组，商务印书馆编辑部，1983，p.486）。据杨伯峻的研究，在《论语》一书中，"君子"一词共出现"107"次（杨伯峻，1980，p.241），其中意指"有才德的人"的"君子"共106次，意指"在高位的人"的"君子"只有1次。可见，正是自孔子开始，才将"君子"一词大量用于指称"有才德者"，而原本指称"在上位者"的"君子"一词的使用频率则大幅度减少，乃至最终不用了。"小人"本指被统治的劳动生产者，其含义从春秋末年后逐渐转变成泛称"无德的人"（陈至立，2019，p.2317，p.4851；广东、广西、湖北、河南辞源修订组，商务印书馆编辑部，1983，p.882）。据杨伯峻的研究，"小人"一词在《论语》里共出现24次，其中指"无德之人"的"小人"共20次，指仅有低微社会地位的"老百姓"的"小人"共4次（杨伯峻，1980，p.218）。可见，正是自孔子开始，才将"小人"一词大量用于指称"无德的人"，而原本指称"被统治的劳动生产者"的"小人"一词的使用频率则大幅度减少，乃至最终不用了。因此，清人俞樾在《群经平议·卷三十·论语一》里说得颇中肯："古书言君子小人，大都以位而言。……《白虎通·号篇》曰：'君之与臣无适无莫，义之与比。'是汉世师说如此。后儒专以人品言君子、小人，非古义矣。"

如果一个人在做人时自觉履行君子的行为规范，并像《荀子·劝学》所说的"君子之学"那样做到知行合一（详见本书第十章第一节），做久了，就有可能做成君子。这便是子顺所说的"作之不止，乃成君子"之意。司马光的《资治通鉴·卷第六·秦纪一·孝文王元年》记载："魏安釐王问天下之高士于子顺，子顺曰：'世无其人也；抑可以为次，其鲁仲连乎！'王曰：'鲁仲连强作之者，非体自然也。'子顺曰：'人皆作之。作之不止，乃成君子；作之不变，习与体成，则自然也。'"魏安釐王，姬姓，魏氏，名圉，战国时期魏国第六任国君（前276—前243年在位）。据《史记·孔子世家》和《孔子家语》记载，子顺，姓孔名谦，又名斌，字子顺，又称孔顺，亦称子慎，孔子的七世孙，时任魏国相。魏安釐王问孔斌谁是天下高士，孔斌说："世上没有这种人；如果说可以有次一等的，那么这个人就是鲁仲连了。"魏安釐王说："鲁仲连是强迫自己这样做的，而不是本性的自然流露。"孔斌说："人都是强迫自己去做一些事情的。假如不停地这样做下去，就会成为君子；始终不变地这样做，习惯与本性渐渐地融合为一体，那么就成为自然了。"

君子在做人或做事上一般能取得骄人业绩，其德行能达到有中善无大恶的境界。在儒家自我的太极模型中，君子的自我已发展到一个高水平，与普通人的自我相比，君子的自我可以容纳更多的他人与他物：不仅是他自己和他的近亲，也包括他的家族、邻居以及他的同胞。据《论语·述而》记载，孔子说："圣人，吾不得而见之矣；得见君子者，斯可矣。"（杨伯峻，1980，p.73）这表明，孔子虽然推崇圣人，但又深知圣人难做，故连孔子也未见过圣人。《论语·述而》记载："子曰：'若圣与仁，则吾岂敢？抑为之不厌，诲人不倦，则可谓云尔已矣。'公西华曰：'正唯弟子不能学也。'""子曰：'文，莫吾犹人也。躬行君子，则吾未之有得。'"（杨伯峻，1980，p.76）这虽然是孔子的谦辞，但也表明，在生活实践中做一个君子，并不是一件容易的事情，"做圣"对绝大多数人而言更是奢谈。这样，在现实生活中，一个人若能够做成君子也值得称道（汪凤炎，2022b）。

在孔子儒家看来，与君子相对的是小人，虽然真实生活中不乏小人，甚至可能是小人多而君子少，但小人一向为中国人所不齿，甚至一些小人内心也鄙视自己。君子与小人的划分并不一定出现在不同人群之间，同一群人甚至同一个人在不同时段也有君子成分和小人成分的较量（余秋雨，2015）。因此，据《贞观政要·教戒太子诸王第十一》记载，唐太宗李世民说得好："且君子、小人本无常，行善事则为君子，行恶事则为小人。"如何判定一个人是君子还是小人？

为了让人看清君子与小人品性的差异，在《论语》里，孔子常常将君子与小人的品性进行一正一反的对比表述（见表2-1）。

表 2-1 《论语》所载孔子对君子与小人品性的对比阐述 ①

目 次	君 子	小 人
为政	周而不比	比而不周
里仁	怀德、怀刑	怀土、怀惠
	喻于义	喻于利
述而	坦荡荡	长戚戚
颜渊	成人之美，不成人之恶	反是
子路	和而不同	同而不和
	易事而难说也。说之不以其道，不说也；及其使人也，器之	难事而易说也。说之虽不以道，说之；及其使人也，求备焉
	泰而不骄	骄而不泰
宪问	不仁者有矣	未有仁者
	上达	下达
卫灵公	固穷	穷斯滥
	求诸己	求诸人
	不可小知而可大受	不可大受而可小知
季氏	有三畏：畏天命，畏大人，畏圣人之言	不知天命而不畏也，狎大人，侮圣人之言
阳货	义以为上，有勇而无义为乱	有勇而无义为盗

在表 2-1 里，有些表述中的"君子"和"小人"是分别指在上位者（西周、春秋时期对贵族的通称）与在下位者（西周时对一种被统治的劳动者的称谓），还是指"有才德者"与"无德者"或人格卑鄙的人，或者是二者兼而有之，不得而知。以《论语·里仁》里"子曰：'君子喻于义，小人喻于利。'"为例，虽然《汉书·杨恽传·报孙会宗书》曾引董仲舒的话说是"明明求仁义常恐不能化民者，卿大夫之意也；明明求财利常恐困乏者，庶人之事也"，但这只能看作汉代经师的注解，不必过信（杨伯峻，1980，p.39）。除表 2-1 里的阐述外，在《论语》里，孔子还时常对君子的品行进行单独阐述，其中的经典言论主要有：

---

① 本表引用内容均出自：杨伯峻．（1980）．论语译注．北京：中华书局，pp.17–190。

学而时习之，不亦说乎？有朋自远方来，不亦乐乎？人不知，而不愠，不亦君子乎？（杨伯峻，1980，p.1）

君子食无求饱，居无求安，敏于事而慎于言，就有道而正焉，可谓好学也已。（杨伯峻，1980，p.9）

君子不器。（杨伯峻，1980，p.17）

子贡问君子。子曰："先行其言而后从之。"（杨伯峻，1980，p.17）

富与贵，是人之所欲也；不以其道得之，不处也。贫与贱，是人之所恶也；不以其道得之，不去也。君子去仁，恶乎成名？君子无终食之间违仁，造次必于是，颠沛必于是。（杨伯峻，1980，p.36）

君子之于天下也，无适也，无莫也，义之与比。（杨伯峻，1980，p.37）

君子欲讷于言而敏于行。（杨伯峻，1980，p.41）

有君子之道四焉：其行己也恭，其事上也敬，其养民也惠，其使民也义。（杨伯峻，1980，pp.47-48）

质胜文则野，文胜质则史。文质彬彬，然后君子。（杨伯峻，1980，p.61）

君子博学于文，约之以礼，亦可以弗畔矣夫！（杨伯峻，1980，pp.63-64）

司马牛问君子。子曰："君子不忧不惧。"曰："不忧不惧，斯谓之君子已乎？"子曰："内省不疚，夫何忧何惧？"（杨伯峻，1980，p.124）

君子耻其言而过其行。（杨伯峻，1980，p.155）

子曰："君子道者三，我无能焉：仁者不忧，知者不惑，勇者不惧。"子贡曰："夫子自道也。"（杨伯峻，1980，p.155）

子路问君子。子曰："修己以敬。"曰："如斯而已乎？"曰："修己以安人。"曰："如斯而已乎？"曰："修己以安百姓。修己以安百姓，尧舜其犹病诸？"（杨伯峻，1980，p.159）

君子义以为质，礼以行之，孙以出之，信以成之。君子哉！（杨伯峻，1980，p.166）

君子病无能焉，不病人之不己知也。（杨伯峻，1980，p.166）

君子疾没世而名不称焉。（杨伯峻，1980，p.166）

君子矜而不争，群而不党。（杨伯峻，1980，p.166）

君子不以言举人，不以人废言。（杨伯峻，1980，p.166）

君子谋道不谋食。耕也，馁在其中矣；学也，禄在其中矣。君子忧道不忧贫。（杨伯峻，1980，p.168）

君子有三戒：少之时，血气未定，戒之在色；及其壮也，血气方刚，戒之在斗；及其老也，血气既衰，戒之在得。（杨伯峻，1980，p.176）

君子有九思：视思明，听思聪，色思温，貌思恭，言思忠，事思敬，疑思问，忿思难，见得思义。（杨伯峻，1980，p.177）

子贡曰："君子亦有恶乎?"子曰："有恶：恶称人之恶者，恶居下流而讪上者，恶勇而无礼者，恶果敢而窒者。"（杨伯峻，1980，p.190）

不知命，无以为君子也。（杨伯峻，1980，p.211）

若再结合孟子和荀子等人的有关论述看，判断君子和小人的标准主要有十五个：仁、义、礼、智、信、诚、忠、恕、勇、中庸、孝、文质彬彬、和而不同、谦虚和自强。依中国传统文化尤其是儒家文化的解释，君子与小人之间的心理素质和言行表现泾渭分明：一个人在做人过程中，凡是从整体上较好地体现出这十五种素质的人就是君子；反之，凡是基本上不具备这十五种素质的人就是小人（汪凤炎，郑红，2008）。正如《淮南子·泰族训》说："圣人一以仁义为之准绳，中之者谓之君子，弗中者谓之小人。君子虽死亡，其名不灭；小人虽得势，其罪不除。"这里之所以用"较好"和"基本上"这两个限定词，是考虑到中国传统文化的多元性，不同学者对这十五种品质的态度并不完全一样。同时，在孔儒心中，上述十五种人格特质的重要性是不一样的。若借用现代人格心理学的术语，上述十五种特质中的后十一种特质只是君子人格的表面特质（surface traits），前四种特质才是君子人格的根源特质（source traits）。因为，第一，孔子曾说："仁者必有勇，勇者不必有仁。"（杨伯峻，1980，p.146）可见，一个人一旦有"仁"，其内必有"勇"的素质。第二，孔子曾说"夫仁者，己欲立而立人，己欲达而达人"（杨伯峻，1980，p.65），并将"宽"视作仁者的品质之一（杨伯峻，1980，p.183），而"宽"本有"宽容"、"宽恕"之义，这说明"忠"（即"己欲立而立人，己欲达而达人"）和"恕"本就是"仁者"具备的两个重要品质。需要指出，宽容不是宽恕。宽恕是指个体遭受到不公正的伤害后，个体对冒犯者或伤害者的认知、情绪和行为反应逐渐从负面转向正面，进而宽大、原谅冒犯者或伤害者的心理与行为方式（岑国桢，1998）。宽恕的对象是有罪的行为，也就是那些突破道德法则而给他人造成伤害的恶行。宽恕是对不可挽回、不可补救而不可原谅的伤害的原谅，也就是在明确公义的同时，放弃对恶行和伤害的实施者的追究与报复。在宽恕这一行为里包含四方面的决断内容：恶行就是恶行，行恶者无可推卸；不因他人之恶而给世界增加恶；对作恶者抱以希望；确信正义本身并把正义的审判交付未来。在宽恕的四个决断环节里，中断恶的循环（不因遭恶待而给世界增加恶）是关键环节。宽容是指对他人和自己的差异的接受与容忍。与宽恕的对象不同，宽容的对象不是恶行，而是他人不同于"我"（宽容主体）的差异（黄裕生，2022）。第三，《论语·学而》说："君子务本，本立而道生。孝弟也者，其为仁之本与！"可见，"仁"的重要内涵之一是"孝悌"，一个人若能行孝悌，实际上也就是在行仁。第四，以谦虚谨慎、"和而不同"、诚信和自强不息的方式做人，以"中庸"的方式待人接物，这些都体现了一个人的高超智慧。换言之，拥有高超智慧的君子也就拥有中庸、谦虚、诚信、"和而不同"与自强不息等表面特质。第五，一个人若能做到"博学于文，约之以礼"，自然既儒雅又有礼貌，能给人文质彬彬的良好印象。正由于仁、义、礼、智四种特质是君子人格的根源特质，深知孔子思想精义的孟子才在《离娄下》里说："君子所以异于人者，以其存心也。君子以仁存心，以礼存心。仁者爱人，有礼者敬人。爱人者，人恒爱之；敬人者，人恒敬之。"因此，"君子—小人"二分式的人格类型说主要指以德行高低（兼顾才智大小）为标准，将人分为君子和小人两种类型的人格类型说。在这里，君子人格指在整体上较好地具备儒家倡导的（大）仁、（大）义、（大）礼、（大）智四种根源特质，从而在行为中较好地体现出"天人之和"、"人际之和"、"个体的身心内外之和"的人格。小人人格指在整体上基本不具备儒家倡导的（大）仁、（大）义、（大）礼、（大）智四种根源特质，或只有小仁、小义、小礼、小智（小聪明）四种根源特质，从而在行为中不能较好地体现出"天人之和"、"人际之和"、"个体的身心内外之和"的人格。

顺便指出四点：（1）若将评判君子与小人的标准进一步简化，那就是在意识到存在善恶是非的情境里，不顾及个人或个人所处小集团利益的得失，优先做善恶是非判断的是君子，反之，优先考虑个人或个人所处小集团利益的得失并将之置于善恶是非之上的，是小人。因此，隋人王通在《中说·礼乐》里说："君子不受虚誉，不祈妄福，不避死义。"意思就是，君子不接受虚假的名誉，不祈求非分的幸福，为正义不逃避死亡。做到这三点，才不愧为君子。（2）儒家尚德是人所共知的，故君子一定道德高尚。君子是否仅仅是一个道德高尚的人呢？据《论语·卫灵公》记载，孔子说："君子病无能焉，不病人之不己知也。"（杨伯峻，1980，p.166）《论语·为政》记载："子曰：'君子不器。'"（杨伯峻，1980，p.17）《论语·子罕》记载："达巷党人曰：'大哉孔子！博学而无所成名。'子闻之，谓门弟子曰：'吾何执？执御乎？执射乎？吾执御矣。'"（杨伯峻，1980，p.87）这表明，虽然有人批评孔子"学问广博，可惜没有足以树立名声的专长"，但孔子仍主张身为君子者必须博学，让自己具备多方面的才华，不能像器皿那样只有某种用途（杨伯峻，1980，p.17）。由此可见，君子既有德也有才，实是德才一体的智慧者，而且多是人慧者；在君子人格基础上生出的圣人人格是德才一体的大智慧者。（3）有人问：孔子既说"君子不忧不惧"，又说"君子有三畏"，这是否有矛盾？笔者的回答是，不矛盾。为什么君子能不忧不惧？"司马牛问君子。子曰：'君子不忧不惧。'曰：'不忧不惧，斯谓之君子已乎？'子曰：'内省不疚，夫何忧何惧？'""子曰：'君子道者三，我无能焉：仁者不忧，知者不惑，勇者不惧。'子贡曰：'夫子自道也。'"由此可见，君子做人境界高，胸怀坦荡，故不会计较个人得失，在个人利益上没有患得患失的心态，同时，君子能见义勇为，不惧怕邪恶势力。不过，君子会忧国忧民。正如北宋范仲淹在《岳阳楼记》里所说："不以物喜，不以己悲。居庙堂之高则忧其民，处江湖之远则忧其君。是进亦忧，退亦忧。然则何时而乐耶？其必曰：'先天下之忧而忧，后天下之乐而乐'乎！"为什么君子有三畏，这是因为君子有敬畏心。（4）如何看待小人身上的小善与君子身上的小过呢？据《贞观政要·公平第十六》记载，魏徵说得好："臣闻为人君者，在乎善善而恶恶，近君子而远小人。善善明，则君子进矣；恶恶著，则小人退矣。近君子，则朝无秕政；远小人，则听不私邪。小人非无小善，君子非无小过。君子小过，盖白玉之微瑕；小人小善，乃铅刀之一割。铅刀一割，良工之所不重，小善不足以掩众恶者；白玉微瑕，善贾之所不弃，小疵不足以妨大美也。善小人之小善，谓之善善，恶君子之小过，谓之恶恶，此则蒿兰同嗅，玉石不分，屈原所以沉江，卞和所以泣血者也。既识玉石之分，又辨蒿兰之臭，善善而不能进，恶恶而不能去，此郭氏所以为墟，史鱼所以遗恨也。"

第四重做人境界：做圣人。若一个人自觉参照圣人的标准去做，他就在做圣人；若他做人做到完美无缺的程度，他就做成圣人。正如《孟子·离娄上》所说："规矩，方员之至也；圣人，人伦之至也。"圣人能取得非凡功业，其德行一般达到至善无恶的境界，做到"随心所欲，不逾矩"。在儒家自我的太极模型中，圣人达到阴阳完全综合和谐的最高境界，也达到儒家倡导的"天人合一"的完美状态（Wang，Wang & Wang，2019）。中国近代思想家梁启超（1873—1929）认为，自封建时代开始，中国历史上仅诞生"两个半圣人"：孔子和王守仁各算一个圣人，曾国藩算半个圣人。这表明，做人只有吻合"立德立功立言三不朽　为师为将为相一完人"这副对联里蕴含的标准的人才算做成圣人。鉴于自孔子以降的2000余年历史上中国仅出了一个半圣人和像孟子等少数几个亚圣的史实，对绝大多数中国人而言，圣门可望而不可即。不过，也有学人未将圣人的标准抬得如此之高，而是认为个体只要做到"孝其所当孝，弟其所当弟，自是而推之，则亦圣人而已矣"。如据《二程集·河南程氏遗书》卷第二十五记载，程颐说："人皆可以至圣人，而君子之学必至于圣人而后已。不至于圣人而后已者，皆自弃也。孝其所当孝，弟其所当弟，自是而推之，则亦圣人而已矣。"（程颢，程颐，2004，p.318）当有人问"圣人可学而至欤"时，程颐明确给予了肯定回答，并详细阐述了通往圣人境界的学习方法。如《二程集·河南程氏文集》卷第八《伊川先生文四·杂著·颜子所好何学论》记载："圣人可学而至欤？曰：'然。'学之道如何？曰：'天地储精，得五行之秀者为人。其本也真而静，其未发也五性具焉，曰仁义礼智信。形既生矣，外物触其形而动于中矣。其中动而七情出焉，曰喜怒哀乐爱恶欲。情既炽而益荡，其性凿矣。是故觉者约其情使合于中，正其心，养其性，故曰性其情。愚者则不知制之，纵其情而至于邪僻，梏其性而亡之，故曰情其性。凡学之道，正其心，养其性而已。中正而诚，则圣矣。君子之学，必先明诸心，知所养，然后力行以求至，所谓自明而诚也。故学必尽其心。尽其心，则知其性，知其性，反而诚之，圣人也。'"（程颢，程颐，2004，p.577）

这四种做人境界犹如做人的四个阶段，每达到一个新阶段就会在心理与行为方式上发生质的变化（见图 2-2）。

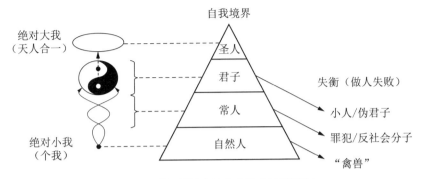

图 2-2 受儒学影响的中式做人四重境界
（Wang, Wang & Wang, 2019）

在儒家看来，当个体做人已达圣人境界时，其德行便至至善无恶的境界，能做到"随心所欲，不逾矩"，其做人境界自然不会再往下降。如果个体的做人境界只达到常人和君子的境界，其做人则如"逆水之舟，不进则退"：既可以从常人进阶到君子，从君子进阶到圣人，也可以从君子沦落为常人、小人乃至罪犯，或由常人沦落为小人乃至罪犯。正如《二程集·河南程氏遗书》卷第二十五记载，程颐说："君子所以异于禽兽者，以有仁义之性也。苟纵其心而不知反，则亦禽兽而已。"（程颢，程颐，2004，p.323）因此，《尚书·虞夏书·大禹谟》记载，舜才对禹说："人心惟危，道心惟微，惟精惟一，允执厥中。"《诗经·小雅·小旻》才告诫处于这两个阶段的人，做人必须"战战兢兢，如临深渊，如履薄冰"。若稍不留意，就会"大意失荆州"，或在阴沟里翻船。

同时，先人认识到德能激发人的内在善良本性，使人懂得做人的尊严，让人能自尊自重。换句话说，德有助于提升一个人的人格境界，实现其人生的价值。不过，在上述四种做人境界中，对于绝大多数中国人而言，圣门可望而不可即；"自然人"未真正"成人"，用王夫之《思问录·外篇》的话说，叫"植立之兽"；"常人"虽已"成人"，境界却不高。在做人的现实目标中，做君子是最佳目标。为此，孔子倡导有志者要做君子。受孔子思想的影响，后世儒家多将求做君子作为"学"的目的。扬雄在《法言·学行》中就说："学者，所以修性也。……学者，所以求为君子也。"陆九渊在《语录》中也说："今所学果为何事？人生天地间，为人自当尽人道。学者所以为学，学为人而已，非有为也。"

学就是"求为君子"，于是先哲多推崇自化，提倡通过觉悟圣学而变化自己的气质。张载在《经学理窟·义理》中曾说："为学大益，在自求变化气质，不尔（皆为人之弊），卒无所发明，不得见圣人之奥。故学者先须变化气质，变化气质与虚心相表里。"朱熹的《四书章句集注·论语序说》记载："程子曰：今人不会读书。如读《论语》，未读时是此等人，读了后又只是此等人，便是不曾读。"朱熹强调，读书者要将书中的思想落实到自己的思想行为上，使自己整个精神风貌都发生一定的变化，否则，就不算真正地读了某本书。这明确地将读书过程与修养过程（即道德践履过程）等同起来。冯友兰也说，中国传统哲学的功用不在于增加积极的知识，而在于提高心灵的境界（冯友兰，1996b，p.4）。这话有一定道理，因为中国传统哲学的本质主要是人生哲学。

这样，古人一向将立德作为确立自己人生价值的三大方式之首。正如《左传·襄公二十四年》所说："'大上有立德，其次有立功，其次有立言。'虽久不废，此之谓不朽。"（杨伯峻，1990，p.1088）在这"三不朽"中，立德是要求个体持久地通过修身养性等内圣功夫来不断提高自己的道德修养，最终使自己的道德声誉能够做到万古长青。在"不朽"的三种方式里，它的档次最高。立功是要求个体用自己的高尚德行和聪明才智去实现人生的价值，并取得巨大的成就（这是所谓的外王功夫），个体凭此而让自己的"英名"万世流芳。在"不朽"的三种方式里，它的档次较之立德要低一些。立言是要求个体说出或写下关于"如何更好地让自己或他人实现内圣外王之道"的"金玉良言"，个体凭此而让自己的流传千古。在不朽的三种方式里，它的档次最低。可见，"三不朽"的核心实乃一个"德"字。因此，汉代徐干在《中论·治学》里说："昔之君子，成德立行，身没而名不朽。"张载在《经学理窟·义理》里也说："道德性命是长在不死之物也，己身则死，此则常在。"在动画片《寻梦环游记》（Coco）中，人有三条命，会经历三次死亡：第一条命是生理之命。生理之命通常活在人们的眼中。当个体的身体机能彻底失效，连医生利用专门医疗设备也看不到个体的身体机能时，一般由医生宣告个体在生理上的死亡，这时个体的生理之命也就结束了，身体死亡（简称"身死"）是个体的第一次死亡。

第二条命是社会之命。社会之命通常活在人们的嘴中。当个体的社会性角色遭遇彻底消失，比如举行了葬礼，葬礼结束后个体不再被提起，人们彻底回避与个体相关的一切，那就是宣布个体在社会身份上的死亡，这时个体的社会之命也就结束了，社会性死亡（social dealth，俗称"社死"①）是个体的第二次死亡。第三条命是精神之命。精神之命活在人们的心/脑或记忆中。当世间再无人记得个体时，而且人类历史已没有只言片语记载个体曾来过的痕迹，这时个体的精神之命也就结束了，精神性死亡是人的第三次死亡，此时个体便在人心中彻底死亡了，这才是终极死亡。"慎终追远"的意义便在于引导后人记住先祖的精神之命。有人相信随着科技尤其是人工智能的进步，人类将实现永生。笔者认为，每个人固有两死，即其生理之命和社会之命迟早会死亡，但如果后人一直在心里记得他，尤其是不断传承他的思想，他的精神之命就将永生。这也是中华传统文化自先秦以来倡导的"立德、立功、立言""三不朽"式价值观。一个人只要用心修德，就可以延长其"精神之命"，乃至使其"精神之命"永生不死。像孔子、范仲淹、包拯、周恩来、白求恩和雷锋等人所周知的典范人物，他们为人赞誉的也正是他们高尚的品德。

3. "德成而智出"：促进个体聪明才智等心理素质的发展与完善

先哲大都认为，一个人修养自己的品德，可以提高自己的聪明才智和促进其他心理素质的发展与完善。正如《管子·内业》所说："德成而智出。"此思想为后人所承继。张载在《正蒙·至当篇》里说："志大则才大、事业大，故曰'可大'，又曰'富有'。"他认为一个人若志向远大，则必能促进其才能的增进。张载在《经学理窟·义理》中给出的理由是："人若志趣不远，心不在焉，虽学无成。人惰于进道，无自得达，自非成德君子必勉勉，至从心所欲不逾矩方可放下，德薄者终学不成也。"从"德薄者终学不成也"之语看，一个

---

① 这里讲的"社死"虽是社会性死亡的一种，却不同于作为网络流行语的"社死"。后者主要在这样三种意义上使用：（1）个体违反了社会公认的行为规范，受到法律或道德的惩罚，进而被社会其他社会成员孤立、排斥，让其无法进行正常的社会交往。（2）个体发现自己在公众面前出丑或在公众面前做了丢人的事情后，使得其无法进行正常的社会交往。（3）个体遭遇网络暴力之类的无端攻击后，身心健康受到极度伤害，使得其无法进行正常的社会交往。可见，社会性死亡有多种含义，涵盖从严苛的外部制裁到轻微的自我调侃在内的不同语境（刘能，周航，2021）。

人品德高尚有助于其发挥才智、成就功业。从这个意义上说，中国传统教育之所以一向重视道德教育，其深层原因之一正是看到德的这一功能。用今天的眼光看，良好品德可以从四个方面促进个体聪明才智的发展。

第一，养成良好的人生态度和学习态度，促进聪明才智的发展。依美国心理学家霍恩（John L. Horn, 1928—2006）和卡特尔（Raymond Bernard Cattell, 1905—1998）的液态智力和晶体智力说，一个人的智力实际上是由液态智力和晶体智力两个因素构成的。液态智力（fluid intelligence）是指一个人生来就能进行智力活动的能力，即人与生俱来的可以进行学习和解决问题的能力，它依赖于个人先天的禀赋。因此，液态智力一般是与基本心理过程有关的能力，如知觉、记忆、运算速度和推理能力，它较少地依赖于文化和知识的内容，多半不依赖于学习，其个体差异受教育文化的影响较少。晶体智力（crystallized intelligence）是一个人通过其液态智力学到的能力，是通过学习语言、数学或其他经验发展起来的能力，它决定于后天的学习，与社会文化有密切的关系。晶体智力是经验的结晶，所以称为晶体智力。晶体智力依赖于液态智力，液态智力是晶体智力的基础。假若两个人具有相同的经历，其中一个有较强的液态智力，那么他将发展出较强的晶体智力。但是，一个有较高液态智力的人如果生活在贫乏的智力环境中，那么他的晶体智力的发展将是低下的或平平的（Cattell, 1963；Horn, 1965；Horn & Cattell, 1966, 1967；黄希庭，2007, pp.539-540）。同时，心理学研究表明，智力是随着年龄的增长而变化的，一般而言，液态智力随机体的生理生长而变化，在20岁左右时达到顶峰，随即保持一个相当长的水平状态直到30多岁，之后开始出现逐渐下降的迹象，到60岁左右迅速衰退。晶体智力的衰退很慢，它随着个体年龄的增加不仅能够保持，而且还能有所增长，一般到60岁左右才开始缓慢衰退（Horn & Cattell, 1966, 1967）。这意味着，一个人即使有很高的液态智力，如果不好好学习，以此来发展自己的晶体智力，那么，随着年龄的增长，他或她也会逐渐沦落为智力平平的人。王安石《伤仲永》一文里所讲的方仲永就是典型的个案。由此可见，不善于学习的人不但其晶体智力不会很高，而且最终将导致其整个智力水平都不会很高。而一个人不善于学习，一般常见的原因主要有二：一是没有养成良好的人生态度和学习态度；二是没有学会有效学习的方法。其中，第一个原因更重要，因为一个人即便一时没有学会有效学习的方法，只要拥有良好的人生态度和学习态度，迟早会掌握有效学习的方法。虽然人的液态智力主要是天生的，一旦产生，教育对它无能为力。但是，人的晶体智力的成长与否和其积累知识经验的多寡有明显的正相关。在拥有类似液态智力与外部环境的前提下，影响一个人积累知识经验的重要因素就是其人生态度和学习态度。如果一个人对人生持虚度光阴的态度，不能尽早认清学习的重要意义，同时对己不自信、不自强，待他人不谦虚、好高骛远、不思进取、意志不坚定或注意力不集中，其学习效率能高吗？一个人若其学习效率不高，其积累知识经验的效率就会不高，其晶体智力也就不能得到有效提高，最终其聪明才智就不能得到有效发展。与此相反，假若一个人待人谦虚、脚踏实地、积极进取、意志坚定、持之以恒，往往能获得最佳的学习效果。《淮南子·泰族训》说得好："人莫不知学之有益于己也，然而不能者，嬉戏害人也。人皆多以无用害有用，故智不博而日不足。……以弋猎博弈之日诵《诗》读《书》，闻识必博矣。"一个人假若能充分利用时间来勤奋学习，一定能增加自己的见识。一个人一旦拥有较好的学习效率，自然能通过高效学习来有效促进其晶体智力乃至其聪明才智的发展。同时，一个人若想获得良好的学习效果，"秘诀"之一就是乐学，这样才能激发自己长久的学习兴趣和学习动力。因此，《论语·雍也》记载："知之者不如好之者，好之者不如乐之者。"孔子本人就是好学、乐学的榜样。据《论语·公冶长》记载，孔子曾自豪地说："十室之邑，必有忠信如丘者焉，不如丘之好学也。"《淮南子·缪称训》说："故同味而嗜厚膊者，必其甘之者也；同师而超群者，必其乐之者也。弗甘弗乐，而能为表者，未之闻也。"张载在《经学理窟·学大原下》里说："学者不论天资美恶，亦不专在勤苦，但观其趣向着心处如何。……此始学之良术也。"在《经学理窟·学大原上》里，张载又说："'乐则生矣'，学至于乐则自不已，故进也。"《二程集·河南程氏遗书》卷第十一说："学至于乐则成矣。笃信好学，未知自得之为乐。好之者，如游他人园圃；乐之者，则己物尔。"（程颢，程颐，2004，p.127）这都强调乐学的重要性。

第二，抵御或戒除贪欲，促进聪明才智的发展。贪欲往往会干扰个体的心智，让个体暂时或永远失去正确判断和抉择的能力，因此才有"利令智昏"和"财迷心窍"之类的成语。而修养品德则可以让个体有效抵御或戒除贪欲对自己心智的不良影响，进而保持或提高自己的聪明才智。"保持自己的聪明才智"的含义是指，一个人本来通过先前的努力已获得一定的聪明才智，此后因不断修养自己的品德，有效抵御或戒除贪欲对自己心智的不良影响，从而使自己的聪明才智能够善始善终。"提高自己的聪明才智"的含义是指，一个人通过先前的努力已获得一定的聪明才智，后来又因不断修养自己的品德，不但有效抵御或戒除贪欲对自己心智的不良影响，而且还使自己的聪明才智得到进一步发展。例如，宋代曾做过宰相的丁谓，若就聪明才智而言，得分很高。这从三件事情就可以看出。第一件事情是，在灾后重建上显示出他思维极缜密，规划精妙。有一年，汴京城发生火灾，蔓延了半个皇宫。火灭后，宋皇帝将灾后重建的任务交给了丁谓。丁谓命人将三街九衢挖成壕沟，从沟中取土。取土完毕，将壕沟灌上汴水，再把外地运来的树木，全部通过壕沟运入城中。房屋盖好后，将余下的灰土碎瓦废砖倒入壕沟中，平整成街道，可谓一举三得。第二件事情是，丁谓曾兵不血刃，安抚了西南边疆少数民族的叛乱，显得有胆有识。第三件事情是，会写文章，为此，大文学家欧阳修曾对丁谓的文学成就给予很高的评价。如此聪明的丁谓后来却被贪欲遮住了心智，犯法被贬至海南，最终上了《佞臣传》。（余显斌，2009）也许有人会说，品德高的人自然能抵御或戒除贪欲，不过，一个人没有贪欲却不见得就会促进其智力的发展。因为没有贪欲的人虽然不好名利，但由此也可能会缺少进取心，没有进取心的人自然也就不会去努力学习。因此，只有在有志于学习或爱好学习的人中，品德高尚才是促进其智力发展的重要因素之一。如果一个人不志于学习，或者不爱学习，那么品德高尚就不能促进其智力的发展。此观点似是而非。理由主要有三：一是，没有进取心的人自然不会努力学习，但是这与不好名利没有必然联系。一个没有贪欲的人虽不好名利，却不能说不好名利的人就会缺少进取心或不爱学习。恰恰相反，古今中外的许多史实告诉人们，许多不好名利的人都热爱学习，真正的大学问也往往多是由淡泊名利的学人做出来的。二是，一个人如果不热爱学习，不善于学习，怎么可能会获得高尚的德性？毕竟人的德性主要是通过后天习得的，而不是天生的。这意味着，有高尚德性的人往往都热爱学习，不爱学习的人的品性也不会很高。三是，根据霍恩和卡特尔的液态智力与晶体智力说，不爱学习的人不但其晶体智力不会很高，而且最终将使得其整个智力水平也不会很高。而一个人不爱学习，一般常见的原因主要有三：学习态度不端正、意志力不强或受到一些贪欲的影响。因此，有效抵御或戒除贪欲对自己心智的不良影响，的确是提高个体智力的有效途径之一。

第三，提高个体的情绪智力，促进聪明才智的发展。情绪智力（emotional intelligence）指一个人准确地觉知、评价和表达情绪的能力，理解情绪及情绪知识的能力，调节情绪以使情绪与智力更好发展的能力。加德纳的多元智力理论中的人际智力和内省智力涉及情绪智力，但"情绪智力"这一概念是由美国心理学家梅耶（John D. Mayer）和萨洛维（Peter Salovey）于1990年首次正式提出的。随后，情绪智力的研究受到人们的广泛重视。1995年美国心理学家戈尔曼（Daniel Goleman）在《情绪智力》（*Emotional Intelligence*）一书中提出情绪智力的理论，论述了情绪智力的内涵、生理机制、对成功的影响以及情绪智力的培养等问题，初步形成情绪智力的基本观点和理论体系。戈尔曼将情绪智力界定为五个方面：自我认知能力，指个人觉察并了解自己的感受、情绪和本能冲动的能力以及其对他人的影响；自我调控能力，指自动调节控制冲动和心情以及谨慎判断、三思而后行的能力；自我激励能力，指不断激励自己努力的能力；认知他人情绪并产生同感的能力，指有同情心或了解他人情绪结构的能力以及适当响应他人情绪反应的能力；社会与人际关系处理能力，指显示个人管理人际关系和建立人际网络的能力，也包含寻找共同点和建立亲善关系的能力。后来梅耶和萨洛维等人将情绪智力定义为四个主要成分（Mayer & Salovey，1997；Mayer et al.，2001）：准确和适当地知觉、评价和表达情感的能力；运用情感以促进思考的能力；理解和分析情感，有效地运用情感知识的能力；调节情绪，以促进情感和智力发展的能力。根据上述观点，情绪在智力功能中能起积极的作用，即情绪可以使思维更敏捷，人们可以聪明地思考他们与其他人的情感（理查德·格里格，2023，p.283）。一个人若修养其品德，往往能达到提高其情绪智力的效果，自然也就能提高其智力。

第四，获得舒畅心境，促使产生旺盛的创造力。尽管从总体上看，笔者也赞成"品德与创造力无关"的观点，但那是从总体上讲的，若具体到个体身上，笔者相信"品德与创造力之间存在一定的正相关"。这是因为：一个道德修养高深的人在调节自我内心状态、身心关系、自我与他人及社会的关系、自我与自然的关系等诸种关系时，往往容易达到"天人合一"、"人我合一"、"自我身心合一"的良好状态。个体一旦与体内外诸种事物之间形成真正和谐的关系，其身心就会油然产生一种极其舒畅的体验，这种身心极其舒畅的状态一旦产生，往往能促使个体产生旺盛的创造力，这自然也就让个体更易展现出自己的聪明才智。因此，《大学》说："富润屋，德润身，心广体胖，故君子必诚其意。""胖"，音盘，指身体安适。可见，一个人的道德品质高尚了，则心境宽广，神清气爽，从而气血通畅，身体健壮。《易传》说得更直接、更周全："君子黄中通理，正位居体，美在其中，而畅于四肢，发于事业，美之至也。"（南怀瑾，徐芹庭，2009，p.64）"黄中"指人的天性，乃一身之君。"黄中"的集中点在上丹田，田是土地之意，上丹田位居人的中央所在地，五行中央属土，色黄，因此叫"黄中"，道家叫"黄庭"。黄中直通天理，所以叫"黄中通理"。执中精一，独守黄中，参悟宇宙自然育化天地万物、万物回归自然的原理，就是穷理尽性，穷神知化。可见，这段话的含义是，君子行合中道，内怀正德，这使他们精神饱满、心生愉悦，以至四肢强健、事业有成（刘长林，2011）。典型例证之一便是，古往今来，一些道德修养达到高水平的学人、道德高尚的政治家和得道高僧等，因为他们的道德修养已达极高境界，他们的身心就经常能够体验到前所未有的舒畅状态，进而激发出高水平的创造力（汪凤炎，郑红，2014，pp.105–113）。

在先哲心中，个体的高尚品德可以促进其智力的发展与完善，还具有促进其他心理素质发展与完善的功能。如《论语·子罕》说"仁者不忧"，《论语·宪问》说"仁者必有勇"。这表明，高尚品德可以增进人的勇敢品质。

4. "大德……必得其寿"：促进身心健康

先人多认识到良好的道德和性格可以促进身心健康，进而多主张修德以养生。《中庸》记载，孔子首先明确提出"大德……必得其寿"的命题。在孔子看来，"德"的核心思想是"仁"，因此根据《论语·雍也》记载，孔子又提出"仁者寿"。受孔子影响，其后儒家在论养生时大都主张要坚持养生与修德养性相结合的原则。如《大学》说："富润屋，德润身，心广体胖，故君子必诚其意。"朱熹在《四书章句集注·大学章句》里说："言富则能润屋矣，德则能润身矣，故心无愧怍，则广大宽平，而体常舒泰，德之润身者然也。"

不独儒家如此，道家也很重视道德品质对身心健康的作用。如《老子·五十五章》说："含德之厚者，比于赤子。"认为道德涵养高深的人，脸色像婴儿一样红润，身体像婴儿一样柔软。换句话讲，道德崇高的人易于长寿，后世描述长寿之人常说"颜如婴儿"、"色若孺子"、"鹤发童颜"之语，其含义与老子的这一观点是一致的。其后的道家也多继承和发展了老子的这一观点。《庄子·天地》就明确提出"德全者形全，形全者神全"的观点。

儒、道两家都认为修养道德有利于身心健康，但对道德内涵的看法不尽相同。道家是厌世的，反对世俗的道德情感，因它带有功利性，出于人为，不是出于自然，于是，道家主张修德就应将这种世俗的情感去掉，以达到自然的情感（具有超功利性、非人为性的特点）。对道家而言，心情平静是道德的最高境界。《庄子·刻意》说："悲乐者，德之邪；喜怒者，道之过；好恶者，心之失。故心不忧乐，德之至也。"庄子主张去情灭欲来保持心境清静，以提高个体的道德修养，说明庄子对世俗的情欲持完全否定态度，这失之偏颇，但是其中也含有一定的合理成分，即要修德就必须先克制自己的不良情欲。儒家主张入世，提倡世俗性的道德情感。对儒家而言，言行只要做到中庸就达到道德的最高境界，这样，孔子在《论语·雍也》里才说："中庸之为德也，其至矣乎！"反映到修养道德的具体途径上，儒、道两家的区别也较明显。道家主张绝情灭欲（实际上也是一种节制情欲观）来修德养生；同时，《老子·二十九章》也主张修德在言行上要做"去甚，去奢，去泰"，这与儒家的中庸之道有相通之处。儒家力倡以礼约束言行，使之达到中庸之道，以提高道德修养。在儒家内部，孟子和荀子的修养道德法也有细微区别。孟子是从善端说出发的，荀子是从性伪说出发的。除此之外，儒家也主张以静修德，如孔子在《论语·雍也》里将"仁者静"看作"仁者寿"的重要原因："知者动，仁者静。知者乐，仁者寿。"这又与道家思想有相通之处。

英国科学哲学家波普尔（Karl Raimund Popper，1902—1994）发现科学理论大多是全称陈述，从而创立了证伪主义科学观：由于只有个别事件可以被确证，却无法确证普遍性的命题，这样，科学理论只能证伪（当它和作为个别事例的观察不符合时），任何一个全称科学命题不可能被最后证实（金观涛，1989）。根据波普尔的证伪主义科学观，可证伪性是指在科学表述一个理论时，必须遵循从该理论推导出的各种预测有可能被证伪；在评价一个理论的新证据时，必须审视在收集到的这些新证据中是否有可能证实该理论是错的。可证伪性的标准是：如果一个理论是正确的，那么，根据它所作的预测必须是具体的。换言之，理论在告诉人们哪些事情应该发生的同时，也必须讲清哪些事情不会发生。一旦后者发生了，人们就能及时知道这个理论至少在有些地方出错了，这时就有必要对该理论进行修改，或者提出一个全新理论来取代旧理论，这两种做法都会使理论越来越接近真实情况。不过，假若说自然科学偏好追求验证全称科学命题的真伪，那么，人文社科学科一般只追求概率性科学命题的真伪。概率性科学命题的真伪一般需证实或证伪，但个别事件即便存在，有时也无法证实或证伪某个概率性科学命题。例如，"所有土生土长的南京人都爱吃盐水鸭"是一个全称科学命题。要证实它，就必须确证每个土生土长的南京人（包括在世的和已去世的）都爱吃盐水鸭，这几乎是不可能的；要证伪它，就很容易，只要找到一个土生土长的南京人不爱吃盐水鸭，就能推翻这个命题。"多数土生土长的南京人都爱吃盐水鸭"是一个概率性科学命题。要证实或证伪它，需要提供足够的数据支撑。只找到一个或几个土生土长的南京人爱吃盐水鸭，是不能证实这个命题的。同理，只找到一个或几个土生土长的南京人不爱吃盐水鸭，也是不能推翻这个命题的。另外，科学上任何一个确定无疑的个别事件，一定要包含"对观察者的普遍性"这个条件，纯个别的观察是不能确证的。例如，"有一只黑乌鸦"和"尼斯湖中有一个水怪"看似都是一个个别事件，但前者对观察者而言有一定的普遍性，任何一个观察者（只要这个观察者不是盲人）去看这只黑乌鸦时，只要光线适合，都能得出它是黑的结论，由这种个别事件推导出"天下乌鸦一般黑"这个全称判断才有被证伪的可能，即一旦有人看到了一只白乌鸦，若将这只白乌鸦关在笼里，而且光线适合，任何人（只要不是盲人）就能看清它是只白乌鸦，就能推翻"天下乌鸦一般黑"这个命题。"尼斯湖中有一个水怪"却是一个纯个别的观察，无法满足"观察者的普遍性"这个条件，也就是说，即便其后的观察者视力良好，尼斯湖光线良好，适合观察，却没有第二人观察到湖中有水怪，这样，"尼斯湖中有一个水怪"到底是错觉、幻觉，还是谎言，既无法证伪，也无法证实（金观涛，1989）。用上述眼光看，"大德……必得其寿"坚信"大德"与"长寿"之间存在必然的因果关系，既是全称陈述又是单因素论，这有失偏颇。试想，若"大德……必得其寿"，何以孔子的高足颜回会早逝？何以颜真卿会于公元784年8月23日被叛将李希烈杀死，未得善终？看来，品德因素只是影响人的身心健康的诸因素之一，身心健康本是一个复杂的系统工程。但是，在影响个体身心健康的诸因素中，品德因素无疑是最重要的心理因素之一，这样，先哲提出的"养德尤保健第一要"的观点有相当道理，因为现代心理卫生学研究表明，大凡高寿者多性格开朗、情绪乐观，具有良好的品德修养。其缘由在于：正常的人自身本都有一个功能完善的免疫系统，它确保人不生病。人的免疫系统受到神经系统和内分泌系统的调节，这两种调节系统尤其是神经系统深受人的心理因素的影响，其中道德因素又是最重要的心理因素之一，因为道德感是人的社会性高级情感。这样，一个人若能提高自己的道德修养，就有利于自己保持心情安静，减少心理冲突，这对维持神经系统和内分泌系统的正常运行具有良好的促进作用，神经系统和内分泌系统的正常运行，又有利于提高自身免疫系统的功能，从而提高自身的免疫力，结果，自然不容易生病，因此良好的道德修养对促进身心健康是有利的。反之，一个人若缺乏一定的道德修养，势必斤斤计较，患得患失，内心也就难以保持恬淡的状态。正如《论语·述而》所说："君子坦荡荡，小人长戚戚。"这就易造成其神经系统和内分泌系统的失调，降低其自身免疫力。进一步言之，品德败坏之人，其心理长期处于紧张、恐惧、内疚或不安等状态，更易造成其神经系统和内分泌系统的失调，进而更易使其免疫系统失调，降低其自身免疫力，当然更容易生病。因此，道德高尚的君子易长寿，而道德修养差的小人则难长寿。在中国帝制时代，作为一国最高统治者的皇帝尽管每人都自称万岁，享有当时最好的医疗保健服务、居住环境和饮食，按理说他们的平均寿命应该较高，但事与愿违。据统计，从秦始皇嬴政到清末代皇帝溥仪，中国总共有335个帝王。如果不包括南北朝时期的五胡十六国和五代时期的十国君主，那么只有235个帝王。在这235个帝王中，80岁以上的仅有5人，分别是梁武帝萧衍、唐女皇武则天、宋高宗赵构、元世祖忽必烈和清高宗弘历。其中乾隆皇帝弘历独得两项之最：在位时间最长，达64年；在帝王中活得最长，享寿89岁。寿命在70岁到80岁之间的仅有6人，分别是汉武帝刘彻、吴大帝孙权、唐高祖李渊、唐玄宗李隆基、辽道宗耶律洪基和明太祖朱元璋。如果 60 岁以上便可算作长寿，在 235 个帝王中，能达到这个标准的，只有 36 人。余下的帝王，寿命在 40—60 岁的有 77 人，寿命在 20—40 岁的有 83 人，寿命在 20 岁以下有 28 人，寿数不明者有 11 人。可见，寿命在 20—40 岁这个年龄段的帝王人数最多。统计上述 224 位已知确切寿命的帝王，其平均年龄是 39 岁，并且以传统的虚龄计算（向斯，1998）。历代皇帝的平均寿命：秦朝皇帝只有 36.5 岁，其中秦始皇仅活了 49 岁（前 259—前 210）；汉代皇帝只有 37.1 岁；晋朝、南朝（宋、齐、梁、陈）皇帝刚好 37 岁；隋、唐、五代帝王的平均寿命最高，也只有 47.7 岁，其中唐太宗李世民也仅活了 50 岁（599—649）；宋、元两代帝王是 46 岁；明、清时期帝王是 46.5 岁。可见，历代皇帝的平均寿命颇短，鲜见长寿者（马有度，1988，p.92）。分析中国帝王的寿命情况，可以发现，帝王的寿命与体质、学识、个性等因素密切相关。通常的情形是：开国皇帝寿命长，守成皇帝寿命短；学识渊博者寿命长，心性狭隘、见识短浅者寿命短；富于慈爱和同情之心、忠孝仁厚或单纯朴实、绝少操心者寿命长，心性阴毒狠辣、纵情声色犬马者寿命短；性情开朗、能屈能伸、将个性挥洒得淋漓尽致者寿命长，天性懦弱、卑微猥琐、受尽压抑和屈辱者寿命短。长寿的 36 位帝王，主要包括三类：一是开国皇帝。他们个性坚定，意志顽强，体格健壮，具有横扫六合、征服四海的勃勃雄心和不屈不挠、勇往自前、无所畏惧的英雄气概，这是长寿帝王中的绝大多数。二是学者型皇帝。他们生长在和平时期，在深宫中接受最良好的教育，由全国一流的师傅教授各科学业，他们在舒适的环境、合理的饮食、轻松的气氛中健康成长，君临天下之后，健壮的体魄、丰富的知识、绝好的天资、洞察秋毫的敏锐和远见卓识的睿智，成就了他们的煌煌帝业，使之在纷繁的政务中驭轻就熟，轻松自如。这类帝王的代表人物便是汉武帝刘彻、唐玄宗李隆基、康熙皇帝玄烨、乾隆皇帝弘历。三是个性型皇帝。性格能屈能伸，一旦大权在握，便从不知道委屈自己，将个性发挥得淋漓尽致。这类帝王的典型人物便是唐女皇武则天。40 岁以下的短寿帝王大致也可归为三类：一是死于疾病的短命帝王。他们体质赢弱，又多好色，不堪繁杂的政务和纷繁的生活，被病魔夺去年轻的生命。二是失去江山的亡国皇帝。这些人国破家亡，想苟且偷生都似乎没有可能，其结局几乎都很悲惨：毒死、扑杀、射毙、折磨至死。三是大权旁落的傀儡皇帝。他们的命运比亡国皇帝也好不了多少，同样是刀俎上的鱼肉，任人宰割（向斯，1998）。可见，历代短命皇帝，除年龄太小被人杀害外，多放纵情欲，也不修德。调查表明，长寿老人均不纵欲，也多有良好的道德修养（马有度，1988，p.92）。这正反两方面事实表明，希望长寿就要修德和适当节制情欲，一个人若不节制情欲，多难长寿。用今天的眼光看，先哲将一个人的品德高低与其身心健康水平联系起来考虑，认识到二者之间有一定的正相关，这一观点对于今人妥善处理德育与心育（心理教育）之间的关系有一定启示。受此传统的影响，今天中国的心理咨询与辅导人员中也有一部分人是从事德育或思想工作出身的。顺便提一下，关于先哲重视修德以养生的详细论述，有兴趣者可以参阅《中国养生心理学思想史》（汪凤炎，2015，pp.1-673）一书。

正由于德有上述重要的内圣功能，至少自孔子起，先哲就主张"学者为己"的为己论。这里的"为己"并不是基于自私自利的"为己"，其内涵主要是指修养道德的目的在于提高自己的道德修养。据《论语·宪问》记载，孔子说："古之学者为己，今之学者为人。"此处的"学"主要是指"修身"之学，在孔子看来，学的目的是提高自己的道德修养，而不是在装饰自己的"门面"，做给别人看。此思想为其后历代学者所继承和发展。《荀子·劝学》说："古之学者为己，今之学者为人。君子之学也，以美其身；小人之学也，以为禽犊。"王符在《潜夫论·德化》中明确主张："德者所以修己也。"郭象在《庄子注·德充符》中说："夫无心者，人学亦学。然古之学者为己，今之学者为人，其弊也遂至乎为人之所为矣。夫师人以自得者，率其常然者也；舍己效人而逐物于外者，求乎非常之名者也。夫非常之名，乃常之所生。故学者非为幻怪也，幻怪之生必由于学；礼者非为华藻也，而华藻之兴必由于礼。斯必然之理，至人之所无奈何，故以为己之桎梏也。"颜之推在《颜氏家训·勉学》中说："古之学者为己，以补不足也；今之学者为人，但能说之也。古之学者为人，行道以利世也；今之学者为己，修身以求进也。"可见，德性本是个体的一种内在本质，人依靠它才能更好地"成人"。但不知从何时起，人的这种本质发生了"异化"，在很多人眼中，"德"成为个体的身外之物，变成一些清规戒律，"德"不再是个体发展需要的东西，反而变成钳制人、压迫人的"怪物"，很多人谈"德"色变（厌恶之情油然而生），对它采取"敬而远之"、"退避三舍"乃至"反抗"的态度。这是今日中国道德教育不能不引以为戒的。

（二）"为天下及国，莫如以德"：德的外王功能

中国自古认识到德具有维护国家长治久安的作用，力倡以德治国。《左传·僖公二十四年》："大上以德抚民，其次亲亲，以相及也。"将"以德抚民"置于第一位。《左传·文公七年》说："正德、利用、厚生，谓之三事。"同样将"正德"置于国家的三件大事之首。若以阳历推算，僖公二十四年是公元前 636 年，文公七年是公元前 620 年（杨伯峻，1990，p.411，p.554）。以德治国的思想在中国真可谓源远流长。此思想为其后的儒家所发扬光大，成为历代封建王朝的正统官方思想。

据《论语·为政》记载，孔子曾说："为政以德，譬如北辰居其所而众星共之。"他认为一个人若用道德来治国理政，自己便会像北极星一般，在一定的位置上，别的星辰都环绕着它。理由何在?《论语·为政》说得很清楚："道之以政，齐之以刑，民免而无耻；道之以德，齐之以礼，有耻且格。"假若用政法来诱导他们，使用刑法来整顿他们，人们只是暂时地免于罪过，却没有廉耻之心；如果用道德来诱导他们，使用礼教来整顿他们，人们不但有廉耻之心，而且人心归服。

孟子在《离娄上》一文中总结夏、商、周三代兴亡的经验教训后说："三代之得天下也以仁，其失天下也以不仁。国之所以废兴存亡者亦然。天子不仁，不保四海……"在儒家眼中，"仁"与"德"有时是同义的，孟子讲的得"仁"者得天下，实质是得"德"者得天下。孟子在《公孙丑上》中又认为，要使人心悦诚服必须依靠道德的力量，因为"以力服人者，非心服也，力不赡也；以德服人者，中心悦而诚服也，如七十子之服孔子也"。这样，孟子在与梁惠王谈论治国之策时，力倡行仁义的重要性。《孟子·梁惠王上》记载：

> 孟子见梁惠王。王曰："叟! 不远千里而来，亦将有以利吾国乎?"
> 孟子对曰："王! 何必曰利? 亦有仁义而已矣。王曰：'何以利吾国?'大夫曰：'何以利吾家?'士庶人曰：'何以利吾身?'上下交征利而国危矣。万乘之国，弑其君者，必千乘之家；千乘之国，弑其君者，必百乘之家。万取千焉，千取百焉，不为不多矣。苟为后义而先利，不夺不餍。未有

仁而遗其亲者也，未有义而后其君者也。王亦曰仁义而已矣，何必曰利？"（杨伯峻，2005，pp.1-2）

在强调得"仁"者得天下和"仁者无敌"（杨伯峻，2005，p.10）的基础上，孟子还在《梁惠王上》中提出，在小农经济条件下以仁治国的具体措施是"制民之产"：

> 五亩之宅，树之以桑，五十者可以衣帛矣。鸡豚狗彘之畜，无失其时，七十者可以食肉矣。百亩之田，勿夺其时，数口之家可以无饥矣。谨庠序之教，申之以孝悌之义，颁白者不负戴于道路矣。七十者衣帛食肉，黎民不饥不寒，然而不王者，未之有也。（杨伯峻，2005，p.5）

这些措施的主要目的，是想让老百姓拥有一定的物质条件，进而使他们保持住自己本有的善心。因为没有固定经济收入而有一定道德水准的，只有士人才能做得到；对于一般的人，假若没有一定的经济基础，便也没有起码的道德水准，就会胡作非为，违法乱纪。说得明白点，社会不安定的根源之一是人们缺乏最基本的谋生财富，从而丧失廉耻之心。《孟子·梁惠王上》说：

> 无恒产而有恒心者，惟士为能。若民，则无恒产，因无恒心。苟无恒心，放辟邪侈，无不为已。及陷于罪，然后从而刑之，是罔民也。焉有仁人在位罔民而可为也？是故明君制民之产，必使仰足以事父母，俯足以畜妻子，乐岁终身饱，凶年免于死亡；然后驱而之善，故民之从之也轻。（杨伯峻，2005，p.17）

可见，对于多数人而言，过于贫穷不太可能有善心，富了以后才会乐善好施。个人如此，整个社会也如此。极度贫穷与饥饿时，一些人会为了争一点吃的东西而斗得头破血流，甚至为此丢了性命或发生人吃人的惨剧。① 人们一旦丰衣

---

① 史书里有战争期间为了生存而发生人吃人的记载。《左传·宣公十五年》记载："寡君使元以病告，曰：'敝邑易子而食，析骸以爨。'虽然，城下之盟，有以国毙，不能从也。"至德二载（757年），安庆绪派部将尹子琦率军南侵江淮屏障睢阳，"睢阳之战"爆发，张巡等死守睢阳。《资治通鉴卷第二百二十·唐纪三十六·肃宗至德二载（七五七）》："荼纸既尽，遂食马；马尽，罗雀掘鼠；雀鼠又尽，巡出爱妾，杀以食士，远亦杀其奴；然后括城中妇人食之，继以男子老弱。人知必死，莫有叛者，所余才四百人。"（司马光，2012，p.7156）根据这段记载可知，当睢阳城中所有能吃的东西（包括粮草、战马、树皮、纸张、鸟雀、老鼠、将士们穿的皮革盔甲等）都吃完后，就发生了人吃人的惨剧。

足食，就会"识礼节"、"知荣辱"。正如《管子·牧民》所说："仓廪实而知礼节，衣食足而知荣辱。"司马迁在《史记·货殖列传》里所说："故曰：'仓廪实而知礼节，衣食足而知荣辱。'礼生于有而废于无。故君子富，好行其德；小人富，以适其力。渊深而鱼生之，山深而兽往之，人富而仁义附焉。"（司马迁，2005，pp.2462-2463）从美国心理学家马斯洛（Abraham Harold Maslow，1908—1970）的需要层次理论看，富足以后，人们才会产生自我实现需要，去做一些"我认为正确的事情"。正因为如此，邓小平同志才说："发展是硬道理。"顺便指出，与孟子同时代的亚里士多德（Aristotle，前384—前322）也说过类似的话："划清了各人所有的利益范围，人们相互间争吵的根源就会消除，人们的博济公益精神反倒会增强。"在亚里士多德看来，引发人们相互争吵的根源之一是财产权的模糊不清，慷慨施舍和捐赠是人们对待财产的健康态度，但这类良好品德的培养必须以人们正当占有私有财产为前提。"人们在施舍的时候，对朋友、宾客或伙伴有所资助后，会感到无上欣悦；只有在财产私有的体系中才能发扬这种乐善的仁心。"而在财产公有的背景下，"人们就没法做出一件慷慨的行为，谁都不再表现施济的善心"。道理很简单，人要行慈善之心，先须有能力。公有财产制度下，没有任何人有财产，自然无力行慈善之心，故不可能有真正的慈善之心；在实行私有财产制度的社会，人们有了自己的私有财产，才有能力行慈善心，故易产生慈善心。更糟糕的是，公有财产制度容易导致出现严重的不公平，在这种不公平的情况下，人们对社会充满了怨恨，也就不可能真正去做慈善。因此，亚里士多德认为，消灭私有产权制度一定会引起人的道德堕落，故而不认可老师柏拉图（Plato，前427—前347）主张的财产公有制，而是倡导财产私有制（张维迎，2014）。用现在的眼光看，亚里士多德认为"人要行慈善之心，先须有能力"的观点有一定道理，但他对公有财产制的看法有一些偏颇。辩证的看法是，国家要有能力来维护社会的公正，就必须有一定的公有财产，这是财产公有制和国有企业存在的正当理由；百姓要有能力来行善心和修心养性，就必须有一定的合法私产，这是财产私有制度和民营经济存在的正当理由。因此，财产公有制和财产私有制可并存，只是要采取区隔策略：在私人生活领域，要适当承认合法私产的正当性，不能像"文化大革命"时那样完全要人去掉一切私产；在公共生活领域，要依法承认合法公有制财产的正当性，不能将事关国计民生和国家安全的国有企业全部实行私有化政策。

《荀子·强国》说："威有三：有道德之威者，有暴察之威者，有狂妄之威者。此三威者，不可不孰察也。礼乐则修，分义则明，举错则时，爱利则形，如是，百姓贵之如帝，高之如天，亲之如父母，畏之如神明，故赏不用而民劝，罚不用而威行。夫是之谓道德之威。……道德之威成乎安强，暴察之威成乎危弱，狂妄之威成乎灭亡也。"主张"道德之威"是最好、最有力之威，因为它能服人心。

在先秦儒家经典里，《大学》的"三纲领八条目"将"内圣外王"思想讲得最明确、最简洁、最系统、最有条理性：

> 大学之道，在明明德，在亲民，在止于至善。……古之欲明明德于天下者，先治其国；欲治其国者，先齐其家；欲齐其家者，先修其身；欲修其身者，先正其心；欲正其心者，先诚其意；欲诚其意者，先致其知；致知在格物。物格而后知至，知至而后意诚，意诚而后心正，心正而后身修，身修而后家齐，家齐而后国治，国治而后天下平。自天子以至于庶人，壹是皆以修身为本。（朱熹，1983，pp.3-4）

《大学》的这一思想至少可以追溯到《论语·宪问》："子路问君子。子曰：'修己以敬。'曰：'如斯而已乎？'曰：'修己以安人'曰：'如斯而已乎？'曰：'修己以安百姓。修己以安百姓，尧舜其犹病诸？'"从"修己以敬"到"修己以安人"再到"修己以安百姓"，已有"修身、齐家、平天下"的雏形。朱熹在《四书章句集注·大学章句》里开篇引二程的话说：《大学》，孔氏之遗书，而初学入德之门也。"（朱熹，1983，p.3）朱熹在《四书章句集注·大学章句序》里又说："大学之书，古之大学所以教人之法也。……及周之衰，贤圣之君不作，学校之政不修，教化陵夷，风俗颓败，时则有若孔子之圣，而不得君师之位以行其政教，于是独取先王之法，诵而传之以诏后世。若《曲礼》、《少仪》、《内则》、《弟子职》诸篇，固小学之支流余裔，而此篇者，则因小学之成功，以著大学之明法，外有以极其规模之大，而内有以尽其节目之详者也。三千之徒，盖莫不闻其说，而曾氏之传独得其宗，于是作为传义，以发其意。及孟子没而其传泯焉，则其书虽存，而知者鲜矣！"（朱熹，1983，pp.1-2）据此可知，宋代大儒二程和朱熹均认为《大学》是孔子叙述，曾参做的记

录，因此朱熹把《大学》放在四书首篇，作为后世学子入门的开篇典籍。依朱熹的说法，"三纲领八条目"是孔子提出的。因此，据《孟子·离娄上》记载，得孔学真传的"孟子曰：人有恒言，皆曰：'天下国家。'天下之本在国，国之本在家，家之本在身。"（杨伯峻，2005，p.167）儒家为什么讲"修身"而不直接讲"修心"？这是因为如本书第十一章所论先哲清楚地认识到，"心"作为人的内心世界，无形无体，看不见，摸不着，测不准（今天的心理学虽已有长足进步，但在心理测量方面仍有许多不尽如人意的地方），又变化奥妙，难以准确把握。明代梅膺祚在《字汇》一书中从书法角度对"心"的字形进行解释，并指出修心的难处，颇具特色。他说："祝无功曰：庖羲一画，直竖之则为'丨'（直），左右倚之则为'丿'（撇）为'乀'（捺），缩之则为'丶'（点），曲之则为'乚'、'乙'、'フ'（均为折），圆而神'一'（横）、'丨'、'丿'、'乀'，方以直世间字变化浩繁，未有能外'一'、'丨'、'丿'、'乀'结构之者，独'心'字，欲动欲流，圆妙不居，出之乎'一'、'丨'、'丿'、'乀'之外更索一字。"（梅膺祚，1991，p.154）既然人心无形无体，看不见，摸不着，测不准，直接谈修心就无下手处，没有抓手，易沦为空谈。但是，古人有具身认知观（embodied cognition）[中国大百科全书（第三版）总编辑委员会，2021，pp.158-159]，这样，以修身为抓手来修心，就方便易行了。

"内圣外王之道"不易实现，儒家为什么要重视"内圣外王之道"呢？有人认为，主要原因是儒家企图将道德政治化、政治道德化。一旦将道德政治化、政治道德化，便有了"圣人最宜于作王"的观念。在"圣人最宜于作王"观念的影响下，便有了"内圣外王之道"之说。但是，这套逻辑说不通。因为，虽然道德与政治有一定联系，但二者分属两个不同的价值系统。将道德政治化、政治道德化可能出现两种不良后果：一是美化了政治，说政治是符合道德的；二是使道德从属于政治，主张凡是适合政治要求的，便都是道德的。用现代民主政治的眼光看，民主政治首先应是由广大人民作主，其次得建立一套保障人民权利的制度。但是，儒家的"内圣外王之道"基于"圣人最宜于作王"观念，"圣人最宜于作王"是一种自上而下的"恩赐"观念，这与民主政治相悖。"内圣外王之道"是中国政治"人治"的理论基础，中国的"法治"之所以难以建立，与这一传统思想有密切关系（汤一介，1988，pp.3-

5）。这一说法似是而非，因为它是用外在逻辑（西方政治学说）来阉割儒学的内在逻辑。"内圣外王"是儒、道、释三家的共识。儒家有修身、齐家、治国、平天下的思想，道家亦有，只不过，《老子》讲的"家"指"家庭"，不是指"大夫的封地"，因此道家认识到家、国、天下不仅性质、领域不同，处理的事情也有差异，能齐家的未必能治国，能治国的未必能平天下。于是，《老子·五十四章》主张："修之于身，其德乃真；修之于家，其德乃余；修之于乡，其德乃长；修之于邦，其德乃丰；修之于天下，其德乃普。故以身观身，以家观家，以乡观乡，以邦观邦，以天下观天下。吾何以知天下然哉？以此。"（陈鼓应，2009a，p.266）《管子·牧民》也有类似《老子·五十四章》的这一言论："以家为乡，乡不可为也；以乡为国，国不可为也；以国为天下，天下不可为也。以家为家，以乡为乡，以国为国，以天下为天下。"（陈鼓应，2009a，p.268）稍加比较可知，儒家的"修身→齐家→治国→平天下"，一旦由修身至齐家能走通，就一气呵成了。相对而言，道家和《管子》的观点虽然更合乎逻辑，却少了一些见微知著的大智慧，故没有前者出名（汪凤炎，2019c，p.385）。

可见，先秦儒家和道家都强调"修身"是建立自我与处人治世的基点（陈鼓应，2009a，p.268）。在古代中国，不独儒家强调以德治国，其他诸家亦然。以老子道家为例，通行本《老子·十八章》曾说："大道废，有仁义；智慧出，有大伪；六亲不和，有孝慈；国家昏乱，有忠臣。"同时，《老子·十九章》说："绝圣弃智，民利百倍；绝仁弃义，民复孝慈；绝巧弃利，盗贼无有。"于是，后人误认为"智慧"一词最早出自老子，而且老子有"绝圣弃智"、"绝仁弃义"之说。不过，1993年湖北荆门郭店村战国楚墓中出土三种《老子》摘抄本，其中便有当今世界上最古老的《老子》抄本。通过对郭店村战国楚墓中出土的竹简整理与研究，1998年由北京文物出版社印行了《郭店楚墓竹简》（陈鼓应，2009a，p.5）。这时人们才恍然大悟：老子并无"绝圣弃智"、"绝仁弃义"之说。"绝圣弃智"见于《庄子·胠箧》（庄子后学的作品）、《庄子·在宥》，"攘弃仁义"见于《庄子·胠箧》，传抄《老子》者据以妄改《老子》所致（陈鼓应，2009a，p.134）。因此，陈鼓应认为，帛书及通行本均衍出"智慧出，有大伪"句，而郭店简本无此句，当据删。这样，《老子·十八章》的内容本是："大道废，有仁义；六亲不和，有孝慈；国家昏乱，有忠臣。"对儒家宣扬的仁义忠孝虽然持讥讽态度，略显偏颇，但也道出一个事实：某种德行的表彰，正由于它特别欠缺的缘故；犹如现在所说好人好事的表扬，正由于这些事迹在日常生活中并不多见（陈鼓应，1984，p.132）。更何况，上段话也并不意味着道家就排斥以德治国的思想。只不过，在道家看来，儒家提倡的德是一种人为的德，它违反了人性的自然。换句话说，仁义本是用以劝导人的善行，如今却流于矫揉造作；有人更剽窃仁义之名，以要利于世，所谓"窃钩者诛，窃国者为诸侯"。针对这种时弊，道家采取了釜底抽薪的解决办法，主张彻底弃绝人为的道德，使大家返璞归真，保持淳厚的天性（陈鼓应，1984，p.139）。这说明，道家与儒家类似，也倡导以德治国，只不过道家提倡的是自然道德，使得他们提出的具体措施与儒家主张的办法大异其趣罢了。另外，即便是主张法治的法家也重视德在治国中的作用。《管子·牧民》①说："四维不张，国乃灭亡。……何谓四维？一曰礼，二曰义，三曰廉，四曰耻。"把礼、义、廉、耻四个德目视作"国之四维"，认为"四维不张"，国家就会灭亡。身为杂家的《吕氏春秋》深受儒家思想的影响，也对德推崇备至，认为德与义是治国、平天下的根本。《吕氏春秋·顺民》说："先王先顺民心，故功名成。夫以德得民心以立大功名者，上世多有之矣。失民心而立功名者，未之曾有也。"既然如此，《吕氏春秋·上德》才明确主张："为天下及国，莫如以德，莫如行义。以德以义，不赏而民劝，不罚而邪止。此神农、黄帝之政也。以德以义，则四海之大、江河之水，不能亢矣。"基本倾向偏重道家的《淮南子》也提倡以德治国。《淮南子·泰族训》主张："故仁义者，治之本也，今不知事修其本，而务治其末，是释（舍）其根而灌其枝也。"

事实上，"内圣外王"具有超越时空的价值。因为任何政治人物，若想长久地得到人民的支持，其言行就一定要合乎道德尤其是公德，建立在武力、愚昧或欺骗基础上的政治人物——臭名昭著者如希特勒（Adolf Hitler），虽可成功一时，却难持久。这是铁律。正是清醒地认识到这个铁律，重视道德的儒家自然会重视"内圣外王之道"，因为它完全吻合儒家的修身和施政理念。与此同时，虽然儒家和道家都强调修身是建立自我与处世、治世的

---

① 学术界一般认为，《管子》是一部从战国到汉初以法家著作为主的诸家学说的文献汇编。

基点，但是儒、道两家在此问题上有明显差异。儒家《大学》所讲的"修身→齐家→治国→平天下"路径中，"天下"指"中国"；"国"指诸侯国；"家"的原型是大夫的"家"，即大夫的封地，类似于"三家分晋"中的"家"，而不是指"士"及以下阶层者拥有的家庭和家族。《诗经·小雅·北山》说："溥天之下，莫非王土；率土之滨，莫非王臣。"由此可知，在地域上，通常"家"的封地小于"国（诸侯国）"的封地，"国"的封地小于"天下（中国）"的治理范围。不过，"家"、"国"、"天下"之间虽有大小之分，却只有量的区别，没有质的区别，三者之间是同质同构的（郑红，汪凤炎，2025），能"齐家"的人若有机会治国，往往能将国治好，能"齐家"或"治国"的人若有机会平天下，往往也能将天下治好，前者如晋国的三个执政家族韩家、赵家和魏家，在三家分晋后便能分别治理韩、赵、魏三国，后者如战国时期的秦国国君嬴政一统天下后成为秦始皇，将天下治理得有条不紊，可惜49岁英年早逝后，秦国政权传给了败家子胡亥，导致大一统的秦国二世而亡。反之，修身不成功，即便有机会当大官去"齐家"（如智伯）、"治国"（战国时期被秦国灭掉的六国国君，尤其是楚国国君）、"平天下"（如胡亥），也会弄得家破人亡。因此，《大学》说得好："自天子以至于庶人，壹是皆以修身为本。"这样，"八条目"中，"物格而后知至，知至而后意诚，意诚而后心正，心正而后身修"，这个用连锁推理论述"修身"或"内圣"的过程一气呵成，环环相扣，天衣无缝，"身修而后家齐，家齐而后国治，国治而后天下平"，这个论述"齐家"、"治国"、"平天下"或"外王"的连锁推理是跳跃式推理，每一层的推理都在放大，每向前推一层时更是不知放大了多少倍（陈鼓应，2009a，p.268），这种推理虽然既不算演绎推理（从一般到特殊），也不属归纳推理（从特殊到一般）或类比推理（从特殊到特殊），但奇妙的是，由"内圣"而"外王"仅有一个关键性转变，即"修身"是个人的事情，仅涉及个体的身心关系，由"修身"至"齐家"是急速推广，除了帝王外，其余人要想名正言顺地"齐家"乃至"治国"、"平天下"，关键是要实现"学而优则仕"[①]的身份转变，这是一

[①]《论语·子张》记载："子夏曰：'仕而优则学，学而优则仕。'"（做官了，有余力便去学习；学习了，有余力便去做官。）（杨伯峻，1980，p.202）

个关键性转变。若能成功担任官职，尤其是当上位高权重的高官，则由"齐家"到"治国"、"平天下"均能走通。正因为如此，在春秋战国时期，因"礼崩乐坏"（语出《论语·阳货》），"周天子"的权力已小于某些诸侯国君的权力，有些诸侯国国君才敢做出僭越举动，"挟天子以令诸侯"［如鲁僖公九年（公元前651年）齐桓公的"尊王攘夷"］，最终"周天子"被身为诸侯国的秦国于公元前251年灭亡；与此同时，"三家分晋"和"田氏代齐"首开士卿大夫篡国自立的先河，此后某些大夫实际上已在行使管理"国"的权力。中国历史上确实曾有少数人时时以"内圣外王"的理想人格激励自己不断加强自身的人格修养，最终让自己干出了一番事业，其代表人物如东汉末年的刘备、明代的王守仁、清末的曾国藩等。当然，即便修身成功，若不能当官，尤其是当不了位高权重的高官，"不在其位，不谋其政"（《论语·泰伯》），便无法名正言顺地"齐家"、"治国"、"平天下"。例如，圣人孔子既未登王位，也未能"齐家"、"治国"、"平天下"，后世只好称孔子为"素王"，以让"内圣外王"之说在孔子身上勉强说得通。"素王"的含义是，孔子修《春秋》是代王者立法，有王者之道，而无王者之位。故《论衡·超奇》说："孔子之《春秋》，素王之业也。"孔子为什么无王者之位？王位在春秋战国时期还未实行民选，只能靠继承或分封，后者实际上是凭实力去抢王位，像"三家分晋"那样，抢王位之人自然谈不上内圣。孔子不是王室直系成员，自然无法通过继承来得到王位；孔子是圣人，自然不可能去抢王位；孔子又没有机会长时间地当大官，故没机会去"齐家"、"治国"、"平天下"。为了避免再次出现用"素王"之类说辞来替孔子自圆"内圣外王"之说的窘境，儒家才特别强调读书人要入仕或出仕并最好要当帝王师，以便顺利实现"内圣外王"。

不过，儒有君子儒和小人儒之分。对君子儒而言，做官是手段，不是目的。如果做官不是在"齐家"、"治国"或"平天下"，而是在捞一己私利，君子儒会放弃做官。据《论语·述而》记载，孔子曾说："饭疏食饮水，曲肱而枕之，乐亦在其中矣。不义而富且贵，于我如浮云。"事实上，孔子、孟子等大儒都是这样言行一致、身体力行的。可见，儒家强调读书人要当官并最好要当帝王师，其初衷是为国为民，有大志向，大格局，有担当和责任感，而不是为了谋取权力以便捞一己私利。正如《孟子·尽心上》所说："故士穷不失义，达不离道。穷不失义，故士得己焉；达不离道，故民不失望焉。古之人，得志，泽加于民；不得志，修身见于世。穷则独善其身，达则兼善天下。"儒学之所以吸引无数中华儿女，正在于这份担当与责任感，正在于这份即便"知其不可为而为之"（《论语·宪问》）的坚持。这是儒学的迂腐吗？不是。这是儒学的仁慈与大智慧。如果做人时时以趋利避害为原则，看似聪明，实与动物何异？如果人人都以趋利避害为待人处世的法则，那么人类社会与动物世界有何区别，人类的理想与人生境界在哪里？

但世上君子少，小人多。对小人儒而言，做官以谋取个人或自己所属小集团的私利为最终目的。再加上在中国古代人治社会，有权才有一切，无权不但曾拥有的可能会瞬间化为乌有，甚至还会丢掉身家性命（典型者如秦国丞相李斯），由此才会恋官，才会恋权，并逐渐在中国生出"万般皆下品，唯有做官高"的官本位思想（因为北宋汪洙《神童诗》中的"万般皆下品，唯有读书高"中的"读书高"实为"做官高"），并一直流传至今。如果实行法治，将权力关进笼子，处于人民的监督之下，当官做到职、权、利、责相统一，官员成为真正的"公仆"而不再是"官老爷"，人们就不会担心因无权而失去合法的一切，同时，小人即便当官，也无法获得非法权益，那小人也不会热衷做官。因此，如果将君子儒做官与小人儒做官的宗旨相混，看不到君子儒当官的责任意识，以小人之心度君子之腹，便是对儒家"学而优则仕"主张的最大误解。明白了这个道理可知，除非彻底放弃"成就'内圣外王'理想人格"的宏大抱负与责任感，或者对"内圣外王"的内涵作出新解释，并且"外王"的新解释中不含有"为将、为相"与"立军功与立谏功"的要求，才能真正从理论上让后世儒学信徒放弃"学而优则仕"的主张，但这样做等于阉割了儒学的根本宗旨，这种背离孔子原儒精神的儒学还能吸引人吗？

先秦儒家的上述思想为其后历代儒者所承继。限于篇幅，这里仅举几例。《孝经·广至德章》说："非至德，其孰能顺民，如此其大者乎！"认为没有至高无上的道德，就不能够教化人民，使人民顺从归化。陆贾在《新语·道基》中说："夫谋事不并仁义者后必败，殖不固本而立高基者后必崩。故圣人防乱以经艺，工正曲以准绳。德盛者威广，力盛者骄众。齐桓公尚德以霸，秦二世尚刑而亡。"主张"谋事"需依傍仁义，否则，难成大器。董仲舒在《春秋繁露·保位权》里说："国之所以为国者德也，……是故为人君者，固守其德，以附其民。"将"德"视作立国的根本。王廷相在《送王时化擢云南宪副序》中也说："服众莫大乎德性，利用莫大乎才识，成功莫大乎学术。君子有志于天下，三者不可废一也。"王廷相意识到以德服人可以使人心服口服，力倡"服众莫大乎德性"。另外，美国管理学大师德鲁克（Peter Ferdinand Drucker，1909—2005）在其1985年出版的《有效的管理者》（The Effective Executive）一书序中也说："一般的管理学著作谈的都是如何管理他人，本书的目标则是如何有效地管理自己。一个有能力管理好别人的人不一定是一个好的管理者，只有那些有能力管好自己的人才能成为好的管理者。事实上，人们不可能指望那些不能有效地管理自己的管理者去管理好他们的组织和机构。从很大意义上说，管理是树立榜样。那些不知道怎样使自己的工作更有效的管理者树立了错误的榜样。"（彼得·F.德鲁克，1989，序p.1）德鲁克的这段话与中国先哲力倡的"修身"以"治国"、"平天下"的思想是相通的。

二、德只有通过后天培育才可获得

个体的良好品德是怎样获得的？个体的良好品德是先天固有还是后天获得的问题，是每一个从事德育研究的学者（含德育心理学研究者）都必须面对的，因为这一问题关乎一个人需不需要德育、能不能成善和怎样成善等基本问题；对这一问题的看法不同，又直接影响到其后德育的途径和方法也不相同。只不过有些研究者在其言论或著作中明确论及它，有些研究者将它作为一个隐含的假说存而不论。对于中国先哲而言也是如此，他们通过探讨人性的方式进而探讨了人的品德是先天固有还是后天习得的问题，从一定意义上讲，先哲对人性的追思及其提出的诸多理论，都是为了人的道德完善提供理论基础的。换句话说，人性论是中国传统德育心理学思想的逻辑起点和元理论。综观先哲对人的品德是先天固有还是后天习得的问题的探讨可以发现，关于人① 最初的

---

① 除倡导和赞成人性有善有恶说的人以外，其他人在探讨人性问题时，其所讲的"人"主要是一个"类"概念，指全人类，而不特指某个单个人。

人性问题，尽管不同流派有不同的看法，但多相信"人之初，性本近"；无论持何种人性论，多数先哲都相信个体只要肯努力，人人都可以最终修养成一个道德高尚的人。如持人心本具善端说的孟子在《告子下》中说："人皆可以为尧舜。"持人性本具恶端说的荀子在《性恶》篇中也认为："涂之人①可以为禹。"可见，"涂之人可以为禹"与"人皆可以为尧舜"的意思是一致的，二者无异于都是说，即便每个人成德的起点不同（一为性本善，另一为性本恶），但只要肯努力，再加上有良好的育德环境和道德教育，最终每个人都有成圣的可能。这一思想与大乘佛教主张的人人皆有佛性②、皆能成佛的观点是相通的。当然，对于人的本近的初性到底为何物，学者们多有纷争，真是仁者见仁，智者见智。

（一）"含德之厚，比于赤子"：童心至善说

童心至善说的含义是，人与生俱来的童心最真最善。此观点出自道家开山祖老子。老子认为，处于无知无欲的纯朴状态的婴儿的德性至善。《老子·五十五章》说："含德之厚，比于赤子。"不独道家认为赤子之心最善，多数大儒亦然。孟子在《离娄下》一文里就说："大人者，不失其赤子之心者也。"主张有德行的人是那些能保持婴儿天真纯朴心的人。从下文可知，佛家实际上也主张人性本善。从某种程度上讲，道、儒、佛诸家对人性的理解殊途同归，因为他们多赞成人心本善（荀子主张性恶，但其思想在中国传统文化中不处于主流地位）：道家名之为童心、赤子之心；儒家称之为良知、赤子之心；佛家则命之曰佛性。于是，儒、道、佛三家都强调修心以育德，也就是情理中之事了。中国传统文化又是儒、道、佛三位一体的文化，这样，中国向有重修心以育德的传统也就不足为奇了。

先秦时期道、儒两家多力倡童心至善说，其后儒、道两家又成为中国传统文化的主干，受其影响，秦汉以后很多学者也多赞同或主张童心至善说。如《淮南子·齐俗训》说：

---

① "涂"，通"途"，道路之义；"涂之人"指走在路上的普通人，泛指一般的黎民百姓。

② 即便是"一阐提人"（善性灭尽的人）也有佛性。

人之性无邪，久湛于俗则易。易而忘本，合于若性。故日月欲明，浮云盖之；河水欲清，沙石濊之；人性欲平，嗜欲害之。惟圣人能遗物而反己。……夫纵欲而失性，动未尝正也，以治身则危，以治国则乱，以入军则破。是故不闻道者，无以反性。

主张人的本性是最善的，只是受到后天环境的长期熏陶才发生了改变，修养道德只是反归本初的善性而已。《列子·天瑞》说：

人自生至终，大化有四：婴孩也，少壮也，老耄也，死亡也。其在婴孩，气专志一，和之至也；物不伤焉，德莫加焉。其在少壮，则血气飘溢，欲虑充起；物所攻焉，德故衰焉。

列子将人的一生分为四个阶段，认为一个人在一生中只有处于婴孩时的"德"是最善的，一个人在慢慢长大的过程中，欲心也渐渐多起来，随之"德"也就渐渐衰减了。据《二程集·河南程氏文集》卷第九《伊川先生文五》记载，程颐在《与吕大临论中书》里曾说："圣人之学，以中为大本。虽尧、舜相授以天下，亦云'允执其中'。中者，无过不及之谓也。何所准则而知过不及乎？求之此心而已。此心之动，出入无时，何从而守之乎？求之于喜怒哀乐未发之际而已。当是时也，此心即赤子之心，即天地之心，即孔子之绝四（即毋意、毋必、毋固、毋我，引者注），即孟子所谓'物皆然，心为甚'，即《易》所谓'寂然不动，感而遂通天下之故'。此心所发，纯是义理，与天下之所同然，安得不和？大临前日敢指赤子之心为中者，其说如此。"（程颢，程颐，2004，p.608）程颐同样认为，人本有的赤子之心是最善的，故发出来合乎中庸、中和之道。吴澄在《陈幼实思诚字说》一文中说："人之初生，已知爱其亲，此实心自幼而有者，所谓诚也。爱亲，仁也，充之而为义、为礼、为智，皆诚也，而仁之实足以该之。然幼而有是实心，长而不能有，何也？夫诚也者，与生俱生，无时不然也，其弗能有者，弗思焉尔矣。五官之主曰思。……所以复其真实固有之诚也。"主张人与生俱来的"实心"（实即孟子等人讲的"良心"）至善，只要平日能做到反身而思，不使此"实心"丢失，则人人都能成善。在这诸多主张童心至善说者当中，又以李贽的观点最为有名。因李贽的观点在本书第五章第二节将详细探讨，这里只略提一下。

童心至善说者认为，人与生俱来的童心最真最善，但随着个体年龄和阅历的增长，这种童心又极易丢失。这样，他们必然会赞成德育。只不过，他们对修德的过程有自己的独特看法：一个人修养道德的过程就是通过种种修养方法来保持本有的童心或者尽可能地将失去的童心找回来的过程。用发展心理学的眼光看，个体只有具备了高水平的认知能力，才可能修成高水平的道德素养，年幼儿童的认知发展水平显然主要停留在皮亚杰所说的感知运动阶段（sensori-motor stage，0—2岁）或前运算阶段（pre-operational stage，2—6岁）（汪凤炎，燕良轼，郑红，2019，pp.163-165），此时的童心（人性中具自然性的一面）是幼稚的、低水平的，虽属天真，却未必完美无疵；相对于人的自然属性，人后天习成的习性（实即人性中具社会性的一面）是成熟的、高水平的，它有善有恶，有好有坏，不可一概斥之为恶（燕国材，1988，p.155）。不过，童心至善说也保留有"德"的原始含义：直心为德。

（二）"仁义礼智根于心"：人心本具善端说

1. 人心本具善端说的核心观点

人心本具善端说的含义是，人生来就有仁、义、礼、智四善心，它们本身就是一种德端。这样，一个人只要善于扩充其心中本有的德端以发扬光大，就能成为道德高尚的人。持人心本具善端说的代表是孟子，在人心本具善端说的基础上，孟子开出良心论。人心本具善端说（即良心论）主要包含三个方面的内容，其中"'求于内'：内求本心说"将在本书第五章第二节探讨，这里只论余下的两点。

第一，首次明确提出"良心"和"良知"的概念，并相信良心之端是天赋的。在孔子心中，只有圣人才是"生知"，不过《论语》里未出现"良心"和"良知"的概念，这表明儒家的创始人孔子未明确论及"良心"问题。但是，孔子已经表现出重视内心、重视人的内在价值和道德资源的思想。稍后的孟子进一步发展了孔子这种重视人的内在价值和内在善性的思想，同时孟子将孔子的"生知"思想进一步明确化、扩大化，相信人人都有"不学而能"的"良能"和"不虑而知"的"良知"，并在中国历史上首次明确提出"良心"和"良知"的概念。孟子说：

> 人之所不学而能者，其良能也；所不虑而知者，其良知也。孩提之

童无不知爱其亲者，及其长也，无不知敬其兄也。亲亲，仁也；敬长，义也；无他，达之天下也。（《孟子·尽心上》）

　　牛山之木尝美矣，以其郊于大国也，斧斤伐之，可以为美乎？是其日夜之所息，雨露之所润，非无萌蘖之生焉，牛羊又从而牧之，是以若彼濯濯也。人见其濯濯也，以为未尝有材焉，此岂山之性也哉？虽存乎人者，岂无仁义之心哉？其所以放其良心者，亦犹斧斤之于木也，旦旦而伐之，可以为美乎？（《孟子·告子上》）

在这里，孟子不但用"善良"来定义"良"，而且用"先天具有或自然具备的"来定义"良"。这表明，在孟子心中，"良心"指人的"善良之心"，"良知"指人的"天赋的分辨是非善恶的智能"，而且良心与良知就其来源看都是天赋的。换言之，在孟子眼中，人与生俱来的最初良心是一种"不虑而知"的天赋直觉。尽管"良心"与"良知"这两个概念在《孟子》一书里都只用过1次（杨伯峻，2005，pp.384-385），不过其意义却非同凡响，因为中国的良心论自此正式诞生了。在此基础上，孟子在《告子上》中说："仁，人心也。"在《尽心上》中又说："君子所性，仁义礼智根于心。"将心性合而为一，"仁"与"（良）心"也就直接联系在一起而不可分了。在儒家文化中，"仁"既可以指一具体德目，也可以是诸德目的总称，将"仁"和"（良）心"直接联系在一起的实质是，将"德"与"（良）心"联系在一起了，（良）心与德一体，"仁"（即"德"）也就变成人的内在本性，变成道德自律。这一点为后来的儒家所普遍接受，只是具体说法不同而已。冯友兰曾说："但是中国……直接地在人心之内寻求善和幸福。……是因为中国思想从心出发，从各人自己的心出发。"（冯友兰，1984b，pp.39-40）心中的善就是"仁"，心中的幸福就是"乐"。儒学从某种意义上讲可以说是"仁学"，这样儒家就非常重视养心的重要性，这可以说是儒家主心说的一个深层原因。

　　第二，首次明确主张人心本具善端说，相信良心的心理源泉是人人本有的四善端。据《论语·阳货》记载，孔子只说"性相近也，习相远也"。那么，"性相近"中的"性"是什么呢？孟子发挥孔子"性相近"的人性观点，认为是善性，由此在中国思想史上首倡人心本具善端说，也称性本善。孟子说："人性之善也，犹水之就下也。人无有不善，水无有不下。"《孟子·公孙丑上》

又说：

> 所以谓人皆有不忍人之心者，今人乍见孺子将入于井，皆有怵惕恻
> 隐之心——非所以内交于孺子之父母也，非所以要誉于乡党朋友也，非
> 恶其声而然也。由是观之，无恻隐之心，非人也；无羞恶之心，非人也；
> 无辞让之心，非人也；无是非之心，非人也。恻隐之心，仁之端也；羞
> 恶之心，义之端也；辞让之心，礼之端也；是非之心，智之端也。人之
> 有是四端也，犹其有四体也。有是四端而自谓不能者，自贼者也；……
> 凡有四端于我者，知皆扩而充之矣，若火之始然，泉之始达。苟能充之，
> 足以保四海；苟不充之，不足以事父母。（杨伯峻，2005，pp.79-80）

孟子相信良心的心理源泉是人人本有的恻隐之心、羞恶之心、辞让之心和是非
之心四个善端，将这四个善端看作人与生俱来的，认为此"四心"本身就是
仁、义、礼、智四德目的端绪。仁、义、礼、智这四善心为人心所固有，任
何人都有先天的善端，正是这种善端为每个人走向道德完美的圣人之境提供了
基点。一个人若无此四善心，就不能算是人格完整的人。既然良心的心理源泉
是人人本有的四善端，那么良心就是人人都有的。因此，《孟子·告子上》说：
"仁义礼智，非由外铄我也，我固有之也，弗思耳矣。"这暗示中国人所讲的良
心本也承认其是客观普遍性的存在，即具有共知性（即普遍性）；同时，暗示
中国人也相信，良心的产生从很大意义上说要求一个人对另一个人的处境有切
身的体会，否则，就不容易产生同理心或同情心，自然也就不易产生良心。这
表明孟子所讲的良心也具有自知性。合言之，良心既具自知性，也具共知性
（即普遍性）（倪梁康，2000）。此为中国正统古典良心论的核心观点之一。

同时，在恻隐、羞恶、辞让、是非这四善心中，前三心都是善情，只有
"是非之心"涉及智，可见孟子性善论的根本特质是从善情的角度对人的本质
属性作出规定：从善情的角度探讨道德的根源，将人的血缘亲情、道德情感
融入人性假设之中，主张人之所以为人的根本在于人皆有恻隐、羞恶、辞让、
是非这四善心。因此，据《孟子·尽心上》记载，孟子又说："万物皆备于我
矣。"这表明，在孟子看来，人善与人智的根源在于人心，只是由于外界环境
的影响人才走向恶或愚的；换句话说，人善与人智的根源在于人性，是先天就
有的、内在的，恶的根源在于环境，是外在的、后天的。这就为个体品德的形

成与发展提供了必要的内在依据。孟子的性善论预示着人与生俱来就有向善的先天图式，教育的作用就在于将这种向善的图式（四端：恻隐之心、是非之心、辞让之心、羞恶之心）扩充起来，发扬光大；换言之，教育的作用在于发展人性。而且，在孟子看来，"仁"根植于人的恻隐之心，恻隐之心是一种从人的善心里直接产生出来的、超理智、超功利且强烈到似乎是身不由己的本能式道德情感，模仿马斯洛的用语，可以将之称作似本能（instinctoid）式善情，它具有直觉而不是逻辑思维的特点，在人们身处诸如"见孺子将入于井"之类的情境时油然而生。孟子对"仁"的这种解释，非常吻合"悳"（"德"之古字）的本义——"直心为德"，也吻合道德判断的双加工模型（dual-process models）[1]中的直觉加工模型，更吻合扎基（Jamil Zaki）和米切尔（Jason P. Mitchell）在2013年提出的亲社会性直觉模型（intuitive model of prosociality）（Zaki & Mitchell, 2013）。

孟子主张人心只具善端说有心理学和个体发生学上的依据："今人乍见孺子将入于井，皆有怵惕恻隐之心"；"孩提之童无不知爱其亲者，及其长也，无不知敬其兄也"。用今天的眼光看，孟子的观点有心理学和个体发生学上的依据，尽管这两方面的依据很脆弱，但是从逻辑上讲只举人为善的例子能够说明人心本具善端说的合理性，因为反方即便举一些人为恶的例子，也不能说明人心就是恶的。这个道理可以借用贺麟的比喻加以说明。"由人之善以证人心之善是可以的，因为人之善足以表现本性、发挥本性的缘故；由人之恶以证人心之恶则不可以，因人之恶乃习染之污，本性之蔽，不足以代表人的本性的缘故。犹如由室中之光明以证太阳之光可，由室中之黑暗以证太阳之黑暗则不可。因室中之黑暗乃由太阳之被遮蔽，阳光未能透入，非太阳本身黑暗。"（贺麟，1988，pp.293-296）

有人认为，孟子不是主张性善论，而是主张人性向善论，人性本善是宋儒尤其是以南宋朱熹为代表的学者提出的概念。修身是一辈子的事，所以怎么可

---

[1] 道德判断的双加工模型认为，人们在进行道德判断和道德行为时存在两种独立的加工过程：一种是直觉加工，它是自动化、快速且直觉的反应过程；另一种是认知加工，它是缓慢、有意识的审慎推理过程。个体在道德情境中进行道德判断和道德行为时是采取直觉加工还是采取认知加工，取决于大脑加工过程中哪种加工系统更具优势（Greene, 2007, 2014; Evans & Stanovich, 2013）。

以讲人性本善呢？如果人性本善，那你为什么还要修养呢？你如果还要修养才能够改善你的品质，就代表你人性本来不是完美的。这种说法似是而非。孟子主张性善论，是承认人性就其发端而言有善端，但善端并不一定能生成现实的善行，要保证善端顺利生成善行，就必须修身养性。

至于人为什么会为恶，依《孟子·告子上》里有关"放其心"的论述，孟子认为这是人为外界事物的引诱或压力而蒙蔽或丢失了本心的结果，换言之，恶并不是人的内在本性，是来自外界的。说得通俗点，恶不是人性，而是兽性，是人被贪欲或无知误引，暂时丢失了善性而已。一个人一旦为恶，他也就失去做"人"的基准，与禽兽没有什么区别。更糟糕的是，假若人没有了善心，尤其是丧失了仁爱心，会比禽兽坏千万倍。因为禽兽的残暴仅限于本能，绝不会超出其生存所需要的程度。例如，狮子只是饿了才会去狩猎，一旦自己的肚子和自己养育的小狮子吃饱了，就会暂时停止狩猎，直至下次肚子又饿了，才会再次狩猎。人的贪婪与残酷既无底线也无上限，有时也与生存无关，为了满足一己贪欲，什么坏事都干得出来。

另外，孟子既说"君子所性，仁义礼智根于心"，似乎以心（良心）为德行之源，但孟子又主张"性善"，则德行应根源于性才是。孟子的这两种说法是否前后矛盾？笔者的观点是，就德行的发端处而言，孟子说德行乃根于心的体验；就德行的基础性或本体性来讲，孟子主张性为善。因人有所性，心乃感应诸德。可见，心性的关系是心之内省自反的关系。从这种关系来说，性就是心的本体和基础，性乃以心为活动，为表征，即性以心之思的活动来实现性的内涵。因此，孟子才说："仁义礼智，非由外铄我也，我固有之也，弗思耳矣。"心能思感德性，这样，心有良知良能，而心也可说良心。心之良知良能均以心善为基础而成为可能的（成中英，1991，pp.162-163）。

综上所论，孟子认为个体本性中固有的只是一种德端（或说品德的萌芽）而已，其本身并不是现实的品德。正如朱熹在《晦庵集》卷七十四《玉山讲义》中所说："谓之端者，犹有物在中而不可见，必因其端绪发见于外然后可得而寻也。"在孟子看来，要想将这种德端变成现实的品德，还必须经过后天长期不懈的培育，未忽视环境和后天教育的重要性。而且，犹如孟子讲的"四善心"实只是四德端而不是现实的品德一样，孟子所讲的"良知良能"实也只是一种端芽而不是现实的智能。在孟子看来，人的现实的优秀道德品质与才华是后天习得的，并以射箭为喻进行说明。在孟子看来，人的现实的优秀道德品质与才华犹如射箭技巧一样，既然射箭的技巧是后天苦练而来的，智力这种射中"条理"的技巧也只能是后天习得的。《孟子·万章下》说："始条理者，智之事也；终条理者，圣之事也。智，譬则巧也；圣，譬则力也。由射于百步之外也，其至，尔力也；其中，非尔力也。"可见，一方面，孟子在一定程度上承认人有"先天性的良知良能"；另一方面，孟子又相信一个人在现实生活里展现出来的实际德性，则主要靠后天培育；一个人在处理客观事物上展现出来的智能，也主要通过后天教育或练习培育出来。这表明，孟子并不是彻头彻尾的生知论，在主流上他仍然是学知论者。事实上，在中国历史上，几乎找不到一个彻头彻尾的生知论者，而学知几乎是先哲的共识。

孟子持性善论，将人性、人心视作一个源源不断涌出清澈智慧之泉的泉眼。同时，孔、孟儒家注重人禽之辨，强调心性修养，其思想中蕴含的实是一种重视提升做人境界的高度心理学。[①] 以高度心理学为指导，做人是要修养自我心性，不断放大人性中的优点，克制人性中的弱点，不断提升做人境界，这是中国文化心理学的鲜明特色与亮点（汪凤炎，2019c，p.223）。与此不同，精神分析学持性恶论，将人性、人心视作像下水道般幽暗、肮脏的潜意识的发泄地，以精神分析学蕴含的深度心理学为指导，做人是去深挖潜意识，让人看到心灵深处的种种阴暗面，在此基础上妥协、承认并认清人自身黑暗、丑恶的人性与人格，接着将人性、人格中的对立面（如善与恶）整合到统一的结构中，获得整体性的人格（埃利希·诺伊曼，1998，pp.70–80）。两相比较，在品行与人格修养方面，假若说高度心理学就重扬弃与升华，那么深度心理学重妥协与整合，二者的理念与做法有显著差异（汪凤炎，2023b，2024）。

2. 人心本具善端说对后世的影响

人心本具善端说为其后历代学者尤其是儒家学者所继承。《淮南子·泰族训》说："故无其性，不可教训；有其性，无其养，不能遵道。茧之性为丝，

[①] 高度心理学是指以探索做人境界的高度、引导人们追求更高做人境界为旨趣的心理学，它与精神分析学派重视挖掘人的潜意识的深度心理学截然不同。

然非得工女煮以热汤而抽其统纪，则不能成丝。卵之化为雏，非慈雌呕暖覆伏，则不能为雏。人之性有仁义之资，非圣人为之法度而教导之，则不可使乡方。"王充在《论衡·定贤》里则说："故心善，无不善也；心不善，无能善。"发展至宋明时期，因程朱理学是一种客观唯心主义，而陆王心学是一种主观唯心主义，于是原本由主观唯心主义者孟子力倡的人心本具善端说变为程朱理学的"性即理"式的人心本具善端说与陆王心学的"心即理"式的人心本具善端说。前者如《二程集·河南程氏遗书》卷第二上所说："仁、义、礼、智、信五者，性也。仁者，全体；四者，四支。仁，体也。义，宜也。礼，别也。智，知也。信，实也。"（程颢，程颐，2004，p.14）《二程集·河南程氏遗书》卷第二十二上又说："性即理也，所谓理，性是也。天下之理，原其所自，未有不善。喜怒哀乐未发，何尝不善？发而中节，则无往而不善。"（程颢，程颐，2004，p.292）《朱子语类》卷第五十三也说："仁言恻隐之端，如水之动处。盖水平静而流，则不见其动。流到滩石之地，有以触之，则其势必动，动则有可见之端。如仁之体存之于心，若爱亲敬兄，皆是此心本然，初无可见。及其发而接物，有所感动，此心恻然，所以可见，如怵惕于孺子入井之类是也。"后者如陆九渊在《学问求放心》一文中所说："仁，人心也，心之在人，是人之所以为人，而与禽兽草木异焉者也。"在《与李宰》一文中，陆九渊说："君子之所以异于人者，以其存心也。……非独贤者有是心也，人皆有之，贤者能勿丧耳。……存之者，存此心也，故曰'大人者，不失其赤子之心'。四端者，即此心也；天之所以与我者，即此心也。人皆有是心，心皆具是理，心即理也，故曰'理义之悦我心，犹刍豢之悦我口'。所贵乎学者，为其欲穷此理，尽此心也。"因此，在《与舒西美》一文中，陆九渊主张："古之教人，不过存心、养心、求放心。此心之良，人所固有，人惟不知保养而反戕贼放失之耳。苟知其如此，而防闲其戕贼放欣之端，日夕保养灌溉，使之畅茂条达，知手足之捍头面，则岂有艰难支离之事？"

中国传统文化深受儒家尤其是孔、孟思想的影响，这样，不但儒家的德育心理学思想主要以人心本具善端说为理论基础，而且整个中国传统文化的主流也以人心本具善端说为理论依据。同时，在中国传统文化中，将"心"与"性"视为一体的思想源远流长。因为古人多认为性自心生，"心"可指心性、

85

性情。《韩非子·观行》说："西门豹之性急，故佩韦以自缓；董安于之心缓，故佩玄以自急。"陈奇猷校注："性既自心而生，故此文心缓即性缓也。"有了人心本具善端说作为理论根基，再加上古人又常将心与性视为一体，于是先哲一贯强调通过充性、养心（性）、复性（通过改过迁善或返璞归真等途径和方法来达到复性的目的）、顺性和求放心等修心的方式来育德。受此思想的影响，时至现在，人们还用"真是一个好心人"和"心地善良"等语来称赞一个道德高尚的人。人心本具善端说的特点是将善的根基建立在人的本性之上，不像其后荀子那样认为善只是人"伪"的结果，以该理论为基础，必然会提倡德育，以此来将人心中本有的善端发展出来。

人心本具善端说与老子的童心至善说既相通又相异。相通之处在于：都从人自身（而不是外部）去寻找善的根源，将善的根源置于人心上；都持先验论的德性假说，肯定人与生俱来就有善性。相异之处在于：对人与生俱来的善性的本质内涵与善性的多少存在不同看法。童心至善说认为，从本质上看，人与生俱来的童心是一种超越世俗善恶的"自然之心"；从程度上讲，童心至真至善。人心本具善端说讲的人心，从本质上看是人的世俗性的道德品质；从程度上说，它只承认人与生俱来的善性是一种德端而已，还不是道德本身，也不是最善的。以孟子为代表的人心本具善端说与卢梭和康德等人的思想也有相通之处。法国哲学家卢梭（Jean-Jacques Rousseau，1712—1778）认为人生来就具有善性、有良心，既能自爱也能爱人。德国哲学家康德（Immanuel Kant，1724—1804）认为人是一种有理性的动物，人天生就具有一种"纯粹理性"，它支配着人的意志，使人不以环境为转移，这种受"纯粹理性"支配的意志叫"善良意志"，而良心就是"善良意志"的"绝对命令"，它是先验的，与现实生活无关（韩进之，等，1986，p.12）。

顺便指出，1918 年 11 月 7 日，60 岁生日前夕的梁济在与 25 岁的儿子梁漱溟谈起关于欧战的一则新闻时，随口问梁漱溟："这个世界会好吗？"正在北京大学任印度哲学讲席的梁漱溟回答说："我相信世界是一天一天往好里去的。"梁济答道："能好就好啊！"说罢离开了家。在这里，梁漱溟显然是持性善论，才有如此乐观的回答。三天之后，即 1918 年 11 月 10 日，梁济在北京积水潭（北京静业湖）投水自尽，留万言遗书说："弟今日本无死之必要也。然国家改组，是极大之事，士君子不能视为无责。……国性不存，国将不国。必自我一人殉之，而后让国人共知国性乃立国之必要。……我之死，非仅眷恋旧也，并将唤起新也。""这个世界会好吗？"这个问题最终伴随梁漱溟一生，60年后，梁漱溟的口述回忆录就定名为《这个世界会好吗：梁漱溟晚年口述》。"世界是一天一天往好里去的"得以实现必须满足三个基本前提：一是，每人尤其是每个成年人都要有良知（或人性本善），都依循道德律令去行事；二是，就一个国家内部而言，要实行法治，而且其法为良法；三是，国与国之间要和平共处。可惜，这三个前提中，第一个前提永远都不可能实现。因为活生生的芸芸众生的人性实是复杂的，其中既有性善的一面，也有性恶的一面，还有性无善无不善的一面（汪凤炎，2019b，pp.385-387）。第二、第三个前提要想在全世界实现，至少到目前为止仍有一定的难度。因此，世界不可能像岁月的年轮自然增长那样会自然地一天一天往好里去的，世界要想一天一天往好里去，必须靠世界上每一个人的共同努力，尤其是靠世界上众多大国领导人的共同努力才行。

（三）"人之性恶"：人性只具恶端说

人性只具恶端说这一观点以荀子为代表。《荀子·性恶》说：

> 人之性恶，其善者伪也。今人之性，生而有好利焉，顺是，故争夺生而辞让亡焉；生而有疾恶焉，顺是，故残贼生而忠信亡焉；生而有耳目之欲，有好声色焉，顺是，故淫乱生而礼义文理亡焉。然则从人之性，顺人之情，必出于争夺，合于犯分乱理而归于暴。故必将有师法之化，礼义之道，然后出于辞让，合于文理而归于治。用此观之，然则人之性恶明矣，其善者伪也。

荀子认为人的本性是恶的，明确提出人生来就有好利本性（贪财）、妒忌憎恨本性和好声色的本性，假若顺从人生来的好利本性，就会发生争抢掠夺，谦让的品德就消失了，如果顺从妒忌憎恨的本性，就会产生残杀陷害，忠诚守信的品德就消失了，假若顺从好声色的本性，就会产生淫乱，礼义法度就消失了。可见，辞让、忠信和礼义等都是人性中没有的。

与孟子类似，荀子主张人性只具恶端说也有一定的依据。（1）生物学上的依据。《荀子·性恶》说："夫陶人埏埴而生瓦，然则瓦埴岂陶人之性也哉？工人斫木而生器，然则器木岂工人之性也哉？夫圣人之于礼义也，辟则陶埏而生之也，然则礼义积伪者，岂人之本性也哉？"（2）生理学上的依据。《荀子·性恶》说："今人之性，饥而欲饱，寒而欲暖，劳而欲休，此人之情性也。"（3）心理学上的依据。《荀子·性恶》说："若夫目好色，耳好声，口好味，心好利，骨体肤理好愉佚，是皆生于人之情性者也，感而自然，不待事而后生之者也。"

不独荀子主张人性只具恶端说，法家亦是。《商子·算地》也说："民之性，饥而求食，劳而求佚，苦则索乐，辱则求荣，此百姓之情也。"韩非（荀子的高足）也认为人性就其本质而言是恶的，趋利避害是人的本性。《韩非子·难二》说："好利恶害，夫人之所有也。"《韩非子·奸劫弑臣》又说："夫安利者就之，危害者去之，此人之情也。"

秦汉之后也有人赞成荀子的观点。《淮南子·诠言训》说："凡人之性，少则猖狂，壮则暴强，老则好利。一人之身，既数变矣。"既承认人性具可塑性，也有人性只具恶端说的潜在思想。

人性本恶，性与品德不能俱存，一个人要想培育品德，必须对人性进行改造，不能顺从人性（"顺是"）。荀子的这一结论既与老、庄顺应自然的观点截然相反，也与孟子的观点有天壤之别。在中国古代，"自孟荀性论对立，以后论性者多是调和孟荀"（张岱年，1982，p.232）。不过，荀子的这一观点与马基雅弗利（Niccolò Machiavelli，1469—1527）（西方哲学史上较早且较完整地提出一套人性恶的理论的人）和弗洛伊德（精神分析学派的创始人）的思想有一定的暗合之处。

（四）"人性之无分于善不善"：人性无善无不善说

人性无善无不善说这一观点以墨子和告子等人为代表。在人性假设问题上，墨子（约前468—前376）提出了"人性如素丝"观。《墨子·所染》说："子墨子言见染丝者而叹，曰：'染于苍则苍，染于黄则黄，所入者变，其色亦变。五入必，而已则为五色矣。故染不可不慎也！'""素"本指"白色生绢"，引申指白色或单纯的颜色。因此，"素丝"实际上是指"白色的丝"。这表明，在墨子看来，人的自然本性（生性）犹如素色的丝，染于青色就变成青色，染于黄色就变成黄色，全依所染的色不同而不同。这意味着，人的本性并没有善与恶之分，人之所以为善或为恶，完全由其所处的环境（包括教育之类的人文环境）不同而造成。可见，墨子的"人性如素丝"观实际上就是人性无善无不善说，只是没有明确说出来而已。墨子的"人性如素丝"观也可以说是世界上最早的人性"白板说"，比英国思想家洛克（John Locke，1632—1704）提出的"白板说"早 2000 余年时间（燕国材，1998，p.98）。

其后，与孟子同时代的告子明确提出性无善无不善说。《孟子·告子上》记载，告子先对"性"作了界定，主张"生之谓性"，然后指出性既不具善端，也不具恶端，并作了一个形象的比喻："性犹湍水也，决诸东方则东流，决诸西方则西流。人性之无分于善不善也，犹水之无分于东西也。"告子将人的初性比作"水"一样，犹如墨子将人的初性比作"素丝"（白丝），墨子认为人之初性"染于苍则苍，染于黄则黄"。这与告子的"性犹湍水也，决诸东方则东流，决诸西方则西流"的观点相通，都表明人的品德不是天生的，完全是后天环境影响（"染"）的结果。用现代的眼光看，墨子和告子都是将人的自然属性视作"性"的，与孟子只将人的社会属性视作"性"相反，这两种人性观都失之偏颇：将本是自然属性与社会属性"合金"的人性人为地割裂了开来，而且都是抽象的人性假说。

尽管墨子和告子的这一人性观在中国历史上不占主流，但对后人也有一定影响。《白虎通义·性情》也说："性者，生也。"这是告子"生之谓性"的翻版。王安石在《原性》篇里说："孟子言人之性善，荀子言人之性恶。夫太极生五行，然后利害生焉，而太极不可以利害言也。性生乎情，有情然后善恶形焉，而性不可以善恶言也。此吾所以异于二子。"可见，王安石之所以赞赏告子的人性无善无不善说，是基于以下的逻辑推理：从太极和五行的关系看，太极是宇宙的元始，是一个完整的统一体，是无利害可言的；从太极中生出的五行则有利害可言，不过，五行虽出自太极，但五行非太极。同理，从性与情的关系看，性与太极一样，也是一个元始的、完整的统一体，是无善恶可言的；但由性而生的情则有善恶之分，情虽与性有关系，但情不是性。由此可知，王安石在论证性无善无不善时，运用的是演绎推理，较之告子以水之性类推人之性的类比推理要严密得多。当然，用今天的眼光看，王安石的这一论证纯粹是一种思辨式的论证，科学性不强。那么，为什么说人的性无善恶而情有善恶呢？据《王文公文集》卷二十七《性情》记载，王安石的回答是："喜、怒、哀、乐、好、恶、欲未发于外而存于心，性也；喜、怒、哀、乐、好、恶、欲发于外而见于行，情也。"这说明，在王安石看来，性是人的一种先天的本能倾向，包括喜、怒、哀、乐、好、恶、欲，等等，它们都"未发于外而存于心"，也就是没有指向任何对象，也没有见诸任何行动，所以无善无恶；情是"发于外而见于行"的东西，它的善恶是可以显现出来的（燕国材，1987，pp.216–218）。

既然人的生性本无善无不善，换言之，人的品德不是天生的，是后天形成和发展起来的，个体应该通过自己的后天努力来塑造自己的善性，以此提升自己的品德境界。

（五）"人性有善有恶"：人性有善有恶说

人性有善有恶说发端于战国时期的世硕，经董仲舒发展，至扬雄才提出人性善恶混说。

据王充的《论衡·本性》记载，周人世硕以为"人性有善有恶，举人之善性，养而致之则善长；恶性，养而致之则恶长"。可见，世硕首次提出人性有善有恶的观点。秦汉以后，人性论发展的显著特点之一是试图调和孟、荀两家的观点，像汉代的硕儒如董仲舒、扬雄和王充等人大都赞成人性有善有恶说。

董仲舒在《春秋繁露·实性》里对人性有善有恶说有所发展，提出了性三品说："圣人之性不可以名性，斗筲之性又不可以名性，名性者，中民之性。中民之性如茧如卵。卵待覆二十日而后能为雏，茧待缲以涫汤而后能为丝，性待渐于教训而后能为善。善，教训之所然也，非质朴之所能至也，故不谓性。"在《春秋繁露·深察名号》里他又明确提出"性者质也"的命题，认为性只是人与生俱来的心理资质，性可以为善，也可以为恶，后天的善是经过教化才得到的。至于性与善之间的关系，董仲舒在《春秋繁露·实性》里认为："性者，天质之朴也；善者，王教之化也。无其质，则王教不能化；无其王教，则质朴不能善。"这一看法与荀子"性伪合"的观点有相通之处。

扬雄在《法言·修身》里明确提出了人性善恶混说："人之性也，善恶混。

修其善则为善人，修其恶则为恶人。"

王充继承董仲舒等人的观点，也主张人性有善有恶，而且可以分为上、中、下三等，"中人以上者""性善"，"中人以下者""性恶"，"性善恶混者"是"中人"。他在《论衡·本性》中说："自孟子以下，至刘子政，鸿儒博生，闻见多矣，然而论情性竟无定是。唯世硕、公孙尼子之徒，颇得其正。……实者，人性有善有恶，犹人才有高有下也，高不可下，下不可高。谓性无善恶，是谓人才无高下也。……余固以孟轲言人性善者，中人以上者也；孙卿言人性恶者，中人以下者也；扬雄言人性善恶混者，中人也。"

韩愈在继承孟子"仁义礼智根于心"、告子"生之谓性"、董仲舒的性三品说与刘向的性情合一论等人思想的基础上又作了精细发挥，不但相信人性可以分为三品，而且相信人的情绪也可以分为三品，创造性地提出性情三品说（详见本书第五章第二节）。

在张载之前，无论言性善者还是性恶者，乃至性有善有恶者或性无善无恶者，均持性一元论。也就是说，性善论者主张人人都性善，性恶论者相信人人都性恶，性有善有恶者相信有的人性善而有的人性恶，性无善无恶者相信人性无善也无恶，没有任何一个人主张在一个人身上有善恶两种性。张载在《正蒙·诚明篇》中将先秦以来的性一元论首次发展为性二元论，提出"天地之性"和"气质之性"的观点，这是他在理论上的一大贡献（详见本书第五章第二节相关部分）。

从理论上讲，人性有善有恶说肯定人性中已先天地包含为善与为恶两种潜质，能较有说服力地解释世上为何有善人也有恶人的事实，显得适用范围较广；同时，人性中既有善的一面也有恶的一面，教育的价值与目的就在于发展人性中善的一面，改造人性中恶的一面。因此，以该理论为依据的学者，一般主张要通过后天的努力来发展人性中本有的善性，限制人性中本有的恶性，进而多强调后天的"学"或"养"在修德中的作用。扬雄在《法言·学行》中就说："学者，所以修性也。……学则正，否则邪。"这里，也需要指出两点：（1）人性有善有恶说与西方《圣经》中"人的一半是天使，一半是野兽"的名言有相通之处，因为西人的这句名言的实质也是承认人性有善有恶。不过，在中国先哲的眼中，每个人的人性中包含的善性与恶性的比例是不一样的，换言之，有些人的人性中善性多而恶性少，有些人则善性少而恶性多；西方"人的一半是天使，一半是野兽"的名言中，对每个人的人性中包含的善性与恶性是"对半"分的。（2）人性有善有恶说既然认为每个人的人性中包含的善性与恶性的比例不同——有些人的人性中善性多而恶性少，有些人则善性少而恶性多，这就在理论上将人分成不同的等级，不同等级的人其成圣的起点是不一样的。明白了这一点，像董仲舒之类主张人性有善有恶的学者，多半会倡导或赞成性三品说。

（六）"一阐提人皆得成佛"：人人皆具佛性说

人人皆是佛性说是中国佛教学者在吸收中国传统文化基础上提出的一种宗教人性观。人人皆具佛性说的实质是，人人皆有善性，类似于老子讲的童心至善说与孟子讲的人心本具善端说。

佛教自释迦牟尼以降都讲普度众生以成佛，其众生又叫"有情"动物，这意味着，只有"有情"的众生才有佛性，而"无情"（非生物的东西）没有感知觉和思维意识等心理活动，也就不存在佛性的问题。印度佛教还认为并非所有的人都能成佛，像"一阐提人"（善性灭尽的人）就不能成佛。

佛教传入中国后，一些佛教教徒在论述佛性问题上注意吸收中国文化中本有的一些传统，尤其是注意吸收道家老子的童心至善说、儒家孟子的人心本具善端说以及"人皆可以为尧舜"和"涂之人可以为禹"的思想。从这些人的思想中很容易推导出人人都有善性的结论，用佛教用语讲，即"一切众生皆有佛性"或人人都有慧根，这样，至南北朝时，竺道生为了让所有的人都相信佛教，就大力宣扬人人都有成佛的本性，甚至提出"一阐提人"也可成佛。《高僧传》卷七记载："（竺道生）乃言善不受报，顿悟成佛。……乃说一阐提人皆得成佛。于时大本未传，孤明先发，独见忤众。……后《涅槃》大本至于南京，果称阐提悉有佛性。与前所说，合若符契。"可见，虽然印度佛经中本有"顿悟成佛"与"阐提悉有佛性"的观点，但它们起初并未传入中国，"顿悟成佛"与"一阐提人皆得成佛"的观点是竺道生的孤心发明，在提出之初受到中国佛教界人士的普遍诋毁。只是到《涅槃》经传入中国后，因竺道生的观点得到佛经的印证，才受到人们的推崇。"一阐提人"，佛教用语，指断了善根的人。既然连断了善根的人仍有佛性，仍可成佛，世上还有什么人不具佛性，不可以成佛呢？

在此基础上，禅宗（主要指六祖惠能创立的南禅）更是明确主张人人皆有佛性。《坛经·付嘱品》说："我心自有佛，自佛是真佛。自若无佛心，何处求真佛？汝等自心是佛，更莫狐疑。外无一物而能建立，皆是本心生万种法。故经云：心生种种法生，心灭种种法灭。"既然人人心中自有佛性（即善性），换句话说，佛在自心中，自心自有佛，"自佛是真佛"，那么对禅宗弟子来说，修佛就是修心。《坛经·行由品》说："善知识，菩提自性，本来清净，但用此心，直了成佛。"可见，涤除其宗教外衣，人人皆具佛性说实也是人性本善说。以此观点为理论基础，佛教弟子（尤其是禅宗弟子）在修禅过程中必然也强调要修心以育德。

概言之，关于人的最初德性问题，多数学者（老庄、李贽等人除外）都认为，人的最初德性即使有，也只是一种德端而已（如孟子等持善端说的学者），人的德性主要通过后天环境习染和道德教化才发展起来。古人也多相信人的品德的形成与发展不是一蹴而就的，而是贯穿于人的一生，也有一定的阶段性。据《论语·为政》记载，孔子描述自己品德的形成与发展过程时曾说："吾十有五而志于学，三十而立，四十而不惑，五十而知天命，六十而耳顺，七十而从心所欲，不逾矩。"这样，先哲大都赞成通过德育的方式来培养人的"德"。《孟子·滕文公上》说："夏曰校，殷曰序，周曰庠；学则三代共之，皆所以明人伦也。人伦明于上，小民亲于下。有王者起，必来取法，是为王者师也。"认为重视德育是夏、商、周三个朝代的"通例"，后人也不应有什么例外。换句话说，人们都应重视德育。王守仁在《传习录中·答顾东桥书》中说得更直截了当、明白透彻：

> 学校之中惟以成德为事，而才能之异，或有长于礼乐、长于政教、长于水土播植者，则就其成德而因使益精其能于学校之中。迨夫举德而任，则使之终身居其职而不易。用之者惟知同心一德，以共安天下之民，视才之称否，而不以崇卑为轻重，劳逸为美恶；效用者亦惟知同心一德，以共安天下之民，苟当其能，则终身处于烦剧而不以为劳，安于卑琐而不以为贱。

主张学校的主要任务就是教人成德，其重视道德教育的心情更是溢于言表。儒学在中国漫长的封建社会里一直是正统的官方哲学，受其影响，古代中国一向重视德育也就在情理之中。于是，在中国古代，即便是主张出世的道教和佛教也重视道德修养与道德教育。前者如葛洪在《抱朴子内篇·对俗》中说："欲求仙者，要当以忠孝和顺仁信为本，若德行不修，而但务方术，皆不得长生也。"陈致虚在《上阳子金丹大要虚无卷之二·道德经序》中也说："夫金丹之道，先明三纲五常，次则因定生慧。纲常既明，则道自纲常而出，非出纲常之外而别求道也。"后者如《坛经·疑问品》所说："使君心地但无不善，西方去此不遥；若怀不善之心，念佛往生难到。今劝善知识，先除十恶，即行十万；后除八邪，乃过八千。念念见性，常行平直，到如弹指，便睹弥陀。使君但行十善，何须更愿往生？不断十恶之心，何佛即来迎请？"

综上所论，现代学者对人性是否本善或本恶这一问题存有争论。有些学者（如杨国荣）主张人有为善的潜能（杨国荣，2000），或者说，由于人类整体社会实践的作用，祖先无数次的道德操作实践会在文化心理的层面上得到一定程度的遗传，形成孟子所讲的良知、良心或善端，并试图从哲理上加以论证，甚至有人试图用实证的手段来证明人的确存有为善的潜能，如认知学派的"图式"和格式塔学派的"格式塔"等。也有一些学者（如孙喜亭）认为，将"人性本善"看作"事实判断"或"事实的命题"缺乏事实根据；将"人性本善"看作价值预设虽然有一定的积极意义，但是由此预设出发，德育的价值只在于唤醒、弘扬和提升人们心中的善性，就在于激活、唤醒和弘扬人的潜能中积极的、美好的、建设性的因素，这意味着德育能做的事情其实很有限。他进而认为，人在出生时并无道德意识，也无原始的道德图式或道德禀赋，道德的发展完全取决于后天环境、教育的影响和传授（孙喜亭，2000）。由此可见，孙喜亭等人认可白板说。

在人性假设问题上，笔者反对单一因素论和调和论的观点。单一因素论是指假设人性里只包含一种成分的观点。像孟子的性善论和荀子的性恶论，或者将人假设为单一的"政治动物"（或称"政治人"）、"理性动物"（或称"理性人"、"知性人"或"智性人"）、"经济人"、"道德人"或"自我实现的人"之类的观点，都属典型的单一因素论。单一因素论因过于简单，实难解释复杂的人性。调和论是指先假设人性里包含两种或多种成分（如善与恶等），然后以"和稀泥"的方式将它们予以调和的观点。像世硕的人性有善有恶说就属典型的调和论，因其没有厘清性善与性恶之间的关系，实也难以解释复杂的人性。笔者主张"新复杂人"假设，以区别于美国管理心理学家沙因（Edgar H. Schein, 1928—2023）于 1965 年出版的《组织心理学》（ *Organizational Psychology* ）一书中提出的"复杂人"假设。"新复杂人"假设的核心观点主要有二。

第一，从类主体角度看，人性中包含非伦理道德性成分、伦理道德性成分和"白板"这三种成分。非伦理道德性成分是指与伦理道德无关的成分。人性中本有的知性成分或智性成分（像皮亚杰所说的最早的图式），就属于典型的非伦理道德性成分，它为人类后天的认知发展准备了起码的前提。伦理道德性成分是指与伦理道德有关的成分。孟子所说的"四善端"和荀子所讲的"性恶"成分，都属于人性里蕴含的伦理道德性成分。"白板"是指人性中"预留"了一块未开垦的处女地。打个比方，以伦理道德性成分为例，若将人脑比作一块菜地，将善性比作胡萝卜，将善端比作胡萝卜籽，将恶性比作野草，将恶端比作草籽，那么，最初菜地里虽种下了胡萝卜籽，但一定也有草籽，而且不同菜地里种下的胡萝卜籽和草籽的数量有差异；同时，胡萝卜籽和胡萝卜籽之间、胡萝卜籽和草籽之间以及草籽和草籽之间肯定都有一定空隙，不可能密集到彼此紧挨着，否则，无论是胡萝卜苗还是草都不可能健康成长。只有在播胡萝卜籽时在不同胡萝卜籽之间预留好空隙，将来胡萝卜苗才可能健康成长。同理，人性中也会包含性善、性恶和"白板"三种成分，其中"白板"为善端与恶端预留了较大的弹性空间。人性中善端与恶端是怎么来的？从类主体的角度看，人性中的善端与恶端就其最初来源而言是天赋的，即人与生俱来的，这是人之所以为人、人区别于其他万物的一个重要标志。而且，人类祖先最初的良心一旦形成，就能够通过类似集体潜意识的形式予以代代相传，潜藏在其后世万代子孙的心灵深处，从而形成孟子所讲的"良端（良心的种子）"。当然，这种遗传主要是"心理形式"和"心理机能"的遗传，兼有一定的"心理内容"的遗传，不过，后者的变迁速度较之前者相对要快得多，结果，虽然人类祖先与今人都讲良心，二者包含的道德观念却是既有相通之处更有较大差异。人性中为什么会有一块未开垦的处女地呢？这是因为，人不可能像一般动物那样其后天的行为方式完全由本能（instinct）控制，而是有较大的弹性空间。具体地说，从生物进化的观点看，有机体适应环境有本能和学习两种方式。通过学习适应环境，其特点是高效且与时俱进。本能是指个体在进化过程中形成并由遗传固定下来的不学就会的能力。本能的变化需要千万年的演化，学习的变化有时仅仅需要几分钟甚至更短的时间。这样，从一定意义上讲，本能越多的动物，其适应环境的能力从总体上看也是越小的。因为其出生时的本能越多，虽然在开始阶段其适应环境的能力颇强，但由于本能是一种由遗传固定下来的不学就会的能力，这就意味着一种动物的本能越多，其心理与行为模式可塑性的空间就越小，其后天的学习能力也就越弱，这意味着其适应环境的能力是随年龄的增长而逐渐下降的。与此相反，本能越少的动物，其适应环境的能力从总体上看是越大的。因为其出生时的本能越少，虽然在开始阶段其适应环境的能力颇弱，但也正由于其本能少，意味着其心理与行为模式可塑性的空间就越大，其后天的学习能力也就越强，这意味着其适应环境的能力是随年龄的增长而逐渐上升的。例如，小鸡刚出生就能站立，只要有食物且没有天敌或各类疾病和灾害的威胁，即使没有母鸡妈妈的帮助，它也能生存下去；人初生时则非常脆弱，即使有食物放在他眼前，若没有他人的帮助，他也会饿死。但是长大后，人适应环境的能力远远高于鸡适应环境的能力。与此类似，人脑的发展潜能是巨大的，不可能像一般动物那样全由本能决定，换言之，人脑不可能被非伦理道德性成分和伦理道德性成分塞得满满的，毫无空隙可言，而是有一定的潜在发展空间。这一潜在发展空间不仅为人类后天的认知发展提供了余地，也为人类后天的品德发展提供了余地。这样，与一般动物相比，人类的学习能力是巨大的，适应环境的能力也是巨大的，其中的佼佼者还能改变环境以适应自己。正如萧伯纳（George Bernard Shaw，1856—1950）在戏剧《人与超人》（Man and Superman）的附录《致革命者的箴言》（Maxims for revolutionists）里借剧中男主人公坦纳（John Tanner）之口所说："一个理智的人应该改变自己去适应环境，只有那些不理智的人才坚持改变环境以适应自己，但所有进步都是由后一种人创造的。"（The reasonable man adapts himself to the world, the unreasonable one persists in trying to adapt the world to himself. Therefore all progress depends on the unreasonable man.）

　　第二，从个体角度看，在不同人身上，不但非伦理道德性成分、伦理道德性成分和"白板"这三种成分的比例不一样，就是性善、性恶两种成分所占的比例也不一样。正所谓："人心不同，各如其面。"而且，从个体的角度看，其心中的善端和恶端就其最初来源而言同样是天赋的，即通过文化心理遗传的途径获得的。可能在人的基因（带有遗传信息的脱氧核糖核酸，英语"deoxyribonucleic acid"，缩写为 DNA）里不但储藏有大量有关生理素质的遗传"密码"，而且可能储藏有大量的有关心理素质的遗传"密码"，只是前者现已获得大量的科学证据予以证实，而后者为目前的科学水平所限还不足以提供充足的证据予以证实而已。因此，如果进化论的遗传学理论是正确的，就可以设想，人的一些良情或恶情也是可以通过所有者一代代地遗传给后人的（汪凤炎，郑红，2010b，pp.191-206）。

　　由于每个人的身上生来都有善端和恶端，这样，道德教育和自我心性修养的实质是修身问题，修身中的"修"既有培育的含义，也有修剪的含义，前者指培育善心（即"培育胡萝卜苗"），后者指修剪恶性（即"修剪或拔除野草"），修身效果的好坏直接关系到个体身上的善端和恶端在量上与质上的变化。若基于善端的善心和善行发展良好，相应地基于恶端的恶心和恶行的发展空间就会受到挤压并变得越来越小，此时，个体就成长为有道德的人；不过，在个体未成圣之前，无论个体的品行有多高，其心中的邪念也不会完全消失，至多只是处于休眠状态，若个体一旦放松道德修养，仍有可能作恶。因此，据伪《古文尚书·虞夏书·大禹谟》记载，舜才对禹说："人心惟危，道心惟微，惟精惟一，允执厥中。"反之，若基于恶端的恶心和恶行疯狂发展，相应地基于善端的善心和善行的发展空间就会受到挤压并变得越来越小，此时个体就沦落为缺德者；不过，无论个体的品行有多么恶劣，其心中的善端也不会完全消失，至多也只是处于休眠状态，若个体一旦顿悟本心，就会"放下屠刀，立地成佛"。更何况，即便再坏的恶人，总有让他牵肠挂肚、乐意付出，甚至乐意作出自我牺牲的人，这也从一个侧面证明他仍有善心。正如朱熹在《中庸章句·序》里对"人心惟危，道心惟微，惟精惟一，允执厥中"的解释时所说："盖尝论之：心之虚灵知觉，一而已矣，而以为有人心、道心之异者，则以其或生于形气之私，或原于性命之正，而所以为知觉者不同，是以或危殆而不安，或微妙而难见耳。然人莫不有是形，故虽上智不能无人心，亦莫不有是性，故虽下愚不能无道心。二者杂于方寸之间，而不知所以治之，则危者愈危，微者愈微，而天理之公卒无以胜夫人欲之私矣。精则察夫二者之间而不杂也，一则守其本心之正而不离也。从事于斯，无少间断，必使道心常为一身之主，而人心每听命焉，则危者安、微者著，而动静云为自无过不及之差矣。"由此可知，"人心惟危，道心惟微，惟精惟一，允执厥中"对于这句话中的"危"虽有"高耸貌"和"危险"等义（陈至立，2019，p.4512），故从字面意义上讲，可以作二解：人心非常高大，人心非常危险。但是，根据朱熹的解释，将"人心惟危"解释为"人心非常危险"可能更吻合中国儒家文化的原旨。同时，正因为人性中有善端，人才能在此遗传和成熟的基础上，通过环境和教育的作用而逐渐形成和发展出良好的品德；在其中，个体的主体性扮演了一个非常重要的作用。所以，人的德性的形成、发展与完善，并非简单地像孟子所说那样完全是由内而外自然生成的，也不是如荀子所论那样完全是由外界环境教化而成的，而是在主客体相互作用过程中，由主体建构出来的（汪凤炎，2006c）。

当然，上述总结是笔者综合古今中外学者已有成果概括出来的，中国古人在人性问题上并没有如此认识。结果，由于对人性的看法不同，不同流派学者对育德的途径和方法等的意见多有不同，进而形成多种学说。不过，有一点是共同的，即如前所论，绝大多数人都坚信，即便每个人成德的起点不同，但只要自己肯努力，再加上有良好的育德环境和道德教育，最终每个人都有成圣的可能。正因为如此，重视道德教育和修心养性就成为中国传统文化的重要组成部分和特色之一。

第二节　中国传统德育重视心理因素的作用

中国传统德育之所以重视心理因素的作用，其缘由主要有二：一是注重心、神和精神幸福感的传统；二是认识到按心理规律进行德育效果好。

一、注重心、神和精神幸福感的传统

中国传统文化注重心、神和精神幸福感的传统，主要体现为先哲大都赞成主心说和重神观，倡导追求精神幸福感。

（一）主心说

"心"的含义众多，主心说里"心"的含义主要有二：一指心脏；一指精神、心理。相应地，主心说的含义至少也有二：一是主张在人的五脏六腑等脏器中，应以心脏处于主体地位，其典型表述就是荀子的"心居中虚，以治五官"一语；二是主张在心与物以及心与身等关系方面，应以人的精神或心理为主。《坛经·付嘱品》说："心生种种法生，心灭种种法灭。"《陆九渊集》卷二十二《杂说》说："宇宙便是吾心，吾心即是宇宙。"王守仁在《传习录下》中说："无心则无身，无身则无心。但指其充塞处言之谓之身，指其主宰处言之谓之心。"这些都是主心说的经典说明。因本书的主旨在阐释中国传统德育心理学思想，下面只简略地将主心说概说一下。

中国自古重视"心"，认为"心"在精神情感方面起着巨大的作用。如作为传统文化主体的儒学非常重视"心"。孟子在《告子上》中说："心之官则思。"《荀子·天论》则说："耳目鼻口形能，各有接而不相能也，夫是之谓天官。心居中虚，以治五官，夫是之谓天君。"既然五官都被"心"这个"天君"控制，"心"的重要性就可想而知了。董仲舒在《春秋繁露·天地之行》中也说："一国之君，其犹一体之心也。"扬雄在《法言·问神》更直截了当地说："或问神，曰心。"认为"神"就是"心"。据《二程集·河南程氏遗书》卷第二十一下记载，程颐说："心生道也，有是心，斯具是形以生。恻隐之心，人之生道也，虽桀、跖不能无是以生，但戕贼之以灭天耳。"（程颢，程颐，2004，p.274）这更是将"心"视为一身之主。《朱子语类》卷第九十八认为："心是神明之舍，为一身之主宰。性便是许多道理，得之于天而具于心者。发于智识念虑处，皆是情，故曰'心统性情'也。"与朱熹将心、性和情看作三个东西不同，心学代表人物陆九渊在《语录下》中公开提倡心、性、情合一论："情、性、心、才，都只是一般物事，言偶不同耳。"在此基础上，陆九渊也注重所谓"本心"。据《象山年谱》记载，陆九渊说："恻隐，仁之端也；羞恶，义之端也；辞让，礼之端也；是非，智之端也。此即是本心。"王廷相在《雅述上篇》中认为，"心者，栖神之舍"，因而要养神必须先调心。

非独儒家赞成主心说，其他诸家亦然。先秦道家和早期道教本不太重"心"（而重"神"），不过，他们也赞成主心说。据郭沫若考证，《管子》中的"心术上"、"心术下"、"白心"和"内业"四篇，属于先秦道家的一个支派——宋尹学派——的著作（郭沫若，1954，p.136）。《管子·心术上》说："心之在体，君之位也。"司马承祯在《坐忘论·收心》中说："夫心者，一身之主，百神之帅。"但是，自禅宗在中国兴起之后，再加上受理学的影响，宋、金、元时期兴起的道教新教派也一改过去重"神"的传统，转而重"养心"之道。医家也赞同主心说。《素问·灵兰秘典论》就认为："心者，君主之官，神明出焉。"先秦的纵横家也持主心说。《鬼谷子·捭阖》说："心者，神之主也。"在中国"土生土长"、对中国传统文化产生深远影响的禅宗更是非常强调心的作用。《坛经》可以说是一部论养"心"之道的专著。中国传统文化自先秦开始一直就有主心说的传统，使得中国汉字中，大凡与"心"有关的字多以"心"或"忄"为偏旁，使人一眼就可看出某字是否与"心"有关。

从现代心理学角度看，古人将心看作人的心理的物质器官的观点与"心理现象是脑的机能"的现代结论不一致。不过，现代也有科学家通过研究表明，心不仅具有血液循环功能，还能对思维产生影响，甚至人的心等五脏以不同的方式参与了情与思的活动，乃至人体所有器官都与大脑处于相互作用之中，分别以不同程度、方式参与全部精神活动（张立文，1995，p.96）。又据闻，国外也有研究表明，"心脏"好像是某些心理现象的物质器官，惜未亲见此类材料。先哲对心的重视反映到德育领域，就是重视养心，即重视心理因素对德育的重要影响，促进了中国传统德育心理学思想的发展。

（二）重神观

中国自古有重道轻器的思想。《周易·系辞下传》说，"形而上者谓之道，形而下者谓之器"。列"道"（形而上的东西）与"器"（形而下的东西）为二，道优于器，道先于器；"道"是根本，"器"是枝末。这种重道轻器的思想为其后多数思想家所继承。朱熹在《晦庵集》卷三十六《答陆子静》之六中说："凡有形有象者，皆器也；其所以为是器之理者，则道也。"再者，中国向有重义轻利的思想传统。孔子在《论语·卫灵公》中说："君子谋道不谋食。……君子忧道不忧贫。"董仲舒在《春秋繁露·对胶西王越大夫不得为仁》中也说："仁人者正其道不谋其利，修其理不急其功。"他们都把"义"视作人立身之本，认为精神性需要高于物质性需要，社会性需要高于天然性需要。这与西方盛行的功利主义，即重视物质性、天然性需要胜于精神性、社会性需要截然不同。因此，梁启超曾在《东南大学课毕告别辞》中说："东方的学问以精神为出发点，西方的学问以物质为出发点。"这两种思想反映到中国传统文化中，就是中国自古有重视神的传统，认为人之所以为人，从根本上讲，是人具有义等精神，进而特别强调人的内在精神在人生中的意义。《荀子·劝学》说："故学数有终，若其义则不可须臾舍也。为之，人也；舍之，禽兽也。"这样，中国思想家一贯主张人活着要有一点"精神"，所谓"君子谋道不谋食"。若说某个人"精神可嘉"，可以说是对此人莫大的肯定。《论语·雍也》记载，孔子向其弟子提倡要像颜回那样讲究精神上的幸福，即"一箪食，一瓢饮，在陋巷，人不堪其忧，回也不改其乐"。道家庄子作《逍遥游》也是主张要讲究精神上的自由和幸福，这都是突出"神"的重要作用。另外，在古代中国，思想家往往又是文学家或艺术家，使得重"神"观在中国的文学艺术领域也得到推崇。如写作讲究"神韵"；绘画一般不注重写实，而是以表现意境为主，讲究"画龙点睛"之笔；练书法讲究"神似"而轻"形似"，认为"神似"高于"形似"，赞美一个人的书法好多用"出神入化"、"妙笔传神"之语，等等，无不强调"神"的重要性。中国传统文化中的这种重"神"观反映到德育领域，就是在德育的目的上更加注重要提升个体的精神境界，倡导个体追求精神幸福感，进而也促进了中国传统德育心理学思想的发展。

（三）追求精神幸福感

2019 年版《辞海》对"幸福"（well-being）的定义是，人们在为理想奋斗过程中以及实现了预定目标和理想时感到满足的状况和体验。对幸福含义的理

解因理想、追求的内容不同而有不同（陈至立，2019，p.4949）。

美国心理学塞利格曼（Martin Seligman）在《持续的幸福》(*Flourish*) 一书中提出了幸福PERMA模型（马丁·塞利格曼，2012，pp.15-24）。该模型主张，幸福由积极情绪（positive emotions, P）、投入（engagement, E）、良好人际关系（relationships, R）、意义感（meaning, M）和有成就感（accomplishment, A）五方面构成。其中，积极情绪指个体获得的积极感受，如快乐、满足、入迷等。投入与积极心理学家奇克森特米哈伊（Mihaly Csikszentmihalyi, 1934—2021）提出的心流（flow）相关，是指个体完全沉浸在一项吸引自己的活动中，即保持集中注意力，全身心投入到活动中。良好人际关系指个体建立了积极的人际关系。意义感指个体找到了人生目的和意义。有成就感指个体体验到成功和成就。假若个体能在这五个要素上获得满足，就能达到心理良好状态，从而拥有持久的幸福感。毫无疑问，能满足这五个要素的人自然能体验到幸福感，而且真正的幸福一定是建立在人生意义之上的一种快乐的心理状态。不过，PERMA模型存在将复杂的幸福感简化成几个要素的还原论倾向，也未能充分考虑到幸福感存在个体差异和文化差异。例如，不能满足这五个要素的人是否就体验不到幸福感？在回答这个问题前，先看几段名言。《论语·泰伯》记载："邦有道，贫且贱焉，耻也；邦无道，富且贵焉，耻也。'"也就是说，假若国家政治清明，你却既贫且贱，说明你要么品行修养不够（如不努力），要么缺少才华，理应感到羞耻；反之，如果国家政治黑暗，你却既富且贵，说明你一定用了不正当的手段来赢取财富和权力，这意味着你有才无德或才多德少，也是可耻的。可见，智慧者一定是见利思义的。若国家政治清明，智慧者理应像范仲淹那样，通过自己的奋斗，让自己早日过上美好的物质生活和精神生活；若国家政治黑暗，智慧者理应像颜回和庄子那样追求精神生活的富足，拒绝同流合污，即便因此而在物质生活上过得非常清贫，也绝不后悔。孔子在《论语·述而》中说："不义而富且贵，于我如浮云。"《论语·雍也》记载："子曰：'贤哉，回也！一箪食，一瓢饮，在陋巷，人不堪其忧，回也不改其乐。贤哉，回也！'"据此记载，颜回的物质生活非常艰辛，故"颜回之乐"不可能是主观幸福感或享乐主义幸福感。《论语·雍也》记载："哀公问：'弟子孰为好学？'孔子对曰：'有颜回者好学，不迁怒，不贰过。不幸短命死矣，今也则亡，未闻好学者也。'"明人谢肇淛的《五杂俎·卷五·人部一》记载："颜回不死，可以圣矣；诸葛亮不死，可以王矣。此不幸而死者也。贾生志大才疏，言非实用；长吉蛇神牛鬼，将堕恶道。天假之年，反露其短，此幸而死者也。至于范云、沈约、褚渊、夏贵之辈，又不幸而不死者也。"由此可见，在孔子的众多弟子中，颜回以好学闻名，可惜早死，尚未来得及自我实现，故"颜回之乐"也不可能是心理幸福感或自我实现幸福感，只能是精神幸福感。精神幸福感是指个体在处理自我与他人、社会和环境等的关系时，因自我的觉知与领悟达到物我两忘后获得的愉悦精神体验，主要表现为个体内心深处体验到恬静、平和、意义与价值感、希望与力量感等（徐晓波，孙超，汪凤炎，2017）。精神幸福感包括信仰幸福感、道德幸福感和心灵幸福感。其中，信仰幸福感是指个体因虔诚信奉和践行某种信仰（如某种宗教信仰）而体验到的精神上的快乐或幸福，像佛法或道行高深的佛教或道教人士体验到的幸福感就属此类。道德幸福感是指个体从自我心性修养的提升中体验到的精神上的快乐或幸福，如"孔颜之乐"就属此类。心灵幸福感是指个体纯粹因美的享受而体验到的一种精神上的快乐或幸福，如你欣赏一张美丽的风景照时感到的快乐就属此类（汪凤炎，郑红，2022，pp.261-262）。

这表明，即便物质生活异常艰辛，且没有成就感，只要道德修养高，个体照样能体验到幸福。从孔子"贤哉，回也"的赞语里可知，拥有精神幸福感的颜回非常有智慧。

> 庄子衣大布而补之，正緳系履而过魏王。魏王曰："何先生之惫邪？"庄子曰："贫也，非惫也。士有道德不能行，惫也；衣弊履穿，贫也，非惫也；此所谓非遭时也。王独不见夫腾猿乎？其得楠梓豫章也，揽蔓其枝而王长其间，虽羿、蓬蒙不能眄（miǎn）睨（nì）也。及其得柘棘枳枸之间也，危行侧视，振动悼慄；此筋骨非有加急而不柔也，处势不便，未足以逞其能也。今处昏上乱相之间，而欲无惫，奚可得邪？此比干之见剖心征也夫！"（《庄子·山木》）

> 庄周家贫，故往贷粟于监河侯。监河侯曰："诺。我将得邑金，将贷子三百金，可乎？"庄周忿然作色曰："周昨来，有中道而呼者。周顾视车辙中，有鲋鱼焉。周问之曰：'鲋鱼来！子何为者耶？'对曰：'我，东海之波

臣也。君岂有斗升之水而活我哉？'周曰：'诺。我且南游吴越之土，激西江之水而迎子，可乎？'鲋鱼忿然作色曰：'吾失我常与，我无所处。吾得斗升之水然活耳，君乃言此，曾不如早索我于枯鱼之肆！'"（《庄子·外物》）

庄子钓于濮水。楚王使大夫二人往先焉，曰："愿以境内累矣！"庄子持竿不顾，曰："吾闻楚有神龟，死已三千岁矣。王以巾笥而藏之庙堂之上。此龟者，宁其死为留骨而贵乎？宁其生而曳尾于涂中乎？"二大夫曰："宁生而曳尾涂中。"庄子曰："往矣！吾将曳尾于涂中。"（《庄子·秋水》）

庄子与惠子游于濠梁之上。庄子曰："儵鱼出游从容，是鱼之乐也。"惠子曰："子非鱼，安知鱼之乐？"庄子曰："子非我，安知我不知鱼之乐？"惠子曰："我非子，固不知子矣；子固非鱼也，子之不知鱼之乐，全矣。"庄子曰："请循其本。子曰'汝安知鱼乐'云者，既已知吾知之而问我，我知之濠上也。"（《庄子·秋水》）

从上面前两段记载可知，庄子穷得没有好一点的衣服穿，有时穷得揭不开锅，只好去向人借粮食。不过，从第一段和第三段记载可知，在庄子看来，贫穷与疲困是两码事。贫穷是吃不饱、穿不暖，疲困是有道德却无法施行。生逢乱世，庄子宁可贫穷，也不愿放弃自己的做人原则而去随波逐流。如果庄子愿意放弃自己的做人原则，凭其才气，只要肯接受楚威王的招聘，摆脱贫贱而变得既贵且富是轻而易举的事。从第三段和第四段记载可知，庄子宁愿贫穷，也要追求优游自在的快乐生活，且乐在其中。这种快乐显然也是精神幸福感。因此，《庄子·列御寇》说："巧者劳而知者忧，无能者无所求，饱食而敖游，泛若不系之舟，虚而敖游者也。"这是说，有技艺的人经常被人请去做工，难免就会劳累；聪明的人想的事情多，难免就会有忧虑；不用智巧的人无所求，吃饱了就逍遥自在地游玩，反而很快乐（陈鼓应，2009b，p.886）。

《孟子·尽心上》记载："孟子曰：'君子有三乐，而王天下不与存焉。父母俱存，兄弟无故，一乐也；仰不愧于天，俯不怍于人，二乐也；得天下英才而教育之，三乐也。君子有三乐，而王天下不与存焉。'"孟子有"亚圣"之称，这表明孟子也是有上等智慧的人。在孟子看来，其所讲的"三乐"连"以德服天下"这种包含道德上的实用的快乐都不包含在其中。可见，这三种快乐也都是精神上的快乐。

北宋政治家、军事家和文学家范仲淹在《岳阳楼记》里主张："不以物喜，不以己悲。居庙堂之高则忧其民，处江湖之远则忧其君。是进亦忧，退亦忧。然则何时而乐耶？其必曰：'先天下之忧而忧，后天下之乐而乐'乎！"在冯梦龙的《智囊全集》里，范仲淹是排名并列第十的大智慧者（Xiong & Wang，2022）。这表明，像范仲淹这样的大智慧者不是没有忧虑，只是他们与普通人的忧虑内容有所不同：大智慧者忧国忧民；普通人忧虑的仅是自家的柴米油盐。同时，"后天下之乐而乐"显然也是一种精神幸福感，也就是说，智慧者虽心忧国与民，但仍有精神幸福感。

由此可见，美好生活至少有美好的物质生活和美好的精神生活。智慧者虽然一定有美好的精神生活，却不一定有美好的物质生活。这启迪人们，假若总将幸福理解为"有"：有房、有车、有权、有钱……"有"中包含无穷无尽的贪欲：有了一套房还想第二、第三套甚至想买别墅，有了低价位的车还想豪车，有了小权想大权，有了小钱想更多的钱，贪欲无穷无尽，总感觉有欠缺，总感觉不如意，那么从"有"中很难得到真正的幸福尤其是精神幸福感。正如明代的朱载堉在《中吕·山坡羊·十不足》所说："逐日奔忙只为饥，才得有食又思衣。置下绫罗身上穿，抬头又嫌房屋低。盖下高楼并大厦，床前缺少美貌妻。娇妻美妾都娶下，又虑出门没马骑。将钱买下高头马，马前马后少跟随。家人招下数十个，有钱没势被人欺。一铨铨到做县位，又说官小势位卑。一攀攀到阁老位，每日思想要登基。一日南面坐天下，又想神仙下象棋。洞宾与他把棋下，又问哪是上天梯。上天梯子未做下，阎王发牌鬼来催。若非此人大限到，上到天上还嫌低。"反之，如果将幸福理解为"无"：无病、无灾、无忧、无委屈、无别离、无烦恼……那么，人们就很容易得到满足，反而更易体验到幸福感（汪凤炎，2024）。

二、认识到按心理规律进行德育效果好

中国古代很多教育家自觉或不自觉地认识到，按心理规律办事易提高德育效果。因这方面证据后文有详细探讨，这里仅将要点列举数个，略作证明。

第一，与西方文化将上帝视作人的价值的主要源头的思想截然不同，中国

先哲多将人性 ① 看作人的价值的主要来源，由此使得先哲（如孟子）非常重视一个人的内在道德人格，强调道德的内发过程，这必然会涉及人的心理，同时也使得先哲特别强调在德育过程中要使用种种合乎心理规律的育德模式和育德方法，来让人生发出具有内在价值的德性，以便让人认识到人的价值和尊严，这也促进了中国传统德育心理学思想的产生和发展。那么，为什么中国传统文化对人的价值的来源的看法会与西方文化有如此显著的差别？这要从中国文化的特质说起。中西文化就其源流讲，本是小异而大同。正如梁漱溟在《中国文化要义》第六章"以道德代宗教"里所说，"人类文化都是以宗教开端"。西方文化始于希腊的神话、希伯来的犹太基督教传统；印度文化始于婆罗门教（Brahmanism），四吠陀经典多是对神的颂歌；中国文化同样也是起源于中国远古时期的原始宗教。不过，殷周之际中国文化发生了一次大变革，通过这次大变革形成了中国文化的特质。诚如王国维在《观堂集林·殷周制度论》里所说：

> 中国政治与文化之变革，莫剧于殷周之际。……殷周间之大变革，自其表言之，不过一姓一家之兴亡与都邑之移转；自其里言之，则旧制度废而新制度兴，旧文化废而新文化兴。……周人制度之大异于商者，一曰立子立嫡之制，由是而生宗法及丧服之制，并由是而有封建子弟之制、君天子臣诸侯之制。二曰庙数之制。三曰同姓不婚之制。此数者，皆周之所以纲纪天下。其旨则在纳上下于道德，而合天子、诸侯、卿、大夫、士、庶民以成一道德之团体。……故知周之制度典礼，实皆为道德而设，而制度典礼之专及大夫、士以上者，亦未始不为民而设也。周之制度典礼，乃道德之器械，而"尊尊"、"亲亲"、"贤贤"、"男女有别"四者之结体也。（王国维，1959，pp.451-477）

殷周之际中国文化发生如此巨变的根源在于，以周公 ② 为代表的周初文化精英，由殷之代夏、周之代殷的历史，对传统宗教进行了一次深刻、彻底的反思。概要地讲，神秘的天命本是绝对权威，只能顺从不可抗拒，因此《今文

---

① 人性或称人心，不过此处讲的人性主要指人的德性，相应地，人心主要是指人的善心。

② 《尚书大传》卷三概括周公辉煌的文治武功时写道："周公居摄，一年救乱，二年克殷，三年践奄。""周公摄政，四年建侯卫，五年营成周，六年制礼作乐，七年致政成王。"

尚书·商书·西伯戡黎》记载，当年商纣王曾狂妄地说："呜呼！我生不有命在天。"（我是从上天那里接受大命的，老百姓能奈我何？）（王世舜，2012，p.130）但是，上天为何既让夏、商相继拥有天下又使它们相继丢掉天下呢？对这一问题反思的结果，让周人深感"天命靡常"，想要长久地占有天下，仅靠天命做不到，开始了对天的怀疑，逐渐意识到要长久保有社稷就必须尽人事，进而提出"惟天不畀不明厥德，凡四方小大邦丧，罔非有辞于罚"（上帝不会将大命给予不努力施行德政的人，凡是天下小国大国的灭亡，没有不是因为怠慢上帝而招致惩罚）（《尚书·周书·多士》）的敬德保民等主张，这在当时确实是石破天惊的大手笔。这场变革实乃一场宗教改革运动，其结果是使中国文化逐渐摆脱传统宗教，用道德取代宗教，开创人文精神。自此之后，"崇德"（崇尚道德和品德）就成为中华民族文化的一个基本精神，并让中国人养成追求德性优先的价值观，影响深远。"崇德"一词在《论语·颜渊》便已出现："子张问崇德辨惑。子曰：'主忠信，徙义，崇德也。爱之欲其生，恶之欲其死。既欲其生，又欲其死，是惑也。'"（杨伯峻，1980，p.127）追求德性优先的价值观早在《左传》里就已作出明确阐述。《左传·襄公二十四年》说："'大上有立德，其次有立功，其次有立言。'虽久不废，此之谓不朽。"《左传·文公七年》也说："正德、利用、厚生，谓之三事。"这可以说是中国人的价值观的宣言，为其后许多中国人所承继。中国人一向推崇的这三种重要事情不但讲的都是实用价值，而且均与道德有关。所谓"德"，讲的主要是个人的道德修养；所谓"功"，讲的主要是惠及于民或有利于厚生利用的事情；所谓"言"，讲的主要是载道的言，即关于人生的经验与教训，而不是什么纯粹的广闻博识（关于客观事物的真理性知识）（张荫麟，1942）。不过，礼乐制度毕竟只是外在之物，虽可巩固道德，但也易发生异化。孔子和老子都深深地意识到这一点，于是，孔子创立的儒学力图通过将礼乐文化根植于人心的途径来克服由欲望诱惑人心所生的异化，老子创立的道学力图通过将礼乐文化契合道心本来之真义的途径来克服礼乐过度社会化所生的异化，殊途同归。这样，历史上周孔虽并称，两人的贡献却不同：前者的贡献主要在于为道德设立礼乐制度，后者的主要贡献则是为道德探寻深层根据。自此之后，虽然中国文化中保留了一些传统宗教的形式，但是在这些外在形式下的实质内容已变为道德，并由此形成中国文化的根本特质。正如梁漱溟在《中国文化要义》第六章"以道德代宗教"里所说："自古相传未断之祭天祀祖，则须分别观之：在周孔教化未兴时，当亦为一种宗教；在周孔教化既兴之后，表面似无大改，而留心辨察实进入一特殊情形了。质言之，此后之中国文化，其中心便移到非宗教的周孔教化上，而祭天祀祖只构成周孔教化之一条件而已。"比较而言，西方文化在其形成阶段似乎未进行过这种对宗教的反思与批判，使得在西方文化乃至西方人的生活中，宗教一直占据重要地位。因此，这使得中国的人文精神与西方的人文精神大异其趣：前者是内在的，其根据是人的内在品性，认为人的内在品性本身是最贵重（重要）的。《荀子·王制》就说："水火有气而无生，草木有生而无知，禽兽有知而无义，人有气、有生、有知亦且有义，故最为天下贵也。"后者是外在的，其根据是外在的上帝，主张人之所以卓越，是世间只有人才能够获得上帝的旨意。张之洞在《劝学篇下》里说得好："中学为内学，西学为外学。"

第二，先哲多从人之常情出发来谈育德问题，非常符合人的心理规律。人之常情是指人世间约定俗成的事理标准。例如，"该喜的时候喜，该怒的时候怒"，这均是人之常情。《庄子·逍遥游》说："大有径庭，不近人情焉。"这里的"人情"也是指人之常情（杨国枢，1988a，pp.75-103）。从一个人本应有的常理之情出发去谈育德，由于非常符合人的心理规律，往往效果颇佳。例如，中国先哲大都将人发自内心的、自然的亲情视作品德形成与发展的根基，进而主张孝为德本观，就颇为切合人之常情，自然也易为重视伦理亲情的中国人所接受。又如，人本有七情六欲，这也是人之常情。正如《礼记·礼运》所说："何谓人情？喜、怒、哀、惧、爱、恶、欲，七者弗学而能。"但是，人的情绪情感，从性质上看有积极与消极之分，从强度上看有"不及"、"恰到好处"和"太过"之别。消极的情绪情感、"过与不及"的情绪情感往往会阻碍一个人良好德性的生成，而恰如其分的积极情绪情感往往有助于一个人良好德性的成长，这样，中国先哲主张通过节情制欲来达到修心育德效果的思想，也颇合乎心理学规律。

第三，认识到个体身心发展存在关键期，认为抓住关键期进行施教，其德育效果好；而一旦错过个体身心发展的关键期，再进行德育，则事倍功半。正如《学记》所说："大学之法：禁于未发之谓豫，当其可之谓时，不陵节而施之谓孙，相观而善之谓摩。此四者，教之所由兴也。发然后禁，则扞格而不胜；时过然后学，则勤苦而难成。"

第四，看到个体身心发展存在一定的阶段性和顺序性，主张对个体进行德育要遵守循序渐进的原则。例如，孟子认为，学习是一个自然发展的过程，应循序渐进，不要"拔苗助长"。《孟子·公孙丑上》说："必有事焉，而勿正，心勿忘，勿助长也。无若宋人然：宋人有闵其苗之不长而揠之者，芒芒然归，谓其人曰：'今日病矣！予助苗长矣！'其子趋而往视之，苗则槁矣。天下之不助苗长者寡矣。以为无益而舍之者，不耘苗者也；助之长者，揠苗者也——非徒无益，而又害之。"

第五，意识到个体身心发展存在一定的差异性，对个体进行德育时应遵循顺导其个性特点、因材施教的原则。例如，孔子在《论语·先进》中说："求也退，故进之；由也兼人，故退之。"对于"听到后是否马上就去做"这个问题，针对冉求胆小的特点，孔子就鼓励他去做；针对仲由胆量过人的特点，孔子就压压他，这种针对不同人的心理特点施教的做法，由于有的放矢，教育效果甚佳也就在情理之中了。又如，《墨子·大取》主张在对弟子进行德育时要做到："子深其深，浅其浅，益其益，尊其尊。"王守仁在《传习录下》里主张："与人论学，亦须随人分限所及。"这些说法虽有差异，但其主旨是一样的，都强调因材施教。正由于中国传统道德教育一向重视因材施教，才使得历朝历代都曾出现一些教育大家，他们像一颗颗耀眼的星星，映照出中国传统道德文化的厚重与多彩。

第六，认识到根据学生的性情特点进行施教能收到较好的育德效果。正如王守仁在《传习录中·训蒙大意示教读刘伯颂等》中说："大抵童子之情，乐嬉游而惮拘检，如草木之始萌芽，舒畅之则条达，摧挠之则衰痿。今教童子，必使其趋向鼓舞，中心喜悦，则其进自不能已。譬之时雨春风，沾被卉木，莫不萌动发越，自然日长月化；若冰霜剥落，则生意萧索，日就枯槁矣。"王守仁能说出这种合乎儿童心理发展规律的言论，说明他通过日常的生活观察和深刻的学理反思，已洞察学生的性情特点，然后再依此特点而开展道德教育，当然效果会好。综观中国传统道德文化，像王守仁这样了解学生性情特点的教育家不在少数，他们通过自己的教育实践说出或写出的道德教育思想和德育心理学思想自然有其合理内核。

简言之，认识到德有多方面功能，德又需要通过后天培育才可获得，中国传统非常重视德育；同时，注重心、神和精神幸福感的传统，再加上先哲于有意或无意之间认识到按心理规律进行德育效果好，传统德育非常重视心理因素的作用，多种因素相结合，让中国传统德育心理学思想异常丰富。

第三章
"德"的含义及其演变

　　要从心理学角度研究中国传统德育思想，先须弄清中国传统文化中"德"的准确内涵是什么。正如美国心理学家科尔伯格所说："人们一般认为，只要心理学告诉我们道德教育和学习的恰当方法就可以促进道德教育。……我对这些问题的回答较为温和。在一些父母问我'该怎样帮助我们的孩子获得美德'时，我不得不像苏格拉底那样回答：'你一定认为，我知道美德是如何获得的。事实是，在我们还根本不知道美德是否可以被教之前，我还不知道美德到底是什么东西。'如果我不能说明美德的定义或道德教育的目的，我还能对教授美德的手段提供什么建议吗？看起来，似乎我们必须对道德教育完全保持沉默，否则就必须对美德的性质一言不发。"（Kohlberg，1970）要准确了解"德"的内涵，就需要将其放在中国文化历史的长河里进行细致考察，弄清其本来面目及演化轨迹。

第一节 "德"字的三种写法及相应含义

在汉语里，先有"道"与"德"二字，然后才有"道德"一词。"道"与"德"的连用始于荀子的《劝学》："故学至乎礼而止矣。夫是之谓道德之极。"（王先谦，1988，p.12）"德"在甲骨文与金文里均已出现，写法不尽相同。

一、"德"字的三种写法及其字形变化

据《汉语大字典》（第二版）所列，从字形上看，在古汉语里，"德"字有三种写法，写作宋体，分别是"德"、"惪"[在1990年出齐的《汉语大字典》（第一版）里写作"悳"]和"惪"。《汉语大字典》（第二版）对"德"字列出了十六种字形（见图3-1）。

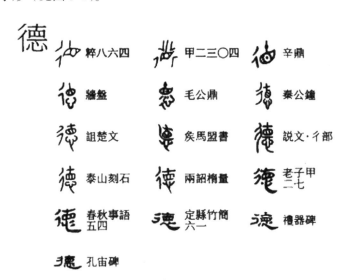

图3-1 "德"字字形变化

（汉语大字典编辑委员会，2010，p.904）

《汉语大字典》（第二版）也列出了"悳"的九种字形（见图3-2）。

112

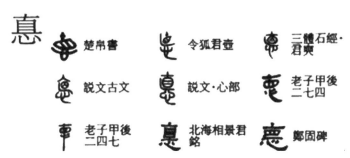

图 3-2 "悳"字字形变化

（汉语大字典编辑委员会，2010，p.2472）

对于"悳"字，《汉语大字典》（第二版）未列出其字形演化图，只作如下解释："'悳'同'德'。《字汇·心部》：'悳，与德同。'"（汉语大字典编辑委员会，2010，p.2472）同时，对于"徳"字，《汉语大字典》（第二版）也未列出其字形演化图，只作如下解释："徳同'德'。《宋元以来俗字谱》：'德'，《列女传》、《金瓶梅》等作'徳'。"（汉语大字典编辑委员会，2010，p.902）

二、"德"的诸种含义

从词义上看，据《汉语大字典》（第二版）解释，"悳"，同"德"。《说文·心部》中将"悳"解释为："悳，外得于人，内得于己也。从直，从心。"《玉篇·心部》："悳，今通用德。"《广韵·德韵》说："德，德行。悳，古文。"（汉语大字典编辑委员会，2010，p.2472）"德"的含义则有二十种之多：

1. 升；登。《说文·彳部》："德，升也。"段玉裁注："升当作登。……今俗谓用力徙前曰德，古语也。"桂馥义证："古升、登、陟、得、德五字义皆同。"

2. 道德，品行、节操。《篇海类编·人事类·彳部》："德，德行。"《易·乾》："君子进德修业。"孔颖达疏："德，谓德行；业，谓功业。"

3. 有道德的贤明之人。《书·蔡仲之命》："皇天无亲，惟德是辅。"孔传："惟有道者则佑之。"《周礼·夏官·司士》："以德诏爵。"郑玄注：

"德谓贤者。"

4. 恩惠；恩德。《玉篇·彳部》："德，惠也。"《左传·成公三年》："无怨无德，不知所报。"

5. 感恩；感激。《左传·成公三年》："然则德我乎？"《韩非子·外储说左下》："以功受赏，臣不德君。"

6. 德政；善教。《吕氏春秋·孟春》："命相布德和令，行庆施惠，下及兆民。"郑玄注："德，犹教也。"

7. 客观规律。《庄子·天地》："故曰，玄古之君天下，无为也，天德而已矣。"成玄英疏："玄古圣君无为而治天下，自然之德而已矣。"

8. 性质；属性。《庄子·马蹄》："彼民有常性，织而衣，耕而食，是谓同德。"郭象注："夫民之性，小异而大同。"南朝梁庾信《拟连珠三十六首》之二十一："金性虽质，处剑即凶；水德虽平，经风即险。"

9. 心意。如：一心一德。《书·泰誓中》："受有亿兆夷人，离心离德；予有乱臣十人，同心同德。"

10. 五行说指四季的旺气。《古今韵会举要·职韵》："德，《增韵》四时之旺气。"《淮南子·天文训》："日冬至，德气为土。"

11. 始生；事物的开始。《庄子·天地》："物得以生谓之德。"

12. 凤凰头上的花纹。《山海经·南山经》："有鸟焉，其状如鸡，五采而文，名曰凤皇，首文曰德。"

13. 福，喜庆的事。《广韵·德韵》："德，福也。"

14. 通"直（zhí）"。清朱骏声《说文通训定声·颐部》："德，假借为直。"《左传·襄公二十九年》："辩而不德，必加于戮。"俞樾平议："德当读为直。德字古文作悳，本从直声，故即与直通。"

15. 通"植（zhí）"。立木。

16. 通"得"。《广雅·释诂三》："德，得也。"《墨子·节用上》："是故用财不费，民德不劳，其兴利多矣。"孙诒让间诂："德与得通。"

17. 国名。德意志的简称。旧指德意志帝国，现指德意志联邦共和国。

18. 星名。《史记·孝武本纪》："陛下建汉家封禅，天其报德星云。"

19. 水名。黄河之别名。《史记·秦始皇本纪》："更名河曰德水，以为水德之始。"

20. 姓。《万姓统谱·德韵》："德，见《姓苑》。"（汉语大字典编辑委员会，2010，pp.904-905）

稍加分析可知，在古汉语里，虽然"德"、"惪"、"悳"和"徳"四字通用，但毫无疑问，就这四个字的产生时间看，"德"在甲骨文里就有了，产生的时间最早。在《汉语大字典》（第二版）所列"惪"字的最早字形出自"楚帛书"，说明它产生的时间相对较晚些。据约斋在《字源》里的解释，"彳"加"心"为"德"，因"彳"简化成"L"，而变为"惪"（亦写作"悳"），仍加"彳"旁乃成"德"；"惪"去"心"为"直"，本作"正见"解，转为"正直的直"（约斋，1986，p.204）。从约斋的这一解释看，"惪"字是从"德"字简化而来的（将"彳"简化成"L"即可），这表明"惪"字出现的时间的确比"德"字晚。"悳"是去掉"德"字左边的"彳"而成。至于"徳"字，根据《宋元以来俗字谱》的解释，它不但是"德"的俗字，而且是在宋代以后产生的。从使用频率上看，"惪"、"悳"和"徳"三字在使用频率上远不及"德"字，最后它们均被"德"字完全取代，乃至在现代汉语里只用"德"字，"惪"、"悳"和"徳"三字已基本不通用，成了死文字。正由于在汉语里"德"字完全可以取代"惪"、"悳"和"徳"三字，这样，在《汉语大字典》（第二版）里就主要解释"德"的含义与用法；对于"悳"和"徳"字，只说它们"同'德'"，并未作更多解释；对于"惪"，除了说它"同'德'"外，还引用了《说文》对"惪"的解释："惪，外得于人，内得于己也。从直，从心。"那么，为什么在古汉语里"德"和"惪"可通用？难道仅仅是因为这两个字同音？为什么"德"字还曾与"升、登、陟、得"这四个字的含义相同？为什么"惪"字最终被"德"字取代？从"德"字的这番演化进程里可以得出哪些值得当代中国德育予以借鉴的东西？要回答这些问题，就必须对"德"字作更深入的剖析。

第二节 "德"字字形与含义的演变过程

在中国传统文化中，像其他万事万物一样，"德"字自产生后，其字形与含义也经历了一个逐渐发展、变化与定型的过程。

一、殷商及其以前对"德"的认识

据《汉语大字典》（第二版）所列"德"字的十六种字形变化可知，"德"字在甲骨文里写作"徝"，左边的"彳"代指"十字路口"；右边的"㥁"代指"一只上面画有睫毛的眼睛"。可见，甲骨文"徝"字的本来含义是：一只炯炯有神的眼睛正朝十字路口看，以免行路人走错路；引申为"直视前方行走"之义。

《汉语大字典》（第二版）列出"直"、"目"字形变化（见图 3-3、图 3-4）。

从图 3-3、图 3-4 中可见，从"直"的最初写法——"㥁"——看，只要稍与"目"（目）作一比较便知，"直"字的表面意思本是"一只上面画有睫毛的眼睛"，它意味着"直"的原始义是"用眼睛看"之义。因此，《说文·乚部》说："直（旧字形作'直'），正见也，从乚，从十，从目。"（汉语大字典编

图 3-3 "直"字字形变化

（汉语大字典编辑委员会，2010，p.71）

图 3-4 "目"字字形变化

（汉语大字典编辑委员会，2010，p.2640）

辑委员会，2010，p.71）"正见"是"直"的引申义，而且此时"正见"仍带有颇明显的生理学色彩，主要指"正着看"（而不是斜视）之义。正由于此，可以将"德"字解释为从"彳"，从"直"。不过，需要特别注意的是，甲骨文里的""字并没有"心"符。许慎在《说文·彳部》里的解释是："德，升也。"段玉裁注："升当作登。……今俗谓用力徔前曰德，古语也。"桂馥义证："古升、登、陟、得、德五字义皆同。"综合许慎和段玉裁对"德"字的解释看，这个"德"字指的正是甲骨文里所写的那个无"心"符的"德"字，也就是"德"字的最原始含义。由于无"心"符的"德"字的含义本是指在眼睛的直视下"用力从前"之义，有"直视前方行走"之义，与巡视、选择道路的行为有关。而古汉语中的"升"、"登"、"涉"这三个汉字也均有此义，所以在古汉语里"升"、"登"、"涉"和"德"四字的含义才是相同的。也正由于甲骨文里的""指的本是人的一些外在的具体行为（像行走和观察之类），这样，在殷代的"德"字中均无"心"符，暗示"德"字在产生之初本指人的一种具体行为，而不是指人的某种心理素质，而且没有好坏或善恶之类的道德意蕴（张持平，吴震，1985）。由于"外在的像行走和观察之类的行为"既可当动作本身看，也可当动作的结果看，因此，从词性上看，此时的"德"既可作名词用，也可作动词用。

二、周人对"德"的认识

在秦、汉及其以前的时期，尚未实行"书同文"的政策，人们用字不如今人规范，更重要的是，那时使用的汉字数量较少，使得人们用字"尚音"，习惯以音表义。正如清代文字学家王筠在《说文释例》卷三《形声》里所说："郝敬曰：'后人用字尚义，古人用字尚音。'至哉言也！且岂惟造字重声哉，即释经亦然。"（王筠，1987，p.50）据曹先擢解释，"尚音"意味着，就一个字言，不必管字的造字本义如何，不管形符，据音用字；就同音字说，同音字之间可以通借（曹先擢，1985，pp.211-212）。结果，周人所用"德"字的含义多种多样。

（一）用作名词的"德"的含义

1. 周人所用名词的"德"有三类情形

据现有文献记载，在周代，"德"用作名词时主要含义有九种，若细分又可分为三类情形。

第一类的"德"，在含义上明显地没有道德意蕴，它的含义与用法有三种：（1）仍沿用殷商时期的用法，以"德"指称人的外在行为，此时"德"字不带道德意蕴。如下文所论，由于具道德意蕴的、有"心"符的"德"字在西周时期才刚刚造出来，这样，它为人们所普遍接受，为人们所普遍使用尚需要一定的时间过程；同时，按事物发展的一般规律，在一个新事物诞生之初，为新事物所代替的旧事物一般也不会立即消失或退出历史舞台，而是也需要有一个逐渐消退的过程。因此，在周代，当具道德意蕴的、有"心"符的"德"字被越来越多的人接受的同时，主要指人的外在行为的、不带道德意蕴的"德"字也仍在一段时间内通行。据王德培的研究，考《尚书》中《周书》的文字，某些"德"字仍没有道德意蕴。《尚书·周书·无逸》："无若殷王受之迷乱，酗于酒德哉。"《尚书·周书·多方》："尔尚不忌于凶德。"《尚书·周书·立政》："桀德，惟乃弗作往任，是惟暴德，罔后。"《尚书·周书·旅獒》："明王慎德，四夷咸宾。"《尚书·周书·召诰》："王其德之用，祈天永命。"《尚书·周书·康诰》："顾乃德，远乃猷。""酒德"、"凶德"和"暴德"都没有道德的含义。这在"桀德，惟乃弗作往任，是惟暴德，罔后"中表现得更为明显。在这句话里，前一个"德"字就是《说文解字》中讲的"升也"，指继帝位；后一个"德"字指"行为"，暴德即暴行。整句话是说，夏桀即位后，不按以往的规矩去任用官吏，而是重用一些酷吏，终致绝后。桀纣的行为也称作德，表明西周早期的"德"字同样只作一种"行为"或"作为"的意思使用。在当时，单一个"德"字既可以表示善行，也可以表示恶行。于是，在《周书》里，"德"字前面往往加上一定的修饰语，以便让人知道是什么行为。如明德、敏德、暴德、凶德等，各表示一种有一定含义的行为。大凡单用一个"德"字，多数只作"行为"解。像"敬德"，不是崇尚道德，而是"警惕行为"。当然，有时承上下文可省去修饰词。如"王其德之用，祈天永命"这句话，联系上下文看，这里的"德"就只能是"明德"，而不是"暴德"（王德培，1983）。（2）客观规律。《庄子·天地》："故曰，玄古之君天下，无为也，天德而已矣。"成玄英疏："玄古圣君无为而治天下，自然之德而已矣。"这里的"德"指客观规律。可见，至战国时期，道家《庄子》中的"德"仍无善恶之分，《庄子》常常德、道不分，大德即大道。（3）始生；事物的开始。如《庄子·天地》："物得以生谓之德。"

第二类的"德"，在含义上明显地具有伦理道德色彩，它的含义与用法有五种：（1）指"道德，品行、节操"。《易·乾》："君子进德修业。"孔颖达疏："德，谓德行；业，谓功业。"《篇海类编·人事类·彳部》："德，德行。"（2）指有道德的贤明之人。《周礼·夏官·司士》："以德诏爵。"郑玄注："德谓贤者。"（3）恩惠；恩德。《玉篇·彳部》："德，惠也。"《左传·成公三年》："无怨无德，不知所报。"（4）心意。如：一心一德。《书·泰誓中》："受有亿兆夷人，离心离德；予有乱臣十人，同心同德。"（5）通"直（zhí）"，有"正直"之义。清朱骏声《说文通训定声·颐部》："德，假借为直。"《左传·襄公二十九年》："辩而不德，必加于戮。"俞樾平议："德当读为直。德字古文作悳，本从直声，故即与直通。"

第三类的"德"，其含义既可用于非道德色彩的场合，也可用于具伦理道德色彩的场合。在这里，"德"的含义指"性质；属性"。例如，《庄子·马蹄》说："彼民有常性，织而衣，耕而食，是谓同德。"郭象注："夫民之性，小异而大同。""德"的这一用法为后人所继承。例如，南朝梁庾信《拟连珠三十六首》之二十一："金性虽质，处剑即凶；水德虽平，经风即险。""水德"指的就是"水的性质"之义。当"德"用作此含义时，"德"往往是指事物具有的某种出众的性质和属性，如将有五德、鸡有五德、玉有五德等。此时的

"德"一般不具道德意蕴。不过，既然"德"可以指事物具有的某种出众的性质和属性，那么，当它用于人时，自然就是指"人"在做人过程中逐渐得来的某种出众的性质或属性，按中国传统文化尤其是儒家文化的一贯理解，这类性质或属性首先是指人的德性，然后也指人的聪明才智。例如，荀子在《王制》篇里说："水火有气而无生，草木有生而无知，禽兽有知而无义，人有气、有生、有知亦且有义，故最为天下贵也。"认为人贵于万物的缘由，主要是人在有气、有生和有知的基础上，还有"义"这种社会性心理素质，而这里的"义"不能简单地理解为德之一目的"义"，而宜视作"德"的同义词；换言之，荀子就是将有无德性看作区别人与其他事物的一个重要标志。与此同时，《荀子·非相》说："人之所以为人者，非特以二足而无毛也，以其有辨也。今夫狌狌形笑亦二足而毛也，然而君子啜其羹，食其胾。故人之所以为人者，非特以二足无毛也，以其有辨也。"以猩猩与人作比较，指出猩猩虽然也是"二足而毛"的外表，且"形笑"与人无异，但因其不能"辨"，故不能称之为"人"，人之所以为人主要是由于人有"辨"的能力，即具有智能。中国古人对"德"的这一用法与古希腊哲人对"德"的用法的情况略同。在古希腊思想家亚里士多德那里，德性（arete）的含义较广，往往泛指使事物成为完美事物的特性或规定。"每种德性都既使得它是其德性的那事物的状态好，又使得那事物的活动完成得好。比如，眼睛的德性既使得眼睛状态好，又使得它们的活动完成得好（因为有一副好眼睛的意思就是看东西清楚）。同样，马的德性既使得一匹马状态好，又使得它跑得快，令骑手坐得稳，并迎面冲向敌人。"（亚里士多德，2003，p.45）依照这种观点，德性显然并不限于道德的领域（杨国荣，2000）。不过，亚里士多德紧接着又说："人的德性就是既使得一个人好又使得他出色地完成他的活动的品质。"（亚里士多德，2003，p.45）可见，当"德性"用于人时就属一纯粹伦理道德的范畴了，因为依亚里士多德的观点："人的活动是灵魂的一种合乎逻各斯的实现活动与实践，且一个好人的活动就是良好地、高尚［高贵］地完善这种活动；如果一种活动在以合乎它特有的德性的方式完成时就是完成得良好的；那么，人的善就是灵魂的合德性的实现活动，如果有不止一种的德性，就是合乎那种最好、最完善的德性的实现活动。不过，还要加上'在一生中'。一只燕子或一个好天气造不成春天，一

120

天的或短时间的善也不能使一个人享得福祉。"（亚里士多德，2003，p.20）而据学者考证，德文的"德性"最初指"能力"；英文的"德性"（virtue，源于拉丁文的 virtu），本意指"力量"。当法国思想家卢梭和德国思想家康德分别将德性视作"灵魂的力量"和"智慧的力量"时，他们都在很大程度上继承了希腊人的道德理想，即人都应将德性确定为自己的本性（陈根法，1997）。假若这种考证不错的话，可知中西方古代学者都曾将德性泛指使事物成为完美事物的特性或规定。

2. 在一定意义上，具伦理道德意蕴的"德"字为西周人所创

根据上文分析可知，与殷商时期相比，周人所用的名词的"德"的含义发生了两大变化：一是，含义更加丰富，出现了九种含义与用法；二是，不但首次赋予"德"以道德意蕴，而且更侧重从伦理道德的角度来使用"德"字，因为在"德"的这九种含义里，有 5.5 种属于伦理道德的用法。这说明具有伦理道德规范含义的"德"是在西周产生的。若结合周代史实看，周人之所以将本不具道德意蕴的"德"字改造为具有伦理道德意蕴的"德"字，是因为周取代殷之后，周人深感"天命靡常"，想要长久地占有天下，仅靠天命是不行的，进而开始了对天的怀疑，自我意识也有所萌发，逐渐意识到要长久保有社稷就必须尽人事，于是，西周人发展了"𢗗"的概念，由原先本指"一只炯炯有神的眼睛正朝十字路口看，以免行路人走错路"，引申为"一种让人用炯炯有神的眼睛朝人生之路中的'十字路口'看，以免让人走错人生之路的心理素质"。体现在字形上，就是在西周初期的金文中，"德"字已写作"𢔛"，加了"心"符。西周大盂鼎铭文中的"德"字就是这样写的（见图 3-5 第二行左二）。因此，从某种意义上讲，具伦理道德意蕴的"德"是西周人新创的字。"德"字形的这一改变对于正确理解"德"字含义的变化至关重要。因为，两相比较，"𢗗"字中所讲的"十字路口"，本指具体的人行道或马路上的"十字路口"。一个人一旦走到"十字路口"，意味着前方至少存在"向左走"、"向前走"、"向右走"三种选择。只有对道路作了正确选择，才不易走歪路或入歧途。所以，在走路遇到十字路口时，一定要小心（如电影《紫日》就是讲述抗日战争末期因一个苏联红军司机在岔路口走错了路而发生的故事）。由此引申，

"德"字所讲的"十字路口"，指由具体人行道引申而来的人生之路上存在的"十字路口"。一个人一旦走到人生之路的"十字路口"，同样意味着前方至少存在多种选择，如"做个诚实人"、"做个有用之人"、"做个世故之人"之类的人生选择。在人生之路上走，同样必须对人生之路进行正确选择，只有这样做才不易走歪路或入歧途。一旦选择了错误的人生之路，就易给自己、他人、社会或国家带来巨大的损失。所以，在走人生之路时，遇到十字路口更是要加倍小心。而"德"就是能保证个体走对人生之路的那种心理素质。所以，《周礼·地官·师氏》说："敏德以为行本。"郑玄注："德、行，内外之称。在心为德，施之为行。"将德与行作了区分，把外在的行为解说为人心（德）的作用，外在的"德行"发展成为内在的"德性"。这意味着，此时已将通过外在的德行不断内化而得到的东西称作"德"，这种"德"也就是今人所说的品德或德性。这样，到西周时期，当"德"用作名词并用在伦理道德领域时，已由外在的"直视行走"的原始本义转化为"内在的思想意识"，主要指人的"道德，品行、节操"或"心意"，其外延既包括政治领域又包括社会生活领域（张持平，吴震，1985），具有"道德，品行、节操"的人就是有道德的贤明之人。《尚书·周书·蔡仲之命》："皇天无亲，惟德是辅。"《尚书·周书·泰誓中》："受有亿兆夷人，离心离德；予有乱臣十人，同心同德。"这两个例句中

图 3-5　西周大盂鼎铭文（拓片）中"德"字的写法
（见拓片第二行左二，第五行左一）

（引自《中国大百科全书·哲学 II》，北京：中国大百科全书出版社，1987，插图第 47 页）

的"德"均已是表示伦理道德关系的"德"。可见，有"心"符的"德"字虽然不是《说文解字·彳部·德》中讲的那个原始义为"升"的"德"字，却是由原始义为"升"的"德"字演化而来的。不过，能够称得上"道德，品行、节操"的东西到底是什么？周人对这个问题的认识经历了一个逐渐深化过程。

3. "直心为德"：具伦理道德意蕴的名词的"德"的原始义

有"心"符的"𢛳"字本指能保证个体走对人生之路的那种心理素质，所以"德"字便有了"道德，品行、节操"之义，而且"德"字一开始所指的"道德，品行、节操"往往与"直心"密切相关，即"直心为德"。这从古汉语中"德"可通"直"的事实可见一斑。《左传·襄公二十九年》："辩而不德，必加于戮。"俞樾平议："德当读为直。德字古文作惪，本从直声，故即与直通。"清朱骏声在《说文通训定声·颐部》里也说："德，假借为直。"（汉语大字典编辑委员会，2010，p.904）"直心为德"的含义也可从图 3-1 中的"𢛳"与图 3-2 中的"惪"一眼看出。"𢛳"字的右上部本指"眼睛"，这样，至少从字面上讲，若从上往下看，"𢛳"有"正见于心"之义；从下往上看，"𢛳"有"从心中发出的正见"之义。而"直"本有"正见"之义，虽然"正见"的原始义带有明显的生理学色彩，主要指"正着看"（而不是斜视）之义；但是，人们很容易作这样的联想，在人行道上走要"正着看"才不易走歪路或入歧途，在人生之路上走就更需要"正着看"才不易走歪路或入歧途，于是将"正见"稍作进一步引申，"直"又有了"正直"或"合乎正义的"之义，至此时"直"才带有颇明显的道德色彩。所以，《广雅·释诂二》说："直，义也。"《字汇·目部》说："直，正也。"（汉语大字典编辑委员会，2010，p.71）可见，刚开始使用的"德"字不但确有"直心"之义，而且将无"心"符的"𢜔"加个"心"符，使之指称人的内在德性，本也是合乎逻辑的延伸。"惪"字虽然字形与"德"字不同，但一看就有"直心"之义，在《说文解字》里，许慎将"惪"字放在"心部"，将"德"字放在"彳部"，说明这二字在字形上有差异；再加上秦汉及其以前时期人们用字"尚音"，而"德"与"惪"又同音，以"惪"通"德"本是很自然的事情。事实上，《玉篇·心部》说："惪，今通用德。"《广韵·德韵》说："德，德行。惪，古文。"可见，古人也确是将"惪"当"德"字使用。

若结合远古先民的心理与行为方式（可以根据甲骨文的研究成果、先秦典籍、丰富的史料和论著以及考古成果进行推测）、汉语口语的使用情况、当代中国某些极偏僻村庄的村民的心理与行为方式（主要借鉴人类学和社会学的研究成果）和儿童品德心理发展过程这四方面的情况看，将中国先民早期使用的"德"和"悳"二字的内涵作"直心为德"的理解是颇恰当的。例如，在汉语口语中至今仍存在以"直"为中心的语汇群，如"直心肠"、"直性子"等，这些口语都是用来表示人的品德的，这种德性与知识、教养相违背，正是缺乏知识与教养使之常有野蛮或不谙世故的意义，而且强调道德判断的直接性，这与"头脑简单，四肢发达"的原始人的心理与行为特征是相吻合的。事实上，在《孟子》的言论里仍有一些强调道德判断的直接性的言论，如《孟子·公孙丑上》里关于"怵惕恻隐之心"的言论就属此类（详见前文）。可见，原始道德伦理学的出发点并不是什么"正义"，而完全依靠人的直觉行为（直心）（刘士林，1999）。这种直心也就是老子和孟子等人所讲的"童心"或"赤子之心"。

4."直心为德"被挤出主流文化的原因

"直心为德"与有教养相违背，为文明社会所排斥。因为就其最基本的含义来讲，"文化"是与"自然"相对的概念。所以，尽管据估计现对"文化"所作定义已200种左右（冯天瑜，何晓明，周积明，2010），不过，对于"文化"，人们现已形成如下共识：文化作为人类社会的现实存在，具有与人类本身同样古老的历史。人类从"茹毛饮血，茫然于人道"（王夫之《读通鉴论》卷二十）的"植立之兽"（王夫之《思问录·外篇》）演化而来，逐渐形成与"天道"既相联系又相区别的"人道"，这便是文化的创造过程。在文化的创造与发展中，主体是人，客体是自然，而文化便是人与自然、主体与客体在实践中的对立统一物。这里的"自然"，不仅指存在于人身之外并与之对立的外在自然界，也指人类的本能、人的身体的各种自然属性。文化是改造自然、改造社会的活动，也改造"改造者"自身——实践着的人。人创造了文化，同样文化也创造了人。因此，文化的实质性含义是"人化"或"人类化"，是人类主体通过社会实践活动，适应、利用和改造自然界客体而逐步实现自身价值观念的过程。这一过程的成果体现，既反映在自然面貌、形态、功能的不断改观，更反映在人类个体与群体素质（生理与心理的、工艺与道德的、自律与律人的）的不断提高和完善。由此可见，凡是超越本能的、人类有意识地作用于自然界和社会的一切活动及其结果，都属于文化；或者说，"自然的人化"就是文化（张岱年，方克立，2004，pp.2–3）。

马克思主义文化观的基本内涵主要围绕三个层面展开：第一，重视文化的主体性。认为文化本质上是社会意识的具体化和形象化，其发展规律具有社会历史性。第二，承认文明的多样性。认为文化作为上层建筑的一个类别，其发展规律受制于所依存的生产方式，生产方式的不同产生文化的差异，进而形成全球文明的多样性。第三，强调文化的阶级性和实践性。认为文化具有意识形态属性，不同时期、不同区域、不同民族的文化都是特定场域内阶级关系、阶级矛盾与斗争的反映和表现。文化来源于人们的生产和生活实践，又反作用于生产和生活实践，这种客观实在性决定了文化是可以被改造和建设的，意味着文化的发展是一个动态过程：是代表先进生产力与生产关系的新文化代替代表落后生产力与生产关系的旧文化的过程；是文化不断地从低级形态走向高级形态，不断地趋于科学、理性并适应社会发展的过程。只有进步的、先进的文化才会被历史选择，从而被继承和发展，这就是文化的进步（刘海春，2024）。

英国人类学家泰勒（Edward Burnett Tylor，1832—1917）在1871年撰写的两卷本《原始文化》中对"文化"作了如下界定：

> 文化，或文明，就其广泛的民族学意义来说，是包括全部的知识、信仰、艺术、道德、法律、风俗以及作为社会成员的人所掌握和接受的任何其他的才能和习惯的复合体。人类社会中各种不同的文化现象，只要能够用普遍适用的原理来研究，就都可以成为适合于研究人类思想和活动规律的对象。（泰勒，1992，p.1）

根据这一定义，"文化"既不是自然的产物，人也不是通过本能获得文化，个体必须通过学习才能逐渐习得"文化"。同时，衡量一个民族文化的发达与否，唯一的尺度只能看它在多大程度上摆脱了原始的自然状态，因而在多大程度上脱离了动物界。在这个意义上讲，"文化"就像中文"文化"那样是褒义词，而不是像泰勒所说的是中性词。文化源于人类理性的创造功能，人类创造文化的过程也就是使自己不断摆脱原始自然状态、脱离动物界的过程。所以，据

《论语·雍也》记载，孔子说："质胜文则野，文胜质则史。文质彬彬，然后君子。"认为一个人若朴实多过文采，就显得有些粗野；若文采胜过朴实，又有虚浮之嫌。只有文采与朴实相互协调的人，才可称得上君子。可见，孔儒认为做人时"质胜文"与"文胜质"均不妥，"文质彬彬"才合中庸之道，才属君子的品质（杨伯峻，1980，p.61）。这样，"直心为德"虽属从人的良知中直接生发出来的直觉式品德，但这种含义自儒学兴起后在中国传统道德文化中并不占主流地位，甚至有"不登大雅之堂"的感觉，只能主要停留在"口语"（俗文化）里。从某种意义上说，中国传统道德文化最终选择以讲究内在心性修养的儒家观点为主体兼顾百家思想来对"德"作新的界定，主张"在人与人的交往过程中得于心的素质为德"，并在一定程度上拒绝"直心为德"的含义，这是一种适者生存的优化选择。既然中国的主流道德文化最终拒绝了"直心为德"的含义，能较形象地体现此含义的"悳"字最终退出历史舞台而成为死文字也就是情理中之事。换言之，在儒家文化的影响下，既然具伦理道德意蕴的"德"指"行有所得，且得于心"之义，此时，左边本用于指称"人行道"的"彳"旁就显得很重要，因它非常直观、形象地告诉人们："德"与"行"关系密切。可见，尽管《字汇·心部》说"悳，与德同"，而且"悳"只有 12 画，而"德"有 15 画，在笔画的数量上前者比后者要少 3 画，但后来中国人舍弃"悳"字而继续使用"德"字，原因主要有三：（1）"悳"字中蕴含的"直心为德"的含义被中国主流文化抛弃。中国主流文化既然拒绝"直心为德"的含义，为避免不必要的误解，蕴含"直心为德"含义的"悳"也就舍弃不用了。（2）对"德"字字形作新的解释。"德"字左边的"彳"不但可指"道路"，还可将之理解为"双人旁"，作"二人"解，这样，"德"字从字形上看就有了"在与他人交往时内心有所得"之义，将"德"字字形作这种解释，非常合乎以二人关系来定义"仁"（即"人"）的儒者的口味。（3）"德"字的使用已有悠久历史，人们已使用习惯了，故难以割舍；相对而言，"悳"是后起的字，没有使用太长时间，故易为人们所忘记。

但是，"直心为德"与人们崇尚真诚、痛恶虚伪的心态相吻合，从而一直为有"正直之心"的中国人所推崇，并延续至今。这从今人曾一度迷恋一部题名《还珠格格》电视剧的心态中可见一斑。这部电视剧之所以能风靡一时，主要是通过塑造一批善良且具正直之心的人物形象——还珠格格（又名"小燕子"）是典型代表——来讲述一个个天真无邪的童话般故事，迎合了在如今缺乏诚信的时代里世人渴望"诚信"的心态。

5. 赋予名词"德"以新的伦理道德意蕴

既然将"德"界定在与"直心"密切相关的德性上的做法最终被中国主流的道德文化舍弃，那么周人又开始了赋予名词"德"以新的伦理道德意蕴的历程，也就是重新界定"道德、品行、节操"的具体内容，结果，在春秋战国时期人们对"德"的看法也五花八门。

在春秋前期，人们对"德"的看法主要有以下八种：（1）"让"。《左传·昭公十年》说："让，德之主也。让之谓懿德。"（2）"恕"。《左传·隐公十一年》说："恕而行之，德之则也，礼之经也。"（3）"俭"。《左传·庄公二十四年》说："俭，德之共也；侈，恶之大也。"（4）"敬"。《左传·僖公三十三年》说："敬，德之聚也。能敬必有德。德以治民，君请用之！"（5）"忠"、"信"、"卑让"。《左传·文公元年》说："忠，德之正也；信，德之固也；卑让，德之基也。"（6）"亲亲"、"尊贤"。《左传·僖公二十四年》说："庸勋、亲亲、昵近、尊贤，德之大者也。"（7）"固"、"顺"、"孝"、"安"。《左传·文公六年》说："置善则固，事长则顺，立爱则孝，结旧则安。……有此四德者，难必抒矣。"（8）"亲"、"仁"、"祥"、"义"。《左传·僖公十四年》说："背施，无亲；幸灾，不仁；贪爱，不祥；怒邻，不义。四德皆失，何以守国？"通过这场何谓"德"的争鸣，为"德"补充了新鲜的血液（张荣明，1993），也为后人尤其是孔子儒学论德提供了充足的养分。此后，随着儒道诸家的兴起，不同流派在思想上存在着根本差异，导致不同流派学者对"德"的内容的看法也不一样。正如《庄子·天下》所说："天下大乱，贤圣不明，道德不一，天下多得一察焉以自好。"

关于"德"的具体内容，儒家从现实主义出发谈"德"的目的主要是试图解决两个问题：一是确立成"人"的依据，即确立人贵于禽兽的独特的心理品质或属性；二是确立解决人我关系与群我关系的基本准则。只有符合这两条标准的东西才被纳入"德"中。在先秦儒家中，孔子在这方面有较多论述。第一，《论语·述而》记载，孔子主张"志于道，据于德"。这里的"道"指理想的人格或社会图景，"德"指立身根据和行为准则。因儒家以仁义为道德的重要内容，故也以仁义道德并称（陈至立，2019，p.776）。第二，通过分析和归类可知，智、仁、勇是孔子倡导的三达德。孔子在《子罕》、《宪问》中两次说道（也有可能只说过一次，但被重复记载）。孔子在《论语·子罕》中说："知者不惑，仁者不忧，勇者不惧。"又《论语·宪问》记载："子曰：'君子道者三，我无能焉：仁者不忧，知者不惑，勇者不惧。'子贡曰：'夫子自道也。'"朱熹在《四书章句集注》里认为，这是孔子在说道德学习的内容顺序。从中可以看出，在孔子看来，能做到仁、智、勇的人，不仅是道德品质的提升，也可以提升心理健康水平，解决迷惑、忧虑、恐惧等负性情绪困扰的问题。在此基础上，《中庸》明确将智、仁、勇统称为"三达德"："子曰：'好学近乎知，力行近乎仁，知耻近乎勇。知斯三者，则知所以修身；知所以修身，则知所以治人；知所以治人，则知所以治天下国家矣。'"因此，三者被并列为修身、治人乃至治国的基础所在（韦政通，2003，p.83）。智、仁、勇之外的其他德目是孔子曾论及的边缘式德目。遗憾的是，秦汉之后的儒家或阉割了勇，一旦抽掉了勇，做人必变得越来越懦弱，或仅从是否知耻这个狭义角度来诠释勇，主张"知耻近乎勇"。第三，《论语·里仁》记载："子曰：'参乎！吾道一以贯之。'曾子曰：'唯。'子出，门人问曰：'何谓也？'曾子曰：'夫子之道，忠恕而已矣！'"北宋大儒邢昺的疏是："'子曰：参乎'者，呼曾子名，欲语之也。'吾道一以贯之'者，贯，统也。孔子语曾子言，我所行之道，唯用一理以统天下万事之理也。'曾子曰：唯'者，曾子直晓其理，更不须问，故答曰唯。'子出'者，孔子出去也。'门人问曰：何谓也'者，门人，曾子弟子也。不晓夫子之言，故问于曾子也。'曾子曰：夫子之道，忠恕而已矣'者，答门人也。忠，谓尽中心也。恕，谓忖己度物也。言夫子之道，唯以忠恕一理，以统天下万事之理，更无他法，故云而已矣。"朱熹在《四书章句集注·论语集注·里仁》中的注是："参乎者，呼曾子之名而告之。贯，通也。唯者，应之速而无疑者也。圣人之心，浑然一理，而泛应曲当，用各不同。曾子于其用处，盖已随事精察而力行之，但未知其体之一尔。夫子知其真积力久，将有所得，是以呼而告之。曾子果能默然契其指，即应之速而无疑也。""尽己之谓忠，推己之谓恕。而已矣者，竭尽而无余之辞也。夫子之一理浑然而泛应曲当，譬则天地之至诚无息，而万物各得其所也。自此之外，固无余法，而亦无待于推矣。曾子有见于此而难言之，故借学者尽己、推己之目以著明之，欲人之易晓也。盖至诚无息者，道之体也，万殊之所以一本也；万物各得其所者，道之用也，一本之所以万殊也。以此观之，一以贯之之实可见矣。或曰：'中心为忠，如心为恕。'于义亦通。程子曰：'以己及物，仁也；推己及物，恕也，违道不远是也。忠恕一以贯之：忠者天道，恕者人道；忠者无妄，恕者所以行乎忠也；忠者体，恕者用，大本达道也。此与违道不远异者，动以天尔。'又曰：'"维天之命，于穆不已"，忠也；"乾道变化，各正性命"，恕也。'又曰：'圣人教人各因其才，吾道一以贯之，惟曾子为能达此，孔子所以告之也。曾子告门人曰"夫子之道，忠恕而已矣"，亦犹夫子之告曾子也。《中庸》所谓"忠恕违道不远"，斯乃下学上达之义。'"当然，据焦国成（2019）的研究，将忠恕视作孔子的一以贯之之道可能仅是曾参的观点，而不见得是孔子的观点，孔子一以贯之之道可能是中庸。不过，可以肯定，忠、恕在孔子的心中占据重要位置。第四，在孔门四科中，忠、信各占其一。正如《论语·述而》所说："子以四教：文，行，忠，信。"第五，据《论语·里仁》记载，孔子明确主张："君子喻于义，小人喻于利。"《论语·阳货》记载："子路曰：'君子尚勇乎？'子曰：'君子义以为上，君子有勇而无义为乱，小人有勇而无义为盗。'"这说明在孔子心中，作为君子，"义"的重要性要高于"勇"。其后，孟子和墨子等人都继承了孔子力倡的君子尚义思想。第六，《论语·学而》记载："子曰：'君子不重，则不威；学则不固。主忠信。无友不如己者。过，则勿惮改。'"这说明孔子也重信。第七，《论语·泰伯》记载："子曰：'恭而无礼则劳，慎而无礼则葸，勇而无礼则乱，直而无礼则绞。君子笃于亲，则民兴于仁；故旧不遗，则民不偷。'"这段话指明"礼"在培育君子的过程中作用巨大：一个人若仅注重自己容貌的端庄，却不知礼，就容易劳倦；只知谨慎，却不知礼，就容易流于懦弱；仅有敢作敢为的勇气，却不知礼，就容易盲行而闯祸；心直口快，却不知礼，就容易待人尖刻。礼既然有如此重要的作用，孔子力倡身为君子者要用礼节来约束自己的言行，以使自己的言行不至于离经叛道。《论语·雍也》记载："子曰：'君子博学于文，约之以礼，亦可以弗畔矣夫！'"第八，如上文所论，俭本是春秋及其以前人们推崇的德性之一，因此以善于继承前人优良传统著称的孔子儒家实也重俭，只不过其重视程度相对而言没有道家那么高而已。《论语·八佾》记载："林放问礼之本。子曰：'大哉问！礼，与其奢也，宁俭；丧，与其易也，宁戚。'"可见，在孔子心中，就一般礼仪而言，其本质在于朴素俭约，而不在于铺张浪费；就丧礼而言，其本质在于用心来表达失去亲人的悲伤之情，而不在于仪式是否周全。这说明孔子也看重俭而反对奢。第九，孔子重孝。如，《论语·为政》记载："子游问孝。子曰：'今之孝者，是谓能养。至于犬马，皆能有养；不敬，何以别乎？'"在孔子看来，就孝的实质而言，出自个体内心的孝敬之心较之赡养父母的行为更为重要。这一观点自产生后，成为孝道的精髓思想之一，一直为极少数有见地的中国人所继承。第十，孔子在《论语·述而》中说："加我数年，五十以学《易》，可以无大过矣。"由此可见，孔子非常推崇《周易》的思想，包括其中的做人之道。而《周易·谦》里明确有"谦谦，君子"一语，而且通读《论语》可以发现，尽管《论语》里没有出现"谦"字，但事实上孔子的确是在身体力行谦的，《论语》里记载了许多这方面的例子，这表明孔子对春秋及其以前人们推崇的让也有继承。另外，《论语·颜渊》记载："齐景公问政于孔子。孔子对曰：'君君，臣臣，父父，子子。'公曰：'善哉！信如君不君，臣不臣，父不父，子不子，虽有粟，吾得而食诸？'"其内蕴含"二纲"、"二伦"思想，为后人提出"三纲"、"五伦"思想埋下了伏笔，也成为后世儒家生活德育的重要内容之一。合而言之，孔子在《论语》一书中提及36个德目，按出现频率由高至低排列：仁（109次；杨伯峻，1980，p.221）、礼（74次；杨伯峻，1980，p.311）、信（38次；杨伯峻，1980，pp.257-258）、德（38次；杨伯峻，1980，p.301）、知（同"智"）（25次指"聪明，有智慧"；杨伯峻，1980，p.256）、义（24次；杨伯峻，1980，p.291）、直（22次；杨伯峻，1980，p.256）、敬（21次；杨伯峻，1980，p.290）、孝（19次；杨伯峻，1980，p.242）、忠（18次；杨伯峻，1980，p.252）、耻和耻辱（17次；杨伯峻，1980，p.267）、勇（16次；杨伯峻，1980，p.258）、恭（13次；杨伯峻，1980，p.267）、正（9次指"端正"，2次指"作风正派"，累计11次；杨伯峻，1980，p.231）、爱（9次；杨伯峻，1980，p.290）、敏（9次；杨伯峻，1980，p.276）、惠（8次；杨伯峻，1980，p.282）、慎（7次；杨伯峻，1980，p.290）、辱（5次；杨伯峻，1980，p.271）、和（4次指"和谐"，1次指"和睦，团结"，2次与"同"并用但与"同"相反，1次指"声音相应"，累计8次；杨伯峻，1980，p.250）、戒（5次；杨伯峻，1980，p.243）、弟（同"悌"）（4次指"弟弟对哥哥的敬爱"；杨伯峻，1980，p.242）、让（4次指"谦逊"；杨伯峻，1980，p.316）、温（5次；杨伯峻，1980，p.284）、俭（4次；杨伯峻，1980，p.300）、宽（4次；杨伯峻，1980，p.300）、忍（3次；杨伯峻，1980，p.242）、恕（2次；杨伯峻，1980，p.267）、诚（2次；杨伯峻，1980，p.298）、中庸（1次；杨伯峻，1980，p.220）、慈（1次；杨伯峻，1980，p.296）、荣（1次；杨伯峻，1980，p.296）、羞（1次；杨伯峻，1980，p.278）、公（1次指"公平正直"；杨伯峻，1980，p.221）、厚（1次指"忠厚"；杨伯峻，1980，p.258）、卑（1次；杨伯峻，1980，p.249；《论语》里虽然无"谦"字，但有"谦卑"的"卑"字和指"谦逊"的"让"字，且孔子实际上行"谦"）等，几乎涵盖了后世儒家推崇的所有德目，只是不同学者的重点有所不同而已。韦政通认为，在基本德性方面，孔子有三达德——智、仁、勇，孟子有四端——仁、义、礼、智，汉儒有五常——仁、义、礼、智、信，除其重复，共有六种——仁、义、礼、智、信、勇（韦政通，2003，pp.83-86）。稍加比较可知，韦先生的此观点有一定道理。顺便指出，孔子之后的诸儒在论述"德"的内容时，往往都是根据孔子的上述言论作进一步发挥，除了特别突出"诚"和"孝"这两个德目外，再没有什么大突破。例如，孟子在《告子上》里提出人人有仁、义、礼、智这四端，这四种德性体现在人际关系中就是"五伦"。《论语·颜渊》记载："齐景公问政于孔子。孔子对曰：'君君，臣臣，父父，子子。'公曰：'善哉！信如君不君，臣不臣，父不父，子不子，虽有粟，吾得而食诸？'"这里已有"二伦"的思想，并且强调做君主的要恪守做君主的礼仪，有做君主的样子，做臣子要恪守做臣子的礼仪，有做臣子的样子，做父母要恪守做父母的礼仪，有做父母的样子，做子女要恪守做子女的礼仪，有做子女的样子，不能礼乐崩坏，君不修身，不像个君，臣僭越礼制，导致臣不像个臣，父母不修身，不像做父母的，而是在子女面前做包办万事的奴仆、缺少爱心的暴君或不负责的坑子女族，子女不守礼仪，不像做子女的，而在父母面前做小祖宗、坑爹妈族或无法沟通的蛮不讲理者。孟子和荀子将之作进一步发挥，提出了对秦汉以后中国道德文化有深刻影响的"五伦"思想。《孟子·滕文公上》记载，"五伦"指"父子有亲，君臣有义，夫妇有别，长幼有叙，朋友有信"。可见，"五伦"的含义是，父子之间有骨肉亲情，君臣之间有礼义之道，夫妻之间挚爱而有内外之别，长幼之间有尊卑之序，朋友之间有诚信之德（杨伯峻，2005，p.128）。由此可见，"五伦"指的是五种人伦或五种人与人的关系。如果每人都能自觉遵守这五种伦理道德规范，就可以改良社会风尚，实现社会的安定有序。以"父子有亲"为例，"父子有亲"这条处理亲子之间人际关系的法则，要求父代与子代进行交往时必须做到：父代与子代之间都要看重并积极维护依存于双方的骨肉亲情（杨伯峻，2005，p.128）。《礼记·礼运》主张"十义"："何谓人义？父慈、子孝、兄良、弟弟、夫义、妇听、长惠、幼顺、君仁、臣忠十者，谓人之义。""十义"用"长/幼"取代"朋友"，并且蕴含"上/下"、"尊/卑"的纵向差序关系，强调"尊尊原则"，其中扮演"父、兄、夫、长、君"角色的人依次遵循"慈、良、义、惠、仁"的伦理道德原则，扮演"子、弟、妇、幼、臣"角色的人须依次遵循"孝、悌、听、顺、忠"的伦理道德原则（黄光国，2021）。自儒家在汉代成为正统官方意识形态后，自此之后至1911年止的中国传统社会，几乎每人都受这几种社会关系的约束，不能逃避自己的道德义务，不能逃避社会。如果每人都能自觉遵守这几种伦理道德规范，就可以改良社会风尚，实现社会的安定有序。假若这种伦理道德规范被统治者利用而意识形态化，逐渐变成外在于个体的异己力量，就会出现伦理道德的异化，作为主体的人就会被这种异化的力量奴役，伦理规范就会成为"以理杀人"的工具（吴根友，崔海亮，2020）。贺麟认为，可以从中国传统五伦观念里面发掘出新的时代精神。贺麟于1940年5月在《战国策》第3期发表《五伦观念的新检讨》一文，他在文中写道："五伦的观念是几千年来支配了我们中国人的道德生活的最有力量的传统观念之一。它是我们礼教的核心，它是维系中华民族的群体的纲纪。我们要从检讨这旧的传统观念里，去发现最新的近代精神。……现在的问题是如何从旧礼教的破瓦颓垣里，去寻找出不可毁灭的永恒的基石。在这基石上，重新建立起新人生、新社会的行为规范和准则。"这启迪今人，宜重新检讨中国传统的五伦观念，既要看到其注重人伦道德的积极一面，也要总结历史上伦理道德异化的教训，结合时代发展从中挖掘出新的时代内涵。荀子在《王制》篇中将君臣、父子、兄弟、夫妇四种人伦关系抬到无以复加的位置，并加以绝对化："君臣、父子、兄弟、夫妇，始则终，终则始，与天地同理，与万世同久，夫是之谓大本。""父子有亲"是在践"仁"，"君臣有义"是在践"义"，"夫妇有别，长幼有叙"是在践"礼"，"朋友有信"是在践"信"。由于中国先哲所讲的"智"主要是指"人事之智"——对人伦关系的正确认识和解决能力，而不是指"自然之智或科技之智"——对外在自然和客观世界规律的正确认识和解决能力，换言之，即在自然科学领域显露出来的聪明才智（朱海林，2006），这样，一个人若能按"五伦"法则去妥善处理人际关系，其中体现出来的便是一种做人智慧（即"道德智慧"）。荀子重义，将拥有义视作人贵于万物的缘由之一。当然，用今天的眼光看，"君君，臣臣，父父，子子"和"五伦"错在规定每个人只有一个角色，只履行一种义务，没有看到人是一个角色丛（role-set）（Merton，1957），随着所扮演角色的不同，其履行的义务也发生相应的变化。例如，君主虽贵为一国之君，也是一个公民，同样要遵守国家的法律制度，做守法公民；若父母健在，君主也要履行做子女的义务；等等。同时，又未通过立法，一方面限定君、父、夫的权利，另一方面保护臣、子、妻的合法权利。这样，一旦将君、父、夫的权利无限提升，将臣、子、妻的权利不断减少，声称"君要臣死，臣不得不死"、"天下无不是的父母"与"父叫子亡，子不得不亡"，必然会产生"三纲"的吃人礼教。

道家思想以"无为"和"法自然"为本，主张大德的表现必须完全以道为依从。正如《老子·二十一章》所说："孔德之容，惟道是从。"这样，他们也就用"无为"和"法自然"的思想与标准来定义德和衡量不同类型的德的高低。如《老子·三十八章》说：

> 上德不德，是以有德；下德不失德，是以无德。上德无为而无以为（下德为之而有以为）。上仁为之而无以为。上义为之而有以为。上礼为之而莫之应，则攘臂而扔之。故失道而后德，失德而后仁，失仁而后义，失义而后礼。夫礼者，忠信之薄而乱之首；前识者，道之华而愚之始。是以大丈夫处其厚不居其薄，处其实不居其华。故去彼取此。

据高明的解释，这说明老子是以无为的观点看待德仁义礼，主张最上等的是"德"，因为它"无为而无以为"（无所施为是自然而然的）；其次是"仁"，因为它"为之而无以为"（努力施为但没有任何企图）；再次是"义"，因为它"为之而有以为"（努力施为是为了某种目的）；最末等的是"礼"，因为它"为之而莫之应，则攘臂而扔之"（冯达甫，1991，p.89）。《广韵》说："扔，强牵引也。"高亨说："攘臂而扔之者，谓攘臂以引人民使就于礼也。"（冯达甫，1991，p.90）这说明"礼"所做的事情往往是"礼尚往来，为之莫应，故攘臂而扔之"，这当然是最末等的做法。德仁义礼四者相为更生，情况却是每况愈下，人的德性也就越来越糟糕。因此，道德高尚的人一般宁要浑厚而不要刻薄，宁要朴实而不要虚华。从这里也可以看出，老子道家之所以"以无为德"（刘劭《人物志·八观》），是由于他们看到了社会上存在这样一种值得警惕的情况：小至一个人，大至整个社会、国家或天下，一旦过于推崇"人为"，就容易使人只专注于事物的外在虚华，而不看重事物内在的善与美，由是，就容易使人滋生诈伪之心，诈伪之心一起，道德沦丧，祸害也就不远了。因此，在道家看来，如果像儒家那样力倡"人为"的德性，就违反了人性的自然，就会适得其反：仁义本是用以劝导人的善行，如今却流于矫揉造作；有人更剽窃仁义之名，以要利于世，所谓"窃钩者诛，窃国者为诸侯"。这就是为什么《老子·三十八章》要说"夫礼者，忠信之薄而乱之首"，《老子·十八章》要说"大道废，有仁义；六亲不和，有孝慈；国家昏乱，有忠臣"。此类话语乍一看虽不近人情，细思却有一番道理。为了解决这类时弊，道家采取了一种釜底抽薪的解决办法，主张彻底弃绝虚假的仁义、巧利，使大家返璞归真，保持淳厚的天性（陈鼓应，1984，p.139），展现出与儒家看重世俗的仁、义、勇之类德性所截然不同的自然德性观。《老子·五十一章》说："'道'生之，'德'畜之，物形之，势成之。是以万物莫不尊'道'而贵'德'。'道'之尊，'德'之贵，夫莫之命而常自然。"此处"道"指事物运动变化必须遵循的普遍规律或万物的本体。"德"和"得"意义相近，指万物从"道"那里获得的特殊规律或特殊性质；对于"道"的认识修养有得于己者，亦称为"德"（陈至立，2019，p.776）。《庄子》继承老子以性释德的思想，也认为万物得道以生谓之德。《庄子·庚桑楚》说："道者，德之钦也；生者，德之光也；性者，生之质也。性之动，谓之为；为之伪，谓之失。"此处"德"指人的自然本性。《庄子·天地》又说："故曰，玄古之君天下，无为也，天德而已矣。"

此处"德"指客观规律。《庄子·刻意》还说:"夫恬淡寂寞虚无无为,此天地之平而道德之质也。"这更是一种明确地用道家无为思想来界定"德"的内容的说法。这样,在具体德目上,与儒家优先看重智慧、仁、义和勇敢之类德性不同,老子道家继承前人尚让和尚俭的传统,优先看重慈爱、节俭和谦虚三种美德。《老子·六十七章》说:"我有三宝,持而保之。一曰慈,二曰俭,三曰不敢为天下先。慈,故能勇;俭,故能广;不敢为天下先,故能成器长。今舍慈且勇,舍俭且广,舍后且先,死矣!夫慈,以战则胜,以守则固。天将救之,以慈卫之。"《老子·六十六章》说:"江海所以能为百谷王者,以其善下之,故能为百谷王。是以圣人欲上民,必以言下之;欲先民,必以身后之。"

儒家力倡内外亲疏有别式仁爱,与此不同,墨家推崇一视同仁式兼爱。《墨子·兼爱上》说:

> 若使天下兼相爱,爱人若爱其身,犹有不孝者乎?视父兄与君若其身,恶施不孝?犹有不慈者乎?视弟子与臣若其身,恶施不慈?故不孝不慈亡有。犹有盗贼乎?故视人之室若其室,谁窃?视人之身若其身,谁贼?故资贼亡有。犹有大夫之相乱家、诸侯之相攻国者乎?视人家若其家,谁乱?视人国若其国,谁攻?故大夫之相乱家、诸侯之相乱国者亡有。若使天下兼相爱,国与国不相攻,家与家不相乱,盗贼无有,君臣父子皆能孝慈,若此则天下治。故圣人以治天下为事者,恶得不禁恶而劝爱?故天下兼相爱则治,交相恶则乱。故子墨子曰:"不可以不劝爱人者,此也。"

同时,墨家"贵义"。《墨子·贵义》记载:

> 子墨子曰:"万事莫贵于义。今谓人曰:'予子冠履,而断子之手足,子为之乎?'必不为。何故?则冠履不若手足之贵也。又曰:'予子天下而杀子之身,子为之乎?'必不为。何故?则天下不若身之贵也。争一言以相杀,是贵义于其身也。故曰:万事莫贵于义也。"

从"万事莫贵于义"一语看,墨家所讲的"义"里已有正义或公正为百德之王的潜在意蕴。此思想后为《淮南子》所继承。《淮南子·泰族训》说:"身贵于天下也。死君亲之难,视死若归,义重于身也。天下,大利也,比之身则小;

身之重也，比之义则轻；义，所全也。《诗》曰："恺悌君子，求福不回。'言以信义为准绳也。"

《鬼谷子·盛神法五龙》说："故道者神明之源，一其化端，是以德养五气，心能得一，乃有其术。术者，心气之道所由。舍者，神乃为之使。"此处之"德"也指万物从道那里获得的自性。可见，对于"德"，战国时期的纵横家鬼谷子也持类似道家的观点。

中国法家的始祖管仲大力宣扬"礼义廉耻"。《管子·牧民》说："四维不张，国乃灭亡。……何谓四维？一曰礼，二曰义，三曰廉，四曰耻。"这里所讲的"义"里已有正义或公正之义。法家思想的集大成者，战国末期的韩非在《韩非子·解老》里说："德者，内也；得者，外也。上德不德，言其神不淫于外也。神不淫于外则身全，身全之谓得。得者，得身也。凡德者，以无为集，以无欲成，以不思安，以不用固。为之欲之，则德无舍；德无舍则不全。"稍加比较可知，此观点深受老、庄思想的影响。

综上所论，尽管《老子》里所讲的"慈"、"俭"和"不敢为天下先"与儒家所讲的"仁"、"礼"和"谦"不尽相同，若去除学派之陈见，儒、墨两家所讲的这三德性实质上大致相同。虽然儒家力倡内外亲疏有别式仁爱，墨家推崇一视同仁式兼爱，儒、墨两家都重仁爱却是事实。虽然儒家有"万事莫贵于仁"，而墨家倡导"万事莫贵于义"，儒、墨两家都重仁与义却是事实。法家宣扬的"礼义廉耻"也是儒家看重的。合并起来，先秦儒、道、墨、法四家倡导的德性共有二十八种：仁（慈、兼爱、爱、惠）、义（公）、礼、智、信、德、忠（厚）、恕（宽）、勇、孝、悌、正、直、卑（谦、让）、俭、廉、荣、耻（耻辱、辱、羞）、恭、敬、温、敏、慎、和、戒、忍、诚、中庸。这二十八种德性尽管在不同时期、不同流派的人有不尽相同的解释，儒、道、墨、法四家以及受它们影响的人还为此产生不少争论，但这二十八个德目一直或隐或显地为后世中国人所承继，对后世中国人的心理与行为产生了深远影响。

（二）"德者，得也"：动词"德"的含义

据现有文献记载，在周代，当"德"用作动词时，其主要含义有三种：

（1）通"得"。《广雅·释诂三》："德，得也。"《墨子·节用上》："是故用财不费，民德不劳，其兴利多矣。"孙诒让间诂："德与得通。"（2）感恩；感激。《韩非子·外储说左下》："以功受赏，臣不德君。"（3）德政；善教。《吕氏春秋·孟春》："命相布德和令，行庆施惠，下及兆民。"郑玄注："德，犹教也。"这三种含义均有伦理道德意蕴。当然，在这三种含义里，相对而言，周人使用最多的又是第一种含义，它的最佳表述出自稍后于孔子的尸子。《尸子·处道》说："德者，天地万物得也；义者，天地万物宜也；礼者，天地万物体（各得其所，引者注）也。使天地万物皆得其宜、当其体者，谓之大仁。"（尸佼，2006，p.42）这是由于先秦时期人们用字尚音，而"德"、"得"音同，"德"用作名词本指一个人在人生的道路上践行时其心中所"得"的东西——德性。《说文·彳部》解释："得，行有所得也。从彳，**导**声。**导**，古文省彳。"罗振玉《增定殷虚书契考释》："（甲骨文）从又持贝，得之意也。或增彳。许书古文从见，殆从贝之讹。"（汉语大字典编辑委员会，2010，p.889）如图3-6所示，结合"得"字的甲骨文字形与罗振玉和许慎的解释看，"得"是会意字，本义是"手持贝"，即"得到"之义，左边并无"彳"。当加"彳"部后，其义变成"行有所得也"。这正是具伦理道德意蕴的"德"的含义，故而"德"、"得"相通也就在情理中了。

图3-6 "得"字字形变化
（汉语大字典编辑委员会，2010，pp.889–890）

可见，"德者，得也"是周人对"德"所下的一个影响深远的定义。在这里，"德"与"得"不仅声韵相同且可互训，含有"获得"、"占有"之义。如《周易·益》曾说："有孚，惠我德。""有孚"指有俘获，"惠"是"分人以财"之义。正如《孟子·滕文公上》所说"分人以财谓之惠"。"有孚，惠我德"，指有了俘虏等战利品分给我一部分，我就德（得）了。因此，德有"恩惠；恩德"之义。如《玉篇·彳部》就说："德，惠也。"《左传·成公三年》："无怨无德，不知所报。"这里的"德"指惠德。孔子等人虽未明言"德者，得也"，但从孔子、孟子和荀子等人重行的言论看，先秦儒家思想里多含有"行有所得且得于心为德"的思想，即主张人们只有通过锲而不舍地行"仁、义、礼、智、信、忠、勇"，然后才能使自己逐渐获得相应的德性。正由于此，稍后的《礼记·乐记》才明确主张："礼乐皆得，谓之有德。德者，得也。"老子道家除了用名词的"德"外，也将"德"用作动词，当用作动词时"德"与"得"通用。如《老子·四十九章》说："圣人无常心，以百姓心为心。善者，吾善之；不善者，吾亦善之；德善。信者，吾信之；不信者，吾亦信之；德信。""德善"即"得善"，"德信"即"得信"。《管子·心术上》说："天之道，虚其无形。虚则不屈，无形则无所位迁；无所位迁，故遍流万物而不变。德者，道之舍。物得以生生，知得以职道之精。故德者，得也。得也者，其谓所得以然也。以无为之谓道，舍之之谓德，故道之与德无间，故言之者不别也。"舍应是舍寓之义，意指德即物之所得于道，而以成其物者（冯友兰，2000，p.137）。《庄子·马蹄》继承老子思想，也说："彼民有常性，织而衣，耕而食，是谓同德。"成玄英说："'德者，得也。'率其真常之性，物各自足，故同德。"综上所论，大致至战国时期，作为中国传统文化主体的儒道两家都普遍赞成以"得"释"德"，认为"德者，得也"。至于"得到了什么"（德包含一些什么内容），不同派别的观点多有不同，使得作为名词的"德"的含义多种多样。当然，尽管儒道两家都主张"德者，得也"，若细究，二者之间也有一定区别。假若说对儒家而言，"道者人之所共由，德者人之所自得"，依庄学之意，则应是"道者物（兼人言）之所共由，德者物之所自得耳"（冯友兰，2000，p.172）。

三、秦汉至清代对"德"的认识

在汉初,尽管仍有人在非伦理道德的层面使用"德"字。例如,《淮南子·天文训》说:"日冬至,德气为土。"此处"德气",按五行说,指四季的旺气。它是一种自然现象,不具道德意蕴。同时,也仍有人继承先秦老子道家的思想,主张"得其天性谓之德"。其经典言论之一出自《淮南子》。《淮南子·齐俗训》说:"率性而行谓之道,得其天性谓之德。性失然后贵仁,道失然后贵义。是故仁义立而道德迁矣,礼乐饰则纯朴散矣,是非形则百姓眩矣,珠玉尊则天下争矣。凡此四者,衰世之造也,末世之用也。"但是,《论语·子张》记载:"子夏曰:'虽小道,必有可观者焉;致远恐泥,是以君子不为也。'"(就是小技艺,一定有可取的地方;恐怕它妨碍远大事业,所以君子不从事它。)(杨伯峻,1980,p.200)受此思想的影响,再加上孟子以来儒家弟子有崇孔批墨、批杨朱、批道家的传统,至汉代董仲舒提出"推明孔氏,抑黜百家"①的建议被汉武帝采纳之后,启动了儒学走向至尊的历史车轮,并最终完成以儒学取代黄老作为国家政治指导思想的历史性转换,汉武帝在儒学的指导下取得了丰硕成果,将西汉国力发展到颇高水平,向世人展现出大汉的雄风。因此,东汉班固在《汉书·武帝纪》的论赞中表述汉武帝的做法是"罢黜百家,表章六经"。不过,需要指出两点:一是,在西汉时期的文献中根本找不到"罢黜百家,独尊儒术"的原始记载,到了东汉,班固在《汉书·武帝纪》的论赞才开始有"罢黜百家,表章六经"的表述(刘松来,2007)。据丁四新(2019)的研究,"罢黜百家,独尊儒术"的提法虽源自董仲舒的"推明孔氏,抑黜百家"和班固的"罢黜百家,表章六经",却是由易白沙最早作这种表述的。易白沙于1916年在《青年杂志》第1卷第6期发表的《孔子平议》(上)一文(易白沙,1916a)和1916年在《新青年》第2卷第1期发表的《孔子平议》(下)一文(易白沙,1916b)各用了一次"罢黜百家,独尊儒术"的说法。二是,汉武帝远未完成以儒学一统天下的文化专制进程,"罢黜百家,独尊儒术"局面的最终实现当在汉元帝、汉成帝之世(刘松来,2007)。

---

① 据《汉书·董仲舒传》记载,董仲舒主张:"诸不在六艺之科孔子之术者,皆绝其道,勿使并进。"

从此，确立了儒家思想的正统与主导地位，儒学由先秦的诸子百家之一一跃而成为"唯我独尊"的经学，而且成为中国封建社会文化的正统官方哲学，被华夏大地普遍接受和认可，成为华夏社会的主流意识形态。其后，隋文帝以九品中正制为贵族垄断，百弊丛生，乃废之，并于开皇七年（587 年）设志行修谨、清平干济二科举士。隋炀帝时始置进士科，被视为科举制的起始。自此之后，重视经学的科举制度的逐渐盛行和唐代取得的巨大文明成就等事件都一再强化了儒学作为经学的地位。在此背景下，自汉武帝所处的时代起至 1905 年废除科举制度止的漫长岁月里（陈至立，2019，p.2378），儒学虽不时受到道家和佛家思想的冲击，但到 1911 年清朝灭亡时为止，在绝大多数时间内均属于正统官方意识形态，先秦时期其他诸流派则或隐（如道家）或灭（如墨家）了。顺理成章，儒家思想也就成为官方的正统哲学，此局面一直延续至清代未发生过根本的改变。于是，大致自汉武帝之后，"德"字的含义与用法才基本定格下来。

（一）五常德性：汉代至清代对名词"德"的普遍认识

当将"德"用作名词时，其内包含的主要德目在秦代之前与汉代及汉代之后有一定差异。

在先秦，只见有仁、义、礼、智四者连在一起的，那就是孟子（庞朴，1980，p.79）。《孟子·告子上》说："仁义礼智，非由外铄我也，我固有之也，弗思耳矣。"《孟子·尽心上》说："君子所性，仁义礼智根于心，其生色也睟然，见于面，盎于背，施于四体，四体不言而喻。"（杨伯峻，2005，p.309）信在《孟子》一书里出现 30 次，其中作为道德观念之一用的有 8 次，作为"守信"用的有 3 次，作为"相信"用的有 13 次，作为"真，诚"义用的有 4 次，同"伸"的有 2 次（杨伯峻，2005，p.400）。在孟子看来，仁、义、礼、智是根于心的，而信只是交友的行为准则，与仁、义、礼、智相比，信处于次要位置，其地位并不崇高。这样，当信与义发生冲突时，深得孔子思想精义的孟子要求人们要舍信取义。《孟子·离娄下》说："大人者，言不必信，行不必果，惟义所在。"这与《论语·学而》里有子所说"信近于义"（杨伯峻，1980，p.8）有较大差异，表明有子的这一见解不同于孔子。故在《孟子》里虽有"五伦"的提法——"父子有亲，君臣有义，夫妇有别，长幼有叙，朋友有信"，却从未有仁、义、礼、智、信五者并列的用法（庞朴，1980，p.80）。在汉代之前，人们虽然也谈到仁、义、礼、智、信，但将这五者连举的，仅见于《庄子·庚桑楚》（庞朴，1980，pp.78-79）。《庄子·庚桑楚》说："蹍市人之足，则辞以放骜，兄则以妪，大亲则已矣。故曰，至礼有不人，至义不物，至知不谋，至仁无亲，至信辟金。"（陈鼓应，2009b，p.659）先秦文献中提到"五常"的，除了伪古文《尚书·周书·秦誓》外，大概也仅见于《庄子·天运》（庞朴，1980，p.79）。至于《礼记·乐记》里的"道五常之行"一语，因《乐记》晚出，司马迁所不见，故不在先秦文献之列（庞朴，1980，p.80）。《庄子·天运》记载："巫咸祒曰：'来！吾语女。天有六极五常，帝王顺之则治，逆之则凶……'"（陈鼓应，2009b，p.390）唐代的成玄英用"五行"释"五常"，认为《庄子·天运》所讲的"五常"是指金、木、水、火、土。陈鼓应认可成玄英的观点，也是采用这种解释（陈鼓应，2009b，p.391）。但俞樾在《诸子平议》里表示怀疑，认为"常"通"祥"即"福"，这个"六极五常"当是《洪范》的"六极五福"。庞朴认可俞樾的这一见解，认为俞樾的解释可能更接近原意一些（庞朴，1980，p.79）。因为将仁、义、礼、智、信相提并论，并固定其顺序，称作"五常"，这始于汉儒（庞朴，1980，pp.78-79）。自董仲舒在《春秋繁露·五行相生》中以"仁、智、信、义、礼"配"五行"——"木、火、土、金、水"，班固在《白虎通义·情性》中宣布前者为"五常"后，"五常"与"五行"便可交互使用（庞朴，1980，p.2），儒家的"五常"德性更是妇孺皆知了，并将其作为生活德育的主要内容。

自汉代以后，"五常"德性和"五伦"一直为历代中国文人所承继，对中国古人的心理与行为产生了深远影响。如《荀子·非十二子》："案往旧造说，谓之五行。"唐代杨倞注："五行，五常，仁、义、礼、智、信是也。"（陈至立，2019，p.4661）结果，自汉以后至清代灭亡为止，儒家以仁、义、礼、智、信五种德目作为其生活德育的主要内容。不过，考察德的产生及其变迁史可以发现，周代（含西周和东周两个时期）的道德观与汉代以后的道德观有很大区别。在《左传》、《论语》和《孟子》等典籍中，有关德的注解的主旨多在于调节家庭伦理关系、社会人际关系和管理上的领导与下级的关系，要求人们应多为别人想想，提倡爱人和守信等，颇具中国古典式人道主义精神。当然，孔、孟等人的道德观中也含有极强的忠、孝因素，后经董仲舒等人的发展变成"三纲五常"的道德规范，再经程朱理学家的推波助澜，"存天理，灭人欲"以及"饿死事小，失节事大"等口号被人误解和被别有用心地鼓吹后，终于起了禁锢人们头脑的作用，于是"五四"时期一些新文化运动的健将一针见血地指出这是一种吃人的道德观（张荣明，1993）。在新时期再从心理学角度来重新审视中国传统德育思想时，就要做到有批判地吸收，主要借鉴先哲有关德育的一些颇合心理学规律的论述和好的做法，如他们在育德过程中运用了一些颇合心理学规律的育德方法，像榜样示范法、环境陶冶法等，以为今天构建符合中国国情的德育心理学的新体系以及心理育德新模式服务。

（二）"内得于己，外得于人"：秦汉至清代对动词"德"的普遍认识

当将"德"用作动词时，取的是先秦儒、道两家都赞成的以"得"释"德"的用法，认为"德者，得也"。汉代许慎在《说文解字·心部》中对"悳"作了一个既经典又最有心理学价值的解释："悳，外得于人，内得于己也。从直心。"段玉裁在《说文解字注·心部·悳》里的注是：

> 此当依小徐通论，作"内得于己，外得于人"。内得于己，谓身心所自得也；外得于人，谓惠泽使人得之也。俗字假"德"为之。德者，升也。古字或假"得"为之。《洪范》三德，一曰正直。直亦声，多则切，一部。（许慎，段玉裁，1988，p.502）

由许慎和段玉裁的解释看，"得"与"失"相对，乃"得到，获得"之义，又有"收获，心得"之义。如宋代王安石《游褒禅山记》云："古人之观于天地、山川、草木、虫鱼、鸟兽，往往有得。"由"德者，得也"及其有关解释看，德指"得到"。具体地讲，指个体将自己心中固有的德端发扬光大或将外在道德规范内化成自己的品德，同时又推及他人身上，使他人得到。说得明白点，只有既被个体内化同时又被个体外推到他人身上的"德"，才是个体的真德。从"德"的这种定义看，其中不但充盈着道德义务感和社会责任感，带有浓厚的儒学色彩，而且也是对"德"的"内在意义"或"内在价值"的确认；同时

也表明，至迟到东汉许慎撰写《说文解字》时，"惪"字虽仍在通行，但"惪"里蕴含的"直心为德"的原始义已基本上不被人们看重。在先前，本来"德"字有一种读音就读作"zhí"，通"直"，相应地，"惪"字上半部的"直"字也读作"zhí"，用的是"直"的本义和引申义；但是，当《说文》对"惪"作上述解释后，"惪"字上半部的"直"已不读作"zhí"，而读作"dé"（汉语大字典编辑委员会，2010，p.904），这时，反过来可以看作"直"通"得"。从现代德育心理学视角看，这主要是从"德"的内化和外化过程出发对"德"作出的界定。这表明，自秦汉之后至清代为止，多数学者都认为"德"既包含内化的过程也包含外化的过程。"内化"指个体将外在要求转变为内在需要的过程，所谓"内得于己，身心所自得也"，它强调的是一种个人的身心修养，认为一种道德规范只有被个体内化，使个体的整个身心都发生变化，才能真正变成个体的德性。"内化"里蕴含这样一种思想：个体一旦通过修德使自己在身、心等方面均有收获，就能让修德者在内心真正产生幸福感（内在强化）。"外化"指个体将内化形成的道德认知和道德信念等用一定的行为表现出来的过程，所谓"外得于人，谓惠泽使人得之也"，它强调的是修德者要处理好自己与他人的关系，主张已被个体内化的"德"，还需外推于他人（德行）并使他人也"得到"，从而不但使自己的道德修养获得外在的印证，也使自己的做人方式真正得到他人的认同，这有利于自己产生真正的归属感和自豪感（外在强化）。孔子对其学说的核心范畴"仁"的界定明确地体现了这种互惠道德观。《论语·雍也》记载：

> 子贡曰："如有博施于民而能济众，何如？可谓仁乎？"
>
> 子曰："何事于仁！必也圣乎！尧舜其犹病诸！夫仁者，己欲立而立人，己欲达而达人。能近取譬，可谓仁之方也已。"

可见，仁道的核心内容之一是：自己要站得住，同时也使别人站得住；自己要事事行得通，同时也使别人事事行得通。能够从眼前的事实选择例子一步步去做，可以说是实践仁道的重要方法。稍后出现的儒学"四书"之一《大学》的八条目正是儒家对这一过程的完整表述。这一观点可概括为德得论。此观点的核心内容是："内得于己，谓身心所自得也；外得于人，谓惠泽使人得之也。"（段玉裁语）稍加比较可知，"德"的这种定义相当于现代德育心理学中讲的"品德"一词的含义，而且其中蕴含明显的德福一致的思想；同时，从中国传统文化对"德"的这一界定中还可看出其中蕴含既利己也利人的互惠互利思想，中国文化对"品德"的这一界定与今天强调"人本"德育的思想是相通的，从而容易为人们所亲近和认同。

上述观点自提出后几乎得到人们的普遍认可。如玄学家王弼在《老子道德经注·三十八章》中对德的解释是：

> 德者，得也。常得而无丧，利而无害，故以德为名焉。何以得德？由乎道也。何以尽德？以无为用。以无为用，则莫不载也。……是以上德之人，唯道是用，不德其德，无执无用，故能有德而无不为。不求而得，不为而成，故虽有德而无德名也。下德求而得之，为而成之，则立善以治物，故德名有焉。求而得之，必有失焉；为而成之，必有败焉。

这一解释继承了"德者，得也"的思想，但又用道家无为有为的思想进行解释，从而将德分为"上德"与"下德"："上德"是"唯道是用，不德其德，无执无用，故能有德而无不为。不求而得，不为而成"的德；"下德"是"求而得之，为而成之"的德。三国时期魏国的张揖曾撰《广雅》一书，其中的《释诂三》也说："德，得也。"据《二程集·河南程氏遗书》卷第十五记载，程颐说："得之于心，谓之有德。"（程颢，程颐，2004，p.147）《朱子语类》卷第三十四则说："德，是行其道而有得于心。虽是有德于心而不失，然也须长长执守，放不失。如孝，行之已得，则固不至于不孝；若不执守，也有时解走作。"可见，在理学大家朱熹看来，"德"的含义是，心中得到"道"并保持而不丢失。当然，此处的"道"是指封建伦理纲常，这不言而喻。

也需要指出两点：一方面，先人虽多主张"德者，得也"，但其中的"得"主要不是指认识上的"得"，而是指践履上的"得"。如许慎在《说文解字·彳部·得》里说："得，行有所得也。"王夫之在《大学补传衍》里说："盖尝论之，何以谓之德？行焉而得之谓也。何以谓之善？处焉而宜之谓也。……不行胡得？不处胡宜？"认为只有通过道德践履而有得于心，才可谓之"德"。认识上的"得"则不是真得，不足为据。正如《颜元集·颜习斋先生年谱（卷上）·丁巳（一六七七）四十三岁》记载，颜元所说："吾谓德性以用而见其醇驳，口笔之醇者不足恃；学问以用而见其得失，口笔之得者不足恃。"受这种观念的影响，先人非常强调践履在德育中的作用，主张美德在践履，这一观点对于预防德育中出现的知行脱节现象有很好的效果，值得今人借鉴，同时也表明中国学者多追求行的真理或道德实践的真理。它之所以为真并不依靠客观现象的证验，而是在心与行的一致上。这与西方人所说的真理观是不一样的。因为西方人对"什么是真理"的解答方式主要有三种：自明的真理（如"整体大于部分"）；经由经验与观察，可以证实陈述的真假；大多数人所持的意见，可以看出它是有些可能是真的。在这三种观点里，又以第二种为主流，西方人所说的真理，一般是指科学的真理（韦政通，1988，pp.3-5）。另一方面，古人多主张只有既被个体内化同时又被个体外推到他人身上的"德"才是个体的真德，这样，在中国传统文化的主流里并没有像西方那样将生活世界分为世俗世界和意义世界，恰恰是主张修德要打通意义世界和世俗世界之间的界限。正如《四书章句集注·论语集注》卷四《述而第七》所说："道，则人伦日用之间所当行者是也。"其中蕴含丰富的"生活即德育"思想。于是，即便是做隐士，先哲也多主张"大隐隐于朝，中隐隐于市，小隐隐于野"。这一观点对于预防德育脱离生活实践的现象有良好的效果，同样值得今人借鉴。顺便说一句，有人认为：

> 我们为什么需要"德"？文化为什么要造就"德"？伦理的回答是："德"的建构，就是为了解决"得"的矛盾。"德"与"得"是内在于人类文明的文化矛盾。要生存就必须生活，要生活就必须具备物质资料。每个人都要获得生活的物质资料，这就是利益，亦即是"利"或"得"。不过，一旦人类由"文"而"明"，就发现了植根于本能的"得"的局限，于是便产生对于"德"的追求，也就开始了筑建"德"的大厦的历程。由此，在个体精神、文化体系以及社会生活中，生活世界就被一分为二，分解为世俗世界与意义世界，即"德"的世界与"得"的世界。也正是从这里开始，如何建立"德"的大厦，如何处理"德"与"得"的关系，成为人类文明永恒的文化难题。（樊浩，1997，pp.630-631）

将"德者，得也"中的"得"仅视作物质利益，认为中国先哲也像西方先哲一样，把生活世界一分为二，分解为世俗世界与意义世界，即德的世界与得的世界。根据上文的分析，这种观点值得商榷。

四、有关道德含义的小结

根据上文的分析可知，道德（morality）有广义和狭义之分。广义道德指一套依靠社会舆论、习俗制定与传承，并为传承此种社会舆论、习俗的人群所普遍认可的行为应当如何的规范（王海明，2008b，p.2），用以表征和传承某种或某套价值观，约束人的心理与行为，调节人与人之间以及人与其他万物之间的利益分配。包括道德意识、道德规范和道德实践。狭义道德是指在一切依靠社会舆论、习俗制定与传承，且用来调节人与人之间以及人与其他万物之间利益分配的规范中，凡是有益于增进绝大多数人（包括自己与他人）福祉，有益于仁爱、自由、平等、公正与法治社会和自然界健康生存与可持续性发展的规范，都是道德或道德的；反之，就是不道德或不道德的。广义道德包含狭义道德；广义道德无善恶之分，狭义道德均是善的。同时，广义道德实是人们通过约定俗成方式制定的一套契约。中文"道德"一词始见于《荀子·劝学》："故学至乎礼而止矣。夫是谓道德之极。"其中的"礼"是一套流行于当时（先秦时期）的习俗。正如《管子·心术上》所说："礼者，因人之情，缘义之理，而为之节文者也。故礼者，谓有理也。理也者，明分以谕义之意也。故礼出乎义，义出乎理，理因乎宜者也。"（黎翔凤，2004，p.770）据《朱子语类》卷第四十二记载，朱熹也说："所以礼谓之'天理之节文'者，盖天下皆有当然之理。今复礼，便是天理。但此理无形无影，故作此礼文，画出一个天理与人看，教有规矩可以凭据，故谓之'天理之节文'。"（黎靖德，1994b，p.1079）这是说，为了维护良好的社会秩序，以便达到和谐共存，人在与万物（其内自然也包含"人"，尤其是"他人"）相处时必须遵循一定的规矩，以便规范和约束自己的心理与行为。其中，抽象的规矩就是天理，将天理具体化，就是礼。因此，天理与礼的关系实是一里一表的关系，二者本息息相通。正因为如此，早在《左传·昭公二十五年》里就声称："夫礼，天之经也，地之义也，民之行也。"将"礼"的存在以及人们依礼而行视作天经地义的事情。人们一旦能正确做到以礼待人，不但能正确做到以人情待人，而且实是在以德待人。英文"morality"源于拉丁文"moralis"，意谓风俗、习惯、品性（陈至立，2019，p.776）。从"morality"本源于"moralis"的事实看，"morality"

之内本就有"习俗"或"道德习俗"的含义，只是后来人们才将"morality"与"moralis"分作二词使用，此时"mores"的含义有三：指群体或社会体现道德观的风俗与习惯；道德观念；风俗与习惯（陆谷孙，2007，p.1257）。可见，中英文的道德都有广义道德的含义。这种广义的道德正如休谟所说，无非是人们通过约定俗成方式制定的一套契约，因而具有主观任意性，具有优良与恶劣或正确与错误之分：符合上文所讲狭义道德定义的道德习俗，就是优良或正确的道德习俗；反之，就是恶劣或错误的道德习俗。例如，在中国古代曾有"女子无才便是德"与"三纲"等道德习俗或规范，用今天的眼光看就是一种错误的道德习俗或规范。世界其他地方也曾流行诸如此类的错误道德习俗或规范（王海明，2008b，p.2），以致达尔文（Charles Robert Darwin，1809—1882）曾感叹道："极为离奇怪诞的风俗和迷信，尽管与人类的真正福利和幸福完全背道而驰，却变得比什么都强大有力地通行于全世界。"（Darwin，1871，p.186）正由于广义道德是一个中性词，所以，为了避免歧义，在具体运用时，若无法从前后文中清晰推导出其准确含义，常在其前加一些修饰语（汪凤炎，郑红，2014，pp.217-220）。例如，《孝经·圣治章》有"凶德"一词（胡平生，1996，p.20），"凶德"指逆德、逆礼。孔传：昏乱无法为"凶德"（胡平生，1996，p.22）。

第三节　中国传统道德文化中的核心德目

德目，即道德或品德条目。它既是一定社会对道德文化发展过程中道德经验的概括，也是社会根据自身存在和发展的需要对个体品德所作的应然规定。其中反映了某种特定道德价值观对理想道德人格的追求，对个体的道德行为具有导向作用。从人类整体看，德目乃是对德性经验和德性期望的概括化反映，是人们进行道德思维的基本概念。它是人类道德生活的宝贵财富，是构成人类道德文化的"网结"。由于人们将无形的道德经验凝结成可被感知的符号范畴，所以德目对人类道德经验的传递和学习具有"抓手"的意义。人们心目中的德目不但类型有差异，数量有多寡，而且还有轻重之分。同时，列举德目的方式多种多样，概括起来，主要有三种：（1）枚举式，即根据某种或某几种逻辑罗列出相应德目。例如，亚里士多德在其著作中反复论述的德目有勇敢、节制、慷慨、大度、公正、明智、体谅、友爱、谨慎、真诚等。（2）核心—边缘式，即列出少量核心德目，认为其他德目居于次要位置。例如，孔子将"智、仁、勇"称为三达德，孟子根据他的四个"善端"提出仁、义、礼、智等。（3）源流式，即认定某个或者某几个为根源式德目，其他德目是由此在不同领域里和层次上的衍生德目。如儒家将"仁"看作德目的源泉，基督教视"爱"为根本德目，西方世俗文明以"公正"为根本德目（刘次林，2006）。

一、中国传统道德文化对核心德目的认识

如前文所论，在先秦时期，就道德规范而言，先是孔子倡导"二伦"（君君、臣臣、父父、子子），其内蕴含"二纲"的影子，随后孟子从孔子的"二伦"发展成"五伦"。"五伦"思想中的前"三伦"后发展成"三纲"。就德目而言，先秦儒、道、墨、法四家倡导的德目共有三十五种，将有些类似的德目合并后，如将"慈、兼爱、爱、惠"都合并至"仁"里，将"宽"合并至"恕"里，将"厚"合并至"忠"里，等等，最后共有二十八种：仁（慈、兼爱、爱、惠）、义（公）、礼、智、信、德、忠（厚）、恕（宽）、勇、孝、悌、正、直、卑（谦、让）、俭、廉、荣、耻（耻辱、辱、羞）、恭、敬、温、敏、慎、和、戒、忍、诚、中庸。自汉代至清代，儒家生活德育的内容保持超强的稳定性，其德育规范主要是"三纲五常"，其中"五常"（仁、义、礼、智、信）是主要德目，这与先秦时期儒家生活德育的内容有一定差异。

"三纲"指中国古代社会三种主要的道德关系。"三纲"观念发端于《韩非子·忠孝》，在董仲舒的《春秋繁露·基义》里已成雏形，在《白虎通义》里被明确提出。《白虎通义·三纲六纪》引纬书《含文嘉》说："三纲者，何谓也？谓君臣、父子、夫妇也。……故《含文嘉》曰：'君为臣纲，父为子纲，夫为妻纲。'"《白虎通义·三纲六纪》对"纲纪"一词有明确的界定："何谓纲纪？纲者，张也。纪者，理也。大者为纲，小者为纪。所以张理上下，整齐

人道也。人皆怀五常之性，有亲爱之心，是以纲纪为化，若罗网之有纪纲而万目张也。"可见，纲是提网的总绳，为纲是居于主要或支配地位之义。中国古人为什么要将"父子有亲，君臣有义，夫妇有别"变成"君为臣纲，父为子纲，夫为妻纲"？个中缘由贺麟讲得颇有见地：先秦时期一些有识之士倡导的"父子有亲，君臣有义，夫妇有别"，反映的本是自然的、社会的、相对的关系，君君、臣臣、父父、子子、夫夫、妇妇。如果君不君，则臣不臣；父不父，则子不子；夫不夫，则妇不妇。"臣不臣"或"子不子"中的"不"有"应不"与"是不"两层含义。这意味着，如果君不尽君道，则臣自然就会（是）不尽臣道，也应该不尽臣道。按孟子的主张，臣子无理杀死国君叫"弑"，故"弑"有贬义；合乎正义地讨杀罪犯叫"诛"，故"诛"有褒义。所以，一旦国君破坏仁爱与道义，变成独夫，自然该杀（杨伯峻，2005，p.42）。因此，《孟子·离娄下》记载："孟子告齐宣王曰：'君之视臣如手足，则臣视君如腹心；君之视臣如犬马，则臣视君如国人；君之视臣如土芥，则臣视君如寇仇。'"父子、夫妻关系也是如此。依此逻辑推理，如果社会上常有妄为之君、之父、之夫，则臣诛君、子不向父行孝、妇不为夫尽妇道，也就合情合理合法了。在民主、法治建设均不完善的古代，若如此，则必然导致人伦关系、社会基础均不稳定，变乱便可能随时发生，这不利于政权和社会的稳定。"三纲说"便是补救相对关系的不稳定，将君、父、夫这端固定下来，进而要求臣、子、妇绝对遵守其职责，实行单方面的爱，履行单方面的义务，以免陷入相对的循环报复、讨价还价的不稳定关系之中。也就是，不论国君的表现是好是坏，做臣子的都要绝对向国君尽忠；不论父母的表现是好是坏，作子女的都要绝对向父母尽孝；不论丈夫的表现是好是坏，作妻子的都要绝对为丈夫守贞（贺麟，1988，pp.58-59）。"三纲"观念既如此不合理，为什么能够长期深入人心呢？这是因为"三纲"观念有利于政权与社会的稳定，为了让"三纲说"在社会上得到贯彻落实，自汉代至清代一直推行三个配套措施：以国家政权为后盾（谁不服从便要杀谁，甚至杀其全家，或灭其九族甚至十族），向民众鼓吹愚忠，结果，"君为臣纲"便成为做臣子必须遵守的规范；以亲情为依托，向子女鼓吹愚孝，将亲子关系甚至整个家庭、家族成员的命运绑在了一起，结果，"父为子纲"便成为做子女的必须遵守的规范；受"男主外，女主内"和"女子无才便是德"这两个金箍的制约，使得女子的才华未得到及时开发，绝大多数女子便因无在外独立谋生的本领和缺少独立人格而成为丈夫的附庸，身为人妻者只能指望通过"夫贵妻荣"的方式获得政治地位与社会地位，这强化了女子对丈夫的依赖，结果，"夫为妻纲"便成为做人妻者必须遵守的规范。"三纲"思想深入人心后必然会产生如下结果："君为臣纲"，则身为人臣者的精神与肉体必依附于为君者，且要时刻将皇帝的喜怒哀乐放在自己心中，做到逗皇帝开心、为皇帝分忧解愁，所以，在皇帝面前，所有臣子都易沦为压抑型甚至奴化型自我，除非出现像司马昭那样权大欺主的权臣；同理，"父为子纲"，则身为人子者的精神与肉体必依附于为父者，在父母面前，几乎所有子女（包括像同治皇帝之类有皇帝之名却无皇帝之实的皇帝）都易沦为压抑型乃至奴化型自我，除非子女当上皇帝且皇权在手（如唐太宗李世民）或出现忤逆的不孝儿孙；"夫为妻纲"，则身为人妻者的精神与肉体必依附于为夫者，在丈夫面前，所有妻妾都易沦为压抑型乃至奴化型自我，除非她能降得住自己的丈夫。"妇女半边天"，这实际上使得占总人口一半左右的女子养成压抑型乃至奴化型自我。"三纲"观念既受到长时间的推崇，普天下之人莫不为人臣、为人子、为人妻。结果，自秦汉至清代，偌大的中国，通常只有皇帝一人有独立人格，其余人基本上都是压抑型甚至奴化型自我。

二、中国传统道德文化中核心德目的现代诠释

先秦时期的德目多达二十八种，有些德目重叠或交叉。自汉代至清代，"五常"（仁、义、礼、智、信）成为主要德目。用今天的眼光看，"礼"主要是礼仪，"智"通常不列入德目。今人如何从中国传统道德文化中挑选既有深厚文化底蕴又吻合时代精神的核心德目呢？要回答这个问题，先要知晓道德基础理论（moral foundations theory）。道德基础理论由美国社会心理学家海特（Jonathan Haidt）和格雷厄姆（Jesse Graham）2007年提出（Haidt & Graham, 2007），于2011年加以完善（Graham et al., 2011）。根据道德基础理论，人类普遍存在伤害 / 关爱（harm/care）、公平 / 互惠（fairness/reciprocity）、内群体 / 忠诚（ingroup/loyalty）、权威 / 尊重（authority/respect）、纯洁 / 圣洁（purity/

sanctity）这五种道德基础，它们是人类共有的道德意识，人类行为的道德性都可归类于其中的某一种。道德基础理论系统论述了道德的先天性、可塑性、直觉性和多元性特征，有助于人们全面考察道德内容，深入理解道德形式，发现和解释不同文化中的道德差异（Haidt，2007；Haidt & Graham，2007；Graham et al.，2011）。从道德基础理论的角度看，相对于西方传统道德文化，中国传统道德文化更重视关爱（仁爱）、内群体、忠诚与权威。同时，要确定筛选核心德目的四个原则：（1）人性化原则。它指德目必须吻合人性、体现人性、维护人性和发展人性，不能违背人性。德目违背人性的做法主要有二：确定的德目超越人性，即用神性取代人性；确定的德目反人性，即用兽性取代人性。人之所以为人，是因为人的本性是人性，而不是神性或兽性。（2）独特性原则。它指德目本身具有独特属性，能凭此将自身与其他德目明显区分开来。（3）经济性原则。它体现在确定德目时要坚持以较少的德目数量、较少的德目层次达到最佳的德目呈现或表达效果。（4）本土性和国际性相结合原则。它指在确定德目时，既要体现本土文化意识、本土文化特质、本土文化创造的精神，又要体现开放性、与时俱进性和国际性精神。综合考虑这四个原则，从良好品德或积极道德品质角度看，中国传统道德文化中蕴含的核心德目主要有敬畏、节制、责任、诚信、公平与公正、仁爱六种（Zhang et al.，2023）。犹如用三原色就能搭配出五彩世界，从这六种美德中能生成人类社会所有美好的德性。

（一）敬畏

敬畏，亦称敬畏感，是人类因自身生存基础的有限性，而对浩瀚的对象以及超越当前理解范围的神圣性对象产生的既敬且畏的一种复合性情感。敬畏包含两个核心要素：浩瀚（vastness）和顺应（accommodation）。"浩瀚"既可以是物理意义上的巨大，如浩瀚的大海、巍峨的高山等，也可以是任何被体验到比自我大得多的东西，如巨大声誉、大权威等；"顺应"一词来自皮亚杰的发生认识论，在这里是指，当个体面对广阔、浩大的对象或神圣性对象时，既敬又畏的情感激发个体抛弃原先理解世界的参照框架（the elicitor transcends one's current frame of reference for understanding the world）（Bai et al.，2017），改用新的认知架构去理解世界（Prade & Saroglou，2016；Stellar et al.，2018）。敬畏有特定的对象，或是宗教信仰中的神，或是人们崇敬的道德律令、万物生命、风俗习惯、文化传统等。这些对象具有崇高的价值，人们因其崇高而敬，因敬其崇高而畏。敬畏是积极的，只有对崇高价值的敬畏才会产生维护崇高价值的使命感和责任心。其本质是对自然和人生终极问题的自觉关切，并由此形成主体自觉的反思、自律和对人生境界的提升（陈至立，2019，p.2238）。

先哲认识到，个体和群体一旦缺少敬畏之心，便会因不敬畏真理，导致无知；因不敬畏良法，导致无畏或无法；因不敬畏天理，导致无德或无良（"天理"可内化为人的良心，故"无良"即"没有良心"之义）。个体和群体一旦无知、无法、无德，必无情、无耻且贪得无厌，而且此类人的无情可以做到残酷无情、六亲不认，其无耻无下限，贪婪无上限。例如，历史上一些只崇拜权力的人，为了获得权力或为了得到上级的认可以便能保住自己手中的权力，常常可以做到残酷无情、六亲不认，其无耻可以无下限，其贪婪可以无上限（汪凤炎，2019a，pp.396-397）。为此，中国传统文化一向强调敬畏的积极价值，重视敬畏感教育。据《论语·季氏》记载，孔子说："君子有三畏：畏天命，畏大人，畏圣人之言。小人不知天命而不畏也，狎大人，侮圣人之言。"虽然孔子主张的这三畏有盲信之嫌，但是它们对提高个体的敬畏心、自制力和亲社会行为等均有一定益处。《庄子·大宗师》说"天与人不相胜也"，故必须对自然保持敬畏。

（二）节制

节制，也叫节制力，是指个体对自己的认知、情绪情感、需要和行为进行有效调节与控制，使其以适度方式表现出来的一种心理素质。节制的关键是自我控制（self-control），俗称自律。犹如"一月摄万月"，节制也有很多表现形式。例如，节制体现在情绪上就是节情，体现在欲望上就是节欲，体现在对待财物的态度上就是节俭或节约，体现在待人处世上就是有分寸，等等。同时，像其他万事万物一样，节制或节制力也有一定的层次。依抵制诱惑力难度的大小，可以将节制或节制力分成低、中、高等不同层次或水平。

贪欲包括贪权、贪财（如贪钱、贪小便宜等）、贪名（包括虚荣心、争强好胜心与好为人师心等）、贪色、贪生、贪吃等。这个世界太精彩，但精彩太多，诱惑也太多，经不住诱惑，极易让人产生贪欲或贪念，进而犯浑，犯下不善节制式愚蠢，这往往是坠入人生深渊的第一步。所以，《老子》劝人节制，《老子·十二章》说："五色令人目盲，五音令人耳聋，五味令人口爽，驰骋畋猎令人心发狂，难得之货令人行妨。是以圣人之治也，为腹不为目，故去彼取此。"《孟子·尽心下》首倡："养心莫善于寡欲。"《荀子·正名》说："故虽为守门，欲不可去，性之具也。虽为天子，欲不可尽。欲虽不可尽，可以近尽也；欲虽不可去，求可节也。所欲虽不可尽，求者犹近尽；欲虽不可去，所求不得，虑者欲节求也。道者，进则近尽，退则节求，天下莫之若也。"如何培育节制力？除了上文所讲的"保持敬畏之心"和下文讲的"数豆节制恶念恶行、增加善念善行法"外，古人还讲了远离诱惑、提高做人境界两种方法。

尽量让自己远离诱惑，这是最易做到的一种有效抵御或戒除贪欲的方法。因为绝大多数人抵御诱惑的能力常常既有限又很脆弱，一个人一旦面对诱惑，原本平静、安宁、清澈的心灵就易起波澜，乃至让自己最终迷失心智，作出愚蠢的决定或行动。所以，战胜诱惑最有把握的办法便是让自己远离诱惑。只有让自己远离诱惑，才能让自己坚守心灵的一方净土，凝神专注，涵养自己的心性（陈洪娟，2010）。《老子·四十四章》曾语重心长地劝诫人们："名与身孰亲？身与货孰多？得与亡孰病？甚爱必大费，多藏必厚亡。故知足不辱，知止不殆，可以长久。"受此启发，《淮南子·主术训》主张："是故非澹薄无以明德，非宁静无以致远。"诸葛亮在《诫子书》里几乎完全照录："非淡泊无以明志，非宁静无以致远。"怎样才能远离诱惑呢？具体做法是做到"四勿"。个体在面临诱惑时，若能时刻认真体会并身体力行孔子主张的"非礼勿视，非礼勿听，非礼勿言，非礼勿动"等"四勿"（语出《论语·颜渊》），往往是一种有效抵御或戒除贪欲的方法。当然，正如本书第九章第二节所论，孔子的非礼勿视、勿听、勿言、勿动，只有像王安石那样理解，才能正确把握其实质，若简单地将之教条化，就会成为吃人的礼教，束缚人的心灵。

反省人生的真正意义或价值，提升做人境界，是提升节制力的有效方法。很多人之所以心中存有大量贪欲，一个重要心因是未能正确理解人生的真正意义或真正价值，错误地将外在财富、权力、地位、虚荣、长寿等视作人生的全部意义，却不知这些东西只是实现人生意义的手段，它们至多只是人生的部分意义，却不是人生意义的全部，甚至不是人生的主要意义。个体一旦真正洞察人生的意义或价值，树立起正确的人生观，往往更易有效抵御或戒除贪欲。那么，人生的真正意义或价值到底是什么呢？对于此问题，中国古人有一个公认的答案，它出自《左传·襄公二十四年》："豹闻之：'大上有立德，其次有立功，其次有立言。'虽久不废，此之谓不朽。"既然每个人的最终价值或其存在的终极意义都是由其对人类文明的贡献度大小来衡量，而不是由其掌握的权力大小或在世时的风光度大小来衡量，这样，一个人若真能认清人生的真正意义或价值，就能明白一个简单道理：除非自己在世时做了一点有益于人类文明的事情或说了一点有益于人类文明的名言警句，否则，无论生前风光与否，死后迟早都会被人遗忘。

（三）责任

责任或责任心是指在一个肩负某种角色的人身上展现出来的一种尽力将自己分内事做好的重要品质。个体一旦拥有此重要品质，便能知晓自己所扮演角色的分内事或义务，并努力去做自己所扮演角色的分内事；若没有做好自己所扮演角色的分内事，知道承担相应的后果。其中，按义务行为的表现方式，可将义务分为积极义务和消极义务。积极义务是由命令性规则规定的、人们必须或者应当作出某种行为的规则。如，公民须依法纳税。消极义务又叫不作为义务，是禁止性规则规定的禁止人们作出一定的行为。如，不得以非法理由侵犯公民的通信自由。按义务相应权利人的范围，可将义务分为绝对义务和相对义务（陈至立，2019，p.5222）。绝对义务是指对一般人承担的义务。如不得侵害法律保护的任何公民的基本权利等（陈至立，2019，p.2293）。可见，绝对义务是指凡公民都须承担的、不附带任何条件的义务。它具有四个特点：全体性，即只要是公民都须承担；不可选择性，即任何公民都须履行；持久性，即每个公民每时每刻都要承担，无间歇性；无条件性，即公民须无条件地履行此类义务，不能找任何借口拒绝履行此类义务。相对义务是指对特定的某人或某些人承担的义务。如债务人对债权人承担的清偿债务的义务等（陈至立，2019，p.4802）。

中国先哲提倡做人要尽力履行自己的责任。前文所述孔子在《论语·颜渊》所说的"君君，臣臣，父父，子子"、孟子所说的"五伦"以及自汉武帝之后至清朝能行"三纲五常"，都是在讲不同角色的人应尽的责任。而且，在探讨责任时，中国传统道德文化有两个精义：一是，倡导个体要持久地、自觉地身体力行"以天下为己任"的做人格言，才能使自己尽快成长为有高水平责任心的人。正如陆九渊所说："宇宙内事，是己分内事。己分内事，是宇宙内事。"（陆九渊，1980，p.273）又如明代东林党领袖顾宪成所撰的名联"风声雨声读书声声声入耳，家事国事天下事事事关心"；明末清初思想家顾炎武所说的"保天下者，匹夫之贱，与有责焉耳矣"（"天下兴亡，匹夫有责"）。二是，主张个体在履行责任时须以良知为本色，进而区分乱命和治命。乱命指人在神志不清或处于非理性状态时发出的命令（陈至立，2019，p.2840）。与之相对的是治命。治命指人在神志清醒或处于理性状态时发出的命令（杨伯峻，1990，p.764）。它们最早均出自《左传·宣公十五年》：

> 秋七月，秦桓公伐晋，次于辅氏。壬午，晋侯治兵于稷，以略狄土，立黎侯而还。及洛，魏颗败秦师于辅氏，获杜回，秦之力人也。
>
> 初，魏武子有嬖妾，无子。武子疾，命颗（武子之子，引者注）曰："必嫁是。"疾病，则曰："必以为殉！"及卒，颗嫁之，曰："疾病则乱，吾从其治也。"及辅氏之役，颗见老人结草以亢杜回。杜回踬而颠，故获之。夜梦之曰："余，而（同'尔'，引者注）所嫁妇人之父也。尔用先人之治命，余是以报。"

这是说，一个真正有道德的人，在履行自己的职责时，一定是以良知为本色，进而区分治命和乱命，只执行上级或长辈的治命，对于上级或长辈发出的乱命，或要勇敢地明确予以拒绝，或要委婉劝其撤回，或灵活予以应对。明知上级或长辈下达的是乱命，仍借"执行任务"之名，坚决且不打折扣地予以执行，那就犯下"平庸之恶"了。可见，个体要做到仅执行上级或长辈下达的治命，不执行上级或长辈下达的乱命，除了要有良好的是非之心以便及时鉴别治命和乱命外，还要有勇敢的品质。

在汲取上述两个精义的基础上，还宜将每个岗位的责任明晰化，让每个岗位的个体承担有限的责任，而不是无限的责任，就能妥善化解名义上是无限责任而实质上却是在想方设法推卸责任或逃避责任的矛盾。

（四）诚信

据《论语·颜渊》记载，孔子说："民无信不立。"《贞观政要·诚信第十七》也说："夫君能尽礼，臣得竭忠，必在于内外无私，上下相信。上不信则无以使下，下不信则无以事上，信之为道大矣。"《二程集·河南程氏遗书》卷第二十五说："学者不可以不诚，不诚无以为善，不诚无以为君子。修学不以诚，则学杂；为事不以诚，则事败；自谋不以诚，则是欺其心而自弃其忠；与人不以诚，则是丧其德而增人之怨。"（程颢，程颐，2004，p.326）在当代中国，诚信是社会主义核心价值观之一，由此可知诚既是德、善的基础和根本，也是一切事业得以成功的保证。

何谓"诚"？"诚"起初写作"諴"，可见它是形声字。"诚"有三种重要含义：（1）诚的本义是真实无妄或真心诚意，故有"真心诚意"、"真实"等含义，这种含义虽直接出自朱熹，却源自子思。朱熹在《四书章句集注·中庸章句》中的注是："诚者，真实无妄之谓，天理之本然也。诚之者，未能真实无妄，而欲其真实无妄之谓，人事之当然也。"这种意义上的"诚"与"忠"类似。朱熹在《四书章句集注·论语·学而》中对"忠"的注是："尽己之谓忠。"故有"忠诚"一词。（2）指诚实；无欺。这是《说文·言部》的看法《说文·言部》对"诚"的解释是："诚，信也。从言，成声。"孔颖达疏："诚，谓诚实也。"可见，"诚"是形声字，这种意义上的"诚"与"以实之谓信"的"信"类似，故有"诚信"一词。（3）恭敬。《广雅·释诂一》："诚，敬也。"即恭敬待人。它在《论语》里已有多处记载。例如，《论语·季氏》记载："孔子曰：'君子有九思：……貌思恭……'"什么是"信"？《说文解字·言部》说："信，诚也。从人，从言，会意。""信"从人从言，指说话算数、言行一致。从字义上看，信有"诚实；不欺"、"确实；的确"、"相信；信任"、"信仰；信奉"、"证实；应验"等含义（汉语大字典编辑委员会，2010，p.200）。《二程集·河南程氏遗书》卷第二十五说："学贵信，信在诚。诚则信矣，信则诚矣。不信不立，不诚不行。"（程颢，程颐，2004，p.318）朱熹在《四书章句集注·论语集注卷一·学而第一》中对"信"的注是："以实之谓信。"可见，在古汉语里，作"诚实；不欺"之义解释时，"诚"与"信"几乎同义，诚、信互训（汉语大字典编辑委员会，2010，p.200，p.4222），故连用构成一个并列结构的合成词，这是从文字学角度对"诚信"连用的一种解释。张载在《正蒙·天道篇》里说："诚故信。"这是对"诚信"连用的另一种解释，这种解释更契合心理学原理：待人做事一旦真心诚意，自然能守信。"诚信"一词最早见于战国时期齐稷下学者托名管仲所作、其中也有汉代附益部分（陈至立，2019，p.1469）的《管子·枢言》："先王贵诚信。诚信者，天下之结也。"其义是："信诚者，所以结固天下之心也。"（黎翔凤，2004，p.246）诚信包括诚实和守信两方面：诚实是指个体按自己内心的真实想法去行动；守信是指个体努力兑现自己对他人作出的承诺。当然，若细分，"诚"与"信"有两个重要区别：（1）"诚"与"信"有"内外之别"。"诚"说到底是指个体内心的一种"真实无妄"的状态，是一种内在的道德律令，除个体自己对它心知肚明外，外人常很难从个体的言行里去推知其诚的程度高低，故有"知人知面不知心"的说法；而从字形上看，"信"从"人"从"言"，表明"信"是一种外在的道德规律，外人更容易从一个人的言与行里推导其守信的程度。（2）"诚"与"信"在儒家伦理道德谱系上的地位不同。自《中庸》开始，儒家多将"诚"视作极重要的道德规则，这从《中庸》里"诚者，天之道也；诚之者，人之道也"一语就可见一斑。"信"在儒家伦理道德谱系里的地位则要次要一些。必须指出，美国特拉华大学莱纳商学院管理学教授贝克尔（Thomas E. Becker）从道德客观主义（objectivism）的立场指出，诚信指对理性原则和价值观的忠诚（integrity refers to loyalty to rational principles and values）（Becker，1998）。若作此理解，则诚信是一种合乎道义的德性，否则，诚信仅是一个中性的德性：当个体出于善的动机而展现诚信，而且其展现诚信后能产生善的结果，它就是善的；反之，当个体出于恶的动机而展现诚信，而且其展现诚信后却产生恶的结果，它就是恶的；当个体介于这二者之间展现诚信时，其诚信的善恶要具体问题具体分析。作为一种美德，诚实是指个体按自己内心的真实想法去行动，而且其行动结果不损害甚至能提升他人或他人和自我的正当权益；守信是指个体努力兑现自己对他人作出的承诺，而且这样做时不损害甚至能提升他人或他人和自我的正当权益。至于诚与信的关系：

诚为里、为本，信为表、为末；有诚一定有信，但有信不一定有诚（汪凤炎，2023a）。

论信，绕不过的一个人是孔子。孔子在信上至少有四大贡献，如果采用冯友兰所说的"抽象继承法"（冯友兰，1957a，1957b），孔子对待信的态度至今仍未过时。第一，孔子将原本处理人与神之间关系的信，拓展为调节人与人之间正常交往的一条基本道德准则。《左传·桓公六年》："季梁止之曰：'……所谓道，忠于民而信于神也。上思利民，忠也；祝史正辞，信也。'""忠"的观念产生于春秋初期。这里，大夫季梁论及忠与信，是关于忠的最早解说。季梁也提出了"道"的概念，这不是哲学概念，而是政治概念。道就是忠信。忠的对象是民，信的对象是神（曲德来，2005）。鲁桓公六年是公元前706年（杨伯峻，1990，p.108），由此可见，在孔子之前，信是用来处理人与神之间关系的规范。《论语》里有大量倡导做人必须"讲信"、"守信"的言论。在《论语·学而》中，孔子说："君子不重，则不威；学则不固。主忠信。无友不知己者。过，则勿惮改。"《论语·为政》记载："子贡问君子。子曰：'先行其言而后从之。'"可见，在孔子看来，"待人以信"是指待人接物要做到说话算数、言行一致。如果一个人能够做到言行一致，就是在做君子；相应地，衡量一个人是不是君子的标准是，用其行配其言，言行相符，便是君子。从这些言论可以看出，孔子明确地将信作为正人君子的一种重要品质。受孔子这一观点的深刻影响，谚语也说："君子一言，驷马难追。"与此相反，小人待人往往出尔反尔，言而无信。第二，孔子确立信是治国安邦的重要原则之一。《论语·颜渊》："子贡问政。子曰：'足食，足兵，民信之矣。'子贡曰：'必不得已而去，于斯三者何先？'曰：'去兵。'子贡曰：'必不得已而去，于斯二者何先？'曰：'去食。自古皆有死，民无信不立。'"可见，在孔子心中，取信于民是治国安邦的一个重要因素，比足食、足兵还重要。上至国君下至普通官吏，一旦失去民众的信赖，统治的根基就不稳定，这样的统治就不可能长久。第三，孔子将信作为道德教育的重要内容之一。《论语·述而》记载："子以四教：文，行，忠，信。"如上文所论，"忠"有"诚"之义，由此可见，孔子在教育中对诚信的重视。第四，让"信"服从"仁义"。孔子极力推崇中庸德性，又重仁与义，而中庸和义都含有"时中"的思想，这样，孔子并不将"信"看作绝对的、无条件的，而是认为做人要懂得变通，让守信服从讲仁义，仁义是最高的道德准则。在守信与讲仁义不可兼得的情况下，提倡牺牲信而成就仁义。如果一个人不分青红皂白地只顾自己要信守诺言，那就是小人，是末等的士。孔子与子贡的对话明确体现了这种思想。《论语·子路》中，"子贡问曰：'何如斯可谓之士矣？'子曰：'行己有耻，使于四方，不辱君命，可谓士矣。'曰：'敢问其次。'曰：'宗族称孝焉，乡党称弟焉。'曰：'敢问其次。'曰：'言必信，行必果，硁硁然小人哉！——抑亦可以为次矣。'"由此可见，在孔子倡导的伦理道德谱系中，诸德目有一定的次序。结合《论语》中其他言论及儒学常被人称作仁学的事实来看，孔子将仁放在其伦理道德谱系的首位，信的位置要低许多，不但排在仁、义、礼、智四德目之后，与耻和孝相比，地位也要低一些。孔子的这一观点与其弟子有子"信近于义"的观点有明显区别。《论语·学而》记载："有子曰：'信近于义，言可复也。恭近于礼，远耻辱也。因不失其亲，亦可宗也。'"当然，如果像杨伯峻（1980，p.8）那样将这段话译成"所守的约言符合义，说的话就能兑现"，那么，有子的"信近于义"就与孔子有关信的观点没有太大的区别。此外，孔子在《论语·卫灵公》中说："君子贞而不谅。"在孔子看来，信有大信与小信之分，君子讲大信，不必讲小信（杨伯峻，1980，p.170）。这样，从能否守信和如何守信的角度看，就有两种类型的小人：一种是平日说话习惯于信口雌黄、出尔反尔、言而无信者。正如《增广贤文》所说："易涨易退山溪水，易反易覆小人心。"另一种是过于迷信守信，甚至即便牺牲仁义也要守信者。如《庄子·盗跖》中所讲的尾生不能做到具体情况具体分析，结果连性命也无谓地丢掉了："尾生与女子期于梁下，女子不来，水至不去，抱梁柱而死。"（陈鼓应，2009b，p.828）《史记》中也引用了这个著名故事："信如尾生，与女子期于梁下，女子不来，水至不去，抱柱而死。"（司马迁，2005，p.1787）诚如《庄子·盗跖》所说："尾生溺死，信之患也。"（陈鼓应，2009b，p.841）深得孔子思想精义的孟子继承孔子的"信要服从仁与义，仁与义为更高的原则"，在做人过程中不能死守信，而要做到具体问题具体分析，并善于变通。如，孟子在《离娄下》里说："大人者，言不必信，行不必果，惟义所在。"认为一个德行高深的人说话不一定要句句算数，行为不一定要全都贯彻始终，只要心中有义在，凡事依义而行即可。这表明孟子对言与行之间关系的认识颇为辩证，突出了主体自觉在道德修养中的作用，显得颇为灵活。孟子"舍信取义"的这些观点在中国传统文化中影响甚大，对后世学者尤其是陆王心学产生了深远影响。这些观点至今仍有较强的现实意义。它告诉人们，在通常情况下，做人不可背信弃义，但是，当守信与维护道义发生矛盾时，为了维护道义，必须放弃守信，绝不可以信害仁或义。可见，诚信仅是一个中性的德性，在自我道德修养过程中，要具体问题具体分析，不能死守"言行一致"或"言出必行"的格条，否则，一旦出现愚信，就有违背道义的隐患，如对坏人也以诚信相待，为坏人信守承诺，忠实地履行坏人的命令或要求等（汪凤炎，郑红，2022，pp.338-343；汪凤炎，2023a）。

（五）公平与公正

在中国先哲眼中，当"义"作为一个待人处世的法则时，其含义主要有五：（1）品德的根本，伦理的原则。《孟子·公孙丑上》："其为气也，配义与道。"赵岐注："义谓仁义，可以立德之本也。"《礼记·祭统》："夫义者所以济志也，诸德之发也。"（2）平，公正。《管子·水地》："唯无不流，至平而止，义也。"《孔子家语·执辔》："以之道则国治，以之德则国安，以之仁则国和，以之圣则国平，以之礼则国安，以之义则国义。"王肃注："义，平也，刑罚当罪则国平。"（3）适宜。《释名·释言语》："义，宜也。裁制事物使合宜也。"（4）正当；正派。《易·系辞下》："理财、正辞、禁民为非曰义。"《荀子·大略》："义，理也，故行。"（5）行为超出常人的；有正义感的。如义士。（汉语大字典编辑委员会，2010，p.3339）由此可见，除了作为"品德的根本，伦理的原则"、"适宜"、"正当；正派"和"行为超出常人的；有正义感的"外，就其作为德目看，主要包括两个重要内容：公平与公正。

公平，在汉语语境中，是指个体或组织按同一原则和标准对待相同情况的人和事。类似于俗话说的"一视同仁"、"一刀切"或"一碗水端平。"（夏征农，2002，pp.543-544）典型的中式公平的定义在1999年版《辞海》里还有，可惜的是，在2009年版和2019年版《辞海》里已被删除。为了尽到"为往圣继绝学"（张载语）的义务，本书继续采用1999年版《辞海》对公平的定义。依公平的定义，假若一个人或一个组织能够做到按同一原则和标准对待相同情况的人和事，那么，此个人或组织就做到"公平"待人处事。对于"公平"（fairness）的重要性，孔子有一段名言："丘也闻有国有家者，不患寡（当作贫，引者注）而患不均，不患贫（当作寡，引者注）而患不安。盖均无贫，和无寡，安无倾。夫如是，故远人不服，则修文德以来之。既来之，则安之。"（杨伯峻，1980，p.172）这段话的大意是：身为一个诸侯或大夫，不必着急财富不多，只须着急财富不均；不必着急人民太少，只须着急境内不安。若是财富平均，便无所谓贫穷；境内和平团结，便不会觉得人少；境内平安，便不会倾危。做到这样，远方的人还不归服，便再修仁义礼乐的政教来招致他们。他们来了，就得使他们安心（杨伯峻，1980，p.173）。可惜，孔子的上述真知灼见并未为后世广大中国人尤其是掌握权力的各级官员所认可。结果，中国历史上存在大量不公平的现象。"礼不下庶人，刑不上大夫"就是典型实例。

公正（或正义）虽然是日常生活里常用的概念（夏征农，陈至立，2010，p.598），却不容易界定它。结合儒家有关义的论述，再妥善借鉴罗尔斯（John Bordley Rawls，1921—2002）对公正的见解，可以将公正作两种界定：仅从冷冰冰的纯粹理性（无涉善情）角度出发，主张一个人或组织在"成本或付出"与"所得"之间完全取得平衡就是公正。这种公正为低水平的公正，它遵循"等利交换或等害交换"原则或罗尔斯所说的"公民自由平等的原则"。稍加比较可知，低水平的公正实即公平。若从融会善情与理性两种角度出发，公正是指基于关爱个体或组织并充分考虑不同个体或组织的个别差异的前提下，制定合理原则，以保证个体或组织在"成本或付出"与"所得"之间的关系正当、合理，用以促进个体或组织能健康与可持续性发展。

儒家讲"义"，而且是从两个层面上讲义，这两种用法的"义"在中国传统文化中都有清晰的传承线索：一是，将仁、义、礼、智并举，此时的"义"显然仅是德的一种，类似于亚里士多德说的"特殊的公正"（张洪高，2011）。例如，《周易·说卦》说："昔者圣人之作《易》也，将以顺性命之理，是以立天之道曰阴与阳，立地之道曰柔与刚，立人之道曰仁与义。"孟子也是仁、义、礼、智并举。法家《管子》讲"礼、义、廉、耻"，也是将义视作德的一种。后与"礼"、"智"、"信"合在一起，称为"五常"。二是，与"仁"类似，将"义"视作全德。例如，《论语·里仁》记载："子曰：'君子之于天下也，无适也，无莫也，义之与比。'"在孔子的思想体系中，"仁"和"义"虽是人行为的最高准则，但都是普遍性原则。荀子在《王制》篇里说："水火有气而无生，草木有生而无知，禽兽有知而无义，人有气、有生、有知亦且有义，故最为天下贵也。"这种用法里的"义"实是"善"的代名词，类似于亚里士多德说的"普遍的公正"（张洪高，2011）。而且，"正义"一词语出《荀子·正名》："正利而为谓之事，正义而为谓之行。"墨家更是特别重义。据《墨子·贵义》记载，墨子说："万事莫贵于义。今谓人曰：'予子冠履，而断子之手足，子为之乎？'必不为。何故？则冠履不若手足之贵也。又曰：'予子天下而杀子之身，子为之乎？'必不为。何故？则天下不若身之贵也。争一言以相杀，是贵义于其身也。故曰：万事莫贵于义也。"从"万事莫贵于义"一语看，墨家所讲的"义"里已有正义或公正为百德之王的潜在意蕴。此思想后为《淮南子》所继承。《淮南子·泰族训》说："身贵于天下也。死君亲之难，视死若归，义重于身也。天下，大利也，比之身则小；身之重也，比之义则轻；义，所全也。《诗》曰：'恺悌君子，求福不回。'言以信义为准绳也。"这里面均或隐或显地存在"主张'义'或'公正'是百德之王的思想"（亚里士多德，2003，p.ix）。可惜的是，这种思想在其后中国传统文化中并没有得到发扬光大，结果，随着墨学在秦汉以后的中绝，墨家"万事莫贵于义"的思想逐渐退出中国传统文化的主流视域，而仅为民间讲侠义的百姓所尊崇。不过，如前文所论，中国传统伦理道德文化的主流自董仲舒于元光元年（公元前134年）提出的"推明孔氏，抑黜百家"的建议被汉武帝采纳后，启动了儒学走向至尊的历史车轮，并最终完成了以儒学取代黄老学说作为国家政治指导思想的历史性转换。从此，确立了儒家思想的正统与主导地位，儒学由先秦的诸子百家之一一跃而成为"唯我独尊"的经学，而且成为中国古代社会文化的正统官方哲学，被华夏大地普遍接受和认可，成为华夏社会的主流意识形态。这样，一直至清代灭亡为止，中国传统道德文化都是重视情感伦理，强调"美德即仁爱"，反映在德目上，重视仁爱和孝敬之类情感德性的研究。结果，自先秦至清代，公正一直未能成为中国伦理道德文化的视域焦点。

（六）仁爱

根据《汉语大字典》（第二版）对"仁"字列出了九种字形变化（汉语大字典编辑委员会，2010，p.138）可知，至今未见甲骨文"仁"字，只有金文"𣎴（仁）"字，它出现在战国时期中山国王所作铜鼎的铭文中，此中山王鼎于 1974 年出土于河北省平山中山王墓中（河北省文物管理处，1979）。这是金文中迄今所见唯一的一个"仁"字，其时已是战国中期（白奚，2000）。郭沫若说："'仁'字是春秋时代的新名词，我们在春秋以前的真正古书里面找不出这个字，……这个字不必是孔子所创造，但他特别强调了它是事实。"（郭沫若，1996，p.87）孔子儒学非常重视"仁"。据杨伯峻（1980，p.221）的统计，在《论语》的 15920 个字（篇名除外，而且不包括标点符号在内）里有"仁"字 109 个。孔子一向推崇"仁"，儒学有"仁学"之称。

《汉语大字典》（第二版）收录了《说文解字》中的两个古"仁"字："忎"和"𡰥"。《说文解字》："仁，亲也，从人二。忎，古文仁，从千心作（从心千声也）。𡰥，古文仁，或从尸（按：古文'夷'亦如此）。"（许慎，段玉裁，1988，p.365）稍加比较可知，"𡰥"字便是中山王鼎铭文"𣎴"字略有变形的结果。从字形上看，"𡰥"字是"尸（尸）"与"二"字构成，"尸（尸）"指一个坐着的人形。《礼记·曲礼上》说："若夫坐如尸，立如齐。"孔颖达疏："尸居神位，坐必矜庄。言人虽不为尸，所在坐处，必当如尸之坐。"《礼记·礼器》："殷坐尸。"孔颖达疏："尸本象神，神宜安坐，不辨有事无事，皆坐也。"这些均可佐证"尸"字是一个坐着的人形。"中山王鼎"铭文中的"𣎴"字就是由一个典型的坐着的人形"尸"与一个"二"字构成的。可见，"𣎴"、𡰥和"仁"三字的写法虽有一定差异，但在构字原则和构字要素上完全相同，都是许慎所说的"从人从二"；区别只在于这三个字中"人"形的写法不同："𣎴"和"𡰥"字中的"人"是一个坐着的人形，"仁"字中的"人"是一个站立的人形（白奚，2000）。"仁"字"从人从二"，表明"仁"实际上就是二人之间产生的"亲也"这种"同类意识"（白奚，2000）。正如梁启超（1996，p.82）所说，"仁"就是"二人以上相互间之'同类意识'"。可见，"仁"的本义是"二人相互关爱（互爱）"。其后，随着儒家鼓吹舍己利他精神，"仁"中的关爱对象逐渐从"人—己"两个变成"人"一个，由此便引申

出"爱人"的含义。

在荆州郭店楚墓竹简中的"仁"字都写作""（白奚，2000），《说文解字》中收录的""字当是由此""字演化而来，是""字的形变，""字是会意兼形声字（王中江，2006）。因为""字上半部的""字由""和"一"组成：""本就是"人"字（许慎，段玉裁，1988，p.365），"一"是指示符号，这说明""是一个指事字，指人的身体。从字形上看，"仁"的古字""和""在写法上虽有一定差异，但都是从身从心。至于"从身从心"的"仁"字的本义，主要有两种观点：（1）若将"身"指"他人之身"，""的本义便是，对他人的爱，即心里想着别人，爱惜别人的生命，关心别人。把""直接看成对"（他）人"的"爱"，能很好地得出"仁者爱人"的含义。它的不足之处是，没有认识到"身"是不能化约为"人"的。因为"身"的本义是躯体、形体，也就是身体，引申为"己"和"我"。如《尔雅·释诂上》说："身，我也。"（2）若将"身"指"自我之身"，""的本义便是，对己身的爱，即心里想着自己，思量着对自己的关爱，而不是对别人的关爱。将""直接视作对自身的爱和关切，此时"身"便指个体自己的"身体"，而不是直接将之理解成"人"，那么，作为会意字的""的本义就是心中想着自己的"身体"，关心自己身体的"痛痒"。假若把"身"进而理解为作为整体的"自己"或"自我"，那么""就是心里想着自己、关心自己。不管是想着自己的身体，还是想着自己本身，都只是"自爱"，作为"自爱"的仁之中如何生出"爱（他）人"之意？一般人可能会认为，"自爱"与"爱（他）人"是矛盾的。这实是误解！个体对自己身体痛痒的关心或对自己的爱，不但不是爱人的障碍，相反，恰恰是爱人的条件和可能。假若一个人没有对自己的身体特别是痛痒的感受，没有对自己本身的思考和关心，即他本人已经"麻木不仁"（像植物人一般），丧失了感知痛痒的能力和情感体验，他就不可能具有"爱人"之心，不可能去爱他人。可见，共情心是以个人对自己身体和身心的自爱愿望及体验为条件的，这样，"爱人"的前提条件之一是，个体自身必须保持鲜活的生命力，能感知自身的痛痒（王中江，2006）。所以，据《宋元学案》卷二十四《上蔡学案·语录》记载，宋代二程之高足谢良佐说："心者何也？仁是已。仁者何也？活者为仁，死者为不仁。今人身体麻痹不知痛痒谓之不仁。桃杏之核可种而生者谓之仁，言有生之意。推此，仁可见矣。"这表明，"仁"本含有生命之义，如种子的内核，因潜藏有传宗接代的生命基因，故称为"果仁"，如"杏仁"、"李仁"等。可见，"仁"是生命存在的标志。既然如此，"仁"就含有爱惜生命且将"爱惜生命"视作"天地之大德"之义。正如《周易·系辞下传》所说："天地之大德曰生。圣人之大宝曰位。何以守位？曰：仁。""仁"不但是生命存在的标志，而且是指一颗柔软、不僵硬的心。于是，朱熹认为，"温柔敦厚"是"仁"最基本的特质。这体现在朱熹对《中庸》下面这段话的阐释上："唯天下至圣，为能聪明睿知，足以有临也；宽裕温柔，足以有容也；发强刚毅，足以有执也；齐庄中正，足以有敬也；文理密察，足以有别也。"朱熹在《四书章句集注·中庸章句·右第三十一章》中的集注是："聪明睿知，生知之质。临，谓居上而临下也。其下四者，乃仁义礼知之德。"这里，朱熹将《中庸》中的"宽裕温柔，足以有容"直接与"仁"德相对应。至于原因，据《朱子语类》卷第二十的记载，朱熹的回答是："仁"是个体自我修养"生发"的根本："仁是个生底意思，如四时之有春。""仁者"的特质就是"温厚"，即"仁者自温厚"，因为只有"温厚"才可以包容万象，生发万物，不温厚、偏狭的性情难以"容"，更难以实践"仁"。朱熹用四时作比阐释仁者必"温厚"的看法："四时之气，温良寒热，凉与寒既不能生物，夏气又热，亦非生物之时。惟春气温厚，乃见天地生物之心。"可见，"仁"如同春天，二者都具有"温厚宽裕"的性质，可以生发其他万事万物，如孝、义、智等（夏秀，2020）。"心如铁石"般坚硬的人，往往对别人的痛苦麻木不仁，熟视无睹，待人冷酷无情、残忍，自然是不仁的。反之，如果一个人对你有一颗柔软、仁慈的心，自然会关心你、爱护你、宽容你和宽恕你。"爱人"的另一个前提条件是，个体的共情心要处于激活状态。"共情心"，孟子称作"恻隐之心"，是个体对别人的遭遇、处境和状况（如别人的痛苦或者欢乐）在自己心灵和感情上产生的一种感应和共鸣。共情心是人与生俱来的。人为什么能够设身处地与他人同忧乐呢？这依赖于人们自己对自身情感的直接体验和感受。我们小至对自己身体痛痒和身体安逸的感受，大至对不幸遭遇的痛苦感和对幸运的喜悦感，这些都是人生中常常经历和体验着的情感。正是由于一个人自己具有合意和不合意的自身体验和感受，他在觉察到别人处在好或坏等不同境况中时才能共情，才能设身处地地想象类似于他人的心情。"仁爱"、"仁慈"就源于人的"共情心"，所以孟子说："恻隐之心，仁之端也。""端"即"发端"、"初始"或"萌芽"。孔子已经意识到仁爱发端于共情心。如《礼记·表记》载："子言之：仁有数，义有长短小大。中心憯怛，爱人之仁也。率法而强之，资仁者也。""中心憯怛，爱人之仁"，是说发自内心的对人的忧伤和痛悼之共情心，就是爱人之仁，孔颖达认为这是出于天性的仁。这表明，对他人的"共情心"恰恰是由强烈的自爱的自发冲动自然引出的，是自我意识的延伸和扩大。既然自己有趋利避害、求福远祸的强烈愿望，那么作为"同类"的他人肯定与自己有一样的愿望，这种"感同身受"的体验自然就会使人对他人的不幸遭遇和幸运的际遇作出不假思索的共情反应（王中江，2006）。

据《河北省平山县战国时期中山国墓葬发掘简报》，出土"中山王鼎"的古墓的埋葬时间在公元前310年左右（河北省文物管理处，1979）。据《荆门郭店一号楚墓》，郭店M1（俗称塌冢子）因被盗，随葬品不全，虽出有大批竹简，但仍缺乏可供断代的确切纪年资料，不过，从墓葬形制和器物特征判断，郭店M1具有战国中期偏晚的特点，其下葬年代当在公元前4世纪中期至公元前3世纪初（荆门市博物馆，1998），与中山王鼎的年代相接近。这些实物证据确凿地表明，"仁"字在先秦时期有南北两条线索。南方的"仁"字以郭店楚简为代表，写作"忎"，又简化为"身"；北方的"仁"字以中山王鼎铭文的"尸"为代表，又变形为"尼"（白奚，2000）。尽管"尸"和"忎"都是会意字，而且从最重要的含义看，"尸"和"忎"都指"爱人"，但是二字之间至少有两个明显差异：（1）在字形上的差异："尸"从人从二，"忎"从身从心。（2）在本义上的差异："尸"的本义或初义是二人之间产生的"亲也"这种"同类意识"，它是"二人相互关爱（互爱）"，由此引申出"爱人"；"忎"的本义或初义是"自爱"，"爱人"是从"自爱"中引申出来的。由此可见，"尸"和"忎"之间并不存在交叉的演变关系。秦统一之后通行的小篆"仁"字以及相同写法的大篆"仁"字显然是出自北方的"尸"一系，它一直沿用至今，而南方的"忎"和"身"则于秦统一文字后被废弃

（白奚，2000）。

　　儒家论仁继承了上述优良传统。据《论语·颜渊》记载，在儒家看来，"仁"的重要含义之一就是"爱人"。孟子在《孟子·离娄下》和荀子在《荀子·子道》中都说："仁者爱人。"爱人首先就要爱惜人的生命。正如孔子在《论语·颜渊》里所说："爱之欲其生。"否则何谈去爱人。故而《孟子·尽心下》说："仁也者，人也。合而言之，道也。"儒家有时又说"人者仁也"（冯友兰，1988，p.15）。《说文解字》也认为："仁，亲也。从人从二。"因此，在儒家看来，"人"和"仁"是可以互相定义的，结果，"仁"和"人"在儒家的著作中是可换用的。如《论语·雍也》说："仁者，虽告之曰：'井有仁焉。'其从之也？"朱熹在《四书章句集注·论语集注·雍也第六》中引刘聘君曰："有仁之仁当作人。"所以，爱仁就是爱人。据《孟子·梁惠王上》记载，孔子说："始作俑者，其无后乎？"朱熹在《四书章句集注·孟子集注·梁惠王章句上》的集注是："俑，从葬木偶人也。古之葬者，束草为人以为从卫，谓之刍灵，略似人形而已。中古易之以俑，则有面目机发，而大似人矣。故孔子恶其不仁，而言其必无后也。"要知道，在中国古代社会，正如《孟子·离娄上》所说："不孝有三，无后为大。""其无后乎"是一种非常严厉的骂人之语，以孔子的身份与修养，说出这样的骂人之语，他对"作俑者"的痛恶之情和程度可想而知。而"俑"无非是一种人形的殉葬品，对待"作俑者"，孔子尚且用"其无后乎"之语痛骂；假若真用人去作殉葬品，孔子的痛恶之情就更是可想而知了。此外，在孔子的伦理道德谱系中，"仁"占据最高位置，所以《孟子·离娄上》记载："孔子曰：'道二，仁与不仁而已矣。'"正由于此，中国传统文化主体之一的儒学又称"仁学"。在孔子的思想体系中，"仁"和"义"虽然是人行为的最高准则，但也都是普遍性原则，就"仁"而言，落在具体行为上，必须有一些特殊原则作为实践仁的载体：从主体修养角度看，恭、宽、信、敏和惠这五种素质是实现仁的具体要求，个体在做人过程中如果能体现这五种素质，也就是在行仁了。所以，《论语·阳货》记载："子张问仁于孔子。孔子曰：'能行五者于天下为仁矣。''请问之。'曰：'恭，宽，信，敏，惠。恭则不侮，宽则得众，信则人任焉，敏则有功，惠则足以使人。'"从血缘关系角度看，孝悌是为仁之本，故主张在家族之内行孝慈。从人—我关系角度看，忠恕是为仁之道，故主张在家族之外行忠恕之道，以"己所不欲，勿施于人"和"己欲立而立人，己欲达而达人"为实行的方法；从政治角度看，仁是礼的精神内核，仁礼一体（李宗桂，1988，p.16）。既然从血缘关系角度看，孝悌是为仁之本，主张在家族之内行孝慈，孝的观念就担负了仁贯彻到对待父辈的具体行为中的责任，这样，孝就成为每个中国人对待父辈的具体行为中的特殊规范，可以用孝来检验一个人是否践行了仁。在家族内的实际行动中，仁与孝是一而二、二而一的。如上所论，孔子有一次因宰我不愿遵行三年之丧的孝道，就责备"予（指宰我）之不仁也！"可见，在具体的行为中不孝即同于不仁（韦政通，1990，p.144）。因此，孔子既重仁也就必重孝，使得"仁义"之后便是孝，而且"孝弟"是行仁之本，一个人若能在家族之内行孝悌，实际上也就是在行仁了（杨伯峻，1980，p.2）。所以，中外学人都相信孝道在中国传统伦理道德体系与道德实践中具有重要作用。如徐复观曾说："以儒家为正统的中国文化，其最高的理念是仁，而最有社会实践意义的却是孝（包括悌）。"（徐复观，2004，p.131）

综上所论，"仁"的内涵与结构经历了一个不断充实、不断建构的过程。用心理学的眼光看，"仁"是个体在待人接物中表现出来的一种以爱人、爱物、忠诚、恕道等优良品质为核心的复杂心理特质的总称。它外化为"亲爱"、"爱惜"等"爱"的形式以及忠诚和恕道等，让个体对践"仁"的对象拥有积极正向的情绪或行为体验（王立皓，汪凤炎，2010）。这意味着，"仁"主要包含关爱、忠诚和宽恕（forgiveness）三个亚心理成分。

第四节 "德"的含义及其演变对当代中国德育的启示

如上文所论，"德"的含义尽管有二十种之多，若从德育心理学角度看，当"德"用作名词时，其含义主要有六种：道德、品行、节操；有道德的贤明之人；直心、正直；恩惠、恩德；心意；性质、属性。当"德"用作动词时，其主要含义有三种：通"得"；感恩、感激；德政、善教。在先哲看来，"德"

的这两类含义之间的关系是，动态的"德"是过程，静态的"德"是要素或结果。其中，表示"德政、善教"和"得到"的"德"是过程；表示"有道德的贤明之人"的"德"是结果；表示"道德、品行、节操"，"性质、属性"或"心意"的"德"是要素。这三者之间相辅相成。整个中国传统德育心理学思想主要围绕"德"的这两类含义展开。换句话说，如何使一个无德或少德的个体变成一个有德或道德高尚的个体，是整个中国传统德育心理学思想试图解决的一个中心问题。本书也是以这一中心问题为其内在线索，将中国传统德育心理学思想尽可能地依其本来面目层层展开出来。同时，进入21世纪，重新考察"德"的含义的演化过程，能为当代中国德育带来六个重要启示。

一、汲取"德性泛指使事物成为完美事物的特性或规定"的精义

根据前文所论，中西方古代学者都曾将德性泛指使事物成为完美事物的特性或规定。这表明，人们将某种东西作为自己的德性，本是试图通过它使自己变得更加优秀，从而使自己更好地适应环境，更好地生存发展。但是，生活中经常存在一些异化的道德教育，让人一想起它就觉得人性受到过度限制或压抑，这不能不说是与人类制定德性的初衷相违背的。从这个意义上说，当代中国的德育若想深入人心，就宜妥善地汲取"德性泛指使事物成为完美事物的特性或规定"里蕴含的精义思想。

二、将"德"视作人的内在品质，注重"德"的实践精神

据文字学家的考证，中国人现在常用的"道德"一词在春秋之前并未出现。如刘笑敢正是依据《庄子》一书诸内容中是否出现合成词"道德"来区别内、外、杂篇的。内篇中未出现合成词"道德"，只出现过"道"或"德"，所以写作时间在前（刘笑敢，1988，pp.5-8）。最初，"道"和"德"是两个既关系紧密又有区别的概念。"德"的含义在上文已有详细论述，下面只简要分析一下"道"的含义。

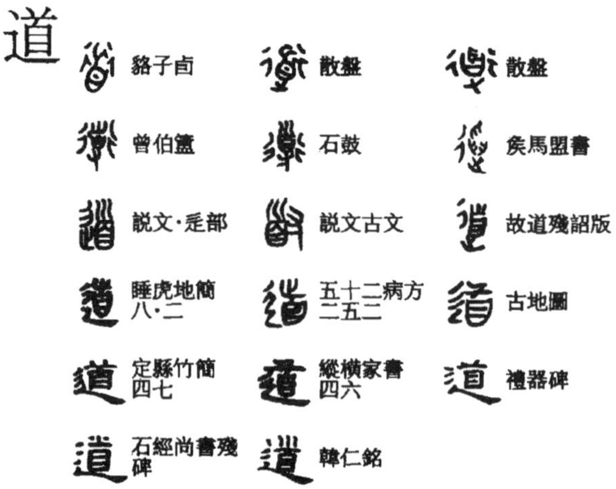

图 3-7 "道"字字形变化

（汉语大字典编辑委员会，2010，p.4118）

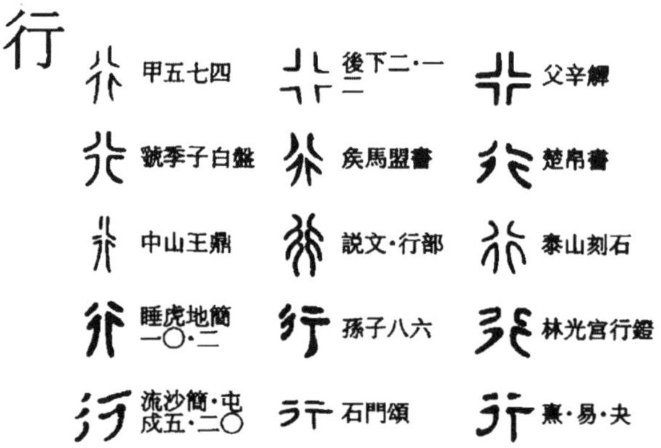

图 3-8 "行"字字形变化

（汉语大字典编辑委员会，2010，p.872）

根据图 3-7 可知，"道"的金文本写作"𧗟"，由"𤜵"和"𦣻"（一只炯炯有神的眼睛）组成。其中，"𤜵"本是"行"字的甲骨文字体（见图 3-8）。《说文》："行，人之步趋也。从彳，从亍。"罗振玉《殷虚书契考释》："𤜵象四达之衢，人之所行也。"商承祚《殷虚文字类编》："古从行之字，或省其右作彳，或省其左作亍，许君误认为二字者，盖由字形传写失其初状使然矣。"（汉语大字典编辑委员会，2010，p.872）可见，"𤜵"本义指"十字路口"，泛指"道路"。故《尔雅·释宫》说："行，道也。""𦣻"一看便知是"一只炯炯有神的眼睛"。这样，合起来看，"𧨪"表示"在十字路口仔细观察道路（以便为迷路者指路）"之义。有的在"𢓊"和"𦣻"此基础上加了一个"𣥂"（止，行走），写成了"𢔬"，表示"在十字路口走走停停，仔细观察道路（以便为迷路者指路）"之义；有的在"𢓊"和"𦣻"此基础上加了一个"𠂇"（"手"的象形字），写成"𧗳"，表示"在十字路口仔细观察道路（并拉住迷路者的手帮其指路）"之义。由此可见，"道"是"导"（"導"）的本字，本义是"当向导，给迷路者指路"之义。当"道"用作指称"道路"使得其"向导"含义逐渐消失后，后人加"寸"后再造"導"予以替代（《象形字典·道》，网址是http://www.vividict.com/）。《说文·辵部》说："道，所行道也。从辵，从𩠐。一达谓之道。𧪢，古文道从𩠐、寸。"桂馥义证："𧪢即导。"按：金文或从行、徎，与从辵同义（汉语大字典编辑委员会，2010，p.4118）。可见，按《说文》的解释，此时"道"的原始含义与"行"类似，也指"道路"或"人行道"。如《周易·履》曾说："履道坦坦。"《释名·释道第六》说："道，一达曰道路。道，蹈也；路，露也。言人所践蹈而露见也。"（王先谦，1984，p.73）此处"道"也指道路，并说明了道路的形成过程：本无路的地方，因人走得多了，也就形成了路。鲁迅的名言"世上本无路，走的人多了，便成了路"便本于此。由"道路"或"人行道"的原始含义出发，"道"的含义进一步发展，就引申出"人生的道路"或"人生的道理"的含义，即人们的行为规范与行为准则之义。如《孟子·离娄上》说："孔子曰：'道二，仁与不仁而已矣。'"这里的"道"就主要是指儒家的行为规范了。将"人生的道路"或"人生的道理"进一步推广到其他诸事物上，"道"的含义就进一步抽象，相应地，其概括的程度也就越高了，这时"道"就有了"事理；规律"的含义。如《易·说卦》："是以立天之道曰阴与阳，立地之道曰柔与刚，立人之道曰仁与义。"《邓析子·无厚》："夫舟浮于水，车转于陆，此自然道也。"《庄子·缮性》说："道，理也。"《中庸》："道也者，不可须臾离也。"朱熹注："道者，日用事物当行之理。"《齐民要术·种谷》："任情返道，劳而无获。"至此时，宇宙间诸凡万物之内在规律都可以"道"指称。在此基础上，中国先哲还将"道"用于指"宇宙万物的本原、本体"。如《易·系辞上》："一阴一阳之谓道。"韩康伯注："道者，何无之称也，无不通也，无不由也，况之曰道。"《老子》第二十五章："有物混成，先天地生……可以为天下母，吾不知其名，字之曰道。强名之曰大。"王弼注："吾所以字之曰道者，取其可言之称最大也。"（汉语大字典编辑委员会，2010，p.4119）

　　将"道"的含义变迁史与"德"的含义变迁史相比较，显而易见，"道"与"德"两个概念中有许多共通的含义。如，从"道"与"德"二字的字形和字义看，它们的原始义都与人行路有关："道"的原始含义指"道路"，"德"的原始含义是指"人的直视前方行走之类的具体行为"。而一个人要想在"直视前方行走"时不出差错，显然需要准确了解所走"道路"的具体情况，比如道路的宽窄、道路的平坦程度和道路的质地等，否则，走路时就可能会"摔倒"，可见，在原始义上"道"与"德"就息息相关，而且此时二字均无伦理道德上的意蕴。当"道"引申为"人生的道理"时，相应的"德"已由外在的"德行"引申为内在的"德性"，换言之，此时的"德"指一个人"践行人生的道路或道理"时在内心中有所"得"的东西。正如《朱子语类》卷第三十四说："道者，人之所共由，如臣之忠，子之孝，只是统举理而言。德者，己之所独得，如能忠，能孝，则是就做处言也。""道，是日用常行合做底。德，是真个有得于己。"与人走马路要想不摔跤、不走错路就必须了解所走马路的具体情况类似，一个人在走"人生的道路"时若想不摔跤、不走错路，不但同样必须了解"人生的道理"，而且要透彻地了解"人生的道理"，毕竟了解"人生的道理"的难度要比了解马路的难度大得多。因此，对于道与德的关系，先哲多认为："道"代表自然律，"德"代表顺应自然律的法则（道家将此思想发展成其学派的核心主张）；道为德之源，德为道之行；德者得也，闻道而心有所得；道为大路，德为行路；知"道"为德之始，行"道"为德之成。正如《黄石公三略》卷三《下略》所说：

　　　　道、德、仁、义、礼，五者一体也。道者人之所蹈，德者人之所得，仁者人之所亲，义者人之所宜，礼者人之所体，不可无一焉。故夙兴夜寐，礼之制也。讨贼报仇，义之决也。恻隐之心，仁之发也。得己、得人，德之路也。使人均平，不失其所，道之化也。

这表明，当"道为大路"中的"路"指马路之类的"路"时，"德为行路"中的"路"就指人走路之类的具体行为；当"道为大路"中的"路"指"人生之路"时，"德为行路"中的"路"就指人"践行人生的道理"而在内心中有所收获的"德性"。正由于此，《庄子·庚桑楚》才说："道者，德之钦也。"这样，至战国时期，在荀子的《劝学》里，道与德最终合成为"道德"一词。"道"、"德"二字的连用也意味着道德不仅是理论的知识，更是实践的知识（赵军华，1998，p.59）。因为"德"从本源意义上讲就具有"践履"的性质，毕竟无论是指"走马路"之类的具体行为还是指"走人生路"之类的抽象行为，其共通之处都要有"走"——践履，差异之处只是走的"路"不同。稍加比较可知，现在中国人常讲的道德相当于中国传统文化中的"道"。古人讲的"德"相当于今天中国人所讲的"道德品质"或"品德"。

同时，"道"与"德"的关系也是"学"与"习"的关系。"学"起初写作"🐾"、"🐾"、"🐾"，后写作"🐾"或"🐾"（汉语大字典编辑委员会，2010，p.1092），经历了一个从简单到逐渐详细的过程。从"🐾"字形上看，其上半部左右两边各是一只"手"（在金文里，"學"字上部左右两边的各一只"手"都是作"往下捧之状"，在现在通行的"學"字字形中，改成"往上捧之状"），中间是一个"爻"，合起来是两手执"爻"以罩的形象。"爻"代表变化和开悟的意思，也作声符用。以"爻"加于人，就是使人变化或开悟之意（约斋，1986，p.231）。"🐾"字下半部的外面是一个"上有屋顶两边都有墙壁的房屋"的形象：上面的"人"字形指屋顶，下面的"‖"指屋顶下面两边的墙壁（约斋，1986，p.149），这从"🐾"字的下半部分里看得更清楚；"🐾"字下半部的里面是"子"的象形字。这样，从字形上看，整个"🐾"字的意思是，先觉之人（通常指教师）在房屋（即学堂里）里开悟童子（后觉之人）之义（约斋，1986，p.231）。这就是"學"字的本义。班固在《白虎通义》卷六《辟雍·总论入学尊师之义》里也说："学之为言觉也。以觉悟所不知也。故学以治性，虑以变情。故玉不琢不成器，人不学不知义。"（陈立，1994，p.254）一旦让童子在"见"上开悟，童子也就"覺（悟）"了，因此"覺"字的写法，其上部与"學"字的上部写法完全相同，只是在下部换成了"见"字（约斋，1986，p.231）。"习"起初写作"🐾"、"🐾"（汉语大字典编辑委员会，2010，p.3565）。对于"习"字字形，《说文》的解释是："习，数飞也。从羽，从白。"（许慎，段玉裁，1988，p.138）按：徐锴系传作"从羽，白声"。郭沫若

《卜辞通纂考释》："此字（甲骨文）分明从羽，从日，盖谓禽鸟于晴日学飞。许之误在讹日为白，而云白声。"（汉语大字典编辑委员会，2010，p.3565）比较而言，郭沫若对"习"字字形的看法更有道理。从字形与字义上看，"习"的本义是指"小鸟于晴天练习飞翔"之义。将此含义作进一步扩大，就可泛指一切有机体对一切事物的练习或温习，自然也就可用来指称人的练习或温习。由此可见，"学"原本主要在学堂里进行，相应地，"学"主要讲求知，停留在"知"上，毕竟此时教师多只用"讲授法"进行教学，侧重"言教"。与"学"不同，"习"主要要求"学生"去反复练习，不能仅停留在"知"上。可见，"习"侧重"练习"（即"做"）与实践。《论语·学而》说："学而时习之，不亦说乎？"这说明在孔子生活的时代，学与习仍分开用。"学而时习之"虽可使"言教"与"练习"或"做"相一致，但毕竟在"学"与"习"之间给人留下"有时间间隙"的印象。若任此现象发展，势必产生"学"与"习"的分离：只"学"不"习"；或者，只知盲"习"，却不知"学"。为了消除这种隐患，极好简洁的先人虽然更喜欢以字为词，此时却直接将"学"与"习"连用，成为一个合成词——"学习"，其目的就是直截了当地告诉人们："学习"本是一件知行合一的事情。结果，"学习"一词就应运而生。据现有文献记载，"学习"一词最早出现在《礼记·月令》中的〔季夏之月〕鹰乃学习"一语，在此语里，"学"指"效"，"习"指"鸟"练习飞翔。《说文·习部》："习，数飞也。"合起来是指"小鹰于晴天在天空效法老鹰（一般是小鹰的父母）反复练习飞翔"之义（陈至立，2019，p.4735）。这既是将"学"与"习"的含义结合起来自然而然地得出的一种含义，更意味着将知与行统一起来，表明"学习"已"天然"地含有"知行合一"的要义。对中国古人而言，这种"知行合一"式学习便是"君子之学"，其经典阐述出自《荀子·劝学》（详见本书第十章第一节）。

古人多清楚看到道与德的联系和区别，一般认为德指个体心中得到的"道"，即个体闻道而心有所得谓之德，主张将德视作个体的内在品质，强调个体在道德修养过程中要做到自得于心，进而重视道德学习的内化问题，使道德学习在个体的心中扎下了"根"；同时，古人非常注重"德"的实践精神，强调个体在日常生活中通过亲身的不断践履使自己有所"得"，进而非常注重解决道德修养上的"知"、"行"脱节问题，这就大大提高了道德教育和道德学习的效果。反观今天中国的一些德育工作者和修德者，虽然从理论上讲也知晓道德与品德的区别，也知晓"德"的实践精神，但在实际的德育过程和修德中却将"德"看作一种外在的东西，只注意学生或个体外在行为的塑造，不关心学生或个体内在心理的转化，不注重道德实践的持久性，这样的德育或道德学习如何能取得良好成效？看来，要想未来的德育和道德学习收到良好的效果，措施之一就是要转变观念，将"德"视作人的内在品质，并注重"德"的实践精神。

三、德得论仍是对"德"最基本且最重要的看法

在将"德"用作动词时，中国先哲多赞成"德者，得也"的主张，这种观点可概括为德得论。从德育心理学角度看，这是先哲对"德"的一种最基本且最重要的看法。德得论中的"得"主要不是指认识上的"得"，而是指践履上的"得"。正由于此，先哲在论道德修养时大都非常重视通过亲身践履的方法以使自己得到"德"，认为只有"自得于己"，才是真的得到"德"，强调的是"德"的内化过程。正如孟子在《离娄下》中所说："君子深造之以道，欲其自得之也。自得之，则居之安；居之安，则资之深；资之深，则取之左右逢其原，故君子欲其自得之也。"同时，先哲又主张个体自得的"德"还需推及他人，以使他人也有所得，认为若做不到这点也不能说真有"德"。换言之，只利己不利人，固不是真有"德"；只利人不利己，此"德"亦难持久。只有人己两利，才能长兴不衰。所以，《吕氏春秋·察微》记载：

> 鲁国之法，鲁人为人臣妾于诸侯，有能赎之者，取其金于府。子贡赎鲁人于诸侯，来而让，不取其金。孔子曰："赐失之矣。自今以往，鲁人不赎人矣。取其金则无损于行，不取其金则不复赎人矣。"子路拯溺者，其人拜之以牛，子路受之。孔子曰："鲁人必拯溺者矣。"孔子见之以细，观化远也。

鲁国的法律规定，若有人愿意赎买在国外当奴隶的鲁国人，相关费用可以至鲁国来报销。子贡善于经商，富有千金，为孔子弟子中的首富，一次在国外赎买了鲁国人，却不到鲁国去报销，自以为这样做是义举。孔子知道后批评了子贡的这种做法，认为子贡这样做的结果是抬高了道德的门槛，它会使鲁国的上述

政策无法延续下去。毕竟，如果子贡开了这个不好的头，以后人们若想赎买在国外当奴隶的鲁国人，便也不好意思到鲁国去报销了，因为赎回来是为了领取费用，会被人指责境界不高。但并不是人人都像子贡那样有钱，若预计花大价钱去赎人，而这个成本却无法收回，那么有些人便会因"有心无力"而放弃做好人好事了。为一己之道德声誉而破坏良好的社会秩序，这不是有德之人应做的事。子路有次拯救了一名落水者，落水者为报子路的救命之恩，送给子路一头牛，子路欣然接受。孔子听说此事后，高兴地说："以后鲁国人一定会更自觉地拯救落水者了。"这两件事虽一反一正，但告诉人们同一个道理：利他行为的结果如果得到适当的报酬或奖励，将更有利于激发后来者行善；反之，若一味要人做善举却无回报，不但无法有效地激发后来者行善，还有可能葬送一个良好的制度。管理者必须明白自己的言行带有示范性和导向性，会给社会造成相应影响，这样，一举一动均要以维护良好的社会秩序为首要法则，不能以小善养大恶。

这种既利己又利人的互惠道德观不但儒家有，在墨家、佛教和道教中也有。《墨子·大取》说："爱人不外己，己在所爱之中。己在所爱，爱加于己。伦列之爱己，爱人也。"达摩提出了"理入"和"行入"二入之说。全真教的尹志平认为，养心若做到"物欲尽净"，只是达到清净的第一个层次，因它还有"清净心地"的念头；做到"寂无所寂"（即连"清净心地"的念头也没有了），则达到了"清净"的第二个层次；做到"玄之又玄"（即必须有全真教所讲的济世传教的"真实功行"），才算达到"清净"的最高境界。将见性分为"知中见"和"行中见"两重功夫，与达摩讲的"理入"和"行入"二入之说有一定的关系，也带有一定的入世色彩（任继愈，1990，pp.536–537）。《北游语录》卷三说："物欲净尽，一性空虚，此禅家谓之空寂，吾教谓之清静。此犹未也，至寂无所寂之地，则近矣。虽然至此，若无真实功行，不能造化，无造化则不得入于真道。须入真道，则方见性中之天，是为玄之又玄。至此，则言辞举动，凡所出者，无非玄妙。"

在古汉语里，"德"本就可指"福，喜庆的事"。例如，《广韵·德韵》："德，福也。"这里面本就蕴含"德福一致"的理念。《淮南子》则明确认同"德福一致"的思想。《淮南子·修务训》说："君子修美（指善，引者注），虽未有利，福将在后至。"先哲对德的上述看法，有助于当代中国人重新审视片面强调"德"的利他性而轻视"德"的自利性的片面道德观的不足，进而重新树立合乎人性的"德福一致"的"人己互惠"式道德观，果真如此，就能从根本上打通"德"与"得"①之间的隔阂，不但有利于营造一个"善有善报，恶有恶报"的正义社会，而且能从源头上增强人们修德和讲德的自觉性。为了增强读者的直观体验，下面再讲一则《吴昌硕真迹换"真迹"》的故事。

　　吴昌硕是清末民初著名的国画家，其作品具有很高的收藏价值，很多人纷纷花高价去收藏他的真迹。有一次，吴昌硕与一帮朋友同桌吃饭。席间，一个商人拿出一幅画，请吴昌硕鉴定真假。众人一看，无不觉得好笑，画上的落款是"安杏吴昌硕"，吴昌硕实为安吉人，瞎子都看得出来，明显是赝品。吴昌硕左看右看，对商人说："这是我的画。"旁人问："'安吉'写成'安杏'，难道是真的？"吴昌硕笑道："这是我一年前画的，人老了，那是笔误。"接着又对商人说："如果不介意，这幅画我收回，我再送你一幅画，绝对无误。"商人大喜，满意而归。散席后，有人问："那幅画很明显是赝品，你怎么承认是自己画的，还送他一幅真迹呢？"吴昌硕笑道："我当然知道那幅画是赝品，但商人以贩卖为生，我如果当面揭穿，他必将血本无归，从此不敢再购买我的画了，那我的画以后还如何在市面上流通呢？我这么做不只是为了商人，同时也是为了我自己啊。"众人大悟，拍手称赞。（李凯成，2015）

　　当然，为了避免产生不必要的争论或误解，这里需要特别强调一点：德得论主要从效果论的角度提出，而不是从动机论的角度提出；换言之，德得论主要从完满的道德生活角度出发，而不是从动机论的角度出发，主张一个人将行善的动机放在使自己"有所得"的基点上。

　　若从完满的道德生活角度出发来理解德得论，则个体行善之动机本只是出自"自己的爱心、同情心或正义感"（而不是出自"为了得到某种好处"这一类自私动机），其所得之"惠"是由其"行善"（此时的"行善"本身就是一

---

① 此处"得"，既包括修德者内心体验到的诸如幸福感之类的内在的"得"，也包括修德者通过行善获得的来自外界的诸如精神上的褒奖或物质奖励之类的外在的"得"，既不忽略内在"得"的价值，也不小看外在"得"的价值；既不过于强调内在"得"的价值，也不过于看重外在"得"的价值。

种目的，而不是手段）的结果"自然"得来的。在此意义上说，行善之人在其行善之时，其在动机上本只有善良动机，并不掺杂着利益企图，但是，作为他人、社会或国家却应想到：无功之赏，不劳之获，不应得到的幸福是无价值的；得不到报偿的德性本身虽可贵，而伴随着幸福的德性却最为理想（康德，1986，pp.5-6）。主动让行善之人获得其应得之得，正所谓"施恩虽不图报，但其后必有善报"（即"施恩有报"）。若作此理解，不但易于让他人、社会或国家自觉承担起建立有爱心且公正的社会的义务，从而有助于有爱心且公正的社会的建立，而且也易让行善之人切实体会到由行善得到的幸福感和实惠感，这必将有助于增强人们在今后的生活中继续行善的内在动力，进而促进美德精神在一个社会或国家的可持续性发展。正是在此意义上，中国的《物权法》规定，遗失人领取遗失物时，应当向拾得人或者有关部门支付保管遗失物等支出的必要费用。下面例举一则表达此道理的故事。

    2006 年夏天，在德国留学的中国青年杨立路过克里斯托小镇时，将捡到的一个装有几千欧元现金和几张信用卡的皮夹送到市政厅，连姓名都没有留下就悄悄离开了。小镇的镇长费了九牛二虎之力才找到杨立，在电话里告诉杨立，希望杨立回克里斯托小镇领取 500 欧元奖金和一枚荣誉市民奖章——这是小镇历来对拾金不昧者的奖励。杨立当然是想都没想就推辞了。镇长问他为什么。杨立说：施恩不图报是中国的传统，自己如果接受那笔奖金和荣誉，反倒显得动机不纯。镇长想了想，然后严肃地对杨立说："施恩不图报，并不是你们中国人眼中简单的个人问题。可以说，你拒绝我们的请求，已经相当于在破坏我们的价值规则。那些奖励你可以不在乎，但你必须接受。因为那不仅仅是对你个人的认可，也是整个社会对每个善举的尊重。对善举的尊重，是我们每个公民的责任，也让我们有资格去勉励更多的人施援向善。所以，我们才不能因为你的无私而放弃履行自己的责任。"（《新民晚报》2007 年 5 月 10 日 B6 版《施恩图报》）

若从动机论的角度理解德得论，如果个体"行善"的动机本只是出自"为了得到某种好处"这一类的自私动机，而不是出自自己的爱心或同情心，其所得之"惠"虽然也是由其"行善"（此时的"行善"只是手段，而不是目的）的结果得来的，但这种"惠"往往在其"预料之中"，在此意义上说，"行善"之人在其"行善"之前，其在动机上本是有所求的，而且还预计到这种"有所求"实现的概率颇高，否则，他就不会主动行善，正所谓"施恩意在谋取回报"（即"施恩图报"）。若作此理解，德得论就有"自私"或"不道德"之嫌！所以，一旦发生"拾主还被捡之物时主动要求失主支付一定金额作报酬"之类的事情，拾主的这一行为就易遭到人们的批评。

由此可见，从完满的道德生活角度上所讲的德得论与从动机论上所讲的德得论，二者之间的区别泾渭分明，切不可混为一谈，否则，就会陷入功利主义道德观的泥潭！中国大哲在主张德得论时显然并没有这后一种意思。例如，《孟子·公孙丑上》说："所以谓人皆有不忍人之心者，今人乍见孺子将入于井，皆有怵惕恻隐之心，非所以内交于孺子之父母也，非所以要誉于乡党朋友也，非恶其声而然也。"明白无误地将"不忍人之心"或"怵惕恻隐之心"作为一个人行善的动机，同时也明白无误地主张一个人在行善时切不可有丝毫的"自利心"。顺便指出，受孔孟思想的深刻影响，中国人一向将"不忍人之心"或"怵惕恻隐之心"作为行善的主要动机；与此不同的是，西方道德文化的主流是将追求公正或正义作为行善的首要动机。

先哲对"德"的上述看法也有助于今人正确看待道德教育过程中内化与外化的关系。虽然从学理上讲，当代中国多数德育工作者都认为德既需内化也需外化，若只有"内化"① 没有外化，则不能说已形成良好的道德品质；而只有外显的行为也不能表明个体的内化水平。只有将个体的内在动机和外在行为表现结合起来考察，才能评定个体的品德。遗憾的是，虽然自中华人民共和国成立至"文化大革命"前，学校道德教育的实效性颇为理想，但在"文化大革命"至1999年课改实施前的学校道德教育中，一些德育工作者似乎忘记了这一点，或只注意到"内化"，或只注意到外化，割裂了内化与外化的关系，使得受教育者或只会纸上谈兵，或只知盲目去做，这种德育的实效性怎能不低下？为此，要想切实提高今后德育的实效性，办法之一就是要老老实实地根据"德"既需内化又需外化的特点去实施德育。

---

① 这里的"内化"并不是真正意义上的"内化"，真正的"内化"必然会导致"外化"。

四、弘扬情感德性，适度加强公正德性的培育

中国先哲对"德"的含义尽管有不同看法，但是在将"德"用作名词时一般都将"德"视作人的一种使人区别于他物的美好的、独特的心理品质或属性，同时，除老子道家外大都推崇智、仁、义、礼、勇等德性。西方自古希腊人开始，就将智慧、公正、勇敢和节制称为"四达德"。韦政通据此认为，中西的道德在基本内容上是相通的。当这些基本德性表现于不同地域、不同民族，和当地的习俗结合在一起时，才发生道德内容分化性的差异，这就是道德相对观的由来（韦政通，2003，p.87）。这种看法值得商榷。在笔者看来，中西方道德的基本内容在中西方文明的早期虽有相通之处，但就已有较大的不同。

就相通的一面看，先秦儒道墨诸子所讲的智、义、礼（克己或俭）和勇，分别相当于古希腊哲人所讲的智慧、公正、节制和勇敢；与古希腊哲人类似，先秦诸子也尚"节制"。儒家主张"克己复礼为仁"（《论语·颜渊》），又声称"中庸之为德也，其至矣乎"（《论语·雍也》）。"克己"和"中庸"均有"节制"之义，可见，儒家虽未明说"节制"是美德，实也尚"节制"。道家尚"俭"，明确主张"去甚，去奢，去泰"（《老子·二十九章》）。墨家尚"节用"。这说明道、墨两家实也尚"节制"。

就相异的一面看，第一，中西方文化所讲的"德"的重心不同。虽然公正是贯彻一切德行的最高原则，个人道德和社会道德均要依靠它。这本是古人的普遍认识和普遍道德规范。如，古希腊人有"justice"一字，古埃及人有"Meat"一字，古印度人有"Dharma"一字，古希伯来人有"righteousness"，古汉语有"义"一字，它们均是表示"公正"（亚里士多德，2003，序 p.ix）。但由于种种机缘的影响（限于篇幅，此问题留待他文探讨，本章不予以深究），"公正"在中国文化和西方文化的命运有较大差异。尽管儒家也讲义，从"万事莫贵于义"一语看墨家更是特别重义。法家《管子》讲"礼义廉耻"。这里面均或隐或显地存在主张"义"或"公正"是百德之王的思想（亚里士多德，2003，序 p.ix）。可惜的是，如前文所论，这种思想在其后的中国传统文化中并没有得到发扬光大。在孟子等儒家看来，"德"（或称"仁"）根植于人的恻隐之心。恻隐之心是一种从人的善心里直接产生出来的、超理智、超功利、强

烈到似乎是身不由己的本能式道德情感，它具有直觉而不是逻辑思维的特点，在人们身处诸如"见孺子将入于井"之类的情境时油然而生。在先秦，受儒家影响，墨家也重"仁"。《墨子·经说下》说："仁，仁爱也。"墨家进而主张兼爱，相信"兼即仁矣，义矣"（孙诒让，2001，p.119）。稍加比较可知，儒家所讲"仁爱"与墨家所讲"兼爱"的共通之处是，都指向要"博爱大众"。二者的区别是，儒家强调从"亲亲"出发，而且要遵循"爱有差等"原则往外推；墨家强调"爱无差等"，即要一视同仁。道家虽然不尚仁，但由于道家尚自然，在世界上存在无数以慈生勇的事例。例如，慈母为了子女可以不顾一切地担负起来自生活的任何重担；老母鸡为了保护小鸡，可以奋不顾身地与前来叼小鸡的老鹰搏斗；……由是，老子道家尚"慈"，"慈"仍是一种仁爱，只不过道家尚阴柔，其所讲的慈爱带有浓厚的母爱色彩，有一定的非理性成分，往往被儒者斥为"妇人之仁"。与此不同，儒家尚阳刚，其所讲的仁爱更合情合理，有一定的父爱色彩。由于儒墨道诸家实际上都推崇"美德即仁爱"的理念，此理念自产生后对后世中国人的心理与行为产生了深远影响，乃至在当代中国人的道德观念里仍占据重要位置，与此相应的是，当代中国的道德教育中也仍非常强调向人们传授"仁爱"的思想，只不过，随着时代变迁，"仁爱"的具体内容也有了新的内涵。如果你要问一个中国人，生活中的哪些行为属于道德行为，哪些行为属于不道德的行为，你会发现，中国人判断的重要标准之一就是看其中是否有仁爱之心。有之为道德行为，没有为不道德行为。西方传统伦理道德文化中所讲的德性的种类多种多样，但称得上达德或最重要德性的主要有四：智慧、公正、节制和勇敢。西方人的这"四达德"理念源于古希腊。荷马史诗《奥德赛》（Odyssey）里所称赞的英雄人物奥德修斯（Odysseus）就是按这四达德塑造出来的。这四达德的具体德目在古希腊时期也经常被一些哲人论及。据柏拉图的《美诺》记载，苏格拉底（Socrates，前469—前399）认为，理性的人的心灵中具有节制、正义、勇敢、敏悟、豪爽等优良品质（北京大学哲学系外国哲学史教研室，1961，p.165）。柏拉图在《理想国》的第四卷里（柏拉图，1986，pp.145-176），借其老师苏格拉底之口和格劳孔（Glaucon）对话，提出了著名的"四德说"，其核心内容就是：假定在一个国家和在每一个人自己的灵魂里，有着数目相等、性质相同的四个组成部分——智慧、勇敢、节制和正义四种美德，进而认为智慧是"一种好的谋划"，而"好的谋划这东西本身显然是一种知识。因为，其所以有好的谋划，乃是由于有知识而不是由于无知"（柏拉图，1986，p.145）。当然，"这种知识并不是用来考虑国中某个特定方面事情的，而只是用来考虑整个国家大事，改进它的对内对外关系的"（柏拉图，1986，p.146）。勇敢就是无论在什么情形之下都保持着关于可怕事物的信念，相信应当害怕的事情乃是立法者在教育中告诫他们的那些事情以及那一类的事情（柏拉图，1986，p.149）。换言之，勇敢"就是保持住法律通过教育所建立起来的关于可怕事物——即什么样的事情应当害怕——的信念。我所谓'无论在什么情形之下'的意思，是说勇敢的人无论处于苦恼还是快乐中，或处于欲望还是害怕中，都永远保持这种信念而不抛弃它"（柏拉图，1986，p.148）。因此，"至于那些不是教育造成的，与法律毫不相干的，在兽类或奴隶身上也可以看到的同样的表现"，不能称之为勇敢，而宜给予另外的名称（柏拉图，1986，pp.145-176）。"节制是一种好的秩序或对某些快乐与欲望的控制。"（柏拉图，1986，p.150）正义的原则是，"每个人必须在国家里执行一种最适合他天性的职务"（柏拉图，1986，p.154）。因此，从某种角度理解，"正义就是只做自己的事而不兼做别人的事"（柏拉图，1986，p.154）。据《尼各马科伦理学》第一、二章记载，亚里士多德说，幸福是最高的道德，"幸福就是合乎德性的现实活动"，而德性就是"中道"，需要智慧、大度、节制等品质发挥作用，这实际上是以中庸说来统率上述四达德（亚里士多德，1992，pp.1-38）。由此可见，"公正"几乎从一开始就进入西方伦理道德文化的视域焦点，成为著名的"四达德"之一。在柏拉图所撰《理想国》里，就已有较明显的推崇"正义"的言论与思想。至亚里士多德时，更是明确地将"公正"抬到崇高的地位，有明确的"美德即公正"的思想。亚里士多德说：

　　……公正自身是一种完全的德性，它不是未加划分的，而是对待他人的。正因为如此，在各种德性中，人们认为公正是最主要的，它比星辰更加令人惊奇。正如谚语所说，公正是一切德性的总汇。

　　它之所以为最完全的德性，乃由于它实行的是完全的德性。它之所以是完全的德性，是由于有了这种德性，就能以德性对待他人，而不只是对待自身。有许多人自己的事情以德性对待，对待他人则不能。因此，毕亚斯说得好："男子汉表现在领导之中"，因为一个领袖必定关心他人和共同的事业。

以同样理由，在各种德性之中，唯有公正是关心他人的善。因为它是与他人相关的，或是以领导者的身份，或是随从者的身份，造福于他人。不但败坏自己，并且败坏亲友的人，是最邪恶的人。而最善良的人，不但以德性对待自己，更要以德性对待他人。待人以德是困难的。所以，公正不是德性的一个部分，而是整个德性；相反，不公正也不是邪恶的一部分，而是整个的邪恶。（从以上所说，德性和在这样意义下的公正，其差别显然可见。虽然同样是德性，但二者却不相同。公正是相关于他人的，德性则不过是种笼统的、未加划分的品质。）（亚里士多德，1992，pp.96-97）

第二，合并儒、道、墨诸家所讲德性，其中仁（慈）、义、礼（俭）、忠和勇等德性均属情感德性，只有"智"属理智德性。同时，据《周礼·地官司徒》记载，西周大司徒教民的六项道德标准是知、仁、圣、义、忠、和等"六德"（李学勤，1999，p.266），将"知"置于"六德"之首，表明西周人很重视"知"。在儒家诸子中，相对而言，孔子和荀子继承西周人重知的传统，颇看重知识在修养道德中的重要作用；孟子虽不忽视知识在修养道德中的作用，但更加看重情感因素在修养道德中的作用，这从孟子所讲的"四善心"里有三个都是指"情"的事实里就可见一斑。而老子道家在论道德修养时，则表现出颇明显的重视情感（即"尚慈"）而轻视知识的倾向，从而使中国传统道德文化展现出明显的尚情感德性的倾向。古希腊哲人所讲的"四达德"中，不但将"知识"放在首位，声称"美德即知识"，而且其他三种德性乃至任何其他德性都需要"知识"的"指导"，否则，就可能会变成有害无益的东西。例如，正如苏格拉底所问："如果有任何一种的善是和知识有别的，美德就可能是那种的善；但如果知识包括了一切的善，那么我们认为美德即知识就将是对的？"（北京大学哲学系外国哲学史教研室，1961，p.164）"美德整个地或部分地是智慧？"（北京大学哲学系外国哲学史教研室，1961，p.166）"勇敢而不谨慎，岂不只是一种莽撞？一个人若是没有理性，勇敢对他是有害的，但他若是有理性，这对他岂不就有益了？"（北京大学哲学系外国哲学史教研室，1961，p.165）同理，其他德行亦要以理性、智慧为指导，才能真正为善，否则就会为害。"如果在智慧的指导之下，结局就是幸福；但如果在愚蠢的指导之下，则结局就相反？"（北京大学哲学系外国哲学史教研室，1961，p.165）这表明西方人所讲的德性明显地属于理智德性。

第三，中西方文化对待"礼、信、谦虚、勇敢"等德性的态度不同。儒墨诸家一贯重视"信"、"礼"、"谦虚"；道家虽不看重"礼"，但也尚"信"和"谦虚"。关于这点，只要稍通中国传统文化的人都能很容易地从《周易》、《老子》、《论语》、《墨子》、《孟子》、《荀子》和《庄子》等经典典籍里找到大量论据，这里就不多讲了。但是，先秦诸子对待"勇"的态度是有变化的，孔子将"勇"作为"三达德"之一，到了孟子手里，就主要提仁、义、礼、智，不太尚"勇"。老子道家尚慈，但从《老子·六十七章》所说"今舍慈且勇，舍俭且广，舍后且先，死矣"和《老子·七十三章》所说"勇于敢则杀，勇于不敢则活。此两者，或利或害"之语看，老子道家也不太看重"勇"。古希腊哲人在论人的德性时，除"智慧"和"公正"，大都看重"勇敢"。其后，当中西方早期文明在这些基本德性上表现的异多于同的特点展现于不同地域、不同民族，和当地的习俗结合在一起时，就进一步产生道德内容分化性的差异——这就是道德相对观的由来（韦政通，1988，pp.66-70）。

情感德性与人的自然情感关联起来，容易得到人们的认同。何谓自然情感？如果一种情感是自然性的、原始的，是人和动物（尤其是高等动物）共有的，它就是自然情感。如喜、怒、哀、惧都是自然情感。与自然情感相对的是社会性情感。假若一种情感具有一定的社会文化性，是人类特有的，它就是社会性情感。如民族自豪感是与对本民族的爱相伴随的一种社会性情感。周总理说："我们爱我们的民族，这是我们自信心的源泉。"世界上任何一个民族，在没有受到某种特定文化——如基督教文化——的影响之前，一般都倾向于按人的自然情感去待人接物。因此，重视情感德性本是中国道德教育的优良传统，它既有助于道德观念的深入人心，也有助于人与人之间的情感交流，因为它让你时刻体验到人情的温暖。不过，情感德性也有先天不足，它本是基于乡土中国的土壤产生和发展起来的，不太适宜当代中国随着现代化进程和城市化进程出现的陌生人社会。换言之，依费孝通在《乡土中国》里的论述，在中国传统的乡土社会，由于绝大多数中国人都是靠土地谋生，土地的"不动性"使得正常情况下人口的少流动，人们多是"生于斯，长于斯，老于斯，死于斯，葬于斯"，自然地，大多数人的生活圈其实都很小，大家"抬头不见低头见"，于是逐渐形成一个个所谓的熟人社会，在熟人社会里，人人都是"自己人"，所谓"乡里乡亲的"、"亲不亲，故乡人"等讲的都是这个道理（费孝通，1998，pp.6-9）。在这种熟人社会里，基于自然情感的一整套道德规范对于生活在同一个生活圈里的"熟人"具有颇强的约束力：在熟人社会里，人们的言行完全可以仅凭一己之私德就可以很好地维持着，因为大家彼此之间知根知底，常常是"抬头不见，低头见"，某个人一旦做了缺德事，马上就会一传十、十传百，马上就会被大家知道，结果，这个做了缺德事的人随即就会被周围的人不齿，随即就会被排除在其原本生活的熟人圈之外而感到分外孤独，或是犹如"过街老鼠，人人喊打"，这种巨大压力就像一把无形巨剑横在人们的头上，时刻提醒世人不要轻易出轨，于是，任何一个人都不敢轻易在熟人圈里做出不道德的行为，除非他不想在这个地方待了，而愿意"背井离乡"，远走高飞。但从"背井离乡"一语可以看出，在中国传统乡土社会，一个人在正常情况下不愿轻易离开家乡。

但是，随着改革开放的不断深入，随着现代化进程和城市化进程的加快，当代中国有越来越多的人逐渐走出祖祖辈辈生生不息的乡土式的熟人社会，在城里安家，或是离开家乡进城务工，由此让很多人从熟人社会走入陌生人社会。在城市尤其是大城市生活，一个普通百姓认识的人几乎是微不足道的，处在自己周围的大量的大都是素昧平生的陌生人。即便两家在同一栋商品房的同一层门对门生活多年甚至几十年，或者两家就住在楼上楼下，彼此仍不熟悉，平日两家几乎从不相互走动。这样，人与人之间不要说难以知根知底，甚至可以说彼此之间毫不知情。在这种城市人社会里，情感德性赖以生存的乡土文化土壤基本上已不存在，情感德性对于人们的约束力不强；而且，仅凭情感德性来调节陌生人之间的关系容易出现"区别对待"的不公正现象。具体地说，多数人偏好从具体情境而不是自身解释自己的行为，从自身而不是具体情境解释他人的行为。例如，如果你自己上班迟到半个小时，当老板想惩罚你时，你常常倾向于从具体情境而不是自身去找原因，你会用诸如"今天早上堵车了"之类的理由试图开脱自己；要是你的下属迟到半个小时，你往往倾向于从下属自身而不是具体情境去找原因，进而你会觉得这个下属没有责任感和敬业精神。同理，对待内群体成员，"我们"往往倾向于在具体情境中解释其行为，不会轻易评判该成员是好人还是坏人，可是，一旦要评价外群体成员，"我们"就容易按照某种刻板印象，武断地下结论。由于参照系不同，"我们"的范围就不同。以"老乡"为例，如果你在省城读大学，那么，和你来自同一地级市的人都是你的老乡；假若你在首都读大学且不是北京人，那么，和你来自同一省、自治区或直辖市的人都是你的老乡。人类基于自然情感的德本是私德，在熟人社会，因"我们"的范围有大有小，具有弹性特征，用私德来调节人与人之间的关系本也存在"区别对待"的不公正现象，但是，由于人与人之间存在这样或那样的情感关系，这种不公正易为人所接受；退一步说，即使两人之间不存在任何情感关系，但是考虑到大家将长期交往下去，本着"将来可能用得着人家"或是"吃亏是福"等念头，人们也容易接受一时对自己的不公正待遇。而在陌生人社会里，一个人往往是在与自己毫无情感关系的陌生人打交道，并且往往是打一次性的交道，这样，若用私德去调节人与人之间的关系，就容易滋生"区别对待"的不公正现象，也是一些腐败现象产生的心理根源，进而易引起人心的不满，这往往是造成社会不和谐的心理根源之一。如果不能及时建立起公德意识，那么，中国传统的私德观念在调节人们的日常生活中所起的作用必将越来越小。而在西方文化中逐渐发展起来的公正德性恰恰能弥补中国传统情感德性的这一先天不足，因此，适当加强公正德性的培育，对于提高当代中国人的公德意识无疑具有重要意义。

西方近现代道德文化中发展起来的公正德性虽有"一视同仁"的优点，不过，它是以抽掉人的自然情感为前提的，因为公正得以建立的重要前提之一是，要将自己以外的他人（包括自己的家人在内）都视作"概化他人"看待，只有这样才能"一视同仁"地对待他人。而这恰恰是西方文化的一贯传统。正如《圣经·新约·马太福音》记载，在阐述"做门徒的代价"时，耶稣说：

> 你们不要想，我来是叫地上太平；我来并不是叫地上太平，乃是叫地上动刀兵。因为我来是叫：人与父亲生疏，女儿与母亲生疏，媳妇与婆婆生疏。人的仇敌就是自己家里的人。爱父母过于爱我的，不配做我的门徒；爱儿女过于爱我的，不配做我的门徒；不背着他的十字架跟从我的，

也不配做我的门徒。（中国基督教三自爱国运动委员会，2007，p.12）

这明白无误地告诉人们，"人的仇敌就是自己家里的人"。这表明，对基督教徒而言，宗教的义务远超过家庭的义务，教会的凝聚力是以牺牲家庭的凝聚力为前提的。在基督教此类教义思想的深刻影响下，西方人到了近现代，最终彻底打破了血缘关系[①]（孙隆基，2011，p.208），结果，生活在印欧语系里的近现代西方人倾向于将"自己"看作与社会对立的"独立自我"（independent self）[②]，并将社会看作由许多个体组成的"概化他人"（generalized other），而用一致性方式来对待他们（Hansen，1983；黄光国，1995，p.182）。这意味着，近现代西方人自我的边界与中国人自我的边界有很大的差异。在近现代西方人的自我观念里，更为强调的是"个人对自己身心状况的认识、情感以及由此产

---

① 古代欧洲人也看重血缘关系，这从那时的欧洲皇室成员为了保证皇室血统的纯洁性，坚决不与平民通婚的事实就可一斑。

② 鲍迈斯特（Roy F. Baumeister）结合"自我的知识"（self-knowledge）、"自我概念"（self-conception）、"自我定义"（self-definition）、"履行"（义务）（fulfillment）和"个体与社会的关系"（relation of individual to society）等自我的五个方面内容的演化情况，将西式自我的进程分为七个阶段：（1）中世纪末期（11—15世纪），人们逐渐发展出一个单一的人类生命统一体的结晶概念（gradually developed a crystallized concept of the unity of the single human life）。（2）现代社会的早期（约1500—1800年），人们开始强调内在自我（inner self）与外在自我（outer self）的区别，开始重视个体的价值，并日益认识到人的发展和变化；到了16世纪，人们对"自我的认知"首次达成如下共识：抽象的、隐藏的自我比具体的、可观察的自我更难理解和定义，个体的真正自我是内在自我，它隐藏在个体内心，无法通过其外显的行为直接地、清楚地捕捉到。此共识在现代心理学有关自我的认识中几乎得到公认。不过，那时人们更关注如何认清别人的内在自我，而不是如何认清自己的内在自我。（3）清教主义时期。在清教主义（Puritanism）时期，清教徒相信人生而有罪，只有通过自我救赎才有可能让自己死后升入天堂，否则死后注定要下地狱。加尔文（Jean Calvin）教义更是声称这个"选择权"掌握在每一位个体自己的手中。结果，清教徒的自觉性获得前所未有地大发展，意识（consciousness）和自我意识（self-awareness）在17世纪首次被视作重要的概念和价值观，出现在当时的英文和德文著作里。（4）在浪漫主义时代（18世纪晚期至19世纪初期），人们开始寻求和强调履行世俗义务（secular forms of fulfillment），并敏锐认识到个体和社会之间的深刻冲突。（5）在维多利亚时代（约1830—1900年），与自我有密切关系的上述四个问题都出现了危机。（6）在20世纪初，自我的异化和自我的贬值成为关注的焦点。（7）自第二次世界大战以来，个体对不断发展变化的社会的适应性虽在增强，但仍在探索既彰显自我又与社会保持良好适应度的手段和方法（Baumeister，1987）。由此可见，自我意识在17世纪才首次被西方人视作重要的概念和价值观。从世界史的角度看，自17世纪40年代起（1640年起）逐步进入近代史阶段。这表明，进入近代社会后，西方人才真正有自我概念。

生的意向"，于是，一般而言，近现代西方人讲的自我是真正意义上的个体自我，即个体对自己的自觉与反省，这样，近现代西方人讲的自我之中除了莱维斯（Michael Lewis）所称的"我自己"（I-self）之外（Lewis，1992），是不包括任何其他人的，即便是自己的家人也不包括在内（Markus & Kitayama，1991，2010）。这表明，近现代西方人的自我的边界就划在"我自己"之外，换言之，近现代西方人的自我这个"围城"里围着的就只有其自身这个"孤家寡人"，个体自身之外的其他人——包括自己的亲人、熟人和陌生人等——均在这个"围城"之外（杨中芳，2001，p.367），而"人的本质不是单个人所固有的抽象物，在其现实性上，它是一切社会关系的总和"（马克思，恩格斯，2009，p.501）。这表明人的本质属性在于人的社会性，任何个人都不可能真正孤独地独自一人生存，这样，西方人要想更好地适应这个世界，就必须冲破这个围城，来到"城外"与大家共同生活，而一旦"围城"被冲破，城外就再也没有任何强大的"边界"，这就是近现代西方人为什么彼此之间更易讲公正和讲"主体间性"的重要原因。这也意味着，一个社会若完全以公正德性作为调节人与人之间的行为准则，虽然公正的意识是树立起来了，但人与人之间也就少了一些温情，这是造成当代西方一些国家家庭亲情不浓厚的深层根源之一。

与此不同，虽然中式自我在诞生之初本也是类似于独立自我的小己，小己主要是伴随武器与私有财产的出现，在与他族、他人抗争过程中诞生的，而不是在种小麦的过程中诞生的（Talhelm et al.，2014）。儒家倡导的道德自我类似于"相互依存的自我"（interdependent self，简称互依自我），它是公元前521年后伴随儒学创立和发展而逐渐形成的，由此在中国历史上开启了小己与道德自我并存但小己占优期。自公元前304年前后到最迟不晚于公元前233年之前是中式自我的重要转型期，转型的结果是具独立人格的道德自我最终彻底战胜了小己，中式自我进入小己与道德自我并存但道德自我占绝对优势期，这个转型过程并不是种水稻引起的（Talhelm et al.，2014），而是儒学经过艰辛传播最终取得胜利的结果（汪凤炎，2019a）。自此之后，深受儒家文化影响的中国人甚至深受儒家文化影响的外国人，如日本人，更倾向于将"自己"看作整个社会中的一个单位，无法从错综复杂的人际关系中抽离出来。具有这种"相互依存的自我观"的中国人倾向于用不同的方式对待与自己不同关系的人。对中国人而言，没有所谓的"概化他人"，中国人也颇不重视一致性的"游戏规则"（Hansen，1983；黄光国，1995，p.182）。于是，在多数中国人的自我观念里，更为强调的是"个人对人—我关系的认识、情感以及由此产生的意向"，他们对自我更准确的描述是"我们自己"（We-self），他们更强调和其家庭成员与社会群体之间的关系，而不是个体的独立性或个性（Markus & Kitayama，1991，2010），相应地，中国人对"我"的界定实际上要比西方人讲的自我的含义宽泛得多，中国人的"我"里不但包含个体我，还包含形形色色的社会我，只不过不同的人之间，因其道德修养程度的高低有所不同，包含的社会我的多少或大小有差异而已；至少，在一般情况下，中国人是将"自家人"包含在自我之中的；换言之，中国人常常将个体自我与所谓"自家人"融为一体，以此区别于自家人以外的其他人（杨中芳，2001，p.367）。结果，正如李美枝在《内团体偏私的文化差异：中美大学生的比较》一文里所说，在以个我为圆心的一组同心圆中，并不是每个圆圈的"城墙"都是一样"厚实"的，其中有一个圆的"城墙"特别厚重，包裹在这个特别厚重的圆圈之内的人与物，一般是与处于圆心位置的个我保持非常密切关系至少也应是熟人关系的人及其拥有的物，用中国人习称的话语说，大致可用"自己人"一语来指称（这也说明中国人习惯于用"自己人"来指称自己的家人和与自己关系密切的朋友与熟人）；而处于这个特别厚重的圆圈之外的人与物，一般是与处于圆心位置的个我没有任何关系的陌生人及其拥有的物，至多不过是与处于圆心位置的个我保持一种非常淡薄、无足轻重关系的一般人及其拥有的物，用中国人习称的话语说，大致可用"非自己人"一语来指称（李美枝，1994，pp.153–155）。同时，中国人一向重血脉亲情的儒家文化的影响，基本上没有受到像基督教那样重宗教义务轻家庭伦理的文化的影响，结果，多数中国人在被围城围住的自己人的圈子里生活得有滋有味，基本上不需要与陌生人交往，自然而然地，多数中国人在做"推己及人"或"老吾老以及人之老，幼吾幼以及人之幼"的功夫时，一般都有这样的规律：对于包裹在这个特别厚重的圆圈之内的人与物较容易做到"将心比心"、"推己及人"；不过，他或她的这颗"善良之心"往往难于突破这层厚重的"城墙"，相应地，他或她对于城墙之外的陌生人及其拥有的物一般很难做到"将心比心"，而往往是"不为所动"、"无动于衷"。这就是为什么同一个中国人在对待自己的家人和朋友时往往热情有加，而在对待陌生人时常常铁血无情的心理根源之所在。

同时，公正德性得以建立的另一个重要条件是，它必须得到智慧的指导，否则，公正也不可能真正地建立起来。正如柏拉图在阐述"正义"时写道："它（指正义，引者注）不是关于外在的'各做各的事'，而是关于内在的，即关于真正本身，真正本身的事情。这就是说，正义的人不许可自己灵魂里的各个部分相互干涉，起别的部分的作用。他应当安排好真正自己的事情，首先达到自己主宰自己，自身内秩序井然，对自己友善。当他将自己心灵的这三个部分合在一起加以协调，仿佛将高音、低音、中音以及其间的各音阶合在一起加以协调那样，使所有这些部分由各自分立而变成一个有节制的和谐的整体时，于是，如果有必要做什么事的话——无论是在挣钱、照料身体方面，还是在某种政治事务或私人事务方面——他就会做起来；并且在做所有这些事情过程中，他都相信并称呼凡保持和符合这种和谐状态的行为是正义的好的行为，指导这种和谐状态的知识是智慧，而把只起破坏这种状态作用的行为称作不正义的行为，把指导不和谐和状态的意见称作愚昧无知。"（柏拉图，1986，p.172）既然"指导这种和谐状态的知识是智慧"，而"把指导不和谐和状态的意见称作愚昧无知"，这样，一个人若想成为一个正义的人，掌握"指导这种和谐状态的知识"或"智慧"就是非常重要的事情。而西方文化自古希腊以来一向有重视智慧的传统。与此相反，早在先秦时期，中国的大哲就提出了类似于西方大哲所讲公正的"义"的概念，而且《中庸》也说："义者宜也。"韩愈在《原道》里说："行而宜之之谓义。"这暗示"义"本身就包含一定的理智色彩。但是，中国传统文化的主流由于过于重视情感与德性的关系，一向不太重视理性与德性的关系，甚至在某种意义上还有将理性与德性相对立的倾向，结果，先秦大哲力倡的"义"这一重要的道德范畴，由于得不到"理性"或智慧的引导（本来，义＋智＝公正），而是将之与"情"相连，最终变成让许多中国人推崇的"义气"（义＋情＝义气），"义气"本质上属于情感德性（一部《水浒传》正是中国人推崇"义气"的心态的缩写），而正义或公正本质上属于理智德性，这样，"义气"与"正义"虽只有一字之别，但"差之毫厘，失之千里"。这是造成中国人一贯轻公正而重人情与面子的重要原因之一。

因此，若想使当代中国的德育踏踏实实地扎根于中国人自己的文化土壤里，若想在当代中国人心中培育出既有深厚文化底蕴和文化认同感又能与现代文明良好对接的德性，若想吸收中西方道德文化的精髓而去其糟粕，就必须在适度弘扬情感德性的同时，适度加强公正德性的培育。合理合宜的做法是采用区隔策略来待人处世。区隔（compartmentalization）策略是指将公正德性与情感德性的使用限制于某些特定的范围之内。具体做法是：就生活领域而言，在公共生活领域，必须严格按公正法则去待人处世；在私人生活领域，则按照情感德性去待人处世；就处理自己掌控的资源而言，坚持以公正法则处理自己只拥有支配权的资源，对于自己拥有所有权的资源则可以用情感德性的法则予以处理。如，公务员在处理公务时，严格依照法律程序办事，强调公私分明的原则；在私人事务上，则重视人与人之间的人情关系（杨国枢，1988b，p.311）。一个人果真按此做法去做，那么，当他或她依法公正处理公事时，别人一般能予以理解；而当他或她以人情法则处理私事时，别人又会觉得你人情味十足。这是一种妥当、有效的做人方式。

五、妥善处理雅文化推崇德性与俗文化认可德性之间的关系

从"直心为德"的道德观在口语里至今仍有相当的市场，而在雅文化中至迟自东汉开始起就受到排斥的事实看，在中国传统社会里，雅文化与俗文化中蕴含两套德性观。虽然随着内藏以儒家文化为核心理念的《三字经》和《百家姓》之类童蒙教材的普及，雅文化推崇的德性观在一定程度上也走进民间，成为民众所认可的德性的有机组成部分之一，但是，毫无疑问，老百姓心中的德性观与《论语》之类雅文化推崇的德性观在内容上有较大的出入：相对而言，与民众质朴的心理与行为方式相一致，老百姓心中的德性观往往较多地与"直心"相联系；与读书人文质彬彬的气质相一致，雅文化中推崇的德性常常较多地与"（自我）克制"相联系。例如，儒家文化尚仁，而"克己复礼"为仁，可见，"仁"中尽管有"爱人"（即"仁者爱人"）的含义，但这种情感带有明显的理性色彩。同时，儒家又推崇中庸之道。《论语·雍也》记载，孔子明确主张："中庸之为德也，其至矣乎！"据《二程集·河南程氏文集》卷

第九记载，程颐说："中即道也。若谓道出于中，则道在中外，别为一物矣。"（程颢，程颐，2004，p.606）朱熹的《四书章句集注》说："中者，无过无不及之名也。庸，平常也。"可见，"中"的本义是无过与不及，也就是恰到好处之义。一个人要使其言行做到"恰如其分"，就必须防止"过"与"不及"。因此，《论语·颜渊》明确要求人们要做到"非礼勿视，非礼勿听，非礼勿言，非礼勿动"。结果，拥有儒家倡导的德性的人其言行方式往往更习惯于循礼而行，用到极端，往往易压抑人性。

用辩证眼光看，与直心密切相关的德性的优点是，由于这种德性就其本质而言乃是一种情感德性，而情感可以无须任何中介物就能直接激发或产生出相应的行为，这样，这种德性一般可以较好地消除知与行之间的间隙，从而更易杜绝人们在道德修养过程中出现的知行脱节的弊病。其不足之处在于，情感本有积极情感和消极情感之分，消极情感（如恐惧）一般不易激发一个人产生积极的道德行为；同时，情感本身具有非理性的色彩，这样，即便是一个积极的情感（如爱人），一旦强度过大，就会产生情感冲动性，进而常常使拥有这种德性的人在行为上具有颇强的冲动性，容易"义气用事"。如果这种"义气"用对了方向，就获得"侠义心肠"的褒奖声誉；一旦这种义气用错了方向，就招来凭"江湖义气"办事的批评。与"（自我）克制"相联系的德性的优点是，这种德性带有明显的理性色彩，从而使拥有这种德性的人的言行往往具有场依存性的特点，即根据自身所处的不同场合的特点来决定采取某种与此场合相吻合的行为方式，这就能较好地防止情感的冲动性和行为的盲目性，有利于和谐人际关系与和谐社会的建立。其不足之处在于，过于克制自我，容易让人形成内倾的人格特征，也易压抑人性，这与当代中国提倡创新与尊重人权的时代精神有相悖之嫌。顺便指出，这里讲的"理性色彩"仅相对于"直心"德性里浓厚的非理性色彩。由于儒、道两家倡导的德目的主要内容均是情感德性，故而这种德性里蕴含的理性色彩较之西方的理智德性的理性色彩要弱得多，相对于西方人所讲的德性具有浓厚的理性色彩，仍可说中国传统文化倡导的德性从主体上看是情感德性。

正如鲁洁在笔者2002年所著《中国传统德育心理学思想及其现代意义》一书的"序"中所说，"人命定要在历史中生成，每个人的心理都连接着历史"。同时，一个人"不能有两套伦理原则，一套是为校内生活的，一套是为校外生活的。因为行为是一致的，所以行为的原则也是一致的"（杜威，1994，p.144）。这样，为了消除由于两种道德观带来的人们言行上的标准的多维性，为了充分发挥与直心有关的德性以及与克制相联的德性的优点并克服其缺点，当代中国的德育要妥善处理好雅文化推崇德性与俗文化认可德性之间的关系：一方面，在雅文化中要适当给予"直心"德性以合法的地位，不能完全将之抹杀掉，因为它契合人们崇尚真诚、痛恶虚伪的心态；同时又要将"直心"德性适当加以引导和限制，最大限度地剔除其中的非理性色彩。另一方面，既要适当消除雅文化推崇德性中的"克制"色彩，更要通过多种途径——例如，出版系列的普及读物、采用公益广告的形式、运用广播电视等媒介和开展社区活动等——将雅文化推崇的德性世俗化、生活化，让普通百姓不但能听懂，更能从心里认可和接受雅文化推崇的德性。只有多管齐下，方可能收到育德的理想效果。

六、去除泛道德主义的认知取向

在第二章说过，殷周之际中国文化发生了一次大变革，其重要结果就是用道德取代宗教，自此之后，由于种种机缘的交互作用，中国古人因尚德而泛化，形成了颇显著的泛道德主义认知取向，它主要体现在"追求德性优先的价值观和思维方式"等三个方面：（1）养成德性优先的价值观和思维方式。这种价值观和思维方式在荀子那里就已发挥到极致。《荀子·天论》说："传曰：'万物之怪，书不说。无用之辨，不急之察，弃而不治。'若夫君臣之义，父子之亲，夫妇之别，则日切磋而不舍也。"（2）将道德拔高到无以复加的高度。它主要体现在两个方面：一方面，在宏观上，将道德视作天之经、地之经和人之经。正如扬雄在《法言·问神》里说："'何谓德、愆？'曰：'言天、地、人经，德也；否，愆也。'"另一方面，在微观上，将一些重要的德目抬高为放之四海而皆准的道德法则。其典型做法就是对"孝"的阐述。《礼记·祭义》就声称："夫孝，置之而塞乎天地，溥之而横乎四海，施诸后世而无朝夕，推而放诸东海而准，推而放诸西海而准，推而放诸南海而准，推而放诸北海而准。"进而将孝道从涵盖人事范围拓展到涵盖动物界和植物界的重要道德法则。正如《礼记·祭义》所说:"居处不庄,非孝也;事君不忠,非孝也;莅官不敬,非孝也;朋友不信,非孝也;战陈无勇,非孝也。五者不遂,灾及于亲,敢不敬乎? ……曾子曰:'树木以时伐焉,禽兽以时杀焉!'夫子曰:'断一树,杀一兽,不以其时,非孝也。'"这是典型的泛道德主义言论。(3)将学问之道主要限制在道德领域。受德性优先价值观和思维方式的深刻影响,中国古人将学问之道主要限制在道德领域。它的典型阐述出自《大学》。《大学》在阐述"大学之道"时说:"大学之道,在明明德,在亲民,在止于至善。""明明德"、"亲民"和"止于至善"均属求"善",这里几乎完全没有涉及求"真"。《大学》在宋明时期由先前《礼记》的一篇而上升为"四书五经"之首,对两宋至清代的学人治学产生了深远影响。

今天的中国人在进行道德教育时,要妥善地去除泛道德主义的认知取向,因为泛道德主义的认知取向常常给人一种错觉:道德是万能的,道德教育一抓就灵。事实是,道德虽是调节人与人之间关系的一种重要手段,却不是唯一的手段。有些事情仅用道德来调节是没有什么效果的,例如,心理问题就主要靠心理学知识尤其是心理卫生学知识来防治,若将心理问题道德化(汪凤炎,2019c,pp.219-220),效果肯定不佳。同时,道德对人的行为的调节仅是一种软调节,而且带有较大的弹性,有时还有"对人不对事"的特点,也就是,同一件事情,不同人做了,道德评价会有差异。与此不同,法律对人的行为的调节才是硬调节,不但具有良好的可操作性,而且法治社会以"法律面前人人平等"为准则,故是"对事不对人"。这样,若一味地讲德治却不讲法治,最终不但不能在全社会建立起良俗,反而易让整个社会逐渐堕落。因此,当代中国若想更有效地构建社会主义和谐社会,合理做法宜是法治与德治并重,不可顾此失彼。同时,在公共生活领域宜适当多讲法治,再辅之以公德教育;在私人生活领域宜适当多讲德治,倡导个体修养私德,再辅之以法治。

第四章

中国传统品德心理结构观

　　"结构"，与"功能"相对，是指系统内各组成要素之间的相互联系、相互作用的方式，是系统组织化、有序化的重要标志。系统的结构可分为空间结构和时间结构。任何具体事物的系统结构都是空间结构和时间结构的统一（陈至立，2019，p.2134）。"品德"即"品行"，是一个知行合一的概念，品德的结构包括心理结构和外显的道德行为，是指各种品德心理成分与相应的道德行为按照一定的联系和关系所组成的一个整体结构（林崇德，杨治良，黄希庭，2003，p.900）。关于品德的心理结构，当代西方心理学界的主流观点是三要素论，将品德看成是道德认识、道德情感和道德行为的统一体。受西方的三要素论和中国传统道德文化重视道德意志思想的影响，在当代中国教育心理学界和德育界，关于品德心理结构的主流观点是四要素论，即主张完整的品德心理结构应包含道德认识、道德情感、道德意志和道德行为四种成分。这是一种既能与国际心理学界接轨又有一定中国文化特色的品德心理结构观。"一般来说，品德是一种在道德动机的驱使下产生的行为。进一步作分析，通常可认为品德主要由道德认识、道德情感、道德意志和道德行为四种成分组成。"（马文驹，1990，p.478）"任何一种品德都包含一定的道德认识、道德情感、道德意志、道德行为方式等四种基本成分，简称为品德结构的知、情、意、行。"（陈泽河，戚万学，1991，p.46）那么，先哲对品德心理结构的看法是怎样的？有无什么独到之处？

第一节　知情意行心相结合：品德心理五要素观

在古汉语里，没有"品德心理结构"这样的词语或类似的用语，先哲也未明确将知、情、意、行、心视作品德的五种心理成分，他们有关品德心理结构的言论也多颇为零散，但是，综观他们的言论，也有意或无意地论述了品德的这五种心理成分。从德育心理学的视角看，中国传统文化尽管未明确提出品德心理结构的概念，却蕴含丰富的知、情、意、行、心完整的品德心理结构的思想（孟万金，1992），可以将之概括为品德心理结构的五要素观。

一、"吾能知其为仁也"：道德认识

道德认识，也叫道德认知，是指个体对道德关系、原则、规范和道德活动的认识。包括道德概念的掌握、道德判断能力的训练和道德情感的培养等。有不同的认识方式和途径，但都是在道德实践中逐渐形成和发展的，是构成道德品质的因素之一（陈至立，2019，p.777）。先哲虽未对道德认识作如此明确的定义，但是，若以现代德育心理学为参照可以发现他们的言论中有类似思想。据《论语·宪问》记载，孔子曾说："有德者必有言，有言者不必有德。"此观点为后人所继承。据《二程集·河南程氏遗书》卷第二十五记载，程颐说：

"孔子曰：'有德者必有言。'何也？和顺积于中，英华发于外也。故言则成文，动则成章。"（程颢，程颐，2004，p.320）陆九渊在《与吴子嗣》（四）中说："不言而信，存乎德行。有德者必有言，诚有其实，必有其文。"他们都赞成孔子"有德者必有言"的观点，并作出了自己的解释。同时，先哲多看到道德认识的形成在品德形成中的重要作用。如王安石在《仁智》一文里说："仁，吾所未有也，吾能知其为仁也，临行而思，临言而择，发之于事而无不当于仁也，此智者之事也。""知其为仁也"，即形成一定的道德认识。既然他们意识到品德形成的前提条件之一是要形成一定的道德认识，也说明他们于有意或无意间认识到品德中包含道德认识的成分。当然，用今天的眼光看，上面王安石的言论有以仁代智的倾向，忽视了自然科学知识的学习，是其不足之处。

二、"仁者不忧"：道德情感

情感是人的需要是否得到满足时产生的一种内心体验。人的道德需要是否得到满足引起的内心体验就是道德情感。具体地说，道德情感，亦称"道德感"，指人们对道德行为的一种或好或恶的内心感受，即对符合道德准则的行为感到满意、愉快、光荣，对不符合道德准则的行为感到义愤、内疚、羞耻。它同世界观、人生观密切联系，在道德实践中产生，并随着道德认识的提高不断丰富和发展（陈至立，2019，p.777）。作为人特有的一种高级情感，道德情感是人们运用一定的道德标准评价自己或他人的行为时产生的。道德情感对人的道德行为具有一定的调节作用。当道德认识与道德情感成为推动个人产生道德行为的内部动力时，它们就成为道德动机。

先哲也初步意识到一个有道德的人必定具有一定的情感。如，据《论语·子罕》记载，孔子曾说"仁者不忧"，认为有仁德的人经常乐观。据《论语·里仁》记载，他又说："唯仁者能好人，能恶人。"《论语·宪问》说："仁者必有勇，勇者不必有仁。"《论语·为政》说："见义不为，无勇也。"据《论语·阳货》记载，子贡问道："君子亦有恶乎？"孔子明确答道："有恶：恶称人之恶者，恶居下流而讪上者，恶勇而无礼者，恶果敢而窒者。"可见，在孔子看来，只有具有仁德的人，才知道喜爱什么人，厌恶什么人；也只有具有仁德的人才真正具备勇敢的品质。这表明仁德里包含"爱"、"恶"和"勇"之类的道德情感（燕国材，1998，p.59）。如前文所论，孟子对道德情感的重视更是达到空前绝后的高度，这从他的下述观点里可以看出，将恻隐之心、羞恶之心、辞让之心和是非之心看作人与生俱来的，认为此"四心"本身就是仁、义、礼、智四德目的端绪，而这"四心"中的恻隐之心、羞恶之心和辞让之心等"三心"均是情，可见"善端"的主体成分是"情"，孟子进而认为，正是由这些情构成的善端，为每个人走向道德完美的圣人之境提供了基点，这显然是将道德情感视作个体品德发展的基础（燕国材，1998，p.142）。后人多赞成孔子和孟子的这一思想。如陆九渊在《与侄孙浚》中说："人非木石，不能无好恶，然好恶须得其正，乃始无咎。故曰'惟仁者能好人，能恶人'。恶之得其正，则不至于忿嫉。夫子曰：'我未见好仁者、恶不仁者'，盖好人者，非好其人也，好其仁也；恶人者非恶其人也，恶其不仁也。惟好仁，故欲人之皆仁；惟恶不仁，故必有以药人之不仁。"

三、"志久则气久、德性久"：道德意志

意志是指自觉地确定目的，并根据目的来支配、调节自己的行动，克服困难，实现预定目的的心理过程（陈至立，2019，p.5244）。道德意志指人们在决定道德行为的过程中表现出的顽强坚持精神。作为构成个体道德品质的因素之一，是道德认识向道德行为、道德品质转化的关键（陈至立，2019，p.778）。稍加比较可知，2019年版《辞海》对道德意志的界定与对意志的界定"不好接轨"，因为二者之间未遵循演绎推理的规律。有鉴于此，本书根据2019年版《辞海》对意志的界定，遵循演绎推理的规律，将道德意志界定为人们自觉确定一定的道德目的，并根据此道德目的自觉地组织、支配和调节自己的道德行为，克服困难，以实现预定道德目的的心理过程。可见，道德意志是人们为实现有意义但此时并不吸引他的道德目的，而克服那些富有吸引力的动机、需要或愿望的心理特征，它包括道德动机斗争、作出道德判断与选择、按照道德选择去行动等三种成分，相应地，它主要表现在三个方面：道德动机经常能够战胜不道德的动机；根据自己的道德观作出合乎道德规范要求的道德

判断与选择；排除内外障碍，坚决执行由道德动机引出的行动决定。

对于志①在成就高尚道德尤其是独立人格中的作用，古人有非常清醒的认识。如据《论语·卫灵公》记载，孔子说："志士仁人，无求生以害仁，有杀身以成仁。"提倡道德高尚的人士应有杀身成仁的志向。据《论语·子罕》记载，孔子又说："三军可夺帅也，匹夫不可夺志也。"孔子认为一国的军队可以丧失主帅，一个普通人却不可被剥夺意志气节，从而失去独立人格，强调志的重要性。由于有恒心是有志向的表现，据《论语·子路》记载，孔子还说："南人有言曰：'人而无恒，不可以作巫医。'善夫！"《论语·述而》说："善人，吾不得而见之矣；得见有恒者，斯可矣。"孔子为何如此重视志在品德修养中的作用呢？因为在他看来，一个人若"苟志于仁矣，无恶也"（《论语·里仁》），"博学而笃志，切问而近思，仁在其中矣"（《论语·子张》）。

孟子在《公孙丑上》一文中认为志是"气之帅"，主张人要"持其志"："夫志，气之帅也；气，体之充也。夫志至焉，气次焉。故曰：'持其志，无暴其气。'"他力倡士要以尚仁义为其志向。《孟子·尽心上》记载："王子垫问曰：'士何事？'孟子曰：'尚志。'曰：'何谓尚志？'曰：'仁义而已矣……'"

张载在《正蒙·至当篇第九》里说："志久则气久、德性久。"他认为道德意志保持的时间越长久，道德品质保持的时间也就越长久。

在《二程集·河南程氏遗书》卷第二下里，对人面临两难情境时内心产生道德动机冲突的情境有既形象又生动的精彩描述：

> 有人胸中常若有两人焉，欲为善，如有恶以为之间；欲为不善，又若有羞恶之心者。本无二人，此正交战之验也。持其志，便气不能乱，此大可验。（程颢，程颐，2004，p.53）

此处胸中的"两人"相当于德育心理学里所讲的两种道德动机：一种是想为善的道德动机；另一种是想为恶的道德动机。二程主张，若这两种道德动机相冲

---

① 下面讲的"志"，除主要指"意志"外，也有"志向"之义，这是由于古人讲的志向仍主要是志于"道"而非他物，个体要想长久地保持这种志向，需要相当的意志力。

突，则必须以高尚的道德意志去进行调解，弘扬好的道德动机，抵制不好的道德动机；并认为，假若有人不相信这一说法，可以用事实进行检验。这表明在二程心目中，道德意志扮演"调解人"的重要角色。与此相映成趣的是，早在古希腊时期，苏格拉底也认为人的灵魂里有两个性质不同的部分。苏格拉底说："人的灵魂里面有一个较好的部分和一个较坏的部分，而所谓'自己的主人'就是说较坏的部分受天性较好的部分控制。这无疑是一句称赞之词。当一个人由于坏的教养或者和坏人交往而使其较好的同时也是较小的那个部分受到较坏的同时也是较大的那个部分统治时，他便要受到谴责而被称为自己的奴隶和没有节制的人了。"（柏拉图，1986，p.150）因为在苏格拉底看来，"节制是一种好秩序或对某些快乐与欲望的控制"（柏拉图，1986，p.150）。

朱熹认为，一个人不论是为学还是为事，都需要先立志。《朱子语类》卷第十八说："人之为事，必先立志以为本，志不立则不能为得事。虽能立志，苟不能居敬以持之，此心亦泛然而无主，悠悠终日，亦只是虚言。立志必须高出事物之表，而居敬则常存于事物之中，令此敬与事物皆不相违。言也须敬，动也须敬，坐也须敬，顷刻去他不得。"《朱子语类》卷第八也主张："学者大要立志。所谓志者，不道将这些意气去盖他人，只是直截要学尧舜。"

与朱熹类似，王守仁等人也赞成为学先要立志。据《王文成公全书·文录四·说·示弟立志说》记载，王守仁曾说："夫学，莫先于立志。志之不立，犹不种其根而徒事培拥灌溉，劳苦无成矣。……夫志，气之帅也，人之命也，木之根也，水之源也。源不浚则流息，根不植则木枯，命不续则人死，志不立则气昏。是以君子之学，无时无处而不以立志为事。"陈确在《答格致诚正问》一文中说："故学莫先定志，志为圣贤，而后有圣贤之学问可言。格物致知，犹言乎学问云耳。故曰：志于功名者，富贵不足以移之；志于道德者，功名不足以移之。故志于富贵，则所格所致皆富贵边事矣；志于功名，则所格所致皆功名边事矣；志于道德，则所格所致皆道德边事矣。此非格致之异，而吾心之异焉也。"王夫之在《周易大象解·坎》中说："冰之洊至，不舍昼夜，波流如一，而后水非前水，则用其日新以为有恒者也。德行之常非必一德，教事之习非仅一教。有本而出，源源不舍，则德日以盛，教日以深，斯君子用坎之益也。"

四、"君子欲讷于言而敏于行"：道德行为

道德行为是指人在一定道德意识支配下表现出来的、对他人与社会有道德意义的活动。古人对行的认识虽然也未必达到非常清晰的程度，但从他们有关行的言论中的确又可看出他们也有意无意地认识到道德中包含行的成分，而且行在道德中占有重要的地位。这主要体现在两个方面。一方面，在论述个体的道德修养时，认为知行是否统一是衡量一个人道德水平高低的重要标准：一个人在做人时，如果能做到知行统一，那就拥有较高的道德水准；假若知行分离，知而不能行，或只知盲行，都表明其道德水平不高。如据《论语·里仁》记载，孔子说："君子欲讷于言而敏于行。"《论语·为政》记载："子贡问君子。子曰：'先行其言，而后从之。'"邢昺在《十三经注疏·论语注疏》卷二《为政第二》中的解释是："君子先行其言，而后以行从之，言行相副是君子也。"可见，孔子力倡做人的最佳境界是言行一致，其次是"讷于言而敏于行"，千万不可"敏于言而不去行"，对于多说少做的"小人"非常痛恨。另一方面，在对自己或他人育德时特别看重道德行为的训练，重视道德习惯的养成，注重道德行为的持续实践。据《论语·里仁》记载，孔子主张："君子无终食之间违仁，造次必于是，颠沛必于是。"意思是，一个人时时刻刻都要实行仁德，甚至不会有吃一顿饭的工夫离开仁德；一个人处处都要实行仁德，即使在"变起仓卒"、"流离痛苦"（郭沫若语）的场合也要按仁德行事（燕国材，1998，pp.60-61）。行的问题在下文有较详细的论述，此处不赘述。

五、"良心正性，人所均有"：道德自我

关于品德心理结构的三要素论和四要素论虽然有一定的优点，但也存在两点不足：一是未妥善处理好品德各心理成分之间的关系，即受西方分析思维的影响，在将品德的心理成分细分为道德认识、道德情感、道德意志和道德行为的同时，没有看到四者之间的相互关系；二是未突显道德自我（或叫良知）在品德心理结构中的核心价值，从而易使人机械地理解和使用道德规范，易让人丢失自己的道德自我。中国先哲有意无意地认识到这两点不足，在品德心理结

构问题上，若用现代心理学的眼光去观照，他们实际上主张五要素论，即认为品德的心理结构中包括道德认识、道德情感、道德意志、道德行为与良心（道德自我）五种成分。五要素论坚信品德各心理成分之间存在密切的相互关系，即强调道德认识与道德行为之间的统一关系、道德情感与道德智慧之间的统一关系和品德与理智之间的统一关系；在此基础上，又主张道德自我对其他四种心理成分具有调节与统摄作用。正如陆九渊在《与郭邦瑞》的书信中所说："良心正性，人所均有，不失其心，不乖其性，谁非正人？纵有乖失，思而复之，何远之有？不然，是自昧其心，自误其身耳。"《传习录·下》记载：

> 在虔与于中、谦之同侍。先生曰："人胸中各有个圣人，只自信不及，都自埋倒了。"因顾于中曰："尔胸中原是圣人。"于中起不敢当。先生曰："此是尔自家有的，如何要推？"于中又曰："不敢。"先生曰："众人皆有之，况在于中，却何故谦起来？谦亦不得。"于中乃笑受。又论："良知在人，随你如何不能泯灭，虽盗贼亦自知不当为盗，唤他做贼，他还忸怩。"于中曰："只是物欲遮蔽，良心在内，自不会失。如云自蔽日，日何尝失了！"先生曰："于中如此聪明，他人见不及此。"

可见，王守仁更加明确地主张，人人胸中本都有一个"圣人"（也就是道德自我或良心），只是许多人缺乏足够的自信心，或是为物欲所累，从而自己将自己胸中的"圣人"给遮住了。

在五要素论中，前四种成分的含义与上文四要素论中四种成分的含义是相通的，第五种成分指良心或良知。为了便于读者更好地理解"良心"或"良知"这个概念，不妨先看看中西方学人对良心的已有看法。在中国，古代学人对良心或良知问题没有多少争论，他们所讲的"良心"或"良知"一般特指人的"分辨是非善恶的智能"或"善良之心"；《心理学大词典》对"良心"（conscience）的界定是，个人对自己应负的社会义务和社会责任的主观认识，是人的自我意识在道德方面的表现（朱智贤，1989，p.396）。2019年版《辞海》对"良心"的定义是，人们对自己行为的是非、善恶的自我反省和认同道德责任的自觉意识、心理机制。一定的道德认识、道德情感和道德意志在个人意识中的统一。社会道德教育和道德修养的结果。是社会的、具体的历史范畴。其作用主要表现在行为主体的内在制裁和祛恶向善（陈至立，2019，p.2654）。与中国人不同，西方一些哲学家和社会科学家将良心当作认知的对象，历来意见分歧，主要出现了十三种观点：（1）西塞罗（Marcus Tullius Cicero，前106—前43）和塞涅卡（Lucius Annaeus Seneca，约前4—后65）认为，良心是伦理特质，指责或捍卫我们行动的内在之音。（2）斯多噶学派认为，良心是一种保护自我的防卫机构。（3）克利希伯斯（Chrysippus，前280—前207）认为，良心乃是与自我合一的一种意识。（4）基督教的《圣经》将良心看作上帝亲自颁布给他选民的律法。阿奎那（Thomas Aquinas，约1225—1274）把植于每个人的良心当作对上帝及其律法的感应。（5）舍夫茨别利（Anthony Ashley Cooper Shaftesbury，1671—1713）认为，道德意识普遍存在于人类的内心，像是非感、羞恶心等都是这种道德意识的明证，他认为这种道德意识乃建基于人类心灵与宇宙秩序的和谐上。（6）巴特勒（Joseph Butler，1692—1752）认为，道德原则是人类内在本质的一部分，而良心则是人类从善如流的一种天赋愿望。（7）亚当·斯密（Adam Smith，1723—1790）以为，我们对别人的赞同或反对之情感反应，才是良心的主要核心。（8）依康德的说法，驾驭我们整个道德生活的是道德律，而不需要外界的法律和鞭策。一个有道德的人义无反顾地如此做，绝不是畏惧外界的力量，或为了迎合社会习俗，或恐惧上帝的惩罚；他如此做，只因作为一个道德人必须正直地完成他的义务，而良心就是一种无上的义务。（9）尼采在对宗教性的"病态良心"大肆攻击一番之后，断言真正的良心乃在于自我肯定，他认为良心乃是对自己说"是"的一种力量（韦政通，1988，pp.81-82）。（10）弗卢（Antony Flew）编《新哲学辞典》："良心是一种对道德上有义务履行的行为（或不正当的行为）必须坚定地履行（或防止）的执着信念。"（11）弗罗洛夫（Ivan T. Frolov）编《哲学辞典》："良心是一种表达最高形式的道德自我控制能力的伦理学概念。"安吉尔斯（Peter Adam Angeles）编《哲学辞典》："良心是一种（a）一个人应当做和不应做什么和（或）（b）什么是道德上正确、正当、善、可允许或相反的感觉（sense），感情和意识（awareness）。"（12）鲍德温（James Mark Baldwin）编《哲学与心理学百科全书》："良心是对表现于品格或行为中的道德价值或无价值的意识，并包括按照道德去行动的个人义务意识和行为中的功罪意识。"（13）美国《韦伯斯特大辞典》："良心即个人对正当与否的感知，是个人对自己行为、意图或品格的道德上好坏与否的认识，连同一种要正当地行动或做一个正当的人的责任感，这种责任感在做了坏事时常能引起自己有罪或悔恨的感情。"（何怀宏，1994，pp.37-38）

在上述诸定义中，相对而言，笔者较赞同美国《韦伯斯特大辞典》对"良心"的定义，但又认为这一定义有三点不足：第一，行文显得有些累赘，"良心即个人对正当与否的感知"与"是个人对自己行为、意图或品格的道德上好坏与否的认识"，虽互为解释，但显得有点累赘；第二，这一定义有明显的"善即公正"的潜在思想，虽符合西方文化的爱智传统，但主要凸显了理智德性，较少涉及关爱之类的情感德性，从而缩小了"善"的含义；第三，没有明确考虑良行的价值。有鉴于此，本书在借鉴美国《韦伯斯特大辞典》对"良心"界定的基础上，再结合中国传统文化对良心或良知的界定，重新对良心或良知进行界定。笔者认为，从心理学角度看，良知或良心有广义与狭义之分，广义的良知相当于广义的良心，指一个人分辨是非善恶的智能，连同一种有爱心并最好能公正地行动或做一个善良并最好能公正的人的义务感与责任感（这种义务感与责任感在一个人做了好事时常能使人从内心产生愉快或幸福感之类的积极情绪，而在做了坏事时常能使人从内心体验到内疚、悔恨或有罪之类的负面情绪）以及相应的行为方式（汪凤炎，郑红，2010b，p.46）。稍加比较可知，广义的"良知"或"良心"约等于现代心理学所讲的一个人内心的"道德自我"（moral self），可见广义的良知并不是什么神秘莫测的幽灵。狭义的良知与狭义的良心的含义不同。狭义的良知，指广义良知中"知"的成分，即一个人对自己或他人的行为、意图或品格作出的是非善恶的认识；换言之，狭义的良知仅指一个人的善良认识，其中并不包括善良情绪和行善的意志。狭义的良心是指一种以自己、他人或他物为对象的善良之心，它包括狭义的良知、善良的情绪和行善的意志等三部分。下文若无特别说明，所用良知或良心均是广义的含义。

本书认为，在宽泛意义上讲，"良知"约等于"良心"，"良知"或"良心"类似于当代心理学所讲的"道德自我"，这样，本书是在同一意义上并列使用良心、良知和道德自我这三个概念。当然，尽管良心和良知这两个概念在中国都由孟子提出，若细究起来，良心和良知的含义不尽相同：良心只是静态的存在，良知却是实践的活动，在用良知时较强调良心成分中的一种直觉，或者强调它是一种综合性知觉，这样，只要提起良知，就可统摄良心。如明代王守仁以良知发展出一个系统，就很少谈良心（韦政通，2003，pp.78-79）。而且，良心和良知在中国人的语言用法上不尽相同。相对而言，良知在中国古代尤其是在古典文献里用得较多，显得颇正式，学术味更浓；而良心较多地在百姓的日常生活中使用（至今仍在中国百姓的日常生活里广泛使用），显得较口语化（何怀宏，1994，p.2）。同时，尽管西方学人也用良心或良知的概念，但是相对而言，他们没有中国人那么重视良心或良知的概念，尤其是现代西方社会更是如此。因此，虽然不能说良心或良知是中国文化独有的概念，但可以说它们都是颇具中国文化特色、能从一个侧面反映出中国人重要的心理与行为规律的词语（汪凤炎，郑红，2011）。

第二节　相辅相成：品德心理成分之间的关系

先哲未对道德认识、道德情感、道德意志、道德行为和道德自我五种道德品质作严格区分，也未对它们进行专门而细致的探讨，而是在论述育德方法或探讨人之所以为人的依据等问题时论及这些道德品质，这与中国传统文化中分析思维不发达的特点相吻合。用今天的眼光反观先哲的言论发现，他们对于品德心理结构认识的主要价值，不在于早在公元前 6 世纪就已有意或无意地认识到品德包含道德认识等五种成分，而在于对这五种成分之间相互关系的认识，以及突出道德自我的价值。关于道德自我的价值将在本书第九章予以详论，这里不多讲。

一、"知行合一"：道德认识与道德行为相结合

知指道德认识，行指道德行为。先哲多主张道德认识与道德行为必须统

一，否则根本谈不上有德。因为他们大都把道德认识与道德行为能否统一视作一个人做人的根本态度问题，知行合一是所有先哲终身追求的目标之一。至少自孔子开始，儒家学者就将知与行是否一致作为划分"君子"与"小人"的主要标准之一，并将知行相分看作做人上的一种病态。如《论语·宪问》说："君子耻其言而过其行。"《全后汉文》卷八十九《昌言下》说："知言而不能行谓之疾，此疾虽有天医莫能治也。"《墨子·兼爱下》也主张："言必信，行必果，使言行之合，犹合符节也，无言而不行也。"关于这点，本书第十章有详细探讨，此处不多讲。

对于品德各心理成分的作用，西方历来存在唯智派和行为派，即动机论和习惯论的分歧。唯智派主要以皮亚杰、科尔伯格为代表，主张人的品德的形成主要取决于道德知识的掌握以及信念、智慧、动机等因素的形成和发展，认为人的大部分不道德的言行都是愚昧无知所致，在道德教育中必须给予伦理谈话与系统的道德知识（理论）讲解以很高的地位。行为派以班杜拉等人为代表，主张人的品格只是一定动作的总和，是人所有习惯系统的最终产物，一个人只要养成良好的行为习惯，就会出现好品德，在德育中应重视行为练习和习惯养成。动机论和习惯论作为侧重研究品德结构某一方面的学派有意义，它们夸大品德结构中某些成分的作用而抹杀其他成分的存在作用，则是片面的。假若将这种观点带到德育中，就会造成危害。如，若将道德知识的作用估计过高，将德育的重点放在言教上，就可能使学生养成言行脱节的现象，即学生对道德标准和规则说得清楚，在实际的行动中却不去遵守，产生"纸上谈兵"的负面效应。如果只是训练学生按规定行动，形成行为习惯，却始终不让他们知道道德行为的依据，这种道德认识上的缺陷同样会使学生对道德行为的评价能力和灵活性的发展受到限制，出现好人办错事（像帮助坏人、对敌人诚实等）的现象（潘菽，1980，p.160）。

中国先哲一贯主张知行要合一，认为只知不行固然是假知，但只行不知，这种行的境界也不会太高尚。正如孟子在《尽心上》里说："行之而不著焉，习矣而不察焉，终身由之而不知其道者，众也。"此思想反映到中国传统文化中，他们主张在知、行与德的关系问题上，要将道德认识与道德行为统一起来看待；在德育方法上，要将说理教育与行为训练结合起来，但又不是一概论之，而是主张在具体运用这两种育德方法时，应根据个体不同的身心发展水平而有所侧重。如对于年幼的儿童而言，应少说大道理，多进行行为习惯的培养，像朱熹就提倡对儿童要从小"教之以洒扫、应对、进退之节"。随着个体年龄的增长，对个体进行道德教育时也应相应地增加一些伦理性的谈话，以启发诱导学生。像孔子在对弟子进行育德的过程中，就善于采用谈话法。这些思想与做法至今看来仍有一定道理。同时，中国学者在强调知行统一的前提下，又看到了行在品德修养中的特殊作用，在品德修养中多推崇行。如王守仁在《传习录中·答顾东桥书》里说："知之真切笃实处，即是行；行之明觉精察处，即是知。知行工夫本不可离，只为后世学者分作两截用功，失去知行本体，故有合一并进之说。真知即所以为行，不行不足谓之知。"这较之西方人基于知行相分思想上的重行或重知的观点更有合理之处。在当代中国的德育中，若能正确借鉴中国传统知行合一的思想，对于纠正德育中出现的知而不能行或只是盲行等知行脱节的毛病有一定裨益。

二、"情理融通"：情感与理智相结合

西方传统文化对人情感的设计自古以来有理性主义与感性主义两种进路。苏格拉底、柏拉图主张个体只有在摈弃一切情欲而对知识的穷追不舍中才可能在自身中显现善的理念。亚里士多德尽管看到了情感的认识作用与动力作用，仍主张根据理性原则使情感控制在合乎中道。其共同之处在于主张以理智治理情感。与此相反，自普罗泰戈拉（Protagoras，约前481—约前411）而始的感性主义进路，将个体感官的快乐视作幸福和善的追求。近代康德的理性主义伦理思想虽然试图超越理性与感性的二元对立，但最终仍以理性淹没情感，使得康德身后非理性思潮对人的情欲的过度张扬。结果，西方人现实生活中感性和理性的二元对立冲突带来的情感困扰主要靠在宗教的人神关系中得到情感的满足和升华。而西方的感性和理性的二元对立，造成现代西方德育心理中，认知主义流派偏重培养道德认知能力而忽略培养道德情感，非理性主义流派放纵感性欲望而贬低理性思维（鲁洁，王逢贤，1994，pp.73-74）。

与西方文化传统相反，中国先哲并不认为情必然会与理智相矛盾、相冲

突。因为情有善有恶，只有恶情才会与理智相冲突，至于善情（如恻隐之心），只要遵循中庸原则（适度原则），不但不会与智相冲突，而且认为二者乃一根所发。如《孟子·尽心上》说："君子所性，仁义礼智根于心。"于是，中国传统文化对人的理性和情感的看法自古就持情理融通的观点，多主张个体在道德修养过程中要做到将理性与情感联系起来考虑。如孔子说："己所不欲，勿施于人。"（《论语·颜渊》）"君子耻其言而过其行。"（《论语·宪问》）在这两句对后人影响深远的处世名言中，孔子就将情与理有机地结合起来了，因为"己所不欲"和"耻"均是"情"，而"勿施于人"和"言勿过其行"均是"理"。中国传统文化对人的情感设计没有明显的理性与感性的对立，原因之一在于情理融通观是中国传统文化的主流。用今天的眼光看，先哲没有将知、情之间的界限作严格区分，有知情不分、以情代知的倾向。如《朱子语类》卷第五十三说："恻隐、羞恶、辞让、是非，情也。"将"是非之心"也看作一种"情"，就是很明显的以情代知的例证。但是，先哲主张通过情育的方式来培养个体品德的思想，至今仍有重要的借鉴意义。现代德育心理学研究表明，道德本身就是一个既含"知"（道德认识）也含"情"（道德情感）的东西。美好情感是促使主体将道德认知转化为道德行为的精神动力，是推动一个人追求完整人格的原动力，是使抽象的道德理性在个体心中生根、发芽、成长、开花、结果的土壤。同时，理性教育虽然是情感提升的基础，但情感体验是德育取得实效的中心环节：要想道德品质由内化转向外化，必须做到情感与理智的结合，使人的感情升华，同时通过意志力的锻炼，才能外显到行为上（陈升，1999）。情感与理智相结合的思想早已深入到中国人的心中，成为中华民族的一种集体潜意识，使得中国人在日常生活中对人或事进行评价时较为推崇合情合理的境界。遗憾的是，有一段时间的中国德育似乎忘记了这一传统，过于重视道德知识的传授，忽视道德情感的培养，德育缺少情育（情感教育）的辅助，这不能不说是道德教育实效性不大的缘由之一。

三、"必仁且智"：德与智相结合

在德与智的关系问题上，西方人虽然早在亚里士多德的言论里就有德智统一的思想，但是，在西方文化中，德智统一只是一个断断续续的非主流看法。与此相反，西方文明里向有真善二分的传统，真是真，善是善。对"真理"（true）与"善"（good）的分别有深入的探讨，强调在对"是什么"的研究中要坚持价值中立的原则。如康德的思想体系中，主体进行"价值判断"的理性叫"实践理性"，它与主体进行"事实判断"的"纯粹理性"有差别。"事实判断"诉诸人的先天综合形式，"价值判断"诉诸人的自由意志。康德认为，真正的"善"（非抽象的）是一种意志支配下的行动，正是在此意义上，康德将伦理道德视作"实践理性"，而马克思则称其为"实践—精神"。它不像纯粹理性那样站在宇宙之外冷静地本质性地思考认识客体，更多是在理性指导下将善的意志付诸实现。纯粹理性（即认知理性）和实践理性分属于两种把握世界的方式，前一种是按客体的尺度求"真"地把握世界的方式，后一种是按主体的尺度求"善"求"美"地把握世界的方式，即马克思概括的"对象的尺度"与"人的尺度"（马克思，恩格斯，1979，p.97）。求"真"地把握世界，是主体认识对象的不依赖于主体的客观实存内容，客体的内在尺度不仅规定着客体本身的变化，而且也是主体在实践的认识活动中所反映和遵循的尺度。科学即主体遵循客体自在规律内容而认识到的典型的"真"知识，也就是"真理"。相对而言，纯粹认知理性主要作用于世界是什么的命题。而求"善"求"美"地把握世界，则是主体按自身的，即人的规定性去理解规定自然，这种思维理性是建构世界"应当"是什么的价值领域。正是基于上述区分，《爱因斯坦文集》第三卷才说："科学只能断言'是什么'，而不能断言'应当是什么'。"

此观点反映到西方德育心理学思想领域，让真与善的关系问题成为一个既令西方学者头疼又不能不试图予以解决的问题。不过，西方学者大都认为真与善是分开的，心理学家研究的是事实判断，是道德经验上的"是"；哲学家探讨的是价值判断，是道德经验的"应该"。"是"（即"真"）与"应该"（即"善"）是两个不同的范畴，二者之间有一定的距离，从"是"中不能直接推导出"应该"。从逻辑学角度看，假若有人从"是什么"（"to be"）延伸出"应该怎样"（"ought to be"）或干脆将二者等同起来，在西方学者看来，这就犯了自然主义谬误（详见本书第一章第二节）。如深受苏格拉底"美德即知识"传统影响的、以皮亚杰和科尔伯格为代表的认知派道德发展理论着重从人的道德认知来说明其道德，将"是什么"的科学判断与"应该怎样"的道德判断等同起来，以至于科尔伯格自己也承认犯了自然主义谬误，因此皮亚杰和科尔伯格并没有彻底解决道德发展中的真与善之间的关系问题。这种情景在西方德育心理学研究者中不只是皮亚杰和科尔伯格。假若不换一个角度进行思考，仍固守真善二分的文化传统，西方学者是难以真正地、彻底地解决真与善的问题。同时，西方学者多持真善二分的观点，将智慧看作道德中立的（morally neutral）或没有特定价值的（value free），强调要将道德与智慧分开，不能将二者混为一谈（豪尔·迦纳，2000，pp.103-104）。只是到了现在，才有学者如美国的加德纳（Howard Gardner）开始探讨道德智力（moral intelligence）的问题，认为可以把道德智力限定在"那些有助于人类生活尊严的能力或倾向，或者是个人对这些方面的立足观点——不论这些观点是正面的或负面的"（豪尔·迦纳，2000，p.112）。不过，加德纳又说："除非我们可以在知识、行动和价值观之间建立出某种程度的正确关系，否则要真正认可道德智慧（宜译作'智力'，引者注）得承担相当的风险。"（豪尔·迦纳，2000，p.102）"〔道德〕因此指的应该是对一个人个性、个别性、意志、性格甚至于将人性实现至最高境界等方面的陈述，而不是一种智慧（宜译作'智力'，引者注）。"（豪尔·迦纳，2000，p.114）可见，尽管加德纳力倡多元智力观，但对是否存在道德智力的态度仍是谨慎的、矛盾。哈佛大学的另一位心理学家科尔斯（Michael Coles）也只是到1997年才明确提出"道德智力"这一名词，并将之界定为进行公平道德判断的能力。顺便指出，在推理过程中若要避免犯自然主义谬误，有效做法之一是，在"前提"中加上一个蕴含"价值判断"的语句。

反观中国的思想史，对于智与德的关系，不同学人的看法有差异。例如，有人主张智与仁是分开的，二者毫不相干。如东汉学人王充在《论衡·问孔》里说："智与仁，不相干也。有不知之性，何妨为仁之行？五常之道，仁、义、礼、智、信也。五者各别，不相须而成，故有智人，有仁人者；有礼人，有义人者。人有信者未必智，智者未必仁，仁者未必礼，礼者未必义。"这种思想与西方哲人所力倡的真善二分的思想非常类似，不过，它在中国传统文化中并不占主流地位。也有人虽主张仁与智要统一，但同时又赞成要以智来统帅德。如刘劭在《人物志·八观》里说："智者，德之帅也。"刘昞注："非智不成德。"这里已非常明确地点明了智与德之间存在这样的关系：一个人才智发展水平的高低，对其道德品质的发展具有直接的制约作用。这一见解与现代以科尔伯格为代表的道德认知派强调人的道德品质是随其认知水平的发展而发展的思想有相通之处，不过，在中国伦理道德思想史上，这种潜藏有"美德即知识"思想的观点也不是主流派观点。在中国伦理道德思想史上，主流派的观点是主张德智合一论或真善合一论，提倡一个人在修养自身时要做到将高尚品德（简称仁或德）与才质俊美（简称智或才）相结合，从而使自己具有一种"德慧"（汪凤炎，郑红，2014，p.241；汪凤炎，郑红，2015）。这体现了中西伦理道德思想的一大差异，这个差异可以借用新儒学代表人物之一张君劢的下面一句话来表达："是智在德性之中，不在德性之外而与之对立。此乃东方所以重德性重智德合一之教，而西方则智与德对立，且走向智德分途之趋向之大原因所在也。"（胡伟希，1992，pp.209-210）这是中西伦理道德思想的一大差异。换句话讲，在中国思想史上，将道德与智慧分开的思想几乎无迹可寻。中国先哲一贯主张真善合一论，提倡一个人在修养自身时，要做到将高尚品德（简称仁或德）与才质俊美（简称智或才）相结合。

要想准确理解中国先哲的这一思想，必须从他们对"仁"（"德"的代名词）与"智"的看法入手。《论语·颜渊》记载："樊迟问仁，子曰：'爱人'。问知，子曰：'知人'。"孔子明确将"仁"定义为"爱人"，而将"知"[1]定义为"知人"，这意味着，"仁"与"智"在内涵上有相通之处，孔子将"知"的作用限定在认识人与人之间的伦理道德关系，认为一个人只有具备了这种"知"，才会产生利他人的行，即行"仁"，明显地流露仁智合一的思想，也表明孔子讲的"智"实际上主要是"人事之智"。"人事之智"是指对人伦关系的正确认识和解决能力。与之相对的是自然之智或科技之智，它指外在自然和客观世界规律的正确认识和解决能力，即在自然科学领域显露出来的聪明才智（朱海林，2006）。当然，这种观点实不见得是孔子的发明，也并不是儒家的独见。因《尚书·虞夏书·皋陶谟》中早就有"知人则哲"的言论。《尔雅·释言》："哲，智也。"这说明在古汉语里，"哲"与"智"二字为同义词。

---

[1] 知即智，在汉字史上，先有知，后有智，智为后起的字，知与智在中国古代可通用。

近一百多年以来，中文用来翻译 philosophy，即"哲学"之"哲"，古代即以"智"为之释义。在这个意义上讲，虽然中国古代并没有独立的一门"哲学"，古代中国却早在轴心时代即已经把哲学理解为智慧之学（陈来，2014）。《老子·三十三章》也说："知人者智，自知者明。"既然"仁者爱人"，而爱人需要一定的心理素质，这样，据《论语·子路》记载，孔子说："刚、毅、木、讷近仁。"将仁近似地看作刚强、坚毅、朴实憨厚、老实稳重等心理品质。因此，据《论语·学而》记载，孔子说："巧言令色，鲜矣仁！"同时，在孔子的心目中，只有德才兼备、全面发展的人才称得上是君子。于是，孔子认为一个修德之人若不好学多学以增加阅历（并不局限于"知识"），只盲目地践履德行，不但不会增强自己的道德修养，反而会导致诸多蔽病。据《论语·阳货》记载，孔子说："好仁不好学，其蔽也愚；好知不好学，其蔽也荡；好信不好学，其蔽也贼；好直不好学，其蔽也绞；好勇不好学，其蔽也乱；好刚不好学，其蔽也狂。"

孔子的思想为历代学者所继承。如孟子在《公孙丑上》中主张："仁且智。"在《离娄上》里，孟子又认为"智之实"在于明白侍奉父母和顺从兄长的道理并能坚持下去，这都表明孟子赞成智仁合一的思想。《荀子·君道》说："故知而不仁不可，仁而不知不可，既知且仁，是人主之宝也，而王霸之佐也。"对德才兼俱之人也是推崇备至。陆贾在《新语·道基》中说："仁者道之纪，义者圣之学。学之者明，失之者昏，背之者亡。"将"义"视为"作圣"之学，认为"学之者明，失之者昏"，其中也明显地含有仁智合一，以仁代智的思想。《淮南子·诠言训》说："故仁义智勇，圣人之所备有也。"徐干在《中论·智行》里说："夫君子仁以博爱，义以除恶，信以立情，礼以自节，聪以自察，明以观色，谋以行权，智以辨物，岂可无一哉？谓夫多少之间耳。"张载在《正蒙·至当篇》里说："'大德敦化'，仁智合一，厚且化也；'小德川流'，渊泉时出之也。"《二程集·河南程氏遗书》卷第二十五说："君子不欲才过德，不欲名过实，不欲文过质。才过德者不祥，名过实者有殃，文过质者莫之与长。"（程颢，程颐，2004，p.320）朱熹认为，只有品德高尚而同时又才华横溢的人才配称"君子"的名号。《朱子语类》卷第三十五说："问：'君子才德出众之名。'曰：'有德而有才，方见于用。如有德而无才，则不能为用，亦何足为君子。'"与荀子类似，这些人也同样是推崇仁智合一型人才。

在后人论述仁智合一的言论中，又以董仲舒和司马光的观点影响最大。董仲舒在《春秋繁露·必仁且智》中说："何谓之智？先言而后当。凡人欲舍行为，皆以其智先规而后为之。""智"之实本不是指那种求取客观真理的"智"，而是指知道怎样采取合乎规矩的行动方式的"智"，这本身就是一种修德的方法。这就将"仁"与"智"在内涵上有相通之处的思想发挥到了极处，此观点对后人尤其是宋明理学家产生了深远影响。既然"智"与"仁"在内涵上有相通之处，董仲舒才在《必仁且智》一文中强调"智"与"仁"要相结合，认为一个人修德："莫近于仁，莫急于智。不仁而有勇力材能，则狂而操利兵也；不智而辩慧狷给，则迷而乘良马也。故不仁不智而有材能，将以其材能以辅其邪狂之心，而赞其僻违之行，适足以大其非而甚其恶耳。……仁而不智，则爱而不别也；智而不仁，则知而不为也。"司马光在《资治通鉴·周纪一》中有一段名言：

> 智伯之亡也，才胜德也。夫才与德异，而世俗莫之能辨，通谓之贤，此其所以失人也。夫聪察强毅之谓才，正直中和之谓德。才者，德之资也；德者，才之帅也。……是故才德全尽谓之"圣人"，才德兼亡谓之"愚人"；德胜才谓之"君子"，才胜德谓之"小人"。凡取人之术，苟不得圣人、君子而与之，与其得小人，不若得愚人。何则？君子挟才以为善，小人挟才以为恶。挟才以为善者，善无不至矣；挟才以为恶者，恶亦无不至矣。愚者虽欲为不善，智不能周，力不能胜，譬如乳狗搏人，人得而制之。小人智足以遂其奸，勇足以决其暴，是虎而翼者也，其为害岂不多哉！夫德者人之所严（严，敬也），而才者人之所爱；爱者易亲，严者易疏，是以察者多蔽于才而遗于德。自古昔以来，国之乱臣，家之败子，才有余而德不足，以至于颠覆者多矣，岂特智伯哉！故为国为家者苟能审于才德之分而知所先后，又何失人之足患哉！（司马光，2012，pp.13-15）

在仁与智的关系上，司马光不但极其推崇仁与智相统一的思想，而且力主以德来统帅智。在中国传统文化中，这一观点可说是一种主流派观点或正统派观点。但需要指出，从"才德全尽谓之'圣人'"之语看，在先哲眼中，真正做到"才德全尽"的人非常少，因为"圣人"毕竟是极少数的。既然"才德全尽"的人在现实生活中是少之又少，那么退而求其次，先哲在选拔人才或考核一个人的业绩时，转而优先考虑"德"，主张："凡取人之术，苟不得圣人、君子而与之，与其得小人，不若得愚人。"这种思想若发展至极端，就有可能产生德与才完全对立的观点，这也是今人在研究中国传统德育心理学思想时不能不引以为戒的。

据研究统计，在二十五史中，"仁"共出现 5859 次，而"智"仅出现 2604 次，前者是后者的 2 倍以上（杨世英，2008）。这表明，较之仁，智的重要性要次一等。在首重仁的前提下，儒家也清楚地认识到"人有智犹地有水，地无水为焦土，人无智为行尸"（冯梦龙，2007，智囊自叙 p.1）的道理，强调在与自然相处、与人相处和与自己内心相处时要善于用智，做到"仁且智"或《荀子·君道》所讲的"知且仁"，"智"成为儒家生活德育的重要内容之一，"爱智精神"也成为中华民族文化的一个基本精神。例如，据《论语·子罕》记载，孔子说"智者不惑"，这个智就是智慧。《中庸》讲三达德，智排在首位，居于仁之前，可见《中庸》对智的重视。同时，《中庸》相信"好学近乎知"。孔子虽然较少谈智，但孔子非常重视"好学"，按照《中庸》的看法，孔门提倡"好学"与"智"是一致的，这提示了一条通向智慧的重要途径（陈来，2014）。

从造字法上看，甲骨文"𣅊"（智）本是一个会意字："𣅊"字左边类似"亏"的符号指"气"。正如段玉裁注："锴曰：亏亦气也。"（汉语大字典编辑委员会，2010，p.1628）中间的符号是"口"的象形字（汉语大字典编辑委员会，2010，p.613），右边的符号一看就是"箭"的象形字。合起来看，甲骨文"𣅊"字左边的"气"表示"力量"，与右边的"箭"合起来后，既有"箭速很快"之义，也含有"有的放矢"之义；将之与位于中间的"口"合在一起，其义恰恰是"知"字里蕴含的如下重要含义："识敏，故出于口者疾如矢也。"（许慎，段玉裁，1988，p.227）"凡知理之速，如矢之疾也，会意。"（汉语大字典编辑委员会，2010，p.2763）对于"知"与"智"的关系，清人徐灏在《说文解字注笺·矢部》里明确地说："知，智慧即知识之引申，故古只作知。"（汉语大字典编辑委员会，2010，p.2764）这表明，从造字法上讲，

"智"字里已蕴含"知而获智"的思想。不过,要注意:徐灏只说"智慧即知识之引申","引申"二字表明智慧虽然从知识中来,但并不等同于知识,所以徐灏并未说"智慧即知识"。由此可见,在中国先哲心里,"知"与"智"既有一定的差异,又有内在的一致性与相通性。对于"𥄂"与"智"、"知"的关系,约斋在《字源》里解释"𥄂、智、知"三字时说得好:"知识的作用是无形的,只得借矢来代表,本作矢于口,谓矢射及的情形,后增日,跟口重复,仍省作智作知。"(约斋,1986,p.203)约斋的这一解释从总体上看颇有见地,但"后增日,跟口重复"这一解释没有准确看到"增日"的真正价值。对于"𥄂"与"智"的关系,《汉语大字典》(第二版)在解释"智"字字形时提供了一个重要线索:"徐灏注笺:'知𥄂本一字,𥄂隶省作智。'"(汉语大字典编辑委员会,2010,p.1628)依徐灏的解释,"𥄂"字本是"智"的古体字,"智"字是从"𥄂"字的隶书字体里演化出来的:小篆"𥄂"字中的"白"本"乃从甘之讹"(王光耀,1998,p.354),在用隶书字体书写"𥄂"时,将右边的"亐"字省略掉,将下边的"白"字"以讹传讹"地写成"日"字,就成了现代通行的"智"字。这表明,在汉字史上,是先有"𥏐"、"𠂤吅"或"𥏐"等三字,继而有"𥄂"字,后有"智"字。徐灏指出"智"字是在用隶书字体书写小篆"𥄂"时产生的,这有一定见地!这说明"智"字产生的时间虽不如"𥄂"早,但也已有一定历史了。因为据2009年3月15日晚在中国中央电视台第十频道(CCTV-10,科学与教育频道)"探索与发现"节目里播出的"史说汉字(四):隶行天下"讲,汉字的隶变可能在战国中期已出现。最保守估计,在战国末期已出现汉字的隶变,至秦代便已大量使用秦隶。因此,传说中的秦朝人程邈因罪入狱后在狱中发明隶书的故事是不能成立的。李斯"书同文"中的"文",在理想上是小篆,实际上通行的是秦隶(即"古隶")。明白了这一点,就能很好地解释这一现象:今人只在泰山石刻上发现李斯的小篆,在其他考古发现里看到的秦代一些有文字记载的实物(如竹简等)上面,其文字都是用秦隶(而不是用小篆)撰写的。西汉初期仍延用秦隶,至汉武帝时便形成汉隶(即"今隶"),至"熹平石经"时汉隶已达到成熟,成为汉朝的标准字体。从隶书开始叫"今文字",以前的就叫"古文字",方块字就是在隶变过程中逐渐形成的。隶书字体的主要特点是,改曲为直，取消逆笔，简化偏旁，混同偏旁，省略篆文中的一部分（窦文宇，窦勇，2005，p.5）。在古文中，"日"字偶尔的确会错写成"白"字。例如，"习"起初写作"🦅"、"🦅"，其上为"羽"，其下为"日"，其繁体字却写成"習"。《说文》这样解释："习，数飞也。从羽，从白。"按：徐锴系传作"从羽，白声。"郭沫若《卜辞通纂考释》："此字（甲骨文）分明从羽，从日，盖谓禽鸟于晴日学飞。许之误在讹日为白，而云白声。"（汉语大字典编辑委员会，2010，p.3565）不过，只认为"智"下的"日"是将"𥐊"下的"白"字以讹传讹地写成"日"字的结果，这实也未深究"智"字下"加'日'"的用意。窦文宇和窦勇对"智"的解释是："由'知'和'日'构成。'知'有知识的含义，引申有聪明、智慧和见识的含义，其下加'日'是为了与'知'字的其他含义区别开，专门表述上述含义。"（窦文宇，窦勇，2005，p.61）他们看到"知"与"智"在字形与字义上的联系，但也未深究"智"字下"加'日'"的用意，只说"智"下加"日"是为了与"知"字的其他含义区别开，用以专门表述聪明、智慧和见识的含义，这一见解值得商榷。综上所论，从字形看，甲骨文、金文和小篆的"智"字与"知"字实为同一个字，而且都源自"🦅"；对于"智"字下"加'日'"的解释，虽有不同看法，但一般只将其解释为以讹传讹的结果。为什么在"知"下加"日"使之成为"智"，而不是在"知"下加别的什么字或符号，使之既与"知"区分开，又能够表达"聪明、智慧和见识"的含义？对于这个问题，已有解释多未深究。

从文化心理学角度分析，笔者认为，后来汉语之所以普遍使用"智"字而不是"𥐊"字或"知"字来表述"聪明、智慧"之义，其原因主要有二：一方面，"智"字书写起来更加方便、简洁（"智"字较之"𥐊"字笔画要少），既显得更为实用，又吻合汉字朝着实用、简化和规范方向发展的规律；另一方面，更清晰地表达出"𥐊"字内蕴含的"转识成智且是日积月累式的"的思想。较之"智"字，"知"字的笔画虽要少一些，但若将"知"字用来指称"聪明；智慧"的含义，不但无法有效地将其与读作"zhī"时的"知"的诸种含义区分开，更无法让人一眼从字形上就看出"转识成智"的思想。而"智"字之字形，其上为"知"，其下为"日"，这个"日"字蕴含以下三种含义（汪凤炎，郑红，2009）。

一是"日积月累"。也就是，要通过日积月累的方式逐渐让自己获得广博知识，才有可能让自己变得越来越聪明，越来越智慧。

二是"日日行之"。儒家在论学时大都信奉《荀子·儒效》所说的"不闻不若闻之，闻之不若见之，见之不若知之，知之不若行之，学至于行之而止矣"的道理。这一道理虽然由荀子明确阐述出来，但至少自孔子以来就有，并且一直被通晓儒家教育精义的人身体力行。同时，在《荀子·劝学》看来，学有"君子之学"和"小人之学"之分（详见本书第十章）。经由知行脱节式"小人之学"获得的"知"，无法有效地帮助学习者获得智慧，只有经由知行合一式"君子之学"获得的"知"，才能有效地帮助学习者获得智慧，因为智慧本是知行合一的。因此，"智"字下面的这个"日"字也有"日日行之"之义，即日日力行使所学知识逐渐变成自己的素质。因为当一个人学习某种知识后，若能真正做到《荀子·劝学》所说的"入乎耳，箸乎心，布乎四体，形乎动静，端而言，蠕而动"，这种知识就已经内化为此人的内在素质了。而要达到这一学习境界，就需要个体日日力行才行。这意味着，从字形上看，"智"本有"将知识日日力行，使之不断从陈述性知识转换成程序性知识"之义。

三是"日行一善"。通过上述两个步骤，一般就能将知识转换成聪明才智；若想将知识转换成智慧，还必须加上第三个关键步骤——日行一善，即个体要将通过日积月累一些经过实践证明是正确的程序性知识来为绝大多数人谋福祉。需要指出的是，受儒学的影响，自孔子起，中国古代官学与私学传授的主要是道德知识，这样，古人在讲"知而获智"时虽经常未明言"真善合一"，实际上已内在地隐含"真善合一"。当代人所学的知识则多是科技知识，若想"转识成智"，就一定要将所学知识来为绝大多数人谋福祉；若少了这个"临门一脚"的功夫，前面做得再好也徒劳无益。

综上所论，个体在认识和解决复杂问题时，若能做到出口之言就像"如矢中的"，一方面要具备良好的直觉或缜密的逻辑思维能力、流畅的语言表达能力、准确的判断力等，这些均是才能的表现；另一方面，也要能预测到行动结果是好的。因为"如矢中的"的含义有二：从科学性角度看，要求行动准确；从道德性角度看，要求行动正确。由此可见，从"智"字字形看，"智"字不但是一个会意字，而且是真善合一，其中明显潜藏有"知而获智"、"转识成智"和"知行合一"的思想。儒家在论智时继承了这一传统。孟子在《尽心上》说："知者无不知也，当务之为急；仁者无不爱也，急亲贤之为务。尧舜之知而不遍物，急先务也；尧舜之仁不遍爱人，急亲贤也。不能三年之丧，而缌、小功之察；放饭流歠，而问无齿决，是之谓不知务。"在这里，孟子既相信智者无所不知，又认为智者之所以是智者，能够准确把握哪些事情是当前必须优先知道的，知道事情的轻重缓急。正如康有为在《孟子微》卷三《礼智第五》里所说："此言仁智无穷，而人之当先，则以当务急亲贤为先。当务，则时时不同，人人不同，要皆有当者。如吏之于政，士之于学，商之于货，工之于艺，农之于产，是其当务，其他虽有妙道，在所后也。皆指点人下手之处，故知迂阔而远事情，非儒者也。"（康有为，1987，p.58）因此，《孟子·公孙丑上》说："是非之心，智之端也。"《孟子·告子上》干脆说："是非之心，智也。"《荀子·正名》也说："所以知之在人者谓之知，知有所合谓之智。"认为只有当人的认识与客观事物相吻合，方可称作"智"。西汉末期的思想家扬雄在《法言·问道》里说："智也者，知也。夫智用不用，益不益，则不赘亏矣。"其义是："凡物用之则亏，益之则赘。智者以不用为用，以不益为益。用而不用，是不亏也；益而不益，是不赘也。"扬雄在《太玄校释·太玄攡》里又说："见而知之者智也。"这显然是对知而获智观的一种简明解释。据《白虎通义·情性》记载，班固说："智者，知也。独见前闻不惑于事，见微知著也。"东汉刘熙在《释名·释言语》里说："智，知也，无所不知也。"这明确用"知"来释"智"，并认识到智者的知识极其丰富；当然，生活中不可能存在在任何领域都"无所不知"的智者，只能说智者在其擅长的领域比一般人要知道得多。刘劭在《人物志·自序》里说："夫圣贤之所美，莫美乎聪明。聪明之所贵，莫贵乎知人。知人诚智，则众材得其序，而庶绩之业兴矣。"主张"知人诚智"，这显然是继承孔子与老子等人所讲的"知人者智"思想的结果。《二程集·河南程氏粹言》卷第一《论学篇》说："子曰：'致知则智明，智明然后能择。'"（程颢，程颐，2004，p.1191）这显然也是对知而获智观的一种简明解释。据《陆九渊集》卷三十三《好学近乎知》记载，陆九渊曾说："夫所谓智者，是其识之甚明，而无所不知者也。夫其识之甚明，而无所不知者，不可以多得也。然识之不明，岂无可以致明之道乎？有所不知，岂无可以致知之道乎？学也者，是所以致明致知之道也。向也不明，吾从而学之，学之不已，岂有不明者哉？向也不知，吾从而学之，学之不已，岂有不知者哉？学果可以致明而致知，则好学者可不谓之近智乎？是所谓不待辩而明者也。"（陆九渊，1980，p.372）在这段言论里，陆九渊继承前人"知而获智"的智慧观，主张一个人通过持续不断的学习来增长自己的知识，将之转换成智慧，从而将智慧、知识与学习三者之间的关系讲得颇为透彻（汪凤炎，郑红，2009）。

　　知而获智观是儒家对智、智慧的一种重要且有价值的见解。鉴于儒学是中国传统文化的有机组成部分之一，而且以孔子为代表的大儒的言论里均有明显的知而获智思想，由此可推知，正由于儒家早在先秦时期就深刻认识到知而获智的道理，又深知知识主要是通过学习得来而非生来的道理，这样，儒家才一向重视教育与学习，希望通过这两种途径来让更多弟子获得聪明才智与智慧。可见，知而获智观是儒家生活德育的一个重要理论基础。不过，从表现形式上看，儒家多未有意识地对知而获智观作系统而深刻的论述，往往是在只言片语里论及它，使得关于智慧的这一重要见解在儒家经典文献里时隐时现。这样，尽管知而获智观已明确告诉人们：转"知"或"识"的确能够助人成就智慧。但是，在实际操作中，一些不理解知而获智观真谛的人容易产生一种误解：以为这种"知"只是一种纯粹的认知概念，认为一个人只要拥有了"知"，并能够做到活学活用，或是在一定的知识基础之上作出明智选择、趋利避害或见微知著，也就拥有智慧了（姚新中，洪波，2002）。正如《易经·蹇卦·象传》所说："见险而能止，知矣哉！"正是在这种误解的影响下，中国古代一些所谓的智者力倡，一个人若想拥有智慧，就须做到要知可知不可、通权达变，因为行权知化就是智慧。为此，要正确识别利害，就必须对事物的发展变化有正确认识和决断（姚新中，洪波，2002）。如《战国策·赵策二》说："愚者暗于成事，智者见于未萌。"《吕氏春秋·知化》说："凡智之贵也，贵知化也。"在当今中国，很多人只知科技知识的重要性，而低估道德知识的价值。事实上，"知"本需要善心的引导，因为真正意义上的智慧本是聪明才智与善的合金；纯粹认知领域的聪明才智是中性的，它既可助人为善，也可为虎作伥。因此，没有善心的引导和催化，只追求私利的聪明才智无论水平有多高，都只能算作小聪明，不是真正意义上的智慧。例如，一个人若从私心出发，信奉"见险而能止，知矣哉"的做人格言，那么，在他们看来，像林则徐那样信奉"苟利国家生死以，岂因祸福避趋之"（林则徐《赴戌登程口占示家人》）的人便是傻瓜了。殊不知，从长远眼光看，林则徐这样的人才是真正的智慧者。可见，"行权知化"只是聪明才智，而不一定是智慧。只有一心为人民，在此前提下再做到"行权知化"，才算拥有智慧。因此，一个人在做人过程中，只有在"人"字左边的一撇上写上善心，在"人"字右边的一捺上写上聪明才智，善心与聪明才智的和谐发展，才能构成一个完整意义上的智慧之人（汪凤炎，郑红，2009）。

概言之，"中国哲人认为真理即是至善，求真乃即求善。真善非二，至真的道理即是至善的准则。即真即善，即善即真。从不离开善而求真，并认为离开求善而专求真，结果只能得妄，不能得真。为求知而求知的态度，在中国哲学家甚为少有。中国思想家总认为致知与修养乃不可分；宇宙真际的探求，与人生至善之达到，是一事之两面。穷理即是尽性，崇德亦即致知"（张岱年，1982，序论 p.7）。将认识论和人生论、道德论密切联系在一起，融求知与心性修养于一体，认为致知和修养互为基础，求知与为圣相互统一，求真就是求善，修养品德亦是一种致知，即求知方法往往也就是修养道德的方法；为知识而求知识的纯粹知性探求态度和"知识就是力量"的思想，在中国传统文化中极其少见；《庄子·齐物论》曾说"六合之外，圣人存而不论"，表明中国先哲也较少对自然奥秘的探索和沉思，他们探求真理更多的是为了提升德性和完善人格。这样，很多受真善二分思想影响的西方德育心理学家在研究德育心理学时遇到的"是—应该"的悖论，在持真善合一观点的中国先哲看来就不是一个问题了。但是，中国先哲所讲的认识论一直以德性之知为主，即使像荀子和王夫之这样最有主智精神的人，在其知性探求上也深受德性之知的影响而不能深入。宋明理学家所讲的格物致知，既有知识论的意义，更具伦理学的意义；既是一种求知的方法，更是一种修养道德的方法。王守仁力倡的"知行合一"，更是就个人在社会中道德实践和人格完成而言的，其"知"乃"德性之知"或"良知"。先哲大都重视仁智合一而以仁为统帅，因智未从仁中独立地彰显出来，智的知性形态要为德性所制约，是一种德慧，智的社会效果的发挥有赖于德的养成。借助德慧的发展以完成一己心性之自觉，并表现意志的自由，发而为道德的行为与实践，是中国传统文化的一个基本特征。这种观念落实到教育内容上，就会形成用价值来规范知识、人的行为的倾向。价值为本、为先，知识为末、为后（黄济，1994，pp.228-229）。这样，中国先哲尽管也探讨知识与认识的方法（典型者如先秦墨家），不过，多未对它作一种独立的、专门的、系统的探讨，而是将之与伦理道德联系起来并以后者为中心，这样做的后果是，虽然限制了认识论与实证科学在中国的发展，却让传统道德文化深入人心。从德育心理学角度看，中国先哲将真和善联系起来思考的视角，无疑是值得今人借鉴的一种视角，它对于提高德育的实效性，克服科学这把"双刃剑"中的负面功效等，都有一定的积极意义。因为历史上有许多事例表明，知识尤其是自然科学知识这把"双刃剑"既能造福于人，也能造祸于人。假若一个没有良心的坏人拥有丰富的知识尤其是拥有大量实用的先进知识，他就有可能使知识成为一种损害乃至毁灭人类的魔咒。在这方面，德国化学家哈伯（Fritz Haber，1868—1934）可算得上是一个典型人物了。他曾获诺贝尔化学奖，可是，在第一次世界大战期间，为让德国取胜，他竟然将自己的科学知识用于毒气研究，成为世界科学家中，用科学知识为不正义战争服务的最臭名昭著的人物之一。他的狂热竟到了这种程度，以至于他的妻子哀求他放弃这一丧心病狂的研究，见他不听，最后拿他的手枪自杀了。而这一"死谏"仍然不能改变他的想法。妻子死后他干脆收拾行李去了前线。即使在德国败局已定的情况下，他仍抱着通过化学武器来赢得战争的设想。这个把良心出卖给魔鬼的"活宝"最终为有正义感的人所不齿（吴甘霖，2002）。当然，许多事情都有两方面，先哲这样做也有很大的消极面，使得他们重视道德知识而轻视自然科学知识，重视德育而轻视智育，进而阻碍了"科学"在古代中国的诞生。如《论语·子路》记载："樊迟请学稼。子曰：'吾不如老农。'请学为圃。曰：'吾不如老圃。'子曰：'小人哉，樊须也！上好礼，则民莫敢不敬；上好义，则民莫敢不服；上好信，则民莫敢不用情。夫如是，则四方之民襁负其子而至矣，焉作稼？'"

西方人所讲的"智"主要是一种"知物"的"智"，它若没有德性的观照，自然是与"善"相分开的；中国先人所讲的"智"主要是一种"知人"的"智"，它自然是与"善"合一的。从这个意义上说，假若人们清楚认识到二者适用的范围不同,"真善二分"与"真善合一"均有一定道理,但是,后人经常犯的一个错误是,将"真善二分"与"真善合一"作泛情境的推论,或是错误地将纯粹认知领域的智力与善相合一,以为从纯粹认知领域的"真"中能导出"善";或是错误地将本是合一的德慧(知人的智慧)也与善相分离。这是当代中国德育宜引以为戒的。因此,当代中国德育若想跳出"真善二分"与"真善合一"之间无谓的争论,就必须吸收中国传统文化中智仁合一思想的精华,进而将传统文化中带有浓厚德慧意蕴的"智"的内涵进一步扩大,使之既包含"待人的智慧",又包含"待物的智慧",在此基础上再主张德智统一,就能避免中国历史上虽主张德智合一但实际上造成重德轻智乃至阻碍了科学发展的严重后果,并使今人在科学研究或教育活动等实践活动中,既自觉地将价值判断与事实判断有机地结合起来,做到真、善、美的统一,又做到德育与智育相并重:在育德的过程中要善于培养个体的智力,在育智的过程中也要善于培育个体的良好道德品质,使二者相互促进,而不偏于一端。

四、"文质彬彬":素养美与自然美相结合

先哲以文与质对举。文指一个人通过后天修养习得的素质,类似于今人所讲的"素养美"或"心灵美"。质指一个人直接得之于遗传与成熟的先天素质,类似于今人所讲的"自然美"。对于文与质的关系,中国传统文化有一种颇有价值的见解,那就是主张二者要相辅相成、相得益彰,而不能顾此失彼。此思想至少可追溯至孔子。据《论语·雍也》记载,孔子说:"质胜文则野,文胜质则史。文质彬彬,然后君子。"认为一个人若朴实多过文采,就显得有些粗野;若文采胜过朴实,又有虚浮之嫌。只有文采与朴实相互协调的人,才可称得上君子。可见,"文质彬彬"是形容一个人既文雅又朴实,这既是中国传统文化推崇的一种修身境界,也是中国传统文化推崇的一种审美心态。此观点同今天讲的自然美与素养美或心灵美要相结合的思想有相通之处。孔子的这一主张为后世学者所发扬光大。《论语·颜渊》记载:"棘子成曰:'君子质而已矣,何以文为?'子贡曰:'惜乎,夫子之说君子也!驷不及舌。文犹质也,质犹文也。虎豹之鞟犹犬羊之鞟。'"棘子成是卫国大夫。古代大夫都

可以被尊称为"夫子",所以子贡这样称呼棘子成（杨伯峻，1980，p.127）。作为孔子的得意弟子之一，子贡坚决支持孔子"文质并重"的主张，对于棘子成重"质"轻"文"的观点自然是要批驳的。《孟子·尽心上》说："形色，天性也；惟圣人然后可以践形。"认为人的身体相貌是天生的，一个人即便天生丽质，假若其心灵不美，这种外在美也没有什么值得称道之处。如大汉奸汪精卫在长相上虽有"民国四大美男子之一"之称，但因其投日叛国，终为人所不齿。反之，一个人即便天生的长相不美，如果他能够通过自己持久修身养性的功夫，用素养美或心灵美来弥补自身长相的欠缺，一定能够赢得"美"的评价。例如，在民间，孔子的相貌有"七露"之说，即"耳露轮，眼露白，鼻露孔，口露齿"，眼、耳、鼻为双数，加上口，共"七露"。孔子博物馆藏有一幅明代绘制的《孔子燕居像》，它基本上是按"七露"之说绘成的（见图4-1）。若这种说法属实，那么孔子的长相并不美。

图 4-1　孔子燕居像

（引自孔子博物馆官网，www.kzbwg.cn/zhanlan/jbcl/wisdom/ww/2020-06-11/1195.html）

当然，"七露"之说也有可能是为了体现圣人有异相，即孔圣人长得就不同于常人。因为民间对孔子外貌的描述与《史记》里对孔子的描述和在南昌海昏侯墓出土的迄今发现最早的孔子画像有较大出入。据《史记·孔子世家》记载，孔子"生而首上圩顶"，这是说孔子生来凹顶。成年后，"孔子长九尺有

六寸，人皆谓之'长人'而异之"。"将适陈，过匡，颜刻为仆，以其策指之曰：'昔吾入此，由彼缺也。'匡人闻之，以为鲁之阳虎。阳虎尝暴匡人，匡人于是遂止孔子。孔子状类阳虎，拘焉五日。""孔子适郑，与弟子相失，孔子独立郭东门。郑人或谓子贡曰：'东门有人，其颡似尧，其项类皋陶，其肩类子产，然自要以下不及禹三寸，累累若丧家之狗。'子贡以实告孔子。孔子欣然笑曰：'形状，末也。而谓似丧家之狗，然哉！然哉！'"这是说孔子成年后身材魁梧，体格健壮，长得极像当时鲁国的阳虎。

自秦汉以来已无人见过孔子的真容或真像（春秋战国时期没有照相技术，孔子自然没有照片留世；至今也未发现当时人给孔子画的像），现无法确认"七露"之说是真是伪。不过，可以肯定的是，无论孔子的长相是美还是丑，孔子最后赢得"万世师表"美誉的依据绝不是来自其长相，而是来自其心灵美（外化为言行美）。在当代中国，当人们称吴菊萍为"最美妈妈"（2011）、张丽莉为"最美女教师"（2012）、吴斌为"最美司机"（2012）、"共和国勋章"获得者钟南山以及"人民英雄"国家荣誉称号获得者张伯礼、张定宇（患有"渐冻症"）和陈薇（女）为"最美医生"（2020）时，看重的也是他们七人在危险时刻展现出来的心灵美。一个人只有做到用心灵美来充实其自然美，使自己兼顾心灵美和外在美，这种人才称得上是真美丽。所以，《尸子》记载："人之欲见毛嫱、西施，美其面也。夫黄帝、尧、舜、汤、武美者，非其面也，人之所欲观焉，其行也，所欲闻焉，其言也。而言之与行，皆在《诗》、《书》矣。"（尸佼，2006，pp.66-67）其后，程颐也主张一个人若是"君子"，其"文"与"质"就要相互平衡，而不能"文过质"。据《二程集·河南程氏遗书》卷第二十五记载，程颐说："君子不欲才过德，不欲名过实，不欲文过质。才过德者不祥，名过实者有殃，文过质者莫之与长。"（程颢，程颐，2004，p.320）综观整个中国传统文化，相对而言，儒家似乎更注重"文"，而道家又好像更在乎"质"。不过，"文质彬彬"的观点对今天的中国德育和今天中国人的审美理念及做人方式等都有一定的启发意义。它告诉人们：在对个体的品行进行培育时要将自然美与素养美或心灵美结合起来，不能厚此薄彼，"美在心灵，不在长相"。因此，在衡量一个人是否长得美时，高品位的审美理念是在注重自然美的同时，更要追求素养美或心灵美。

第三节　中国传统品德心理结构观对当代德育的启示

一、细致厘定品德的心理成分

若与现代学者尤其是西方学者的研究相比就会发现，中国先哲虽然也论述了知、情、意、行和心这五个方面，但他们并未对品德中的知、情、意、行和心这五种心理成分作出严格界定，有知行不分、知情不分和仁智不分等特点，由此特点出发，又有以仁代智和以行代知等倾向，这是中国传统德育心理学思想的不足之处。这导致在中国传统文化中，从宏观上看，有以德育代智育的倾向，阻碍了科学的产生与发展；从微观上看，先哲未清楚地认识到品德里包含知、情、意、行、心等成分，使得在实际的德育中曾就品德中的知、情、意、行等成分之间的关系发生过激烈的争论。如就知、行两成分而言，既有以知代行的（如王守仁），也有以行代知的（如王夫之）。今人再来研究品德的心理结构时，为了避免类似问题的产生，就要努力吸取西方学者善于对品德的心理成分作细致区分的优良传统，也对品德的心理成分作细致厘定，这对正确认识品德的不同心理成分的作用有积极意义。

二、慎重考虑六对关系

品德的结构是什么？这个问题在古今中外的学界尤其是当代中国德育界有不同的看法，以当代中国心理学界和德育界为例，除了四因素说这个主流派观点外，还存在一些非主流的观点，主要有二因素说（主张品德的基本结构是知和行，即任何道德品质都包含道德认识和道德行为倾向，此观点以潘菽为代表）、三因素说（此观点与西方的三要素说如出一辙）（潘菽，1980）、维度结构假说（包括班华的三维结构假说和章志光的多维结构假说等）（班华，1986；章志光，1990）、层次结构假说（如张志学的表层结构和深层结构假说）（张志

225

学，1990）、环形结构假说（赵志毅，2011）、系统结构假说（林崇德，1989，p.34）、价值态度结构假说（李伯黍，1992，p.433）等（汪凤炎，郑红，陈浩彬，2012，pp.40-45）。真可谓仁者见仁，智者见智。出现这一局面固然与品德本身的复杂性有关，可能与研究者的视角不同也有密切联系。汲取古今中外学人探讨品德心理结构的经验与教训，要准确剖析品德的结构先需弄清六对关系。

（一）内部与外部的关系

从内部与外部的关系角度看，过去既有学者主张从品德的内部去研究品德的结构，也有学者主张从品德赖以生存的外部环境入手去研究品德的结构。毫无疑问，品德的形成与发展离不开外部的客观环境，但是，将外部环境纳入品德的结构中，这实际上混淆了系统与结构之间的区别。在笔者看来，称得上是某个事物的结构的东西，一定是这个事物本身固有的，而不是人为地从外面加上去的，人为地加上去的东西不能称作结构；同时，结构是隐含在事物内部的，而不可能是展现在事物外部的。展现在事物的表面的东西只能称作事物的款式或形状，在探讨事物的结构时不能混淆内部结构与外在形状之间的关系，错将款式当作结构。例如，不同的桌子可能有不同的形状，但只要称作桌子，就必须有一个共同的内部结构。为什么人们不会将桌子看成椅子呢？就是因为二者之间的基本结构不同。同理，在探讨品德结构时，严格意义上说，只能将品德内在的东西视作品德的结构。从这个意义上说，品德作为一种心理现象，其结构也就是一种心理结构，这样，"品德的结构"与"品德的心理结构"实际上是同义词组，为行文简洁，本书就多用前一个词组。也正由于品德的结构是内在的，从严格意义上说，在探讨品德的结构时，不宜将外显的道德行为作为品德的结构。但是，真正的品德是一种心理现象，它像其他心理现象一样不具有形体性，限于科技发展水平，至今人们仍不能直接将它直接呈现在面前进行研究，而只能通过人的外显行为进行间接研究；而且，品德作为一个内隐的东西，也只有通过一个人的外显行为进行间接的评断。基于品德的这一独特之处，在探讨品德的结构时，可以权将道德行为作为品德的结构之一。但是，系统就不同，它既可以指一个事物与其赖以生存的外部环境组成的相对稳定的关系，也可以指一个事物作为一个整体而言其内部各子成分之间组成的相对稳定的关系。就前者而言，任何一个事物若想在这个世界上存在，都必然会与其周围环境组成一个相对稳定的系统；就后者而言，任何一个事物内部各子成分之间都组成一个有机的内部系统。这样，如果是研究品德的系统，就可以将品德赖以生存的内外部环境加以综合考虑。

（二）个别与一般的关系

从个别与一般的关系角度看，结构有基本结构与具体结构之分。一类事物共同拥有的结构可以称作这类事物的基本结构；在一类事物中某个具体事物独有的结构可以称作这个具体事物的具体结构。从逻辑上说，事物的具体结构可能千差万别，正由于此，才构成了客观世界中事物的丰富多样性；但是，一类事物只有一个基本结构，不可能有多种。犹如世上的人有千千万，但人只有一个基本的生理结构，不可能一个人就有一个独特的基本生理结构。从这个意义上说，品德作为一种客观存在，其内部也只能有一种基本结构，不可能是多种多样的基本结构。研究品德的结构重点也宜放在研究品德的基本结构上，不宜放在研究某一个人的品德的具体结构上，因为不同的人可能其品德的具体结构是不一样的。当然，对于品德的这一基本结构的构成到底是怎样的，不同时代的人由于研究的水平与视角不同，可能有不同看法，不过，多种看法只表明人们对品德结构的研究还不够成熟，不够准确，并不表明品德真的就有多种基本结构。

（三）静态与动态的关系

从静态与动态的关系角度看，过去既有学者主张从静态角度来研究品德的结构，也有学者主张从动态角度来研究品德的结构。虽然从理论上讲，运动是绝对的，静止是相对的，这样，从学理上说，研究品德的结构也要考虑静态与动态的关系，但是，这绝不意味着品德同时拥有静态结构和动态结构，品德的基本结构只有一个，而且起初是静止的，只有当一个活生生的人拥有品德时，才能激活品德的静止结构，使其处于不断运动之中，这时运动着的已是品德的机能，而不再是品德的结构本身，品德的结构本身只是品德发挥其机能的载体。一个人如果认为品德有静态与动态两个结构，就有将结构与机能相混淆之嫌。例如，不能说死人有一个基本生理结构，活人有另外一个基本生理结构，死人与活人的基本生理结构是一样的，不同的是，死人的基本生理结构完全处于静止状态，没有相应的机能，而活人的基本生理结构处于不断运动变化之中，发挥着相应的生理机能。

（四）形式与内容的关系

从形式与内容的关系角度看，过去既有学者主张从形式的角度来研究品德的结构，也有学者主张从内容角度来研究品德的结构。笔者以为，品德的结构不同于品德的内容，品德的内容具有一定的文化共性和差异性，而且具有较强的发展性，从品德内容去研究品德的结构容易将品德的结构看成具有时代差异性和文化相对性的东西，这不利于对品德结构的认识。从形式的角度来研究品德的结构可能更科学。

（五）持久与短暂的关系

从持久与短暂或稳定与临时的关系角度看，结构有持久结构与临时结构或稳定结构与临时结构之分。一类事物长时间之内拥有的结构可以称作这类事物的持久结构或稳定结构。一类事物临时、短时或阶段性地拥有的结构可以称作这类事物的短暂结构或临时结构。以青蛙的身体结构为例，其临时结构是生命处于蝌蚪阶段时拥有的结构，其持久结构是蝌蚪变成青蛙后拥有的结构。对于青蛙而言，蝌蚪拥有的结构之所以是临时结构，是因为此结构只具有过渡性质，迟早会被真正的青蛙结构取代。青蛙之所以叫青蛙，是因为其拥有青蛙的结构，而不是因为其拥有蝌蚪的结构。这样，从学理上说，研究品德的结构也要考虑持久与短暂的关系，毕竟任何一个人的品德发展都会经历一个逐渐发展与成熟的过程。但是，这绝不意味着这两种结构拥有同等的重要性。在研究品德的结构时，虽然也要研究个体处于年幼时期的品德结构，但更应将重点放在研究正常成人持久拥有的品德结构上。理由至少有二：一是后一种结构不但是前一种结构成长的自然归宿，而且在人的一生中持续的时间更长，发挥的作用更大；二是只有像青蛙之类的生物才在其成长的阶段拥有两种或多种截然不同的结构，人不是青蛙，无论是人的基本生理结构还是人的基本心理结构，虽然在年少时与年长时其成熟度有所不同，却是异质同构的：年幼者的基本生理结构与年长者的基本生理结构是大致相同的，不同的是二者的质量与机能有差异而已；年幼者的基本心理结构与年长者的基本心理结构也大致相同，不同的也只是二者的质量有差异而已。

（六）整体与成分的关系

从整体与成分的关系角度看，西方学者一般主张从组成部分（成分）的角度来研究品德的结构，仔细厘定品德的成分；中国先哲一般从整体观的角度来看待品德，认为一旦将品德作细致划分，品德也就"死了"。用辩证的眼光看，中国先哲对品德的看法，其长处在于其中蕴含"整体大于部分之和"的思想，而不是强调品德不同心理成分之间的相互关系；短处在于未对品德中的知、情、意和行这四种心理成分作出严格界定，显得有点囫囵吞枣。现代西方心理学家对品德的看法，其长处在于对品德中的知、情、意和行这四种心理成分作出严格界定；不足在于太过机械，缺少"整体大于部分之和"的思想。探讨品德结构的合理路径应是，先对品德的不同成分一一作出厘定，在此基础上阐述不同成分之间的相互关系。既不能像西方学者那样，过于注重厘定品德的成分，却不太看重探讨品德各成分之间的辩证关系；也不能像中国先哲那样，在未对品德的不同成分作出严格界定的情况下，就去探讨不同成分之间的彼此关系。

根据上述分析可知，品德的结构是作为个体心理与行为的形式而言的，基本不涉及道德规范的具体内容，因而具有普遍性、规律性，不为时代、民族或阶级所决定。同时，品德结构也具有统一性与差异性、层次性、阶段性、顺序性、连续性、品德心理结构发展的多端性等特点。

三、重视研究品德各心理成分之间的关系

受西方德育心理学思想的影响，将品德的心理成分分为知、情、意、行四个方面已成为当代中国德育工作者的共识。尽管这种观点基本上符合人的道德发展实际，因而得到人们的公认。但是，这种观点有一个根本性缺陷：根据这

一观点，仿佛个体的品德只是由彼此独立的知、情、意、行四个因素混合而成的，西方学者深受分析哲学的思维定势的影响，得出品德是由知、情、意、行这四种成分组成的观点不奇怪。若仅仅以西方德育心理学为参照，也得出中国先人对于品德心理成分的看法持与西方学者类似的结论，不但显得中国传统德育心理学思想没有特色，也不符合中国传统重整体思维而轻分析思维的事实，这种研究显然没有深度。

事实是，就品德心理结构的研究而言，若与西方德育心理学思想相比，中国传统德育心理学思想的不足之处是未对品德中的知、情、意和行这四种心理成分作出严格界定，其长处之一在于非常强调品德不同心理成分之间彼此的相互关系。古人提出的"知行合一"观、"情理交融"观、"必仁且智"观和"文质彬彬"观等观点，对于今人正确认识品德不同心理成分之间相互关系都具有一定的借鉴意义。中国传统品德心理结构观的另一优点在于，突出了道德自我对于道德认识、道德情感、道德意志和道德行为的指导与统摄作用（详见本书第九章）。既然如此，当代中国的德育心理学工作者既应吸收西方德育心理学的精华，又不要忘记了中国传统文化中固有的优良传统，换句话说，当代中国德育心理学工作者在研究品德的心理结构时，合理的路径应是，先对品德的不同心理成分一一作出厘定，在此基础上再阐述不同心理成分之间的相互关系。既不能像西方学者那样，仅仅停留在厘定品德的心理成分层面上，却忽视了探讨品德各心理成分之间的关系；也不能像中国先哲那样，在未对品德的不同心理成分作出严格界定的情况下，就去探讨不同成分之间的彼此关系。

四、德慧是人类的一种重要智慧

在当代西方心理学界，有关智力的理论纷繁复杂，多种多样，不过，主流的智力理论主要探讨个体的语言智力（linguistic intelligence，指学习和使用语言文字的能力）、逻辑—数学智力（logical-mathematical intelligence，指数学运算和逻辑推理的能力）和空间智力（spatial intelligence，指凭知觉辨别距离判定方向的能力）等，一般不涉及处理人际关系的智力。只有加德纳的多元智力理论（theory of multiple intelligence）首次提出人际智力（interpersonal intelligence）和内省智力（intrapersonal intelligence）的概念（豪尔·迦纳，2000）。人际智力指与人交往且能与人和睦相处的能力。它的中心成分是对其他人的情绪、气质、动机和期望的辨别和恰当的反应能力。其代表人物是政治家和推销员，如甘地（Gandhi）和特里莎（Theresa）修女等。内省智力指对自身内部世界的状态与能力具有极高的敏感水平的能力。它的中心成分是对自己情绪的感知、区分，并以此指导自己行为的能力，对自己的力量、弱点、期望和智力的了解。其终端者是详细的、准确的自我知识。其代表人物是心理治疗师，如弗洛伊德和戴安娜王妃等。但加德纳本人对道德智力持犹豫不定的态度。道德智力的概念由哈佛大学的另一位心理学家科尔斯在 1997 年提出，它指进行公平道德判断的能力（理查德·J.格里格，菲利普·G.津巴多，2003，pp.270-271）。受西方智力理论的深刻影响，当代中国教育界有一种流行的观点，认为智慧只是在解决复杂问题时展现出来的聪明才智，将原本是"德才一体"的智慧片面理解为纯粹认知领域里体现出来的才华，其核心是以高智商为基础获得的丰富的自然科学知识与相应的能力，于是，当代中国教育过于重视向学生传授数、理、化之类的自然科学知识，但不太真正看重向人传授做人所需的良好品德，更不看重传授给学生做人的智慧，结果招来"只教给学生一些小智，却让学生丢了大慧"之类的批评，这是当代中国学校教育宜予以深刻反思的。

事实上，当代中国教育假若做到既上接中国传统文化的精髓又能放眼世界的话，马上就会觉知到智慧原本是"德才一体"的（汪凤炎，郑红，2015；2022，pp.98-100），智慧凭此显著特质而与本能、智力、情商、社会智力、人际智力、知识之类的其他概念区分开来（汪凤炎，郑红，2022，pp.104-111）。因为从行为层面看，智慧是智慧行为或智慧行动的简称，智慧行为是指德才一体的行为或行动。从心理素质的角度看，智慧是指个体在其智力与知识的基础上，经由经验与练习得的一种德才一体的综合心理素质。个体一旦拥有这种综合心理素质，能让其睿智、豁达地看待人生与展现人生，洞察生活中形形色色的人与事，使其精神生活过得更加美好一些（Grimm，2015）；当身处某种复杂问题情境时，能让个体在其良心的引导下或善良动机的激发下，及时运用其聪明才智去正确认知和理解其面临的复杂问题，进而采用正确、新颖（常常能给人灵活与巧妙的印象）且最好能合乎伦理道德规范的手段或方法高效率地解决问题，并保证其行动结果不但不会损害他人和社会的正当权益，还能长久地增进他人和社会或自己、他人和社会的福祉（汪凤炎，郑红，2014，p.189；汪凤炎，傅绪荣，2017）。从个体角度看，智慧是指智慧者，后者是指具备智慧素质的个体（汪凤炎，郑红，2022，pp.98-100）。也就是说，虽然智慧的定义可以从不同角度进行界定，但其实质都是一样的，即都是"德才一体"的，正所谓"一切水月一月摄"。同时，智慧不止一种，而是有不同类型，其中依要解决的问题的对象是人还是物，或者依智慧里包含的才能或能力的性质不同，可将智慧分为"对待客观事物的智慧"（简称"物慧"）和"对待人的智慧"（简称"人慧"）两种类型。

人慧（wisdom in humanities and social sciences）是指个体或集体在处理复杂人文社会科学问题时展现出来的智慧。因这类智慧往往与人心有关，故简称人慧。也就是说，人慧是指个体或集体在其智力与人文社会科学知识的基础上，经由经验与练习习得的一种德才一体的综合心理素质。个体一旦拥有这种综合心理素质，就能让其睿智、豁达地看待人生与展现人生，并洞察生活中形形色色的人与事，使其精神生活过得更加美好一些；当其身处某种复杂人文社会科学问题情境时，就能让其在良心的引导下或善良动机的激发下，及时运用其在人文社会科学领域展现出来的聪明才智去正确认知和理解其面临的复杂人文社会科学方面的问题，进而采用正确、新颖（常常能给人灵活与巧妙的印象）且最好能合乎伦理道德规范的手段或方法高效率地解决这些复杂问题，并保证其行动结果不但不会损害他人或社会的正当权益，还能长久地增进他人、社会或自己、他人与社会的福祉。同时，罗希（Eleanor Rosch）提出的原型理论（prototype theory）告诉人们，概念主要以原型（即它的最佳实例）来表示，人们主要从最能说明概念的一个典型实例来理解概念（Rosch，1975）。从这个角度看，孔子、甘地与马丁·路德·金（Martin Luther King Jr.）等人可以视作人慧者的原型，孔子、甘地与马丁·路德·金等人身上展现出来的智慧可以视作人慧的原型。因此，典型的人慧者一般是"人文社会学家＋良好道德品质或善人"的合金（汪凤炎，郑红，2022，pp.132-133）。

与人慧相对的是物慧，这类智慧常常是个体或集体在研究客观事物的规律（简称"物理"，此"物理"不是指作为一门独立学科的物理学）或运用从客观事物身上获取的规律以适应或改造环境时展现出来的智慧，故简称物慧。也就是说，物慧是自然智慧（natural wisdom）的简称。具体地说，物慧是指个体在其智力与自然科学知识的基础上，经由经验与练习习得的一种德才一体的综合心理素质。个体一旦拥有这种综合心理素质，就能让其在身处某种复杂自然科学与技术问题情境时，能够在其良心的引导下或善良动机的激发下，及时运用其在自然科学领域展现出来的聪明才智去正确认知和理解所面临的复杂自然科学与技术方面的问题，进而采用正确、新颖（常常能给人灵活与巧妙的印象）且最好能合乎伦理道德规范的手段或方法高效率地解决这些复杂问题，并保证其行动结果不但不会损害他人或社会的正当权益，还能长久地增进他人、社会或自己、他人与社会的福祉。依据原型理论，爱因斯坦可以视作物慧者的原型，爱因斯坦身上展现出来的智慧可以视作物慧的原型。所以，典型的物慧者一般是"自然科学家＋良好道德品质或善人"的合金（汪凤炎，郑红，2022，pp.132-133）。

若用物德与人慧的观点进行观照，那么，在加德纳的多元智力理论中，语言智力、逻辑—数学智力、空间智力、音乐智力、肢体—动觉智力和自然主义智力，均属于物慧的范畴，在这些智力基础上发展出来的智慧均属于物慧的一种；人际智力和内省智力均属于人慧的范畴，在这些智力基础上发展出来的智慧均属于人慧的一种。人慧与物慧之间存在七个重要区别：（1）人慧与物慧涉及的才能或能力的性质不同。人慧主要体现在处理复杂人生问题上；物慧主要体现在处理复杂物理或自然科学与技术问题上。（2）人慧与物慧的首要属性有差异。人慧的首要属性是一颗高水平的善良之心，然后才兼有创造性；物慧的首要属性是创造性，至于其道德，只要不至于沦落到在绝大多数善良人认可的基本伦理道德规范之下即可。（3）衡量人慧与物慧的标准有差异。衡量一个人是否有人慧的标准有二：一是，至少有超越底线伦理的品德，当然品德越高越好；二是，至少在人文社会科学的某一领域要展现一定的聪明才智，当然聪明才智越高越好。与此不同的是，衡量一个人是否有物慧的标准有二：一是，在自然科学领域至少要展现出一定的聪明才智，当然越高越好；二是，至少有超越底线伦理的品德，当然品德越高越好。（4）人慧与物慧里具有的客观性与主观性的成分的比例大小有差异。人慧里包含的主要是做人的智慧与审美的智慧，做人与审美虽然也要遵循某些超越时空界限、表现极稳定的普适性规则（前者像仁爱、公正、宽恕与责任等，后者像"和为美"等），但也带有明显的文化相对性和个体差异性。因为一定时代、某一具体国家或地区民众普遍认可的伦理道德规范与审美理念往往都具有时代性与民族性等特点，这必然导致存在于某一具体时代的某一具体国家或地区的民众习得的品性和审美观念具有一定的时代性与民族性；同时，生活在同一时代、同一国家或地区的民众，虽然绝大多数人追求的核心价值观或认可的基本伦理道德规范与审美理念大致相同，不过，在此前提下，不同人因其兴趣、爱好、价值观、审美观、人生观和世界观的差异，导致彼此之间认可的伦理道德规范体系与美学观也不完全相同，进而导致不同人习得的品性和审美观念也不尽相同，这样人慧在本质上是主观的。因此，人慧虽有一定的客观性、普适性，但更具文化相对性和个体差异性。与此不同，物慧里包含的聪明才智说到底要符合自然界中的客观事物的内在规律。虽然自然界中的客观事物的内在规律也要人去发现、去建构，这使得物慧也带有一定的主观性，但是，相对于人慧而言，物慧里拥有的客观性是更多的，这使得物慧说到底是不依任何人的意志、兴趣、爱好等主观因素而转移的，因而也不受文化因素的影响，具有浓厚的普适性。（5）人慧与物慧和人心的关系不同。人慧在解决复杂人生问题过程中展现出来，而且，像历史、文学、美术、音乐、管理心理学、社会心理学和人际关系心理学等人文社会科学，因其与人心密切相关，实都是人生问题的衍生物，一个人若想在这些人文社会科学领域有一定甚至高深的造诣，一个必备前提是，自己必须经由自己的人生历程而洞察人心。否则，即使他掌握了相应的知识与技巧，也不可能创造出高质量的作品。与人慧不同的是，在纯粹的自然科学研究中，科学家或发明家只要不违背道德底线，即便他在做人方面乏善可陈，不会影响到他聪明才智的展现，也不会影响到他人对他聪明才智的认可，只要他在自然科学研究中取得了足够分量的成绩，照样会赢得"拥有智慧（实是物慧）"的评价。（6）人慧与物慧涉及的学科领域不同。一般而言，纯自然科学的研究对象是纯客观的物体，相应地，一个人在解决纯自然科学——如数学、化学、生物学、天文学等——里的复杂问题时展现出来的智慧主要是物慧。纯人文社会科学的研究对象是带主观价值的人心，相应地，一个人在解决纯人文社会科学——如音乐、美术、社会学、伦理学等——里的复杂问题时展现出来的智慧主要是人慧。依此类推，一个人在解决某一兼具自然科学属性与人文社会科学属性的交叉学科——如心理学——里的复杂问题时展现出来的智慧则可能或偏重人慧，或偏重物慧，或兼有人慧与物慧的双重属性。(7) 人慧与物慧在中西文化中的命运不尽相同。受儒学的深刻影响，在态度上，中国人尤其是中国古人偏爱人慧中的德慧（者），不太看重甚至蔑视物慧（者）与人慧的其他子类型；在生活中，较之物慧，中国人尤其是中国古人更擅长人慧尤其是德慧。这样，典型的中式智慧者一般多是在人文社会科学领域有高深造诣且"会做人"的人，像老子与孔子都是其中的佼佼者；只有像墨子之类的少数人既有人慧也兼有物慧。与中国人不同，在态度上，西方人尤其现代西方人是人慧（者）与物慧（者）并重；在生活中，西方人尤其是近现代西方人与中国人一样擅长人慧，但比中国人更擅长物慧。这样，至今为止，人类文明史上最杰出的物慧者一般多来自西方国家。正由于此，不但导致在现实生活里智慧者的类型多种多样，而且导致不同智慧类型之间往往不具可比性；也正由于人慧与物慧之间存在较大差异，在现实生活里能够在人慧与物慧上都获得较高发展的智慧者是较少的，大多数智慧者多只在一个智慧领域获得较高的发展（汪凤炎，郑红，2014，pp.228-236；2022，pp.132-138）。

受儒学崇德思想的深刻影响，在诸种智慧类型中，中国人最终独独挑出德慧并加以大力倡导，对于物慧和其他子类型的人慧则不予深究。何谓德慧？它是道德智慧（moral wisdom）的简称，是指个体在其智力与道德知识的基础上，经由经验与练习习得的一种德才一体的综合心理素质。个体一旦拥有这种综合心理素质，就能让其睿智、豁达地看待人生与展现人生，并洞察生活中形形色色的人与事，使他生活过得更加美好一些；当他身处某种复杂人生问题情境时，能够让他适时产生下列行为：个体在他良心的引导下或善良动机的激发下，及时运用做人方面的聪明才智去正确认知和理解他面临的复杂人生问题，进而采用正确、新颖（常常能给人灵活与巧妙的印象）且最好能合乎伦理道德规范的手段或方法高效率地解决复杂人生问题，并保证他行动结果不但不会损害他人和社会的正当权益，还能长久地增进他人和社会或自己、他人和社会的福祉。由此可见，典型的德慧者一般是"良好道德品质或善人＋人事之智"的合金（汪凤炎，郑红，2014，p.241）。

中国文化向有重视做人的传统，认为"人才"是"先成人，后成才"，始终将做人看作第一位的，将做事看作第二位的。这样，当代中国的学校教育若想避免诸如"只传授给学生一些小智（聪明才智），却让学生丢了大慧（智慧）"之类的批评，就宜衔接中国文化重视德慧的传统，在实际的教育中妥善处理好物慧与德慧的关系，而不宜顾此失彼。科学的态度宜是：从宏观上看，要辩证看待德与才的关系，不能偏执一端；从微观角度看，对于每一个具体的人，要根据其自身已有素质的特点，做到"缺什么补什么"。概要地说，假若一个人的素质是才能多而道德品质低，就宜采取妥善方式帮助他提高道德修养；如果一个人的素质是道德水平高而创造性低，就宜采取妥善方式帮助他提高创造性；假若一个人既少德也少才，就宜采取妥善方式帮助他提高德与才；如果一个人既有德又有才，仍可采取妥善方式促进他德与才向更高水平发展，让他理解"山外有山，人外有人"；其他情况要做到依此类推。

第五章

中国传统品德心理形成与发展观

现代德育心理学一般认为，道德品质的形成与发展是一个知、情、意、行相互结合和交替进行的过程，一般要经历道德认识、道德情感、道德意志和道德行为四个阶段。品德的培养可以有多种开端：有时可以从培养个体的道德行为技能与习惯开始，有时可以从培养个体的道德情感入手，有时可以从提高个体的道德认识做起，也可以同时并进和相互促进。不过，只有当上述几种心理成分都得到相应的发展，特别是在一定的道德动机与一定的道德行为之间形成稳固的联系之后，某些道德品质才能更好地形成与发展起来（潘菽，1980，p.159）。那么，先哲是如何看待品德形成与发展过程的？

第一节　行→知→情→意→心：品德形成与发展过程观

先哲未明确将品德的心理结构细分为道德认识、道德情感、道德意志和道德行为四个层次，也未明确地将知、情、意、行联系起来作为德育过程的四个阶段。不过，不能由此得出先哲未探讨品德的形成与发展过程，事实上，他们对这一问题有自己的一套"逻辑"：多主张整体育德，力倡在德育过程中要融知、情、意、行、心五者于一体。下面仅是为了论述的方便，才将先哲的整体育德观作了解构。

一、"子能食食，教以右手"：训练道德行为

现代德育心理学研究表明，道德行为是实现道德动机的手段，是一个人的道德认识的具体表现与外部标志，它主要通过练习或实践掌握行动技能和养成习惯的途径形成起来。道德动机与道德行为之间的联系不是一对一的简单关系。为了实现某种动机，一个人可以根据不同的情境采取不同的行为（潘菽，1980，pp.158-159）。品德的培养只靠动机教育和行动方式的指导还不够，还必须通过不断实践形成一定的道德行为习惯。道德行为习惯是一个人由不经常的道德行为转化为道德品质的关键因素。换言之，道德品质形成的关键，是个体能将其道德认识和道德情感外化为一定的道德行为，这也是道德品质形成的难点所在。因此，道德行为的训练应主要包括三方面的内容：一是道德行动方式方法的掌握；二是道德意志的培养；三是道德行为习惯的养成（潘菽，1980，pp.171-172）。对于这些问题，先哲多有非常清醒的认识，他们多强调知（类似于今天讲的道德行动方式方法的掌握）、志（类似于今天讲的道德意志的培养）和行（类似于今人所讲的道德行为习惯的养成）的重要性。因知和志的内容将在下文予以阐述，这里只谈行的问题。

在先哲看来，道德教育要从个体小时候做起，切实贯彻"蒙以养正"的原

则（详见本书第十二章）；同时，先哲清楚地认识到，对于年幼的儿童而言，向他们传授一些做人的大道理是没有什么效果的，因为他们缺少足够的生活经验，无法理解，不如结合儿童的日常生活来训练他们的道德行为来得实在。这正如《朱子语类》卷第七所说：

> 古者初年入小学，只是教之以事，如礼乐射御书数及孝弟忠信之事。自十六七入大学，然后教之以理，如致知、格物及所以为忠信孝弟者。
>
> ……
>
> 小学是事，如事君、事父、事兄、处友等事，只是教他依此规矩做去。大学是发明此事之理。

于是，先哲多主张德育的开始点应是训练个体的日常生活习惯，从此入手来训练他们的道德行为习惯，并强调要根据个体的不同身心发展水平采取相应的行为训练方式。

对于胎儿，主张要适时进行胎教，以使处于胞胎中的个体养成良好性情，为以后的道德教育打下良好基础。从古人的言论看，胎教也主要从训练孕妇的行为方式入手来训练胎儿的心理与行为。用今天的眼光看，古人主张胎教的思想及做法都有一定的合理之处，认为受到良好胎教的个体出生后其德与才都会高于一般的人也有一定道理，不过其中也含有某些牵强附会乃至迷信成分。如《列女传·母仪传·周室三母》说："古者妇人妊子，寝不侧，坐不边，立不跸；不食邪味，割不正不食，席不正不坐；目不视于邪色，耳不听于淫声。夜则令瞽诵诗道正事，如此则生子形容端正，才德必过人矣。故妊子之时，必慎所感；感于善则善，感于恶则恶。人生而肖万物者，皆其母感于物，故形音肖之。"《颜氏家训·教子》说："古者，圣王有胎教之法：怀子三月，出居别宫，目不邪视，耳不妄听，音声滋味，以礼节之。"

对于幼儿、儿童及青少年，主张从他们的日常生活方式入手来对他们实施早期的行为训练。如《礼记·内则》说：

> 子能食食，教以右手。能言，男唯女俞。男鞶革，女鞶丝。六年，教之数与方名。七年，男女不同席，不同食。八年，出入门户及即席饮食，必后长者，始教之让。九年，教之数日。十年，出就外傅，居宿于外，学书计。衣不帛襦袴。礼帅初，朝夕学幼仪，请肄简谅。十有三年，

学乐，诵诗，舞勺。成童，舞象，学射御。

可见，在中国古代，从教育方式上看，针对幼儿及儿童的身心发展特点，主要以家庭教育的方式来进行德育，而且开始的时间颇早；从教育内容看，对于幼儿及儿童的德育主要从培养合乎一定规矩的行为方式入手：当幼儿刚开始自己尝试进食时，大人就要及时教他们用右手拿筷或勺；当幼儿刚开始牙牙学语时，大人要及时教给他们正确的应答方式，即男孩子说话要"唯"而不"诺"，因"唯"比"诺"更有礼貌，女孩在应诺态度上要百依百顺。等到儿童长至7岁，就要将他们男女分开，告诉他们男女既不能同席而坐，也不能同桌吃饭。等儿童长至8岁，就要告诉他们在出入大门和吃饭时，都要先让长者才可。等到儿童长至10岁，儿童早期的家庭教育就告以结束，将他们送到外面去，跟外面的教师学习。这表明，在中国古代，青少年的德育主要在学校中进行。同时，这种合乎一定规矩的行为方式的养成，从表面上看只是一种生活习惯的培养，究其实，里面包含德育的意蕴，因为先哲多有"生活即德育"的理念。

对于成人，主张要训练其力行的作风和言行一致的作风。关于力行，如《周易·蒙》提倡："君子以果行育德。"认为君子要用果敢的行为来培育他人的品德。《朱子语类》卷第三十四说："博学、审问、慎思、明辨是讲学，笃行是修德。"关于言行一致，如孔子就非常强调做人言行要一致，以至于将言行能否一致看作判断君子与小人的重要标准。

简言之，在德育中先哲不但将践履视作德育的起点而且将践履视作德育的终点，有终身教育的思想，以使德育贯穿于个体心理发展过程的始终，经过这样的反复强化，提高了育德的效果。也许有人会说，知是德育的起点，因为德育是从知到行、知行合一的过程。这种观点值得商榷。儿童依告知的指令去做某事，此时的知并不是真知，而是一种机械、盲目的知；只有明白（或理解）了"告知"的指令的真正内涵，再按此指令去做，才是真知，这种真知只有通过行才可获得，所以在德育中是行在先，而不是知在先，"行→知→意→行→心"的育德模式符合人类道德发展是从他律到自律发展的规律（详见本书第十章）。

二、"若讲得道理明时，自是事亲不得不孝"：形成道德认识

先哲认识到，个体只有知道了该如何行动和了解到为何要这样行动，才有可能作出正确选择，自觉地做出相应的行为。正如《论语·子罕》里说"知者不惑"，即个体只有在认识和掌握道德规范之后，其言行才不至于被外物迷惑。据《二程集·河南程氏遗书》卷第十五记载，程颐说："致知则有知，有知则能择。"（程颢，程颐，2004，p.143）同时，如果个体对某一道德规范的认知达到非常深刻的程度尤其是信仰的高度时，往往能收到知行合一的功效。正如《二程集·河南程氏遗书》卷第十五所说："知之深，则行之必至，无有知之而不能行者。知而不能行，只是知得浅。"（程颢，程颐，2004，p.164）《朱子语类》卷第九也说："若讲得道理明时，自是事亲不得不孝，事兄不得不弟，交朋友不得不信。"再者，个体若掌握了丰富的道德知识，也可以自觉地为自己的言行定下一定的规矩，而不必依靠外在的强制力量来迫使个体产生道德的行为。这正如朱熹在《白鹿洞书院教条》里所说："苟知其理之当然，而责其身以必然，则夫规矩禁防之具，岂待他人设之而后有所持循哉？"所以，在大学阶段（16、17岁起）的德育中，先哲非常重视道德认识的形成在品德形成中具有的重要作用。如上所述，朱熹就说："自十六七入大学，然后教之以理，如致知、格物及所以为忠信孝弟者。""大学是发明此事之理。"要想形成一定的道德认识，就必须掌握一定的道德知识，产生一定的道德评价能力和树立一定的道德信念，因为掌握道德知识是形成道德认识的一个前提条件；道德评价是个体道德认识的主要表现形式，也是其道德认识逐渐形成的主要标志；道德信念是系统化了的、深化了的道德知识，是道德认识发展的最高形态，也是个体道德生活的指南。可见，道德知识的掌握、道德评价能力的发展和道德信念的产生是道德认知的三个基本环节，中国先哲未必清楚地认识到这个道理，然而令人惊奇的是，他们事实上的确有这三方面的言论。

（一）道德概念的掌握

现代心理学研究表明，学生对道德知识的理解常常以掌握道德概念的形式表现出来。道德概念反映社会道德现象的一般特征和本质特征，它是对具体道

德现象的抽象概括，掌握道德概念是形成道德认识的必要前提。道德概念的形成是一个理性化过程，即从具体到抽象的过程。中国先哲尽管没有如此清楚的认识，但是他们也认识到，要想让学生形成一定的道德认识，基本前提就是要掌握一定的道德概念。为此，先哲提出过一整套道德概念，并力图通过多种途径让后学者理解这些概念的准确内涵，以便掌握这些概念。例如，秦汉以后至清代灭亡为止，儒家以仁、义、礼、智、信五种德目作为其生活德育的主要内容。而且，中国传统道德规范体系中最核心的概念是"仁"，弄清楚"仁"这个概念，对于正确认识其他道德概念都有一定的促进作用，于是先哲多很重视讲解"仁"这个概念，他们这样做的目的就是想让弟子能对"仁"形成正确的道德认识。因此，当不同的弟子来询问"仁"的含义时，孔子都能根据学生不同的特点作出恰如其分的解释。限于篇幅，下面只举两例。

> 颜渊问仁。子曰："克己复礼为仁。一日克己复礼，天下归仁焉。"（《论语·颜渊》）

> 子张问仁于孔子。孔子曰："能行五者于天下为仁矣。""请问之。"曰："恭，宽，信，敏，惠。恭则不侮，宽则得众，信则人任焉，敏则有功，惠则足以使人。"（《论语·阳货》）

过去有一种观点认为，从孔子在不同场合对"仁"作不同界定这一事实看，可能孔子本人对"仁"也没有一个统一的看法。今天看来，这正是孔子教育方法的高明之处，因为孔子的这一做法在精神实质上与当代建构主义学习理论中的随机进入教学（random access instruction）思想相暗合。随机进入教学是指学习者可以随意通过不同途径、不同方式进入同样的教学内容的学习，从而获得对同一事物或同一问题的多方面的认识和理解（莫雷，2002，p.133）。它的基本思想源自建构主义的代表人物斯皮罗（Rand J. Spiro）等人提出的认知弹性理论（cognitive flexibility theory）。斯皮罗等人认为，人的认知随情境的不同而表现出极大的灵活性、复杂性、差异性，不存在放之四海而皆准的知识，同样的知识在不同的情境中会产生不同的意义；不仅不同的主体对同样的知识会建构出不同的意义，即使同一个主体在不同情境中、不同条件下对同样的知识也会建构出不同的意义。斯皮罗等人认为，传统教学模式只适合初级学习，因为它存在着客观主义倾向和简单化倾向，为了克服传统教学模式的这种弊病，寻求适合高级学习的教学途径，他们主张学习者在学习过程中对信息意义的建构可以从不同角度入手，从而获得不同方面的理解。据此，他们提出了随机进入教学模式。可见，认知弹性理论的宗旨是要提高学习者的理解能力和他们的知识迁移能力（即灵活运用所学知识的能力）。随机进入教学对同一教学内容，在不同时期、不同情境下，为不同的目的、用不同方式加以呈现的要求，正是针对发展和促进学习者的理解能力和知识迁移能力而提出的，也就是根据认知弹性理论的要求而提出的（郭本禹，2003，pp.323-324）。

（二）道德评价能力的提高

道德评价能力是指学生运用已掌握的道德规范，对自己或别人行为的是非、善恶等进行评价的能力。中国古代一些教育大家一向非常重视对学生的道德行为进行评价，以此促进学生的道德认知能力的发展，其典型代表就是孔子。孔子经常针对不同对象，采取不同的评价方法对学生进行道德评价，以提高学生的道德认知能力，促进、巩固和纠正学生的道德行为。孔子对学生道德行为的这类评价，有时是对被评价学生本人说的。例如，《论语·公冶长》记载："子谓子贱，'君子哉若人！鲁无君子者，斯焉取斯？'"肯定自己的学生子贱是一个君子。《论语·公冶长》记载："子贡问曰：'赐也何如？'子曰：'女，器也。'曰：'何器也？'曰：'瑚琏也。'"当学生子贡询问孔子自己是一个怎样的人时，孔子评价道："你好比一个器皿。"有时是在时人的面前评价自己的学生。例如，《论语·公冶长》记载："孟武伯问子路仁乎？子曰：'不知也。'又问。子曰：'由也，千乘之国，可使治其赋也，不知其仁也。''求也何如？'子曰：'求也，千室之邑，百乘之家，可使为之宰也，不知其仁也。''赤也何如？'子曰：'赤也，束带立于朝，可使与宾客言也，不知其仁也。'"这就是孔子在时人孟武伯面前评价自己三个弟子的例子。据《论语·雍也》记载，哀公问："弟子孰为好学？"孔子对曰："有颜回者好学，不迁怒，不贰过。不幸短命死矣！今也则亡，未闻好学者也。"这是在哀公面前评价颜回的例子。有时是当别人对某一学生的评价不符合事实时予以再评价。例如，《论语·公冶长》记载："或曰：'雍也仁而不佞。'子曰：'焉用佞？御人以口给，屡憎于人。不知其仁，焉用佞？'"当有人评价"冉雍这个人有仁德却没有口才"时，孔子不同意此人对自己学生冉雍的这种评价，而认为："冉雍未必仁，但为什么要有口才呢?"《论语·公冶长》记载："子曰：'吾未见刚者。'或对曰：'申枨。'子曰：'枨也欲，焉得刚?'"当有人认为申枨是一个刚毅不屈的人时，孔子说："申枨的欲望太多，哪里能够做到刚毅不屈?"孔子还注重引导学生进行自我评价，循循善诱地使学生自觉地发扬自己道德上的优点，纠正缺点。这有两种情况：一是，当学生的自我评价合乎事实时，孔子就及时给予肯定。如，《论语·公冶长》记载："子谓子贡曰：'女与回也孰愈?'对曰：'赐也何敢望回? 回也闻一以知十，赐也闻一以知二。'子曰：'弗如也；吾与女弗如也。'"另一是，当学生的自我评价不符合事实时，就给予纠正。例如，《论语·公冶长》记载："子贡曰：'我不欲人之加诸我也，吾亦欲无加诸人。'子曰：'赐也，非尔所及也。'"针对子贡的错误说法，孔子马上予以纠正（燕国材，1998，p.59）。

（三）道德信念的确立

当人们坚信某种道德观念的正确性并将其当成个人行动准则，无论是自己执行或看见别人执行时都产生肯定或否定的情绪体验时，道德观念就转化为道德信念。道德信念是道德动机的高级形式，它可以使学生的道德行动表现出来坚定性与一贯性，从而成为道德品质形成中的关键因素。个体的道德信念是在社会生活条件下，特别是教育教学条件下，学生通过自身的实践、交往与学习中逐渐形成与发展起来的。中国历代教育大家非常重视培育学生的道德信念。例如，《论语·子罕》记载，"子曰：'三军可夺帅也，匹夫不可夺志也。'"这里的"志"就有"道德信念"之义。他力倡身为一个有独立人格的人，在任何情况下都不可以放弃自己的道德信念。此思想为后世儒家所普遍继承。如《孟子·滕文公下》记载，孟子说："富贵不能淫，贫贱不能移，威武不能屈，此之谓大丈夫。"孔子和孟子的这两句话自说出以后，不知曾激励过多少英雄儿女!

三、"唯仁者能好人，能恶人"：丰富道德情感

先哲也认识到培育个体的道德品质，在晓之以理的同时，还需动之以情。

因为任何一种道德品质都包含道德认识和道德情感两种心理成分，二者缺一不可。个体只有具备这两种素质，才能知荣辱和别善恶，才会激发起强烈的道德责任感和义务感以及试图予以行动的愿望。正由于此，孔子注重利用多种方式激励学生的道德情感。如前文曾提及，孔子说："唯仁者能好人，能恶人。""仁者必有勇，勇者不必有仁。""见义不为，无勇也。"孔子说这些话的用意至少有二：一是，明白无误地告诉学生这样一个道理，即仁德里本就包含"爱"、"恶"和"勇"之类的道德情感；二是，用这类语言来激励学生生发出爱、恶和勇之类的道德情感。同时，孔子还力倡通过"诗"和"乐"去培养学生的道德情感。因此，《论语·泰伯》记载，孔子主张让学生通过"兴于《诗》，立于礼，成于乐"的过程来修养道德品质。而《论语·阳货》记载："子曰：'小子何莫学夫诗？诗，可以兴，可以观，可以群，可以怨。迩之事父，远之事君。多识于鸟兽草木之名。'"（燕国材，1998，pp.59-60）此思想为后人所承继。如《朱子语类》卷第十三说："血气之怒不可有，义理之怒不可无。"这是告诫修德者，人有各式各样的怒。有的怒（如"义理之怒"）本身就是一种高尚的道德情感，这是稍有良知的人都必须具有的，一个人若没有这种"义理之怒"，见到坏人做坏事时就会无动于衷，这不但会纵容坏人，久而久之，也会使自己麻木不仁。有的怒（如血气之怒）本是由于自己道德修养不够之所致，一个善于修德的人本宜时刻提醒自己不要产生"血气之怒"，否则容易让自己感情用事，结果往往是误事，于修德毫无益处。显而易见，"血气之怒不可有"是对孔子在《论语·颜渊》里所说"克己复礼为仁。一日克己复礼，天下归仁焉。为仁由己，而由人乎哉？"一语的自然延伸。"义理之怒不可无"与孔子所说的"仁者必有勇"和"见义不为，无勇也"的话语是一脉相承的。《朱子语类》卷第十六又说："好、乐、忧、惧四者，人之所不能无也，但要所好所乐皆中理。合当喜，不得不喜；合当怒，不得不怒。"这显然也是继承孔子"唯仁者能好人，能恶人"、"仁者必有勇"之类言论的结果。为了丰富个体的道德情感，古人又提出了一些具体方法，如顺导性情法和养气法等，这些方法在本书第八章第二节有较详细论述，此处只略提一下。

四、"故天将降大任于是人也，必先苦其心志"：磨炼道德意志

人的道德面貌是以行为举止来表现和说明的，也是在实际行动中形成的。一般说来道德动机和行动效果是统一的，不过，有时由于个体不善于组织自己的行动，也可能导致二者不一致。个体具有一定的道德动机与懂得道德行动方式之后，有时因某些原因（如遇阻力等）也往往不能立即或坚持执行决定，甚至还会产生不符合道德要求的行动。在这种情况下，道德意志起着特别显著的作用。相对于西方学者，中国先哲懂得阴阳思维、中庸思维的精妙，在倡导偏"寓教于乐"（一端）的同时，也未忘"生于忧患，死于安乐"（另一端），而且更为注重磨炼意志在品德形成中的重要作用，并提出了艰苦环境磨炼法、追求高级需要法和保持恒心法三种具体方法。

（一）艰苦环境磨炼法

艰苦环境磨炼法是指利用艰苦环境来磨炼人的意志、品行和聪明才智的方法。利用艰苦环境来磨炼一个人的意志、品行和聪明才智的做法在中国由来已久。《尚书·虞夏书·舜典》记载，舜"纳于大麓，烈风雷雨弗迷"。由此推论，早在传说中的三皇五帝时代，尧为了考察舜的意志力和勇敢程度，就运用了艰苦环境磨炼法，让舜一个人独自放在大山之中，让他被烈风吹，被雷雨淋，结果舜在这种恶劣自然环境下仍能从容处之，表明他不但意志坚强，而且具备勇敢品质和良好的聪明才智。主张利用艰苦环境来磨炼人的意志的最著名言论出自孟子。《孟子·告子下》有一段传颂至今的至理名言："舜发于畎亩之中，傅说举于版筑之间，胶鬲举于鱼盐之中，管夷吾举于士，孙叔敖举于海，百里奚举于市。故天将降大任于是人也，必先苦其心志，劳其筋骨，饿其体肤，空乏其身，行拂乱其所为，所以动心忍性，曾益其所不能。……然后知生于忧患而死于安乐也。"司马迁在《报任安书》里也说："盖西伯拘而演《周易》；仲尼厄而作《春秋》；屈原放逐，乃赋《离骚》；左丘失明，厥有《国语》；孙子膑脚，《兵法》修列；不韦迁蜀，世传《吕览》；韩非囚秦，《说难》《孤愤》；《诗》三百篇，大氐圣贤发愤之所为作也。此人皆意有所郁结，不得通其道，故述往事、思来者。"受此类言论的深刻影

响，中国人普遍认可艰苦环境磨炼法在锻炼意志和促人成才上扮演的积极功能。"生于忧患，死于安乐""宝剑锋从磨砺出，梅花香自苦寒来"之类谚语向人讲述的都是这个道理。因此，司马迁、贝多芬（Ludwig van Beethoven，1770—1827）等身残志坚且作出非凡成就的中外名人就成为当代中国人励志的榜样。

为什么要适当运用艰苦环境磨炼法？这是因为，吃苦与幸福犹如硬币的两面，没有吃苦的切身体验，如何真正理解幸福的含义与价值？除了极少数能逆天改命的大智慧者外，对大多数人而言，不经历苦难，难以生成和发展智慧；苦难太沉重，也无助于个体智慧的生成和发展；适度的恶劣环境有助于个体生成智慧（Weststrate & Glück, 2017）。同时，至少三个缘由使得人的一生吃苦有较大的必然性：（1）人自身的有限性。如人的寿命有限、才华有限、品行有限、拥有的财富有限、分身无术，等等。（2）优质资源的有限性。虽然衡量优质资源的标准因人而异，而且是与时俱进的，不过，无论社会发展到什么程度，优质资源的数量一定是有限的，无法充分满足每个人的需要。（3）时代与机遇的不可捉摸性。时代的演进、机遇的到来常无规可循，充满不确定性或偶然性。能及时看清并顺应时代发展大势，及时抓住机遇者毕竟是极少数人，绝大多数人往往看不清时代发展大势，只能随波逐流。或者，即便生活在盛世，因运气不佳，错失发展良机，就像王勃在《滕王阁序》里所写："嗟乎！时运不齐，命途多舛。冯唐易老，李广难封。屈贾谊于长沙，非无圣主；窜梁鸿于海曲，岂乏明时？所赖君子见机，达人知命。"所以，《论衡·逢遇》才说："操行有常贤，仕宦无常遇。贤不贤，才也；遇不遇，时也。"至于董仲舒的《士不遇赋》、司马迁的《悲士不遇赋》、陶渊明的《感士不遇赋》和韩愈的《马说》，更是道出许多被埋没、不受重用或遭受迫害的正直而有才华之士的心声。结果，人的一生几乎很难回避六件不如意事：一是离别，二是困顿，三是挫折或失败，四是邪恶，五是疾病，六是死亡。以离别为例，相亲相爱的一家人迟早都是要分开的。正由于此，"人有悲欢离合，月有阴晴圆缺，此事古难全。但愿人长久，千里共婵娟。"（苏轼的《水调歌头·明月几时有》）才获得无数人的共鸣。这六件不如意事都是人生常见的。这样，宋人方岳在《别子才司令》里写得好："不如意事常八九，可与语人无二三。""人生哪能多如意，万事只求半称心"这副不知出自何人的对联讲的也是这个道理。佛教的核心教义之一便是"人生是苦"。根据《大般涅槃经·圣行品》和《法苑珠林·八苦部》的记载，具体地说，人生有"所谓生苦、老苦、病苦、死苦、爱别离苦、怨憎会苦、求不得苦、五盛阴苦"这八苦。于是，象征吉祥的"玉如意"在古代中国是颇常见的一种器物。这表明，无论是从经验总结的角度看，还是从心理学或佛教角度看，人在一生发展历程中危机重重，自我成长的确不容易。因此，除极少数幸运儿外，对绝大多数人而言，在其一生中，吃苦几乎是不可避免的，在吃苦上存在的个体差异一般只有三种：何时吃苦？吃多长时间的苦？吃多大的苦？而且，每个人既要有"常想一二，不思八九"的良好心态，善待自己的人生之路，也要尽己所能，帮助他人健康成长。

当然，艰苦环境磨炼法宜主要通过家庭教育而不是学校教育来完成。家庭教育中宜让孩子适度吃四种苦：（1）承担家庭负担的苦。宜根据儿童的身心发展水平，循序渐进地让他分担家庭负担。如朱熹在《四书章句集注·大学章句序》中说："人生八岁，则自王公以下，至于庶人之子弟，皆入小学，而教之以洒扫、应对、进退之节，礼乐、射御、书数之文。"其中，"教之以洒扫"就是让 8 岁的儿童开始做扫地之类的家务。（2）读书的苦。为了避免将来出现"少壮不努力，老大徒伤悲"、"好（hǎo）读书，不好（hào）读书；好（hào）读书，不好（hǎo）读书"的尴尬和后悔情形，宜及时向小孩讲清"书山有路勤为径，学海无涯苦作舟"的道理，让小孩正确认识和体验读书的苦。（3）缺钱与挣钱的苦。要及早让小孩懂得"成由勤俭破由奢"（李商隐《咏史》）的道理，让他亲身体验缺钱与挣钱的苦。（4）遇挫 / 失败的苦。"天外有天，人外有人"，再加上世事无常，这样，在人的一生中，遇挫 / 失败是常有的事情，一定要让小孩适度体验遇挫 / 失败的苦。小孩只有亲身体验到遇挫 / 失败的苦，并成功度过这个劫，才能切实提高其心理韧性和意志力。同时，为了妥善展现艰苦环境磨炼法的教育意义，父母要舍弃三种偏执一端的不可取做法：（1）父母为孩子包办一切。常见两种情形：孩子只要完成"学习"一件事，其他事情都可不做；只要孩子能健康成长，"不出事"，他爱干什么干什么，其他事情都由父母做好。（2）父母随意向子女倒苦水。（3）让儿童吃无意义的苦。最后，为了科学运用艰苦环境磨炼法来训练儿童的意志力，宜注意四点：（1）宜兼顾吃苦教育与快乐教育，不可顾此失彼。（2）面向儿童开展的吃苦教育在频次和强度上要适度，且宜有一定的个体差异，千万不要让儿童尤其是年幼儿童吃过重的苦。（3）吃苦教育须潜移默化，持之以恒，不可指望通过一两次吃苦教育就能收到立竿见影的效果。（4）引导儿童正确认识吃苦教育，防止儿童出现错误心态。如"将来长大一定要当'地主'，当'长工'可就死定了！"之类（迟希新，2014）。

（二）追求高级需要法

追求高级需要法是指这样一种锻炼意志的方法：当有两个或两个以上的欲望在心中同时产生时，个体要努力克制低级需要，而去追求高级需要，以此磨炼自己的意志。关于这点，《孟子·告子上》中有一段对后世影响巨大的名言："鱼，我所欲也，熊掌亦我所欲也；二者不可得兼，舍鱼而取熊掌者也。生亦我所欲也，义亦我所欲也；二者不可得兼，舍生而取义者也。"这种方法到宋明理学则提出了"存天理，灭人欲"的主张。

需要指出，尽管先哲曾就义与利问题作过热烈讨论，儒、道、墨诸家提出了不同看法，但就其主流思想而言，是以儒家的重义轻利观占主导地位的，这一观点的实质乃是要求人们优先考虑高级的精神需要（义），然后再考虑物质需要（利），当义与利能兼顾时就兼顾，一旦义与利发生冲突，提倡取义舍利。例如，孔子曾说："富与贵，是人之所欲也；不以其道得之，不处也。贫与贱，是人之所恶也；不以其道得之，不去也。君子去仁，恶乎成名？君子无终食之间违仁，造次必于是，颠沛必于是。"（《论语·里仁》）孔子又曾说："饭疏食饮水，曲肱而枕之，乐亦在其中矣。不义而富且贵，于我如浮云。"（《论语·述而》）

（三）保持恒心法

保持恒心法是指个体通过克服自己的惰性或三心二意等弊病，长久保持自己信念的方式来锻炼自己意志的方法。先哲多相信有恒心是有意志的表现，力倡通过保持恒心来磨炼意志。《荀子·劝学》说："骐骥一跃，不能十步；驽马十驾，功在不舍。锲而舍之，朽木不折；锲而不舍，金石可镂。……是故无冥冥之志者无昭昭之明，无惛惛之事者无赫赫之功。"

中国人一向相信："自古英雄多磨难。"有一首很流行的歌曲唱道："不经历风雨，怎么见彩虹，没有人能随随便便成功。"这都是肯定一个人只有通过意志的磨炼，才能成就大德与伟业。

五、培育良心：培育道德自我

在品德形成与发展过程的看法上，先哲的可贵之处不在于有意或无意地阐述了品德形成的四个过程——道德行为的训练、道德认识的形成、道德情感的培养和道德意志的锻炼，而是向前迈进了一步，突出了培育良心（即培育道德自我）的重要性。正如陆九渊在《与郭邦瑞》的书信中所说："良心正性，人所均有，不失其心，不乖其性，谁非正人。纵有乖失，思而复之，何远之有？不然，是自昧其心，自误其身耳。"在先哲看来，培育道德自我既是形成和发展品德的重要方法，更是一种重要的修心育德方法。这样，本书将在第九章第二节作较详细探讨，为免累赘，这里不多讲。

第二节　内求说、外铄说与顺应自然说：
品德形成与发展的诸学说

如前所述，虽然各家对人性本质的看法千差万别，但各家大都认为教育具有影响人性并使之向善的方向发展的功能，这样，先哲大都赞成通过德育和道德学习的方式来培育人的品德。不过，学者们对人性的看法不一，使得他们对育德与道德学习的方式和方法的看法也不一样，大致可分为四大类：一是内求说；二是外铄说；三是顺应自然说；四是内求与外铄相结合说。在品德形成与发展的问题上，先哲的一个贡献是，提出了观点各异的有关品德形成与发展的诸学说。

一、内求说

内求说主要包括以孟子为代表的内求本心说和以禅宗为代表的体悟本心说两种观点，它们的共同之处：将成善的依据置于人心之中，人只需内求或体悟本心，就可不断发展自己的品德，进而甚至可以成圣或成佛。这两种观点将成善的路径指向人心，可以将它们概括为内求说。

（一）"求于内"：内求本心说

孟子认为人性本善，由此明确提出内求本心说。具体地说，孟子持人心本具善端说，认为人善的根源在于人心，只是由于外界环境的影响让人一时迷失或丢失了本有的善心，才走向恶的；换句话说，人善的根源在于人性，是先天就有的、内在的，恶的根源在于环境，是外在的、后天的。一个人要修善，要成德，最根本、最重要的方法就是通过后天长期不懈的心性修养过程，发展人心中固有的善端，将人心中的四个善端变成现实的品德，进而做到尽心知性知天就可以了，不是从外面向人性中加"善"与"智"，这就是孟子内求本心说的实质。这样，修心即修德，修德亦即修心，二者之间是一而二，二而一的（汪凤炎，郑红，2011，pp.11-13）。孟子认为将人心本具的善端发扬光大的途径主要有二：一是"扩而充之"，这是从正面说的。人心既本具善端，一个人品德形成与发展的过程也就是将本心中固有的善端发扬光大的过程，这个过程也就是率性而行的过程；换言之，仁义礼智是理想人格的基本规定，而这种规定一开始就以萌芽的形式存在于每一个主体之中，并成为主体自我实现的内在根据，所谓"成人"就是这种先天潜能的展开。假若一个人不能完成这一过程，就是对先天潜能的自我否定（自贼）。潜能之于人，犹如源泉之于水流，它为理想人格的发展提供了无尽的源头。用孟子在《公孙丑上》中的话说，就是："凡有四端于我者，知皆扩而充之矣，若火之始然，泉之始达。苟能充之，足以保四海；苟不充之，不足以事父母。"孟子进而主张"尽心知性"。尽心知性策略指一个人只要尽力发展自己的善心，便能了解与生俱来的善性的一种道德学习策略。这是孟子首次提出的一种道德学习策略。孟子相信人生而有恻隐、羞恶、辞让、是非四种善心之端绪，一个人只要努力"扩而充之"，就能不断提高自己的道德水平。也就是说，"尽心"就能"知性"，"知性"就能"知天"。《孟子·尽心上》说："尽其心者，知其性也。知其性，则知天矣。"（杨伯峻，2005，p.233）那么，如何才能做到"尽心知性"，重要措施之一便是个体要善于进行自我反思或反省。孟子在《告子上》里说："仁义礼智，非由外铄我也，我固有之也，弗思耳矣。故曰，'求则得之，舍则失之'。"（杨伯峻，2005，p.200）明确主张个体只有不断对自己的所作所为善于进行自我反思，才能不断扩展自己的善心。《孟子·离娄上》又以三个具体事例来告诉人们如何进行自我反思，要人由此而做到举一反三："爱人不亲，反其仁；治人不治，反其智；礼仁不答，反其敬。行有不得者，皆反求诸己。其身正而天下归之。"（杨伯峻，2005，p.125）对于自己爱别人而别人却不亲近自己，自己管理（或领导）别人而别人却不服从自己，自己对别人很有礼貌而别人却不理睬自己等情况，孟子开出的药方都是，自己应当去加以反省。显然，孟子的"皆反求诸己"是对孔子的"自省"、"自讼"思想的继承与发扬。另外，孟子讲的寡欲养心策略和深造自得策略等，实都是尽心知性的重要途径与方法。二是"求其放心"，这是从反面说的。人本有的善良之心一旦因为种种原因而放却或丢失，就应将它找回来。孟子在《告子上》中说："仁，人心也；义，人路也。舍其路而弗由，放其心而不知求，哀哉！人有鸡犬放，则知求之；有放心而不知求。学问之道无他，求其放心而已矣。"需要说明的是，从表面上看，这好像是一种求于外的途径，实则不然。理由主要有二：（1）就心的来源看，孟子认为它是人生而就有的，仍是在于内的，只是个体由于多欲等缘由，暂时将此心给遗忘了。（2）在孟子看来，求放心的主要方法是下面将讲的"思考"和"寡欲"，这实际上都是内求的方法。指明了这两条路径之后，接下来的具体做法有二：一是思考。孟子在《告子上》里说："仁义礼智，非由外铄我也，我固有之也，弗思耳矣。故曰，'求则得之，舍则失之'。"二是寡欲。指个体要节制自己的情欲。孟子在《尽心下》里说："养心莫善于寡欲。其为人也寡欲，虽有不存焉者，寡矣；其为人也多欲，虽有存焉者，寡矣。"可见，孟子的德育心理学思想较为重视"知耻"、"改过迁善"，要求人们努力恢复本善的人性；在道德修养的方法上偏重存心养性、寡欲、自反等，注重内省。依孟子的观点，社会上之所以会有坏人，是某些本具善端的人不能扩充本心、存心养性、求放心和寡欲的结果。

孟子的上述观点为其后历代多数学者尤其是宋明学者所继承和发展，成为一种主流派观点。据《二程集·河南程氏遗书》卷第二十五记载，程颐说："'古之学者为己'，其终至于成物。今之学者为物，其终至于丧己。"（程颢，程颐，2004，p.325）"学也者，使人求于内也。不求于内而求于外，非圣人之学也。何谓不求于内而求于外？以文为主者是也。学也者，使人求于本也。不求于本而求于末，非圣人之学也。何谓不求于本而求于末？考详略、采同异者是也。是二者皆无益于身，君子弗学。"（程颢，程颐，2004，p.319）可见，"求内"是继承孟子的思想，要求个体向内求善。"求本"是要求个体抓住内在的本质东西，不要把精力过多放在考证上。《二程集·河南程氏遗书》卷第二十五又说："知者吾之所固有，然不致则不能得之，而致知必有道，故曰'致知在格物'。……'致知在格物'，非由外铄我也，我固有之也。因物有迁，迷而不知，则天理灭矣，故圣人欲格之。……学莫贵于自得，得非外也，故曰自得。"（程颢，程颐，2004，p.316）陆九渊在《思则得之》一文中说："义理之在人心，实天之所与，而不可泯灭焉者也。彼其受蔽于物而至于悖理违义，盖亦弗思焉耳。诚能反而思之，则是非取舍盖有隐然而动，判然而明，决然而无疑者矣。"这些都认为道德本人心固有，只要反思内求，依靠人心的自我觉悟就能掌握它，而人一旦掌握了本在人心的"义理"，也就有"德"了。因此，《陆九渊集》卷三十四《语录上》记载："（陆九渊）居象山多告学者云：'女耳自聪，目自明，事父自能孝，事兄自能弟，本无欠阙，不必他求，在自立而已。'"

内求本心说的理论基础是人心本具善端说。该观点的最大特色与长处在于，较注重启发个体的自觉之心，以使个体自觉地将本心中固有的、先验的德端作自我扩充，张扬了主体性在品德心理形成与发展中的重要作用，使之成为引导和推动人们提升品德境界、完善自我的内驱力，对后世尤其是宋明理学产生了深远的影响。该观点的最大不足之处在于，过于强调内求，必然忽视外铄在修德中的作用。另外，以孟子为代表的唯悟论虽然重思，但他们讲的思主要是直觉思维，即觉或顿悟，而不是逻辑思维，这与西方唯理论者（柏拉图、康德等）重视逻辑思维不一样。强调直觉在修德中的作用是内求本心说的一大优点，但忽视逻辑思维在修德中的作用则是内求本心说的一大缺点。

（二）"自性若悟，众生是佛"：体悟本心说

禅宗认为人人心中自有佛性（即善性），对禅宗而言，修佛的关键主要是明心见性，而明心见性的关键又在于修善心，去恶心。从这一前提出发，禅宗认为修禅者若能体悟到自己心中固有的善性，也就成佛了。关于这点，在《坛经》中屡屡论述。"善知识，菩提自性，本来清净，但用此心，直了成佛。"（《坛经·行由品》）"我本元自性清净，若识自心见性，皆成佛道。"（《坛经·般若品》）"自性若悟，众生是佛；自性若迷，佛是众生；自性平等，众生是佛；自性邪险，佛是众生。汝等心若险曲，即佛在众生中；一念平直，即是众生成佛。"（《坛经·付嘱品》）这告诉人们，如果一个人体悟到自有的善心，变得心地善良，成佛就是瞬间之事，假若一个人执迷不悟，仍怀险恶用心，念佛往生难到。

体悟本心说的要点是直指人心、自修自悟。从现代心理学角度看，它是一种主张脱离客观世界进行的、以修心为目的的精神修炼法，其实质上是一种带有唯心主义色彩的修心学说。但是，涤除其宗教说教的思想，从根本上讲，其目的也是要求佛门弟子提高自己的道德修养，这一思想已融进儒家惩恶劝善和修身养性的成分。

二、外铄说

外铄说主要包括以荀子为代表的性伪说、以告子为代表的外塑说、以墨子为代表的慎染说和以王廷相为代表的学习说这四种观点。它们的共同之处在于，将成善的依据置于环境和教育，主张个体必须通过选择或创造良好的环境来培育自己的品德。因这四种观点将成善的路径指向外部的环境和教育，相对于内求说，可以将它们概括为外铄说。

（一）"人之性恶，其善者伪也"：性伪说

性伪说以荀子为代表。荀子持人性只具恶端说，认为人的本性天生是恶

的。人的本性中只具恶端，人要成善就需要来自外在的社会道德规范的制约；换句话说，人恶的根源在于人性，是先天就有的、内在的，善的根源在于环境和教育，是外在的、后天的。既然人的善心和善行主要通过"伪"习得，一个人要修善，要成德，要化"本然的我"为"理想的我"，最好的办法就是在圣人的教化下，认识和掌握社会道德规范，并将之内化为个体自己的主观意愿，进而改造本然之性。《荀子·性恶》说：

> 人之性恶，其善者伪也。……凡性者，天之就也，不可学，不可事；礼义者，圣人之所生也，人之所学而能，所事而成者也。不可学、不可事而在人者谓之性，可学而能、可事而成之在人者谓之伪。是性、伪之分也。……问者曰："人之性恶，则礼义恶生？"应之曰：凡礼义者，是生于圣人之伪，非故生于人之性也。故陶人埏埴而为器，然则器生于陶人之伪，非故生于人之性也。故工人斵木而成器，然则器生于工人之伪，非故生于人之性也。圣人积思虑，习伪故，以生礼义而起法度，然则礼义法度者，是生于圣人之伪，非故生于人之性也。若夫目好色，耳好声，口好味，心好利，骨体肤理好愉佚，是皆生于人之情性者也，感而自然，不待事而后生之者也。夫感而不能然，必且待事而后然者，谓之生于伪。是性、伪之所生，其不同之征也。故圣人化性而起伪，伪起而生礼义，礼义生而制法度。然则礼义法度者，是圣人之所生也。故圣人之所以同于众，其不异于众者，性也；所以异而过众者，伪也。夫好利而欲得者，此人之情性也。假之人有弟兄资财而分者，且顺情性，好利而欲得，若是，则兄弟相拂夺矣；且化礼义之文理，若是则让乎国人矣。故顺情性则弟兄争矣，化礼义则让乎国人矣。……今人之性，固无礼义，故强学而求有之也；性不知礼义，故思虑而求知之也。……凡人之性者，尧、舜之与桀、跖，其性一也；君子与小人，其性一也。今将以礼义积伪为人之性邪？然则有曷贵尧、禹，曷贵君子矣哉？凡所贵尧、禹、君子者，能化性，能起伪。

"伪"指人为。个体只有不断地学习和积累善性与善行，才能化恶为善。在荀子看来，道德知识是社会道德要求转化为个人内在品质的首要环节，是道德品质形成的基础，于是荀子重视学习，突出后天教育、习染对人性的改造之

功效,进而主张人要好学,才能"化性起伪",积礼而成德,而不能任性而行,停留于恶,甚至走向更恶。荀子《荀子·儒效》说:

> 故积土而为山,积水而为海。旦暮积谓之岁。至高谓之天,至下谓之地,宇中六指谓之极;涂之人百姓积善而全尽谓之圣人。彼求之而后得,为之而后成,积之而后高,尽之而后圣。故圣人也者,人之所积也。……居楚而楚,居越而越,居夏而夏,是非天性也,积靡使然也。故人知谨注错,慎习俗,大积靡,则为君子矣;纵性情而不足问学,则为小人矣。

荀子讲的积、习过程,也就是个体不断与自己的本恶之性作斗争、克己自制、积伪成善的过程,其中也隐含"知识即美德"的思想,认为知识与美德是成正比的,知识越多,道德水平就越高(王易,1997)。

为了让人们准确理解"化性起伪"的观点和"既然人性本恶,那人为什么又可为善"这一问题,荀子还对"性"与"伪"作了明确区分。《荀子·性恶》说:"凡性者,天之就也,不可学,不可事;……不可学、不可事而在人者谓之性,可学而能、可事而成之在人者谓之伪。是性、伪之分也。"认为"性"只是一种天生的原始材料,"伪"是经过礼义加工的"成品"。荀子将人先天的本性("性")与后天的习性("伪")作出区分,这是难能可贵的。至于性与伪的关系,《荀子·礼论》说:"性者,本始材朴也;伪者,文理隆盛也。无性则伪之无所加,无伪则性不能自美。性伪合,然后圣人之名一,天下之功于是就也。"认为人先天的生性(性)是后天的习性(伪)形成的基础,后天的习性是在先天的生性基础上通过习形成的,只有"性伪合",人然后才可成为人格完善的圣人。既看到了人的生性是人形成个性心理的自然前提,又强调了教育的作用。此观点与现代心理学对这一问题的看法有相通之处。

性伪说的实质是,改造人本性中固有的恶端,重新塑造出人的善心与善行。此观点与孟子的观点是针锋相对的,孟、荀之争实际上是善恶的内外之争。在中国思想史上,性伪说遇到的最大难题是,主张人的善心善行乃"由外入者,假学以成性者也。虽性可学成,然要当内有其质;若无主于中,则无以藏圣道也"(郭象,成玄英,1998,p.298)。事实上,像孟子之类持善端说的人在批驳荀子之类持恶端说或告子之类持性无善无不善说的人时往往会说,假若人心中本没有善端，即使给其提供一个良好的后天育德环境，也是不能使其内心生出高尚的品德来的。打个通俗比方，即便某位先生甲像孔圣人那样善教，而且甲先生拥有良好的教育资源和充足的教育时间，甲先生也不可能将一头"资质上乘"的猪教成道德高尚的猪，所以，即便是一头受过甲先生良好道德教育的猪，饿它三天三夜后再放它出来，它一定会吃"嗟来之食"的，且吃得香，绝不会像有气节的人那样宁愿饿死也不吃"嗟来之食"。这一批驳颇有道理。用心理学的眼光看，若人性中本无善良的种子，无论后来如何进行道德教育，的确无法将人培育成有道德的人。犹如人体内本没有长出翅膀的基因，无论一个人后天在名师的指点下如何努力练习用翅膀进行飞翔，都不可能让其长出翅膀并飞上蓝天。正由于此，即便是荀子，他实也承认遗传的作用，相信只有"性伪合"，人然后才可成为人格完善的圣人（详见上文）。这个道理在近现代心理学界其实也被许多大家认可。也就是说，虽然至今心理学研究者仍未找到一种能够记载心理遗传信息的诸如 DNA 之类的物质，不过，通过对抱养子女与其亲生父母和养父母的关系的研究、通过对某些心理疾病的家谱学研究等研究都已证明，人的某些心理的确是可以遗传的。这样，即便是极力主张用科学方法来研究心理的心理学家，虽然可能会以种种方式反对在心理学上使用诸如"本能"之类的概念，但在其实际建构出来的理论体系中，仍不得不以改头换面的方式（如巴甫洛夫用"无条件反射"、皮亚杰用"图式"）来承认"本能"的存在。所以，人之所以能够接受道德教育，能够进行道德学习，并逐渐使之成长为一位有道德的人，重要前提之一便是人心之内要有像孟子等人主张的"善端"。正由于人心有与生俱来的善端，再加上后天的良好道德教育或道德学习，一个自然人才能逐渐成长为一个道德高尚之人。从这个角度看，在解释人何以为善何以作恶时，性恶论不如性善论有说服力。不过，遗传学的知识告诉人们，某事物若可遗传，那其中好的属性与不好的属性就都能遗传，不可能只遗传好的属性或不好的属性。同理，假若善性可以遗传，就没有理由说恶性不可以遗传，毕竟人是从动物进化而来的。从这个意义上讲，如果性善论有合理的地方，那么性恶论也有一定的道理，结合性善论和性恶论来解释人的善恶，较之单一的性善论或性恶论，将会有更强大的解释力。可惜，在中国传统文化中，荀子的观点长期得不到人们的重视，让中国人对人性的恶没有足够重视，更未深入思考如何通过制度建设来防范人性中的恶，这是一大憾事。

（二）"人性之无分于善不善"：外塑说

在人性假设问题上，墨子提出的"人性如素丝"观，不但可以说是世界上最早的人性"白板说"，而且实际上就是一种性无善无不善说。其后，告子明确主张性无善无不善说。因为告子曾说："性犹湍水也，决诸东方则东流，决诸西方则西流。人性之无分于善不善也，犹水之无分于东西也。"（《孟子·告子上》）告子"生之谓性"且"无善无不善"的人性论为后人所继承，这在前文第二章已有论述，为免累赘，这里仅再补充一个证据。清人龚自珍（1792—1841）明确表示自己赞同告子的人性论。龚自珍在《阐告子》一文里说："龚氏之言性也，则宗无善无不善而已矣，善恶皆后起者。夫无善也，则可以为桀矣；无不善也，则可以为尧矣。"既然任何一个人的人性中本无善也无恶，一个人的善或恶都是后天习得的，这样，若想使人成长为一个道德高尚的人，就必须通过后天的道德教育来塑造人的善性或德性，这种观点可以概括为外塑说。例如，墨子从"人性如素丝"观出发，非常明确地肯定环境和教育在塑造人的品德方面所起的重要作用。《墨子·所染》说：

> 其友皆好仁义，淳谨畏令，则家日益、身日安、名日荣，处官得其理矣，则段干木、禽子、傅说之徒是也。其友皆好矜奋，创作比周，则家日损、身日危、名日辱，处官失其理矣，则子西、易牙、竖刀之徒是也。

在墨子看来，一个人的品质好坏并不是天生的，而主要是由于结交了不同的朋友所致：如果一个人结交的朋友都是既爱好仁义又谨守法令的人，那么对其身、家、名誉和担任的工作都会有好的影响；假若一个人结交一些好大喜功、不守法度、狼狈为奸或为非作歹的人，那么对其身、家、名誉和担任的工作将会产生不良的影响。从教育心理学的角度看，墨子的这一观点实际上是肯定了同伴在个体道德学习中的重要作用，与皮亚杰和班杜拉等人强调同伴在个体道德学习中的重要作用的观点相比，二者有一定的相通之处（燕国材，1998，pp.98-99）。

（三）"染不可不慎"：慎染说

何谓"染"？从心理学角度看，《正字通》的解释颇具代表性。《正字通·木部》说："习俗积渐曰染。"用通俗的话说，个体所处的日常生活环境对个体品性的熏陶或潜移默化就是染。慎染，即小心熏染。慎染说，指谨慎对待环境和教化对个体品性的影响的一种观点。

在中国思想史上，慎染说几乎得到了大家的一致认同。换句话说，虽然大家对"人是否天生具有德性"这一问题的看法不同，但大家多赞成慎染说。如以主张人心本具善端说闻名于世的孟子在《告子上》中就认为环境对个体品性的形成与发展影响巨大。"富岁，子弟多赖；凶岁，子弟多暴，非天之降才尔殊也，其所以陷溺其心者然也。"朱熹在《四书章句集注·孟子集注·告子章句上》中说："富岁，丰年也。赖，借也。丰年衣食饶足，故有所顾借而为善；凶年衣食不足，故有以陷溺其心而为暴。"虽然也有学者释"赖"为"懒"。"富岁，子弟多赖"，意即丰收的年代，少年子弟多半懒惰（杨伯峻，2005，p.261）。不过，考虑到孔子有富而后教的思想，以及中国向有"仓廪实而知礼节，衣食足而知荣辱"的警句，笔者以为朱熹的注释较为合理，所以此处采用了朱熹的观点。也就是说，在孟子看来，尽管人人都具有共同的善端，但每个人所处的环境不同，其形成的品德也会有所不同。说得具体点，孟子认为物产丰富的年代，人们易获得必要的生活资料，故易养成善的品质；物产贫乏的荒年，由贫困所迫，人们往往易铤而走险。这表明孟子已认识到环境对人的品德的形成具有一定的影响，在德育过程中要尽可能地为个体创造一个较理想的育德环境。不过，孟子在《尽心下》里又说："周于利者凶年不能杀，周于德者邪世不能乱。"意即，财产富足的人即便遇到荒年也不会窘困，道德高尚的人即便遇到乱世也不会胡来。综合起来看，孟子既看到环境尤其是经济环境对一般人品行的影响，又看到真正道德高尚的人的优良道德品质已成为其自身人格特质的一部分，不会受到外界环境（包括经济环境和治安环境）的干扰。这启迪今人：对于道德修养一般的人，其品行受到环境因素尤其是经济环境和治安环境的影响较大，为防止他们出现情境性作恶甚至情境性犯罪，最好要帮助他们至少能获得足够其养家糊口的资产，并千万不要贸然让他们进入易引诱人作恶甚至犯罪的情境；同时，不宜对他们提诸如"做人要像柳下惠那样做到坐怀不乱"之类的过高道德要求（即便提了，也做不到），而是要重视良好道德习俗的营造，以促进道德修养一般的人不断提升自己的道德素质。对于道德修养高深的人，其品行不易受外界不良环境的干扰，因此，只有让人将优秀道德品质稳定为人格特质，而不仅仅停留在道德认知、道德情感或道德行为的改变上，道德教育才能产生稳定且持久的效果。为了让读者能更好地理解上述思想，可以用"善人/恶人—治世/乱世—善行/恶行模型"（见图5-1）加以说明。

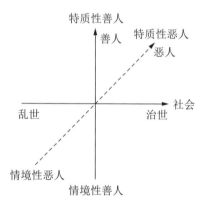

图 5-1　善人/恶人—治世/乱世—善行/恶行模型

根据图5-1所示，善人有特质性善人和情境性善人两种类型。如果个体身上拥有的良好道德品质使该个体的道德认知、道德情感和道德行为具有泛情境的稳定性，那么此个体就属特质性善人。生活中特质性善人极少，孔子属特质性善人的最佳原型。如果个体身上拥有的良好道德品质只能使该个体在特定情境中展现出良好的道德认知、道德情感或道德行为，那么此个体就属情境性善人。生活里的绝大多数善人实都属于情境性善人，像秦朝名相李斯就属情境性善人的最佳原型。李斯在能明辨是非的秦王嬴政（后成为秦始皇）手下就是一个忠心为国的好廷尉、好丞相。与此相对应，恶人也有特质性恶人和情境性恶人两种类型。假若个体身上拥有的不良道德品性使该个体在任何情境中都只展现恶行，那么此个体就属特质性恶人。生活中特质性恶人极少。假若个体身上拥有的不良道德品性只让该个体在特定情境中做出恶行，那么此个体就属情境性恶人。生活里的绝大多数恶人实都属于情境性恶人，其中秦朝名相李斯就属情境性恶人的最佳原型。当秦始皇病死后，李斯为了保住手中的权势，不惜与赵高狼狈为奸，伪造遗诏，迫令公子扶苏自杀，拥立胡亥为秦二世，最终断送了秦朝，自己也于秦二世二年（公元前 208 年）被腰斩于咸阳，并被夷灭三族。莫斯哈根、希尔比希和策特勒（Moshagen, Hilbig & Zettler, 2018）曾发表《人格的黑暗核心》（*The Dark Core of Personality*）一文，专门探讨黑暗人格。焦丽颖等人（2019）基于人格的词汇学假设，从《现代汉语词典》和开放式问卷调查获得的人格词汇中选取善与恶的人格词，分别建立了善、恶人格词表，通过探索性因素分析和验证性因素分析，结果表明，中国人的"善"人格包含尽责诚信、利他奉献、仁爱友善、包容大度四个维度；"恶"人格包含凶恶残忍、虚假伪善、污蔑陷害、背信弃义四个维度。这也从一个侧面证明了特质性善人与特质性恶人的存在。至于生活里的君子与小人，既有特质性君子和特质性小人，更有情境性君子和情境性小人（汪凤炎，郑红，2008）。将特质性善人 / 恶人与情境性善人 / 恶人和治世与乱世作一排列组合，便会出现四种典型情况：（1）个体一旦修成特质性善人，无论身处治世还是乱世，都会展现出善行。像柳下惠、孔子、颜回、老子和庄子那样拥有真正优秀道德品质的人都是这么做的，只可惜这类人在现实生活中极少见。（2）个体若只修成情境性善人，当其身处治世时，就易展现善行，当其身处乱世时，就易出现"平庸之恶"。美国犹太裔政治思想家阿伦特（Hannah Arendt）在其 1963 年出版的《艾希曼在耶路撒冷——一份关于平庸之恶的报告》（*Eichmann in Jerusalem: A Report on the Banality of Evil*）一书中提出了"平庸之恶"的概念（汉娜·阿伦特，2016）。阿伦特将罪恶分为两种：一种是极权主义统治者本身的"极端之恶"；另一种是被统治者或参与者的"平庸之恶"。其中第二种比第一种有过之而无不及。"平庸之恶"（evil of banality）指个体因不思想、无判断、盲目服从权威，导致对显而易见的恶行不加限制，或干脆直接参与，由此而犯下的罪恶。如：当赵高指鹿为马时，一些大臣点头称是；纳粹建集中营时，人们竞相应聘。这都是典型的平庸之恶。（3）个体一旦变成特质性恶人，无论身处治世还是乱世，都会展现出恶行。幸好这类人是极少见的。（4）个体一旦变成情境性恶人，当其身处治世时，就易约束自己的恶，甚至展现善行，当其身处乱世时，极易做出浑水摸鱼的勾当，甚至助纣为虐。由于特质性善人和特质性恶人在人群中所占比例都极小，绝大多数人都是情境性善人或情境性恶人，因此，绝大多数人的道德行为具有明显的情境性，即在治世情境中易展现优秀道德行为，在乱世情境中易展现缺德行为。

荀子虽然主张人性本具恶端说，但他也赞成慎染说。《荀子·劝学》说："蓬生麻中，不扶而直。白沙在涅，与之俱黑。兰槐之根是为芷。其渐之滫，君子不近，庶人不服，其质非不美也，所渐者然也。故君子居必择乡，游必就士，所以防邪僻而近中正也。"（王先谦，1988，p.6）这段话明明白白地告诉人们，既然什么样的环境造就什么样的品性，一个有德的君子就应主动为自己选择一个好的环境。告子主张人性无善无不善说，依告子的观点，某些人之所以为善人，另有一些人会成为恶人，全是后天习染的结果，通俗地讲，一个人是为善还是为恶，全赖自己的道德修养功夫所定，这表明告子实也赞成慎染说。东汉王充虽然主张人性有善有恶，但他吸取墨子和荀子等人的观点，也主张人要慎其所染赞，因为"人之性犹蓬纱"，之所以会"善可变为恶，恶可变为善"，全在一个人后天所处的环境的不同，即"在所渐染而善恶变矣"。王充在《论衡·率性》里说："十五之子，其犹丝也。其有所渐化为善恶，犹蓝丹之染练丝，使之为青赤也。青赤一成，真色无异。是故杨子哭歧道，墨子哭练丝也，盖伤离本，不可复变也。人之性，善可变为恶，恶可变为善，犹此类也。蓬生麻间，不扶自直；白纱入缁，不练自黑。……夫人之性犹蓬纱也，在所渐染而善恶变矣。"

在诸多见解中，尤以墨子的观点最具代表性。墨子基于人性无善无不善说，在个体品德的形成与发展问题上主张慎染说。《墨子·所染》记载：

> 子墨子言见染丝者而叹，曰："染于苍则苍，染于黄则黄，所入者变，其色亦变。五入必，而已则为五色矣。故染不可不慎也！
>
> 非独染丝然也，国亦有染。舜染于许由、伯阳，禹染于皋陶、伯益，汤染于伊尹、仲虺，武王染于太公、周公。此四王者所染当，故王天下，立为天子，功名蔽天地。举天下之仁义显人，必称此四王者。夏桀染于干辛、推哆，殷纣染于崇侯、恶来，厉王染于厉公长父、荣夷终，幽王染于傅公夷、蔡公穀。此四王者，所染不当，故国残身死，为天下僇……

非独国有染也，士亦有染。其友皆好仁义，淳谨畏令，则家日益、身日安、名日荣，处官得其理矣，则段干木、禽子、傅说之徒是也。其友皆好矜奋，创作比周，则家日损、身日危、名日辱，处官失其理矣，则子西、易牙、竖刀之徒是也。"

墨子认为人性如素丝，"染于苍则苍，染于黄则黄"。此观点类似于英国洛克的"白板说"。墨子认为人之所"染"若恰当，于内可提升自己的道德人格，于外可成就功名伟业，这样"染不可不慎"。换言之，既然个体所处环境的好坏与其品行的发展息息相关，好的环境易使人养成好的品行，而坏的环境易使人养成坏的品行，个体就应善待环境和教化，以便利用好的环境和教化来塑造出良好的品行。同时，用科学的眼光看，虽然多数人的心理与行为都深受环境的影响，但也须注意四点，否则，会陷入环境决定论的泥沼：（1）一般而言，环境对人心的影响关键在一个"久"字，只有久居某环境之中，此环境才能对人心产生深刻且持久的影响。（2）环境对人心的影响存在一定的个体差异：从主体性强弱的角度看，主体性弱的个体的心理与行为易受环境影响，主体性强的个体的心理与行为不易受环境影响。（3）不同心理受环境影响的程度有差异：人的有些心理（如情绪）易受环境的影响，也有些心理（如习惯，像饮食习惯与口音等）一旦形成，不易受环境的影响（汪凤炎，郑红，2012）。（4）从理论上看，经济条件的好坏与个体道德修养的高低之间没有关系（见图 5-2）。

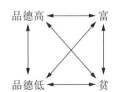

图 5-2　品德与贫富的关系

从图 5-2 可知，从品德方面看，品德高的人既可以是穷人也可以是富人，品德低的人同样既可以是穷人也可以是富人；从贫富方面看，富人的品德既可以高也可以低，穷人的品德同样既可高也可低。这表明，在"自然状态"（没有人为因素的干预）下，从个体角度看，品德与贫富之间本无关系。因此，无论从历史上看还是从现当代看，在品德高的人群中，既有穷得像颜回者，也有像比尔·盖茨（Bill Gates）那样富可敌国者；在品德低的人群中，既有人穷志短者，也有如黄世仁之类为富不仁者。不过，正如哈佛大学经济学教授弗里德曼（Benjamin M. Friedman）在《经济增长的道德意义》(*The Moral Consequences of Economic Growth*) 一书中指出的，当经济增长速度较快时，一个社会就会变得更加开明、包容、积极和乐观；当经济增长速度放慢甚至停滞之后，一个社会就会变得狭隘、排外、消极和悲观（本杰明·M. 弗里德曼，2008，pp.1-546）。可见，从大概率角度看，发展经济，改善民生，是提高多数人道德修养的一个有效举措。

（四）"诸凡万物万事之知，皆因习、因悟、因过、因疑而然"：学习说

学习说以王廷相为代表。王廷相说：

> 且夫仁义礼智，儒者之所谓性也。自今论之，如出于心之爱为仁，出于心之宜为义，出于心之敬为礼，出于心之知为智，皆人之知觉运动为之而后成也。苟无人焉，则无心矣。无心则仁义礼智出于何所乎？故有生则有性可言，无生则性灭矣，安得取而言之？是性之有无，缘于气之聚散。若曰超然于形气之外，不以聚散而为有无，即佛氏所谓"四大之外，别有真性"矣，岂非谬幽之论乎！(《王氏家藏集》卷三十三《横渠理气辩》)

> 婴儿在胞中自能饮食，出胞时便能视听，此天性之知，神化不容已者。自余因习而知，因悟而知，因过而知，因疑而知，皆人道之知也。父母兄弟之亲，亦积习稔熟然耳。何以故？使父母生之孩提而乞诸他人养之，长而惟知所养者为亲耳。涂而遇诸父母，视之则常人焉耳，可以侮，可以詈也。此可谓天性之知乎！由父子之亲观之，则诸凡万物万事之知，皆因习、因悟、因过、因疑而然，人也，非天也。(《雅述上篇》)

可见，王廷相虽主张人心本具善端说，也赞成仁义礼智由人心所生，认为"无心则仁义礼智出于何所乎？"但是，在人"心"的来源上，他与孟子等唯心主义学者的看法截然不同：前者主张人心"皆人之知觉运动为之而后成也"，即人的心理（包括人的品德）都是后天通过学习形成的，一个人知爱其父母兄弟，亦是"积习稔熟"而已，不是天生的；后者则反是，力倡人的心理是天生

的，将"知爱其亲"之类的"知"看作不学而能的"知"。

三、顺应自然说

顺应自然说主要是指以老子为代表的人法自然说与李贽的童心失说两种观点。在他们看来，无论是内求式修德还是外铄式修德，都是一种"人为"，不合自然之道，于是，他们主张个体若想修养道德，既无须内求，也无须外铄，他只要能顺应自然，就至善至美了。如《庄子·缮性》说："缮性于俗学，以求复其初；滑欲于俗思，以求致其明，谓之蔽蒙之民。"认为用世俗的学问来修心养性，以求复归到本初的"童心"；用世俗的思想来迷乱情欲，以求获得明达，这种人是愚人。老、庄的这种观点既不属内求说，也不属外铄说，而是一种"第三力量"。

（一）"人……法自然"：人法自然说

顺应人性，人自然为善，此是老、庄的观点。这是由于：在老、庄等人看来，人生来的自然禀性是至善至美的，随着岁月的流逝，人欲望的增长，使得人心本有的至善至美的自然禀性逐日损耗，故只有通过顺应自然的方法来保持或恢复人的善性，使之尽可能损耗慢点、损耗少点。通览老、庄的著作，为了让个体保持或恢复本有的"赤子之心"，他们主要提出了三种顺应自然以养性育德的具体方法：节情寡欲法、清静养神法和返璞归真法。因返璞归真法将在下文作详细探讨，这里只讲前两种方法。

1. 节情寡欲法

老、庄认识到，人生而有欲，若想方设法去满足人的欲望，那么，满足欲望的方法越多，人的欲望越不能满足，人也就越受欲望的害。《老子·四十六章》说："祸莫大于不知足，咎莫大于欲得。故知足之足，常足。"这样，对待欲望的根本方法是寡欲。于是，老、庄道家反对儒家提倡的世俗的道德与情欲，以至于《老子·十九章》记载，老子首倡寡欲法以养心性，主张修德者要做到"见素抱朴，少私寡欲"，即修德者要保持自然纯朴状态，减少私心，降低欲望。因为在老子的心目中，一个人的童心才是最善的，人长大以后其童心之所以会慢慢失去，多是由于欲所致。《老子·十二章》说："五色令人目盲，五音令人耳聋，五味令人口爽，驰骋畋猎令人心发狂，难得之货令人行妨。是以圣人之治也，为腹不为目，故去彼取此。"可见，道家的寡欲方法在于尽可能地减少欲望的对象（冯友兰，2000，p.143）。

庄子更进一步，认为人有多种欲望，而情则是这些欲望是否得到满足的表现形态，不过，这些情与欲累德伤形，为了修德养性，必须去掉这些情与欲。

> 虚无恬淡，乃合天德。故曰：悲乐者，德之邪；喜怒者，道之过；好恶者，德之失。故心不忧乐，德之至也。（《庄子·刻意》）

> 富贵显严名利六者，勃志也。容动色理气意六者，谬心也。恶欲喜怒哀乐六者，累德也。去就取与知能六者，塞道也。此四六者不荡，胸中则正，正则静，静则明，明则虚，虚则无为而无不为也。（《庄子·庚桑楚》）

于是，庄子要求修德者：一要做到"物物而不物于物"（《庄子·山木》），即情欲不为外物所动，自然能予以涤除；二要做到"安时而处顺，哀乐不能入也，古者谓是帝之悬解"（《庄子·养生主》），即拒绝世俗的哀乐之情（"哀乐不能入也"），而顺应人的真情——自然之情（"安时而处顺"）。

先秦道家主张修德要寡欲或去情灭欲，实际上都是主张修德者要去掉世俗的情与欲，至于人的自然情感和基本需要还是要的。因为人要生存，必须保持对衣食住的基本情欲，不可能把情欲全部去掉，或使其寡至于无。因此，《庄子·德充符》记载：

> 惠子曰："既谓之人，恶得无情？"庄子曰："是非吾所谓情也。吾所谓无情者，言人之不以好恶内伤其身，常因自然而不益生也。"

这表明，庄子的"无情"并不是真无情，而是反对世俗的好恶之情，因这种世俗之情是从某种需要与目的出发，带有强烈的功利性，即有益于己者好之，无益于己者恶之。有了这种人为的好恶之情，求之不已，就会内伤其身，无益于自然之情。在庄子看来，真正的情应是顺应自然，不以世俗之情为情，也就是没有人为的、有目的的好与恶，这就是超功利的"无情之情"（蒙培元，1993，p.165）。可见，先秦道家的寡欲法或绝情灭欲法实际上是一种节制情欲修德法。事实上，在中国传统文化中，不论是老子和孟子讲的寡欲，还是荀子讲的节欲，或是庄子讲的无欲，实都是一种节制欲望的观点；像《列子·杨朱篇》

主张的纵欲说（享乐主义）只是一种特异的现象，它发端于战国时期，在名教松散的魏晋时期略有响应，此后伴随着封建礼教的日渐强化而消失，到了明清时期才又从儒家学者中产生一批启蒙思想家，对封建礼教展开批评。这与西方不同。在西方思想史上，享乐主义从古希腊的昔勒尼学派（Cyrenaics）、伊壁鸠鲁（Epicurus，前341—前270）直到近代法国唯物主义爱尔维修（Claude-Adrien Helvétius，1715—1771）和霍尔巴特（Johann Friedrich Herbart，1776—1841）等是一脉相承的（严北溟，严捷，1986，p.19）。此外，持真正意义上的绝欲说的人在中国传统文化中也是少之又少的。从修德的角度看，绝情灭欲法有助于个体涤除各种不良的情与欲，减少情欲对个体心性造成的危害，这的确有利于修德。

也许有人问：老、庄道家提倡个体要顺应自然以修德，为何又要人们寡情欲呢？二者之间是否矛盾？对于这一问题，老、庄的回答是，二者之间并不矛盾。因为《老子·二十三章》已看到："故飘风不终朝，骤雨不终日。孰为此者？天地。天地尚不能久，而况于人乎？"以此告诫修德者，既然天与地都不能事事做到两全其美，那么人更应效法天地以节制情欲。可见，在道家看来，节情寡欲以修德是合乎自然法则的，人效法自然以修德的措施之一，就是要使自己的言行举止有所节制，不要过度，这与儒家的中庸之道有相通之处。

2. 清静养神法

清静养神法是道家修心育德的重要方法之一。《老子·二十六章》认为"静为躁君"，于是《老子·十六章》主张修德者要"致虚极，守静笃"，即要排除各种心理上的杂念，使内心达到空虚的极点，从而让内心保持高度的清静状态，这样才能做到以静养心。

老子的这一主张为后学所继承。如宋尹学派也提倡清静养神。《管子·内业》说："形不正，德不来；中不静，心不治。""静则得之，躁则失之。"《管子·心术上》说："虚其欲，神将入舍，扫除不洁，神乃留处。""去欲则宣，宣则静矣。"《管子·心术下》说："人能正静者，筋韧而骨强。"可见，宋尹学派主张清静养神的关键是"去欲"，认为去除欲望之后则心意疏通，心意疏通之后也就虚静了，这是道家清静养神的正统观点。《庄子·刻意》说："夫恬淡寂寞虚无无为，此天地之平而道德之质也。故曰：圣人休，休焉则平易矣，平易则恬淡矣。平易恬淡，则忧患不能入，邪气不能袭，故其德全而神不亏。"可见，《庄子》认为"恬淡寂寞虚无无为"是道德的本质。关于这点，《庄子·天道》更是明确地说："夫虚静恬淡寂寞无为者，天地之平而道德之至，故帝王圣人休焉。"既然如此，《庄子》于是提出通过去情灭欲①的途径以提高道德修养。

（二）"然童心胡然而遽失也"：童心失说

童心失说这一观点由李贽提出。李贽在《焚书·童心说》里说：

夫童心者，真心也。若以童心为不可，是以真心为不可也。夫童心者，绝假纯真，最初一念之本心也。若失却童心，便失却真心；失却真心，便失却真人。人而非真，全不复有初矣。

童子者，人之初也；童心者，心之初也。夫心之初曷可失也！然童心胡然而遽失也？盖方其始也，有闻见从耳目而入，而以为主于其内而童心失。其长也，有道理从闻见而入，而以为主于其内而童心失。其久也，道理闻见日以益多，则所知所觉日以益广，于是焉又知美名之可好也，而务欲以扬之而童心失；知不美之名之可丑也，而务欲以掩之而童心失。夫道理闻见，皆自多读书识义理而来也。古之圣人，曷尝不读书哉！然纵不读书，童心固自在也，纵多读书，亦以护此童心而使之勿失焉耳，非若学者反以多读书识义理而反障之也。……童心既障，于是发而为言语，则言语不由衷；见而为政事，则政事无根柢；著而为文辞，则文辞不能达。……

夫既以闻见道理为心矣，则所言者皆闻见道理之言，非童心自出之言也。言虽工，于我何与，岂非以假人言假言，而事假事、文假文乎？盖其人既假，则无所不假矣。由是而以假言与假人言，则假人喜；以假事与假人道，则假人喜；以假文与假人谈，则假人喜。无所不假，则无所不喜。满场是假，矮人何辩也？然则虽有天下之至文，其湮灭于假人而不尽见于

---

① 去情灭欲的目的是去掉带有功利性、人为性的情与欲，至于出自自然的情与欲还是要的，故其实质上是一种节制情欲法。

后世者，又岂少哉？何也？天下之至文，未有不出于童心焉者也。

李贽首先对"童心"作了界定，认为人与生俱来的真心是童心，童心至真至善。那么，人本有的童心为什么又不能在每个现实的人中得到体现呢？换句话说，为何在现实生活中有那么多人喜欢说假话，喜欢弄虚作假呢？李贽认为，这是有些人失去了童心的缘故。一个人只有保持童心，才能做一个真人；一个人假若一旦失去童心，就变成假人，说假话，做假事。于是，李贽较具体地描述了童心丢失的三个过程：起初，是个体自觉或不自觉地将在日常生活中看到的某些社会现象内化到自己的内心中，使自己内心本有的童心慢慢丧失，这主要是一个耳濡目染、潜移默化的过程，在这个过程中，个体的感知经验受到外界环境的影响。后来，随着年龄的增长，通过所见所闻获得了一些"道理"尤其是一些所谓"做人"的道理，并让这些"道理"逐渐占据了自己的心灵，这又使得自己本有的童心进一步于不知不觉中丢失了，在这个过程中，个体的理智受到外界环境的影响。再后来，随着岁月的不断流逝，个体的社会阅历逐渐增多，人生经验逐年丰富，昔日的"棱角"早已磨去，明白的事理也越来越多，懂得去追求名利，掩盖丑恶的一面，这样，使自己本有的童心又进一步大大减少了，在这个过程中，个体的价值受到外界环境的影响。这表明，人们之所以会丢失童心，主要是因为他们多读书识义理的缘故，一个人若希望能长久地保持童心，就必须闭目塞听，不要读所谓的圣贤书。

李贽的童心失说本是源于孟子和王守仁等人的"良知"思想，不过，李贽的反抗封建正统的进步思想的发展，使得他又进一步吸收了道、佛两家的思想，从而突破了封建正统思想的藩篱，成为封建正统思想不能容忍的异教徒。李贽的童心失说的特色及创新之处在于较具体地描述了童心失去的三个过程，在反对宋明道学虚假面目的一面有一定的积极意义。在现实生活中，某些"未开化"的"野蛮人"较之"开化较好"的"文明人"的确更为诚实、可靠，更有道德修养。不过，过于强调闭目塞听以求保持童心，既脱离现实，也不合时宜。

四、内求与外铄相结合说

从一定意义上说，上述三大类关于品德形成与发展过程的观点均是单通道

中国传统德育心理学思想新论

模式，因为它或是主张一味地内求，或是主张一味地外铄，或是主张一味地顺应自然，主张内求者必反对外铄，主张外铄者必反对内求，主张顺应自然者对内求与外铄则均持反对意见，究其因，则是由于在人性假设问题上，持上述三派观点的学者均是一元式人性假设，即或主张人性本是全具善端的，或主张人性本是全恶的，或主张人性本生来就至善至美的。这种局面在世硕那里有所改变，他主张人性善恶混说。由于人性本是善恶相混，这样，对于品德形成与发展的过程必然会持一种内求与外铄相结合说：既要通过内求的路径来发展人性中本有的善端，又要通过外铄的途径来抑制人性中本恶的一部分。由于其后性善恶混的观点朝着两个不同方向发展，使得内求与外铄相结合说也有两种不同的典型做法；换言之，在人性有善有恶说的内部，依人性的善恶是体现在每一个人身上还是不同的人的善性与恶性不同这个标准分，又可分为两种类型的性善恶相混说，相应出现了两种不同类型的内求与外铄相结合说。

（一）基于性三品说的内求与外铄相结合说

如果主张不同的人具有不同人性，进而将人分为三种类型："上品之人"只有善性，"下品之人"只有恶性，"中间之人"既有善性又有恶性，这种观点就叫性三品说。它以董仲舒和韩愈为代表。

在中国历史上，汉人董仲舒在《春秋繁露·实性》里首次明确提出性三品说：

> 圣人之性不可以名性，斗筲之性又不可以名性，名性者，中民之性。中民之性如茧如卵。卵待覆二十日而后能为雏，茧待缫以涫汤而后能为丝，性待渐于教训而后能为善。善，教训之所然也，非质朴之所能至也，故不谓性。

可见，在董仲舒心中，现实生活中不同个体的人性是不一样的，圣人天生只有善性，故不需要通过后天的道德教育，这类人天生就是大善之人；斗筲之人天生只有恶性，即便对其进行良好的道德教育，也不能让这类人转变成有道德的人；介于圣人与斗筲之人之间的其他人其人性中既有善性又有恶性，这样，必须通过内求等方式发展其本有的善性，同时，通过教化的方式改造其本有的恶性，从而使其最终变成有道德的人。

270

董仲舒的性三品说为后人所承继。例如，韩愈以汉代董仲舒的性三品说为基调，兼收孟子的性善论、荀子的性恶论和扬雄的性善恶混说，提出了更为细致的性情三品说。《昌黎先生集》卷十一《原性》记载：

> 性也者，与生俱生也；情也者，接于物而生也。性之品有三，而其所以为性者五；情之品有三，而其所以为情者七。曰：何也？曰：性之品有上中下三。上焉者，善焉而已矣；中焉者，可导而上下也；下焉者，恶焉而已矣。其所以为性者五，曰仁，曰礼，曰信，曰义，曰智。上焉者之于五也，主于一而行于四；中焉者之于五也，一不少有焉，则少反焉，其于四也混；下焉者之于五也，反于一而悖于四。性之于情视其品。情之品有上中下三，其所以为情者七，曰喜，曰怒，曰哀，曰惧，曰爱，曰恶，曰欲。上焉者之于七也，动而处其中；中焉者之于七也，有所甚，有所亡，然而求合其中者也；下焉者之于七也，亡与甚，直情而行者也。情之于性视其品。

根据上段引文可知，性情三品说的要点有三：（1）认可告子"生之谓性"的观点，也主张人性是与生俱来的；同时，在孟子"仁义礼智根于心"的基础上，将"信"添加进去，主张人性的基本成分是仁、义、礼、智、信这"五常"，将五种社会本性视作人的本性，却基本上没有涉及人的自然本性，这种做法显然是对孟子性善论思想的发挥。与汉儒提出的"五常"思想完全吻合，这说明韩愈在"性"的实质问题上并无大的创见。情绪则是和外物接触之后产生的，情绪的基本种类是喜、怒、哀、惧、爱、恶和欲七种。这明显是继承了《礼记》的思想（燕国材，2004，pp.397-398）。将欲视作情绪的一种，虽看到情与欲之间的密切关系，却没有看到情与欲之间的区别，错将欲混同于情。（2）不但性与情均有上、中、下三品，而且彼此之间是一一对应的关系：以天生的人性里所含的仁、义、礼、智、信的纯杂搭配不同，将人性分为上、中、下三品：具有上品人性的人天生就是至善的，在构成人性的仁、义、礼、智、信五德里，此类人能以仁德为本，而兼通其余四德，因此上品人性是最完美的人性；而且上品之性"接于物"后必生上品之情，这种情无论是喜、怒、哀、惧、爱、恶和欲七种里的哪一种，都能够做到"动而处其中"，即情感表现得恰到好处，无过与不及之处。真可谓"发乎情，止乎礼"。具有中品人性的人生来就是有善有恶的，在构成人性的仁、义、礼、智、信五德里，此类人缺少某一方面的德性或者有些违背某一方面的德性，其余四德性也混杂不纯，因此中品人性是善恶相混的人性；同时，中品之性"接于物"后必生中品之情，这种情无论是喜、怒、哀、惧、爱、恶和欲七种里的哪一种，当其发动时，虽然有些会过头，有些会有所不及，但想着要寻求恰到好处地表现出来。具有下品人性的人生来就是恶的，在构成人性的仁、义、礼、智、信五德里，此类人既不讲仁德又背离其余四德性，因此，下品人性是最恶、最坏的人性；下品之性"接于物"后必生下品之情，这种情无论是喜、怒、哀、惧、爱、恶和欲七种里的哪一种，要么表现得太过，要么根本不表现，直情而行，无所节制。因而这种情都是恶的，需要加以管制。反过来，上品之情必表现为上品之性，中品之情必表现为中品之性，下品之情必表现为下品之性。今天看来，韩愈将性与情一一对应，这一观点具有颇浓的机械论色彩。（3）将性情三品说推至教育，那就是韩愈自然也就赞成董仲舒的德育主张：对于具上品之性的人和具下品之性的人，前者学而愈明，教育和学习会使他们越来越明智，这点相对于董仲舒的圣人之性不需教的思想显然更为科学；后者畏威而寡罪，需对其加以威慑和管制方能减少其过错，因而本质上是无法教育的；具中品之性的人则介于二者之间，道德教育主要是对中品人性的人才具有现实意义，即必须通过内求等方式发展其本有的善性，同时通过教化的方式改造其本有的恶性，从而使具有中品人性的人最终变成有高尚道德的人。在这里，可推知韩愈的教育目的是培养仁、义、礼、智、信五者皆有的人，其情绪表现要能修养到发乎情、止乎礼的程度。

（二）基于性二元论的内求与外铄相结合说

1. "天地之性"和"气质之性"的核心观点

假若主张每个人身上都有"天地之性"和"气质之性"，只是不同人身上"天地之性"和"气质之性"的比例不同，这种观点可以称之为二元论的性有善有恶说。这种观点以张载为代表，它是张载教育心理学思想的理论基础。在中国人性论的历史长河中，张载首次明确提出二元论的性有善有恶说，将先秦以来的性一元论发展为性二元论，提出"天地之性"和"气质之性"的观点，这是他在理论上的一大贡献。张载在《正蒙·诚明篇》中说："形而后有气质之性，善反之则天地之性存焉。故气质之性，君子有弗性者焉。"（张载，1978，p.23）可见，"天地之性"实质上讲的是人的社会本性，张载认为它是一种真正的人性，而且在人出生之前就存在于天地之间，含有天赋道德的思想。"气质之性"是由气与形质结合而成的，实相当于今天讲的人的自然本性。张载认为，人有两种性，其中"天地之性"至善，"气质之性"有善有恶，实质上也是一种性善恶混的观点。不过，张载的这一观点有两个特点：一是用性二元论替代了过去的性一元论；一是它不是就性论性，而是从其宇宙论中寻求根据，是从其宇宙论中推衍出来的（张岱年，1982，p.211）。

2. "天地之性"和"气质之性"的具体推衍过程

从宇宙论中推衍出"天地之性"和"气质之性"的过程颇为复杂。在哲学思想上，张载提倡"太虚即气"，以"气"为宇宙的本体《正蒙·太和篇》说："太虚无形，气之本体，其聚其散，变化之客形尔。"（张载，1978，p.7）"太虚不能无气，气不能不聚而为万物，万物不能不散而为太虚。"（张载，1978，p.7）"气之聚散于太虚，犹冰凝释于水，知太虚即气，则无无。"（张载，1978，p.8）可见，张载认为，太虚本没有形状，是一种虚空，但是这种虚空并不是一无所有，而是充满了"气"。无形无状的太虚实质上是指气的本来状态，也就是"气之本体"。"气"在"太虚"中的聚散就如同冰凝结或融于水中一样，气散则为太虚，太虚散则为气，而气和万物也具有同样的关系，这就形成"太虚—气—万物"三层次宇宙结构，而且这三者是可逆的："太虚之气聚而为气，气聚而为万物；万物散而为气，气散而为太虚。"（陈来，2004，p.46）根据这一思想，太虚、气、万物都是"气"在不同状态下的表现，而"气"具有明显的物质性。因此，张载的这一哲学思想被后人称为"气一元论"唯物主义哲学思想。

从"气一元论"出发，张载认为人和万事万物都来源于天，人之性和物之性也都来源于天，本质上人之性就是天之性，因此它们是共通的。"性者，万物之一源，非有我之得私也。"（张载，1978，p.21）虽然来源是一样的，但是天性在人和物上的具体表现是不一样的，其具体体现为气质。人和万物都有气质，但是在特定的人或物上气质是不一样的。张载说：

> 气质犹人言性气，气有刚柔、缓速、清浊之气也，质，才也。气质

是一物，若草木之生亦可言气质。（张载，1978，p.281）

　　天下凡谓之性者，如言金性刚，火性热，牛之性，马之性也，莫非固有。凡物莫不有是性，由通蔽开塞，所以有人物之别，由蔽有厚薄，故有智愚之别。塞者牢不可开，厚者可以开而开之也难，薄者开之也易，开则达于天道，与圣人一。（张载，1978，p.374）

可见，人与物、人与人禀赋的"气"有清浊不同，有通蔽开塞之别，有厚薄之分，因此形成各种不同的物与人：秉气浊为物，秉气清为人；秉气最清为圣贤，秉气浊些为常人，秉气最浊则为恶人愚人。蔽而塞者为物，通而开者为人；蔽有厚薄，薄者为智，厚者为愚，无蔽无塞者为圣人。（毛礼锐，沈冠群，1987，p.119）

　　张载认为，与气有清浊相类似，性也有两种："天地之性"和"气质之性"。"天地之性"是至高无上的、至善的，是"天理"、"天性"，是天地万物和人的共同属性，也是人的本性。《正蒙·诚明篇》说："天地之性，久大而已矣。莫非天也。"（张载，1978，p.24）当气聚而为人时，由于气的状态不同，每个人产生了具体的"性"，这就是"气质之性"。可见，"气质之性"是人形成后才有的，是与人的身体特点、生理条件结合在一起的，是由"饮食男女"、"口腹鼻舌"等物质生活要求引起的，也叫"攻取之性"或"习俗之气"。《正蒙·诚明篇》说："湛一，气之本；攻取，气之欲。口腹于饮食，鼻舌于臭味，皆攻取之性也。知德者属厌而已，不以嗜欲累其心，不以小害大、末丧本焉尔。"（张载，1978，p.22）这表明，"气质之性"中包含人的本能欲望。所以，《正蒙·乾称篇》说："有无虚实通为一物者，性也；不能为一，非尽性也。饮食男女皆性也，是乌可灭？"（张载，1978，p.63）"饮食男女皆性也"，是说"饮食男女"这些人的本能欲望都是"性"，这个"性"指"气质之性"。人的本能会被自己喜好的外物吸引，也会对自己不喜欢的外物进行排斥，这就是张载所说的"攻取"。

3. 基于"天地之性"和"气质之性"观点的道德教育

　　既然在不同人身上"天地之性"和"气质之性"的比例是不同的，而"气质之性"若不加节制，常常会蒙蔽和干扰"天地之性"的正常表现和顺利发展。因此，道德教育和道德学习的价值就在于，通过内求等方式发展每个人身上固有的“天地之性”，通过教化的方式改造每个人身上固有的“气质之性”，使之变化气质（之性），回复到本然为善的天地之性。张载说：

苟志于学则可以胜其气与习，此所以褊不害于明也。（张载，1978，p.330）

为学大益，在自求变化气质，不尔皆为人之弊，卒无所发明，不得见圣人之奥。故学者先须变化气质，变化气质与虚心相表里。（张载，1978，p.274）

人之气质美恶与贵贱夭寿之理，皆是所受定分。如气质恶者学即能移，今人所以多为气所使而不得为贤者，盖为不知学。古之人，在乡闾之中，其师长朋友日相教训，则自然贤者多。但学至于成性，则气无由胜，……必学至于如天则能成性。（张载，1978，p.266）

纤恶必除，善斯成性矣；察恶未尽，虽善必粗矣。（张载，1978，p.23）

当一个人通过道德教育与自我心性修养，消除自身的各种恶习，从而变化自己的气质（人的整个精神面貌），使得自己的言行与伦理道德相一致，那么现实生活中的人人最终都可以变成有高尚道德的人。

4.“天地之性”和“气质之性”观点对后世学人的影响

张载的“天地之性”和“气质之性”观点虽有抽象人性论之嫌，却为稍后道学家所推崇。《朱子语类》卷第四记载：“道夫问：‘气质之说，始于何人？’曰：‘此起于张程。某以为极有功于圣门，有补于后学，读之使人深有感于张程，前此未曾有人说到此。如韩退之《原性》中说三品，说得也是，但不曾分明说是气质之性耳。性那里有三品来！孟子说性善，但说得本原处，下面却不曾说得气质之性，所以亦费分疏。诸子说性恶与善恶混。使张程之说早出，则这许多说话自不用纷争。故张程之说立，则诸子之说泯矣。’”在此基础上，朱熹继承了张载将性分为“天地之性”和“气质之性”的观点，也说：“以气言之，则知觉运动，人与物若不异也；以理言之，则仁义礼智之禀，岂物之所得而全哉？此人之性所以不善，而为万物之灵也。”（朱熹，1983，p.326）主张“天地之性”指人的仁、义、礼、智等先天禀赋，是以理而言的。理是至善的，所以“天地之性”也是至善的。“气质之性”指直觉、运动等心理现象，是以气而言的。气有清浊昏明厚薄之分，所以"气质之性"具有"善"、"恶"两重性。人性正是"天地之性"和"气质之性"的结合。以此为基础，朱熹论道德教育时必然兼顾发展人的善性和改造人的恶性。"人性皆善，而其类有善恶之殊者，气习之染也。故君子有教，则人皆可以复于善，而不当复论其类之恶矣。"（朱熹，1983，p.168）朱熹看到染与教在人性发展中的作用，主张立教以改变人的不良个性品质，这一思想是可贵的，也说明朱熹赞赏习与性成的性习论。

第三节　中国传统品德心理形成与发展观对当代德育的启示

中国传统品德心理形成与发展观给予今人的启示主要有四点，其中"德育的'行→知→意→行→心'路径"将在本书第十章论述，这里只谈其他三点。

一、将培育道德自我作为品德形成与发展的最高阶段

当代中国德育心理学工作者在品德心理成分的看法上深受西方德育心理学思想影响，不但如此，在品德形成与发展过程的看法上也同样深受西方德育心理学思想的深刻影响。于是，中国学者也大都将品德的形成过程与发展分为道德认识的形成、道德动机的激发（也有些书将此过程省略）、道德情感的培养、道德意志的锻炼和道德行为的训练等几个方面，并将之作为德育实践的心理学依据以及分析和评价德育实效性的理论依据。尽管这种观点基本上符合人的道德发展实际，得到人们的公认，但这种观点也有值得商榷的地方。如李伯黍主编的《教育心理学》一书，考虑到道德意志的锻炼与道德行为的训练之间有明显重复，将德育分为道德认识、道德情感和道德行为三个过程，显得颇为简洁（李伯黍，1993，pp.13-15）。

不过，这种修改只是一种细枝末节的事情，上述观点有一个根本性缺陷：根据这一观点，仿佛德育中受教育者只要通过知、情、意、行四个过程，学会、掌握并能自发地实行一些个别的道德原则就认为是有道德了，缺少一个更

为内部、主动的、凌驾其上的、有选择有甄别地发动它们的力量，这与我们在实际生活中观察到、体验到的事实有较大的出入。尤其是当个体掌握的一个个个别的道德原则因其本身复杂性而出现彼此矛盾时（如对坏人要不要守信等），或要对一个个个别的道德原则加以整合时，或出于种种缘由要在复杂的情境下作出负责任的选择时，这种观点的缺陷就暴露无遗。而通过对人们实际心理生活的观察表明，在道德修养达到一定水平的个体身上，的确存在一种驱动、选择和判断的力量，这种力量就是古人说的"良知"，也就是今人讲的"道德自我"（王启康，1997）。古人能有意或无意地认识到德育中培育道德自我的重要性是难能可贵的。从很大程度上讲，先哲有关品德形成与发展的看法，其最大特色与最大贡献就在于将培育道德自我作为品德形成与发展的最高阶段。

今天中国的德育工作者在育德过程中，也应将培育道德自我作为品德形成与发展的最高阶段，通过种种方法和手段来培育个体的道德自我。许多经验与教训表明，从某种程度上讲，能否让个体尽快形成道德自我，是衡量一种德育理念或方法是否有效的判断标准之一。那么，怎样才能通过道德教育有效地去培育个体的道德自我呢？笔者的观点是，道德教育从根本上讲只有遵循"践履（狭义）→真知→真情意→觉行→良知（或道德自我）"的基本路径，才能有效地培育个体的道德自我。这一培育道德自我的基本路径，在拙著《德化的生活——生活德育模式的理论探索与应用研究》里已作了较详细的论述（汪凤炎，等，2005，pp.118-129），这里不多讲。

二、构建融内求、外铄与顺应自然于一体的育德路径

对于怎样培育个体的品德，先哲大致提出了四种各具特色的路径：一为内求；二为外铄；三为顺应自然；四为内求与外铄相结合说。

内求说的优点是将成善的根据置于人心，认为育德的关键不在于将一定社会的道德规范和行为准则强制灌输给学生，使学生成为一个个"美德袋"，而在于启发、唤醒、张扬和提升学生的道德自觉和学生心中本有的善端，这就极易唤醒和张扬修德者的主观能动性（道德自我）。但是，假若完全按内求说去育德，德育能做的只在于提供一个有利于学生品德成长的价值引导环境，这的确像有些

批评者所说的那样，限制了德育的功能；更为严重的是，修德若一味强调内求，易使人脱离"事功"去空谈心性修养，使德育陷于"空对空"的虚境中。

外铄说的长处是既看到环境和教育对个体品性的巨大影响，又强调有一定自我意识的个体应主动选择一个较理想的环境来育德，未忽视个体的主体性在其品德修养过程中所起的作用。不过，外铄说的主要理论依据是人性只具恶端说和人性无善无不善说，以人性只具恶端说为根基的性伪说，过于强调在德育过程中改造人性的重要性，也有不合个体身心发展规律之嫌；更为严重的后果是，容易忽视人性的尊严，进而极易导致强制性、灌输性的德育，为美德袋式德育提供理论依据，如果一个德育教师果真完全按此理论去育德，势必强调要将一定社会的道德规范和行为准则强制灌输给学生，因为人性本恶或人性本无善无不善。同时，从理论上讲，若人性中真的无任何善端，以性恶论为基础的"化性起伪"和以性无善无恶论为基础的彻底建构论都无法讲得通。

顺应自然说强调要依据个体的身心发展规律去育德，这是该说的特色和长处所在；但该说主张人要返璞归真，回归自然，以保持或恢复人的童心，这又是一种不切实际的空想。

内求与外铄相结合说的优点是能充分发挥内求说与外铄说的长处，并能避免内求说和外铄说偏执一端的弊病，但该说没有看到顺应自然说中蕴含的优点，是其不足之处。

鉴于人性的复杂多样性，今天重新检讨先哲的思想之后，应跳出内求、外铄与顺应自然的圈子与思维定势，走一条超越之路：育德要走融内求、外铄与顺应自然三种路径的长处于一体的进路，即在育德过程中，既要善于张扬个体的主观能动性，又要注意环境与教育的影响，还要依据个体的身心发展规律来采取相应的育德模式与育德方法，只有这样做才易提高育德效果。

三、慎用"灌输"一词来评说中国传统德育

中国传统品德心理形成与发展观里的一些做法——如，从小注重对孩子进行道德行为的训练和采取多种方式传授给学生一些道德知识，等等——往往容易给今人一个错觉：以为"灌输"（indoctrinate，名词为 indoctrination、 infusion）法在中国传统德育里随处可见，由是，使得一些不知内情的今人往往猛烈批评中国传统德育的致命缺陷就在于重"灌输"。这种批评在一定程度上说其实冤枉了中国传统德育。

正如本书第十二章所论，既然"蒙以养正"这条重要育德原则已被无数事实证明是有道理的，那么，就不能简单地将从小对孩子进行道德行为训练斥为"灌输"；同时，既然学习者通过学习获得一定数量和质量的道德知识，是其提高道德认知水平的重要前提，那么，在德育过程中，教育者采取一定的方式或方法来传授学生的道德知识就显得非常有必要。因此，虽然笔者也反对在道德教育里使用"灌输"法，而是主张要尊重儿童的人格，力倡依儿童的身心发展规律对其进行相应的道德教育，但是也不应将一切旨在教育儿童的方法（如行为训练法、讲故事明道理法等）都斥为"灌输"。科学的态度是，先弄清"灌输"一词的准确含义，然后再谨慎地使用它。

"灌输"是一个不太容易界定的概念。有研究表明，列宁于1894年在《什么是"人民之友"》一文中首次提出"灌输"的思想，这里的"灌输"指用某种教义、学说、信条教导人，使人相信并践行之。从1894年至1901年底的一系列有关论述中，列宁阐明了"灌输论"的基本含义是，社会主义者应从俄国实际出发，学习和掌握马克思主义理论，通过从外部灌输的办法，使马克思主义与俄国工人运动相结合，建立工人阶级的自觉的政治组织。列宁强调"灌输"的内容只能是马克思主义的科学理论，反对各种非马克思主义思潮对工人运动的侵蚀，防止工人运动走入歧路。与此同时，列宁指出"灌输"的必要性，"灌输"的根本目的、"灌输"的形式和方法。1902年列宁在《怎么办？》中接受并发挥了考茨基关于工人阶级不能自发产生科学社会主义意识的观点，更加深刻地论证了为什么要进行"灌输"的问题，并对"灌输论"作了全面总结，《怎么办?》的问世标志着"灌输论"的最后形成，从此，"灌输论"作为一个完整的原理而成为列宁主义思想体系的重要组成部分（王启文，1988）。"indoctrinate（灌输）"一词常用于宗教，在现代西方语境中一般指教人不加批判地接受某种教义、学说、信条，尤指用各种心理控制手段迫使人或暗中诱使人不加批判地接受某种教义、学说、信条。正是在此意义上，中文将其译作"灌输"。中文"灌输"的本义指灌注、输送。如《史记·秦始皇本纪》说：

"以水银为百川江河大海，机相灌输。"中文"灌输"的引申义指将思想观念从外而内灌注给他人，即指自外而内、自上而下强行令人不假思索、不加批判地接受某种教义、演说或信条。从意义学习的角度看，灌输是指未让学生产生意义学习的讲授。在道德教育领域，根据霍尔（Robert T. Hall）等人的见解，大致而言，关于"灌输"有两种观点：一是"内容"观，即灌输被看作是任何一套信念的三番五次的重述，而在这么做时，这些信念的根据或证据却没有受到充分的公开检查。这里的一个主要思想是，被教授的内容乃是一个既定的教条、一种价值倾向或一种世界观，而这些教条、倾向和世界观都是建立在某种没有理性根据的基础之上，使教育沦为灌输的正是学科内容的教条性。如果人们把那种从根本上讲仅仅是建立在一些没有事实根据的假设基础之上的知识体或见解当作真理而加以教授，那么他们就是在灌输。或者反过来说，只有当人们把那种被理性证明为正当的东西当作可靠的知识来教，人们才能避免灌输。这个观点的主要缺陷在于，人们往往不能确定某套信念是否确有根据，以及从理性上讲是否可靠。二是"意图"论，即灌输者需要人们接受他三番五次地重述的那些信念，而同时又不允许人们批评这些信念。在这种情况下，灌输就是教授一门学科的方法的事情，而不是内容的合理性问题。如果一个人受到的教育说服他相信或接受教给他的东西，但不允许（或不是充分地鼓励）他探询这些东西背后的根据或基本原理，人们就可据此说这个人在被人灌输。或者反过来说，如果人们看到学生在自由地考虑任何信念或理论的赞成意见和反对意见，那就避免了灌输。这个观点也有不足之处：从逻辑上看，假若说一个正在进行灌输的教师必须有一种使他的学生不加批判地接受某些信念的意图，那么从定义上讲，任何实际上没有这种意图的教师就不能说是在进行灌输。然而，人们一般又相信，不管教师的意图如何，某些教育的努力就构成了灌输。这表明灌输这个概念还涉及除此之外的其他东西。根据意图论的观点，无意图的灌输这个概念将是一个逻辑的矛盾，但这实在是一种很受欢迎的用法。综合上述观点的长处，在道德教育领域，"灌输"或"洗脑"（brainwashing）的含义是，出于某种邪恶的动机或目的，将缺乏理性根基、特定的一套信念或教条当作必然的真理来加以教授，让受教育者只能接受这套特定的信念或教条，既不让受教育者接触其他不同的观点，更不容许受教育者怀疑它或反对它。如果谁胆敢怀疑或反对这套特定的信念或教条，就严厉批评，甚至将他贴上"坏人"的标签，从精神或肉体上消灭他。反过来说，如果出于某种善良动机或目的，向个体传授那些被人类理性证明为正当的东西，或者在教育过程中将正反两面的观点都告诉受教育者，注重培养受教育者的独立思考能力和批判性思维，让受教育者基于自己的理性判断来决定哪些是正确的，哪些是错误的，哪些是暂时无法判定只能存疑的，这种教育就不是灌输或洗脑，而是正常的道德教育（霍尔，戴维斯，2003，pp.18-32）。"灌输"或"洗脑"与苦口婆心式教育的区别也可经事后检验而得到区分：受教育者在得知真相后，对教育者心存感激的是苦口婆心式教育，深感被骗的是洗脑。换言之，被洗脑者一旦重新拥有独立思考能力或了解到事情的真相，他就会立即认识到自己当年所受的教育是一种邪恶教育，它欺骗了自己，让自己做出了许多荒谬行为，结果，他一定会为自己当年的荒谬言行感到羞愧或内疚，并寻求补救措施或忏悔，至于那些给自己实施洗脑教育的人，他既可能永远不会给予原谅，也有可能给予宽恕，但绝不会给予感谢。与此不同，那些早年接受苦口婆心式教育（里面可能包含某些强制性教育）的人长大后一旦理解了父母和老师当年的良苦用心，一定会真诚地感谢父母和老师当年的教诲。

可见，在当今中国人的语境中，"灌输"或"洗脑"带有明显的贬义，不应滥用它，以至于把它作为对人们不喜欢的任何教育方法的批评。这样，在使用"灌输"或"洗脑"时必须有一些限制。根据上文"灌输"或"洗脑"的界定，给予儿童的道德训练不能完全称为灌输或洗脑。早在儿童达到他们能够接受成人所说的德育，即学习作出他们自己的道德决定这一发展阶段之前，他们应该而且必须由他们的父母或老师等人来教会许多行为。儿童的早期训练既必须，也不可避免。人们不是在道德真空中长大的，他们是在家庭、学校和社会里成长的，而这些地方普遍存在着一定的行为规范（或称之为习俗）。父母向他们的孩子传递他们自己的生活方式，同时也传递有关他们行为的感情和信念；教师反复传授这种对于课堂的社会组织来说是必需的行为，他们这样做是正确的。当青年人开始有意识地为自己作出决定并承担责任时，他们往往并不超过（或反对）这一早期训练的经历。虽然对于不同的人来说，这种早期学会行为的重要性是不同的，人们却不应低估它的影响，正如克伯屈（William

Heard Kilpatrick，1871—1965）所说，我们不能等到儿童成熟得足以为他自己作出决定的时候才进行教育。这样，将所有对儿童的训练都说成是灌输，这是一种偏见。合理的说法应如英国道德哲学家黑尔（Richard Mervyn Hare，1919—2002）所说：只有当我们试图停止发展儿童为他们自己进行思考的能力时才算灌输（霍尔，戴维斯，2003，pp.19-20）。从这个意义上说，中国古代社会对儿童进行的道德教育，一般都不能指责为灌输。当然，这也不是说，中国传统德育就不存在灌输或洗脑，事实上，在中国古代社会，当一些卫道士在向认知水平已达到相当水平或成熟水平的个体反复进行一些毫无理性依据的说教，而且又不允许学习者怀疑时，这种道德教育就是一种灌输。如，孝道本是一种用于调节亲子关系的伦理规则，一些卫道士却硬要牵强附会、武断地将孝道上升为涵盖人类社会、动物界和植物界的普遍性道德法则，又鼓吹"君要臣死，臣不得不死；父要子亡，子不得不亡"，而且不容许学习者产生半点怀疑，这就是在灌输或洗脑。

第六章

化育美德思想

　　先哲大都认为，德育不必完全依靠知识的传授。既然如此，采用什么方法来培育人的品德呢？对于这个问题，综观儒、道、释诸家的言论，发现他们有类似的观点：推崇身教、环境陶冶与潜移默化在育德中的作用，主张用化育的方法来育德（韦政通，1988，pp.110–111）。所谓"桃李不言，下自成蹊"，表达的就是这种思想。从教的角度看，传统德育思想的主要特色之一在于重化育而轻言教。这一思想自先秦产生起，历代都有继承者，延续至今。那么，先哲讲的"化"及化育的确切含义是什么？他们重视化育方法有没有更深层次的缘由？在实际的德育中，他们是怎样化育的？化育美德思想对当代德育有何启示？对这些问题的探索与反思，构成了本章的主要内容。

第一节　化育的含义与理论根基

一、化育的含义与特点

（一）化育的含义

要了解化育的内涵，有必要了解"化"的含义。

何谓"化"？《说文解字·匕部》解释："化，教行也。从七，从人，七亦声。"朱芳圃在《殷周文字释丛》里说："化象人一正一倒之形，即今俗所谓翻跟头。《国语·晋语》：'胜败若化。'韦注：'化，言转化无常也。'《荀子·正名篇》：'状变而实无别而为异者谓之化。'杨注：'化者改旧形之名。'"（汉语大字典编辑委员会，2010，p.140）从字音上看，"化"主要有三种读音：（1）huà，（2）huā，（3）huò，而第一种读音最常见。从字义上看，"化"的含义众多，有近二十种。不过，作为育德方法——化育的"化"，一般读作 huà，含义主要有这样五种：

（1）变化；改变。《玉篇·匕部》："化，易也。"《易·恒》："日月得天而能久照；四时变化而能久成。"《淮南子·泛论训》："法与时变，礼与俗化。"高诱注："化，易。"

（2）感化；转变人心、风俗。《说文·匕部》："化，教行也。"

（3）随顺；仿效。《吕氏春秋·大乐》："天下太平，万物安宁，皆化其上。"

（4）教化；古代统治者统治人民的理论、措施。《诗·周南·关雎序》："南，言化自北而南也。"

（5）消化；消融。《素问·气交变大论》："病反腹满，肠鸣溏泄，食不化。"宋杨万里《庸言》："学而不化，非学也。"（汉语大字典编辑委员会，2010，pp.140-141）

可见，相应地，作为一种育德方法，化育是指通过潜移默化的方式，使人的整个精神面貌都得到持久而深入的改变。

（二）化育的特点

要准确把握化育的内涵，还必须掌握其以下四个特点：第一，化育的落脚点放在人"心"上，人心真的得到转变，化育就收到效果；人心未转变，化育也就没起作用。第二，化育的结果，不但能使受教育者的心理发生变化，而且可使其行为方式乃至整个气质都发生改变。第三，化育是在不知不觉中进行和完成的。因受教育者是在不知不觉中接受了教育者或环境的影响，从而于不知不觉中在心理与行为方式上发生了变化，这就是俗话说的"潜移默化"之义。第四，化育的功效不是短时间内能取得的，要经过一个较长的过程。作为一种育德方法，化育虽然难以收到立竿见影的速成效果，但它对人的影响一旦产生，却能使人无论在心理上还是在行为方式上都能产生较深刻而持久的变化，从而使其"气质"或"气象"最终发生根本的改变。这里讲的"气质"一词是指一个人的整体精神面貌，而不单纯指心理学上讲的"气质"，后者指个人生来就具有的心理活动的动力特征。

正由于化育具有上述特点，特别适合用作德育的方法，这是先哲重视化育方法的主要缘故之一。正如《学记》所说："君子如欲化民成俗，其必由学乎！"其缘由朱熹在《晦庵集》卷四十九《答王子合》(之一)中说得很清楚："惟学为能变化气质耳。"从德育心理学角度看，化育既是一种利用人的潜意识心理和模仿学习来转变人心的过程，也是一种以塑造理想人格为目的的人格教育，其实质是以人格教育统率道德与知识教育，注重个性的培养与塑造。在道德教育中，化育的做法之所以常常能收到理想的效果，是由于化育的心理机制主要是模仿与暗示，而它们恰恰符合人们的这样一种心理：人们尤其是有一定自我意识的人往往都有一定程度的自尊，从而一般不太喜欢别人当面教他或她怎样做人，因为假若一旦接受别人的"教导"，往往意味着自己先前的做人方式存在缺陷，从而伤及自尊；所以，德育工作者若天天跟学生讲诸如"你应该这样做"之类的话，必会引起学生的反感。但是，你若采取身体力行的示范法或暗示的方法间接告诉他或她该怎么做人，他或她可能更乐于接受，至少接受起来心里没有那么大的抵抗力。另外，由于中国传统文化的主体是一种道德文化，使得先哲讲的"教"，其本身就是一种模仿学习，就是一种"化"，从很大程度上讲，"教"与"化"可视作同义词。如《说文解字》说："教，上所施，下所效也。"《白虎通义》说："教者，效也。上为之，下效之。民有质朴，不教不成。故《孝经》曰：'先王见教之可以化民。'"由此可见，先哲的确很重视化育在道德教育中的作用。

二、化育的理论根基

先哲将化育作为一种重要的育德方法，除了化育具有上述特点外，也有一定的理论根基。

（一）性习论

性习论是潘菽在研究中国古代心理学思想时提炼出来的一种理论（潘菽，2018，pp.99-116）。性习论就是"习与性成论"的简称，其含义是，某种习惯形成的时候，与之相应的一种品性也就随之形成了。这就是俗话所讲的"习惯成自然"。从心理学角度看，性习论探讨性与习的关系问题，类似于现代心理学中探讨的遗传、环境、教育与人的心理发生发展之间的关系的问题。在中国历史上，关于人性的看法，不同流派各持己见，甚至同为儒家的孟子和荀子的看法也针锋相对。不过，对于性与习的关系问题，极少数学者主张人性可"出淤泥而不染"。如王符在《潜夫论·论荣》中说："人之善恶，不必世族；性之贤鄙，不必世俗。中堂生负苞（两种草，引者注），山野生兰芷（两种香草，引者注）。夫和氏之璧，出于璞石；隋氏之珠，产于蜃蛤。《诗》云：'采葑采菲，无以下体。'"绝大多数人都赞赏性习论，性习论成为先哲主张化育美德的主要理论依据之一。

性习论最早出自《古文尚书·太甲上》。据其记载，"习与性成"一语是商代伊尹告诫初继王位的太甲时所说的，意即习形成的时候，一种性也就和它一起形成了。这就是俗话所讲的"习惯成自然"。此后，性习论得到很多学者的支持，尤其在先秦和两汉之际特别流行，汉代之后一千多年中论及性习论的人较少，到了明清之际，这个理论又受到重视。

关于性与习的关系，孔子曾说："性相近也，习相远也。"（《论语·阳货》）"性相近"指每个人与生俱来的生性或禀性（即生理解剖特点）较接近，这意味着人与人之间与生俱来的生理解剖特点虽然有差别，但这种差别很小。"性相近"而不是"性相同"，表述恰如其分。"习相远"指通过学习、教育与环境的熏陶等，可以使不同人的心理素质与行为方式发生很大变化。例如，有的人成为君子乃至圣人，有的人成为小人与罪犯。既没有否定人的生性是个性心理差别的自然基础，又强调了教育、环境对人的个性形成的决定性作用，与现代心理学对这个问题的结论大致相同。性近习远论既表明孔子看到了不同人心理发展的差异性，又充分肯定了学习与教育的价值。同时，孔子又说："少成若天性，习惯如自然。"（《孔子集语·颜叔子》）这表明孔子赞成性习论。在中国文化中，"性相近，习相远"和"习惯如自然"这两句话也成为至理名言，广为传诵。战国后期孔子的一个后代孔斌也说："作之不止乃成君子。……昔我先君夫子欲作文武而至焉。作之不变，习与体成。习与体成，则自然矣。"（《孔丛子·执节》）"习与体成"实质上就是习与性成，从中可以看出性习论是孔门家学的一种传统思想。

稍后于孔子的墨子、孟子和荀子等人都赞成慎染说，而慎染说的元理论就是性习论，这表明他们实也是性习论的支持者。

《大戴礼记·保傅》说：

> 古之王者，太子乃生，固举之礼，使士负之。有司齐，夙兴，端冕，见之南郊，见于天也。过阙则下，过庙则趋，孝子之道也。故自为赤子时，教固以行矣。……于是比选天下端士、孝悌闲博有道术者，以辅翼之，使之与太子居处出入，故太子乃目见正事，闻正言，行正道，左视右视，前后皆正人。夫习与正人居，不能不正也，犹生长于楚，不能不楚言也。……孔子曰："少成若性，习贯之为常。"此殷周之所以长有道也。

汉代贾谊在《新书·保傅》中讲到对太子的教育的重要性时也曾说过类似的话："习与智长，故切而不愧；化与心成，故中道若性。"可见，《大戴礼记》与贾谊都承继了孔子的思想，赞成性习论，在他们看来，"殷周之所以长有道也"，其缘由之一就是当时王室在性习论指导下，重视对年幼太子进行道德教育的结果。

《淮南子》继承先秦道家对人性的看法，也主张人的自然本性是纯朴无邪的善性，那么人的天生的善性是如何沦落为矫揉造作的虚伪之性呢？对于这个问题，在《淮南子》看来，人生来的纯朴无邪的本性之所以会丢失，实是由于人受到环境习染的结果。这说明《淮南子》也赞成习与性成的性习论。《淮南子·齐俗训》说：

> 原人之性，芜秽而不得清明者，物或埋之也。羌、氐、僰、翟，婴儿生皆同声，及其长也，虽重象、狄鞮，不能通其言，教俗殊也。今三月婴儿，生而徙国，则不能知其故俗。由此观之，衣服礼俗者，非人之性也，所受于外也。……夫素之质白，染之以涅则黑；缣之性黄，染之以丹则赤。人之性无邪，久湛于俗则易。易而忘本，合于若性。故日月欲明，浮云盖之；河水欲清，沙石秽之；人性欲平，嗜欲害之。惟圣人能遗物而反己。

稍后的董仲舒也赞成性习论。据《汉书·董仲舒传》记载，董仲舒在《对贤良策》中说：

> 质朴之谓性，性非教化不成；人欲之谓情，情非度制不节。是故王者上谨于承天意，以顺命也；下务明教化民，以成性也；正法度之宜，别上下之序，以防欲也：修此三者，而大本举矣。

认为教育与学习是使性形成、成长起来的手段。

东汉王充在《论衡·率性》里说：

> 论人之性，定有善有恶。其善者，固自善矣；其恶者，故可教告率勉，使之为善。……十五之子，其犹丝也。其有所渐化为善恶，犹蓝丹之染练丝，使之为青赤也。青赤一成，真色无异。是故杨子哭歧道，墨子哭练丝也，盖伤离本，不可复变也。人之性，善可变为恶，恶可变为善，犹此类也。蓬生麻间，不扶自直；白纱入缁，不练自黑。彼蓬之性不直，纱之质不黑，麻扶缁染，使之直黑。夫人之性犹蓬纱也，在所渐染而善恶变矣。

尽管王充持人性善恶混说，但也赞成性习论，并将习可成性说成善恶可以互变，于是王充吸取墨子和荀子等人的观点主张人要慎其所染。

郭象在《庄子注·达生第十九》中说:"习以成性,遂若自然。"认为人通过不知不觉的习染而形成的性格,就像人的天性一样自然。

东晋葛洪在《抱朴子外篇·勖学》里说:"盖少则志一而难忘,长则神放而易失。故修学务早,及其精专,习与性成,不异自然也。"从人的心理发展特点立论来支持性习论,颇具特色。

南北朝时重视家教的颜之推曾著《颜氏家训》一书,在该书《教子》篇里,他主张对子女进行道德教育应自小开始:"生子咳嗯,师保固明孝仁礼义,导习之矣。凡庶纵不能尔,当及婴稚,识人颜色,知人喜怒,便加教诲,使为则为,使止则止。比及数岁,可省笞罚。父母威严而有慈,则子女畏慎而生孝矣。……孔子云:'少成若天性,习惯如自然'是也。俗谚曰:'教妇初来,教儿婴孩。'诚哉斯语!"在《慕贤》篇里,他又重视环境陶冶在道德教育中的作用:"人在少年,神情未定,所与款狎,熏渍陶染,言笑举动,无心于学,潜移暗化,自然似之。……是以与善人居,如入芝兰之室,久而自芳也;与恶人居,如入鲍鱼之肆,久而自臭也。"从中可见,颜之推也赞成性习论,并将此理论运用到其教育思想中。

宋代的王安石在《性说》篇里说:"孔子曰:'性相近也,习相远也。'吾是以与孔子也。韩子(指韩愈,引者注)之言性也,吾不有取焉。然则孔子所谓'中人以上可以语上,中人以下不可以语上,惟上智与下愚不移',何说也?曰:习于善而已矣,所谓上智者;习于恶而已矣,所谓下愚者;一习于善,一习于恶,所谓中人者。……夫非生而不可移也。"表明王安石在赞成孔子性近习远观点的基础上,又对孔子的观点作出了新的解释。

据《二程集·河南程氏文集》卷第六记载,程颐在《上太皇太后书》中说:"是古人之意,人主跬步不可离正人也。盖所以涵养气质,熏陶德性,故能习与智长,化与心成。后世不复知此,以为人主就学,所以涉书史,览古今也。不知涉书史,览古今,乃一端尔。若止于如是,则能文宫人可以备劝讲,知书内侍可充辅导,何用置官设职,精求贤德哉?大抵人主受天之命,禀赋自殊。历考前史,帝王才质,鲜不过人。然而完德有道之君至少,其故何哉?皆辅养不得其道,而位势使之然也。"(程颢,程颐,2004,p.543)从"习与智长,化与心成"之语看,程颐也是性习论的力倡者。因此,程颐主张"蒙以养正"（详见本书第十二章），在培养年幼的储君时应选择一些道德高尚的贤人置于其身边，以熏陶储君的品行。程颐坚信性习论，提出"人只是一个习"的命题。《二程集·河南程氏遗书》卷第十八记载：

> 人语言紧急，莫是气不定否？曰："此亦当习。习到言语自然缓时，便是气质变也。学至气质变，方是有功。人只是一个习。今观儒臣自有一般气象，武臣自有一般气象，贵戚自有一般气象。不成生来便如此？只是习也。某旧尝进说于主上及太母，欲令上于一日之中亲贤士大夫之时多，亲宦官宫人之时少，所以涵养气质，熏陶德性。"（程颢，程颐，2004，p.190）

朱熹在《论语集注·卫灵公》中说："人性皆善，而其类有善恶之殊者，气习之染也。故君子有教，则人皆可以复于善，而不当复论其类之恶矣。"肯定了染与教在人性发展中的作用，主张立教以改变人的不良个性品质，这一思想是可贵的，也说明朱熹主张习与性成。

明代王廷相非常重视习的作用。王廷相说：

> 凡人之性成于习，圣人教以率之，法以治之，天下古今之风，以善为归，以恶为禁，久矣。（《答薛君采论性书》）

> 深宫秘禁，妇人与嬉游也；袭狎燕闲，奄竖与诱掖也。彼人也，安有仁孝礼义以默化之哉？习与性成，不骄淫狂荡，则鄙亵惰慢。（《慎言·保傅篇》）

> 吾从仲尼焉，"性相近也，习相远也"而已。（《慎言·问成性篇》）

> 理可以会通，事可以类推，智可以索解，此穷神知化之妙用也。彼徒务虚寂，事讲说，而不能习与性成者，夫安能与于斯？（《石龙书院学辩》）

从这几段言论中可以看出：第一，王廷相所讲的习既包括教育与环境两大内容，也含有行或实践的意思；第二，王廷相在论述习与性成的道理时不仅着眼于社会风气这个大环境，也注意到居住交往这个小环境；第三，王廷相主张人要踏踏实实做事，结合实际学习，这样才能积习而成本性，才能对事理举一反三，做到触类旁通；第四，王廷相的性习论来源于孔子，但有所发展。

明代另一位唯物主义思想家吴廷翰在《吉斋漫录》卷上里说：

"继之者善也，成之者性也。"又曰："性相近也，习相远也。"孔子言性如此，后世莫加焉。夫谓"成之者性"，承上文"一阴一阳之谓道"而言，则成之之性，为阴阳之气所成亦明矣。其曰"相近相远"者，盖天之生人，以有此性也。性成而形，虽形亦性，然不过一气而已。其气之凝而有体质者，则为人之形，凝而有条理者，则为人之性。形之为气，若手足耳目之运动者是已。性之为气，则仁义礼知之灵觉精纯者是已。然而形有长短，有肥瘠，有大小，虽万有不齐，莫不各有手足耳目焉。故自圣人至于凡众人，苟生之为人，未有形之若禽兽也。其性之有偏全、有厚薄、有多寡，虽万有不齐，莫不各有仁义礼知焉。故自圣人至于凡人，苟生之为人，未有性之若禽兽者也，故曰"相近"。及乎人生之后，知诱物化，则性之得其全而厚且多者，习于善而益善，于是有为圣人者矣。性之得其偏而薄且少者，习于不善而益不善，于是有为愚人者矣。其间等第，遂至悬绝，故曰"相远"。相近相远，其义如此。

这表明吴廷翰赞成孔子"性相近也，习相远也"命题，他认为，尽管人得气时虽然有偏全、厚薄、多寡和形状上的长短、肥瘠、大小之分，但自圣人至凡人没有在性与形状上如禽兽者，故说"性近"；换句话讲，每个人的生性是差不多的。人的个性差异主要在于后天的习染，习善则成善，习恶则成恶。

明末清初的王夫之受到性习论思想的影响，并对它作了颇为正确的解释。他认为积习形成的时候，性也和它一起形成了（"习与性成者，习成而性与成也"）。王夫之又看到了个性形成与发展的两条规律：一是性"日生而日成之也。……未成可成，已成可革"。他在《尚书引义》卷三《太甲二》里说：

习与性成者，习成而性与成也。……夫性者生理也，日生则日成也。则夫天命者，岂但初生之顷命之哉？但初生之顷命之，是持一物而予之于一日，俾牢持终身以不失，天且有心以劳劳于给与；而人之受之，一受其成形而无可损益矣。……故曰性者生也，日生而日成之也。……是人之自幼讫老，无一日而非此以生者也，而可不谓之性哉？……故性屡移而异。……未成可成，已成可革。性也者，岂一受成佴，不受损益也哉？故君子之养性，行所无事，而非听其自然，斯以择善必精，执中必固，无敢驰驱而戏渝已。

王夫之主张人的个性心理是可以发展变化的，而不是一成不变的。二是塑造易，改造难。不良个性一旦形成，严师益友的劝导或奖惩的运用都难以扭转匡正（燕国材，1988，pp.219-221）。王夫之在《读通鉴论》卷十《三国·二》里说：

> 人之皆可为善者，性也；其有必不可使为善者，习也。习之于人大矣，耳限于所闻，则夺其天聪；目限于所见，则夺其天明。父兄熏之于能言能动之始，乡党姻亚导之于知好知恶之年，一移其耳目心思，而泰山不见，雷霆不闻；非不欲见与闻也，投以所未见未闻，则惊为不可至，而忽为不足容心也。故曰："习与性成。"成性而严师益友不能劝勉，酽赏重罚不能匡正矣。

由此可见，王夫之对性习论的看法较为全面。

清初的颜元也说："'习与性成'，方是'乾乾不息'。"（《颜习斋先生言行录》卷下《学须第十三》）肯定了人的习性是不断发展变化的。

龚自珍没有直接提到"习与性成"这句话，但实际上也是赞成这个理论的。他在《阐告子》中说："龚氏之言性也，则宗无善无不善而已矣，善恶皆后起者。"主张人先天的性无所谓善恶，善与恶都是后天习得的结果，这也就是"习与性成"的意思。

简言之，遗传与环境问题，在西方心理学中一直是个争论不休的问题，有遗传决定论，也有环境决定论。在中国传统文化的性习论里，这个问题却获得了较科学的解决。这种解决的主要途径就在于确认"性"（心理机能）有两种：一种是由遗传得来的性（生性）；另一种是人出生以后由学习得来的性（习性）。人的生性只有很少的几种，且人人一般都具有（性近），而习性多种多样，其发展的可能性也是无限的（习远）（潘菽，1984，pp.379-386，pp.401-405）。可见，性习论在不否认遗传因素的前提下，又突出了教育与环境对人的心理形成与发展的重要作用，这符合人的心理与行为的发展实际。性习论与生知论、先验论针锋相对，也与形而上学的发展观绝对相反。在中国心理学思想史上，性习论不但是一种解释个体社会化问题的理论，也是一种教育心理观与学习心理观，甚至还是心理测量的理论基石之一。性习论对中国传统文化产生了深远的影响，受此观点影响，中国文化一向坚信人性可以改变，只不过，相对而言，改变年少者的品性较易，改变年长者的品性较难；同时，受性习论思想的影响，先哲多认为人的最初品性不论是善是恶，抑或是无善无不善，多是相近的：要么人人都具善端；要么人人都具恶端；要么人人本性中什么也没有，是一块"白板"；要么人人本性中既有善端也有恶端。人的品性主要是通过后天环境的长期熏染与教育形成的（在这一点上，主张性善恶混的人也持类似观点，只不过在他们看来，人人最初的本性中含有善端与恶端的比例是不一样的），且"少成若天性，习惯成自然"。既然如此，就应重视身教、环境陶冶和潜移默化等化育方法在德育中的重要作用。王符在《潜夫论·德化》中说："民蒙善化，则人有士君子之心；被恶政，则人有怀奸乱之虑。"这是一种非常浅显却实实在在的道理，值得借鉴。

（二）人法自然说

大而言之，宇宙间的法则主要有自然法和人为法，前者是普遍的、永久的、必然的法，后者是局部的、一时的、当然的法（陈独秀，1917）。老庄思想推崇自然法，主张人要效法自然。《老子·二十五章》说："人法地，地法天，天法道，道法自然。"认为效法自然是一条贯穿于天、地、人的大法则。他们又善于将自然规律应用于人类社会，而在自然界中，春代替冬，夏代替春，秋代替夏，冬代替秋等都是在无声无息中进行的，描绘出一幅幅生动的"化"的图景。既然人应事事效法自然，道德教育也不应例外。更何况，老庄认识到化育在德育中能起到巨大的作用。"我无为而民自化，我好静而民自正，我无事而民自富，我无欲而民自朴"（《老子·五十七章》），于是老子特别钟爱用"行不言之教"的方法来培育人民的品德（《老子·二章》）。可见，先秦道家提倡通过化育的方式来育德，其主要理论依据是人法自然论。先秦道家的此思想在后世道家那里得到继承和发展。如《淮南子·泰族训》说：

> 圣人之治天下，非易民性也，拊循其所有而涤荡之，故因则大，化则细矣。禹凿龙门，辟伊阙，决江浚河，东注之海，因水之流也。……故能因，则无敌于天下矣。夫物有以自然，而后人事有治也。……故先王之制法也，因民之所好，而为之节文者也。因其好色而制婚姻之礼，故男女有别；因其喜音而正《雅》、《颂》之声，故风俗不流；因其宁家室、

乐妻子，教之以顺，故父子有亲；因其喜朋友而教之以悌，故长幼有序。……此皆人之所有于性，而圣人之所匠成也。故无其性，不可教训；有其性，无其养，不能遵道。……人之性有仁义之资，非圣人为之法度而教导之，则不可使乡方（指向道理、道德，引者注）。故先王之教也，因其所喜以劝善，因其所恶以禁奸，故刑罚不用而威行如流，政令约省而化耀如神。故因其性，则天下听从；拂其性，则法悬而不用。

继承先秦老庄"人……法自然"的思想，主张教育者在进行德育时要依据学生的性情进行化育，"因其所喜以劝善，因其所恶以禁奸"，只有这样，才能收到"天下听从"的良好教育效果。这种思想在魏晋玄学家王弼、阮籍等人的言论中也有反映。如王弼在《老子道德经注·四十二章》中说："我之〔教人〕，非强使（人）从之也，而用夫自然。举其至理，顺之必吉，违之必凶。故人相教，违之〔必〕自取其凶也。亦如我之教人，勿违之也。"阮籍在《乐论》一文中说："天地合其德，则万物合其生；刑赏不用，而民自安矣。乾坤易简，故雅乐不烦。道德平淡，故无声无味。不烦则阴阳自通，无味则百物自乐，日迁善成化而不自知，风俗移易而同于是乐。此自然之道，乐之所始也。"

不仅如此，后世有很多其他派别的思想家（包括在"德"的实质看法上与老庄道家观点有异的儒家）在阐发自己的德育主张时，也深受道家思想的影响，多赞成要效法自然来化育。例如，西汉大儒董仲舒在《春秋繁露·王道通三》里说：

夫喜怒哀乐之发，与清暖寒暑，其实一贯也。喜气为暖而当春，怒气为清而当秋，乐气为太阳而当夏，哀气为太阴而当冬。四气者，天与人所同有也，非人所能畜也，故可节而不可止也。节之而顺，止之而乱。人生于天，而取化于天。喜气取诸春，乐气取诸夏，怒气取诸秋，哀气取诸冬，四气之心也。四肢之答各有处，如四时；寒暑不可移，若肢体。……上下法此，以取天之道。春气爱，秋气严，夏气乐，秋气哀。爱气以生物，严气以成功，乐气以养生，哀气以丧终，天之志也。

将人与天一一相配，认为"四气者（指喜气、怒气、乐气和哀气，引者注），天与人所同有也，非人所能畜也，故可节而不可止也"。可见，董仲舒认为，人与天是异质同构的，二者都服从相同的规律（即自然规律），这样，在道德教育中，人们就宜顺应自然的规律来顺导人的情欲。明人王守仁将儿童的心理发展特点与自然界中诸如草木之类生物的发展特点相类比，认为要提高德育的效果，就要效仿自然，依儿童的心理规律进行教育。他在《传习录中·训蒙大意示教读刘伯颂等》中说：

> 大抵童子之情，乐嬉游而惮拘检，如草木之始萌芽，舒畅之则条达，摧挠之则衰痿。今教童子，必使其趋向鼓舞，中心喜悦，则其进不能已。譬之时雨春风，沾被卉木，莫不萌动发越，自然日长月化；若冰霜剥落，则生意萧索，日就枯槁矣。

于是，他主张通过歌诗等方式来化育弟子，因为歌诗具有使人乐习不倦的功能："凡习礼歌诗之类，皆所以常存童子之心，使其乐习不倦，而无暇及于邪僻。"（《传习录中·教约》）可见，自孔子起，儒家就一贯主张用歌诗等方式来化育弟子的品德，是因为他们认为这是一种很好的符合学生性情的化育方法。

人法自然说的优点是，看到了人的心理具有自然性的一面，用现代心理学的术语讲，是承认人的心理发展具有一定的阶段性与顺序性，这样，在德育过程中，强调无论是德育的方法还是德育的内容都要遵循受教育者的心理发展规律来进行（以学生为中心），不要只凭教育者的主观意愿想当然地强行为之（以教师为中心），这就使受教育者个人的兴趣与爱好等在一定程度上得到了尊重，进而能激发受教育者的学习兴趣，提高德育的效果。不过，人法自然说也是中国传统天人合一思维方式的一种体现，用到极处，易将人的心理与自然现象简单类比起来（典型者如董仲舒带神秘色彩的天人合一论），也容易忽视人的心理更为重要的一面，即人的心理具有的社会性的一面。今天在重新审视中国传统的人法自然说时，既要看到其中的精华，也要看到其中的糟粕。

第二节 化育的影响因素

先哲认识到化育虽然是一种育德的好方法，但是，如果没有注意到影响化育的因素，只是于无意中进行化育或生搬硬套地去化育，最多只能收到事倍功半的效果；如果充分考虑到影响化育的诸因素，然后再有意采取化育的方法去育德，则会收到事半功倍的成效。那么，影响化育的因素有哪些呢？大致说来，主要有如下五种。

一、"非……持之以久，不可使化而入"：持之以恒

化育的功效不是一朝一夕之功所能形成的。为了提高化育的效果，先哲多提倡在运用化育的方法时要做到持之以恒。如，《孔子家语》卷四《六本第十五》记载：

> 不知其子，视其父；不知其人，视其友；不知其君，视其所使；不知其地，视其草木。故曰：与善人居，如入芝兰之室，久而不闻其香，即与之化矣；与不善人居，如入鲍鱼之肆，久而不闻其臭，亦与之化矣。丹之所藏者赤，漆之所藏者黑，是以君子必慎其所与处者焉。

《说苑·杂言》也有类似言论。从这段话可以看出，一个人若待在芝兰之室里而闻不到芝兰的香味，关键在一个"久"字，因为待久了，才觉知不到芝兰的香味，一个人若是刚进芝兰之室，定能闻到浓浓的香味；一个人若待在鲍鱼之肆里而闻不到鲍鱼的臭味，关键亦在一个"久"字，因为待久了，才觉知不到鲍鱼的腥臭味，一个人若是刚进鲍鱼之肆，定能闻到刺鼻的腥臭味；同理，一个人也只有长时间地与道德高尚的人在一起生活，才能使自己于潜移默化也成为道德高尚的人，反之，如果一个人长时间地与道德低劣的人待在一起，也会使自己于不知不觉中沦落为道德低劣的人。可见，化育要起到变化人心的作用，必要条件之一在于时间上的"持久"。"三天打鱼，两天晒网"或"平日不烧香，临时抱佛脚"式道德教育是不可能产生化育效果的。此思想为其后历代中国学人所继承。如，吴澄在《礼记纂言》中主张对个体的品行进行化育时要做到"日渐月渍之久"，认为只有这样做，才能使"民之迁善，不期然而然。人人有士君子之行而成美俗矣"。陈献章在《梦记》里说："习之久，殆与性成。夫苟欲变之，非百倍其功，持之以久，不可使化而入。"更是明白无误地强调化育美德要坚守持之以恒的原则。这一观点至今看来仍很有见地。

二、"不诚则不能化万民"：态度诚恳

在道德教育中若想产生化育的效果，持之以恒是一个必要条件，但也要辩证看待恒心在道德教育中的作用。在道德教育中，人们常用"只要功夫深，铁棒磨成针"或"滴水穿石"之类的比喻来说明这样一个道理：道德教育若想取得成效，必须持之以恒。从一定意义上说是有道理的，因为在道德教育领域，至今仍没有发现或发明什么一用就灵的特效药；不过，这种比喻也有欠缺，易让人觉得道德教育是一个"物理"过程。事实上，虽然在自然界存在"滴水穿石"的现象，但那是物理现象，道德教育是一种开启人心的过程，就其性质而言绝对不是一个物理过程，而是要复杂得多，因此，任何一种道德教育若不能深入人心，而只是一味地说教，时间长了，不但不能收到"穿心"的效果，反而会引起人们的抵触、逆反甚至反抗的心理（鲁洁，2001，p.182）。正由于此，简单地强调持之以恒并不一定能产生理想的育德效果；更糟糕的是，一种道德教育假若不能顺应人心、深入人心，仅仅是一味地反复进行、持之以恒地进行，不但不能打动受教育者的心灵，激发受教育者良知的觉醒或成长，反而易引起受教育者的反感，甚至让受教育者产生宁死也不愿听的极端厌恶心理。在《大话西游》里就有这样的一幕：一向啰唆的唐僧在被牛魔王抓住并将被处以绞刑时，唐僧仍不改啰唆的老毛病，先对旁边的一个准备行刑的小妖怪啰唆了一通，以至于这个妖怪实在受不了了，干脆自杀了；唐僧此时仍不悔改，又转过身来对旁边另一个准备行刑的小妖怪啰唆了一通，又让这个妖怪实在受不了了，最后干脆也自杀了。这虽是一个搞笑的无厘头电影，但此情节里蕴含的道理值得人们深刻反省，切不可一笑而过！

由此可见，道德教育若想取得理想效果，关键是要能打开受教育者的"心门"，受教育者一旦向你敞开"心门"，自然容易听进你所讲的做人道理；反之，若受教育者对你紧闭"心门"，即便你数十年如一日地苦心教育他，也不能收到什么大的效果。那么，怎样才能打开受教育者的"心门"呢？经验与事实都表明，开启受教育者"心门"的钥匙就是教师或家长的"诚心"。这样，为了提高化育的效果，许多古代教育家大多要求实施化育者本人要做到心诚，主张只有这样做方能感动被化育者。如《中庸》说："诚者，天之道

也；诚之者，人之道也。……唯天下至诚，为能尽其性；能尽其性，则能尽人之性；能尽人之性，则能尽物之性；能尽物之性，则可以赞天地之化育；可以赞天地之化育，则可以与天地参矣。"认为大自然的规律和现象是真实无欺的（如晴天就是晴天，雨天就是雨天），人要反躬自省，达到这种真实无欺的境界。天道用诚化育万物，人对己必须思诚才可产生真正的道德行为，对人必须用诚去感动他们，因为一旦一个人努力"思诚"了，就可以体现人性中的仁、义、礼、智。在这样做时，若能尽心知性知天，就有成为圣人的可能。《中庸》的此思想为其后历代学者所继承和发展。如《孟子·离娄上》也说："是故诚者，天之道也；思诚者，人之道也。至诚而不动者，未之有也；不诚，未有能动者也。"《荀子·不苟》说："天地为大矣，不诚则不能化万物；圣人为知矣，不诚则不能化万民；父子为亲矣，不诚则疏；君上为尊矣，不诚则卑。夫诚者，君子之所守也，而政事之本也。唯所居以其类至，操之则得之，舍之则失之。操而得之则轻，轻则独行，独行而不舍则济矣。济而材尽，长迁而不反其初则化矣。"《淮南子·主术训》也说："悬法设赏，而不能移风易俗者，其诚心弗施也。"现在很多事例表明，德育实效性不高的一个缘由在于：一些实施德育的教育者本人态度不诚恳，要求受教育者的是一套，自己做的是另一套，引起受教育者的反感。要想提高化育效果，化育者本人一定要人品高尚，言行一致，唯此方能感动他人。

三、"有如时雨化之者"：时机适宜

以真心虽然可换得真心，但若不讲究时机，效果仍不会很好；而一旦时机适宜，往往更易为受教育者所接受。中国的教育大家正是认识到了这个道理，才不但主张化育在方式上要有多样性，更强调化育要讲究时机。如《礼记·学记》认为，同样的道理、同样的知识，不是在任何时候、任何地点都可以传授给任何人。教育时机不到而实施教育，不但不能达到预期效果，反而会适得其反，教育必须在"当其可谓之时"才能实施，适时施教，学习者才能适时而学，这样才能事半功倍，一旦错过教育良机，即使付出再多努力，也不会有好的效果。所谓"时过然后学，则勤苦而难成"（王文锦，2001，p.518）。孟子

讲得更形象,《孟子·尽心上》主张化育要做到"有如时雨化之者"。朱熹注:"时雨,及时之雨也。草木之生,播种封植,人力已至而未能自化,所少者,雨露之滋耳。及此时而雨之,则其化速矣。教人之妙,亦犹是也,若孔子之于颜曾是已。"此思想自孟子提出后,为历代教育大家和思想家所继承。如张载在《正蒙·中正篇》里说:"'有如时雨之化者',当其可,乘其间而施之,不待彼有求有为而后教之也。"事实也表明,恰到好处地及时对人进行"点化",的确可收到事半功倍的效果。

四、"故因其性,则天下听从":顺导性情

先哲大多有意无意地认识到,只有根据学生的性情与兴趣来选择适合的化育方式,才能提高化育的效果。如,孔子深刻认识到,要想学生自觉、持久且努力地去学习,必须充分考虑学生的兴趣与爱好,尊重学生合理的兴趣与爱好,使学生从学习中体验到快乐,为此孔子非常提倡要让学生愉快学习。孔子在《论语·雍也》中说:"知之者不如好之者,好之者不如乐之者。"任何一个当过学生或老师的人都能真切体会并认可孔子所说的这个道理。《吕氏春秋·诬徒》说:"达师之教也,使弟子安焉、乐焉、休焉、游焉、肃焉、严焉。此六者得于学,则邪辟之道塞矣,理义之术胜矣;此六者不得于学,则君不能令于臣,父不能令于子,师不能令于徒。人之情,不能乐其所不安,不能得于其所不乐。为之而乐矣,奚待贤者?虽不肖者犹若劝之。为之而苦矣,奚待不肖者?虽贤者犹不能久。反诸人情,则得所以劝学矣。"在《吕氏春秋》看来,一个通情达理、善于教育的教师,必是知道如何让自己的学生做到安心、乐意、从容、活泼、严肃和庄重的教师。如果教师能顺导学生的性情,让学生经常体验到学习是一件快乐的事情,即便是从前再不思长进的学生,也会努力地去学习;反之,假若教师不能顺导学生的性情,让学生经常体验到学习是一件极其痛苦的事情,即便是从前再好学上进的学生,也不可能会持久地努力学习。因此,一个能有效激励学生勤奋学习的教师,往往都是从人之常情出发来考虑问题,以便顺导学生的性情而教。《淮南子·泰族训》主张:"故因其性,则天下听从;拂其性,则法悬而不用。"吴澄在《礼记纂言》里主张对学生要

"开导诱掖"。这些观点至今仍有借鉴意义。现代很多有识之士也呼吁：德育一定要依据学生的性情特点进行，让学生在愉快中受到教育。

五、"渐民以仁"：循序渐进

先哲还认为化育美德要坚持循序渐进原则。董仲舒说："立大学以教于国，设庠序以化于邑，渐民以仁，摩民以谊，节民以礼，故刑罚轻而禁于不犯者，教化行而习俗美也。"（《汉书·董仲舒传》）王充在《论衡·率性》里说："夫人之性犹蓬纱也，在所渐染而善恶变矣。"一个"渐"字点明化要渐进，不能急于求成，否则"欲速则不达"。据《二程集·周易程氏传》卷第四记载，二程说："君子之进，自下而上，由微而著，跬步造次，莫不有序。"（程颢，程颐，2004，p.977）据《二程集·河南程氏遗书》卷第十八记载，程颐把学习比作登山和农夫的耕作，告诫弟子"学欲速不得，然亦不可怠"（程颢，程颐，2004，p.189）。学习必须持之以恒，才能学有所得。朱熹曾说："夫童蒙之学，始于衣服冠履，次及言语步趋，次及扫洒涓洁，次及读书写字及有杂细事宜，皆所当知。"可见，朱熹主张在培养儿童的日常行为习惯时应遵循渐进的法则。吴澄在《自得斋记》中说："进之以渐，待之以久。"现代心理学研究表明，人的心理发展有一定的阶段性与顺序性，先哲主张以循序渐进的方式对个体进行化育，符合人的心理发展规律。

第三节　化育的实施方法

为了将化育美德的思想落到实处，先哲提出了三种具体方法。

一、"师者，人之模范也"：榜样示范法

规范伦理学的本质是找到规范或规则（包括普遍规则和特殊规则）作为个

体行动的准则；同时，要求每个人要跳出具体的角色定位，在普适的公众生活中以普适的人（公民）来定位自己，强调每位公民都是一个平等的立法者和守法者。在此观念的深刻影响下，追求公平与普遍正义，构成现代西方伦理思想的主流。与此截然不同，儒家伦理的本质不是规范伦理学，而是德性伦理学或示范伦理学。因为儒家伦理思想赖以产生的土壤是小农经济占主导的农业社会生活，它以小农经济、家庭生活中的具体角色——如父亲、母亲、丈夫、媳妇、儿女等——的伦理来定位每位个体，强调伦理主体生活的情境性和特殊性。相应地，儒家伦理看重的不是去制定这样那样的规则、规范，而是强调在道德生活中树立榜样。因此，儒家伦理的本色不在"规范"而在"示范"。按照儒家示范伦理的思路，身教重于言教。你如果相信某种道德规范（如谦虚）是好的，不是命令别人都跟着你做，而是你先做给大家看。如果你真心诚意地践行它，别人自然也会跟着你去做。慢慢地，它就成了人们行动的规范。例如，教育孩子要孝敬父母，您自己首先要孝敬父母。如果您以身作则，您的孩子就会在日常生活中逐渐习得您身体力行的道德规范（王庆节，2006）。

在儒家示范伦理学的深刻影响下，中国人从小在生活中多不是从规则或规范里学会道德行为，而是从家人、父母、邻居、同伴以及历史生活的实例、榜样中学习和培养道德情操、道德习惯和道德行为的（王庆节，2006）。与此相一致，在中国传统文化中，言教不若身教的思想不仅是一种德育观，更是一种育德方法。此法又称身教法或不言之教法，也就是今人讲的榜样示范法：教育者通过自己的身体力行向受教育者示范或利用榜样人物的言行向受教育者示范，以引起受教育者情感上的共鸣，激发受教育者有意无意地接受并模仿示范者（榜样），使受教育者产生与示范者相类似品行的一种育德方法。通过榜样人物的言行、思想活动，将较抽象的道德标准人格化、具体化，使个体在富于形象性、感染性与现实性的范例中得到难忘的印象，受到深刻教育，往往可收到理想的教育效果。

据《论语·子路》记载，孔子很注重身教在育德和政治生活中的作用，认为一个人若"其身正，不令而行；其身不正，虽令不从"。为此，据《论语·子路》记载，孔子提出："苟正其身矣，于从政乎何有？不能正其身，如正人何？"《论语·阳货》记载："子曰：'予欲无言。'子贡曰：'子如不言，则小子何述焉？'子曰：'天何言哉？四时行焉，百物生焉，天何言哉？'"这表明孔子赞成用身教法来育德。为了提高身教的效果，孔子又主张要针对不同学生的不同个性发展特点而灵活运用言教或不言之教："可与言而不与之言，失人；不可与言而与之言，失言。知者不失人，亦不失言。"（《论语·卫灵公》）孔子还注意到君子的品行对小人具有榜样示范作用："君子之德风，小人之德草，草上之风，必偃。"（《论语·颜渊》）孔子经常通过赞扬某些道德高尚人物（如周公）来为弟子树立效仿的榜样。更重要的是，在榜样示范法上，孔子知行合一，为弟子树立了良好的榜样示范，成为弟子模仿和学习的对象。例如，《论语·子罕》记载了颜回对孔子的崇敬之情："颜渊喟然叹曰：'仰之弥高，钻之弥坚。瞻之在前，忽焉在后。夫子循循然善诱人，博我以文，约我以礼，欲罢不能。既竭吾才，如有所立卓尔。虽欲从之，末由也已。'"子贡评价孔子道："譬之宫墙，赐之墙也及肩，窥见室家之好。夫子之墙数仞，不得其门而入，不见宗庙之美，百官之富。得其门者或寡矣。""叔孙武叔毁仲尼。子贡曰：'无以为也！仲尼不可毁也。他人之贤者，丘陵也，犹可逾也；仲尼，日月也，无得而逾焉。人虽欲自绝，其何伤于日月乎？多见其不知量也。'"（《论语·子张》）《大学》认为："上老老而民兴孝，上长长而民兴弟，上恤孤而民不倍，是以君子有絜矩之道也。"朱子注："言此三者，上行下效，捷于影响……"孟子将孔子的"君子之德风，小人之德草，草上之风，必偃"的思想进一步提升为"上有好者，下必有甚焉"的规律。《孟子·滕文公上》说："上有好者，下必有甚焉者矣。'君子之德，风也；小人之德，草也。草尚之风，必偃。'"认为领导者的品行对于下层百姓具有榜样示范作用，百姓对于其上级领导者的品行则有模仿心态。《孟子·尽心下》又说："身不行道，不行于妻子；使人不以道，不能行于妻子。"假若自己不根据"道"而行，要想妻子据"道"而行是不可能的，更不用说去劝别人行道了。因此，《孟子·离娄下》才说："君仁，莫不仁；君义，莫不义；君正，莫不正。"为了使榜样更具有说服力，同时也是为了提高榜样的广泛性，孟子要求人人要善于自觉地剖析自己，反省自己。《孟子·离娄上》说："爱人不亲，反其仁；治人不治，反其智；礼人不答，反其敬。行有不得者皆反求诸己，其身正而天下归之。"荀子主张"上者"是"下之师"。《荀子·强国》说："且上者，下之师也。夫下之和上，譬之犹响之应声，影之像形也。故为人上者，不可不顺也。"《荀子·正论》也说："主者，民之唱也；上者，下之仪也。彼将听唱而应，视仪而动。……故上者，下之本也，上宣明则下治辨矣，上端诚则下愿悫矣，上公正则下易直矣。"后世儒家多继承了先秦儒学重身教的思想，其中尤以王夫之的见解最具代表性。王夫之在《礼记章句》卷八中说：

> 孝悌者，生于人之心，而不可以言喻者也。讲求其理，则迂阔而辞不能达；科以为教，则饰行而非其自得。故先王所以化成天下者，惟躬行而使人之自生其心，则不待言孝悌而已众著之矣。古人诱掖扶进之大用，洵非后世之所能与也。

认为道德品质不可以通过言教的方式使学生获得，必须通过身教的方式来激发学生的道德动机（"自生其心"），使学生自己生成其道德品质，可见王夫之已看到了身教在育德诸方法中的独特地位与作用。

尽管道家对道德意义上的善有自己的独特看法，但仍可以看到人格典范在道家思想中的重要地位。这样，与儒家类似，道家的开山祖老子也赞成用"行不言之教"的方法来提高人民的品德。《老子·二章》就说："是以圣人处无为之事，行不言之教。"所谓"不言之教"，用现代的眼光看，就是指实施道德教育的主体通过向被施教的主体示之以自己的良好品行，让被施教的主体从中得到感染或获得模仿的对象，在潜移默化中形成与教育者类似的品行的一种道德教育方法，也就是习称的榜样示范法。《庄子·人间世》说："古之至人，先存诸己而后存诸人。所存于己者未定，何暇至于暴人之所行?"《庄子·则阳》说："故圣人，其穷也使家人忘其贫，其达也使王公忘爵禄而化卑。其于物也，与之为娱矣；其与人也，乐物之通而保己焉；故或不言而饮人以和，与人并立而使人化。""古之君人者，以得为在民，以失为在己；以正为在民，以枉为在己；故一形有失其形者，退而自责。"等等，认为古代的得道人君都是用身教而不是言教来化育民众。因此，《庄子·知北游》又说："夫知者不言，言者不知，故圣人行不言之教。"

先秦显学之一的墨家也推崇身教，为此《墨子·修身》主张为人师者要"以身戴行"，为学生做好示范。《淮南子·泰族训》记载，墨子在运用身教法培育弟子操行方面获得了巨大的成效，以至于在墨子人格力量的熏陶之下，其弟子大都具有"赴火蹈刃，死不还踵"的大无畏精神。

与孟子相似,《管子》也认为身教很重要,因为一般的老百姓不太效仿领导者嘴里说的事情(它可能是虚假的,不足以效仿),而喜欢模仿领导者实际的兴趣爱好,并且他们的模仿热情较之领导者自有的兴趣爱好程度可能是有过之而无不及。《管子·法法》说:"凡民从上也,不从口之所言,从情之所好者也。上好勇则民轻死,上好仁则民轻财,故上之所好,民必甚焉。"《管子·七臣七主》也说:"夫楚王好小腰而美人省食,吴王好剑而国士轻死。死与不食者,天下之所共恶也,然为之者何也?从主之所欲也。"

韩非子也看重身教在道德教育中的作用,并讲了"曾子杀彘"的故事来阐明这个道理。《韩非子·外储说左上》说:

> 曾子之妻之市,其子随之而泣,其母曰:"女还,顾反为女杀彘。"妻适市来,曾子欲捕彘杀之,妻止之曰:"特与婴儿戏耳。"曾子曰:"婴儿非与戏也。婴儿非有知也,待父母而学者也,听父母之教。今子欺之,是教子欺也。母欺子,子而不信其母,非以成教也。"遂烹彘也。

这个故事说明,家庭是个体社会化的起点,父母是孩子最早的老师,父母的一言一行,对孩子的身心发展都有比其他人更为重要的影响。为了让儿童从小养成良好的道德品质,父母的身教至关重要。为人父母者要严格要求自己,不轻易许诺,因"轻诺必寡信";说话要算数,做到落地有声,以便为子女树立诚实守信的榜样,让子女于潜移默化中养成老实做人和诚实守信的为人处世态度。

受先秦儒、道、墨等诸家思想的影响,秦汉之后的学者也多重视榜样示范法在育德中的重要作用。如《淮南子·缪称训》说:"故上多故,则民多诈矣。身曲而景直者,未之闻也。"用身与影常相随的事例来说明身教的重要性。因此,《淮南子》明确提出"故民之化(上)也,不从其所言,而从所行"的命题。《淮南子·主术训》说:"故民之化(上)也,不从其所言,而从所行。故齐庄公好勇,不使斗争,而国家多难,其渐至于崔杼之乱。顷襄好色,不使风议,而民多昏乱,其积至昭奇之难。故至精之所动,若春气之生,秋气之杀也,虽驰传骛置,不若此其亟。"扬雄在《法言·学行》中说:"师哉!师哉!桐子之命也。务学不如务求师。师者,人之模范也。模不模,范不范,为不少矣。"从这句话可知,扬雄已较为明确地提出了榜样示范法。另外,诸葛亮在《便宜十六策·教令》里说:"教令之政,谓上为下教也。非法不言,非道不行，上之所为，人之所瞻也。夫释己教人，是谓逆政；正己教人，是谓顺政。故人君先正其身，然后乃行其令。身不正则令不从，令不从则生变乱。"王弼在《周易注》卷二《周易上经泰传第二》中说："上之化下，犹风之靡草，故观民之俗，以察己道。百姓有罪，在予一人，君子风著，己乃无咎。上为化主，将欲自观，乃观民也。"傅玄在《傅子·仁论》中说："古之仁人，推所好以训天下，而民莫不尚德；推所恶以诫天下，而民莫不知耻。"葛洪在《抱朴子外篇·审举》里说："上为下效，君行臣甚。"《刘子新论·从化》说："君以民为体，民以君为心。心好之，身必安之；君好之，民必从之。未见心好而身不从，君欲而民不随也。人之从君，如草之从风，水之从器。故君之德，风之与器也；人之情，草之与水也。草之戴风，风骛东则东靡，风骛西则西靡，是随风之东西也。水之在器也，器方则水方，器圆则水圆，是随器之方圆也。下之事上，从其所行，犹影之随形，响之应声，言不虚也。上所好物，下必有甚。《诗》云：'诱人孔易。'言从上也。"二程的德育目的是"学以至圣"。要达到"至圣"，就要以先圣先贤为榜样，揣摩圣人的"气象"，然后"学圣人，必观其气象"。"学者不学圣人则已，欲学之，须熟玩味圣人之气象，不可只于名上理会。如此，只是讲论文字。"（程颢，程颐，2004，p.158）"气象"实际是人的内在素质的外在表现。二程为学生列举出先圣先贤的名单，并描述了他们的心理状态和气象脸谱。孔子为大圣，气象非凡，让人"仰之弥高，钻之弥坚"；孟子亚圣，眉宇间"有英气存焉"；颜子贤者，箪瓢陋巷，不改其乐，"近圣人气象"。这些都是强调身教的重要作用。

简言之，先哲在论述榜样示范法在育德中的重要作用时，主要看到了四种榜样的作用：一是教育者本人对其学生或弟子的典范作用；二是居上位者对居下位者的典范作用；三是"君子"对"小人"的典范作用；四是长者对晚辈的典范作用。心理学研究表明，在榜样示范法的运用过程中，最初易引起学生选择习得的行为是受老师表扬的具体行为，这是源于替代学习与替代强化的作用。若要学生将这一行为发展为利他行为习惯，需要的外部条件是，让学生多次看到榜样行为及其后果，并对学生表现出的类似榜样行为的行为及时强化，以增强其再次做出此行为的概率。需要的内部条件是，让学生逐步形成利他的动机与信念。为此，可以妥善交替使用外在强化、替代强化和自我强化。在中国传统文化中，各家各派大都注重身教的作用，在重身教思想的影响下，中国自古向有人师与经师之分，经师所教的仅是"记问之学"，是"不足以为人师"的，人师主要通过其全部人格力量去感化学生，变化学生的气质，较经师更易得到学人的尊重（韦政通，1988，p.111）。这种言教不若身教的传统对当代中国人仍有深刻的影响，直至现在的道德教育，仍十分推崇榜样示范法的重要作用，相信榜样的力量是无穷的。

必须指出四点：（1）虽然至少自孔子开始，中国的教育者就习惯运用榜样示范法，但由于没有一位中国古代学者对榜样示范法进行系统、科学的研究，多喜欢用"桃李本无语，树下路自成"之类比喻说法加以阐述或论证，使得中国古代有许多教师或家长在运用榜样示范法时，只能停留在经验水平，无法预知其效果的好坏。这种境况直到班杜拉经过多年的实证研究并提出观察学习理论后才得到改变。根据观察学习理论，观察学习的心理历程由注意、保持、再现和动机四个相关联的子阶段构成。这四个阶段的划分不是绝对的，例如，动机阶段可以贯穿观察学习的全过程；这四个阶段犹如一个串联的电路，要想电流顺利通过，四个开关都要同时接通；同理，要想观察者习得榜样行为，这四个阶段必须同时顺利通过。既然一个完整的观察学习有上述四个阶段，这样缺少其中的一个或多个阶段，观察学习都不可能取得良好效果（汪凤炎，燕良轼，郑红，2019，p.244）。（2）由于道德本是一种习俗（道德习俗），中国古代社会又普遍存在《抱朴子外篇·审举》所说的"上为下效，君行臣甚"现象，这样，若要充分发挥榜样示范法在传承优秀传统道德习俗、改变不良道德习俗、形成优良新道德习俗和培育个体优秀道德品质过程中的重要作用，除了要遵循观察学习的规律外，更要重视各级各类官员、各类名人、家长（父母）和老师等四类人所起的榜样示范作用（汪凤炎，郑红，2012）。其中，若某人既是官员（尤其是位高权重的官员）又是名人，则会产生叠加示范效应。从这个角度讲，如果说个体从小所处的家庭文化环境（主要是父母的教养方式）对个体身心健康有重要影响，那么，对个体道德发展影响最重要的因素则是以官员和名人为典型载体的社会文化环境。家庭和学校对个体的道德发展虽有影响，却不是最重要的。这是因为，依埃里克森的人格发展八阶段理论（Erikson，1959），任何一个人初生时都非常脆弱，而且成长过程中困难重重，年少时只有得到家人（一般是父母）的精心照料与教育才能健康成长，成人后与年长时只有得到家人的理解与支持才易获得幸福感。与此不同，道德说到底是一套主要依靠社会舆论监督来分配利益并衡量人的价值观好坏的约定俗成、人为的规则系统。在中国古代人治社会，官员尤其是掌握实权的官员手中掌握了大量资源并可随意分配，投"上"之所好是获取最大利益的捷径，这自然对普通百姓产生"上为下效"的效果。只有认清这个重要区别，才能认清提升公民道德修养的最主要责任主体本应是各级各类官员和各类名人，其后才是家长与教师。另外，对于有宗教信仰的人而言，神职人员自身的道德修养与传教方法对教徒的道德修养也有相当大的影响。一部漫长的中国古代王朝兴衰史也证明，吏治腐败是动摇统治根基的重要因素。当贪腐泛滥时，即便民间依然保持道德教化传统，整个社会风气和价值体系也会面临扭曲。（3）从现代德育心理学视角看，榜样示范法的心理机制主要有二：一是模仿。个体通过仿效别人的言行举止而产生与之相类似的行为活动。模仿是社会学习的重要形式。对模仿行为，不同的学者有不同的解释。古希腊亚里士多德认为模仿就是学习，儿童一开始就有模仿的本能，他们因模仿而获得最初的知识。詹姆斯（William James，1842—1910）和摩尔根（Thomas Hunt Morgan，1866—1945）等人认为模仿是一种先天的本能。霍布豪斯（Leonard Trelawney Hobhouse，1864—1929）和霍尔特（Edwin Bissell Holt，1873—1946）等人认为模仿是后天习得的。二是暗示。它指用含蓄的、间接的方式对别人的心理和行为产生影响。其作用是往往使别人不自觉地按照一定的方式行动，或不加批判地接受一定的意见或信念。（4）在现代西方的德育流派中，对于榜样示范法在育德中的功效问题存有争论。价值观澄清派不赞成将榜样示范法作为一种德育的方法，理由是该方法不能为学生创造选择的机会。而新的新行为主义代表人物班杜拉等人通过大量实证研究证明了榜样示范法是一种重要的育德方法。孰是孰非？笔者认为，尽管榜样示范法在育德中也可能存在着像价值观澄清派指责的一些问题，但大量事实证明榜样示范法仍不失为一种较好的育德方法。这里试举两例：一是现代心理学研究表明，学生在集体中与老师、同学共同活动，直接交往，他人的言行常会直接引起学生的思考、对照，产生模仿的心理活动。学生在集体中的模仿，对于学生品德的形成，可能会成为积极的因素，也可能成为消极的因素。所以，在学生集体中，教师既要善于注意自己的典范作用，也要引导学生向先进榜样学习，而不去模仿反面的形象。并且，儿童模仿的发展有一定的特点：由近及远（从模仿邻近的人开始，随后模仿较远的人），由小到大。发展的基本趋势是：从无意的模仿到有意识的模仿，从游戏的模仿到生活实践的模仿，从把模仿当作目的到把模仿作为达到目的的手段，从模仿榜样的外部特征产生类似的言行到模仿榜样的内心特征产生独创性的品德行动（潘菽，1980，p.179）。另一是中国学者的研究也表明，英雄榜样形象对学生的道德行为具有调节作用，这种调节作用大致表现为四个方面：启动，即通过榜样形象的激励，能启发、推动学生从不愿做好事到主动找好事做；控制，即有榜样形象作标准，能使学生自觉主动地制止自己不符合道德要求的念头与冲动；调整，即学生在做好事过程中，若临时出现了外界干扰，吸引学生做不正当的活动，或中止正在做的好事时，只要学生能想起榜样的形象，就能增强抵制干扰的意志或重新调整自己的行动，坚持做完好事；矫正，即有些学生能以榜样为镜子，对照自己，使自己不断地克服缺点，改正错误（潘菽，1980，p.191）。

二、"人之性无邪，久湛于俗则易"：环境陶冶法

环境陶冶法是指通过利用或创设良好的环境来熏陶个体的性情，使个体的德性获得提升的一种育德心理方法。用心理学的眼光看，它实际上是一种习见习闻法：通过反复、习以为常的方式，受教育者在耳濡目染中获得一套合乎要求的道德规范与行为方式，以此来提升受教育者的品德。依环境的性质不同，它主要包括自然环境陶冶法和社会环境陶冶法，前者如利用田园风光或观赏名山大川等陶情冶性，后者如利用家风（包括立家训和家规，让孩子知道自己的行为准则，即知道哪些该说该做，哪些不能说不能做）、族风和社会风气等方式来冶性陶情。例如，假若读者去过古徽商的两个著名村落——西递和宏村（中国第一批申报世界文化遗产名录的村落代表），就会发现当地民宅中至今仍保存有许多完整的、蕴含儒家德教思想的对联，由此可见当年徽商教育子女的有效手段之一，就是通过对联的形式营造一种尚德的家庭文化氛围，让子女天天耳濡目染，从而将父辈认可的德性一代代地传承下来。本书采撷了其中

几副颇具代表性的对联（见图6-1）。又如，读者假若到过位于江西庐山的白鹿洞书院，就会发现其中有一扇大门的上面写着"先贒书院"四个大字，在书院的大门上写有这四个字本不奇怪，但是，只要你留心观看，就会发现其中的"贒"字写法独特：一般"贤"字的繁体字写作"賢"（汉语大字典编辑委员会，2010，p.3866），但此处却用了古体"贒"字（《集韵·先韵》说："賢，

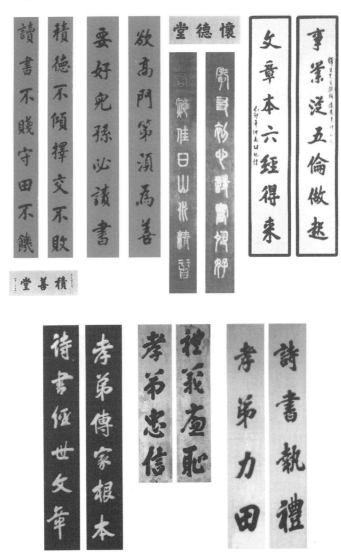

图6-1 蕴含德教的对联

（摄于安徽的西递、宏村）

图 6-2　先贤书院

（摄于江西的白鹿洞书院）

古作賛。"）（见图 6-2）（汉语大字典编辑委员会，2010，p.3902），其上部从右
往左看是"忠臣"二字。白鹿洞书院采用"賛"这个字体，其用意非常明显：
营造出一个尚"忠"的人文环境，让出入此门的人（主要是学生）一眼看到这
个"賛"字，就想到做人要"忠"。再如，假若读者曾去过江西抚州的千年古
村落——流坑，就会发现此村经过宋人董合（据传是汉代大儒董仲舒的后代）
及其后裔（其中最著名的当属明人董燧，时以理学家著称于世）等人的多年规
划与营建，形成了浓厚的耕读传家的董氏族风和家风，使得流坑的董氏家族在
最辉煌的明代，曾经在一次科举考试里同时产生五个进士，"五子登科"一语
据传就来源于这一史实。

　　不但在实践中古人重视环境陶冶法，而且古人从学理上对环境陶冶法进行
了大量论述。孔子说："里仁为美。择不处仁，焉得知？"（《论语·里仁》）这
表明孔子已认识到社会风气对个体品德具有重要影响。孔子也注意到个体的品
行受其周围伙伴的影响巨大，曾告诫弟子说："益者三友，损者三友。友直，
友谅，友多闻，益矣。友便辟，友善柔，友便佞，损矣。"（《论语·季氏》）

　　墨子从人性如素丝说的角度出发，认为人性"染于苍则苍，染于黄则黄"，
要求人们要慎其所染。

　　《礼记》也强调环境陶冶法在育德中的作用，因为它认识到在不同环境中
成长起来的人们，其风俗习惯是不一样的。《礼记·王制》说："凡民居材，必

因天地寒暖燥湿。广谷大川异制，民生其间者异俗。"于是，《礼记》提出要利用良好的环境来熏陶个体的品性。如《礼记·内则》说："异为孺子室于宫中，择于诸母与可者，必求其宽裕、慈惠、温良、恭敬、慎而寡言者，使为子师，其次为慈母，其次为保母，皆居子室。他人无事不往。"对尚年幼、自主意识较弱的儿童，主张大人要自觉为他们选择或创造一个良好的育德环境，使儿童从小就受到良好的道德教育。广为流传的"孟母三迁"故事说的也是同样的道理。

荀子在《荣辱》一文中说："凡人有所一同：饥而欲食，寒而欲暖，劳而欲息，好利而恶害，是人之所生而有也，是无待而然者也，是禹、桀之所同也。……可以为尧、舜，可以为桀、跖，可以为工匠，可以为农贾，在注错习俗之所积耳。"荀子在《儒效》里又说："性也者，吾所不能为也，然而可化也；情也者，非吾所有也，然而可为也。注错习俗，所以化性也，并一而不二，所以成积也。习俗移志，安久移质。""注错"指措置、处理，"习俗"指人生活与工作的社会环境。荀子认识到这种环境时间长了可影响人的性情，要求人们要妥善处理好。这表明荀子已认识到人的生性是恶的，为善为恶皆是环境使然。既然社会环境（习俗）对个体品德的形成具有重要影响，荀子主张个体要发挥自己的主观能动性来选择良好的社会环境，使之成为自己品德获得提升的促进因素。《荀子·性恶》说："夫人虽有性质美而心辩知，必将求贤师而事之，择良友而友之。得贤师而事之，则所闻者尧、舜、禹、汤之道也；得良友而友之，则所见者忠信敬让之行也。身日进于仁义而不自知者，靡使然也。今与不善人处，则所闻者欺诬诈伪也，所见者污漫、淫邪、贪利之行也，身且加于刑戮而不自知者，靡使然也。"《荀子·大略》说："君人者不可以不慎取臣，匹夫不可以不慎取友。友者，所以相有也。……以友观人，焉所疑？取友善人，不可不慎，是德之基也。"

《淮南子·泰族训》说："风俗犹此也。诚决其善志，防其邪心，启其善道，塞其奸路，与同出一道，则民性可善，风俗可美也。……若不修其风俗，而纵之淫辟，乃随之以刑，绳之法法，虽残贼天下，弗能禁也。"《淮南子·齐俗训》又说："人之性无邪，久湛于俗则易，易而忘本，合于若性。"认为人的本性本是天真无邪的，本性长期受到一定风俗的影响之后，就发生了改变，形成了合乎习俗那样的性。并用盲人练琴熟能生巧的事例来阐明习见习闻法在化育个体的品德中所起的重要作用。《淮南子·修务训》说："今夫盲者，目不能别昼夜，分黑白，然而搏琴抚弦，参弹复徽，攫援摽拂，手若蔑蒙，不失一弦。使未尝鼓瑟者，虽有离朱之明，攫掇之捷，犹不能屈伸其指。何则？服习积贯之所致。"

王充认为环境陶冶对于个体品德的形成与发展影响重大："夫人之性犹蓬纱也，在所渐染而善恶变矣。"他用两个例子来加以说明。一是"教导以学"，让一个道德败坏的人"渐渍以德"，终将变成品德高尚的人。《论衡·率性》说：

> 今夫性恶之人，使与性善者同类乎？可率勉之，令其为善。使之异类乎？亦可令与道人之所铸玉、随侯之所作珠、人之所摩刀剑钩月焉，教导以学，渐渍以德，亦将日有仁义之操。

二是儒生之所以多品德高尚，而文吏多品德败坏，缘由在于这两种人平日所习的东西不一样。儒生平日耳闻目睹的是道德之教，故其道德高；文吏耳濡目染的多是徇私作弊之法，其品德怎能不坏？《论衡·程材》说：

> 蓬生麻间，不扶自直；白纱入缁，不染自黑。此言所习善恶，变易质性也。儒生之性，非能皆善也，被服圣教，日夜讽咏，得圣人之操矣。文吏幼则笔墨，手习而行，无篇章之诵，不闻仁义之语。长大成吏，舞文巧法，循私为己，勉赴权利。

葛洪重视一个人的朋友对其品行的影响，因此，在《抱朴子外篇·崇效》里，他主张"择良友以渐染之"。在《抱朴子外篇·交际》里，他又说："且夫朋友也者，必取乎直谅多闻，拾遗斥谬，生无请言，死无托辞，终始一契，寒暑不渝者。"

仲长统认为环境对人品性的影响是在不知不觉中完成的："鲍鱼之肆不自以气为臭，四夷之人不自以食为异，生习然也。居积习之中，见生然之事，孰自知也？斯何异蓼中之虫而不知蓝之甘乎？"（《全后汉文》卷八十九《昌言下》）

朱熹赞成将习见习闻法作为育德的重要方法，并主张根据儿童的身心发展特点，将培养儿童的日常行为习惯视作德育的启蒙。朱熹曾说："夫童蒙之学，始于衣服冠履，次及言语步趋，次及洒扫涓洁，次及读书写文字及有杂细事宜，皆所当知。"（《养正遗规·朱子童蒙须知序》）

吴澄重视学校环境对个体品德的影响。他主张："必有学校庠序之教，开导诱掖，熏陶涵养，使之耳濡目染之深，日渐月渍之久，则民之迁善，不期然而然。人人有士君子之行而成美俗矣。"（《礼记纂言》）

概言之，先哲讲的环境陶冶法，既看到环境因素又看到主观能动性对个体品德形成与发展的影响，这种观点至今看来仍有它的可取之处，它较之行为主义者一味强调外在环境对个体品德的影响而未看到个体在面临环境时具有一定的主观能动性的观点更有合理之处。18 世纪法国唯物主义哲学家爱尔维修为了强调环境对人的巨大影响，曾说："人是环境的产物。"在中国，同样表明环境对人有重要影响的"孟母三迁"的故事则历代相传。风气影响于实际生活，具体化为典章制度，深入人心，积久而不变，是为"风俗"（贺麟，1988，p.236）。它必系积久而形成，深入至人的心灵深处，自发于人的行为，并最终形成习惯，成为人的第二天性。亚里士多德曾说："德性则由于先做一个一个的简单行为，而后形成的，……由于实行公正，而变为公正的人，由于实行节制和勇敢而变为节制、勇敢的人。"（周辅成，1964，p.292）这里面也包含赞成习见习闻法以育德的思想。

三、"夫声乐之入人也深，其化人也速"：文艺熏陶法

文艺熏陶法指借助文艺作品来熏陶个体的性情，以此提升个体品德的一种育德方法。

孔子认识到：《诗》三百，一言以蔽之，曰：'思无邪。'"（《论语·为政》）提倡通过"兴于《诗》，立于礼，成于乐"（《论语·泰伯》）的过程来修养道德品质，孔子于此也有切身体会，即听到一首好音乐，三个月都不知肉的味道。"子在齐闻《韶》，三月不知肉味，曰：'不图为乐之至于斯也。'"（《论语·述而》）于是，孔子在同别人唱歌时，如果别人唱得好，孔子就一定请这人再唱一遍，然后自己又和着他唱，因此《论语·述而》中有"子与人歌而善，必使反之，而后和之"的记载。孔子在《论语·阳货》中又要求弟子："小子何莫学夫《诗》?《诗》，可以兴，可以观，可以群，可以怨。迩之事父，远之事君；多识于鸟兽草木之名。"

《乐记》则较系统地阐述了音乐在陶冶人的性情与移风易俗等方面的作用。

> 乐者，音之所由生也，其本在人心之感于物也。是故其哀心感者，其声噍以杀；其乐心感者，其声啴以缓；其喜心感者，其声发以散；其怒心感者，其声粗以厉；其敬心感者，其声直以廉；其爱心感者，其声和以柔。六者非性也，感于物而后动。是故先王慎所以感之者。故礼以道其志，乐以和其声，政以一其行，刑以防其奸。礼、乐、刑、政，其极一也，所以同民心而出治道也。凡音者，生人心者也。情动于中，故形于声，声成文，谓之音。是故治世之音安以乐，其政和；乱世之音怨以怒，其政乖；亡国之音哀以思，其民困。声音之道，与政通矣。……是故不知声者不可与言音，不知音者不可与言乐，知乐则几于礼矣。礼乐皆得，谓之有德。德者，得也。……是故先王之制礼乐也，非以极口腹耳目之欲也，将以教民平好恶而反人道之正也。……乐也者，圣人之所乐也，而可以善民心。其感人深，其移风易俗易，故先王著其教焉。……凡奸声感人而逆气应之，逆气成象而淫乐兴焉。正声感人而顺气应之，顺气成象而和乐兴焉。倡和有应，回邪曲直，各归其分，而万物之理各以类相动也。是故君子反情以和其志，比类以成其行……

认为音乐本就是人心感外物而生发的，这样，音乐与人的心理尤其是人的情绪和情感之间存在相辅相成的关系：人心有哀心、乐心、喜心、怒心、敬心和爱心之分，由不同的人心可以生发不同的音乐，而不同的音乐一旦产生，反过来又能激发人产生相应的情绪或情感。正由于音乐"其感人深"，故"其移风易俗易"，因此人们一定要通过高尚的音乐来育德。从这可以看出，《乐记》较为深刻地揭示了音乐化人心的心理机制。

荀子主张运用乐来化育人的品德，因为《荀子·乐论》认识到：

> 夫声乐之入人也深，其化人也速，故先王谨为之文。乐中平则民和而不流，乐肃庄则民齐而不乱。……故先王贵礼乐而贱邪音。……乐者，圣人之所乐也，而可以善民心。其感人深，其移风俗易，故先王导之以礼乐而民和睦。夫民有好恶之情而无喜怒之应则乱。先王恶其乱也，故修其行，正其乐，而天下顺焉。

关于这点，《孝经·广要道章》说得更干脆："移风易俗，莫善于乐。"

《吕氏春秋·季夏纪·音初》说："凡音者，产乎人心者也。感于心则荡乎音，音成于外而化乎内。是乎闻其声而知其风，察其风而知其志，观其志而知其德。盛衰、贤不肖、君子小人皆形于乐，不可隐匿。故曰：乐之为观也，深矣。"《吕氏春秋·仲夏纪·适音》又说："凡音乐，通乎政而移风平俗者也。俗定而音乐化之矣。故有道之世，观其音而知其俗矣，观其政而知其主矣。……故先王之制礼乐也，非特以欢耳目、极口腹之欲也，将教民平好恶、行理义也。"这表明《吕氏春秋》也赞成育德于"乐"。

秦汉之后的学者也多主张用文艺熏陶法来育德。如董仲舒在《对贤良策》中说："乐者，所以变民风，化民俗也；其变民也易，其化人也著。故声发于和而本于情，接于肌肤，藏于骨髓。"（《汉书·董仲舒传》）同样赞成音乐具有"变民风，化民俗"的作用。宋代杨简在《杨氏易传》卷七《注豫卦》中说：

> 先王作乐，非以纵人之欲也。人生不能无乐，而其乐有邪正焉。其乐由德性而生者，虽永言之，嗟叹之，不知手之舞之，足之蹈之，无非德者，无非正者。其乐由放心而作者，则为淫靡之音，繁急之音，郑卫之音，朝歌北鄙之音。先王作中正之音，庄敬之音，和平之音，无非德性之乐。故先王之乐足以感人中正、庄敬、和平之心，是谓易直子谅之心，足以消人放逸、淫靡、繁急之心。故曰：移风移俗，莫善于乐。盖声有无形之妙，足以深入乎人心。中正之心人所自有，惟其无以感之。今中正之音感之于外，则其机自动，其化甚敏。故曰：作乐崇德。不惟愚不肖赖乐以感动，而贤智亦以乐养德。

在这里，杨简承继《乐记》的思想，也较为深刻地指出音乐与人的心理之间存在着相辅相成的关系：人心有正心与邪心（放心）之分，由人的正心生发出中正、庄敬、和平的音乐，这种音乐一旦产生，反过来又能涵养人的中正、庄敬、和平的情感；由人的邪心生发出放逸、淫靡、繁急之心的音乐，这种音乐一经形成，反过来也能使人产生放逸、淫靡、繁急的情感，这样，人们也要通过高尚的音乐来育德。朱熹在《论语集注·为政》中说："凡《诗》之言，善者可以感发人之善心，恶者可以惩创人之逸志，其用归于使人得其情性之正而已。"认为《诗》的功用在于"使人得其情性之正而已"。

文艺作品之所以能熏陶人的性情，是因为它能以情感人，经过耳濡目染，潜移默化，可以影响、改善和充实人的心灵。先哲自孔子起就主张通过文艺熏陶来促进学生的道德品质与个性的发展，以达到培育人的品德之目的，并在实践形成了多种具体方法：第一，借助文学作品的艺术形象来化育；第二，借助音乐来化育；第三，借助棋、书和画等来化育。这使得本具情感的道德、道德教育进一步充满了情调，有利于提高化育的效果。受此启发，今人也可适当带孩子看电影、看电视、看戏、听曲、听评书等，让孩子在潜移默化中受到相应的教育。

第四节　化育美德思想对当代德育的启示

一、德性培养的独特性与育德过程的长期性要求适当运用化育方法

在古代，很多教育大家看到了德性培养的独特性（不同于知识与技能的传授）与育德过程的长期性（短时间内难以奏效），将化育作为培育个体品德的重要方法之一。不但明确主张化育美德，而且后文将要阐述的其他四大类育德方法，就其精神实质而言，仍是一个"化"字：觉悟是"点化"、情育是"感化"、修心是"自化"、践履是"默化"。一言以蔽之，"化"是育德诸法的精髓之所在。难怪乎如《淮南子·主术训》主张："太上神化，其次使不得为非。"王符在《潜夫论·德化》里说："人君之治，莫大于道，莫盛于德，莫美于教，莫神于化。"这样，先哲认为在德育中，教的重点要落在化上，教就是化，或干脆说教化，进而主张在德育中要通过多种方式、按照一定心理规律进行化育，收到了较好效果。正如《淮南子·泰族训》所说："孔子弟子七十，养徒三千人，皆入孝出悌，言为文章，行为仪表，教之所成也。墨子服役者百八十人，皆可使赴火蹈刃，死不还踵，化之所致也。"

现在有学者提出，德性的培养，从德育方式上看，并不仅仅表现为义理的灌输或理性的说教，还可以采用叙事的方式。从文明的早期看，史诗就为德育提供了重要素材，史诗歌颂的英雄或其他历史人物也具有道德楷模的意义。在形式多样的神话、传说、寓言中，同样可以看到不同类型的人物塑造，这种人

物在某种意义上也可以看作一定时期道德理想的人格化。如《伊索寓言》和《庄子》中的许多寓言故事等。即使在理论文献里也包含大量的叙事的内容。拿儒家来讲，作为儒家理想人格的圣人往往通过具体的历史活动或日常行为来显示其完美的德性。在《孟子》一书里，便能看到大量记叙舜言行的文字，正是以这类具体的言行，孟子多方面地展示了舜的人格力量。在西方的文献里也可看到类似的表达方式，从早期史诗对英雄人物的刻画，到柏拉图对苏格拉底言行的描述，直至近现代尼采、萨特等人的作品里，依然带着深深的叙事印记。在展示内在的品格、德性、人格形象等方面，叙事的方式具有不可忽视的作用（杨国荣，2000）。而叙事的方式之所以能起到育德的效果，从德育心理学角度看，正是运用了化育的思想。又有研究表明，德育中显在课程的育德效果不如潜在课程的育德效果好。缘由在于：潜在课程不是让学生坐而听，而是通过大量生动有趣的情境与活动去陶冶学生的道德情感，以潜移默化地影响学生的人格，实为一种知、情、意、行相统一的德育过程。

但是，当代中国的德育深受西方德育思想的影响，曾一度人为地割断了它与中国自有优良德育传统的关系，有轻化育重言教的倾向，既使得德育有流于说教之弊，又使得德育有"平日不烧香，临时抱佛脚"之嫌，削弱了德育的效果。为提高中国德育的实效性，就应在借鉴西方德育思想的同时，大力弘扬中国化育美德的优良传统，在当代中国的德育中适当采用化育的方法。

二、家庭、学校和社会步伐一致，提高化育效果

先哲大都看到社会风俗、在上位者的言行与邻里的作风等社会大环境和老师、朋友和家人等社会小环境对个体身心发展的影响，力倡立足于结合社会大环境和教育小环境来对学生进行统一的化育，使学生在老师那里习染到的德行与从社会上和家庭中习染来的德行相一致，做到教师赞许的，也就是家长、邻里和社会乃至国家赞许的，保证了德育思想的一致性，不致让学生在面对老师、家长、社会和国家等不同情境时无所适从，这样才能收到较好的德育效果。

反观前一段时间的中国德育，受多方面原因的影响，学生在学校里接受的

是一套，在家中遇到的又是一套，在社会上所见所闻的则是另一套，使得学生们无所适从。更为严重的是，学校只不过是一个小社会，而社会仍是大学校，学生从学校中习得的良好德行往往敌不住社会不良风气的习染，难怪现在有些家长抱怨：五天的学校教育，敌不住两天的社会熏染。为了提高中国德育的实效性，就应借鉴中国传统化育美德思想的精华，采取相应措施，使家庭、学校和社会的步伐相一致，努力为个体创造一个融社会、学校与家庭于一体的和谐外部环境，使个体于潜移默化中养成良好的德行。

三、充分发挥化育者的主导作用和被化育者的主体作用

先哲认识到教育要持发展的视角而不是静止的眼光，充分考虑"时间"这个变量。正所谓："此一时，彼一时。"对于年龄偏小、自主意识偏弱的儿童，主张化育者要积极为其选择或创造一个尽可能好点的外部环境以化育美德。妇孺皆知的"孟母三迁"故事，讲的就是这个道理。这表明先哲在德育中力倡化育法时，未削弱化育者在其中所起的主导性作用。同时，正如《坛经·行由品》所说："迷时师度，悟了自度。"对于已有一定自律意识的青少年和成人，又主张他们要善于为自己的品性修养选择或创造一个尽可能好点的外部环境，提倡"君子居必择乡，游必就士"（《荀子·劝学》），表明先哲在提倡化育法时，也未削弱对被化育者主体性（或称独立人格）的培养。合言之，在中国传统化育美德的思想中已包含双主体的思想。这一思想至今看来仍非常可贵。今天中国德育在适当运用化育的方法时，也应充分发挥化育者的主导作用和被化育者的主体作用。

第七章

觉悟美德思想

　　中国素有"学贵心悟"的优良传统。正如张载在《经学理窟·义理》中所说："学贵心悟，守旧无功。"先哲多重视觉悟在育德中的重要作用，强调觉悟美德的重要性。从学的角度看，中国传统德育心理学思想的主要特色是重觉悟而轻"记问"。那么，先哲讲的觉悟是否与今人讲的觉悟类似？觉悟有什么特性？觉悟作为一种能力（悟性）可以培育吗？中国传统觉悟美德的思想对当代的德育有何启示？这就是本章要探讨的主要内容。

第一节 觉悟的语义分析

一、觉悟的含义与特征

（一）觉悟的含义

什么是"觉悟"？要准确把握它的含义，先要从"觉"与"悟"说起。《汉语大字典》（第二版）解释，"觉"的读音有二：一读作 jué；一读作 jiào。用作"觉悟美德"的"觉"（繁体字写作"覺"，《金瓶梅》写作"覺"）（汉语大字典编辑委员会，2010，p.3909），一般读作 jué。《说文·见部》："觉，寤也。从见，学省声。一曰发也。"段玉裁本作"觉，悟也"，并注："悟，各本作寤，今正。""觉"的含义主要有五：

（1）醒悟，明白。《说文·见部》："觉，悟也。"

（2）告知，启发；使人觉悟。《说文·见部》："觉，发也。"《释名·释姿容》说："觉，告也。"《孟子·万章上》说："使先知觉后知。"

（3）佛教用语。包括觉悟、觉察、察知恶事、开悟佛道。

（4）感知，意识到。如：不知不觉。

（5）发觉，觉察。《说文·见部》："觉，发也。"段玉裁注："即警觉人之意。"（汉语大字典编辑委员会，2010，p.3918）

"悟"读作"wù"。《说文·心部》："悟，觉也。从心，吾声。㤒，古文悟。"段玉裁注："古书多用寤为之。"（汉语大字典编辑委员会，2010，p.2465）用作觉悟美德的悟，含义主要有三：

（1）理解；明白。《说文·心部》："悟，觉也。"《玉篇·心部》："悟，心解也。"

（2）醒悟；觉悟。如：恍然大悟；执迷不悟。《玉篇·心部》："悟，觉悟也。"

（3）启发，使觉悟。《论衡·对作》："冀悟迷惑之心，使知虚实之

分。"（汉语大字典编辑委员会，2010，pp.2465-2466）

从字义上看，"觉"与"悟"的含义有很大的相通之处，可以互训。换句话说，在先哲眼中，"觉"即"悟"，"悟"即"觉"，也可叫"觉悟"，"觉"、"悟"与"觉悟"三者可通用。正由于此，朱熹才在《四书章句集注·孟子集注·万章章句上》里说："知，谓识其事之所当然。觉，谓悟其理之所以然。"王夫之在《读四书大全说·中庸序》里也说："随见别白曰知，触心警悟曰觉。"《龚自珍全集·辩知觉》也说："知，就事而言也；觉，就心而言也。知，有形者也；觉，无形者也。知者，人事也；觉，兼天事言矣。知者，圣人可与凡民共之；觉，则先圣必俟后圣矣。"从这些思想家对"觉"下的定义看，他们也多主张"觉即觉悟"之意。同时，他们多看到"知"（类似于今人讲的"感知觉"）与"觉"（类似于今人讲的"觉悟"）之间的差异并将之作了区分，这是可贵的。不过，认为一般人只具有"知"的能力，而将"觉"视作圣人的专利，这缺乏科学依据。

除了直接用"觉"、"悟"和"觉悟"等词外，先哲也用"学"一词来代指觉悟。假若说现在"学"的含义是指求取分门别类的知识，那么在中国传统文化中，这一意义的"学"基本上不存在。中国的经、史、子、集中虽也包括很多门类的知识，但古人学的主要目的，不是为知识而知识，而是为了修身，为了求取做官的凭证，以实现"齐家→治国→平天下"的教化责任，尤其是为了修身。所以，《论语·学而》才说："贤贤易色；事父母，能竭其力；事君，能致其身；与朋友交，言而有信。虽曰未学，吾必谓其学矣。"《荀子·劝学》也主张："故学至乎礼而止矣。夫是之谓道德之极。"这样，古代"学"的意义主要指"觉悟"。如许慎的《说文解字》说："斅，觉悟也。……學，篆文斅省。"班固也认为："学之为言觉也。以觉悟所不知也。故学以治性，虑以变情。故玉不琢不成器，人不学不知义。"（《白虎通义》卷六《辟雍·总论入学尊师之义》）觉悟是一种身心方面的活动，它通过文字媒介，敲开心灵的混沌，激发道德的潜能，将文字中所含的旨意化为行动，提升人格，这就是古代中国注重的修身之学，也就是《荀子·劝学》里所讲的"入乎耳，箸乎心，布乎四体，形乎动静"的君子之学。一个知识分子必须在修身方面有了相当的成效，然后对社会才足以尽教化之责，一旦出任，才能扮演一个理想的儒吏角色。伏生在《尚书大传》里曾对"学"作出另一种解释："学，效也。""效"指模仿或效法，这种学习活动必须有外在的对象。假若以人为对象，就是效法古人的"行"，但这种效法古人的目的仍在于觉悟天理，克制人欲，仍是一种修德的做法。如据《传习录上》记载，当有弟子问："先儒以学为效先觉之所为，如何？"王守仁答道："学是学去人欲，存天理。从事于去人欲，存天理，则自正。诸先觉考诸古训，自下许多问辨、思索、存省、克治工夫，然不过欲去此心之人欲，存吾心之天理耳。若曰效先觉之所为，则只说得学中一件事，亦似专求诸外了。"假若以外物为对象，正是《墨子·经说上》里所讲的"知也者，以其知遇物而能貌之，若见"的求知活动。后一种"学"在中国古代一直没有得到重视。荀子是一个重视经验之知的学者，但他的理想仍如其在《劝学》篇中所说的那样，是"君子之学也，以美其身"。孔子在《论语·述而》中更说："多闻，择其善者而从之；多见而识之，知之次也。"不但将经验之知看作次要的，而且把效法的活动赋予道德的意涵。等到朱熹出现后，他将"觉悟"和"效"这两种关于"学"的解释合而为一，"效"成为后觉者效法先觉，"学"的这两种含义再难以区分开（韦政通，1988，pp.1–3）。朱熹在《四书章句集注·论语集注·学而》中说："学之为言效也。人性皆善，而觉有先后，后觉者必效先觉之所为，乃可以明善而复其初也。"

（二）觉悟的特征

若再结合先哲的有关言论，可以得出这样的结论：先人讲的"觉"、"悟"或"觉悟"乃至"学"实都是一件事，相当于今天讲的"觉悟"，在古人的心中，这四个词可通用，只不过用今天的眼光看，"觉"、"悟"和"学"三者是单音节词，而"觉悟"是双音节词而已。考虑到今人习惯于使用双音节词，本章就多用"觉悟"一词。先哲讲的"悟"（即觉悟），其特征主要有六：（1）"悟"不需要形式上的逻辑分析，而是直接把握某种真理，即可忽然觉悟。如上文王夫之就说："随见别白曰知，触心警悟曰觉。"（2）通过"悟"获得的真理是整个的真理，即"悟"对真理是整体的把握，不像分析思维或逻辑思维那样是分阶段、分步骤地把握真理。（3）通过"悟"获得的真理易作正迁移，可触类旁通。这表明"悟"对真理的掌握是一种"面"的掌握。如晋代傅玄在

《傅子·正心》里说："古之君子，修身治人，先正其心，自得而已矣。夫能自得则无不得矣，苟自失则无不失矣。"朱熹在《四书章句集注·孟子集注·离娄章句下》里也说："君子务于深造而必以其道者，欲其有所持循，以俟夫默识心通，自然而得之于己也。自得于己，则所以处之者安固而不摇；处之安固，则所借者深远而无尽；所借者深，则日用之间取之至近，无所往而不值其所资之本也。"刘壎在《隐居通议·理学一·论悟》中说得更明白："人患不入悟境耳，果能妙悟，则一理彻，万理融，所谓等级固在其间，盖一通而万毕也。"这与分析思维对真理的掌握是一种"点"的掌握有很大区别。（4）通过"悟"获得的东西可受用终身。用现代心理学术语讲，通过"悟"获得的东西进入人的长期记忆，不易遗忘，可以随时提取出来使用。这样，通过"悟"得到的东西不同于通过"记闻"获得的东西，因后者会随着年龄的增长而慢慢忘记。如王廷相在《慎言·潜心篇》里说："自得之学可以终身用之，记闻而有得者，衰则忘之矣，不出于心悟故也。故君子之学，贵于深造实养，以致其自得焉。"（5）通过"悟"获得的东西可以增加自己的兴趣，能自得其乐。像张载在《经学理窟·义理》中就说："须是自求，己能寻见义理，则自有旨趣，自得之则居之安矣。"这表明"悟"带有一定的情感色彩，从现代心理学视角看，个体"悟"的过程本身就是一种很难的内强化，所以个体能从中自得其乐。（6）"悟"字左边是"忄"，右边是"吾"，"吾"指"我"，这说明"悟"本有"自己内心知晓"之义，可见"悟"是一种内化的技术，需要经由自身的内化过程，所以它与体有关，这样古人又多提体悟。典型者如老庄和佛家的内心体验论，内心体验论与荀子的经验论和孟子的唯悟论既有区别又有一定的相通之处。"悟"作为一种认识手段，从思维方式上看，属于直觉思想和整体思维，而不是逻辑思维或分析思维，后者是一步一步地推向真理的。这样，"悟"与一般意义上讲的感性、知性甚至理性等认识手段有区分，因一般意义上讲的感性、知性甚至理性等认识手段多以逻辑思维和分析思维为基础。严格地讲，"悟"是指顿悟，而不是指渐悟，因为渐悟并未真正地悟。犹如说一个圈圆不圆一样。严格地说，任何人画一个圈，要么圆，即圈上的每一点到圈的中心的距离都相等；要么不圆，即圈上的每一点到圈的中心的距离长短不一。在圆与不圆之间，并无较圆或较不圆的说法，因后两种情况都是不圆的。不过，在习惯上，人们认定某一个圈圆不圆时，并不作如此严格的二分式处理，而是分为圆、较圆、较不圆、不圆等多个种类。基于同样的理由，本章讲的"悟"也不专指顿悟，而包括渐悟在内。同时，这里强调"悟"本指顿悟，也无忽视渐悟的意思。顿悟与渐悟的关系，犹如质变与量变的关系，没有渐悟的积累，顿悟是不会从天而降的。

"悟"特别适合用作掌握做人道理的方法。因为先人认识到，有些做人的道理只可意会，难以言传。如据《传习录上》记载，当弟子问王守仁："仁者以天地万物为一体，何墨氏兼爱反不得谓之仁？"王守仁答道："此亦甚难言。须是诸君自体认出来始得……"禅宗弟子也强调一个人学禅是否果有心得，恰如人饮水，冷暖自知。同时，先哲强调在道德修养过程中要与自己的良心对话。这正如《传习录上》所说，修德者要于"自己心地良知良能上体认扩充"。最后，古人也意识到，做人的道理说起来容易，做起来难，强调体验（行中知）在育德中的重要作用。《传习录下·王守仁语录》中有一段话将此思想表达得颇为明白："先生尝谓人但得好善如好好色，恶恶如恶恶臭，便是圣人。直初时闻之觉甚易，后体验得来，此个功夫着实是难。"于是，先哲非常强调"悟"在修德或育德中的重要作用。如在"德"的定义上，先哲虽主张德得论，但先哲讲的"得"是"心得"，而"心得"的关键又在能心悟。更为重要的是，由于强调悟，至少自孟子起，先哲就强调思在育德中的作用，认为人的道德品质可以通过深思来获得，这一观点可以概括为"善心思则得之"论。它主要源于孟子。孟子认为人天生有善心，一切美德的端芽都先天地存在于每个人自己的本心之中，只有悟性（而不是感性或一般的理性）才能把握善。强调个人只有自觉向自身内在追求，才能把握普遍的、绝对的善。这样，孟子认为将人本具的善端发扬光大的主要途径之一就是思，换句话讲，在孟子看来，道德认识活动就是对人本具的善端的一种体认或体悟。孟子在《告子上》里说："仁义礼智，非由外铄我也，我固有之也，弗思耳矣。故曰，'求则得之，舍则失之'。"孟子的这一思想对后世学者产生了巨大影响。

后世学者也多认为，既然人本具善端，只是人不去思才不得，所以《二程集·河南程氏遗书》卷第二十五记载，程颐主张："学莫贵于自得，得非外也，故曰自得。"（程颢，程颐，2004，p.316）据《草庐吴文正公全集》卷六

《陈幼实思诚字说》记载，吴澄也说："人之初生，已知爱其亲，此实心自幼而有者，所谓诚也。爱亲，仁也，充之而为义、为礼、为智，皆诚也，而仁之实足以该之。然幼而有是实心，长而不能有，何也？夫诚也者，与生俱生，无时不然也，其弗能有者，弗思焉尔矣。五官之主曰思，……所以复其真实固有之诚也。"认为与生俱来的"实心"（即孟子讲的"良心"）是最善的，只有平日能做到反身而思，不使此"实心"丢失，则人人都能成善。而在后人的有关言论中，王夫之的观点最具代表性。他在《读四书大全说·孟子·告子上篇》中说：

> 今竟说此"思"字便是仁义之心，则固不能。然仁义自是性，天事也；思则是心官，人事也。天与人以仁义之心，只在心里面。唯其有仁义之心，是以心有其思之能，不然，则但解知觉运动而已。（犬牛有此四心，但不能思。）此仁义为本而生乎思也。……乃心唯有其思，则仁义于此而得，而所得亦必仁义。

第一，思不是仁义之心。因为思是心的功能，而仁义之心是人的天性，即人的仁义之心是天生的。在中国古代社会里，这是一种正统观点，其思想根源于孟子，有天赋道德观之嫌。第二，只有人心才具有思的功能，至于犬或牛的心则没有思的功能。这里，王夫之看到思维是人特有的心理现象，这一观点难能可贵。不过，古人将心作为思维的物质器官，这与"心理是脑的机能"的现代结论不一致。第三，仁义之心虽是万物均有（即使是犬或牛，也有此心），但只有人心具有思的功能，所以只有人才可获得仁义之心。可见，王夫之认为仁义之心虽是万物所共有，但这种仁义之心只是一种端绪，还不是现实的道德品质，要想将其变为现实的道德品质，还需要经过思的途径，这种观点也是沿袭了孟子的思想。为了论证仁义之心的天经地义，将仁义之心推及动物身上，实际上又是将人特有的品德心理与动物的本能混同起来，有人兽不分的倾向。第四，人心先天具有仁义的端绪，人可以通过思获得品德。假若人心中本无仁义之心，则人即使能思，也不能获得良好品德。

佛教尤其是禅宗主张修佛的关键在体悟本心，一个人一旦自悟本心，就能直接成佛。涤除其中宗教说教思想，禅宗的这一思想与孟子的观点是有相通之处的。

另外，荀子虽然主张人性只具恶端说，但他也赞成"善心思则得之"论，强调人的品德只有通过思虑才可得到。《荀子·性恶》说："今人之性，固无礼义，故强学而求有之也；性不知礼义，故思虑而求知之也。"可见，无论是主张人性只具善端说还是认为人性只具恶端说，他们都赞成德必须通过思得到，但主张的路径不同（前者内求，后者外铄），进而主张的德育也不同：孟子一派多讲内发式教学（inside-out teaching），荀子一派多提倡外铄式教学（outside-in teaching）。同时，荀子虽也主张通过思来获得善心，但综观他的思想体系，他总体上倾向通过学（渐"悟"）来获得善心。这样，"善心思则得之"论主要以孟子为代表，这种观点在中国历史上也以孟子这一派为主流。

二、觉悟的种类

综观先哲关于觉悟种类的论述，其大端有二：一是"尊德性"；二是"道问学"。正如《中庸》所说："故君子尊德性而道问学。"朱熹在《四书章句集注·中庸章句》中的解释是："尊德性，所以存心而极乎道体之大也。道问学，所以致知而尽乎道体之细也。二者修德凝道之大端也。"用现代心理学的眼光看，"尊德性"作为一种修德方法，它不需要个体经历长期的格物致知的功夫，而只是要求个体要先求明心见性；认为个体一旦明心见性，对于事事物物都能自然豁然开朗（开悟），其实质相当于今天讲的"顿悟"。刘壎在《隐居通议·理学一·论悟二》里描绘道：

> 世之未悟者，正如身坐窗内，为纸所隔，故不睹窗外之境。及其点破一窍，眼力穿逗，便见得窗外山川之高远，风月之清明，天地之广大，人物之杂错，万象横陈，举无遁形。所争惟一膜之隔，是之谓悟。

"道问学"作为一种育德方法，它要求个体必须先下长期的格物致知的功夫，认为个体只有经过长期的次第修习后才能把握住"义理"，才能明心见性，其实质类似于今天说的"渐悟"。刘壎曾在《隐居通议·理学一·论悟二》里描绘说：

> 儿童初学，蒙昧未开，故懵然无知。及既得师启蒙，便能读书认字，驯至长而能文，端由此始，即悟之谓也。然此却止是一重粗皮，特悟之

小者耳。学道之士，剥去几重，然后逗彻精深，谓之妙悟。

这两种方法的渊源至少可追溯至孔子。《论语·为政》记载，孔子主张学与思结合，认为"学而不思则罔，思而不学则殆"。但孔子的后继者孟子与荀子则各持一端，拉开了"尊德性"与"道问学"争论的序幕。孟子主张四善心是人性所固有，认为个人只有自觉地向自身内在去追思，才能把握普遍的、绝对的"善"。这样，孟子非常强调"思"在育德中的作用。与孟子正相反，荀子认为人性本恶，良好的道德品质、高尚的精神境界不能靠反省内心而求得，人之所以能为善，全靠后天的学习和道德实践的积累，因此以荀子为代表的经验论重"学"。荀子强调博学对道德行为的重要，认为终日之思的效果，还不如须臾之所学。《荀子·劝学》说："吾尝终日而思矣，不如须臾之所学也。"荀子的此思想沿袭了孔子的观点，因《论语·卫灵公》记载，孔子曾说："吾尝终日不食，终夜不寝，以思，无益，不如学也。"荀子的这一观点也较接近亚里士多德的思想。不过，荀子主张学的内容主要是诗、书、礼，而学的目的主要是"为圣人"。《荀子·劝学》说："学恶乎始？恶乎终？曰：其数则始乎诵经，终乎读礼；其义则始乎为士，终乎为圣人。"这就与古希腊哲学家强调的知性优点大不相同。简言之，荀子主张的为学目的与孔子和孟子是相同的，不同的只是在做圣人的方式与途径上：荀子侧重经验的学习，采取渐进的方式，孔、孟认为做圣人可直接由行为上去磨炼。程朱理学和陆王心学有"道问学"与"尊德性"之争，也是这种方式之争（韦政通，1988，pp.109-110）。

如上文所引，《中庸》一书明确主张"尊德性"与"道问学"都是君子的为学方法。不过，其后学者对这两种育德方法有不同见解。如孟子和荀子就各持一端，好在孟子生活在约公元前385年至公元前304年，而荀子生活在约公元前313年至公元前238年，二人不属于同一时代，故没有发生面对面的争论。至南宋时，生活于同一时代的朱熹和陆九渊两位大儒则发生了激烈争论，争论的内容主要是：在"道问学"与"尊德性"这两种育德方法中，何者为先？朱熹主张以"道问学"为修德的首要方法，力倡先"道问学"再"尊德性"；陆九渊则恰恰相反，赞成以"尊德性"为育德的首要途径，力倡先"尊德性"再"道问学"。朱陆两人曾于鹅湖之会上发生面对面的争论。

南宋淳熙二年（1175年）六月初，为了调和朱熹和陆九渊的学术分歧，由南宋哲学家吕祖谦发起，邀请朱熹和陆九渊、陆九龄（陆九渊的五哥）在信州（治今江西上饶西北）铅山鹅湖寺相会。朱、陆两人见面后，就如何教书育人进行了激烈争辩。据《陆九渊集》卷一《书·与曾宅之》记载，在陆九渊看来，朱熹教书育人的方法是一种"支离"的事情，是"浮论虚说谬悠无根之甚，……终日簸弄经语以自傅益，真所谓侮圣言者矣"，并作一首题为《鹅湖和教授兄韵》的诗来讽刺朱熹：

> 墟墓兴哀宗庙钦，斯人千古不磨心。
>
> 涓流积至沧溟水，拳石崇成泰华岑。
>
> 易简工夫终久大，支离事业竟浮沉。
>
> 欲知自下升高处，真伪先须辨古今。

此诗以言简意赅的哲学语境，既张扬了易简"心学"，又用"支离"之语来讽刺"朱学"，击中"朱学"烦琐格物传注之"病"，且字字有根，来自儒家典籍，难以指责为"禅"。如"墟墓兴哀宗庙钦"一语出自《礼记·檀弓下》："墟墓之间，未施哀于民而民哀；社稷宗庙之中，未施敬于民而民敬。""涓流积至沧溟水，拳石崇成泰华岑"一语出自《中庸》："天地之道，可一言而尽也。……今夫山，一卷石之多，及其广大，草木生之，禽兽居之，宝藏兴焉。今夫水，一勺之多，及其不测，鼋鼍、蛟龙、鱼鳖生焉，货财殖焉。""易简工夫终久大"一语出自《易·系辞上》："乾以易知，坤以简能。易则易知，简则易从。易知则有亲，易从则有功。有亲则可久，有功则可大。可久则贤人之德，可大则贤人之业。易简，而天下之理得矣。"（吴文丁，1999，p.198）面对陆九渊的讽刺之诗，颇有诗才的朱熹虽心中大为不悦，却一时无言以对，两人不欢而散。此事一直深系朱熹心头，直至三年后，朱熹才和出一首题为《鹅湖寺和陆子寿》的诗予以相应：

> 德义风流夙所钦，别离三载更关心。
>
> 偶扶藜杖出寒谷，又枉蓝舆度远岑。
>
> 旧学商量加邃密，新知培养转深沉。
>
> 却愁说到无言处，不信人间有古今。

据《宋元学案》卷七十七《槐堂诸儒学案·朱先生泰卿》记载，陆九渊的弟子朱泰卿是与会者之一，根据朱泰卿的记载，鹅湖之会，论及教人。"朱子欲人先博览而后返之守约，象山欲先发明其本心而后使之博览，以此不合，然发明之说，未可诬也。元晦见二诗有不平之语，似未能无我。"事实上，陆九渊在《语录上》里曾说："朱元晦曾作书与学者云：'陆子静专以尊德性诲人，故游其门者多践履之士，然于道问学处欠了。某教人岂不是道问学处多了些子，故游某之门者践履多不及之。'观此，则是元晦欲去两短，合两长，然吾以为不可。既不知尊德性，焉有所谓道问学？"据《晦庵集》卷三十一《答张敬夫》（之十八）记载，朱熹则认为陆九渊的育人方法："其病却是尽废讲学而专务践履，却于践履之中要人提撕省察，悟得本心，此为病之大者。"这表明，用什么方法途径来育人是朱熹与陆九渊争论的实质（在德育的内容和德育的目的上，两人的观点类似，故未发生大的争论）。朱熹主张以"道问学"为先，提倡先即物穷理，以读书来明理。《朱子语类》卷第九说："顿悟之说，非学者所宜尽心也，圣人所不道。"陆九渊力主以"尊德性"为首，主张为学要先发明本心，去除"向外用功"的工夫。

吕祖谦发起"鹅湖之会"的本意是调和朱、陆，结果却事与愿违，不但没有真正解决朱、陆二人的思想分歧，反而形成"理学"和"心学"的不同发展路向（徐公喜，2011）。后世关于"鹅湖之会"的诠释集中于"朱陆异同"的问题，儒者大体分为"立异派"与"求同派"。"立异派"强调二者学术立场的根本对立，沿用"博"与"约"、"道问学"与"尊德性"对朱、陆思想的差异加以界定，具有这一倾向的往往是捍卫师说的门人弟子，如朱门的陈淳、陆门的傅梦泉等人。"求同派"力图调和乃至会通朱、陆的思想，认为"道问学"与"尊德性"应相互补充、相互融合。"求同派"这样做的一个重要原因是，元代以后朱学的官方化，迫使学宗陆象山的儒者采取这种策略以获得某种合法性（卢兴，2011）。如偏重"尊德性"以育德的王守仁在《传习录上》里也说：

> 后儒教人才涉精微，便谓上达未当学，且说下学，是分下学、上达为二也。夫目可得见，耳可得闻，口可得言，心可得思者，皆下学也。目不可得见，耳不可得闻，口不可得言，心不可得思者，上达也。如木之栽培灌溉，是下学也。至于日夜之所息，条达畅茂，乃是上达。人安能预其力哉？故凡可用功、可告语者皆下学，上达只在下学里。凡圣人

所说，虽极精微，俱是下学。学者只从下学里用功，自然上达去，不必别寻个上达的工夫。

其实，这种融合在朱熹的思想中就有所体现。朱熹虽较偏重渐悟法，但有时也赞成顿悟。据《晦庵集》卷七十四《玉山讲义》记载，朱熹曾说："故君子之学，既能尊德性以全其大，便须道问学以尽其小。……学者于此固当以尊德性为主，然于道问学亦不可不尽其力。要当使之有以交相滋益，互相发明，则自然该贯通达而于道体之全，无欠阙处矣。"《朱子语类》卷第九也说："务反求者，以博观为外驰；务博观者，以内省为狭隘，坠于一偏。此皆学者之大病也。"事实上，"鹅湖之会"后，朱熹的思想也有悔悟，这从朱熹的下面一段话中可看出："陆子静专以尊德性诲人，故游其门者多践履之士，然于道问学处欠了。某教人岂不是道问学处多了些子，故游某之门者践履多不及之。"

明末清初的黄宗羲（1610—1695）在《宋元学案·象山学案》里曾评价说：

> 先生（陆九渊，引者注）之学，以尊德性为宗，谓"先立乎其大，而后天之所以与我者，不为小者所夺。夫苟本体不明，而徒致功于外索，是无源之水也"。同时紫阳（朱熹，引者注）之学，则以道问学为主，谓"格物穷理，乃吾人入圣之阶梯。夫苟信心自是，而惟从事于覃思，是师心之用也"。两家之意见既不同……

贺麟也说："程朱陆王都同是要讲身心性命格物穷理之学，所不同者只是程朱主张先格物穷理，而后明心见性，先今日格一物，明日格一物，而后豁然贯通，吾心之全体大用无不明。陆王主张先发明本心，先立乎大者，先体认良知，然后致吾心之良知于事事物物。所以，程朱比较注重客观的物理，陆王比较注重主观的心性。一由用回到体，一由体发展到用。而陆王的心学正代表了西洋欲了解宇宙，须了解自我，欲建立宇宙先建立自我的唯心哲学。"（贺麟，1988，p.287）

20世纪以来，"鹅湖之会"这场学术公案依然影响着现代新儒家思想史的演进，存在以牟宗三为代表的"立异派"（代表作是牟宗三的《心体与性体》）与以钱穆为代表的"求同派"（代表作是钱穆的《朱子新学案》）的立场分歧（卢兴，2011）。

顺便指出，不独儒学内部有这种争论，禅宗亦然。据《坛经·行由品》记载，以神秀为首的北宗主张修禅要做到"时时勤拂拭，勿使惹尘埃"。这实是一种渐悟修禅法。以惠能为首的南宗主张明心见性以修禅，因为"本来无一物，何处惹尘埃"。这实是一种顿悟修禅法。

第二节　觉悟的影响因素

觉悟的关键在于心要能开悟。先哲认识到要想提高觉悟的速度与水平，除了老师要按一定方式来培育弟子的领悟力外，还有多种因素制约弟子的觉悟能力。换句话说，一个人要想在修德过程中有所觉悟，必须具备一定的条件。下面沿着"资禀→志向→状态→学习"这条逻辑线索予以阐述。

一、"资禀"：有一定水平的智商

先哲意识到，一个人获悟的基本条件之一是他要具有一定水平的"资禀"，即要有一定的智商，尤其获得顿悟更是如此。个体若是弱智（智商在 70 以下）则难以开悟。如据《论语·公冶长》记载，当"子谓子贡曰：'女与回也孰愈？'"时，子贡"对曰：'赐也何敢望回？回也闻一以知十，赐也闻一以知二。'子曰：'弗如也；吾与女弗如也。'"认为子贡与颜回两人的资禀不同，他们的觉悟能力也有大小之分：子贡只能做到闻一知二，颜回却可做到闻一知十。刘壎在《隐居通议·理学一·朱陆》里评价朱熹与陆九渊两人的为学和育人风格的差异时曾说："盖二先生之学不同，亦由其资禀之异。晦庵则宏毅笃实，象山则颖悟超卓。"认为陆九渊重顿悟的缘由之一是他本人特别聪慧，有悟性。

当然，资禀高低只是影响一个人能否开悟的条件之一，并不是唯一的条件，甚至不是最主要的条件。先哲认识到一个人即使资质很高，假若自己后天不努力或是没有受到后天的良好教育，也会无所作为，方仲永就是如此。据王安石所著《伤仲永》一文讲，方仲永小的时候本是天赋很高的孩子。在方仲永5岁时，"未尝识书具"的他就能做到"自是指物作诗立就，其文理皆有可观者"，但其父母贪图名与利，一直未让仲永接受良好的教育，即其父"日扳仲永环谒于邑人，不使学"。结果，等仲永长至十二三岁时，"令作诗，不能称前时之闻"。又过了七年，等王安石"复到舅家，问焉。曰：'泯然众人矣。'"此时方仲永原有的天资已不复存在，变成一个资质平平的人。王安石为此很是感慨，专作《伤仲永》一文以警示后人，指出：

> 仲永之通悟，受之天也。其受之天也，贤于材人远矣。卒之为众人，则其受于人者不至也。彼其受之天也。如此其贤也，不受之人，且为众人。今夫不受之天，固众人，又不受之人，得为众人而已邪？

这段话的大意是，方仲永小时候之所以非常聪明，是他天赋很高，智商远高于常人。至于方仲永后来成为常人，主要是由于没有受到良好的后天教育。像方仲永这样天赋本来很高的人，没有受到很好的教育，结果都会沦落为一个无所作为的人。那些本来智商就一般的人，如果再不好好学习，他将来成为一个无所作为的人又有什么好奇怪的呢？王安石既不忽视天赋的作用，又看到了后天教育的重要性，这一见解颇为可贵。古人又认为一个资质平平的人如果自己肯勤奋努力，好学上进，最终是能学有所成的，这就是俗话说的"勤能补拙"的道理。从总体上看，对于资禀与觉悟的关系，古人的看法颇为辩证。

二、"志"：志向远大

先哲意识到，修养道德是一个漫长而艰辛的过程，不可能一蹴而就，假若学习者没有养成对学习的正确态度与动机，没有坚强的意志，高效率的道德学习是不可能持久地进行的，为此特别强调志在觉悟美德中的作用。如，孔子说："吾十有五而志于学。"(《论语·为政》)子夏说："博学而笃志，切问而近思，仁在其中矣。"(《论语·子张》)"王子垫问曰：'士何事？'孟子曰：'尚志。'曰：'何谓尚志？'曰：'仁义而已矣。杀一无罪非仁也，非其有而取之非义也。居恶在？仁是也；路恶在？义是也。居仁由义，大人之事备矣。'"(《孟子·尽心上》)孟子又说："夫志，气之帅也；气，体之充也。夫志至焉，气次焉；故曰：'持其志，无暴其气。'"(《孟子·公孙丑上》)荀子说：
"若夫志意修，德行厚，知虑明，生于今而志乎古，则是其在我者也。"(《荀
子·天论》)"志意修，德行厚，知虑明，是荣之由中出者也，夫是之谓义荣。"
(《荀子·正论》)张载说："人若志趣不远，心不在焉，虽学无成。"(《经学理
窟·义理》)"'乐则生矣'，学至于乐则自不已，故进也。"(《经学理窟·学大原
上》)朱熹说："人之为事，必先立志以为本，志不立则不能为得事。虽能立
志，苟不能居敬以持之，此心亦泛然而无主，悠悠终日，亦只是虚言。立志必
须高出事物之表，而居敬则常存于事物之中，令此敬与事物皆不相违。言也
须敬，动也须敬，坐也须敬，顷刻去他不得。"(《朱子语类》卷第十八)王守
仁说："夫学，莫先于立志。志之不立，犹不种其根而徒事培拥灌溉，劳苦无
成矣。……夫志，气之帅也，人之命也，木之根也，水之源也。源不浚则流
息，根不植则木枯，命不续则人死，志不立则气昏。是以君子之学，无时无处
而不以立志为事。"(《王文成公全书·文录四·说·示弟立志说》)这些讲的都
是同一个道理：一个人不论是为学还是为事，都需要先立志，并要长期坚持依
"志"行事，否则将一事无成。

三、"虚壹而静"：既要去除欲望和陈见，又要集中注意

大千世界，纷繁复杂，色彩纷呈，极易分散人的注意；人的欲望，永无止
境，不但易诱导人分心，而且极易干扰人的心智；心中陈见，既易干扰个体的
正确认知，还容易阻止个体接受新的事物。这样，一个善于学习的人一定要先
使自己的心处于"虚"或"静"的状态，以便去除不合理的欲望，舍弃错误的
成见；一个善于学习的人一定懂得"注意是学习的'门户'"的道理，进而懂
得该放弃什么选择什么，以便使自己的宝贵心智资源集中到需要注意的地方。
这就是中国古人讲的"虚壹而静"策略的精神实质。儒家提倡为学者要慎独和
虚壹而静，道家《老子·十六章》要人"致虚极，守静笃"，庄子力倡学道者
要心斋和坐忘，佛家要求弟子修习禅定功法，他们的一个共同目的都是让人们
去掉自己心中已有的陈见或欲望，让心处于清静的状态，这样才能自悟。

此思想在荀子那里已有颇系统而清晰的论述。荀子在《解蔽》中说：

人何以知道？曰：心。心何以知？曰：虚壹而静。心未尝不臧也，然而有所谓虚；心未尝不两也，然而有所谓壹；心未尝不动也，然而有所谓静。人生而有知，知而有志。志也者，臧也，然而有所谓虚，不以所已臧害所将受谓之虚。心生而有知，知而有异，异也者，同时兼知之。同时兼知之，两也，然而有所谓一；不以夫一害此一谓之壹。心，卧则梦，偷则自行，使之则谋。故心未尝不动也，然而有所谓静，不以梦剧乱知谓之静。未得道而求道者，谓之虚壹而静。作之，则将须道者之虚则人，将事道者之壹则尽，尽将思道者静则察。知道察，知道行，体道者也。虚壹而静，谓之大清明。万物莫形而不见，莫见而不论，莫论而失位。坐于室而见四海，处于今而论久远，疏观万物而知其情，参稽治乱而通其度，经纬天地而材官万物，制割大理，而宇宙里矣。恢恢广广，孰知其极！睪睪广广，孰知其德！涫涫纷纷，孰知其形！明参日月，大满八极，夫是之谓大人。夫恶有蔽矣哉！

上述这段话包含丰富的心理学思想：（1）荀子对"虚"、"壹"、"静"三个核心概念进行了明确界定。"虚"是指"不以所已臧害所将受"，即不以自己心中已有的陈见损害或阻碍将要遇到或接受的新事物、新见解。"壹"是指"不以夫一害此一"，即一个人不因对此一事物的知觉而扰乱对另一事物的知觉，相当于现代心理学所讲的"专注"。"静"是指"不以梦剧乱知"，即不因梦幻烦扰来扰乱心知。（2）荀子阐述了人们在认知事物过程中为何需要"虚壹而静"的道理，换一个角度说，这就是"虚"、"壹"和"静"的功能。第一，人们之所以需要"虚"，是为了用它来妥善解决"臧（藏）"和"受"之间的矛盾。具体地说，人们有了感知觉，也就有了记忆。有了记忆，就会随时将自己的所见所闻记在心中。记忆中储藏的许多知识观念，尤其是其中的一些容易过时的知识观念，有可能会阻碍个体去发现或接受新的知识观念，为了解决认识过程中常见的"藏"与"受"的矛盾，人们就需要"虚"，正是凭借"虚"，人们才能妥善解决"藏"与"受"之间的矛盾，才有助于人们去发现或接受新事物。成语"虚怀若谷"讲的也是同样的道理。第二，人们之所以需要"壹"，是为了用它来妥善解决"多"与"一"之间的矛盾。具体地说，外界事物纷繁复杂，多色多彩，人的感知觉往往可以同时接受许多不同的事物，可是，在许多情况下，"一心又不可二用"，为了解决认识过程中存在的"多"与"一"的矛盾，人们就需要"壹"，从而将自己的宝贵心智资源集中用在认知有价值的事物上，既不因接触多种事物而使自己分心，从而干扰自己的正常感知觉；也不能因为受到多种外物的诱惑而"三心二意"，最终无所成就。关于后一点，荀子在《劝学》里也有精彩的论述。"螾无爪牙之利，筋骨之强，上食埃土，下饮黄泉，用心一也。蟹八跪而二螯，非蛇蟺之穴无可寄托者，用心躁也。是故无冥冥之志者无昭昭之明，无惛惛之事者无赫赫之功。行衢道者不至，事两君者不容。目不能两视而明，耳不能两听而聪。"第三，人们之所以需要"静"，是为了用它来妥善解决"动"与"静"之间的矛盾。具体地说，人心是不断运动着的，在睡眠的时候，要做梦，在偷懒无事的时候会产生一些幻想，使用它的时候就会运筹划策。但是，人心若过于躁动，就会干扰自己的心智，也会影响身心的健康，为了解决认知过程中"动"与"静"的矛盾，人们需要掌握"静"的策略（郭本禹，2006，pp.317-318）。（3）荀子阐述了"虚壹而静"之后认知上达到的高深境界。在荀子看来，一个人一旦能够做到"虚壹而静"，其认知就达到"大清明"的高深境界，而具有"大清明"认识境界的人就是荀子所说的"大人"。这种人在认知事物时能够做到通于万物，因此，只要是有形的事物，他都能够看见；一旦能够看见，他都能够进行讲解与论述，而且这种解说与论述都非常恰当。同时，他还能够做到，坐于家里，却能够知道天下的事情；处于当下，却能够论说年代久远的事情。一句话，其认知水平已经达到"无所不知，无所不晓"的境界。用现代心理学眼光看，尽管荀子对"大清明"认知境界的描述存在一些神秘色彩，但是他对"虚壹而静"的界定及人们需要它的缘由的认知都是极有价值的。自荀子提出"虚壹而静"的思想之后，后人多继承了这一思想，限于篇幅，这里只举两例。《坛经·护法品》说："汝若欲知心要，但一切善恶都莫思量，自然得入清净心体，湛然常寂，妙用恒沙。"张载在《经学理窟·学大原上》里说："仲尼一以贯之，盖只着一义理都贯却。学者但养心识明静，自然可见，死生存亡皆知所从来，胸中莹然无疑，止此理尔。"可见，善于学习的人一定是懂得该放弃什么选择什么的人。《故事会》2002 年第 2 期刊登了一则题为《有一种智慧叫放弃》(老丁撰) 的故事，用故事的形式将此中的道理形象地说了出来。原文不长，现抄录如下：

大学教授向日本明治时代著名禅师南隐问禅。南隐以礼相待，却不说禅，他将茶水注入这位来客的杯子，杯子已满，还在继续注入。教授眼睁睁地望着茶水不停地溢出杯外，终于不能沉默了，大声说道："已经漫出来了，不能再倒了。"

"你就像这杯子，"南隐答道，"里面装满了你自己的看法，你不先把自己的杯子倒空，让我如何对你说禅？"

有时候，如果我们只抓住自己的东西不放，就很难接受别人的东西。特别是现代社会，人变得越来越贪，有些人什么都不愿放弃，结果却什么也得不到。有所失才会有所得。对于高人来说，放弃不是失败，是智慧。

四、"学"：不断积累经验与知识

在中国古代，无论主张渐悟者还是赞成顿悟者，一般都认为一个人的觉悟能力不是天生的（尽管也有人如孔子承认有生知者，但又认为生知者是少之又少的，只有圣人才有这种能力，绝大多数人都没有，如孔子就认为自己只是学知者），而是通过积累大量的经验与知识之后才取得的，此观点可以概括为"积通"说，即积累与贯通相结合。这样，先哲多主张为学者在道德学习过程中要做到持之以恒，不断积累，重视"积"在修养道德中的作用，提倡个体在一种积小成大、积少成多的道德学习和道德实践中，聚积主体的德性之知与德性之行，使主体在长期修身养性、修道积德的时间流程中逐渐获得德慧。如《荀子·劝学》说："积土成山，风雨兴焉；积水成渊，蛟龙生焉；积善成德，而神明自得，圣心备焉。故不积跬步，无以致千里；不积小流，无以成江海。骐骥一跃，不能十步；驽马十驾，功在不舍。锲而舍之，朽木不折；锲而不舍，金石可镂。"《荀子·性恶》说："今使涂之人伏术为学，专心一志，思索孰察，加日县（悬）久，积善而不息，则通于神明，参于天地矣。故圣人者，人之所积而致矣。"荀子重"积"的观点为后人所普遍继承，并有较大发展。如《淮南子·缪称训》说："君子不谓小善不足为也而舍之，小善积而为大善，……故三代之善，千岁之积誉也。"葛洪在《抱朴子内篇·极言》里说："故治身养性，务谨其细，不可以小益为不平而不修，不可以小损为无伤而不防。凡聚小所以就大，积一所以至亿也。若能爱之于微，成之于著，则几乎知道矣。"程颐认为，修德者若想有所觉悟，关键是"先致知"。如据《二程集·河南程氏遗书》卷第十八记载，当有人问"学何以有至觉悟处"时，程颐答道："莫先致知。能致知，则思一日愈明一日，久而后有觉也。学而无觉，则何益矣？"（程颢，程颐，2004，p.186）在朱熹看来，学习是一个由积累而贯通的过程。据《朱子四书或问》卷二《大学或问》记载，朱熹曾说："一物格而万理通，虽颜子亦未至此，惟今日而格一物焉，明日又格一物焉，积习既多，然后脱然有贯通处耳。""穷理者，非谓必尽穷天下之理，又非谓止穷得一理便到，但积累多后，自当脱然有悟处。"朱熹的积累与贯通说显然是受了佛家的影响、道学先辈与同辈的启发而提出的（燕国材，朱永新，1991，pp.69-71）。俗话也说："只要功夫深，铁杵磨成针。"由荀子明确提出的这种"积"的思想与近代西方经验主义哲学流派强调通过知识之积累以最终促进个体完善与社会发展的立场也有相通之处（唐劭廉，吕锡琛，2002）。当然，要达到觉悟的境界，学习者要善于由积累而贯通，这就要求学习者要善于学习。

何谓善于学习？除了要做到上文所讲的"循序渐进"和"虚壹而静"外，还需做到以下八点。

第一，勤于思考，"须是思方有感悟处"。如孔子曾说："学而不思则罔，思而不学则殆。"他认为一个善于读书的人，必定会勤于思考。此传统为后人所继承。《二程集·河南程氏遗书》卷第十八记载："问：'张旭学草书，见担夫与公主争道，及公孙大娘舞剑，而后悟笔法，莫是心常思念至此而感发否？'曰：'然。须是思方有感悟处，若不思，怎生得如此？然可惜张旭留心于书，若移此心于道，何所不至？'"（程颢，程颐，2004，p.186）据《二程集·河南程氏遗书》卷第二十五记载，程颐又说："不深思则不能造于道，不深思而得者，其得易失。然而学者有无思无虑而得者，何也？曰：以无思无虑而得者，乃所以深思而得之也。以无思无虑为不思而自以为得者，未之有也。"（程颢，程颐，2004，p.324）吴澄在《自得斋志》一文里主张："思之，思之，又思之，以致其知，以俟一旦豁然而贯通。勉之，勉之，又勉之，以笃其行，以俟一旦脱然而纯熟。斯时也，自得之时也。克明其收自得之效验欤？"王夫之在《读四书大全说》卷十《孟子·告子上篇》中说："故'思'之一字，是继善、成性、存存三者一条贯通梢底大用，括仁义而统性情，致知、格物、诚意、正心，都在者上面用工夫。"这些都是强调"思"在觉悟中的重要作用。

第二，善于怀疑，"疑者，觉悟之机也"。为学者若善于发现问题，就容易由疑生悟，于是，先哲多鼓励为学者在求学过程中要善于发现问题，要善疑，不要盲从、盲信。如孟子在《尽心下》一文里说："尽信《书》，则不如无《书》。"张载在《经学理窟·学大原下》里说："义理有疑，则濯去旧见以来新意。"陈献章更是明确提出了"疑者，觉悟之机也"的主张。他在《与张廷实主事（之十三）》一文里说："前辈谓'学贵知疑'，小疑由小进，大疑则大进。疑者，觉悟之机也。一番觉悟，一番长进。"

第三，善于找出规律，知其所以然，而不能只是死记硬背。如《二程集·河南程氏粹言·论学篇》就主张："善学者，当求其所以然之故，不当诵其文，过目而已也。"（程颢，程颐，2004，p.1194）

第四，善于发掘隐藏于文字背后的真义，而不能只停留在文字的表面含义上。据《二程集·河南程氏遗书》卷第二十五记载，程颐说："学也者，使人求于内也。不求于内而求于外，非圣人之学也。何谓不求于内而求于外？以文（文辞，引者注）为主者是也。"（程颢，程颐，2004，p.319）

第五，提高熟练程度，因为"熟能生巧"。熟练程度的高低是影响一个人能否觉悟的重要条件之一。刘壎曾在《隐居通议·理学一·论悟》里讲过一个故事："昔尝闻老儒李伯焕与予言：金溪有傅先生，号琴山，亲承象山先生，学问甚高，生徒日众，日夕讲论不倦。邻有一染匠常往听讲，久之忽大悟，曰：'原来世间道理如此。'自是聪明开豁，遂能诗文，不复为匠。"这个故事虽然不可全信（刘壎本人对它也有疑问），但是"熟能生巧"、"熟能生悟"有一定道理。

第六，善于利用偶因，做到触类旁通。偶因有时也是影响觉悟水平的一个重要因素。二程看到灵感的重要作用，主张学习者要善于抓住因偶因触发而产生的灵感。为方便人们抓住灵感，二程较全面地阐述了灵感产生的心理过程：灵感的产生是源于对客观事物的观察与体验；灵感的产生是积极思考的结果；在所感、所思的基础上，通过体悟而产生艺术灵感（刘伟林，1989，p.219）。《二程集·河南程氏遗书》卷第十八记载："问：'张旭学草书，见担夫与公主争道，及公孙大娘舞剑，而后悟笔法，莫是心常思念至此而感发否？'曰：'然。须是思方有感悟处，若不思，怎生得如此？然可惜张旭留心于书，若移此心于道，何所不至？'"（程颢，程颐，2004，p.186）刘壎曾在《隐居通议·理学一·论悟》里用一个故事来阐明这个道理："近于九月间，客洪城，遇北人曰东门老于宋庭宾家，盖学道之士也。衣履如道人，谈论娓娓，自言出家从师，久而无获。一日，师令往某处，正雪中，既寒且饥，因结履，忽有悟，则见天地万物，洪纤曲直，如清净琉璃，无不洞彻，自此了无滞碍……"心理学家在研究顿悟时指出，当理论思维在越来越高的层次进行抽象思考时，遇到一种有意识的激发（启发）或潜意识的促发（偶因）时，顿悟状态就可在人身上出现。古人将偶因视作觉悟的条件之一的思想有一定见地。

第七，"猛火"与"微火"相结合。"猛火"喻高强度的学习，"微火"喻低强度的学习。在中国先哲看来，学习犹如煮食物，先要进行高强度的学习，继之以低强度的学习，二者妥善结合，方能取得理想效果。正如《朱子语类》卷第八所说："今语学问，正如煮物相似，须爇猛火先煮，方用微火慢煮。若一向只用微火，何由得熟？欲复自家元来之性，乃恁地悠悠，几时会做得？大要须先立头绪。头绪既立，然后有所持守。《书》曰：'若药弗瞑眩，厥疾弗瘳。'今日学者皆是养病。""譬如煎药：先猛火煎，教百沸大滚，直至涌坌出来，然后却可以慢火养之。"

第八，融会贯通。据《二程集·河南程氏遗书》卷第十七记载，程颐说："或问：'如何学可谓之有得？'曰：'大凡学问，闻之知之，皆不为得。得者，须默识心通。学者欲有所得，须是笃，诚意烛理。上知，则颖悟自别；其次，须以义理涵养而得之。'"（程颢，程颐，2004，p.178）

第三节 觉悟的培育方法

为了让人能尽快觉悟，古人主张通过一定的方法来培育人的领悟力，也有意或无意地认识到，德育上讲的智慧主要是一种待人的智慧——德慧，它与自然科学中讲的待物智慧（简称物慧）有本质区别（汪凤炎，郑红，2014，pp.228–242）。这样，在德育中培育人的悟性的途径或方法虽与智育中培育人的悟性的途径或方法有一定的相通之处，如都要因材施教与启发诱导，但是也有根本的不同：在德育中培育人的悟性的关键途径之一是开启人的良知。具体地说，在道德教育中主要有六种培育觉悟的方法。

一、"存其心，养其性"：存心养性

如上所述，先哲讲的"觉"多是指一种道德直觉，而不是指理性分析（逻辑分析）。这种道德直觉的产生，在很大程度上要依靠个体良心的自觉。如孟子曾说："今人乍见孺子将入于井，皆有怵惕恻隐之心，非所以内交于孺子之父母也，非所以要誉于乡党朋友也，非恶其声而然也。"他认为任何人突然看到一个小孩子要跌到井里去，都会有惊骇同情的心情，都会想到要去救他（直觉），并不必先通过理性思考落井之人值不值得救、怎样救和为什么要救等问题之后，再来决定救不救他。关于这点，朱熹和王守仁说得更明白。

> 仁者固有知觉，然以知觉为仁则不可。更请合仁义礼智四字思，惟就中识得仁字乃佳。（《晦庵集》卷四十一《答程允夫》之四）
>
> 知是心之本体，心自然会知。见父自然知孝，见兄自然知弟，见孺子入井自然知恻隐，此便是良知。（《传习录上》）

可见，先哲（如孟子等）非常强调存心养性在育德中的重要作用，以保持个体的良心不致泯灭或丢失。正如《孟子·尽心上》所说："尽其心者，知其性也。知其性，则知天矣。存其心，养其性，所以事天也。夭寿不贰，修身以俟之，所以立命也。"同时，在中国传统文化中，"心之官则思"的观点一直占主流地位。这样，就德育而言，存心养性是一种培育个体领悟力的很好的方法，因这种方法在下文有详细探讨，这里不多讲。只是想提一下，当代曾讨论大学生张华救落入粪池的农民而献身值不值得的问题，从道德直觉角度看，对这一事件作逻辑思考本身就不妥。强调道德直觉在育德中的重要作用可以说是中国传统德育心理学思想的一大特色。直到现在，以弘扬儒学精神为主旨的现代新儒学也继承这一传统。如新儒学代表人物之一的张君劢同样强调道德直觉的重要性，认为孟子的"智"就是良知良能，是一种道德的直觉能力，这也是孟子将智与仁、义、礼同归于德的缘由。

二、"君子深造之以道，欲其自得之也"：深造自得

这是关于学习的主动性、积极性、创造性和体验性的策略。孟子意识到，通过悟获得的东西可终身"受用"，用心理学术语讲，通过悟获得的东西进入人的长时记忆，不易遗忘，可以随时提取出来使用，这样，通过悟得到的东西不同于通过"记闻"获得的东西，因后者会随着年龄的增长而慢慢忘记。正如王廷相在《慎言·潜心篇》里所说："自得之学可以终身用之，记闻而有得者，衰则忘之矣，不出于心悟故也。故君子之学，贵于深造实养，以致其自得焉。"既然一个人只有自悟自得，才可提高学习效率，于是，强调学习者应主动积极地学习，并积极进行思考，以使自己有所悟，有所得。深造自得策略最早出自亚圣孟子。《孟子·离娄上》说：

> 君子深造之以道，欲其自得之也。自得之，则居之安；居之安，则资之深；资之深，则取之左右逢其原，故君子欲其自得之也。

从教育心理学角度看，"自得"的前提是"深造"，即"深加工"。此处的"深加工"指从多个角度，按照不同标准，运用各种变式对已获得的信息进行加工处理。通过这种多角度、多水平、多维度的编码与加工，学习者就会有自己的感悟、自己的体会，这种自我感悟、自我体验就是所谓的"自得"。这种自得之知是最有价值、记忆最牢、理解最深，富有独创性并能运用自如的知识，类似于现代心理学家布鲁纳（Jerome Seymour Bruner，1915—2016）所说的"对给定信息的超越"。学习只有达到超越给定信息，才能达到创造水平。

二程继承孟子深造自得的学习策略。据《二程集·河南程氏遗书》卷第二十五记载，程颐说："学莫贵于自得，得非外也，故曰自得。"（程颢，程颐，2004，p.316）"或问：如何学可谓之有得？"《二程集·河南程氏遗书》卷第十七提供的答案是："大凡学问，闻之知之，皆不为得。得者，须默识心通。学者欲有所得，须是笃；诚意烛理。上知，则颖悟自别；其次，须以义理涵养而得之。"（程颢，程颐，2004，p.178）这是说，要学有所成，应当把学到的东

西通过思考加以消化，使新知与旧知有机联系起来，一旦新的知识纳入已有的知识体系中，成为新的组合，就能认识事物的本质。

三、"于践履之中要人提撕省察，悟得本心"：践履

先哲认为，"实践"（主要是道德实践）也是一种培育领悟力的有效方法。如据《传习录上》记载，王守仁的弟子徐爱主要通过"反身实践"，然后始信王守仁的学说"为孔门嫡传"："爱……始闻先生之教，实是骇愕不定，无入头处。其后闻之既久，渐知反身实践。然后始信先生之学，为孔门嫡传，舍是皆傍蹊小径、断港绝河矣。"又如朱熹曾对陆九渊的育人方法提出批评："其病却是尽废讲学而专务践履，却于践履之中要人提撕省察，悟得本心，此为病之大者。"从这一批评意见中可知，陆九渊非常强调弟子们要通过践履的方式来"悟得本心"。因践履问题将在下文作详细阐述，这里也不多讲。不过，从这里可看出，先哲讲的各种育德方法之间本是紧密相关的，形成了一个方法系统。在这个方法系统中，就育德的关键而言，以人心开悟为首要；就诸方法得以奏效的前提而言，则是要能引起受教育者心灵与情感上的共鸣；而要想引起受教育者心灵与情感上的共鸣，要想改变人心，就需要用情育与化育等方法；而就诸方法的载体而言，都以生活为载体，强调要在生活中育德。本书仅是出于行文的方便，才将它们分开探讨。

四、"圣贤施教，各因其材"：因材施教

先秦诸子多赞成因材施教。如孔子在德育过程中就做到根据学生不同个性品质而采取相应措施。此方面例子在《论语》中有颇多记载，这里仅举一例。《论语·先进》记载：

> 子路问："闻斯行诸？"子曰："有父兄在，如之何其闻斯行之？"冉有问："闻斯行诸？"子曰："闻斯行之。"公西华曰："由也问闻斯行诸，子曰，'有父兄在'；求也问闻斯行诸，子曰，'闻斯行之'。赤也惑，敢问。"子曰："求也退，故进之；由也兼人，故退之。"

对于"听到后是否马上就去做"这个问题，针对冉求胆小的特点，孔子就鼓励他去做；针对仲由胆量过人的特点，孔子就压压他，以防止他做事太轻率、莽撞。《墨子·大取》说："子深其深，浅其浅，益其益，尊其尊。"这里，"尊"通"刿"，损减之义。这表明墨子主张老师要根据学生已有的能力水平进行教育，对基础好的学生教的内容也应该深，对能力强的学生应增加学习的难度，对能力弱的学生则应适当降低学习的难度。根据《礼记》的记载，孔子的弟子继承和发展了孔子因材施教的思想。《礼记·学记》说："学者有四失，教者必知之。人之学也，或失则多，或失则寡，或失则易，或失则止。此四者，心之莫同也。知其心，然后能救失也。教也者，长善而救其失者也。"主张教师要先了解不同学生的各自心理特点，然后有的放矢地采取相应的对策来指导学生更好地学习。对于不能做到因材施教的教育，《学记》是持批评态度的，认为这种教育"使人不由其诚，教人不尽其材"。孟子继承孔子因材施教的思想，针对不同特点的学生运用不同的方法施教。《孟子·尽心上》说："君子之所以教者五：有如时雨化之者，有成德者，有达财者，有答问者，有私淑艾者。此五者，君子之所以教也。"朱熹在《四书章句集注·孟子集注·尽心章句上》里评价道："圣贤施教，各因其材，小以成小，大以成大，无弃人也。"（朱熹，1983，p.362）

秦汉之后，历代教育者尤其是一些著名的教育家在其教学过程中也多继承了先秦诸子因材施教的传统。如汉末的徐幹在《中论·贵言》里说："故大禹善治水，而君子善导人。导人必因其性，治水必因其势，是以功无败而言无弃也。"至宋代，思想家程颐、程颢最先发现并总结了孔子的因材施教原则。据《二程集·河南程氏遗书》卷第十九记载，程颐说："孔子教人，各因其材，有以政事入者，有以言语入者，有以德行入者。"（程颢，程颐，2004，p.252）二程教人也善用因材施教法。《二程集·河南程氏遗书》卷第四主张："君子之教人，或引之，或拒之，各因其所亏者，成之而已。"（程颢，程颐，2004，p.70）据《二程集·河南程氏遗书》卷第十八记载，程颐说："人有实无学而气盖人者，其气有刚柔也。故强猛者当抑之，畏缩者当充养之。古人佩韦弦之戒，正为此耳。然刚者易抑，如子路，初虽圣人亦被他陵，后来既知学，便却移其刚来克己甚易。畏缩者气本柔，须素勉强也。"（程颢，程颐，2004，p.186）对此，《朱子语类》卷第九十七称赞道："二程夫子之为教，各因其人而随事发明之，故言之抑扬亦或不同。"吴澄曾说："圣门之教，各因其人，各随其事。"（《宋元学案》卷九十二《草庐学案·草庐精语》）其中，王守仁将因材施教原则表述得浅显易懂，使人一读就明白。他在《传习录下》里说：

> 与人论学，亦须随人分限所及。如树有这些萌芽，只把这些水去灌溉。萌芽再长，便又加水，自拱把以至合抱，灌溉之功，皆是随其分限所及；若些小萌芽，有一桶水在，尽要倾上，便浸坏他了。

因材施教不是一种整齐划一的机械教学法，而是根据各个学生不同的心理特点来采取具有针对性的指导，具有因人而异、针对性较强的特点，容易提高老师教与学生学双方面的效率。当然，因材施教得以实施的一个前提是，施教者对受教者的"材"的特点要有准确把握。综观中国传统文化，一些著名的教育家如孔子等人都善于使用多种颇为有效的方法来考察弟子的才与性，难怪乎他们也善于因材施教。反观当代中国的德育，多采取整齐划一的教育方式，单调的教学方法怎能引起学生的心理共鸣？怎能激发学生的学习热情？有人认为，现代大规模培养学生的模式和针对学生个性特点施教的小批量育人模式之间是矛盾的。这种观点值得商榷。因材施教只要组织得好，实施得好，不但不会与现代大规模培养学生的模式相矛盾，而且会促进后者的发展。

五、"不愤不启，不悱不发"：启发诱导

在中国教育史上，孔子是首位明确提出和运用启发诱导法来培育学生的领悟力的教育家。孔子曾说："不愤不启，不悱不发。举一隅不以三隅反，则不复也。"（《论语·述而》）此中包含的运用启发诱导法来育人的思想在朱熹的集注中看得尤为透彻。朱熹在《论语集注·述而第七》里说：

> 愤者，心求通而未得之意。悱者，口欲言而未能之貌。启，谓开其意。发，谓达其辞。物之有四隅者，举一可知其三。反者，还以相证之意。复，再告也。

《朱子语类》卷第三十四也说：

> 学者至愤悱时，其心已略略通流。但心已喻而未甚信，口欲言而未

> 能达，故圣人于此启发之。举一隅，其余三隅须是学者自去理会。举一隅不能以三隅反，是不能自用其力者，孔子所以不再举也。

可见，"不愤不启，不悱不发"还隐含这样一层意思：启发诱导法在运用时要掌握好时机，只有当受教育者内心有"求通而未得之意"时，再对他予以指导，才可以收到良好的效果。

孔子运用启发诱导法教育学生成效显著。颜回曾称赞道："夫子循循然善诱人，博我以文，约我以礼，欲罢不能。"（《论语·子罕》）同时，孔子开辟的这一优良传统为后人所承继。如《学记》说："君子既知教之所由兴，又知教之所由废，然后可以为人师也。故君子之教喻也，道而弗牵，强而弗抑，开而弗达。道而弗牵则和，强而弗抑则易，开而弗达则思。和易以思，可谓善喻矣。"这成为中国学人对启发诱导法的经典之论，时至今日仍被许多教育者牢记在心。"道"同"导"，即引导，"牵"指牵着（鼻子）走，"道而弗牵"要求在德育中应启发诱导学生前进，却不能强牵着学生的鼻子走，只有这样做才能调动学生学习的主动性和积极性，并让学生逐渐领会做人的方向。"强"是激励，"抑"是压抑，"强而弗抑"是指在德育中宜激励学生充分发挥自己的学习主动性和积极性，不能打压学生的学习主动性和积极性。"开"是开导、启发，"达"是通达，"开而弗达"是指德育中不能急于求成，不能越俎代庖地将做人道理直接给学生，而应启发学生自己去独立思考、独立钻研，从而获得真知。只有这样教育学生，师生关系才会融洽，学生才能学会独立思考和判断。王安石说："古之学者，虽问以口，而其传以心；虽听以耳，而其受以意。故为师者不烦，而学者有得也。孔子曰：'不愤不启，不悱不发。举一隅不以三隅反，则不复也。'夫孔子岂敢爱其道，骜天下之学者，而不使其早有知乎！以谓其问之不切，则其听之不专；其思之不深，则其取之不固。不专不固，而可以入者，口耳而已矣。吾所以教者，非将善其口耳也。"（《书洪范传后》）二程说："'不愤不启，不悱不发'，待其诚至而后告也。'举一隅，不以三隅反，则不复也'，既告之，必待其自得也。愤悱，诚意见于辞色也。"（程颢，程颐，2004，p.1144）学生有愤悱以求的心理趋势和跃跃欲试的外部表情，这时候更能引起学生的共鸣，老师乘机启发，才能取得最佳效果。"盖不待愤悱而发，则知之不固，待愤悱而后发，则沛然矣。"（程颢，程颐，2004，p.208）《朱子语类》

卷第三十四说："愤悱是去理会底。若不待愤悱而启发之，不以三隅反而复之，则彼不惟不理会得，且听得亦未将做事。"吴澄在《礼记纂言》中说："善于教者，开示其志而不尽言，使人思而绎之，以继续其志。……故教者之言虽至约不繁，而能使人通之；虽至微不显，而能使人善之；虽少所取譬，而能使人晓之。"王夫之在《四书训义》卷十一中说："教人者，固以无有不教为与善之公，而抑以有所不教以待人之悟。故有所启焉，以开示其所未知，必待有其求通之志，而诚不能及之，自怀愤慨以不宁，乃一示以方，而欣然请事也。若不愤者，付之于可知不可知之中，而悠然自任，虽与启之，即不疑以为能必然，亦且视为固然矣，不启也。有所发焉以达其所可知者，必待其有深求之力而心不能决之，中怀悱愲而难言，乃一达其情，而晓然自信也。若不悱者，初无有若知若不知之机，而茫然罔测，虽与发之，即能信以为实然，而终不知其所以然矣，不发也。"

不独儒家教人如此，佛家尤其是禅宗大师也赞成用启发诱导法来帮助弟子开悟。禅宗大师就特别喜欢用"机锋"或"棒喝"的方式来启发弟子。例如，临济宗（禅宗一支）创始人之一临济义玄就是在棒喝中体悟禅机的。

镇州临济义玄禅师，曹州南华邢氏子。幼负出尘之志，及落发进具，便慕禅宗。初在黄檗会中，行业纯一。时睦州为第一座，乃问："上座在此多少时？"师曰："三年。"州曰："曾参问否？"师曰："不曾参问，不知问个甚么？"州曰："何不问堂头和尚，如何是佛法的的大意？"师便去。问声未绝，檗便打。师下来，州问："问话作么生？"师曰："某甲问声未绝，和尚便打，某甲不会。"州问："但更去问。"师又问，檗又打。如是三度问，三度被打。师白州曰："早承激劝问法，累蒙和尚赐棒，自恨障缘，不领深深旨。今且辞去。"州曰："汝若去，须辞和尚了去。"师礼拜退。州先到黄檗处曰："问话上座，虽是后生，却甚奇特。若来辞，方便接伊。以后为一株大树，覆荫天下人去在。"师来日辞黄檗，檗曰："不须他去，只往高安滩头参大愚，必为汝说。"师到大愚，愚曰："甚处来？"师曰："黄檗来。"愚曰："黄檗有何言句？"师曰："某甲三度问佛法的的大意，三度被打。不知某甲有过无过？"愚曰："黄檗与么老婆心切，为汝得彻困，更来这里问有过无过？"师于言下大悟。乃曰："元

来黄檗佛法无多子。"愚搊住曰："这尿床鬼子，适来道有过无过，如今
却道黄檗佛法无多子。你见个甚么道理？速道！速道！"师于大愚肋下
筑三拳，愚拓开曰："汝师黄檗，非干我事。"师辞大愚，却回黄檗。檗
见便问："这汉来来去去，有甚了期？"师曰："只为老婆心切。"便人事
了，侍立。檗问："甚处去来？"师曰："昨蒙和尚慈旨，令参大愚去来。"
檗问："大愚有何言句？"师举前话。檗曰："大愚老汉饶舌，待来痛与
一顿。"师曰："说甚待来，即令便打。"随后便掌。檗曰："这风颠（疯
癫，引者注）汉来这里捋虎须。"师便喝。檗唤侍者曰："引这风颠汉参
堂去。"（《五灯会元》卷第十一《黄檗运禅师法嗣·临济义玄禅师》）

临济义玄在黄檗处参禅三年，却不明白黄檗打他的深意。后来大愚启发他说，
黄檗像个慈悲的老婆子一样，等不及你自己开悟了，他打你，为的是要你瓜熟
蒂落，大彻大悟。一下子，义玄将多年所学全部贯穿起来，终于明白了黄檗棒
喝的全部意义。义玄不但开悟了，而且随即用棒喝的方式向大愚和黄檗汇报自
己的悟境，结果得到黄檗的认可（引入参堂就是承认其悟境）（顾伟康，1990，
p.136）。或许是义玄对棒喝有切身的体会，以后通过义玄的努力，棒喝竟成为
临济宗这一派的宗风。

六、"教人有序"：循序渐进

为了有效地提高受教育者的觉悟水平，先哲也提倡在培育弟子的觉悟力
时，要按照知识的逻辑体系和学习者的智能水平，遵守循序渐进的次序，有
系统、有次序、有步骤地进行。如《礼记·学记》中就有"学不躐等"的观
点，主张教育"不陵节而施"（王文锦，2001，p.517）。在《学记》看来，无
论学什么东西，都要从最基础的、最简单的地方做起，然后坚持练习，逐步
加深："良冶之子必学为裘，良弓之子必学为箕。"（王文锦，2001，p.522）《礼
记·学记》又说："善问者如攻坚木，先其易者，后其节目，及其久也，相说
以解；不善问者反此。"《中庸》也有类似观点："君子之道，辟如行远必自迩，
辟如登高必自卑。"（王文锦，2001，p.780）《礼记》的此思想对后世教育者产
生了深刻影响。孟子在《公孙丑上》里曾讲过"揠苗助长"的故事，以此生动

而形象地向人们阐述教育应循序渐进的道理（详见本书第二章）。除此之外，孟子还以"水""盈科而后进"为喻，告诫人们求学宜循序渐进。《孟子·离娄下》说："源泉混混，不舍昼夜，盈科而后进，放乎四海。"《孟子·尽心上》说："流水之为物也，不盈科不行。"东晋葛洪在《抱朴子内篇·微旨》里说："凡学道当阶浅以涉深，由易以及难。"《二程集·河南程氏遗书》卷第八说："君子教人有序。先传以小者近者，而后教以大者远者，非是先传以近小，而后不教以远大也。"（程颢，程颐，2004，p.102）陈献章集在《与张廷实主事（之十三）》中说："学者须循次而进，渐到至处耳。"王守仁在《传习录上》里说："为学须有本原，须从本原上用力，渐渐盈科而进。"这些言论讲的都是同一个道理：育人要循序渐进。在孟子之后的学人中，以朱熹论述循序渐进的言论最系统而具操作性。朱熹将循序渐进列为他的六大读书方法之一，在《学规类编》里明确主张说："读书之法，当循序而有常。"朱熹不但从宏观上阐述了学习要循序渐进的道理，还指出了循序渐进的四个具体做法：（1）学习者要打好学习基础。《朱子语类》卷第八以造房为喻阐述这个道理："如人要起屋，须是先筑教基址坚牢，上面方可架屋。"（2）学习者要从自己的实际出发，量力而行，制订出合乎自己的学习计划并严格执行。《晦庵集》卷七十四《读书之要》说，学习要"量力所至，约其程课而谨守之"（燕国材，1998，pp.429-430）。（3）遵循由近及远、由浅入深、由表及里、由粗入精这四种次序，以便循序渐进。《朱子语类》卷第十四说："但须去致极其知，因那理会得底，推之于理会不得底，……自近以至远。"《晦庵集》卷七十二《吕氏大学解》说："愚谓致知格物，大学之端，始学之事也。一物格则一知至，其功有渐，积久贯通，然后胸中判然，不疑所行，而意诚心正矣。然则所致之知固有浅深，岂遽以为与尧舜同者，一旦忽然而见之也哉？"知既有浅深，学习也必须由浅入深。朱熹在《学规类编》卷四《诸儒读书法》中说："为学读书须是耐烦细意去理会，切不可粗心。若曰何必读书，自有个捷径法，便是误人底深坑也。未见道理时，恰如数重物色包裹在里许，无缘可以便见得，须是今日去了一重，又见得一重，明日又去了一重，又见得一重。去尽皮，方见肉；去尽肉，方见骨；去尽骨，方见髓。使粗心大气不得。圣人言语，一重又一重，须入深去看。若只要皮肤，便有差错，须深沉方有得。"《朱子语类》卷第十八说:"穷理须穷究得尽,得其皮肤是表也,见得深奥是里也。知其粗不晓其精,皆不可谓之格,故云:'表里精粗,无所不尽。'"(燕国材,朱永新,1991,pp.69~71)(4)朱熹以《论语》和《孟子》二书为例,具体阐明了学习当遵循的次序:就《论语》与《孟子》二书的顺序而言,宜先学《论语》后学《孟子》;就一本书而言,学习宜遵循"字(词)→句→意→理"的顺序进行。《晦庵集》卷七十四《读书之要》说:"以二书言之,则先《论》而后《孟》,通一书而后及一书;以一书言之,则其篇章文句、首尾次第亦各有序而不可乱也。量力所至,约其程课而谨守之,字求其训,句索其旨,未得乎前,则不敢求其后;未通乎此,则不敢志乎彼。如是循序而渐进焉,则意定理明,而无疏易凌躐之患矣。"从教育心理学角度看,中国先哲讲的循序渐进原则与行为主义心理学所讲的"小步子原则"有相通之处。

第四节　觉悟美德思想对当代德育的启示

一、重视觉悟在育德中的作用

中国先哲对悟(觉悟)的特点有较为深刻的理解,强调觉悟在育德中的重要性,反对"记问之学",这一思想在当代具有更为突出的现实意义。在当今知识爆炸、信息高速公路飞速发展的时代,任何一个人单凭死记硬背是难以跟上时代发展潮流的。德育也是如此。面对众说纷纭的德育理论,面对瞬息万变的环境,一个长于进行德育的教师只有善于启发学生,才能使学生掌握点石成金的点金术;一个长于自我育德的人,也只有善于觉悟,才能触类旁通,收到举一反三,甚至举一反十的功效。正如刘壎所说:"人患不能入悟境耳,果能妙悟,则一理彻万理融,所谓等级固在其间,盖一通而万毕也。"

反观今天德育中的一些做法却正好相反。从教的角度看,有的德育老师在授课时,多是先照本宣科念教科书,然后要求学生一一死记下来,将来考试也只是考这些死知识；从学的角度看，学生（尤其是低年级的学生）也多是按老师的要求去背诵一个个知识点，为的是将来考试能得高分。于是，学生脑海里装的满是一些死知识，在遇到现实的社会问题时却无所适从。

为了改变上述局面，德育要适当借鉴中国传统文化中觉悟美德的思想，重视觉悟在育德中的重要作用，采用各种方法来提高人们的领悟力，只有这样做才能提高德育的实效性。

二、顿悟和渐悟并重

在如何才能成佛、成圣的问题上，中国传统文化向有渐修与顿悟两种观点。渐修派主张个体只有经过长期的修炼，才有可能成佛、成圣。顿悟派不主张长期修炼，认为个体可以凭刹那间的突然顿悟成佛、成圣，正所谓"放下屠刀，立地成佛"便是。（燕国材，朱永新，1991，pp.69-71）从总体上看，多数先哲主张"尊德性"与"道问学"同是育德的重要方法。不过，具体到某个教育家身上则又有偏重，更有甚者因侧重点的不同而引发出激烈的争论，典型者如朱熹和陆九渊。同时，相对而言，佛家和仙家多重顿悟，儒家则重渐悟。

个中缘由，刘壎分析得颇为中肯。他在《隐居通议·理学一·论悟》中说：

> 佛家谓阿那佛具天眼，（天眼）一通能观大千世界如掌中果，舍利佛智慧第一，观人根器至八千大劫。仙家亦尝曰：我向大罗观世界，世界犹如指掌大。虽二教之说，诞幻无实，然参究互考，亦惟一悟耳。儒家所以讳言悟（指顿悟，引者注）者，恶其近禅，且谓学有等级，不容一蹴而到圣处也。故必敬义夹持，必知行并进，必由知止而进于能得，必由下学而造于上达，必由善信大而入于圣神，虽高明而本乎中庸，此其序也，故不以悟为主。

他又说："而儒家不言（悟）者，惧其沦于虚寂，不合于帝王之大经大法，而无以成天下之务也。"（《隐居通议·理学一·论悟二》）难怪有学者对于陆九渊和王守仁这类力主顿悟之说的人的观点表示出担心甚至怀疑的态度。如对于王守仁的学说，顾东桥就坦陈自己的担心："但恐立说太高，用功太捷，后生师传，影响谬误，未免坠于佛氏明心见性、定慧顿悟之机，无怪闻者见疑。"（《传习录中·答顾东桥书》）这种担心看来有一定道理。

现代心理学研究表明，顿悟是有条件的。这条件便是，学习情境的设置要具有完整性或整体性，要难度适中，要使学习者能够准确觉知到。但是，在实际的道德学习中，学习者受种种因素的制约，对某些道德情境不可能一下子把握，有些道德情境甚至很难把握，在这种情况下必然要经历尝试错误的学习阶段，经过一番尝试错误整体把握道德情境之后，顿悟才会发生。可见，在道德学习的初始阶段必然有尝试错误的阶段，特别是在一些复杂道德问题解决的学习中，某些道德情境因素常常是很隐蔽的，非经一番尝试错误不能把握。因此，渐悟与顿悟实际上是一体两面，在一般情况下是先有尝试错误后有顿悟，只是在特殊情境里才有不需要尝试错误的顿悟。概要地说，这种特殊情境主要有三：一是所遇问题是先前曾解决过的或与先前曾解决过的问题相类似，故而一见到就可解决，这实是一种迁移。二是将尝试错误的过程放在脑中进行，而不将之外显为具体的试误行为，等"心算"结束后就给出答案，这样做容易让外人感觉你是通过"顿悟"来解决问题的，但实际上你仍是先有尝试错误后有顿悟。三是所遇问题颇为简单，不须尝试错误就可凭"直觉"解决，这实际上也是一种迁移。正由于此，现在也有学者主张将试误与顿悟结合起来以揭示学习过程的实质。如我国学者王克先说："从学习历程看来，试误说与领悟说是一体的两面，……领悟是学习的结果；试误是学习的过程。无论人类或动物的学习中，同含有领悟与试误两种现象；在领悟之前必有试误，在试误之后才有领悟。"（王克先，1987，p.94）上文所论朱熹等人主张的关于学习过程乃是积累与贯通相结合的见解与这种看法暗合，这种观点对于纠正现代教育心理学中关于学习过程存在的尝试错误说与顿悟说的争论颇有启示，因后两种学说各执一端，都有偏颇。一句话，顿悟与渐悟（尝试错误法）同是解决问题的重要方法。渐悟与顿悟不仅是育德的重要方法，还是求知乃至解决其他实际问题的重要方法。这样，当代中国的德育在实施过程中就要切实做到顿悟与渐顿并重，不可厚此薄彼。

三、兼顾培育道德直觉能力与训练逻辑思维能力

中国先哲重视道德直觉在育德中的重要作用，这有一定的合理之处。不过，过于强调道德直觉，以至于忽视逻辑思维，这又有一定的偏颇。它使得古人不太重视知识在育德中的作用，进而不太注重培育受教育者的道德认知能力，只是一味强调直觉，强调受教育者要在践履中去体验和体悟，强调一个人"触心"要能"警悟"（王夫之语），使得中国古代的德育带有一定的神秘性，难于"操作"，易流于"空泛"。同时，它还使得先哲在论说其思想时，多采取"下定义"的做法，即多只将结论直接说出来，至于得出此结论的缘由或过程却多加省略或存而不论。使得中国传统德育心理学思想至少从外在形式上看，缺乏严密论证，少有严密的逻辑体系（这样说，并不否认中国传统德育心理学思想从实质上看有较完整的体系）。为了继承先哲思想的精华和克服其不足之处，今天中国的德育就要做到既重视培育个体的道德直觉能力，又重视训练个体的逻辑思维能力，不能偏执一端。

四、创造条件使人使己觉悟

中国先哲多认为人的觉悟能力不是天生的，而是后天培育起来的，于是，他们不但从生理、心理和偶因等多方面来探讨影响觉悟的因素，而且主张运用一定的方法来培育人们的觉悟力，这一看法颇有见地。反观今天中国前一段时间的学校道德教育，则过于注重"死记硬背"的学习方法（其实，这种方法不限于德育，在智育中也常常运用）。"上课记笔记，下课背笔记，考试考笔记，考完全忘记"几乎成了道德教育里的"通例"，这样的德育其效果不尽如人意，也是可想而知的。

对于"记性"与"悟性"的关系，梁启超在《变法通议·论幼学》里曾有一段精彩的论述：

> 故教童子者，导之以悟性甚易，强之以记性甚难。何以故？悟性主往（以锐入为主），其事顺，其道通，通故灵。记性主回（如返照然），其事逆，其道塞，塞故钝。是故生而二性备者上也，若不得兼，则与其

强记，不如其善悟。何以故？人之所异于物者，为其有大脑也，故能悟为人道之极。凡有记也，亦求悟也，为其无所记，则无以为悟也。悟赢而记绌者，其所记恒足以佐其所悟之用（吾之所谓善悟者指此，非尽弃记性也，然其所记者实多从求悟得来耳，不可误会）。记赢而悟绌者，蓄积虽多，皆为弃才。惟其顺也，通也，灵也，故专以悟性导人者，其记性亦必随之而增。惟其逆也，塞也，钝也，故专以记性强人者，其悟性亦必随之而减。（梁启超，1989，pp.46-47）

既然如此，今人在进行德育时就要适当创造条件，以使人使己尽快觉悟，只有这样做才能切实提高德育的效果。那么，如何创造觉悟的条件呢？第一，多与不同类型的人交流。孔子说："三人行，必有我师焉。"多与不同类型的人交流，越易接触到看待问题的不同视角、思考问题的不同思维方式以及不同胸襟的人，这越有助于个体觉悟做人的道理，提升自己的做人境界。第二，多与做人做事境界高的智慧者接触。人处山谷为"俗"。俗人之所以有很多人生困惑与烦恼，就是因为自己的人生境界太低，高度不够，鼠目寸光，看到的都是问题；格局太小，大事看不清，中事看不透，纠结的多是鸡毛蒜皮的小事，既让自己的生活充满了压力，又往往易因小失大，还易积小胜成大败。人处山峰为"仙"。高人之所以高，就在其人生境界足够高，犹如人在山顶，站得高，看得远，想得深，自然易看透人间千奇百怪，不被其迷；格局大，就会着眼于大局和长远利益，不计较眼前的小得失，不在乎短期的盈亏，反而既过得轻松，又能成为最终的赢家。"会当凌绝顶，一览众山小"，多与做人做事境界高的智慧者交往，易从其待人处世的方式中悟出做人的真谛，提升自己的做人境界。第三，多读古今中外的圣贤书，边读边思考，易觉悟人生。最后，多在事上磨。"做中学"易让人从生活中获得灵感，悟出做人道理，并用生活实践检验直接得来和间接得来的做人道理，提升自己的做人境界。

第八章

情育美德思想

　　"人非草木，孰能无情。"古今中外学者非常注重在德育中做好"情"这篇文章。对此，西方文化传统中向来有理性主义与感性主义两种进路。前者以苏格拉底、柏拉图和亚里士多德等人为代表，主张以理智治理情感；后者以普罗泰戈拉等为代表，赞成将个体感官的快乐视作幸福和善的追求。西方学者对情与智作这样二元对立式的处理，在世俗生活层面引发了持续的精神困境：由这种感性与理性的对立冲突带来的情感困扰，主要靠在宗教的人神关系中得到情感的满足与升华。西方感性和理性的二元对立，造成现代西方德育心理学中，认知主义流派偏重培养道德认知能力而忽略培养道德情感，非理性主义流派放纵感性欲望而贬低理性思维（鲁洁，王逢贤，1994，pp.73-74）。与西方文化传统不同，中国传统文化对人的情感的认识没有明显的理性与感性的对立，因为中国传统文化走了一条中间道路，既承认情与德有相统一的一面，又看到了二者之间有相冲突的一面。同时，假若说西方道德文化自古希腊以来由于主张"美德即知识"和"公正是一切德性的总汇"而呈现出明显的理智德性的特色，那么，中国传统道德文化自先秦以来由于力倡"美德即仁爱"，从而呈现明显的情感德性的特色。于是，在中国传统道德教育里，许多大教育家既主张通过"达情"来育德，又主张对"情"要适可而止，不可任"情"而行。基于对情与德关系的这种颇具辩证色彩的态度，他们提出的观点与做法至今仍具启发性。

第一节　情育美德的理论根基

既然中国传统道德文化强调的德性主要属于情感德性的范畴，那么，重视通过激发并顺导个体的情绪和情感来培育个体的德性也就是非常自然的事情。当然，若进一步分析，还可发现，从全局上看，中国先哲主张情育美德还有两个重要的理论根基，即孝为德本观和性情论。相对而言，孝为德本观得到大多数学者的认同，学人在性情论上的观点则有较大差异。

一、"夫孝，德之本也"：孝为德本观

漫长的中国古代社会，主要是一种宗法社会。宗法社会以家族为本位，个人几乎没有什么权利可言。一家之人，皆听命于家长。《诗》曰："君之宗之。"《礼》曰："有余则归之宗，不足则资之宗。"宗法社会尊重家长，所以，教人为孝；宗法社会的国家组织、政治生活，也如同一个大家族，尊皇帝，于是，教人为忠（陈独秀，1915）。儒学诞生后，孔子儒家非常看重仁，但仁太抽象，践行起来不易操作，于是孝慈和忠恕成为践行仁爱精神的两个有机组成部分。一方面，从血缘关系角度看，孝悌是为仁之本，故主张在家族之内行孝慈；另一方面，从人我关系角度看，忠恕是为仁之道，故主张在家族之外行忠恕之道

（李宗桂，1988，p.16）。其中，"事上之道莫若忠，待下之道莫若恕"（程颢，程颐，2004，p.325）。《论语·里仁》记载："子曰：'参乎！吾道一以贯之。'曾子曰：'唯。'子出，门人问曰：'何谓也？'曾子曰：'夫子之道，忠恕而已矣。'"郭沫若（1954，p.90）说："孔子曾说'吾道一以贯之'，但他自己不曾说出这所谓'一'究竟是什么。曾子给他解释为'忠恕'，是不是孔子的原意无从判定。但照比较可信的孔子的一些言论看来，这所谓'一'应该就是仁了。不过如把'忠恕'作为仁的内涵来看，也是可以说得过去的。"姚中秋（2015）认同郭沫若的观点，也相信孔子"吾道一以贯之"的"一"是仁。据焦国成（2019）的研究，将忠恕视作孔子的一以贯之之道可能仅是曾参的观点，而不见得是孔子的观点，孔子一以贯之之道可能是中庸。由于孔子未明言"吾道一以贯之"的"一"是什么，使得其弟子、后世儒家及现代学者对这个"一"的看法有争论，但可以肯定的是，孔子的确非常看重忠与恕。忠孝进而成为宗法社会、封建社会的主要道德规范（陈独秀，1915）。而在忠孝之中，孝更为根本。中国先哲一贯相信，一个在家为孝的人，出外肯定会为忠。这样，为了使孝的道德规范深入人心，中国先哲力倡孝为德本观。孝为德本观的含义是，人发自内心的、自然的亲情是品德形成与发展的根基。这一观点发端于孔子，经由孟子和《孝经》力倡，成为中国文化中的基本传统之一。

（一）"孝"的内涵

何谓"孝"？《汉语大字典》（第二版）解释，"孝"的含义有八：（1）祭，祭祀。（2）孝顺。善事父母。旧时以尽心奉养和绝对服从父母为孝。（3）能继先人之志。（4）指居丧或居丧的人。（5）指丧服。（6）效法。（7）畜养；保育。（8）姓。（汉语大字典编辑委员会，2010，pp.1083-1084）在这八种含义中，第八种含义与德育心理学无关，予以剔除。在余下七种含义中，通过分析可知，"孝"的最原始含义指"祭祀"。此时"孝"还不是一个作为现世伦理道德意义的范畴或概念，因为祭祀的对象本是"鬼神"，其中主要是指死去的、已神化的祖先。这主要是由于为艰险生存条件所迫，先民从血缘的"亲亲"之情就会很自然地发展为崇拜祖先，祈求祖宗神对自己的保佑。随着时间往后推移，先民生存的条件有了一定变化，其中最主要的是个体家庭经济的出现，子女继承父母财产的权利为社会所承认，相应地，子女赡养父母的社会责任也随之确立，具有现世伦理道德意义的"孝"的观念也就在西周时期正式产生了（潘富恩，1989）。《说文·老部》："孝，善事父母者。从老省，从子，子承老也。"按：金文"孝"字写作"𡥀"，上部像戴发伛偻老人，唐兰谓即"老"之本字，"子"搀扶之，会意（汉语大字典编辑委员会，2010，p.1083）。这里，"孝"的含义中就已关注现世，显得更加生活化，其基本含义已转变为"子女赡养老人"，此处"老人"不是泛指，而是特指"父母"。这从"孝"的原始义里也很容易推导出。既然"死去的祖先"都要供奉，慢慢地，自然就会延伸到供奉"活着的长辈"，于是"孝"就具有了"子女赡养父母"的含义。因此，"畜养；保育"是作为现世伦理道德规范的"孝"的基本含义，具体言之，作为现世伦理道德规范的"孝"的基本含义是：父母年老了，子女赡养之；父母生病了，子女侍候之；父母仙逝了，子女埋葬之（宁业高，等，1995，pp.2-3）。若结合远古先民的心理与行为方式，对作为现世伦理道德规范的"孝"的基本含义作这种解释，相对而言较为贴近先民心理与行为具有的淳朴、自然特点。由这一基本含义可以自然地引申出孝的"善事父母"的含义。因为"子女赡养父母"不能仅仅是让父母吃饱穿暖（虽然这两点颇为重要），更要让父母从心中体会到儿女对自己的爱意从而产生幸福感，否则，人赡养父母与禽兽养育父母有何区别？于是，逐渐地"孝"中就有了"善事父母"的含义，这一含义清晰而明确的表述虽然出自许慎的《说文解字》，不过将"孝"的含义作这一重要转变的是孔子。换言之，《说文解字》对"孝"的解释，从很大意义上讲主要是受到以孔子为代表的先秦儒家孝道观念影响的结果。自"孝"中产生了"善事父母"这一含义后，主要由于儒家在中国传统文化中的地位不断上升的缘故，"善事父母"这一含义就后来居上，一变成为"孝"的核心含义，"孝"的其他含义皆可轻松地从此含义中引申而出："善事父母"，就要继承父母的志向，帮助父母了结一些未完成的心愿，"孝"中就有了"能继先人之志"的含义；起初，"能继先人之志"中的"先人"仅指自己的"先辈"，后来泛化到其他人的先辈，相应地"孝"就有了"效法"的含义；"善事父母"中的"父母"既包括在世的父母，也包括已仙逝的父母，顺理成章地，"孝"中就多了一层含义，"指居丧或居丧的人"。"居丧或居丧的人"要穿一定的服饰，以表明自己现正在居丧、在尽孝道，于是，"孝"又可指"丧服"。而随着汉代以后"三纲"思想的逐渐深入人心，自然而然地人们就会从"善事父母"中推导出"以尽心奉养和绝对服从父母为孝"的见解，这就是异化的"孝"。从这可以看出，《汉语大字典》（第二版）里所讲的"旧时"，就时代而言，主要是指从汉代至清代为止的旧社会，"旧时"与"中国传统社会"是不同的概念。综上所论，韦政通先生认为，在孔子的孝道思想中，"孝"的基本含义是"无违"（韦政通，1990，p.143）。笔者认为这一观点值得商榷。

从心理学角度看，"孝"的上述含义中，最重要含义是"善事父母"。用现代心理学的话语解释，孝道指为人子女者善待其父母的心理与行为方式。可见，孝道主要包括两方面内容：一是一套子女以父母为主要对象的良好社会态度（social attitude），这就是中国人常说的"孝心"。若进一步划分，孝心包括孝知、孝情和孝意三个成分。孝知，即孝的认知层次，指身为子女者对父母及相关事物的良好认识、了解及信念。孝情，即孝的情感层次，指身为子女者对父母及相关事物的良好情绪与感受，即以敬与爱为主。孝意，即孝的意志层次，指身为子女者对父母及相关事物的良好行为意向或反应倾向。二是一套子女以父母为主要对象的良好的社会行为，也就是中国人习称的"孝行"（杨国枢，2004，pp.201-202）。孝心与孝行之间的关系是复杂的。在真孝道中，孝知、孝感、孝意与孝行四者之间存在相互影响的相关关系；在伪孝道（异化的孝道）中，施孝者往往无真正的孝心可言，即便有一点孝心，也往往是言不由衷，故其孝心与孝行之间往往是脱节的关系，一般只有迫于外力或基于某种利益驱动的孝行。

（二）"孝"的表征

在知道"孝"的准确含义后，还必须知道"孝"的表征，然后依"孝"的精髓之义而行，方可收到理想效果。根据上文所论，"孝"的表征内容概括起来主要有孝心和孝行。

1. 孝心

孝心主要包括孝敬之心、孝顺之心两大部分。

其一，"爱亲敬长之心"：孝敬之心。在"孝"的表征中，孝敬之心最重要。正如《礼记·祭义》引曾子的话所说："孝有三：大孝尊亲，其次弗辱，其下能养。"所谓孝敬之心，指子女对父母的尊敬与爱戴之心。将孝敬之心作为孝道的首要内容，这一功劳要归于孔子。《论语·为政》记载："子游问孝。子曰：'今之孝者，是谓能养。至于犬马，皆能有养；不敬，何以别乎？'"在孔子看来，就"孝"的实质而言，出自个体内心的孝敬之心较之赡养父母的行为更为重要。将个体发自内心的亲情自觉地渗透于社会伦理道德规范的强制规定中，并使之成为这一整套伦理道德规范赖以存在的合理性的基础，这种理论上的贡献当归功于孔子。这一观点自产生后，成为孝道的精髓思想之一，一直为少数有见地的中国人所承继。西人也有类似思想。如，对西方文化有深远影响的基督教，尽管在阐述"做门徒的代价"时，曾说过"人的仇敌就是自己家里的人"这样的话语（中国基督教三自爱国运动委员会，2007，p.12），但在其"十诫"里也将"应当孝敬父母"作为其内容之一。《圣经·新约·以弗所书》就说："你们做儿女的，要在主里听从父母，这是理所当然的。要孝敬父母，使你得福，在世长寿。这是第一条应许的诫命。"（中国基督教三自爱国运动委员会，2007，p.219）《圣经·新约·提摩太前书》也说："不可严责老年人，只要劝他如同父亲，劝少年如同弟兄，劝老年妇女如同母亲，劝少年妇女如同姐妹。总要清清洁洁的。要尊敬那真为寡妇的。若寡妇有儿女，或有孙子、孙女，便叫他们先在自己家中学着行孝，报答亲恩，因为这在神面前是可悦纳的。"（中国基督教三自爱国运动委员会，2007，p.236）

其二，"无违"：孝顺之心。孝顺之心，指子女要从内心尊重、拥护父母的意志，并有按父母意志去待人做事的意向。中国传统孝道一般都要求为人子女者对待父母要有孝顺之心，非以此不足以称为孝子。不过，是对父母的意志（无论是善良意志还是邪恶意志）要绝对服从，还是只选择父母的善良意志予以服从，在不同的历史阶段有不同看法。大致说来，在先秦时期，学者多是矛盾派；自汉代尤其是东汉以后至清代为止，中国人多主张为人子女者要绝对服从父母的意志。先秦学者有时主张子女要绝对服从父母，有时又主张子女只应相对服从父母，显示出颇为矛盾的心态。这一观点以孔子为代表。《论语·为政》记载："孟懿子问孝，子曰：无违。"《论语·里仁》记载："子曰：事父母几谏，见志不从，又敬不违，劳而不怨。"《孝经·谏诤章》记载："曾子曰：'……敢问子从父之令，可谓孝乎？'子曰：'是何言与！是何言与！昔者，天子有争臣七人，虽无道，不失其天下；诸侯有争臣五人，虽无道，不失其国；大夫有争臣三人，虽无道，不失其家；士有争友，则身不离于令名；父有争子，则身不陷于不义。故当不义，则子不可以不争于父；臣不可以不争于君。故当不义则争之，从父之令，又焉得为孝乎？'"也有学者认为《孝经》的这段言论不是孔子的思想，而是《孝经》对孔、孟"孝"的观念里一味要求子女顺从父母思想的一种改进（潘富恩，1989）。笔者不赞成这一观点，而倾向于将这一言论视作孔子本人的思想，《孝经》只是作了一番记录而已。从前面这两段话可知，孔子的孝道思想实际上主张为人子女者应该绝对顺从父母的意志。假若父母有过错，子女只宜委婉劝谏，即便父母不接受子女的合理建议，子女仍要照旧以恭敬的态度对待父母，而且心中要做到无怨无悔。这就含有不分是非地包容父母过错和要子女绝对服从父母意志等两大隐患，这两大隐患在其后以《二十四孝图》为代表的论著里得到淋漓尽致的发挥，并为封建统治者所利用，从而于实际上给后世的孝道带来致命的毒害。不过，若从第三段话看，孔子的孝道里又有这样一层含义：不是要为人子女者及为人臣者机械刻板地听从自己父母、自己的君主的言论，而是要有选择地听从父母、君主的言论，只顺从父母、君主言论中符合"义"的言论。假若父母对子女或君主对臣下说出不义的言论，甚至父母或君主自己做出不义的行为，做儿女、做臣子的人就不能死守孝道，一味地顺从，而要学会说"不"，甚至要努力劝说父母或君主放弃自己的不义行为，为人子女者、为人臣者只有这样做，才算是真正的尽孝道。这典型体现在像《左传·宣公十五年》记载的那样，真正有道德的子女，一定是以良知为本色，进而区分乱命和治命，只执行父亲的治命，对于父亲发出的乱命，要明确予以拒绝，或委婉劝其撤回乱命，或灵活予以应对。这一思想与今天"学会选择"的时代思潮暗合。孔子孝道里的这一层含义后为极少数大儒所承继，虽未"中断香火"，但对后世没有产生真正大的影响。这是中国古人讲孝道的一大悲哀！若综合起来看，孔子的孝道思想是矛盾的，使得后世之人在讲孝道时，无论是主张子女要绝对服从父母的意志还是主张子女要选择性地服从父母的善良意志，都可以从孔子的言论里找到相应的依据。这种情形至汉代出现了新的变化。自西汉董仲舒力倡"三纲"思想和东汉《白虎通义》鼓吹"三纲"之说后，"三纲"思想因其能有助于维护封建专制统治，从而受到历代封建统治者的极力鼓吹。与此相适应，孝道观也发生了一次根本性的转变：舍弃了先秦孔子等人倡导孝道的精髓思想——只是要求子女尽心奉养父母、敬爱父母，并不包含要子女绝对服从父母意志的含义，一变而为主张绝对服从说，即不论父母见解的对与错，为人子女者都要绝对予以服从并坚决执行。这一观点自产生后，经过一些庸俗论著尤其是元人郭居敬编辑的《二十四孝图》的鼓吹，此后僵硬、死板的"父为子纲"式的单向孝道的思想就逐渐深入中国古人的心中，并在明清时期一直处于主导地位，成为钳制广大中国人思想与行为的一大利器。这种单向孝道虽对维护家族制度有一定的积极作用，但为此而付出的代价也是惊人的：使多数古代中国人都习惯于养成依附性人格、权威人格，而不容易培养出独立自尊的人格（韦政通，1990，p.144）。真可谓得不偿失！

2. 孝行

孝行主要包括奉养父母、不做祸及父母的事情、生儿育女、建功立业、珍惜生命、强调以"礼"待父母这六个方面。

其一，"顾父母之养"：奉养父母。"孝"的重要含义之一就是子女要侍奉父母，这样，尽自己之力以满足父母的需要，是孝子该做的一类事情；反之，假若有能力奉养父母的人却不侍奉自己的父母，往往易被人指责为不孝。所以，《孟子·离娄下》记载，在孟子所列五种不孝行为中，前三项都属不供养父母的行为："惰其四支，不顾父母之养，一不孝也；博弈好饮酒，不顾父母之养，二不孝也；好货财，私妻子，不顾父母之养，三不孝也……"儒家孝道里这种强调奉养父母的思想在 21 世纪之前为中国人所普遍遵从，那时的人们一般只提醒为人子女者，若仅仅是在物质上满足父母的需要，而没有相应的孝敬之心，也不能算是真正的孝子或孝女。这一观点值得当下中国为人子女者所谨记。当历史车轮进入 21 世纪以来，人们开始对"养儿防老"的思想进行反思。用系统思维的眼光看，孝道有"度"，且会随情境、时机的不同而发生变化，行孝不可"过"与"不及"。在古代经济欠发达、社会保障制度不完善和父慈子孝的背景下，"养儿防老"有一定的合理性。若没有孝道这个最后的依靠，失去生产能力且贫困的老人该如何度过晚年？在中华大地上全面建成了小康社会的今天^①，虽然历史性地解决了绝对贫困问题，不过，"总有赶不上车的"。如果缺少"父慈子孝"这一关键条件，"养儿防老"是将子女工具化，多数子女肯定不乐意。可见，在今天正常的社会里，将"在尊亲与悦亲的前提下去养亲"视作孝行，还须满足三个基本前提，否则，易沦为"吃人"的孝道：（1）父慈子孝，即父母与子女之间保持良好的亲情，这样，子女才乐意去养亲。（2）为人父母者在青壮年时曾持续努力拼搏过，只是因种种原因，在年老时未挣下足够自己养老的钱；若自己在青壮年时好吃懒做，指望养儿防老，那是坑子女族。（3）子女在物质上帮助父母须量力而行，社会不能倡导"郭巨埋儿"之类超出子女能力的孝行。如果子女在帮助父母养老时即便竭尽全力仍无济于事，地方政府和社会公益组织宜及时向生活贫困的老人提供适当的物质与精神上的帮助。

其二，"好勇斗狠，以危父母，五不孝也"：不做祸及父母的事情。克制自己的冲动与偏差，不做祸及父母的事情，这是孝子必须牢记的。所以，《孟子·离娄下》记载，在孟子所列五种不孝行为中，后两项都属祸及父母的行为："……从耳目之欲，以为父母戮，四不孝也；好勇斗狠，以危父母，五不孝也。"

其三，"不孝有三，无后为大"：生儿育女。中国古代社会主要是宗法社会，为了宗族的强大，为了使父母的基因得以延续下去，行孝的重要做法之一就是要努力生育后代，给本族增添更多的生命。一个人若在没有生育后代之前就早死了，既会让自己的父辈背上不孝的罪名（因父辈无后），也会让自己背上不孝的罪名（因自己无后），还会削弱自己这一宗系的势力。因为"无后"不只是使孝道无法继承，而且要使构成单系亲族群一部分的死去的祖先也无人祭祀，这一个亲族组织从此将遭到破坏（韦政通，1990，p.145）。正由于此，《孟子·离娄上》里的"不孝有三，无后为大"一语才一向成为许多中国人信

---

① 2021年7月1日，在庆祝中国共产党成立一百周年大会上，习近平总书记代表党和人民庄严宣告："经过全党全国各族人民持续奋斗，我们实现了第一个百年奋斗目标，在中华大地上全面建成了小康社会，历史性地解决了绝对贫困问题，正在意气风发向着全面建成社会主义现代化强国的第二个百年奋斗目标迈进。"

奉的准则。从一定意义上说，这是让中国无论从历史上看还是从当代看，向来都以人口众多而著称的心理根源之一。也需要指出，中华文明虽历经千万劫，最终都能变危机为转机，至今仍生机勃勃，不曾断裂，更不曾中绝，成为世界上历史最悠久、特色最分明、生命力最旺盛的文化，仅用"巧合"或"幸运"是无法解释的，其内必有一些过人之处。那么，中华文明保持强大生命力的秘诀是什么？在笔者看来，以周公、孔子、老子为代表的一代代文化精英通过艰辛努力，最终形成由中华文化、中式教育、中国人共同铸成的金三角关系（见图 8-1），并不断予以完善，这是中华民族屹立世界民族之林的秘诀。

图 8-1　由中华文化、中式教育、中国人共同铸成的金三角关系

　　概要地讲，就其中的"中国人"这个节点而言，文明的传承与创新需要有一定数量和质量的传承人。这不仅体现在同一代际要有足够数量和质量的人，还体现在要后继有人。也就是说，民族成员的数量要能达到一定规模，且年龄结构要合理，还要有一定数量的民族精英。历史上有一些民族和古国之所以在后世中断，只能通过考古发现才能略知一二，一个重要原因就是因突遇巨大的天灾或人祸，包括外族入侵与突发的巨大自然灾难等，导致其血脉在后世中断，使其后继无人。儒学充分认识到"人"（包括"后继有人"）的重要性，"人"是"1"，其余的是"0"，没有"人"这个"1"，后面加再多的"0"也毫无意义。相应地，在儒家伦理道德的谱系上，仁是最高的。"亲亲"的前提是要存在亲子关系，若"无后"，"亲亲"就失去了亲的主体与对象，导致亲无可亲，这就伤害到儒学的核心，即仁。明白了这些道理，才能知道视无后为不道德的真正原因，才能切身体会到失去独生子女家庭（简称"失独家庭"）里中老年父母的悲哀。因此，在当下，适度弘扬"不孝有三，无后为大"孝道观中蕴含的"生生不息"（《周易·系辞上》）精神，有助于保持中华民族的健康、可持续性发展。

　　其四，"扬名于后世"：建功立业。《孝经·开宗明义章》主张："立身行道，扬名于后世，以显父母，孝之终也。"可见，适度弘扬"立身行道，扬名于后世，以显父母，孝之终也"的精义，能激发中国人"追求超越的动机"〔德国心理学家于特曼（Gerd Jüettermann，1933—2023）之语，德语是Überschreitungsmotiv〕。例如，《史记·太史公自序》记载，司马谈临死时"执迁手而泣曰：'余先周室之太史也。自上世尝显功名于虞夏，典天官事。后世中衰，绝于予乎？汝复为太史，则续吾祖矣。今天子接千岁之统，封泰山，而余不得从行，是命也夫，命也夫！余死，汝必为太史；为太史，无忘吾所欲论著矣。且夫孝始于事亲，中于事君，终于立身。扬名于后世，以显父母，此孝之大者。夫天下称诵周公，言其能论歌文武之德，宣周邵之风，达太王王季之思虑，爰及公刘，以尊后稷也。幽厉之后，王道缺，礼乐衰，孔子修旧起废，论《诗》、《书》，作《春秋》，则学者至今则之。自获麟以来四百有余岁，而诸侯相兼，史记放绝。今汉兴，海内一统，明主贤君忠臣死义之士，余为太史而弗论载，废天下之史文，余甚惧焉，汝其念哉！'迁俯首流涕曰：'小子不敏，请悉论先人所次旧闻，弗敢阙。'"由此可知，司马迁受了极其屈辱的宫刑后仍未自杀，支撑其活下去的内在动力就是他要尽孝，完成父亲交代的历史使命。光宗耀祖，从小处讲，能让自己一姓的祖先增光；就大处言，能让中华民族的祖先增光。受此思想的影响，中国人将努力奋斗、建功立业、出人头地以彰显自己的家庭和家族乃至中华民族作为行孝的重要做法之一，这是中国人向来崇尚自强不息精神的心理动力之一，也是中华民族代代皆有风流人物的原因之一，还是中华民族虽历经磨难，但至今仍生机勃勃的一个重要内因。因为一个家庭的一时兴旺，有时只需要一代人努力即可，但一个家族和国家的长久兴旺，需要每一代人都竭尽全力。"天下兴亡，匹夫有责。"同理，家族兴亡，家族里每一位成员都有一份天然的责任。若自己这一代不努力，就会坑害下一代；下一代不努力，就会继续坑害下下一代。如爷爷不努力，父亲就会很艰难；父亲不努力，儿子就会很辛苦。长辈努力了，若晚辈不努力，那长辈打下的家业将很快被败光，晚辈的子孙又只能从头开始。因此，若想家族长久兴旺，每一代家族成员理应要为家族的兴旺贡献自己的一份力量，在自己取得佳绩的同时，才有能力去托举下一代更上一层楼。可见，适度弘扬"立身行道，扬名于后世，以显父母，孝之终也"的精义，一旦激发中国人"追求超越的动机"，有助于个体、家庭、家庭和国家的繁荣昌盛，也能防治青少年的过早"躺平"和"坑爹"心理，减少"烂尾娃"出现的概率。"烂尾娃"是指现在一些出身普通家庭的孩子，经历了十几年寒窗苦读，却在毕业时面临"毕业即失业"的窘境，从此高不成低不就，人生陷入烂尾（佚名，2024），像掏光了几代人的口袋买了"烂尾楼"一样。

其五，"身体发肤，受之父母，不敢毁伤"：珍惜生命。《孝经·开宗明义章》说："身体发肤，受之父母，不敢毁伤，孝之始也。"受此思想的影响，中国古人向来注意保养自己的生命，不使它轻易受到伤害。这是中国古人向来注意养生保健，一向热爱和平的心理根源之一。顺便指出，当下心理健康几乎成了与生理健康受到同等关注的话题，一些人出于种种目的，将心理健康问题随意泛化，将学生群体中出现的一些做人问题混淆为心理健康问题，存在"将道德问题心理化"的倾向，又滥用积极心理学和罗森塔尔效应（Rosenthal effect），将心理健康教育弄成华而不实的心灵鸡汤，却不适度开展耐挫教育，让某些学生产生了虚假且过于膨胀的自尊心，结果，品行问题变成了不能及时教化的心理问题（汪凤炎，2024）。与此同时，孝道文化的影响又在减弱，一些青少年忘记了《孝经·开宗明义章》中"身体发肤，受之父母，不敢毁伤，孝之始也"的古训，稍不如意，就做出轻生举动。如果面向儿童和青少年适度开展耐挫教育，并且，在当下的生命教育中适度弘扬"身体发肤，受之父母，不敢毁伤，孝之始也"的孝道思想，让它在青少年心中生根，自然有助于减少青少年轻生现象。

其六，"事父母以礼"：强调以"礼"待父母。孔子孝道里隐含片面强调以"礼"对待父母的思想。孔子主张："生，事之以礼；死，葬之以礼，祭之以礼。"（《论语·为政》）其中明显地含有以"礼"等同于"孝"的思想。这样，孔子虽重"事人"胜过重"事鬼"，却主张要善待仙逝的长辈，尤其力倡子女要为已逝父母守丧三年，否则，就不合礼，当然也不是孝子孝女应该有的行为。于是，据《论语·阳货》记载，当孔子的学生宰我认为守丧三年时间太长，建议改为一年时，孔子就大骂宰我"不仁"，理由是："子生三年，然后免于父母之怀。夫三年之丧，天下之通丧也，予也有三年之爱于其父母乎！"将本较合理的宰我的主张大加批判，使"三年之丧"成为其后中国漫长封建社会的守丧信条。这不但劳民伤财，更易滋生出这样的异化思想：只要以"礼"对待父母尤其是死去的父母，就容易博得孝子孝女的美名，也不管这种孝行是否出自真心（孝心）。此思想至曾子时就较明确了。孟子引曾子的话说："生，事之以礼；死，葬之以礼，祭之以礼，可谓孝矣。"（《孟子·滕文公上》）只提以"礼"相待父母，却丝毫不提以真情对待父母，这种孝道就已明显异化了。到了孟子时代，《孟子·离娄下》又说了一句极易让不肖子孙为自己不善待父母提供理论依据的话："养生者不足以当大事，惟送死可以当大事。"由此易滋生出使一些不肖子女在尽孝时不重活人重死人的弊病。秦汉之后，一些蠢儒更是变本加厉，设计出一套套压抑子代人格健全成长的所谓"孝子"的心理与行为模式，使孝道朝着错误的方向往前走，于是烦琐、虚伪的孝仪也就应运而生了。

3. 孝心与孝行的关系

对于孝心与孝行之间的关系，孝道的精髓之义主张：孝心为本，孝行为末；孝心是内核，孝行是孝心的载体。这样，虽然孝心说到底需要一定的孝行来表达，但是子代在向父代展示自己的孝道时最重要的是孝心。一个人若心存孝心，即便因主客观条件限制无法及时展现相应的孝行，一般也能得到父母和周围人的认可，即："百善孝为先，论心不论迹，论迹贫家无孝子。"更何况，孝行不限于"给父母钱财物上的支持"，也包括"和颜悦色对待父母"、"用机智幽默话语逗父母开心"等，子女只要用心行孝，哪怕再贫穷，也能找到一些恰当的行孝办法。一个人如果没有孝心，只是表面去做一些所谓的孝行，那是一种异化的孝道，一旦被人识破，一般不易为中国人所真正认可和接受（汪凤炎，许智濠，孙月姣，周玲，2014；Shi & Wang，2019）。

（三）儒家的孝道观

1. 儒家孝道观的核心内容

上文在阐述"孝"的内涵和"孝"的表征时，从一定意义上说就已论及儒家的孝道观。为免累赘，这些内容在本部分不多讲，下面只论述儒家孝道观的其他核心内容。

儒家主张将道德伦理规范体系建立在人发自内心的、自然的情感之上，在儒家看来，道德伦理规范的核心内容是仁、义、礼、智等，这样，自孔子开始，儒家就力倡"孝弟也者，其为仁之本欤"。《论语·学而》说："其为人也孝弟，而好犯上者，鲜矣；不好犯上，而好作乱者，未之有也。君子务本，本立而道生。孝弟也者，其为仁之本欤！"主张孝顺父母和敬爱兄长是仁的根基，也是仁的开始，由此推及他人，爱及一切，最后达到"四海之内皆兄弟也"的境界（杨国荣，2000）。

孝悌为什么是仁之本呢？道理很简单，仁的关键是"爱人"，而任何人的成长都不可能独自完成，要靠父母的生育和培养，也有赖于兄长的照顾，再加上中国古代社会主要是宗法社会，所以人最应爱的是他自己的父母兄长，孝悌也就成了仁之本。这样，儒家又将"仁德"与人的"亲亲"之情紧密联系起来，在儒家看来，"爱人"的大要在于"爱亲"。如据《二程集·河南程氏遗书》卷第十八记载，程颐说："仁主于爱，爱莫大于爱亲。"（程颢，程颐，2004，p.183）事实上，这种思想至少可以追溯至《中庸》。《中庸》说："仁者，人也，亲亲为大。"亲子之间的情感带有某种本源的特点。如孔子就说："弟子，入则孝，出则悌，谨而信，泛爱众，而亲仁。行有余力，则以学文。""慎终追远，民德归厚矣。"（《论语·学而》）其内在的含义就在于通过顺导和展开这些具有本源意义的亲子之间的情感，以形成孝悌和爱人等道德情感，进而营造出良好的社会道德风尚（杨国荣，2000）。儒家这种将德与人的"亲亲"之情紧密联系起来的做法，非常符合人的心理规律。假若一个人连自己的父母都不爱，而去奢谈爱他人，这种言行不是在说假话或做假事，就是出于某种目的而做出来的。顺便指出，在中国传统文化中，也有学者不赞成此观点。如二程就认为，孝悌是行仁之本，不是仁之本。《二程集·河南程氏遗书》卷第十八记载："问：'孝弟为仁之本，此是由孝弟可以至仁否？'（程颐，引者注）曰：'非也。谓行仁自孝弟始。盖孝弟是仁之一事，谓之行仁之本则可，谓之是仁之本则不可。盖仁是性（一作本）也，孝弟是用也，性中只有仁义礼智四者，几曾有孝弟来？仁主于爱，爱莫大于爱亲。故曰：孝弟也者，其为仁之本欤！'"（程颢，程颐，2004，p.183）

仁既是儒学提倡的诸德目的一种，又可以是诸德目的总称。《孟子·离娄上》记载："孔子曰：'道二，仁与不仁而已矣。'"此思想为后儒所发扬光大。

《二程集·河南程氏遗书》卷第二上就明确主张："学者须先识仁。仁者，浑然与物同体。义、礼、知、信皆仁也。识得此理，以诚敬存之而已，不须防检，不须穷索。若心懈则有防，心苟不懈，何防之有？理有未得，故须穷索。存久自明，安待穷索？"（程颢，程颐，2004，pp.16-17）朱熹在《晦庵集》卷六十七《仁说》里也清楚地指出："故人之为心，其德亦有四，曰仁义礼智，而仁无不包。其发用焉，则为爱恭宜别之情，而恻隐之心无所不贯。"因此，深谙孔子思想精髓的孟子才在《离娄上》一文中说：

> 仁之实，事亲是也；义之实，从兄是也；智之实，知斯二者弗去是也；礼之实，节文斯二者是也；乐之实，乐斯二者，乐则生矣；生则恶可已也；恶可已，则不知足之蹈之手之舞之。

他认为仁的核心内容是侍奉父母，义的核心内容是顺从兄长，智（实为一种德慧）的核心内容是明白这二者的道理并能坚持下去，礼的核心内容是对这二者既能合理地予以调节，又能适当予以修饰。孟子在《尽心上》里又说："君子之于物也，爱之而弗仁；于民也，仁之而弗亲。亲亲而仁民，仁民而爱物。"他强调仁民与爱物必自"亲亲"开始。"所谓'亲'者，非但指父母而言也，凡家庭之间，自父母、兄弟、夫妇、子女，何一非亲。若于所亲尚不能爱，安能爱及疏者？是故西儒有言曰：'家庭者，利他之学校也'。"（孙宝瑄，1983，p.776）将恻隐等善心或善情与人的亲情一一联系起来，这样《孟子·离娄上》才说："道在迩而求诸远，事在易而求诸难：人人亲其亲、长其长，而天下平。"只要人人都能亲爱自己的亲人，尊敬自己的长辈，天下就太平了。

上述思想在稍后出现的《孝经》里更是被阐述得淋漓尽致。《孝经·开宗明义章》明确提出：

> 夫孝，德之本也，教之所由生也。……身体发肤，受之父母，不敢毁伤，孝之始也。立身行道，扬名于后世，以显父母，孝之终也。夫孝，始于事亲，中于事君，终于立身。

主张孝是一切德行的根本，一切品行的教化都是由孝派生出来的，并将行孝的过程分为三个阶段：首先，要侍奉好自己的双亲，这是行孝的起始阶段；其次，要效忠自己的君王，这是中间阶段；最后，要建功立业，扬名于后世，让父母荣耀显赫，这是行孝的最高阶段。自《孝经》产生后，在中国两千多年的帝制历史上备受尊崇，以至于上至帝王将相，下至黎民百姓，广为传习，影响所及，远至异族异国（胡平生，1996，p.1）。孝为德本观深入至中国人的心灵，成为一种惯性推力，对中国传统文化乃至中国人的心理与行为产生了深远的影响。"万恶淫为首，百善孝当先"一语也成为妇孺皆知的口头禅。只要到徽商的两处故地西递和宏村去走一走，依然能切身体会到"孝"在当年是如何深深影响一代徽商的。例如，高悬于西递胡氏宗祠"敬爱堂"供奉厅的巨幅"孝"字古匾（见图8-2），传为南宋大儒朱熹所书，充分发挥汉字象形特色，独具匠心，而且发人深省，是一幅融书、画于一体的艺术珍品：字的上半部，若从右侧看，酷似一躬身仰面作揖敬奉的孝顺后生形象；若从左侧瞧，却活现一只尖嘴猴子。字画寓意为"孝为人，不孝为畜生"。

图8-2 胡氏宗祠"敬爱堂"的"孝"字字形
（摄于安徽西递）

2. 对儒家孝道观的简要评价

儒家把道德伦理规范体系建立在个体发自内心的情感之上，它的好处是将个体的修养与社会的教化融为一体，打通了个人、家庭、社会与国家之间的界限，使之成为相互联系的统一整体，提高了德育的效果（陈谷嘉，朱汉民，1998，pp.22-26）。同时，中国传统文化的主体是道德文化，孝又为德之本，为了加固德的这个根基，先哲必然会反过来大力提倡基于孝的各种亲情在育德中的作用，在儒家及受儒学思想影响的人的心目中，恻隐、羞恶、辞让、是非等情都是基于孝这种亲情而发的。这样，他们必大力提倡孝在德育中的作用，这就既扩大了情育美德思想的影响，也为情育美德思想留下了一定的生存与发展空间。难怪梁漱溟在《东西人的教育之不同》里说："辜鸿铭先生……说：西洋人入学读书所学的一则曰知识，再则曰知识，三则曰知识；中国人入学读书所学的是君子之道。这话说得很有趣，并且多少有些对处。""大约可以说，中国人的教育偏着在情意的一边，例如孝悌……之教；西洋人的教育偏着知的一边，例如自然科学……之教。这种教育的不同，盖由于两方文化的路径根本异趣……"儒家将道德伦理规范体系的根基建立在个体发自内心的情感之上，这有利于彰显人世间的亲情。儒家的此思想典型地体现在正反两个方面。

从正面讲，儒家孝道观典型体现在孔子倡导的父慈子孝式亲子关系中。朱熹在《四书章句集注·大学章句》中说："为人子，止于孝；为人父，止于慈。"他明确将"父慈子孝"视作亲子的最高行为规范（韦政通，1990，p.149）。慈与孝互为条件，互为结果：为人父母者若想使子女为自己尽孝道，自己就必须以慈爱的方式对待子女；为人子女者若想使父母以慈爱的方式对待自己，自己就必须向父母行以孝道。可见，至少在《大学》刚产生前后的时代，此时孝道的精髓思想中本有"父慈子孝"的双向孝慈观：为人父母者对待自己的子女必须慈爱，为人子女者对待自己的父母必须尽孝道。关于《大学》的作者，"子程子曰：'《大学》，孔氏之遗书，而初学入德之门也'"（朱熹，1983，p.3）。朱熹把《大学》重新编排整理，分为"经"一章和"传"十章。朱熹认为："经一章，盖孔子之言，而曾子述之。其传十章，则曾子之意而门人记之也。"（朱熹，1983，p.4）若程颢、程颐与朱熹的上述观点成立，"经"则是由曾子记录下来的孔子的言论，"传"是由曾子学生记录下来的曾子解释"经"的言论。若如此，那么《大学》中十章"传"里的一些思想（包括孝道思想）可视作曾子的思想。这表明，孔子在事实上提倡父慈子孝（韦政通，1990，p.149），因为这有利于营造和彰显人世间亲子之间的亲密情感，让人体验到做人的幸福感。这是孔子孝道的精义之一。

从反面讲，儒家孝道观典型体现在孔子"父为子隐，子为父隐"的"亲亲相隐"主张中，因为家是只讲爱的地方，而不是讲公平、公正的地方。据《论语·子路》记载，孔子就赞许"子为父隐"的行为："叶公语孔子曰：'吾党有直躬者，其父攘羊，而子证之。'孔子曰：'吾党之直者异于是：父为子隐，子为父隐。——直在其中矣。'""攘"有"窃取、盗取"之义。《广韵·阳韵》："攘，窃也。"《书·微子》："今殷民，乃攘窃神祇之牺牷牲。"孔传："自来而取曰攘。"《孟子·滕文公下》："今有人日攘其邻之鸡者，或告之曰：'是非君子之道。'"赵岐注："攘，取也，取自来之物也。"（汉语大字典编辑委员会，2010，p.2104）可见，"攘羊"虽属偷羊行为，却不是有心机、主动到别人的羊圈里去偷羊，而是别人的羊跑到自家后，顺手牵羊将其据为己有，属贪小便宜类小过错。当叶公告诉孔子其家乡有一个正直的人，向官府告发自己父亲的偷羊行为，孔子听了表示不予赞同，而主张父为子隐，子为父隐，不认可"其父攘羊，其子证之"的道德选择（杨伯峻，1980，p.139）。这是因为，孔子伦理道德哲学的基础是仁，仁在家庭德目上的体现与落实主要是"孝"与"慈"，才说"父子相隐，直在其中。"（杨伯峻，1980，p.139）所以，北宋邢昺对《论语·子路》的疏是："子苟有过，父为隐之，则慈也；父苟有过，子为隐之，则孝也。孝慈则忠，忠则直也，故曰'直在其中矣'。"这个疏颇合孔子的本义。

依孔子的本义，"亲亲相隐"只限于父母与子女之间，扩而言之，只限于三代之内的直系血亲之中，所犯错误只限于"攘羊"之类小错，而非重罪，其目的是维护仁之赖以生存的基本前提：基于血缘的亲子之情。若这个根基不稳，对仁而言则犹如釜底抽薪。因为《中庸》说："仁者，人也，亲亲为大。"《孟子·尽心上》也说："亲亲，仁也。"这实是自孔子以降几乎所有大儒都认可的儒家的核心要义，是儒家学说的核心，是"经"。在儒家看来，"仁"不但是生命存在的标志，而且是指一颗柔软、不僵硬的心。如果一个人对你有一颗柔软、仁慈的心，自然会关心你、爱护你、宽容你和宽恕你；反之，"心如铁石"般坚硬的人，往往对别人的痛苦麻木不仁，熟视无睹，待人冷酷无情、残忍，自然是不仁的（详见前文）。

儒学又称仁学。在儒家伦理道德的谱系上，仁是最高的，义、忠、信、诚等其他德目都是次要的。儒家自然要竭力维护作为仁学根基的亲亲之情，因为维护亲亲之情，实是维护儒学的核心要义——仁。为了仁，暂时牺牲忠、义、信之类的次要德目，这是"权"，是无伤大雅的。一旦为了忠、义、信等德目而主张父子互相揭发对方的过错甚至是小过错，鼓励"子女告父母、父母告子女"，就伤害了亲亲之情和人性，毕竟人心最怕变得冷酷无情，人世间最大的痛苦是须时时提防被身边最亲近、最信任的亲人出卖。这不但损害了亲子之间"父慈子孝"这一基本伦理道德，更伤害了儒学的根本——仁，这就因小失大，得不偿失了。结果，"亲亲相隐"成为儒家文化传统中的一个重要道德观念。这一道德观念具体到亲子行为上，主张在亲人犯小错时应该有所袒护、隐瞒，即"父为子隐，子为父隐"。这类似于《春秋公羊传·闵公元年》中所说的"为亲者讳"。

有关儒家孝道观，必须指出以下六点。

其一，"亲亲相隐"是经，"大义灭亲"是权。"亲亲相隐"是子女犯小错后，倡导父母不要主动告发子女，父母犯小错后，子女不要主动告发父母，以免伤害了亲情，以免让人生活在担心身边最亲密的人会随时随地告发自己的恐惧中。"大义灭亲"是指为了维护大义，对犯重罪的亲人也不徇私情，使其受到应得的惩罚。"大义灭亲"中的"大义"是指"正道；大道理"（陈至立，2019，p.722）。"正道；大道理"在不同时代、不同社会有不同的阐释或规定。就当下而言，只要不是手足相残，也未犯严重危害人类、国家安全和社会公共利益的案件——包括种族屠杀罪、危害人类罪（反人道罪）、战争罪、叛国罪、非法颠覆政权罪、故意杀人罪、放火罪、决水罪、爆炸罪、投放危险物质罪或以危险方法危害公共安全罪等重罪，亲人之间不应该轻易相互举报。"大义灭亲"与"亲亲相隐"并不矛盾。"大义灭亲"的前提是保存大义而非小义，强调保存大义需要秉公办理，故它是小概率事件，是特例，属权。"亲亲相隐"的重心是强调亲子之间不要相互主动告发对方的小错，属经。如果父母或子女犯了小错，尤其是一些不会给他人和社会造成严重后果的小错，只要子女或父母出于爱而不去主动告发对方，尤其是不会为了一己私利去告发亲人，就做到"亲亲相隐"。如果为了大义而秉公办理，就做到"大义灭亲"。由此可见，认可"亲亲相隐"，并不会消解"大义灭亲"的准则，而是要注意二者使用的情境。这样，一个人若坚信先秦孔、孟的原儒思想，或者生活在现代法治社会，必坚守"父为子隐，子为父隐"的亲子法则，在父母或子女犯小错时都不会干出"子女告父母、父母告子女"的违背人伦之举。若不信奉先秦孔、孟的原儒思想，或者生活在人治社会，在面临巨大利益的诱惑、巨大压力或"被洗脑"后，就有可能表面上打着某种光明正大的幌子（如维护所谓的公正），实际上是出于趋利避害的动机，或出于无知，抓住父母或子女的小过错或"小辫子"，做出"子女告父母、父母告子女"的违背人伦之举。这样，在儒学的深刻影响下，"亲亲相隐"作为一项道义准则和法律规定，早在"以孝治天下"的汉代就已初步确立，并在现在有关法律中延续下来（范忠信，1997；王剑，2017）。这显示，"亲亲相隐"这一儒家传统道德观在当代中国社会生活中仍具有顽强的文化生命力，与"大义灭亲"同时存在于个体和社会价值体系中。

其二，有人认为，"父为子隐，子为父隐"隐含以私情包庇犯罪的思想（韦政通，1990，pp.157-159）或以孝损忠与义（公正、正义）的思想。此见解值得商榷。尽管忠与孝的问题实质上是公与私的问题，当公与私发生矛盾时，儒家的通常做法是牺牲私以成就公，但是，儒家并不机械地鼓吹牺牲私以成就公，如果发现这样做会损害仁时，他们就会及时收手。"父为子隐，子为父隐"是以亲情宽恕、包容亲人所犯的小过错，此做法合乎人性，不可用"以私情包庇犯罪"的高帽来打压。事实上，良法一定是基于良德（良好道德的简称）且吻合良德的，从而与良德共同维护和营造良好的风俗习惯。基于亲子之间存在天然的血缘亲情，良法一般都会立法保证公民有"父为子隐，子为父隐"的权利，鼓励亲人之间出于爱和信任而相互维护对方的行为，有良知或有智慧的法官一般既不会采信子女证明父母或父母证明子女是清白的证言，也不会鼓励并采信子女证明父母或父母证明子女有罪的证言。只有在人治社会，酷法才会剥夺民众的言论自由[①]，才会鼓励民众相互举报；酷吏或贪官才会做出如下举动：虽一般不会采信子女证明父母或父母证明子女是清白的证言，却想方设法甚至用严酷刑法鼓励或逼迫"子女告父母、父母告子女"的行为，进而采信子女证明父母或父母证明子女有罪的证言，哪怕明知这种亲人之间相互举报陷害会让整个社会陷入人与人之间缺乏信任、人人自危的恐惧之中，只要能迎合上意，为自己谋得私利，就无所不用其极。在这种不良社会中，才易滋生亲人之间相互恶意举报的歪风邪气。

其三，近些年来道德心理学开始关注社会关系对个体道德认知的影响（Lee & Holyoak，2020；Soter et al.，2021）。其中的一个重要问题便是在亲人违

---

① 言论自由包括两个方面：从正面讲，民众有自由说话的权利；从反面讲，民众有保持缄默的权利。

反道德（moral transgression）时的道德认知倾向（Berg et al., 2021；Weidman et al., 2020），并将这类研究统称为探讨个体对"亲亲相隐"的道德判断与道德决策。相应的实证证据表明，与陌生人违法犯错相比，人们在亲人做出同样的道德失范行为时，不仅更倾向于作出维护亲人的道德决策（卫旭华，邹意，2020；Weidman et al., 2020），也更认可维护亲人的道德正当性（Soter et al., 2021），"亲亲相隐"是一种具有跨文化一致性的基本道德认知倾向（Berg et al., 2021）。但必须指出，这类研究中的"亲人"已不限于亲子关系，所犯过错也不限于"攘羊"之类小错，而是可以囊括一切过错，包括重罪在内，实际上已与孔子所说的"亲亲相隐"相差甚大，名同实异，正所谓"差之毫，谬以千里"。

其四，也有人引入第三方受害者视角，用一个蕴含道德两难的思想实验来质疑儒家的"亲亲相隐"："如果你的亲人无辜被杀，你是希望一个六亲不认的法官来判案，还是希望一个与本案杀人凶手有亲戚关系且一贯包庇自己亲属的法官来判案？"如果选择前者，你的亲人虽有可能得到公正判决，却说明你不认可"亲亲相隐"；假若选择后者，你虽认可了法官"亲亲相隐"行为，却有可能让你的亲人蒙冤，并恰好证明了"亲亲相隐"是纵容包庇亲属因而导致腐败的一个根源，更糟糕的是，表明你对无辜被杀的亲人如此薄情，难道认可"亲亲相隐"要以自己"六亲不认"为代价吗？由此可见，儒家"亲亲相隐"是一个自相矛盾的概念，当它维护一家亲情的同时，必然无视和损害另一家的亲情。如果人人都只维护自家的亲情，将导致天下大乱、无法无天。由此，就需要一个专制的大家长即百姓的"父母官"来处理各家之间的冲突，他以当地最高家长名义摆平各家，其中吃亏的一方也就认了，因为吃亏的一方斗不过拥有政府权力的"父母官"。这就造成中国几千年权力通吃的现状，也是中国几千年专制"正当性"的根基。当然，"亲亲相隐"作为一种人性的弱点也不可完全抹杀，西方法治社会处理这个问题的办法是"容隐"，即将它作为一项个人隐私权加以宽容。但这种作为人性缺点的隐私权的"亲亲相隐"并没有被看作美德，而是被限制在法律范围内对人性弱点的一种容忍，根本不同于儒家提倡作为一种美德和义务的"亲亲相隐"。综上所论，越是提倡儒家的"亲亲相隐"，越易让社会道德败坏（邓晓芒，2010）。上述论断似是而非。理由至少有四：（1）孔子认可"亲亲相隐"，但并未将之视作美德，更未将之视作像康德倡导的普遍意义上的美德（泛情境性道德），而是将之视作一种特殊性道德（情境性道德）。（2）在道德和法律层面承认"亲亲相隐"，并不是因为它是人性的弱点，而是为了维护亲情、维护和营造良好的风俗习惯。（3）中国古代社会存在权力通吃现象，主因是人治，而不是"亲亲相隐"；中国古代存在专制及其"正当性"的根基也并不是来自"亲亲相隐"，而主要是来自秦始皇建立的皇帝制度（汪凤炎，2019b，pp.373-380）。（4）尽管"亲亲相隐"存在"当它维护一家亲情的同时，必然无视和损害另一家的亲情"的缺陷，但两害相权取其轻，为了维护亲情、维护和营造良好的风俗习惯，这是必须付出的代价。不过，即便人人都"亲亲相隐"，也绝不会导致天下大乱、无法无天。因为，"亲亲相隐"并不是规范和约束人类行为的唯一法则，还有其他道德法则和法律法规起到规范和约束人类行为的效果。在中国社会尤其是中国古代社会，天理、王法、人情、脸面和命运是规范人言行的五个重要法则（汪凤炎，2019b，pp.409-410）。

其五，还有人认为，"亲亲相隐"有违康德的道德普适假说（the moral universalism hypothesis），是一种道德偏爱假说（the moral partiality hypothesis）。道德普适假说认为，道德原则不会因社会关系而改变，因此，即使是亲人违法犯错，也应给予同等的道德谴责和惩罚。与此相反，道德偏爱假说认为，人们对亲人应该有特殊却仍然正当的道德关注，所以在亲人违法犯错时应该有所保护（Soter et al.，2021）。其实，如果从儒家不惜一切维护仁的角度看，"亲亲相隐"吻合道德普适假说。若静止地、局部地看，"亲亲相隐"确实更吻合道德偏爱假说。更何况，除非一个人的道德发展水平达到科尔伯格所说的"普遍伦理阶段"，否则，或多或少都有"差序格局"（费孝通语）的心态，都更倾向于认同道德偏爱假说，只是受不同文化的影响，有强有弱而已。

其六，儒家虽将道德伦理规范体系的根基建立在个体发自内心的情感之上，但它既不主张将个人的道德修养停留在"为我"的水平上，也不主张将个人的道德修养提升到"一视同仁"式"兼爱"的高度，而是主张内外亲疏有别的"仁爱"，显得颇为中庸。这样，孟子必然狠批杨朱的"为我"说和墨家的"兼爱"说。因为在孟子看来，"为我"说是一种心中无君无父的禽兽之说。儒家之教人为忠、为孝，都是以"我"为中心的，因其为我之君也，故当忠；为我之亲也，故当孝。假若对方不是"我的"君或"我的"父，"我"一般也不会去效忠此君、孝敬此父的。进而言之，如果是"仇敌"的君或"仇敌"的父，"我"非但不会去效忠此君、孝敬此父，反而会去仇恨此君、此父的（李亦民，1915）。当墨家看到社会的混乱、战争、盗贼以及其他纷争产生的根源，在于人们因自私自利而"不相爱"，由于人们不相爱，一些人经常通过损人害人的手段而谋求自爱自利，致使各种纷争产生。为了消除各种纷争，墨家主张通过"兼相爱，交相利"的方法来纠正人们自爱自利的恶习。《墨子·兼爱上》说：

> 若使天下兼相爱，爱人若爱其身，犹有不孝者乎？视父兄与君若其身，恶施不孝？犹有不慈者乎？视弟子与臣若其身，恶施不慈？故不孝不慈亡有。犹有盗贼乎？故视人之室若其室，谁窃？视人身若其身，谁贼？故盗贼亡有。犹有大夫之相乱家、诸侯之相攻国者乎？视人之家若其家，谁乱？视人国若其国，谁攻？故大夫之相乱家、诸侯之相攻国者亡有。若使天下兼相爱，国与国不相攻，家与家不相乱，盗贼无有，君臣父子皆能孝慈，若此则天下治。故圣人以治天下为事者，恶得不禁恶而劝爱？故天下兼相爱则治，交相恶则乱。故子墨子曰："不可以不劝爱人者，此也。"

用今天的眼光看，假若墨家推崇的"一视同仁"式"兼爱"主张付诸实施，的确有助于消除人们因一己私心而产生的诸种弊病。不过，这与孔子以来儒家力倡内外亲疏有别的"仁爱"大相径庭，从而受到儒人如孟子的猛烈批评。据《孟子·滕文公下》记载，孟子说：

> 圣王不作，诸侯放恣，处士横议，杨朱、墨翟之言盈天下。天下之言不归杨，则归墨。杨氏为我，是无君也；墨氏兼爱，是无父也。无父无君，是禽兽也。公明仪曰："庖有肥肉，厩有肥马；民有饥色，野有饿莩，此率兽而食人也。"杨墨之道不息，孔子之道不著，是邪说诬民，充塞仁义也。仁义充塞，则率兽食人，人将相食。吾为此惧，闲先圣之道，距杨墨，放淫辞，邪说者不得作。作于其心，害于其事；作于其事，害于其政。圣人复起，不易吾言矣。

二、"性情一也"、"性情对立"、"性静情动"：三种性情论

性情论是关于性与情的关系的看法。学人对性与情的关系的看法有较大差异，主要有性情合一论、性情对立论和性静情动说三种观点。一个人所持的性情论不同，他在道德教育中对待情感的态度也必然不同。虽然学人多主张性与情的主要关系之一是内外关系（性在内，情在外），从动与静的角度看一般都赞成性静情动的观点，但是从善与恶的角度看对于性与情的关系存在争议：有的主张性善情亦善；有的主张性有善有恶，情亦有善有恶；有的主张性纯善，而情有善有恶；有的主张性纯善而情纯恶。这些思想对于今人在道德教育中正确处理品性与情感的关系和正确认识情的实质，均有一定的借鉴意义。

（一）"性情一也"：性情合一论

性情合一论的含义是，人的品性与情之间具有彼此相应的统一关系。例如，善情如爱心与浩然正气本身就体现出一种德性，因为爱心里包含"爱"这一德目，"浩然正气"里蕴含"正义"这一德目。持性情合一论观点的人多主张性情一体或性本情用，反对性善情恶论。这一观点发端于孟子，其后为许多思想家所继承或发展。在中国传统文化中，学者对性与情之间关系的认识以性情合一论为主流。

孟子明确将"四心"看作是仁、义、礼、智四德目的端绪，持心德一体观。而在古人的眼中，恻隐、羞恶、辞让和是非都是情（用今天的眼光看，"恻隐"和"羞恶"是情，"辞让"中有情的成分，"是非"就不是情，而是智了）。正如《朱子语类》卷第五十三所说："恻隐、羞恶、辞让、是非，情也。仁义礼智，性也。心，统情性者也。端，绪也。因情之发露，而后性之本然者可得而见。"既然心与性是合一的，而四心实际上又可说是四情，那么性情实也是合一的。所以，在孟子看来，修德的关键是修养心性，而修养心性的重点则是育情。换句话说，存心养性的关键就是存此四情、育此四情，育德也就是育此四情。故自孟子始，儒家德育思想的重要内容之一是强调情育美德。由此可见，孟子主张养心的重要方法之一是"养浩然正气"（实为情），实有其内在的逻辑联系。不过，从理论上讲，持性情合一论的人要解决一个紧迫问题：如

何看待性与恶情之间的矛盾？换言之，若说性皆善，而情却有善有恶，则善性怎么能与恶情相统一？孟子之后的学者对于这个问题的回答不尽相同，致使在孟子之后，性情合一论朝着三个不同的方向发展。

1. 彻底的性情合一论

持此观点的学者在融会性善恶混思想的基础上，认为性与情之间是完全而彻底的一体一用、一一对应的关系，性有善有恶，情亦有善有恶，它们之间的关系是，善性发出的是善情，恶性发出的是恶情，因此性情是合一的。这种观点以刘向、荀悦、韩愈和王安石等人为代表，但细分起来，刘向等三人和王安石的观点也有差异。

东汉荀悦在《申鉴·杂言下》里曾说：

> 孟子称性善；荀卿称性恶；公孙子曰：性无善恶；杨雄曰：人之性善恶混；刘向曰：性情相应，性不独善，情不独恶。曰：问其理。曰：性善则无四凶（指共工、驩兜、鲧和三苗，引者注），性恶则无三仁（指微子、箕子和比干，引者注）；人无善恶，文王之教一也，则无周公、管、蔡（以同胞兄弟的差异论证性有善恶，引者注）；性善情恶，是桀纣无性，而尧舜无情也；性善恶皆浑，是上智怀惠，而下愚挟善也。理也，未究矣。唯向言为然。

可见，对于性与情，刘向的观点是，性有善有恶，情也有善有恶，而且是性情相应。荀悦也赞成刘向的这一观点，但未提出什么新见解。如前文所论，韩愈在继承刘向的观点的基础上，又作了精细的发挥。在韩愈看来，不但性与情均有上、中、下三品，而且彼此之间是一一对应的关系：天生为善的上品之性，必发为上品之情，这种情"动而处其中"，即情感表现恰到好处，无过与不及之处；"可导而上下"的中品之性，必发为中品之情，这种情感发动时，虽然有些会过头，有些会有所不及，却想着要寻求恰到好处地表现出来；天生为恶的下品之性，必发为下品之情，这种情都是恶的。反过来，上品之情必表现为上品之性，中品之情必表现为中品之性，下品之情必表现为下品之性。今天看来，韩愈将性与情一一对应，这一观点具有颇浓的机械论色彩。

王安石力倡"性体情用"：性是体，情是用；善性发出的是善情，恶性发出的是恶情，所以性情是合一的。《王文公文集》卷二十七《杂著·性情》

记载：

> 君子养性之善，故情亦善；小人养性之恶，故情亦恶。故君子之所
> 以为君子，莫非情也；小人之所以为小人，莫非情也。

王安石既然主张性情合一论，再加上如前所论，王安石主张人的初性是无善无不善的，这样王安石必然会反对性善情恶说。《王文公文集》卷二十七《杂著·性情》记载：

> 性情一也。世人有论者曰"性善情恶"，是徒识性情之名而不知性情
> 之实也。喜、怒、哀、乐、好、恶、欲未发于外而存于心，性也；喜、
> 怒、哀、乐、好、恶、欲发于外而见于行，情也。性者情之本，情者性
> 之用，故吾曰性情一也。……自其所谓情者，莫非喜、怒、哀、乐、好、
> 恶、欲也。……如其废情，则性虽善，何以自明哉？诚如今论者之说，无
> 情者善，则是若木石者尚矣。是以知性情之相须，犹弓矢之相待而用，
> 若夫善恶，则犹中与不中也。

在王安石看来，说性善情恶的人只看到性情的表面现象，没有看到性情内在的实质性关系。实质上性在内，情在外，情是性的外在表现；性是本，情是用，情是"生而有之"的自然本性的一种作用。合言之，性与情的关系是内与外、体与用的关系。这说明王安石是从体用内外合一的原则出发来论证性情是合一而不是相分的关系。王安石反对离情以言性，内中含有重视情感，反对那种枯燥冷酷、抹杀情感的禁欲主义。但贺麟认为："由情之善以证性之善可。因善的情足以表现本性、发挥本性故。由情之恶以证性之恶则不可。因恶情乃习染之污，本性之蔽，不足以代表本性故。犹如由室中之光明以证太阳之光明可，由室中之黑暗以证太阳之黑暗则不可。因室中之黑暗乃由太阳之被遮蔽，阳光之未能透入，非太阳本身黑暗。安石……知情善故性善，而不知情恶而性不恶的道理，自陷于矛盾，盖为扬子性善恶混之说所误引了。"（贺麟，1988，pp.293-294）贺麟的这一言论在批驳王安石的观点上非常有说服力，不过有明显的性善论倾向。

2. 性与善情合一论

彻底的性情合一论虽在宋代以前有较大影响，但从儒家"道统"的角度看，毕竟夹杂有性善恶混的思想，不合孟子思想的原旨。这样，李翱和二程等

人就担负起继承"道统"的重任，力倡更合乎孟子思想原旨的性与善情合一论：性皆善，而情有善有恶，皆善之性只与善情是合一的，与恶情则是矛盾的。这种观点后为陈淳等人继承，不过，在解释恶情的来源时，二程与陈淳的观点有明显差异。

李翱的性与善情合一论主要包含四个方面的内容：（1）性与情的内涵。李翱在《复性书上》里对性与情各下了一个定义："性者，天之命也，圣人得之而不惑者也；情者，性之动也，百姓溺之而不能知其本者也。"（董诰，等，1983，p.6433）"人之所以为圣人者，性也；人之所以惑其性者，情也。"（董诰，等，1983，p.6433）认为性是人与生俱来的，是可使人成为圣人的良好素质和潜能；情是性在动的时候的表现，它会让人迷失本性。这一定义本是中国传统对性与情的一贯看法，并无特别之处。（2）性与情的关系。对于性与情的关系，李翱认为二者是相依承的。他在《复性书上》里说：

> 虽然，无性则情无所生矣。是情由性而生，情不自情，因性而情，性不自性，由情以明。……觉则明，否则惑，惑则昏，明与昏谓之不同。明与昏性本无有，则同与不同二皆离矣。夫明者所以对昏，昏既灭，则明亦不立矣。（董诰，等，1983，p.6433）

他认为情是由性所生，离开了性就没有情；而性也不能离开情，需要通过情来体现其作用，二者互以对方为存在条件，含有一定的辩证思想（燕国材，2004，p.400）。（3）性与情的性质。对于性与情的性质，在李翱看来，性固然是善的，但情也并不完全是恶的。李翱在《复性书中》里说：

> 曰：为不善者非性耶？曰：非也，乃情所为也。情有善有不善，而性无不善焉。孟子曰："人无有不善，水无有不下。夫水，搏而跃之，可使过颡，激而行之，可使在山，是岂水之性哉？"其所以导引之者然也。人之性皆善，其不善亦犹是也。（董诰，等，1983，p.6436）

这里，李翱明确地说"情有善有不善，而性无不善"。既然李翱对性与情的性质有如此明确的言论，为什么还容易让人误解他是持"情恶"的见解呢？原因在于他除此之外还有更多的关于情的其他表述。如，他说："人之所以为圣人者，性也；人之所以惑其性者，情也。喜、怒、哀、惧、爱、恶、欲七者，皆情之所为也。情既昏，性斯匿矣。非性之过也，七者循环而交来，故性不能充也。"（董诰，等，1983，p.6433）"情者，性之邪也。……情者，妄也，邪也。邪与妄则无所因矣。妄情灭息，本性清明，周流六虚，所以谓之能复其性也。"（董诰，等，1983，p.6436）这些言论表面上似与前面李翱说"情有善有不善"存在矛盾，实则不然。李翱说情为性之邪、妄是指情不是性之本然而言，情由性出，但已脱离了性的本质属性，李翱在此强调的是情的虚假、虚妄和容易使人迷失本性甚至为恶的特点，然而即使所有的恶都是情之所为，也不能据此就推出情全部是恶的，而是在"情既昏"的情况下才会为恶。这说明，李翱对《刘子新论》（详见下文）的性情对立论既有继承，也有一定的修正。《刘子新论》主张人的品性皆善而人情皆恶。李翱力倡更合乎孟子思想原旨的性与善情合一论：性皆善，而情有善有恶，皆善之性只与善情是合一的，与恶情则是矛盾的。同时，在李翱看来，圣人与常人的性是一样善的，区别在于圣人能灭掉邪妄之情使之"中于节"，而常人则始终惑于情。他在《复性书上》里说："百姓之性与圣人之性弗差也，虽然，情之所昏，交相攻伐，未始有穷，故虽终身而不自睹其性焉。"（董诰，等，1983，p.6433）他在《复性书中》里又说：

> 问曰：凡人之性，犹圣人之性欤？曰：桀纣之性，犹尧舜之性也。其所以不睹其性者，嗜欲好恶之所昏也，非性之罪也。……问曰：尧舜岂不有情耶？曰：圣人至诚而已矣。尧舜之举十六相，非喜也。流共工，放驩兜，殛鲧，窜三苗，非怒也，中于节而已矣。（董诰，等，1983，pp.6436-6437）

因常人的嗜欲好恶过多，又不知使其"中于节"，所以，要使人复归本性，就要灭掉邪妄之情。（4）复性之道。既然性善情则有善有恶，而情昏则匿性，那么（善）性是否可复呢？李翱在《复性书中》里说："水之性清澈，其浑之者沙泥也。方其浑也，性岂遂无有耶？久而不动，沙泥自沉。清明之性，鉴于天地，非自外来也。故其浑也，性本勿失，及其复也，性亦不生。人之性，亦犹水之性也。"在他看来，性是自有的，不因情之浑而失、不因情之清而生，这就为复性提供了理论基础。怎样复性？李翱借鉴孟子的寡欲说、道家的"反己复真"说和佛教的"见性成佛"思想，要求人们做到：先要"正思"，后要"至诚"。他在《复性书中》里说：

> 或问曰：人之昏也久矣，将复其性者，必有渐也，敢问其方。

曰：弗虑弗思，情则不生，情既不生，乃为正思。正思者，无虑无思也。《易》曰："天下何思何虑？"又曰："闲邪存其诚。"《诗》曰："思无邪。"

曰：已矣乎？

曰：未也。此斋戒其心者也，犹未离于静焉。有静必有动，有动必有静，动静不息，是乃情也。《易》曰："吉凶悔吝，生于动者也。"焉能复其性耶？

曰：如之何？

曰：方静之时，知心无思者，是斋戒也。知本无有思，动静皆离，寂然不动者，是至诚也。《中庸》曰："诚则明矣。"《易》曰："天下之动，贞夫一者也。"（董诰，等，1983，p.6435）

可见，"正思"是要人通过停止妄思妄虑的手段来消灭人的妄情。不过，"正思"只是斋戒其心，还没有脱离静，而静动相生，没有脱离静也就还会有动。所以，"复性"的第二步是使其知道本来就没有思，以动静皆离、寂然不动，这样就达到圣人的"至诚"境界了。他在《复性书中》里描述这种境界说："其心寂然，光照天地，是诚之明也。"（董诰，等，1983，p.6435）但在灭情的过程中，李翱特别提醒人们不可用"以情止情"的方法来灭情，他认为这种方法恰好适得其反，会增情而不是灭情。同时，李翱认为修习礼乐也是复性的好办法。李翱在《复性书上》里说："圣人知人之性皆善，可以循之不息而至于圣也，故制礼以节之，作乐以和之。安于和乐，乐之本也；动而中礼，礼之本也。故在车则闻鸾和之声，行步则闻佩玉之音，无故不废琴瑟，视听言行，循礼法而动，所以教人忘嗜欲而归性命之道也。"（董诰，等，1983，p.6434）当然，李翱认识到复性是一个长期的过程，不可求一朝一夕之功（燕国材，2004，pp.402-403），于是李翱在《复性书中》告诫人们要做到："造次必于是，颠沛必于是，则可以希于至矣。"（董诰，等，1983，p.6436）

二程在承继了中国自古向有将仁、义、礼、智、信视作人性的传统之上，主张任何情都是出于性，感于外物而生的；换言之，善情是出于性，感于物而生的，恶情也是出于性，感于物而生的，善情与恶情之间的区别不在于来源上的不同，而在于是否适度：适度之情为善情，过之情与不及之情均是恶情。用二程的原话说，就是："喜怒哀乐未发"是仁、义、礼、智、信五种"性"，何尝不善？因人性是本善的；发出来之后便是"情"，只要"发而中节，则无往而不善"。性是善的，而情有善有恶，这样，性与善情之间是统一的关系，恶情与善性之间则是对立的关系，若恶"情既炽而益荡"，则"其性凿矣"，因而主张"性其情"，反对"情其性"（程颢，程颐，2004，p.577）。二程的这一思想除了反映在本书第二章第一节所引程颐对"圣人可学而至欤"的回复中，还反映在下面几段言语中。

仁、义、礼、智、信五者，性也。仁者，全体；四者，四支。仁，体也。义，宜也。礼，别也。智，知也。信，实也。（《二程集·河南程氏遗书》卷第二上，引自程颢，程颐，2004，p.14）

问："喜怒出于性否？"（程颐，引者注）曰："固是。才有生识，便有性，有性便有情。无性安得情？"又问："喜怒出于外，如何？"曰："非出于外，感于外而发于中也。"问："性之有喜怒，犹水之有波否？"曰："然。湛然平静如镜者，水之性也。及遇沙石，或地势不平，便有湍激；或风行其上，便为波涛汹涌。此岂水之性也哉？人性中只有四端，又岂有许多不善底事？然无水安得波浪，无性安得情也？"（《二程集·河南程氏遗书》卷第十八，引自程颢，程颐，2004，p.204）

性即理也，所谓理，性是也。天下之理，原其所自，未有不善。喜怒哀乐未发，何尝不善？发而中节，则无往而不善。（《二程集·河南程氏遗书》卷第二十二上，引自程颢，程颐，2004，p.292）

称性之善谓之道，道与性一也。以性之善如此，故谓之性善。性之本谓之命，性之自然者谓之天，自性之有形者谓之心，自性之有动者谓之情，凡此数者皆一也。圣人因事以制名，故不同若此。而后之学者，随文析义，求奇异之说，而去圣人之意远矣。（《二程集·河南程氏遗书》卷第二十五，引自程颢，程颐，2004，p.318）

或问："性善而情不善乎？"子曰："情者性之动也，要归之正而已，亦何得以不善名之？"（《二程集·河南程氏粹言》卷第二，引自程颢，程颐，2004，p.1257）

宋代以后，也有学者持与二程类似的观点。如据《明儒学案》卷四十七记载，罗钦顺说："夫欲与喜怒哀乐，皆性之所有者，喜怒哀乐，又可去乎？"颜元在《存性编》卷二《性图》中说："是情非他，即性之见也；才非他，即性之能也；气质非他，即性、情、才之气质也；一理而异其名也。若谓性善而才、情有恶，譬则苗矣，是谓种麻而秸实遂杂麦也。"这些都是认为情出于性，与性是统一的关系，为了复性，不能简单地灭绝情，而只能弘扬善情、节制恶情。

陈淳也继承了中国自古向有的将仁、义、礼、智、信视作人性的传统，换言之，与二程类似，也赞成孟子的人性本具善端说，而不像王安石那样，在赞成人性本具善端说的同时，又吸收了人性善恶混的思想。与二程一样，陈淳也主张性情一体，认为在心里面未发出来的是性，发出来之后就是情。既然性情一体，怎样解释性都是善的而情有善有不善这一矛盾呢？对于这一问题的解决，陈淳采取了不同于王安石和二程的策略：王安石主张性与情之间是完全一一对应的关系，善性发出的是善情，恶性发出的是恶情；二程主张善情与恶情之间的区别不在于来源上的不同（二者皆出于性，感于物而生），而在于是否适度：适度之情为善情，过之情与不及之情均是恶情；陈淳的观点是，将善情看作从性中发出来的，而不善情是感物欲而发动的，不是从本性中发出来的。陈淳在《北溪字义·情》中说：

> 情与性相对。情者，性之动也。在心里面未发动底是性，事物触着便发动出来是情。寂然不动是性，感而遂通是情。这动底只是就性中发出来，不是别物，其大目则为喜、怒、哀、惧、爱、恶、欲七者。《中庸》只言喜怒哀乐四个，孟子又指恻隐、羞恶、辞逊、是非四端而言，大抵都是情。性中有仁，动出为恻隐；性中有义，动出为羞恶；性中有礼智，动出为辞逊、是非。端是端绪，里面有这物，其端绪便发出从外来。若内无仁义礼智，则其发也，安得有此四端？大概心是个物，贮此性，发出底便是情。孟子曰"恻隐之心，仁之端也。羞恶之心，义之端也"云云。恻隐、羞恶等以情言，仁义等以性言。必又言心在其中者，所以统情性而为之主也。孟子此处说得却备。……情之中节，是从本性发来便是善，更无不善。其不中节是感物欲而动，不从本性发来，便有个不善。孟子论情，全把做善者，是专指其本性之发者言之。禅家不合便指情都

> 做恶底物，却欲灭情以复性。不知情如何灭得？情既灭了，性便是个死
> 底性，于我更何用？

陈淳主张要保留善情以复善性，如果像禅宗那样将情全部视为不好的以至于用绝情灭欲的方法来复善性，性就会变成死的东西，对个体身心发展毫无用处。陈淳的这一见解为他本人及其他理学家提倡通过育情来育德的思想提供了理论依据。不过，若从现代心理学视角看，陈淳对情的来源的看法并不完全正确。

3. 性情相需论

性情相需论是王夫之的观点。在王夫之看来，为了说明性情相合，前人的性情论多有一个弊端：将性与情混为一谈。到了明末清初，王夫之在批判前人尤其是宋明理学的基础上，提出了性情相需论。它的含义是，先要明白性与情是两个不同的概念，在此基础上又要看到二者之间有相互统一的一面。这样，王夫之先主张性与情要相分，他在《读四书大全说》卷十《孟子·告子上篇》中说：

> 孟子言"恻隐之心，仁也"云云，明是说性，不是说情。仁义礼智，性之四德也。虽其发也近于情以见端，然性是彻始彻终与生俱有者，不成到情上便没有性！性感于物而动，则缘于情而为四端；虽缘于情，其实止是性。……非性如花而情如果，……恻隐是仁，爱只是爱，情自情，性自性也。情元是变合之几，性只是一阴一阳之实。情之始有者，则甘食悦色；到后来蓄变流转，则有喜怒哀乐爱恶欲之种种者。性自行于情之中，而非性之生情，亦非性之感物而动则化而为情也。情便是人心，性便是道心。道心微而不易见，人之不以人心为吾俱生之本者鲜矣。故普天下人只识得个情，不识得性，却于情上用工夫，则愈为之而愈妄。

王夫之认为人天生就有"甘食悦色"之情，此后这几种原始的情经过生长分化、运行变异，才慢慢分化出喜怒哀乐爱恶欲等其他各种情，说明王夫之看到了情由简单到复杂的发展过程。从"情自情，性自性"之语看，王夫之认为性与情是两个概念，不能将二者混在一起讲，此观点与王安石、陈淳等人的看法有区别。因此，王夫之才说："情便是人心，性便是道心。"从"性便是道心"一语看，王夫之的言论中已包含人性与德性相统一的思想。在性情相分的基础上，王夫之又主张"性情相需"，他在《周易外传》中说："是故性情相需者

也，始终相成者也，体用相函者也。性以发情，情以充性，始以肇终，终以集始，体以致用，用以备体。阳动而喜，阴动而怒，故曰性以发情；喜以奖善，怒以止恶，故曰情以充性。"

性情合一论看到了人的品性与情之间的密切关系，在此前提下，先人强调情在育德中的重要作用，主张通过激发个体的情感和顺应人的性情来育德，这合乎人之常情，有一定的心理学依据。不过，多数学者主张将人的品性与情感合二为一，含有以情代德、情德不分的倾向，因先人讲的性主要指人的德性，这正如朱熹所说："仁义礼智，性也。"

（二）"性贞则情销，情炽则性灭"：性情对立论

关于《刘子新论》一书的作者问题，学术界至今存有争论，但多数人主张是北齐思想家刘昼所撰（傅亚庶，1998，pp.614-628），本书从众说。由此可知，大约在北齐时期，从善与恶的角度来阐述性与情的关系出现了一种新的观点，那就是《刘子新论》主张的性情对立论。它的含义是，人的品性皆善而人情皆恶，这样，情会因外界影响而与人的品性相悖，产生对立状态。因此，性情对立论也可称作性善情恶论。该观点以《刘子新论》与李翱等为代表。它与性情合一论针锋相对。

《刘子新论》反对性情相应，认为性善情恶。《刘子新论·防欲》说："人之禀气，必有性情。性之所感者，情也；情之所安者，欲也。情出于性而情违性，欲由于情而欲害情。情之伤性，欲之妨情，犹烟冰之与水火也。烟生于火而烟郁火，冰出于水而冰遏水。故烟微而火盛，冰泮而水通；性贞则情销，情炽则性灭。"反对刘向等人的性情相应论，认为性善情恶，二者之间是对立的关系："性贞则情销，情炽则性灭。"

性情对立论看到了人的德性与情感相悖的一面，主张通过节情来复善性（即育德），这有一定的心理学依据。因人的情绪、情感从性质上看有好与坏的分别，从程度上讲有适度与不适度的差异。不良情绪与情感无疑会干扰人的心性，对品德修养起消极作用；即使是好的情绪与情感，假若"过"与"不及"，同样达不到修德的功效。但是，性情对立论过于强调情与德性之间的对立，没有看到二者之间也有相统一的一面，这是其不足之处。如果完全按照此观点去

育德，势必会走上禁情欲的道路，这既不合人情，也不利修德。幸运的是，在中国传统文化中，这只是一种不占主流的观点。

（三）"情与性，犹波与水……静时是性，动则是情"：性静情动说

差不多在学者从善与恶角度探讨性与情关系的同时，也有学者从静与动的角度来探讨性情问题，从而提出了性静情动说。这是从心理状态来阐述情与性的关系。该观点发端于《礼记》。《礼记》继承《荀子·正名》的思想，进一步说明：人初生时是平静的，这是天赋的本性；感应外界事物，使内心的情感活动起来，这是人的本性的一种表现。《礼记·乐记》说："人生而静，天之性也。感于物而动，性之欲（当依《史记·乐书》作'性之颂'，引者注）也。"这种"性静情动"的观点明确揭示情与性的关系：情与性在本质上是一回事，从静态看是性，从动态看是情，即静的性感物而动，这动的性就是情。

南北朝时梁代的贺玚进一步发展了《礼记·乐记》"性静情动"的思想，最早明确提出性静情动说，因其将动的情比作水的波纹，又叫情波说。贺玚曾说："性之与情，犹波之与水，静时是水，动则是波；静时是性，动则是情。"（礼记·中庸正义》）形象地把性与情喻为水之静和水之动，把情感视为个体心理过程的波动状态。

情波说自提出后，为后人所普遍认同。大致成书于唐末宋初的《关尹子》在《五鉴篇》里从心、性、情关系出发描述："情生于心，心生于性。情，波也；心，流水；性，水也。"把心理过程视为动态过程，而情感为这一过程的波动状态。《二程集·河南程氏遗书》卷第十八记载："问：'性之有喜怒，犹水之有波否？'（程颐，引者注）曰：'然。湛然平静如镜者，水之性也。及遇沙石，或地势不平，便有湍激；或风行其上，便为波涛汹涌。此岂水之性也哉？人性中只有四端，又岂有许多不善底事？然无水安得波浪，无性安得情乎？'"（程颢，程颐，2004，p.204）可见，程颐也赞成性静情动说。与程颐类似，朱熹也赞成性静情动说。《朱子语类》卷第六二说："横渠'心统性情'之说甚善，性是静，情是动。心则兼动静而言，或指体，或指用，随人所看。"（黎靖德，1986，p.1513）《朱子语类》卷第五又说："性是未动，情是已动，心包得已动未动。盖心之未动则为性，已动则为情，所谓'心统性情'也。欲是

情发出来底。心如水，性犹水之静，情则水之流……"（黎靖德，1986，p.93）很显然，在性与情的关系问题上，朱熹吸收了张载"心统性情"的思想，认为性情皆出于心；情与性的联系是，情是性的发用；不过，在情与欲的关系上，"欲是情发出来底"颠倒了情与欲的关系，应该反过来，情是基于欲的满足与否而生发出来的。同时，朱熹又吸收贺玚的思想，以水的动静作喻，认为情与性的区别在于心的"已动"与"未动"："心之未动则为性，已动则为情"；"性犹水之静，情则水之流"。这表明，情是静态的性在外物作用下处于动态的表现，即性静情动，情是人的本性感物而动，是性、心的发用，表现为"四端"、"七情"等；情本是善的，经"染"而有善与不善之分。

性静情动说告诉人们，情是动态的性，性是静态的情，这样，在道德教育中不能灭绝情，而要善待情，否则，善性也就不能得以保持或恢复。正所谓："皮之不存，毛之安附?"但是，情毕竟是"动"的性，而"性"就其本性而言，是"静"的，因此在道德教育或品德修养中又要克制情，使之不"妄动"，否则"静"的性就会受到伤害。同时，性静情动说将情绪情感看成心理的一种波动状态，以与其他心理现象相区别。这种观点尽管没有真正揭示情的实质，但它从一个新的视角考察了情绪情感过程与其他心理过程的差别。它以比喻的方式从一个侧面反映了情感会引起人的生理变化并有其外部表现的思想，难能可贵。西方心理学家将心理学当作"意识的科学"研究达 2000 年，到 19世纪末詹姆斯才说明它像大江的水，昼夜不停地流动（参阅詹姆斯 The Stream of Thought 一文）。将情绪当作心理学上三大问题之一去研究亦千余年（旧日西洋心理学概分知、情、意三大部分），说明它像水上波浪那样不平静，只是最近的事。詹姆斯、朗格（Carl Lange）二氏开其端，坎农（Walter Bradford Cannon）证以实验，华生（John Broadus Watson）、武德沃斯（Robert Sessions Woodworth）才把它叙述清楚。华（生）说情绪是"强烈机体变化"，武（德沃斯）说是"一般身体的骚扰"。二氏都承认无情绪时，身体的状态是平静的；平静被扰乱，情绪便发生。这与尹喜的思想完全相合。（张耀翔，1983，pp.207-208）张耀翔采用中外比较法，将情波说与西方的情绪理论进行比较，让人不难看出情波说是一种具有中国文化特色的心理观。

第二节　情育美德的实施方法

一、"顺导其志意，调理其性情"：顺导性情法

顺导性情法的含义是，根据受教育者的性情特点来选择适宜的德育方式，以提高受教育者品德修养的一种育德方法。先哲大多有意无意地认识到，只有根据学生的性情来选择适合的育德方式，才能提高情育美德的效果。

这一传统至少可追溯至孔子。孔子认识到："《诗》三百，一言以蔽之，曰：'思无邪。'"（《论语·为政》）其缘由朱熹在《四书章句集注·论语集注·为政第二》中解释得颇为清楚："凡《诗》之言，善者可以感发人之善心，恶者可以惩创人之逸志，其用归于使人得其情性之正而已。"于是，孔子在《论语·泰伯》中主张通过"兴于《诗》，立于礼，成于乐"的过程来修养道德品质，个中道理，朱熹在《四书章句集注·论语集注·泰伯第八》里讲得很清楚：

> 《诗》本性情，有邪有正，其为言既易知，而吟咏之间，抑扬反覆，其感人又易入。故学者之初，所以兴起其好善恶恶之心，而不能自已者，必于此而得之。礼以恭敬辞逊为本，而有节文度数之详，可以固人肌肤之会，筋骸之束。故学者之中，所以能卓然自立，而不为事物之所摇夺者，必于此而得之。乐有五声十二律，更唱迭和，以为歌舞八音之节，可以养人之性情，而荡涤其邪秽，消融其查滓。故学者之终，所以至于义精仁熟，而自和顺于道德者，必于此而得之，是学之成也。

孔子的这一传统为后人所继承。如《礼记·乐记》认为："德者，性之端也；乐者，德之华也。"所以，后人也力倡育德于乐。《淮南子·泰族训》说："故先王之教也，因其所喜以劝善，因其所恶以禁奸，故刑罚不用而威行如流，政令约省而化耀如神。"同样是提倡育德要顺应人自然的性与情。王安石在《礼乐论》中说："先王知其然，是故体天下之性而为之礼，和天下之性而为之

乐。礼者，天下之中经；乐者，天下之中和。礼乐者，先王所以养人之神，正人之气而归正性也。……衣食所以养人之形气，礼乐所以养人之性也。"此处"性"指性情。王安石认为，礼乐具有体性情（体即体贴，体性情即顺性情）、和性情、养性情，使人归返其正性的功能与价值。这里，王安石有一个假定：人性是善的，因此只须顺之、和之、养之、归之。礼乐的设立并不纯粹是为了桎梏人性，使人化性起伪，而只是顺适长养其固有之善性罢了。

这样，王安石必然对荀子的性伪说及化性起伪的礼论持批评态度。王安石在《礼论》中说：

> 呜呼，荀卿之不知礼也！其言曰："圣人化性而起伪。"吾是以知其不知礼也。……故礼始于天而成于人，知天而不知人则野，知人而不知天则伪。圣人恶其野而疾其伪，以是礼兴焉。今荀卿以谓圣人之化性为起伪，则是不知天之过也。……今人生而有严父爱母之心，圣人因其性之欲而为之制焉，故其制虽有以强人，而乃以顺其性之欲也。圣人苟不为之礼，则天下盖将有慢其父而疾其母者矣。此亦可谓失其性也。得性者以为伪，则失性者乃可以为真乎？……夫狙猿之形非不若人也，欲绳之以尊卑而节之以揖让，则彼有趋于深山大麓而走耳。虽畏之以威而驯之以化，其可服耶？以谓天性无是，而可以化之使伪耶，则狙猿亦可使为礼矣。故曰：礼始于天而成于人，天则无是而人欲为之者，举天下之物，吾盖未之见也。

王安石讲的"天"，指人的自然天性或本性。他指出"礼"并不违背人性，而是顺性之欲，使人得其本性。王安石认为，礼固然需经后天的教导与学习才能完成，不过就其来源讲乃是人天生的，人为的学习只是顺从天性、实现本性而已。像狙猿的天性中无"礼"，任何化性起伪的功夫，也无法让它们知礼（贺麟，1988，pp.299-300）。这说明王安石未看到人与动物之间的本质区别，而且有天赋道德之嫌。但是，王安石明确指出"礼"本不违背人性，而是使人得其本性，这有一定的道理。后来接着宋明理学讲的冯友兰先生，在其《新世训》一书里也说过类似的话："在表面上，礼似乎是些武断底、虚伪底仪式，但若究其竟，则他是根据于人情底。有些深通人情底人，根据于人情，定出些行为底规矩，使人照着这些规矩去行，免得遇事思索，这是礼底本义。"（冯友

兰，1996a，p.405）

在后世主张顺导性情以育德的人中，相对而言，以王守仁的观点最鲜明，有价值。王守仁在《传习录中·训蒙大意示教读刘伯颂等》中说：

> 古之教者，教以人伦。后世记诵词章之习起，而先王之教亡。今教童子，惟当以孝弟忠信礼义廉耻为专务。其栽培涵养之方，则宜诱之歌诗以发其志意，导之习礼以肃其威仪，讽之读书以开其知觉。今人往往以歌诗习礼为不切时务，此皆末俗庸鄙之见，乌足以知古人立教之意哉！大抵童子之情，乐嬉游而惮拘检，如草木之始萌芽，舒畅之则条达，摧挠之则衰痿。今教童子，必使其趋向鼓舞，中心喜悦，则其进自不能已。譬之时雨春风，沾被卉木，莫不萌动发越，自然日长月化；若冰霜剥落，则生意萧索，日就枯槁矣。故凡诱之歌诗者，非但发其志意而已，亦所以泄其跳号呼啸于咏歌，宣其幽抑结滞于音节也。导之习礼者，非但肃其威仪而已，亦所以周旋揖让而动荡其血脉，拜起屈伸而固束其筋骸也。讽之读书者，非但开其知觉而已，亦所以沉潜反复而存其心，抑扬讽诵以宣其志也。凡此皆所以顺导其志意，调理其性情，潜消其鄙吝，默化其粗顽，日使之渐于礼义而不苦其难，入于中和而不知其故。是盖先王立教之微意也。若近世之训蒙稚者，日惟督以句读课仿，责其检束而不知导之以礼，求其聪明而不知养之以善，鞭挞绳缚，若待拘囚。彼视学舍如囹狱而不肯入，视师长如寇仇而不欲见。窥避掩覆，以遂其嬉游；设诈饰诡，以肆其顽鄙；偷薄庸劣，日趋下流。是盖驱之于恶而求其为善也，何可得乎？（王守仁，1992，pp.87-88）

这段短文词浅义丰，今日读来，真觉得是在读一篇教育心理学专文，其中揭示的道理是深刻的：德育要想取得良好的实效性，就必须顺导人的性情去施教，通过"歌诗"等多种方式来诱导人生发出良好的品行；假若违背人的性情去强行开展德育，其后果将是适得其反。

先哲力主要顺应人的性情来进行德育，并注意利用文艺作品等来诱导和应和人的性情，使个体在乐融融的氛围中接受道德教育，极大提高了个体的学习兴趣，大大加强了德育的效果，此思想与卢梭主张将情感陶冶作为道德教育的主要方法的思想有相通之处。当然，主张顺导性情以育德的人，一般多持孟子式的人性只具善端说，不会持荀子式的人性只具恶端说。假若一个人完全赞成人性只具恶端说，他一般会反对顺导人的性情来育德。如荀子在《性恶》篇里就说："故顺情性则弟兄争矣。"

二、"善养吾浩然之气"：养气法

养气法是指通过培育浩然正气的途径来达到提高道德修养的一种方法。

养气法由孟子明确提出。在《公孙丑上》里，孟子主张修德就要保养"浩然之气"（正气），因为"夫志，气之帅也；气，体之充也"。"气"在人的生命活动中的作用巨大，人的精神意志是"气"的统帅，能够主宰"气"的活动，个体要想提升自己的人格境界，就必须做到"善养吾浩然之气"，即培养高尚的道德情操。而"浩然之气""其为气也，至大至刚，以直养而无害，则塞于天地之间"，于是孟子又提出了养"浩然之气"的三种方法：一是"配义与道；无是，馁也"。主张这种"气"必须与正义和道理相配合，否则，就要显得软弱无力。二是"行有不慊于心，则馁矣"。认为只要自己的行为中有一件事在心里感到欠缺，这种气也会变得很乏力。三是要"集义所生"。积少成多，不能拔苗助长。简言之，凡事要从儒家的道义出发，才能做到心地荡然，不存邪念，这样就能使个体保持一种高尚的道德品质和良好的心理状态。正如《孟子·滕文公下》所说："富贵不能淫，贫贱不能移，威武不能屈，此之谓大丈夫。"

对孟子而言，养气实也是养心，于是《孟子·离娄下》又说："君子所以异于人者，以其存心也。君子以仁存心，以礼存心。"此思想在其后继者二程等人的言论中表现得更为明显。如《二程集·河南程氏遗书》卷第二十一下记载，程颐说："气有善不善，性则无不善也。人之所以不知善者，气昏而塞之耳。孟子所以养气者，养之至则清明纯全，而昏塞之患去矣。或曰养心，或曰养气，何也？曰：'养心则勿害而已，养气则在有所帅也。'"（程颢，程颐，2004，p.274）李侗（朱熹的老师）说得更明白："理不可见，见之于气；性不可见，见之于心。心即气也。心失其养，则狂澜横溢，流行而失其序矣。养气即是养心，然养心犹难把握，言养气，则动作威仪，日昼呼吸，实可持循也。"

（《宋元学案》卷三十九《豫章学案·延平答问》）

养气法为后世历代学者所继承。如张载在《经学理窟·学大原上》里说："养浩然之气须是集义，集义然后可以得浩然之气。严正刚大，必须得礼上下达。义者，克己也。……所以养浩然之气是集义所生者，集义犹言积善也，义须是常集，勿使有息，故能生浩然道德之气。某旧多使气，后来殊减，更期一年庶几无之，如太和中容万物，任其自然。"《二程集·河南程氏遗书》卷第八说："'配义与道'，浩气已成，合道与义。道，本也；义，用也。'集义所生者'，集众义而生浩然之气，非义外袭我而取之也。"（程颢，程颐，2004，p.104）王廷相在《慎言·潜心篇》里说："义集生气，则心无愧怍，无往而不可行。义未至而徒盛其气焉，危行不足以明道，激论不足以成德，外阻挠而中消悔者多矣，不几于害气乎哉！"陈确在《气情才辨》里说："故践形即是复性，养气即是养性，尽心、尽才即是尽性，非有二也。"另外，岳飞作《满江红》[①]，文天祥被俘作《正气歌》，浩然正气溢于言表，激励了一代又一代中华志士。

为了养浩然正气，历代学者多提倡立志的重要性。如据《二程集·河南程氏遗书》卷第十五记载，程颐说："志，气之帅。若论浩然之气，则何者为志？志为之主，乃能生浩然之气。志至焉，气次焉，自有先后。"（程颢，程颐，2004，p.162）据《二程集·河南程氏遗书》卷第二十五记载，程颐又说：

> 心之躁者，不热而烦，不寒而栗，无所恶而怒，无所悦而喜，无所取而起。君子莫大于正其气，欲正其气，莫若正其志。其志既正，则虽热不烦，虽寒不栗，无所怒，无所喜，无所取，去就犹是，死生犹是，夫是之谓不动心。志顺者气不逆，气顺志将自正。志顺而气正，浩然之气也。然则养浩然之气也，乃在于持其志无暴其气耳。（程颢，程颐，2004，p.321）

陈淳在《北溪字义·志》里说：

> 志有趋向、期必之意。必趋向那里去，期料要恁地，决然必欲得之，

---

① 人们习惯于将《满江红》看作岳飞的作品，但它是否真为岳飞所作，学术界存在争论，这里采取习惯上的说法。

便是志。人若不立志，只泛泛地同流合污，便做成甚人？须是立志，以
圣贤自期，便能卓然挺出于流俗之中，不至随波逐浪，为碌碌庸庸之辈。
若甘心于自暴自弃，便是不能立志。

王夫之在《张子正蒙注·至当篇》里说："盖言学者德业之始终，一以志为大
小久暂之区量，故《大学》教人，必以知止为始，孔子之圣，唯志学之异于
人也。"

养气法的实质是主张修德者要注意培养自己的正义感等道德情感。从德育
的角度看，这的确是一种直截了当的育德方法。在养气过程中，他们又提倡要
循序渐进、积少成多，这也合乎心理学的有关原理。当然，先人讲的"浩然正
气"，就其内容而言，多是封建社会提倡的仁与义等德目，有一定的时代局限
性。从德育心理学的视角看，应该更多地吸取其方法上的长处所在，而扬弃其
中蕴含的封建伦理道德思想。

三、"人皆可以为尧舜"：榜样激励法

榜样激励法是一种通过道德高尚的榜样人物来激发个体产生一定道德情感
的育德方法。

先哲于有意或无意中发现，道德高尚的榜样人物本身是作为社会道德规范
的体现者而存在的，这些榜样人物可以使人们更好地认识到一定社会的道德要
求及其社会意义，扩大个人的道德经验。再者，榜样人物的一言一行具有生动
性和感染性，易引起人们心理上的共鸣，于是他们多主张利用榜样人物来激起
人们的道德情感。如据《论语·述而》记载，孔子本人常以周公为楷模，因为
周公（姓姬，名旦）是周文王的儿子，周武王的弟弟，周成王的叔父，鲁国的
始祖，是孔子心目中最敬服的古代圣人之一。孔子一想起周公，就能激发起自
己的道德情感。如孔子在年富力壮的时期常常因思致梦，梦中常有周公的影
子；当孔子年老力衰，不能常常梦见周公时，他不禁发出了这样的感叹："甚
矣吾衰也。久矣吾不复梦见周公！"孔子在教学中也常常利用圣人来激励弟子
的道德情感。这种做法也一直为后学所承继。像孟子、荀子都用尧和舜来激
励人们修德，为此他们声称"人皆可以为尧舜"，"涂之人可以为禹"。孟子在

《离娄下》一文里也说过这样的话："舜，人也；我，亦人也。舜为法于天下，可传于后世，我由未免为乡人也，是则可忧也。忧之如何？如舜而已矣。"甚至到了后来，孔子、孟子两人也成为中国封建文人的楷模，成了后学修德时的心中圣人。许多后学多以孔圣人和孟圣人为楷模，激励自己要不断提升自己的道德境界，并以当他们的传人为荣。

四、"当存心以养性而节其情也"：节情法

节情法是一种通过节制情感来达到修心育德效果的方法。

先秦儒家诸子多主张节情以修心。拿孟子而言，虽然他力主通过育"四心"（即四情）的方式来育德，但他也主张对情要有所节制，这从其后深得孟子思想原旨与要义的宋明理学家如陈淳的言论中就能看出（详见下文）。

先秦道家也主张节情以育德，只是说法与先秦儒家不同而已。如前所述，道家提倡自然的道德情感，反对儒家主张的世俗的道德情感，因此老、庄道家提倡修德要去掉世俗的情与欲。但是，读者于此千万不要误会，以为他们是"禁情主义者"或"禁欲主义者"。事实上，对于自然的情感，他们认为是要的。老、庄讲的"无情"并不是真无情，而是反对世俗的好恶之情。在庄子看来，真正的情应是顺应自然，不以世俗之情为情，也就是没有人为的、有目的的好与恶，这就是超功利的"无情之情"。

《大学》认识到不同的道德情感对道德行为有不同的影响："身有所忿懥，则不得其正；有所恐惧，则不得其正；有所好乐，则不得其正；有所忧患，则不得其正。"认为一个人存有愤怒、恐惧、好乐或忧患等情感时，他的行为就不会正常，要修德就要先节情。

《吕氏春秋》继承先秦道家的观点，也主张节情养心以修德。《吕氏春秋·有度》说："容动色理气意六者，缪心者也。恶欲喜怒哀乐六者，累德者也。"稍加比较可知，《吕氏春秋》的此言论出自《庄子·庚桑楚》。

先秦学者提倡通过节情来达到修心育德效果的思想为其后历代学者所继承。如《淮南子·诠言训》说：

原天命，治心术，理好憎，适情性，则治道通矣。原天命则不惑祸

福，治心术则不妄喜怒，理好憎则不贪无用，适情性则欲不过节。不惑
祸福则动静循理，不妄喜怒则赏罚不阿，不贪无用则不以欲害性，欲不
过节则养性知足。凡此四者，弗求于外，弗假于人，反己而得矣。

王充在《论衡·量知》中说："夫儒生之所以过文吏者，学问日多，简练其性，
雕琢其材也。故夫学者所以反情治性，尽材成德也。"王符在《潜夫论·德化》
里说："心情苟正，则奸慝无所生，邪意无所载矣。"《朱子语类》卷第十六说：
"心有喜怒忧乐则不得其正，非谓全欲无此，此乃情之所不能无。但发而中
节，则是；发不中节，则有偏而不得其正矣。"在《晦庵集》卷六十四《答徐
景光》中，朱熹又说："有是形则有是心，而心之所得乎天之理则谓之性，性
之所感于物而动则谓之情，是三者，人皆有之，不以圣凡为有无也。但圣人则
气清而心正，故性全而情不乱耳。学者则当存心以养性而节其情也。"陆九渊
在《与侄孙濬》的书信中说："人非木石，不能无好恶，然好恶须得其正，乃
始无咎。"在《语录下》里，陆九渊又说："请尊兄即今自立，正坐拱手，收拾
精神，自作主宰，万物皆备于我，有何欠阙？当恻隐时自然恻隐，当羞恶时自
然羞恶，当宽裕温柔时自然宽裕温柔，当发强刚毅时自然发强刚毅。"陈淳在
《北溪字义·情》中主张对待情的正确态度应是：

> 情者心之用，人之所不能无，不是个不好底物。但其所以为情者，
> 各有个当然之则。如当喜而喜，当怒而怒，当哀而哀，当乐而乐，当恻
> 隐而恻隐，当羞恶而羞恶，当辞逊而辞逊，当是非而是非，便合个当然
> 之则，便是发而中节，便是其中性体流行，著见于此，即此便谓之达道。
> 若不当然而然，则违其则，失其节，只是个私意人欲之行，是乃流于不
> 善，遂成不好底物，非本来便不好也。

方以智在《东西均·尽心》里说："东西圣人千百其法，不过欲人性其情而已。
性其情者，不为情所累而已。"

在中国传统文化中，节情与节欲（节欲修德法详见下文）往往联系在一
起。一个人只要主张节欲，往往也多赞成节情；反之亦然。这里的缘由主要有
二：（1）在古人的眼中，欲往往也是一种情。如韩愈在《原性》篇里说："其
所以为情者七，曰喜，曰怒，曰哀，曰惧，曰爱，曰恶，曰欲。"王安石说：
"喜、怒、哀、乐、好、恶、欲未发于外而存于心，性也。喜、怒、哀、乐、

好、恶、欲发于外而见于行，情也。性者情之本，情者性之用。故吾曰：性情一也。"（2）欲与情关系密切。正如《左传·昭公二十五年》所说："喜生于好，怒生于恶。……好物乐也，恶物哀也。"

先哲在提倡达情以育德的同时，又主张节情以育德，说明他们在看到好的情感与德相一致的同时，也看到了情尤其是不良情绪与德之间相矛盾的一面，这个看法颇为全面。节制不良情绪对个体心性的干扰，防止好的情绪、情感因过或不及而走上损德的道路，无疑是一种有效的育德方法。

五、"知之深，爱之切"：以理育情法

以理育情法是一种通过提高个体的认识水平，从而让个体由知生情，进而达到修心育德效果的方法。

一个人的情感包括道德情感是在一定认识的基础上产生并发展起来的。正如毛泽东所说："世上决没有无缘无故的爱，也没有无缘无故的恨。"一般而言，只有对某一道德规范认识深刻，对某一类道德概念掌握牢固，才有可能在此基础上产生丰富的心向往之的道德情感。正如《朱子语类》卷第九所说："若讲得道理明时，自是事亲不得不孝，事兄不得不弟，交朋友不得不信。"这就是俗话所说的"知之深，爱之切"的道理。许多道德情感的产生往往是以一定的道德理论为基础的；反之，如果缺乏对某些道德现象、道德原理的深刻认识，缺乏对某一类道德概念的深刻领会也就不可能产生深厚丰富的情感。例如，一个对祖国的过去、现状了解甚微、缺乏常识的人，就不可能产生深厚的爱国主义情感。因此，丰富学生的知识，提高他们的道德认识水平，是促使学生道德情感不断升华的一条重要途径。明白了这个道理，才能理解像孔子等中国大教育家为什么非常重视提高学生的道德认知的做法。

六、"爱人者，人恒爱之"：以情育情法

以情育情法是运用情绪情感具有感染性的特点，教育者通过自己的高尚道德情感来感染受教育者，从而使受教育者也具有类推高尚道德情感，进而让受

教育者达到修心育德效果的方法。

情感的显著特点之一是具有感染性，一个人的情感可以感染其他人，使其具有同样的情感，并与自己产生感情上的共鸣。正如《孟子·离娄下》所说："爱人者，人恒爱之；敬人者，人恒敬之。"中国历史上一些教育大家通过总结自己或他人的教育实践，清楚地认识到，师生之间具有良好的情感基础是道德教育成功的前提，师生之间的情感交流是道德教育的力量源泉。教师对学生真挚的爱会激起学生对教师的信任感、亲切感和爱戴感，从而乐于接受教师所讲的道理，即所谓"亲其师，信其道"。同时，教师的爱又是学生获得积极情感体验的重要来源。学生取得进步时能得到教师的及时肯定和表扬，遇到困难时能得到教师的关心和帮助，这些都会引起学生积极的情感体验。这些体验可以激励学生奋发向上，也有利于他们的身心健康。因此，要培养学生高尚的道德情感，教师必须自己具有这种情感，要学生激动首先就要教师感动，真情才能换取真情。

七、"情由境生"：以境育情法

以境育情法是一种运用情绪情感具有情境性的特点，教育者通过预先为受教育者创造或选择良好的情境，从而利用此情境来激发受教育者道德情感的育德方法。

情感不仅具有感染性，而且具有情境性，情感总是在一定情境中产生的，道德情感也是在一定的道德情境中产生的。"情由境生"讲的就是这个道理。因此，创设良好的道德情境是诱发和培养学生积极健康道德情感的有效途径。这个道理，中国历代教育大家都已清楚地认识到。例如，在中国古代，儒、道、释三家都喜欢将自己的书院、道场或庙宇建立在山清水秀的名山之中，其目的之一就是给自己的弟子创造清静、优美、向善的良好学习环境，从而让生活于此情境中的弟子能由境生善情、生善心。又如，只要你到古徽商的两个重要聚集地——西递和宏村——去走走，就能油然而生这样一种亲身体验：当年徽商为了让自家子弟从小养成儒商并重的精神，通过挂对联、运用砖雕和木雕等手段，想方设法在家中为孩子创设出一处处儒商并重的人文环境，从而让从小生活于此环境的后生激发出见利思义的徽商精神。从徽商能在中国兴旺一时，以至于曾有"无徽不成商"的俗语可知，徽商的长辈将以境育情法运用得十分成功。可见，创造良好的道德情境的确是一种有效培育学生高尚道德情感的方法。

第三节　情育美德思想对当代德育的启示

一、将道德伦理规范与人的社会情感联系起来，从以私德为主转变为以公德为主

仁爱、关怀等爱的教育的理论解释与实现途径，一直是历代教育者关注的一个重要主题，以孔子为代表的儒家与当代关怀教育理论代表人物诺丁斯（Nel Noddings）可以说是一中一西的代表（Noddings，1984，pp.1-168；檀传宝，2019）。中国先哲将道德伦理规范体系建立在个体发自内心的情感之上，其优点是将个体修养与社会教化融为一体，也符合人的心理规律，提高了育德效果；其缺陷是使这种道德常常变成一种私德，从这种道德传统中难以生发正义、兼爱等公德，使得中国人自古以来养成这样的心态与行为方式：在对人问题上，先将别人区分为圈内人和圈外人，然后采取两种截然不同的态度处理：在与圈内人尤其是自家人的交往中，一个个多是谦谦君子，关怀备至，也希望得到对方的关心与礼让；而在与圈外人尤其是陌生人的交往中，一些人变得毫无仁义之心，或是成了不知廉耻、不讲信用的小人，也不期望对方能关心自己。在对物的问题上，也采取类似做法，先将物区分为"自己之物"和"非己之物"，然后用截然不同的态度区别对待：非常爱惜"自己之物"，对"非己之物"则毫无爱心。

"观今宜鉴古。"为了提高当代中国德育的实效性，措施之一就是在当代中国德育中，既要将道德伦理规范体系建立在人发自内心的、自然的情感之上的，又要适当限制德与人的自然情感之间的关系，将德与人的社会性情感联系

起来，从以私德为主转变为以公德为主。从某种意义上讲，这可以说是中国德育中的一次轴心性根本转变。"私德"与"公德"两个概念出自近代思想家梁启超的《新民说·论公德》："人人独善其身者谓之私德，人人相善其群者谓之公德。"可见，私德是指以"独善其身"为价值取向，限于个人生活和私人交往关系，主要指个人的品德修养、婚姻家庭关系处理和交友的道德。例如，孟子在《滕文公上》里提出的"五伦"——"父子有亲，君臣有义，夫妇有别，长幼有叙（序），朋友有信"——就属典型的私德。其中，"父子有亲"、"夫妇有别"、"长幼有叙（序）"、"朋友有信"属私德应该没有异议，为什么"君臣有义"也属私德呢？因为在中国古代家天下背景下，君臣关系犹如父子关系，仍属私德。与此相对，公德也称"社会公德"，指以"相善其群"为价值取向，处理个人与群体关系的道德。现指人们在社会公共生活中应当遵循的基本道德。主要有遵守公共秩序、爱护公共财物、尊重他人人格、救死扶伤、讲究卫生、保护环境、文明礼貌、诚实守信等（陈至立，2019，p.1373）。党的十八大报告倡导"富强、民主、文明、和谐，自由、平等、公正、法治，爱国、敬业、诚信、友善"的社会主义核心价值观，从公德与私德视角看，前面八个词语属公德，后四个词语属私德。

私德与公德的共通之处是，包含德性或道德。私德与公德的相异之处主要有三：（1）产生的条件和时间不同。私德是人们为了适应乡土社会经济环境下基于血缘关系、熟人关系、臣民身份而产生的，故产生时间早，而且私德的养成主要是依靠乡土社会背景下生成的习俗力量与舆论的监督。"顺利融进熟人社会，害怕被熟人社会驱逐而被迫背井离乡"是让个体养成良好私德的重要力量。公德是人们为了适应现代工业文明环境下基于社会契约关系、陌生人关系、公民身份而产生的，故产生时间晚（魏英敏，2008），而且公德的养成主要是靠社会契约和法律的监督。"做个良好公民"的动机是让个体养成良好公德的重要力量。因此，没有在良法指导下的法治社会形成的社会良俗，无法让多数人养成良好的公德。（2）内涵不同。这在上文已有界定，不再赘述。（3）关注的对象不同。私指私人领域，私德往往只关注个体自身的形象与利益，主要属于"独善其身"的德性，扩而言之，只包括个人生活和私人交往关系的德性或道德，即包括个人的品德修养、婚姻家庭关系处理的道德和交友的道德三个部分。公指公共领域，公德关注的主要是如何营造和维持善良、公正的共同生活秩序，主要属于"兼善天下"的德性（杨伯峻，2005，p.304）。私德与公德既有区别又有联系。公德与私德相对应，公德与私德一体两面。私德是私人或个人在私人生活和私人交往中要遵循的道德行为准则，如处理父子、夫妻、情侣、师徒、朋友之间关系依据的原则，无不与社会公德或国家认可的主流道德准则相关联。个人的私德也不是纯粹私人的产物，它本质上来源于社会生活或社会交往中的需要，是社会公德在私人生活、私人交往或个人品质、情操中的体现。因此，私德与公德在满足一定条件时可以相互影响与转化，尤其在中国古代"家国一体"的社会结构里更是如此（魏英敏，2008）。因为在中国古代乡土式、家国一体式社会，人们的生活场所一般是在各式各样的家庭之间来回穿梭：对于普通百姓，多是在不同的"普通百姓小家庭"之间来回穿梭；假若自己身处乡绅或地主家庭，或者与乡绅或地主家庭存在某种关系（如亲戚关系、朋友关系、师生关系或主仆关系等），那么就会在自己的家庭与人数、权力和财富都更多、更大的大家庭之间来回穿梭；如果一个人身处官宦人家，或者一个人通过自己的努力进入仕途，那么此人则可从"百姓小家庭"进入"皇家大家庭"（即国家，在中国古代，国家往往只是帝王一家拥有），对于凭科举考试而成功进入"皇家大家庭"的人，中国人常用"鲤鱼跳龙门"来加以描绘。可见，对于中国古人，人们一般都是生活在各式各样的私人家庭之中，在家庭与国家之间几乎没有真正意义上的社会公共生活。既然古代中国人主要生活在各式各样的私人家庭中，那么古代中国人大都只注重私德的培育，其中有一些具有较高私德的人进而一般按《孟子·梁惠王上》所说的那样，采取"老吾老，以及人之老；幼吾幼，以及人之幼"的方式，将"关爱自己（自己人）"之类的德性从"自家人、自家物"拓展到"别人家的家人及别人家的物体"。在这一拓展过程中，虽然此人关爱的人和物体的数量有所增加，甚至有极大的增加，却仍不能真正改变其德性的性质，也就是，虽貌似公德，实仍是私德。

私德与公德虽有一定联系，更有本质区分。私德是只包括个人生活和私人交往关系的德性或道德，调节个体的身心关系、主客我关系，以及个体与家人、朋友和熟人的关系。公德是在公共生活领域体现出的德性或须遵守的道德，调节个体与陌生人的关系、个人与群体的关系、个人与国家的关系、个人与世界的关系。私德与公德的关系并不像梁启超在《新民说》一书中所说的那样：公德与私德固然有所不同，但"就泛义言之，则德一而已，无所谓公私"；"公德者，私德之推也"，即相信公德由私德推演而来，私德是公德的内化，公德是私德的升华（魏英敏，2008）。而且，社会存在"大礼不辞小让"的现象。"大礼不辞小让"语出《史记·项羽本纪》，其含义是，做大事的人不拘泥于小节，有大礼节的人不责备小的过错。在中国古代，一些欲成大事者常将私德视作小德或小节，将公德视作大德或大礼，结果，其在私德上表现不怎样，在公德上却表现很好，不但取得巨大成就，而且其德行（公德）也易获得后人的认可。春秋名相管仲和西汉名将霍去病就是其中的两个典型。

可见，无论从学理还是事实上讲，私德与公德既可以在一定条件下相互转换，也可以相互分离。私德并不是公德形成的牢固基础，也不一定是公德的内化，公德也不是私德的简单升华。一个私德颇为人诟病的人（如管仲、霍去病和爱因斯坦），照样可以有高尚公德；反之，一个有私德的人（如希特勒），照样可以没有高尚公德。若误以为私德与公德之间存在必然的正相关，就易造成两个不良后果：一是仅从私德入手培养个体的公德，效果必不佳。具体地说，由于私德与公德之间没有必然的正相关，再加上受中式自我观的影响，在以个我为圆心的一组同心圆中，并不是每个圆圈的"城墙"都一样厚实，分隔圈内人与圈外人之间的墙特别厚（李美枝，1994，pp.153-155）。结果，在中国历史上，极少有人能够真正在"兼相爱"的层面上做到"老吾老，以及人之老；幼吾幼，以及人之幼"。大多数人一般只能在自己的圈内人范围之内做到"老吾老，以及人之老；幼吾幼，以及人之幼"，却很难将其外推到圈外人身上（详见本书第三章第四节）。二是求全责备，结果，只有在私德与公德两方面都有上佳表现的人才能得到大众的认可。

由于无法从私德入手高效培养公德，这样，当中国随着城市化的不断向前推进，当代中国社会越来越多的人参与真正意义上的社会公共生活。与此相适应，在当代中国人的道德社会化过程里，一些有识之士都力倡在私人生活领域培育个体的私德意识，在公共生活领域培育个体的公德意识，以便让个体在其社会化过程中做到兼顾公德与私德的培育，不能偏执一方。如何培育公德？从古今中外的史实看，途径主要有二：一是加强法治，用法律和制度约束人的行为，尤其要限制有权有势者手中的权力，同时依法保障弱势群体的合法权益，从而在全社会范围内营造良好的风俗习惯，这是培育公德的大道，它对绝大多数人均适用；二是个体加强自身的心性修养，不断提升做人境界，提升自己的公德水平，这是培育公德的小道，它只适用于像孔子、墨子、范仲淹和罗素这样超凡脱俗的少数人。

另外，虽然道德动机是衡量个体的某种行为是不是道德行为的关键指标之一，也是衡量个体是否有道德的关键指标之一，却不可过于强调从道德动机入手去培育个体的道德，否则，易导致伪善盛行。培育个体的私德和公德，恰当的做法乃是从建立良好的利益分配规则和加强法治入手。试举两例。其一，如何将"蛋糕"分得尽可能公正？以下三种方法中，第三种方法既省事又效果最佳：（1）找一个公正的人来分。这样做，在利益（如"蛋糕"太大）或压力（如有来自上面的暗示）面前，即便先前公正的人也可能不公正。（2）找一个公正的人来分，为了防止他不公正，再找另一个公正的人来监督他分。这样做，不但增加了成本，而且收效甚微。因为监督者既可能与"切蛋糕者"同流合污，也可能在压力面前像个稻草人，形同虚设。（3）假若定个"切蛋糕者最后取蛋糕"或"权力最大者最后取蛋糕"的规则，那么可以预测：通常情况下，切蛋糕者为了不让自己或权力最大者吃亏，这个蛋糕一定会切得非常公正。其二，如何预防官员和公职人员的贪污腐败？以下三种方法中，第三种方法既省事又效果最佳：（1）如果不实行法治，仅从提升官员和公职人员的道德入手，一定收效甚微。因为绝大多数人一旦手中掌握了权力，若仅靠自己的良知来监督，在巨大诱惑或压力面前往往守不住良知，故迟早会贪污腐败。（2）若不实行法治，对权力的真正监督和制约只来自上级或其委派的特定监督部门及人员，而非全民监督，那么数量有限的监察御史或钦差大臣自然无法高效监督数量庞大的其他官员和公职人员，故效率一定低下。更何况，监察者一旦掌握了权力，同样易被腐蚀，若出现"同流合污"甚至"监守自盗"现象，那监察者就形同虚设了。明朝开国皇帝朱元璋铁腕反腐，却因未建立良好的反腐制度，反腐效果无法持

404

久。明末官员大面积贪腐，是导致明朝最终灭亡的一个重要因素。（3）预防官员和公职人员贪污腐败最有效的措施是实行法治，如实行官员和公职人员财产公示制度并接受全民监督。只要用制度来保证官员和公职人员手中的权力透明，即便他想贪污，大概率将会及时被发现，并将受到相应的惩罚，从而让人不敢贪，出现大贪污犯的概率就更低了。

二、情理融通模式是理想的育人模式

中国先哲认识到情与德之间有统一的一面，主张通过激发个体的情感与应和个体的性情来育德；也认识到情与德之间有相悖的一面，又提倡对情要有所节制，适可而止，不要"过"与"不及"，不可任情而行，为情所累。这表明先哲对情育美德的看法颇为辩证，而且在先哲的言论中蕴含一个至今看来仍有相当价值的育德模式：情理融通的育德模式。如孟子的四心，用现在的眼光看，只有"是非之心"是理，其他三心都是情，而孟子将这四心合在一起论述，可见孟子本人是主张情理要融通的。于是，先哲非常强调德育要重情境陶冶，让学生置身于一定的情境中，通过耳濡目染、潜移默化的方式来影响学生的情感与认识，以陶冶学生的性情、塑造学生的人格。为此，很多著名的书院、庙宇和道观大多建立在环境幽雅、风景秀丽的名山之中或名水之旁，像白鹿洞书院建在庐山，岳麓书院建在岳麓山。不独儒家如此，佛、道两家亦然。俗话说："天下名山僧占多。"少林寺建在嵩山，灵隐寺建在西湖旁，天师道观建在龙虎山上，三清道观建在三清山上……可以说，情理融通的思想早已深入中国人的心中，成为中华民族的集体潜意识，使得中国人在对人或事进行评价时较为推崇"合情合理"的境界。

反观今天中国有一段时间的学校德育，受西方道德认知派思想的深刻影响，过于注重道德知识的传授，在很大程度上剥离了情的因素，使得原本充满情感的道德教育变成枯燥、机械的无情式说教，既降低了受教育者的学习兴趣，也不能引起受教育者情感上的共鸣，收效不佳。若想提高当代中国德育的实效性，就要在大胆借鉴西方德育心理学思想尤其是关怀教育理论精华的同时，也批判吸收中国传统情育美德思想的精华，在育德过程中贯彻情理融通的育人模式。在这方面，朱小蔓教授的努力值得肯定。为了发扬中国传统道德教育重视以情育德的传统，朱小蔓教授先后出版专著《情感教育论纲》（朱小蔓，1993，2019）和《情感德育论》（朱小蔓，2005），并指导一批学生在中小学开展情感德育的实践，从而对当代中国德育的理论与实践作出了重要贡献。

第九章

修心育德思想

中国传统文化是儒、道、佛三位一体的文化。从某种程度上讲，儒、道、佛诸家对人性的理解殊途同归，三者多赞成人心本善。同时，先哲又大都赞成主心说。再者，先哲虽主张"德者，得也"，但"得"乃"心得"，否则，不能说有"德"。王夫之在《读四书大全说》卷五《论语·述而篇》中说："行道而有得于心之谓德。得为心得，则修亦修之于心。"在德育过程中，儒、道、佛三家都在养心上做文章，强调修心育德，以此突出养心的重要性。

至少自《大学》开始，"欲修其身者先正其心"成为中国传统文化的一大特色，并为后人所承继。晋代傅玄在《傅子·正心》里曾说：

立德之本，莫尚乎正心。心正而后身正，身正而后左右正，左右正而后朝廷正，朝廷正而后国家正，国家正而后天下正。

《朱子语类》卷第三十四也说："如致知、格物是讲学，诚意、正心、修身是修德。"王守仁在《传习录上》里说："种树者必培其根，种德者必养其心。"王夫之在《思问录》里也说："'欲修其身者先正其心'，圣学提纲之要也。'勿求于心'，告子迷惑之本也。不求之心，但求之意，后世学者之通病。"从"德"字的字形也可以看出这一点："德"古写作"惪"。郭沫若解释："德"字照字面上看来是从直从心，意思是把心思放端正，便是《大学》上所说的"欲修其身者先正其心"。但从《周书》和"周彝"看来，"德"字不仅包括着主观方面的修养，同时也包括着客观方面的规范——后人所谓"礼"。"礼"是后起的字，周初的彝铭中不见有这个字。礼是由德的客观方面的节文蜕化下来的，古代有德者的一切正当行为的方式汇集了下来便成为后代的礼。（郭沫若，1982，p.336）既然修心育德已成为中国传统德育心理学思想的一个主要内容，那么接下来要追思和探求的问题是：先哲强调修心育德还有没有其他缘由？他们一般采用哪些具体方法修心育德？中国传统修心育德思想对今天中国的德育有何启示？这些问题成为本章研究的主旨。

第一节　修心育德的缘由与原则

先哲主张修心育德的理由，主要缘于他们多赞成人心本善说和主心说。若细讲，还有一个重要原因：他们多主张心统性情说（张岱年，1982，pp.232-249）。中国人的"心"涵盖"heart"和"mind"，虽然倾向于将"知性"与"情绪"（emotion）、"情感"（feeling）连成一气，但主要是感情的作用。此外，中国人又将道德判断包含在"心"中，这样便有了能够判别是非的"良心"（孙隆基，2011，p.42）。于是，便有了心统性情说，它指人心统管性与情的观点。假若将主心说看作一种元理论的话，心统性情说就是隶属于主心说的一个"二级理论"。如前所述，先哲多持主心说，但对于心与性情之间关系的看法有差异，主要有两种观点：一种观点以张载和朱熹等人为代表，主张心与性情之间虽然关系密切，却是三个不同的东西；另一种是以陆九渊和王守仁等人为代表的观点，认为心与性情三者名异实同。一般说来，前者多持心统性情式主心说，后者多持心性情一体式主心说。相对而言，心统性情说在中国历史上有较大影响，这里就将它单独论述。心性情一体式主心说则已放在前文主心说里一并论述。

一、"心统性情"：心统性情说

陈淳的《北溪字义·心》记载：

> 伊川曰："心一也，有指体而言者，寂然不动是也；有指用而言者，感而遂通是也。"此语亦说得圆。横渠曰："心统性情。"尤为语约而意备，自孟子后未有如此说亲切者。文公曰："性者，心之理。情者，心之用。心者，情性之主。"说得又条畅明白。

可见，程颐的思想中已有心统性情的思想。但是，明确提出心统性情的人是张载，朱熹和陈淳等人都赞成心统性情说，其渊源则可追溯至孟子。下面就依这条线索予以阐述。

孔子、老子和墨子都没有论心的话。在中国历史上，第一个注重心的人是孟子。孟子曾说："君子所性，仁义礼智根于心。"（《孟子·尽心上》）在孟子的眼中，性在于心，作为人的本性的仁义礼智四端都包含在人的心中。同时，孟子讲的恻隐之心等四心实又都是情。这样，孟子的言论里已含有心统性情的思想。

在先秦学者中，荀子言心颇为全面，也有心统性情的思想。

> 形具而神生，好恶、喜怒、哀乐臧焉，夫是之谓天情。耳目鼻口形能，各有接而不相能也，夫是之谓天官。心居中虚，以治五官，夫是之谓天君。（《荀子·天论》）

> 欲不待可得，而求者从所可。欲不待可得，所受乎天也；求者从所可，受乎心也。（《荀子·正名》）

> 性之好、恶、喜、怒、哀、乐谓之情。情然而心为之择谓之虑。心虑而能为之动谓之伪。虑积焉、能习焉而后成谓之伪。（《荀子·正名》）

> 心者，形之君也，而神明之主也，出令而无所受令。自禁也，自使

也，自夺也，自取也，自行也，自止也。故口可劫而使墨云，形可劫而使诎申，心不可劫而使易意，是之则受，非之则辞。故曰：心容其择也。（《荀子·解蔽》）

荀子认为，心是感官的总枢，有制约情欲的力量。性与情的改变都是由于心的作用，化性起伪也是心作用的结果。他将心的地位提到"形之君"和"神明之主"的高度，不但充分肯定了心的主宰地位，而且强调了心的主观能动性，也充分显示出心的独立自主性。这样，对荀子而言，修德的关键当然在于修心。

上述思想为其后学者所承继。董仲舒在《春秋繁露·人副天数》中说："心有哀乐喜怒。……心有计虑。"在《春秋繁露·通国身》中，董仲舒又主张："身以心为本。"喜怒哀乐是情，计虑是知，心既兼有情与知，且为身之主宰。

至宋代，张载在《语录》里明确提出："心统性情者也。"他认为心实包括性与情。张载的这一句话虽然颇为简略，但对后人影响巨大，到了朱熹手中才有圆满发挥。

据《二程集·河南程氏遗书》卷第二十五记载，程颐说："称性之善谓之道，道与性一也。以性之善如此，故谓之性善。性之本谓之命，性之自然者谓之天，自性之有形者谓之心，自性之有动者谓之情，凡此数者皆一也。圣人因事以制名，故不同若此。而后之学者，随文析义，求奇异之说，而去圣人之意远矣。"（程颢，程颐，2004，p.318）《二程集·河南程氏粹言》卷第一《论道篇》记载："大临曰：'然则夫子以赤子之心为已发者，而未发之时谓之无心可乎？'子曰：'心一也，有指体而言者，寂然不动是也；有指用而言者，感而遂通天下之故是也。在人所见何如耳。'"（程颢，程颐，2004，p.1183）可见，在程颐看来，心、性与情三者名虽不同，其实只是一个东西。心有体有用，心之体即性，心之用即情，但究其实，仍只有一心。程颐所谓心有体用的观点，颇似张载的心统性情之说。只不过，张载认为性情与心虽然关系密切，但彼此实有区别。程颐认为性、情与心三者是一个东西。

在秦汉以后的学者中，论述心统性情的思想以朱熹最为系统、圆满。心为什么能统性情呢？朱熹说："夫心者，人之所以主乎身者也，一而不二者也，为主而不为客者也，命物而不命于物者也。"（《晦庵集》卷六十七《观心说》）既然心为身之主宰，心也理所当然地成为性情的主宰，能统管性情。这显然是继承了荀子的思想。

朱熹在《朱子语类》卷第九十八又说：

> 问："心统性情，统如何？"曰："统是主宰，如统百万军。心是浑然底物，性是有此理，情是动处。"又曰："人受天地之中，只有个心性安然不动，情则因物而感。性是理，情是用，性静而情动。且如仁义礼智信是性，然又说'仁心、义心'，这是性亦与心通；说恻隐、羞恶、辞逊、是非是情，然又说道'恻隐之心，羞恶之心，是非之心'，这是情亦与心通说。这是情性皆主于心，故恁地通说。"

在《朱子语类》卷第五十三也说：

> 恻隐、羞恶、辞让、是非，情也。仁义礼智，性也。心，统情性者也。端，绪也。因情之发露，而后性之本然者可得而见。

这说明"心统性情"的另一依据是，心、性、情三种心理现象在性质有相通之处：性与情实都是一种"心"，用陈淳的话说，"在心里面未发动底是性，事物触着便发动出来是情"，所以"心统性情"。

朱熹在《朱子语类》卷第九十八还说：

> "心统性情者也。""寂然不动"，而仁义礼智之理具焉。动处便是情。有言静处便是性，动处是心，如此，则是将一物分作两处了。心与性，不可以动静言。凡物有心而其中必虚，如饮食中鸡心猪心之属，切开可见。人心亦然。只这些虚处，便包藏许多道理，弥纶天地，该括古今。推广得来，盖天盖地，莫不由此，此所以为人心之妙欤。理在人心，是之谓性。性如心之田地，充此中虚，莫非是理而已。心是神明之舍，为一身之主宰。性便是许多道理，得之于天而具于心者。发于智识念虑处，皆是情，故曰"心统性情"也。

这表明"心统性情"的第三个依据是，心是心理的物质器官，能统摄性与情。朱熹认为性是"得之于天而具于心者"，情是"发于智识念虑处"。此观点继承了孟子"心之官则思"的思想，用今天的眼光看，心不是心理的物质器官，心中空的部分主要是供血液流动，其中并不"包藏许多道理"，以为心中空虚部分"便包藏许多道理，弥纶天地，该括古今"，是一种庸俗唯物主义观点。

朱熹的上述观点为其高足陈淳所继承。《北溪字义·情》说：

情与性相对。情者，性之动也。在心里面未发动底是性，事物触着便发动出来是情。寂然不动是性，感而遂通是情。这动底只是就性中发出来，不是别物，其大目则为喜、怒、哀、惧、爱、恶、欲七者。《中庸》只言喜怒哀乐四个，孟子又指恻隐、羞恶、辞逊、是非四端而言，大抵都是情。性中有仁，动出为恻隐；性中有义，动出为羞恶；性中有礼智，动出为辞逊、是非。端是端绪，里面有这物，其端绪便发出来从外来。若内无仁义礼智，则其发也，安得有此四端？大概心是个物，贮此性，发出底便是情。孟子曰"恻隐之心，仁之端也。羞恶之心，义之端也"云云。恻隐、羞恶等以情言，仁义等以性言。必又言心在其中者，所以统情性而为之主也。孟子此处说得却备。

概言之，心统性情说发端于孟子，中经二程的阐发，由张载明确提出，为朱熹等理学家所继承和发展。既然仁义礼智信五德目都是"性"，恻隐、羞恶、辞让、是非四德又都是"情"，而且是"心统性情"，修德的关键在于修心，也就是自然而然之事了。

二、"中庸之为德也，其至矣乎"：标举中庸

为了提高修心育德的效果，先哲多主张修心应遵循中庸的原则或思维方式。

（一）什么是中庸

据《论语·雍也》记载，早在春秋时期，孔子就说："中庸之为德也，其至矣乎！民鲜久矣。"（杨伯峻，1980，p.64）这是"中庸"二字第一次作为合成词出现在典籍中，表明孔子非常推崇"中庸"，并把中庸之道作为最高的道德标准。这是作为道德的中庸。作为道德的中庸侧重德性。如果一个人将中庸内化为其品性，他就具有了中庸之德（田文军，2004）。由"民鲜久矣"（大家已是长久地缺乏它了）一语可知，至孔子生活的时代，多数中国人已极缺中庸德性。

据《论语·子罕》记载，孔子说："吾有知乎哉？无知也。有鄙夫问于我，

空空如也。我叩其两端而竭焉。"（杨伯峻，1980，p.89）这是孔子自述自己如何运用中庸思维去解决问题的文字记载，可视作孔子对"中庸"的隐晦解释。依孔子的说法，"叩其两端"或"允执其中"便是中庸，这显然是继承了尧、舜以来"允执其中"思想的结果（申辰，1984），是思维方式／方法的中庸。作为思维方式／方法的中庸，它追求效益的最大化。从思维方式／方法的中庸看，持中庸思维的人要从全局出发，充分考虑各方面的利益、各方面的情况，然后要对行动处境纵横交错、两极背驰的各力量有高度的敏感，并在其间求取最适中的一点，这就是"恰如其分"，也是中庸意义的"最大化"，英文最相近的词是"optimization"（最佳化、最优化）（张德胜，金耀基，陈海文，等，2001）。这里必须特别指出，由于孔子倡导的学问主要是道德学问，所以他只讲"叩其两端"即可，不必特别拈出"道德"二字予以强调。当代人们学习、研究和运用的学问多是科学与技术，此时若忽视中庸思维的道德性，仅将"叩其两端"或"允执其中"等同中庸，那就误解了孔子的本意。除此之外，遍读《论语》，其内并未记载孔子直接解释"中庸"一词含义的言论。至于体现孔子运用中庸思维教书育人的实例，《论语》中有一些记载，其中《论语・先进》有一个最经典的记载："子路问：'闻斯行诸？'子曰：'父兄在，如之何其闻斯行之？'冉有问：'闻斯行诸？'子曰：'闻斯行之。'公西华曰：'由也问闻斯行诸，子曰，"有父兄在"；求也问闻斯行诸，子曰，"闻斯行之"。赤也惑，敢问。'子曰：'求也退，故进之；由也兼人，故退之。'"对于"听到后是否马上就去做"这个问题，针对冉求胆小的特点，孔子就给他壮胆，鼓励他去做；针对仲由胆量过人的特点，孔子就压压他（杨伯峻，1980，p.117）。这种针对不同人的心理特点而因材施教的做法，由于有的放矢，也吻合中庸思维，教育效果甚佳也就在情理之中了。

《论语》中也多处记载了孔子强调按中庸思维来修身以成君子的言论。《论语・尧曰》记载："子曰：'君子惠而不费，劳而不怨，欲而不贪，泰而不骄，威而不猛。"（杨伯峻，1980，p.210）《论语・述而》记载："子温而厉，威而不猛，恭而安。"（杨伯峻，1980，p.77）《论语・子路》记载："子曰：'不得中行而与之，必也狂狷乎！狂者进取，狷者有所不为也。'"（杨伯峻，1980，p.141）在这里，孔子将人的性格分为狂者（过）、中行（中）、狷者（不及）

413

三种类型，分别相当于现代心理学所讲的外倾型、中间型和内倾型三种性格类型（高觉敷，2005，p.52）。显然，孔子最想结交的人是行为修养体现中庸思维、符合中庸之道的中行者，退而求其次，才是狂者和狷者。因此，在《孟子·尽心下》中，孟子曰："孔子'不得中道而与之，必也狂狷乎！狂者进取，狷者有所不为也'。孔子岂不欲中道哉？不可必得，故思其次也。""敢问何如斯可谓狂矣？"曰："如琴张、曾皙、牧皮者，孔子之所谓狂矣。""何以谓之狂也？"曰："其志嘐嘐然，曰：'古之人，古之人。'夷考其行，而不掩焉者也。狂者又不可得，欲得不屑不絜之士而与之，是狷也，是又其次也。"（杨伯峻，2005，p.341）这里讲的中庸实为伦理的中庸，作为伦理的中庸侧重规范（田文军，2004）。

这表明，孔子虽未对中庸思维作精确定义，却讲了道德的中庸、伦理的中庸和方法的中庸这三种中庸，并为后人恰当运用中庸思维来修身和育人等树立了良好典范，可惜后人真正以孔子为楷模去准确把握中庸和运用中庸思维分析问题和解决问题者少之又少。

自孔子之后，尽管中庸内涵仍有发展（葛荣晋，1991），但其核心含义基本未变。例如，汉代学者郑玄对《中庸》的注是："中庸者，以其记中和之为用也；庸，用也。"这是说，儒家眼中的"庸"就是人伦日用，"中庸"就是在日常生活中运用"中和"的理念，追求言行在时机、氛围等方面的恰如其分，不失礼、不失态、不偏激（彭国华，2010）。汉代之后，对"中庸"一词的解释，最著名的要数北宋学者程颢和程颐以及南宋学者朱熹。据《二程集·河南程氏遗书》卷第七《二先生语七》记载，二程兄弟对"中庸"的解释是："不偏之谓中，不易之谓庸。中者天下之正道，庸者天下之定理。"（程颢，程颐，2004，p.100）稍后的朱熹极其推崇此解释，不但将之原封不动地抄录至自己的《四书章句集注·中庸章句》里（朱熹，1983，p.17），而且在《四书章句集注·中庸章句》里对"中"的解释基本上也是复制了二程兄弟的上述思想，并兼顾了二程门人吕大临的说法。吕大临说："盖中之为义，无过不及而立名。"（吕大临，1993，p.496）但对"庸"的解释，朱熹与二程稍有不同。二程说："不易之谓庸。"朱熹说："中者，不偏不倚、无过不及之名。庸，平常也。"（朱熹，1983，p.17）朱熹在《中庸或问》里对此作了说明："曰：庸字之义，程子以不易言之，而子以为平常，何也？曰：惟其平常，故可常而不可易，若惊世骇俗之事，则可暂而不得为常矣。"（朱熹，2002，p.549）可见，朱熹对"中"的解释既极其吻合孔子的本意（陈来，2007），又有字源学上的依据："中"原写作"│"或"†"，光光的一竖，像是一根棍子，当它作为一个部首用时就读作棍（gǔn），《说文》中有"│"部；棍子穿过一个圆形或方形的中心就成中央的中，也有穿过一口的，那是史所执的中（约斋，1986，p.133）。《说文·│部》："│，上下通也。"《广韵·混韵》："│，上下相通。"《说文·│部》："中，内也。从口、│，上下通。"（汉语大字典编辑委员会，2010，pp.31-32）这表明，从字形上看，"中庸"的"中"应是棍子穿过一个口字，这是会意字，其含义是指中正，不偏不倚、无过与不及，就像史官写历史那样必须秉持中正的立场。"庸"本写作"䔾"或"䔾"。《说文·用部》："庸，用也。从用，从庚。庚，更事也。《易》曰：'先庚三日。'"（汉语大字典编辑委员会，2010，p.955）许慎的这个解释不完全正确。苗夔《说文声订》谓"用亦声"是对的。"庸"与"用"双声叠韵。对"庸"字的解说应改作："'庸，用也，为人所劳役使用也。从庚用，庚，更事也，用亦声。'是会意兼形声字。"（陈初生，1987，p.401）可见，"庸"也是会意字，本义是"用"。"用"在甲骨文中写作"䏝"，《说文·用部》："用，可施行也。"（汉语大字典编辑委员会，2010，p.112）甲骨文"䏝"字中，"䏝"像用木块箍扎成的木桶，中间的一竖"†"表示桶壁上的提手，整个字形象木桶形，木桶可用，故引申为用，因此"用"的本义是"施行；使用；运用"。《尔雅·释诂上》："庸，常也。"《易·乾》："庸行之谨，庸言之信。"孔颖达疏："庸，常也。从始至末常言之，信实常行之。"（汉语大字典编辑委员会，2010，p.955）朱熹以"平常"释"庸"，除了照顾训诂的根据外，主要强调中庸是实学，中庸的道理不离人伦日用，不离日常生活中的事事物物，并认为平常的东西才是实践中能够长久的，诡异高难的东西是无法长久的，这也吻合孔子的思想，而且隐含着对佛教和道教离开人伦日用去追求高明境界的批评（陈来，2007）。这表明，"中"的本义是"（中）正"，即不偏不倚、无过与不及，也就是恰到好处之义。过与不及都不是恰到好处。例如，宋玉在《登徒子好色赋》中用"增之一分则太长，减之一分则太短；着粉则太白，施朱则太赤”之语来形容一位女子长得好，就意味着此女子的高低肤色等均是恰到好处的。恰到好处就是“中”。与此相一致，认可中庸思维方式的人一贯批评“过”与“不及”的思维方式，这表现出他们具有克制自己欲望和避免走极端的特点。这种“恰到好处”的状态与亚里士多德讲的“中道”同出一辙。亚里士多德说：“任何领域的专家都避免过犹不及，而选择其中……一件好的艺术品，不能再有丝毫增减，表示了最佳境界会被过与不及所破坏，只能由执中去维持”（张德胜，金耀基，陈海文，等，2001）。因此，依冯友兰在《新世训·道中庸》里的解释：（1）“中”没有不彻底之义。假若一事有十成，做至十成才是恰到好处，才是“中”；做了九成是“不及”，做了十一成是“过”。中庸思维告诉人们，在做任何一件有意义的事情时，若想达到最佳效率，就必须将其做到最好，既不可“60 分万岁”，也不能“90 分就心满意足”。（2）“中”里也无模棱两可之义。若甲、乙对做某事各有一意见，在这两种意见里，如果甲的意见正是做此事最恰当的方法，那么他的意见就是合乎“中”的，自不必也不能将其打对折。假若乙的意见不合乎“中”，即使打对折，仍是不恰当的。真正持中庸的人断不会这样做，而只会采纳甲的意见。（3）“中”里也没有“两端”或“中间”之义，在孔儒看来，各执一端与专执其中都有失偏颇，他们非常反对这种处事态度。（4）照“庸”的本义，“庸”既无“庸碌”，也无“庸俗”之义。（冯友兰，1996a，pp.430−433）

如果有人将中庸思维作如下六种解释，就表明他将中庸思维等同于假/伪中庸思维。假/伪中庸思维是指与中庸思维貌合神离的思维。伪中庸有六种子类型，其中“以‘权’的名义违背仁义原则随意践踏规则”留待下文探讨，这里只论余下的五种。在这五种类型里，前四种由冯友兰总结出来，第五种是笔者概括出来的：（1）将“中”误解为“不彻底”之义。如一事有十成，用“中”的人做这件事大概只作五成，若做四成，就是不及；若作六成，就是太过。“适可而止”就有不彻底之义。（2）将“中”误解为“模棱两可”之义。如，对于某事有两种相反的意见，用“中”的人一定以为这两种意见都对都不对，他把两方面的意见先打个对折，然后参酌两方面的意思，取一个折中的意见。“执两用中”、“折中”或“两面讨好”就是此义。（3）将“庸”误解为“庸碌”之义。以为儒家教人行庸道，是叫人庸碌无为，不敢有所作为。凡事“不求有

416

德

第
九
章

修
心
育
德
思
想

功,但求无过"。(4)将"庸"误解为"庸俗"之义。关于艺术方面的创作或鉴赏是所谓雅事,行庸道的人多认为这些雅事是"雕虫小技",做这些雅事会使人玩物丧志。行庸道的人所做的事或他们认为应该做的事,往高处说不过是些"伦常日用",往低处说几乎都是些柴米油盐之类的事,使得中国人较西方人要俗。这样,假若一个人将做事不彻底、遇事模棱两可、做人庸碌无能或做俗气之流视作行中庸,那就是在行假/伪中庸。在行假/伪中庸的人之中,儒家最痛恨的是乡愿之流。据《论语·阳货》记载,孔子说:"乡愿,德之贼也。"何谓乡愿呢?《孟子·尽心下》说:"非之无举也,刺之无刺也。同乎流俗,合乎污世。居之似忠信,行之似廉洁。众皆悦之,自以为是,而不可与入尧舜之道。故曰'德之贼'也。"用今天的话说,乡愿就是所谓的老好人或无原则性的高情商者,这种人的行为虽与中庸之道貌合神离,却很能鱼目混珠,以假乱真,对中庸思维的危害最大,对人的腐蚀性与对社会良俗的破坏力也最大,所以是德之贼(冯友兰,1996a,pp.430-433)。(5)将最优化问题解决方案等同中庸。中庸思维的重要目的之一是追求中庸德性,中庸德性是善的,这意味着中庸思维天然具有道义性。因此,中庸思维的结果虽意味着问题解决方案的最优化,但并非所有的最优化解决方案都是中庸思维。一方面,凡具有恶的动机、恶的结果或兼具恶的动机与恶的结果的最优化问题解决方案,其内均不含中庸思维。例如,为了成功侵占某座城市,敌方统帅考虑各种攻城方案后,叩其两端,选择一个最优化方案攻城并最终成功侵占此城,这里面体现出来的是不是中庸思维呢?当然不是!因为侵略本身就是恶,它无善可言,自然不属中庸思维。另一方面,若某种最优化问题解决方案内仅蕴含或持守中立价值观,虽然吻合西方著名童话《金发姑娘与三只熊》(*Goldilocks and the Three Bears*)中提到的"恰好合适原则"(Goldilocks principle),却不属中庸思维。例如,中医、中式饮食与中国艺术常将"叩其两端"技术运用得出神入化,不过,当它们没有被用作为民众谋福祉时,仍无法说其内蕴含中庸思维,只有将它们用于为民众谋福祉后,才能说其内蕴含中庸思维。

可见,人们面对其他思维方式时,主要有"会"与"不会"两种选择,却无"以假乱真"的可能,与此不同,面对中庸思维时,不但有"会"与"不会"两种选择,还有"以假乱真"的可能,也就是说,在现实生活中,一些人因对中庸持有误解，常将假／伪中庸思维当作中庸思维。同时，尽管中庸思维与假／伪中庸思维之间本泾渭分明，但二者可相互转换：一个原本持守中庸思维的人假若在身处某个复杂问题情境时，不能坚守起码的做人原则和"时中"原则，又吹嘘或盗用行中庸之名，就堕落成按假／伪中庸思维方式来待人或做事；反之，一个原本是用假／伪中庸思维来待人和做事的乡愿之徒，若能迷途知返，坚守做人底线，并统合考虑各方面的因素和各方面的利益，又善于按"时中"原则来待人和做事，那么他的思维方式就升华为中庸思维了。

（二）修心养性时如何奉行中庸

对先秦儒家而言，修心养性时若想奉行中庸之道，在情绪上就要做到"中节"。正如《中庸》所说："喜怒哀乐之未发，谓之中；发而皆中节，谓之和。中也者，天下之大本也；和也者，天下之达道也。致中和，天地位焉，万物育焉。"《荀子·修身》说："治气养心之术：血气刚强，则柔之以调和；知虑渐深，则一之以易良；勇毅猛戾，则辅之以道顺……"也就是主张养心要坚持中庸之道。

在先秦时期，不独儒家如此，道家亦然。《老子·二十九章》也主张修德者要做到"去甚，去奢，去泰"。《老子·五十五章》又说："终日号而嗌不嘎，和之至也。知和曰常，知常曰明。"认为整天哭叫而喉咙不嘶哑，这是由于和气极为旺盛。认识和气就识得生命的永恒规律，认识生命的永恒规律就明智。这表明老子对"和"也极为推崇。《管子·内业》说："凡人之生也，必以平正。所以失之，必以喜怒忧患，是故止怒莫若诗，去忧莫若乐，节乐莫若礼，守礼莫若敬，守敬莫若静。内静外敬，能反其性，性将大定。"可见，宋尹学派同样主张修心育德要坚持平正的原则，并认为使心情平和中正的关键是节制情欲。

先秦儒、道两家都提倡修心育德要坚守中庸之道，秦汉之后的学者也多继承了此思想。如董仲舒在《春秋繁露·循天之道》中说：

> 循天之道，以养其身，谓之道也。天有两和以成二中，……中者，天地之所终始也。而和者，天地之所生成也。夫德莫大于和，而道莫正于中。中者，天地之美达理也，圣人之所保守也。……是故能以中和理天

下者，其德大盛。

认为"夫德莫大于和"，对以"和"（实质上也是一种中庸之道，因和具有适中、恰到好处之义）修德的思想推崇备至！《刘子新论·和性》说："夫欧冶铸剑，太刚则折，太柔则卷。欲剑无折，必加其锡；欲剑无卷，必加其金。何者？金性刚而锡质柔，刚柔均平，则为善矣。……人之含性，有似于兹。刚者伤于严猛，柔者失于软懦，缓者悔于后机，急者败于懁促。故……理性者，使刚而不猛，柔而不懦，缓而不后机，急而不懁促，故能剑器兼善而性气淳和也。"用"铸剑"的过程来阐明"理性"要遵循刚柔相济的道理。此观点为全真教教主王重阳所继承。王重阳认为，炼性（心）也要做到"得中"。《重阳立教十五论·第九论炼性》说："理性如调琴，弦紧则有断，慢则不应，紧慢得中，琴可调矣。则又如铸剑，钢多则折，锡多则卷，钢锡得中，则剑可矣。调炼性者，体此二法，则自妙也。"王廷相在《雅述上篇》里说："过于喜则荡，过于怒则激，心气之失其平，非善养者也。惟圣人虚心以应物，而淡然平中焉。"也是主张养心要做到心气平和。

中国传统文化推崇中庸之道。这一特点与印度文化和西方文化有相通之处。据《杂阿含经》卷第九记载，佛陀说："精进太急，增其掉悔；精进太缓，令人懈怠；是故汝当平等修习摄受，莫着、莫放逸、莫取相。"（韦政通，1988，p.96）这与孔子讲的"狂"、"中行"与"狷"之说相通。西方哲人除康德等极少人外，也多主张"德性就是中庸"。其典型代表是亚里士多德。

在一切连续的和可分的东西中，既可取其多，也可取其少，还可取其相等。这一些部分既可以是对事物自身，也可以是相对于我们。而相等就是过多和过少的中间。我所说的事物的中间，就是指与两端距离相等之点，这个中点对一切入都是单一的、相同的。至于相对于我们的中间，就是既非过度，也非不及。这样的中间对一切人并不是单一的，也不是相同的。设若10是多，2是少，那么就事物而言，人们取6就是中间。因为6减去2和10减去6是相等的。不过这是就数学比例而言的相等。若是对我们而言就不能这样办。不能因为10斤的食品为多的一份，2斤的食品为少的一份，教练就指定6斤的食品。因为对于特定的接受者运动员来说，6斤既可能多，也可能少。对于大力士麦隆来说就少了，对

419

于初参加运动的来说又多了。这同样适用于赛跑和摔跤。所以，一切有识之士都在避免过多和过少，而寻求中道和选取中间。当然不是事物的中间，而是对我们的中间。如若一切科学工作都是这样来完成的，它们必须瞄准中间，并把它当作衡量其成果的标准（从而人们对于优秀成果的评论，习惯说增一分则过长，减一分则太短。这就是说，过度和不及都是优美的破坏，只有中道才能保持它）。如若一个技师，如我们所说那样，以中道为标准而工作，又如若德性和自然一样，要比一切技术都准确和良好，那么，德性就是对中间的命中。

我说的是伦理德性，因为它关系到情感和行为，而在这里是存在着过度、不及和中间的。例如，一个人恐惧、勇敢、欲望、愤怒或怜悯，总之感到痛苦和快乐，这些情感可能过多，也可能过少，两者都是不好的。然而若是在应该的时间，据应该的情况，对应该的人，为应该的目的，以应该的方式来感受这些情感，那就是中道，是最好的，它属于德性。在行为中同样存在着过度、不及和中间。德性与情感和行为相关，在这里过度和不及会犯错误，而中道会受到称赞，并达到成功。受称赞和成功就是德性的标志。所以德性就是中道，是对中间的命中。此外，过失是多种多样的（正如毕达戈拉斯派所猜想，恶属于无限，善属于有限）。正确只有一个（所以，失败容易，成功困难，打不中目标容易，打中目标困难）。由此可见，过度和不及都属于恶，中道才是德性：

美好是单纯的，丑恶是杂多的。

德性作为相对于我们的中道，是一种决定着对情感和行为的选择的品质，它受到理性的规定像一个明智的人那样提出要求。中道在过度和不及之间，在两种恶事之间。在情感和行为中都存在着对应有限度的不及和超过，德性则寻求和选取中间。所以，不论是从实体上说，还是从本质上说，德性都是中道，是最高的善和极端的正确。

……

在恐惧和自信之间是勇敢。一个人若天不怕地不怕，也就无以名之（有许多东西是无名的）。一个人由于过度自信就变成鲁莽，一个人由于过度恐惧就自信不足，变得怯懦。至于快乐和痛苦（这里不是指它们的全部，更不是指全部痛苦）；它们的中道是节制，过度的快乐是放纵。我们很少见到快乐不及的人，因此像这样的情况尚没有名称，姑且称之为冷漠吧。在财富的接受和支付上，中道是慷慨，过度了变成挥霍，不及了就变成吝啬。这两种人的过度和不及是相反的，吝啬的人在收入上是过度的，在支付上是不足的。挥霍的人则相反，在收入上是不足的，在支付上是过度的。（亚里士多德，1990，pp.32-35）

首先让我们来考察这样一个问题，那就是道德品质，自然也要被过度和不及所破坏。现在让我们用明显的事物，作为这些不明显事物的例证。我们在体力和健康方面就可以看到，锻炼过多或过少都会损害体力；饮食过多或过少都会损害健康。唯有适度才能造成、增进和保持它们。对于节制、勇敢以及其他德性，也是如此。一切都回避、一切都惧怕、什么都不敢坚持，就会变成懦夫。反之，天不怕地不怕、横冲直撞，就会变成莽汉。有的人沉湎于一切快乐而不能自拔而成为放纵，有的人则如一个苦行者，回避一切快乐而成为一个淡漠无情之人。这就足以证明，节制和勇敢被过度和不及所破坏，而为中道所保存。（亚里士多德，1990，pp.27-28）

可见，中国先哲力倡德性就是中庸的理念，实也是印度哲人和西方多数哲人力倡的德性理念。既然如此，今天的中国人在修心以育德时，不应因惧怕"中庸"的难以为之而干脆放弃它或是自甘堕落为"乡愿"之徒，在这个问题上的合理态度宜是"明知山有虎，偏向虎山行"。当然，为免歧义或误解，在向今人阐明修德需坚守中庸之道的理念时，还要强调中庸思维本身就具有道义性，所以追求中庸德性并无这样的含义：善与恶之间只是量的差别，而无质的不同。一个人若对中庸德性作这后一种理解，那也是一种误解或歪曲！正如亚里士多德所说：

并不是每项实践与感情都有适度的状态。有一些行为与感情，其名称就意味着恶，例如幸灾乐祸、无耻、嫉妒，以及在行为方面，通奸、偷窃、谋杀。这些以及类似的事情之所以受到谴责，是因为它们被视为自身即是恶的，而不是由于对它们的过度或不及。所以它们永远不可能是正确，并永远是错误。在这些事情上，正确与错误不取决于我们是否是同适当的人、在适当的时间或以适当的方式去做的，而是只要去做这些事就是错误的。如果认为，在不公正、怯懦或放纵的行为中也应当有适度、过度与不及，这也同样荒谬。因为这样，就会有一种适度的过度和适度的不及，以及一种过度的过度和一种不及的不及了。但正如勇敢与节制方面不可能有过度与不及——因为适度在某种意义上也是一个极端——一样，在不公正、怯懦或放纵的行为中也不可能有适度、过度与不及，因为一般地说，既不存在适度的过度与适度的不及，也不存在过度的适度和不及的适度。（亚里士多德，2003，p.48）

第二节　修心育德的方法

怎样修心育德呢？综观先哲对这一问题的论述，主要提出了十一种方法，其中"节情法"上文已有阐述，"力行法"下文将作探讨，下面只阐释其他九种方法。

一、"养心莫善于寡欲"：寡欲法

寡欲法，是指通过减少欲望或节制欲望来修心养性的育德方法。先哲或认为不好的欲望往往能干扰良心的正常活动，是产生不道德行为的根源；或认为欲望能干扰人们正常的认知活动，导致人们在认知上发生偏差，产生偏见或错误的认识。（罗国杰，1995，p.275）这样，在中国传统文化中，寡欲以养心育德的思想可以说得上是源远流长。《周易·损》象辞说："君子以惩忿窒欲。"主张君子要制止忿怒，杜塞贪欲。尽管儒、道（含道教）、释诸家对"心"的含义的看法有较大出入，但是几乎各家都主张要通过寡欲来修心育德。因先秦道家的寡欲法在前文已有论述，为免累赘，这里不多讲。

先秦时期儒家诸子都赞成寡欲（或节欲）以养心育德。孔子提倡节欲以修德，要求修德者要根据每个年龄阶段身心发展的特点，排除可能危及自己品德的灾害（色、斗、得），这实际上是开了阶段节欲修德之先河。《论语·季氏》说："君子有三戒：少之时，血气未定，戒之在色；及其壮也，血气方刚，戒之在斗；及其老也，血气既衰，戒之在得。"据《论语·颜渊》记载，孔子又说"克己复礼为仁"，认为一个人只有克制自己的各种欲望，规范自己的各种言行，才能达到"仁"的道德修养境界。为此，据《论语·颜渊》记载，孔子主张修养道德的具体方法之一就是"四勿"："非礼勿视，非礼勿听，非礼勿言，非礼勿动。"对此，王廷相曾在《雅述上篇》里作了透彻分析："《论语》：'非礼勿视，非礼勿听，非礼勿言，非礼勿动。'以克去己私，是教人动而省察之功也。能如是，则己克而一私不行，可以妙物来顺应之用矣。圣人养心慎动之学莫大于此。"同时，《尸子·处道》记载："孔子曰：'……国乱，则择其邪人去之，则国治矣；胸中乱，则择其邪欲而去之，则德正矣。'"（尸佼，2006，p.42）当然，孔子也认识到节欲以修心育德要经历漫长的过程，不可能一蹴而就。孔子曾深有体会地说"（吾）七十而从心所欲，不逾矩"，认为自己只是到了70岁，节欲修心育德才达到"从心所欲，不逾矩"的境界。孟子从人性本具善端说出发，认为一个人的善性之所以不彰显，主要是被他的欲望遮盖，要养其与生俱来的善心，最佳的方法就是减少欲望。《孟子·尽心下》说："养心莫善于寡欲。其为人也寡欲，虽有不存焉者，寡矣；其为人也多欲，虽有存焉者，寡矣。"荀子在《正名》篇中明确提出节欲说："性者，天之就也；情者，性之质也；欲者，情之应也。以所欲为可得而求之，情之所必不免也；以为可而道之，知所必出也。……欲虽不可尽，可以近尽也；欲虽不可去，求可节也。"反映到德育领域，就是主张节制情欲以修德。《荀子·正名》说："心平愉，则色不及佣而可以养目，声不及佣而可以养耳，蔬食菜羹而可以养口，粗布之衣、粗𫄸之履而可以养体，屋室、庐庾、葭稿蓐、尚机筵而可以养形。"《礼记·曲礼上》说："敖不可长，欲不可从，志不可满，乐不可极。"它成为后人论克己修心的名言警句。

秦汉至隋唐时期学者也多继承了先秦寡欲修心育德的思想。如《淮南子·原道训》说："人生而静，天之性也。感而后动，性之容也。物至而神应，知之动也；知与物接而好憎生焉，好憎成形而知诱于外，不能反己而天理灭矣。"《淮南子·主术训》主张："是故非澹薄无以明德，非宁静无以致远。"董仲舒在《春秋繁露·身之养重于义》里主张："义以养其心。"诸葛亮在《诫子书》里说："夫君子之行，静以修身，俭以养德，非淡泊无以明志，非宁静无以致远。"葛洪在《抱朴子内篇·道意》里说："人能淡默恬愉，不染不移，养其心以无欲，颐其神以粹素，扫涤诱慕，收之以正，除难求之思，遣害真之累，薄喜怒之邪，灭爱恶之端，则不请福则福来，不禳祸而祸去矣。"

宋明理学家继承了孟子"养心莫善于寡欲"的观点，极力主张克私欲以修德。如据《二程集·河南程氏外书》卷第三《陈氏本拾遗》记载，二程说："'养心莫善于寡欲。'多欲皆自外来，公欲亦寡矣。"（程颢，程颐，2004，p.366）《二程集·河南程氏遗书》卷第六更认为："忿欲忍与不忍，便见有德无德。"（程颢，程颐，2004，p.85）朱熹赞同孟子"养心莫善于寡欲"的观点。《朱子语类》卷第六十一记载："敬之问：'"养心莫善于寡欲"，养心也只是中虚。'（朱熹答，引者注）曰：'固是。……'"同时，他们又将孟子"养心莫善于寡欲"的思想推向了新高度，提出了"明天理，灭人欲"的主张。如张载在《正蒙·诚明篇》里主张："知德者属厌而已，不以嗜欲累其心，不以小害大，末丧本焉尔。"在《经学理窟·义理》里，张载又说："今之人灭天理而穷人欲，今复反归其天理。"据《二程集·河南程氏遗书》卷第二十五记载，程颐认为："甚矣欲之害人也。人之为不善，欲诱之也。诱之而弗知，则至于天理灭而不知反。故目则欲色，耳则欲声，以至鼻则欲香，口则欲味，体则欲安，此皆有以使之也。然则何以窒其欲？曰思而已矣。学莫贵于思，唯思为能窒欲。曾子之三省，窒欲之道也。"（程颢，程颐，2004，p.319）于是，据《二程集·河南程氏遗书》卷第二十四记载，程颐主张："人心私欲，故危殆。道心天理，故精微。灭私欲则天理明矣。"（程颢，程颐，2004，p.312）《朱子语类》卷第十二说："圣贤千言万语，只是教人明天理，灭人欲。"程朱理学家的此主张尽管经由封建统治者别有用心的歪曲宣扬，在随后几百年封建社会中起到了扼杀人性的不良影响，但是在程朱理学家当初提出此主张时本也有一定的合理之处。因程朱理学家只主张灭人的不好的欲望，至于好的欲望他们也还是提倡应该有的。如《朱子语类》卷第十三说："人之一心，天理存，则人欲亡；人欲胜，则天理灭，未有天理人欲夹杂者。"但朱熹在《孟子集注·梁惠王章句下》里又说："盖钟鼓、苑囿、游观之乐，与夫好勇、好货、好色之心，皆天理之所有，而人情之所不能无者。"《朱子语类》卷第十三明确主张："饮食者，天理也；要求美味，人欲也。"可见，在朱熹的言论中，天理实可指"饮食"之类的欲，而人欲则指"要求美味"之类的欲。这里须特别指出，《论语·乡党》记载："食不厌精，脍不厌细。食饐而餲，鱼馁而肉败，不食。色恶，不食。臭恶，不食。失饪，不食。不时，不食。割不正，不食。不得其酱，不食。肉虽多，不使胜食气。唯酒无量，不及乱。沽酒市脯不食。不撤姜食，不多食。"可见，孔子是个美食家。《论语·先进》记载："颜渊死，颜路请子之车以为之椁。子曰：'才不才，亦各言其子也。鲤也死，有棺而无椁。吾不徒行以为之椁。以吾从大夫之后，不可徒行也。'""颜渊死。子曰：'噫！天丧予！天丧予！'""颜渊死。子哭之恸。从者曰：'子恸矣！'曰：'有恸乎？非夫人之为恸而谁为？'""颜渊死，门人欲厚葬之。子曰：'不可。'门人厚葬之。子曰：'回也视予犹父也，予不得视犹子也。非我也，夫二三子也。'"根据上述记载可知，以行丧礼为例，在孔子看来，礼当贫富有宜。尽管颜渊是自己最得意的学生，颜渊早死让自己很悲伤，不过，颜渊家贫，所以，当颜渊的父亲颜路（也是孔子的学生）请求孔子卖掉车子来替颜渊置办外椁时，孔子没有答应，理由是自己曾经做过大夫，不可以步行，因此当自己的唯一儿子孔鲤 50 岁死后（孔鲤死时，孔子已 70 岁），也是有棺无椁。而当门人欲厚葬颜渊时，孔子也不赞成，尽管门人最终还是厚葬了颜渊（杨伯峻，1980，pp.111-113）。作为孔子的虔诚信徒，作为《四书章句集注》的作者，朱熹对《论语》的上述言论肯定是烂熟于心且高度认同，由此推论，朱熹这样说并不是鼓励大家摒弃美好生活，都过苦行僧的生活。"存天理，灭人欲"的实质是，主张个体在追求欲望满足时宜依礼而行，并根据自己的实际情况量力而行，不要贪求超出自己财力的奢侈之物。若将"存天理，灭人欲"作如此理解，它就具有永恒价值。毕竟，正如圣雄甘地所说："世界上的东西足以满足每个人的需要，但不足以满足每个人的贪欲。"（There is enough on earth for everybody's need, but not for everyone's greed.）因为衡量天理与人欲的标准既有一定的时代性和文化差异性，也有一定的个体差异性。以饮食为例，美食既有一定的客观标准，更有较强的主观评判，而且评判美食的标准既有一定的时代性和文化差异性，更有较大的个体差异性。从评判美食标准的时代性角度讲，对生活在盛世的人们而言，鲍鱼也许只能算是一种普通食材，但对生活于乱世的贫困家庭而言，鲍鱼估计算高不可攀的美食了。从评判美食标准的文化差异性角度讲，中国人以燕窝、鱼翅为美食，西方人以鱼子酱、鹅肝为美食。从美食的客观标准看，一般人多会将山珍海味视作美食，却不会将粗茶淡饭视作美食。从美食的主观评判看，凡张三平日经常吃的食物，哪怕在旁人看来是山珍海味，对张三而言也算不上是美食；只有那些张三平日吃得少或从未吃过的食物，哪怕在旁人看来仅仅是粗茶淡饭，对张三而言才可能是美食。美食也有较大的个体差异性，它不但体现在不同人有不同的饮食偏好外，更体现在不同人因经济状况不同，导致其眼中的美食也不同：对穷人而言，正餐有猪肉或鱼吃就属美味；对富人而言，正餐有高档牛排并配高档红酒可能才算美味。因此，饿了吃在自己经济承受能力范围内的食物属天理，饿了想吃超出自己经济承受能力范围外的美食属人欲。放纵人欲，极易弄得个体财尽、人心坏，当然要灭掉人欲。朱熹的这一思想被其后的理学家继承和发展。如王夫之在《读四书大全说·论语·里仁篇》中说："只理便谓之天，只欲便谓之人。饥则食，寒则衣，天也。食各有所甘，衣亦各有所好，人也。""饥则食"之类的欲之所以是天理，是由于它们是维持人的生存所必需的（这种欲若不能满足，人就会被饿死或冻死），因而是合礼的；"食各有所甘"之类的欲则并非人生存所必需，所以是人欲。

可见，在宋明理学中，"欲"与"人欲"尽管只有一字之差，但其含义则截然不同。理学家讲的"欲"，一般是指人的欲望或需要；"人欲"一般是指人的私欲，即人的不合乎"礼"的欲望或需要（汪凤炎，1999）。划分好的欲与不好的欲的标准，则是维护封建统治的"礼"。正如《朱子语类》卷第四十所说："同是事，是者便是天理，非者便是人欲。如视听言动，人所同也。非礼勿视听言动，便是天理；非礼而视听言动，便是人欲。"因此，王安石才在《礼乐论》中说："养生以为仁，保气以为义，去情却欲以尽天下之性，修神致明以趋圣人之域。圣人之言，莫大颜渊之问，'非礼勿视，非礼勿听，非礼勿言，非礼勿动'，则仁之道亦不远也。"但是，"非礼勿听，非谓掩耳而避之，天下之物不足以干吾之聪也；非礼勿视，非谓掩目而避之，天下之物不足以乱吾之明也；非礼勿言，非谓止口而无言也，天下之物不足以易吾之辞也；

非礼勿动，非谓止其躬而不动，天下之物不足以干吾之气也"（王安石，1992，p.28）。这说明，孔子的非礼勿视、勿听、勿言、勿动，假若不能正确把握其实质，简单地将之教条化，就会成为吃人的礼教，束缚人的心灵。经王安石的解释后，将"四勿"之说中潜藏的让人消极躲避外物的思想去掉了，变成鼓励人们去看、去听、去言、去动外物，只是要凭"良心"去看、去听、去言、去动外物，只是不要被外物（即贪欲）迷惑了自己的心智（贺麟，1988，pp.288-293）。这表明，王安石对"四勿"的认识较之前人有所发展。

另外，在对待理、欲、人欲三者的态度上，宋明时期其他理学家其实也多持与程朱理学家类似的主张，即多认为理与欲是统一，而天理与人欲是对立的，故应存理而节欲和灭人欲。假若理学家按照这样的方式——先界定理与欲和人欲的内涵，再辨析理与欲和人欲之间的关系，最后论及对待理与欲和人欲的态度——去探讨理与欲和人欲的问题，他们就不会发生争论了（汪凤炎，1999）。例如，陆九渊继承孟子性本善的思想，认为人心本是纯善的，但自我常常受到私欲的影响，若不加克制，容易诱导人作恶。于是，陆九渊继承孔子"克己复礼"的思想，提倡通过"克己"的功夫来发明人之本心。陆九渊说："夫子曰：'一日克己复礼，天下归仁焉。'此复之初也。钧是人也，己私安有不可克者？顾不能自知其非，则不知自克耳。"（陆九渊，1980，p.2）主张"克己复礼"之"克"是克制"己私"，"复"是恢复到人的本体之心。要做好"克己"功夫，首先必须做到"自知其非"，即认识到自己的私欲。自己的私欲是"克己"功夫的对象，如果不能够认识到这一点，当然就无法做好"克己"之功。陆九渊则进一步阐述了"克己"功夫的目的、所能达到的境界以及影响因素。陆九渊说："颜子……问仁之时，夫子语之，犹下克己二字，曰'克己复礼为仁'。又发露其旨，曰'一日克己复礼，天下归仁焉'。既又复告之曰：'为仁由己，而由人乎哉？'吾尝谓此三节，乃三鞭也。"（陆九渊，1980，p.379）这告诉人们，"克己"的目的是达到仁的境界；一旦达到仁的境界，就可"天下归仁焉"。不过，克制自己的私欲毕竟是比较痛苦的，通过实施"克己"功夫达到仁的境界，关键不是靠别人，而是要依靠自己的主动性和坚强意志。陆九渊也用"剥落"来形象地形容克己功夫。陆九渊认为，人们存在种种有害于善心的物欲或"意见"，必须采取"剥落"的功夫来予以消除。陆九渊说：

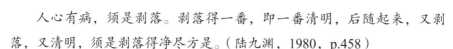

　　人心有病，须是剥落。剥落得一番，即一番清明，后随起来，又剥落，又清明，须是剥落得净尽方是。（陆九渊，1980，p.458）

　　夫所以害吾心者何也？欲（此处"欲"实指"人欲"，引者注）也。欲之多，则心之存者必寡；欲之寡，则心之存者必多。故君子不患夫心之不存，而患夫欲之不寡，欲去则心自存矣。然则所以保吾心之良者，岂不在于去吾心之害乎？（陆九渊，1980，p.380）

　　此心本灵，此理本明，至其气禀所蒙，习尚所梏，俗论邪说所蔽，则非加剖剥磨切，则灵且明者曾无验矣。（陆九渊，1980，p.173）

可见，"剥落"功夫就是去除私欲。私欲多了，人的善心就无法显露出来。"剥落"私欲，人的善心自然显露。这表明，"剥落"功夫与"克己"功夫一样，都是为了发明本心。"剥落"这个词本身就意味着私欲与人的本心并不是一体的，而是两种物体，私欲是后天外来的，正因为它们是两个物体，才有剥落的可能。同时，"剥落"又是一个长期反复进行的过程，即剥落一番之后，蒙蔽本心的"欲"又会起来，又需再剥落一番，如此循环往复，直至剥落得净尽、达到彻底"清明"为止。另外，"剥落"既须明师良友的帮助，更须个体的自我努力，个体只有"自省、自觉、自剥落"，才能达到"切己自反，改过迁善"的目的。

　　王守仁也认为，人之本心来源于天，人与万物是同为一体的。但现实中的人心受到私欲的影响，产生了私我，把自我与他人及外物分隔开，体悟不到天人合一的境界。要重新恢复对天人合一境界之体悟，就必须恢复本心，而重要的途径就是去除私欲。王守仁说："推其天地万物一体之仁以教天下，使之皆有以克其私，去其蔽，以复其心体之同然。"（王守仁，1992，p.54）"须是克去己私，真能以天地万物为一体。"（王守仁，1992，p.220）"仁者以天地万物为一体，莫非己也，……君子之学，为己之学也。为己故必克己，克己则无己。"（王守仁，1992，p.272）"夫为大人之学者，亦惟去其私欲之蔽，以自明其明德，复其天地万物一体之本然而已耳。"（王守仁，1992，p.968）王守仁进而把儒者成圣之学称为"为己之学"，其根本途径是"克己"。这里，前一个"己"为发明本心的自我，后一个"己"是受私欲影响，只考虑自己私利的私我。为了便于区分两种"己"，王守仁又将前者称为"真吾"，后者称为"私吾"。王守仁说：

> 夫吾之所谓真吾者，良知之谓也。父而慈焉，子而孝焉，吾良知所好也；不慈不孝焉，斯恶之矣。言而忠信焉，行而笃敬焉，吾良知所好也；不忠信焉，不笃敬焉，斯恶之矣。故夫名利物欲之好，私吾之好也，天下之所恶也；良知之好，真吾之好也，天下之所同好也。（王守仁，1992，p.250）

可见，"真吾"等同于良知，即人之善心已经完全显露、私欲已经完全去除之后，人完全按良知行动的"我"。"私吾"指善心被私欲蒙蔽无法显露，行为与伦理道德不相吻合的"我"。王守仁的"克己"功夫就是要去除"私吾"，成就"真吾"。将王守仁的"真吾"与"私吾"思想和弗洛伊德人格结构理论相比较，可以看出中西学人在这个问题上的差异：一方面，王守仁与弗洛伊德所讲的人格或自我结构有差异。弗洛伊德将我分为本我、自我和超我。其中本我是先天的、潜意识的，以满足欲望为目的的。超我是后天社会道德教育内化产生的我。自我对本我和超我起到调节作用。从功能上来说，王守仁的"真吾"虽类似于弗洛伊德的超我，"私吾"类似于其本我，不过，"真吾"与"私吾"均是自我的表现形式，而不是在自我之上有"真吾"，在自我之下有"私吾"。另一方面，王守仁与弗洛伊德在关于人的品德以及欲望的来源认识上有差异。王守仁认为，"真吾"是天所赋予的，因此是天生的，而不是后天教化的结果。而"私吾"（人的欲望）倒是受到后天外界不良环境因素的影响，激发了人的私欲产生的。这一见解与弗洛伊德在人的品德与欲望来源上的看法恰好相反。这直接导致他们对待道德自我与本我或"私吾"的态度不同。在弗洛伊德的人格理论中，欲望是天生的，所以弗洛伊德对于欲望的态度较王守仁要宽容得多，主张对待欲望有三种常用手段：一是适度压抑（repression）（但不能过分压制）；二是有控制地释放欲望冲动；三是升华。自我不能完全偏向超我，也不能完全偏向本我。自我若完全偏向本我，这个人就不能适应社会；自我若完全偏向超我，就压抑了天生的本我，使人彻底丧失了人的本性。自我应该在超我和本我之间保持一种动态平衡。与此不同，在王守仁的理论中，"真吾"是天生的，除了人的基本需求之外，其他多余的欲望都是后天影响产生的私欲。既然"真吾"是天生的，而且是符合社会需求的，所以王守仁对于后天形成的私欲持完全排斥的态度，主张应该把私欲完全清除，一旦彻底消除了自我的私欲，剩下的就是纯粹的天生的道德本心。这就是王守仁所讲的"克己"功夫。可见，王守仁的"克己"功夫与弗洛伊德对待欲望的态度不一样。

有了上述认识，王守仁推崇孔子和陆九渊所讲的"克己"功夫。《传习录上》记载：

萧惠问："己私难克，奈何？"先生曰："将汝己私来，替汝克。"先生曰："人须有为己之心，方能克己。能克己，方能成己。"萧惠曰："惠亦颇有为己之心，不知缘何不能克己？"先生曰："且说汝有为己之心，是如何？"惠良久曰："惠亦一心要做好人，便自谓颇有为己之心。今思之，看来亦只是为得个躯壳的己，不曾为个真己。"先生曰："真己何曾离着躯壳？恐汝连那躯壳的己也不曾为。且道汝所谓躯壳的己，岂不是耳目口鼻四肢？"惠曰："正是。为此，目便要色，耳便要声，口便要味，四肢便要逸乐，所以不能克。"先生曰："美色令人目盲，美声令人耳聋，美味令人口爽，驰骋田猎令人发狂，这都是害汝耳目口鼻四肢的，岂得是为汝耳目口鼻四肢？若为着耳目口鼻四肢时，便须思量耳如何听，目如何视，口如何言，四肢如何动。必须非礼勿视、听、言、动，方才成得个耳目口鼻四肢，这个才是为着耳目口鼻四肢。汝今终日向外驰求，为名为利，这都是为着躯壳外面的物事。汝若为着耳目口鼻四肢，要非礼勿视听言动时，岂是汝之耳目口鼻四肢自能勿视听言动？须由汝心。这视听言动，皆是汝心。汝心之视，发窍于目。汝心之听，发窍于耳。汝心之言，发窍于口。汝心之动，发窍于四肢。若无汝心，便无耳目口鼻。所谓汝心，亦不专是那一团血肉。若是那一团血肉，如今已死的人，那一团血肉还在，缘何不能视听言动？所谓汝心，却是那能视听言动的。这个便是性，便是天理。有这个性才能生，这性之生理便谓之仁。这性之生理，发在目便会视，发在耳便会听，发在口便会言，发在四肢便会动，都只是那天理发生，以其主宰一身，故谓之心。这心之本体，原只是个天理，原无非礼。这个便是汝之真己。这个真己是躯壳的主宰。若无真己，便无躯壳。真是有之即生，无之即死。汝若真为那个躯壳的己，必须用着这个真己，便须常常保守着这个真己的本体。戒慎不睹，恐惧

430

不闻，惟恐亏损了他一些，才有一毫非礼萌动，便如刀割，如针刺，忍耐不过。必须去了刀，拔了针，这才是有为己之心，方能克己。汝今正是认贼作子，缘何却说有为己之心，不能克己？"

可见，所谓"躯壳的己"，指体现在人的耳、目、口、鼻、四肢中的自己，它相当于现代心理学所讲的"身体我"。所谓"真己"，指体现在人的良心中的自己。它相当于心理学所讲的"道德我"。在王守仁看来，"躯壳的己"与"真己"的关系是，"真己"是"躯壳的己"的主宰。"若无真己，便无躯壳。真是有之即生，无之即死。"但是，人之常情是"目便要色，耳便要声，口便要味，四肢便要逸乐"，一个人一旦过于贪求这些，就会导致如下严重后果："美色令人目盲，美声令人耳聋，美味令人口爽，驰骋田猎令人发狂，这都是害汝耳目口鼻四肢的"。为此，王守仁主张，人们若要保护好自己的"躯壳的己"，就必须依自己的良心来对外界的诱因作出合乎道德要求的判断、选择与行动："若为着耳目口鼻四肢时，便须思量耳如何听，目如何视，口如何言，四肢如何动。必须非礼勿视、听、言、动，方才成得个耳目口鼻四肢，这个才是为着耳目口鼻四肢。"王守仁主张修德者要用"良心"（即"真己"）来指导"躯壳的己"，并提倡个体要自觉、自愿、自己排除万难去克"躯壳的己"，这体现了儒家文化带有强烈的自律而不是他律的色彩，于是儒家也自然重视自我心性修养功夫，这是儒学的高明之处。

由于去掉心中的杂念和妄念（实为种种不合理的欲），就能达到心净的境界，心"净"的同时，心实也就纯真纯善了。这样，有些思想家或论著就提以净养心。如《坛经·坐禅品》说："人性本净，由妄念故，盖覆真如。但无妄想，性自清净。"所以，禅宗主张修佛就是净心，即去掉心中妄念与情欲，自悟本心，就可成佛。《坛经·疑问品》说："人有两种，法无两般。迷悟有殊，见有迟疾。迷人念佛，求生于彼，悟人自净其心。所以佛言：'随其心净，即佛土净。'使君东方人，但心净即无罪。虽西方人，心不净亦有愆。东方人造罪，念佛求生西方；西方人造罪，念佛求生何国？凡愚不了自性，不识身中净土，愿东愿西，悟人在处一般。所以佛言：'随所处恒安乐。'"为了净心，佛家弟子都要受戒和守戒，这实际上也是为了让他们清心寡欲以修心。

又因为心净的同时，心实也入静了；再者，就字义而言，净与静都有清洁之义，这样也有思想家主张清静养心。如上文诸葛亮曾说："夫君子之行，静以修身，俭以养德，非淡泊无以明志，非宁静无以致远。"全真教教主王重阳在《重阳立教十五论·第八论降心》中说："凡论心之道，若常湛然，其心不动，昏昏默默，不见万物，冥冥杳杳，不内不外，无丝毫念想，此是定心，不可降也。若随境生心，颠颠倒倒，寻头觅尾，此名乱心也。速当剪除，不可纵放，败坏道德，损失性命。住行坐卧，常勤降闻见知觉，为病患矣。"可见，清静养心法实质上仍是一种寡欲养心育德法。正如吴廷翰在《吉斋漫录》卷上里所说："'主静'之'静'，只以'无欲'言之为当。盖'五性感动而善恶分，万事出'者，以有欲故也。有欲则为动。'圣人定之以中正仁义而主静'，无欲故也。无欲则为静。盖有欲则虽静亦动，无欲则虽动亦静。"

也有学者主张通过义来达到修心的目的。如据《二程集·河南程氏遗书》卷第二十一下《附师说后》记载，程颐说："不动心有二：有造道而不动者，有以义制心而不动者。此义也，此不义也。义吾所当取，不义吾所当舍，此以义制心者也。义在我，由而行之，从容自中，非有所制也，此不动之异。"（程颢，程颐，2004，p.273）程颐讲的这两种"不动心"方法的相同点是，都通过义而达到，即当取则取，当舍则舍，不贪欲而动，这仍是一种寡欲养心法。其不同之处是，"造道而不动者"是一种自愿的方法，"以义制心而不动者"是一种带有一定强迫性的方法。王守仁等人提倡通过收心——用理智调制心——的途径来修心育德。如据《传习录·附录·朱子晚年定论·答周纯仁》记载，王守仁说："又如多服燥热药，亦使人血气偏胜，不得和平，不但非所以卫生，亦非所以养心。窃恐更须深自思省，收拾身心，渐令向里，令宁静闲退之意胜，而飞扬燥扰之气消，则治心养气，处世接物，自然安稳。"说法虽有差别，实也是一种寡欲养心法。

综上所述，尽管儒、道、佛诸家的理论依据不一致，各家的说法也有一定差别，但透过现象看本质，各家学者多主张通过寡欲的方法来修心育德，这使得寡欲法在中国传统文化中成为一种重要的修心育德方法。若联系中国古代的经济境况看，这也不奇怪。因为中国古代社会的经济基础是自给自足的农业经济，虽然随着时代的发展，生产力也有一定的发展，但从总体上看，中国古代生产力的发展水平相对而言是较低的，如自战国开始的以牛耕田的情形一直延续下来，在21世纪的中华大地上仍有不少农村在使用。对农业而言，气候是关键因素之一。但是，中国文明的摇篮——黄河与长江中下游地区——由于受梅雨天气和台风的影响较大，这两个地区极易发生旱灾与水灾。据水利部统计，从公元前206年到1949年，中国发生过1029次大水灾，一片汪洋，生灵殆尽；发生过1056次大旱灾，赤地千里，饿殍遍野（宋健，1996）。可见，中国自公元前206年至1949年的岁月里，平均每隔1年多的时间就发生一次大水灾或大旱灾。广为流传的诸如"后羿射日"和"大禹治水"之类的故事也都说明，自远古时期起我们的祖先就一直在与旱灾和水灾搏斗（中国近几年经常发生旱灾或水灾的事实也说明了这一点）。另外，中国地域的季节性强，从耕种到收获的每一个生产过程都要在较短的时间内快速完成，时令稍失收成就要受到威胁，如中国至今仍在使用的农历中有"芒种"节令，"芒种"即"忙种"之义。"芒种"到来便意味着中国从南到北的农民开始了忙碌的田间或地间生活。正如农谚所说："芒种芒种，连收带种。""麦到芒种谷到秋，豆子寒露用镰钩。""春争日、夏争时，麦收宜早不宜迟。"直至现在，"芒种"时节正是北方麦收之际，鲁北平原素有"麦熟一响，龙口夺粮"的说法，这是说，小麦一旦成熟，就须抢割、抢打、抢晒、抢入库，以防这个时节的天气一天三变脸（包括农民最担心的麦收三怕：雹砸、雨淋、大风刮）给收成带来的损失。在中国江南的一些农村，西历每年7月中下旬（一般不能晚于西历8月1日）仍有一年一度抢收抢种的"双抢"活动，也可以说明这一点，这就增强了劳动的强度（严耀中，1991，pp.10-11）。自然条件的恶劣，生产力发展水平的相对落后，再加上古代战争的频繁，使得古代中国的经济是一种匮乏型经济。在这种社会背景下，先秦孟子提出的"养心莫善于寡欲"的主张有一定的经济根源。再者，强调寡欲养心，要求修德者克制低级需要而追求高级需要，这一思想也有合理之处，所以它受到其后历代学者的重视与推崇。不过，孟子的这一思想发展至宋明时期，学者提出了"存天理，灭人欲"的口号，被人误解和被别有用心的人歪曲，使得中国人的寡欲修心育德的思想走向过度压抑自我需要、压抑人性的病态道路，造成在宋明时期很多所谓的正人君子在人前讲的是满口的仁义道德，在人后干的则是男盗女娼和损公肥私之事。这从明代描述性欲的小说泛滥成灾和贪污受贿成风的事实中也可以得到一定程度的印证。当代中国德育不能再走此老路，应取其精华去其糟粕，既要坚持改革开放政策，大力发展生产力，努力创造丰富的物质财富和精神财富来满足人民日益增长的物质文化需要，又要引导人们追求高级需要而节制低级需要，消除贪欲，以提升他们的道德境界和人生境界。毕竟，"贪"是万恶之源，成事之人须戒"贪"。有贪念的人尽想"鱼"和"熊掌"能兼得的美事，但综观古今中外的史实，只有极少数幸运者能同时兼得"鱼"和"熊掌"，多数人一旦有此贪念，往往就会迷失心智，或因分身无术导致精疲力尽，结果往往顾此失彼，甚至是"捡了芝麻，丢了西瓜"。俗话说得好："舍得舍得，有舍才有得。"诸葛亮在《诫子书》里也说："非淡泊无以明志，非宁静无以致远。"这都是人生之真谛，今人同样宜奉为修身之圭臬。

二、"吾日三省吾身"：内省修心法

内省修心法，指个体通过自我反省方式来修心的方法。内省之所以能修心，其原理是，个体不断地进行自我反省，其功效就是要和良心沟通，以便及时唤起微弱的良心之声，进而让自己及时消除贪欲与邪念，端正自己的做人态度与做人方式（韦政通，1988，pp.63-64）。

内省修心法由孔子最先提出。《论语·颜渊》记载，孔子重视内省修心法在育德中的作用，当其弟子司马牛问孔子何谓"君子"时，孔子说："君子不忧不惧。"司马牛又问，怎样才能做到"不忧不惧"呢？孔子说："内省不疚。"孔子认为，一个人若想成为道德高尚的君子，就要时常自我检查自我反省，找出缺点并加以改正，以便做到事事都能问心无愧。一旦心中感到没做对不起良心的事，也就不会愧疚，就能做到"不忧不惧"。《论语·里仁》记载："子曰：'见贤思齐焉，见不贤而内自省也。'"主张看到不贤者时要反省一下自己身上是否也有与不贤者类似的缺点，如果有，就要及时努力将其去掉。孔子自己也亲身运用内省修心法。《论语·子罕》记载："子曰：'出则事公卿，入则事父兄，丧事不敢不勉，不为酒困，何有于我哉？'"由此可见，孔子经常反省自己是否做到四件事：出外便服事公卿，入门便服事父兄，有丧事不敢不尽礼，不贪杯（杨伯峻，1980，p.92）。这表明，内省修心看似容易，不过，因它属于

人的自觉行为，只有真心修德的人才能自觉做到，所以，在现实生活中能及时内省修心的人并不多，一旦认识到自己的错误能及时自我责备的人就更少了，由此，据《论语·公冶长》记载，孔子才说："已矣乎，吾未见能见其过而内自讼者也。"

受孔子影响，其后很多儒者和受儒学影响的人都提倡用此法来修心。如，据《论语·学而》记载，曾子则说："吾日三省吾身——为人谋而不忠乎？与朋友交而不信乎？传不习乎？"（杨伯峻，1980，p.3）这告诉人们，曾子就是通过"吾日三省吾身"的方式来唤醒和培育自己的良心。曾参之所以能够成为孔子众多弟子中非常杰出的一位，与其在日常生活中做到每天多次自我反省的做法有关：替别人出谋划策是否竭尽全力了呢？与朋友交往是否坚守诚信了呢？老师传授我的学业是否温习了呢？（杨伯峻，1980，p.3）通过这种数十年如一日、持之以恒的日常道德修养功夫，曾参才最终形成高尚的道德情操。

三、"圣人之学，惟是致此良知而已"：培育道德自我法

培育道德自我法是一种通过唤醒心中良知的途径来培育道德自我，以此达到修心育德效果的方法。此法起自孔子倡导的内省法，经由曾子的推进，由孟子力倡，至陆九渊与王守仁发扬光大。

（一）良心的功能

先哲之所以主张育德的关键在于培育个体的良心，是因为先哲认识到，个体一旦培育起"良心"（用心理学的术语说，即建立道德自我），其作用是巨大的。

第一，良心对个体的心理与行为具有调节、监督、控制和评价的功能。良心之声发自每个人的心灵深处，只要你听到它，就能感到它的约束力。听到它又能顺从它去做，你就会觉得心安与快乐，否则就会感到内疚与不安。这意味着，良心可以使人在做了正确的事情之后从内心体验到幸福；而在做了坏事之后也能让自己正视自己做过的不道德或违法行为，产生悔过心理或行为。正如王守仁在《传习录下》里所说："尔那一点良知，是尔自家底准则。尔意念着

处，他是便知是，非便知非，更瞒他一些不得。尔只不要欺他，实实落落依着他做去，善便存，恶便去，他这里何等稳当快乐！"可见，良心对个体的心理与行为具有调节、监督、控制和评价的功能，在日常生活中，良心的作用取决于个体的道德自觉，而与外界的强制力量无关。良心对个体的言行具有巨大的影响（尤其在没有明显的外在力量干预的情况下）。俗话说："天不怕，地不怕，就怕自己的良心来说话。"

第二，良心可以使个体获得善的真谛，进而灵活地理解和使用道德规范。正由于良心对个体的心理与行为具有调节、监督、控制和评价的功能，个体一旦生成现实的良心，就可以使自己心中自有主宰，更易获得善的真谛，进而灵活地理解和使用道德规范，结果，使个体能在不同的环境中做出合乎道德良心的判断与行为。换句话说，一个人一旦培育起良心，遇到任何道德两难甚或三难四难情境时，只要诉诸良心，都能迎刃而解。这正如陆九渊所说："良心之在人，虽或有所陷溺，亦未始泯然而尽亡也。下愚不肖之人所以自绝于仁人君子之域者，亦特其自弃而不之求耳。诚能反而求之，则是非美恶将有所甚明，而好恶趋舍将有不待强而自决者矣。"（陆九渊，1980，p.377）

第三，良心可以使个体不为名利物欲所束缚。先哲清楚地认识到，一个人在成长过程中是不可能没有物欲的，否则人就不能存在和发展，但是，物欲自我的过度膨胀必然会导致一个人走到社会的反面，甚至最终彻底丧失人性从而沦落为禽兽。对物欲自我的引导、限制的最巨大而有效的力量就来自一个人不断发展的道德自我。从这个意义上说，道德自我是让一个人过一种真正意义上的人的生活的重要力量，任何一个人一旦缺少道德自我的引导与支撑，就可能会使自己从人的世界脱离而沦落为禽兽世界的一员（王启康，1999，pp.286-288）。因此，良心可以使个体不为名利物欲所束缚，这意味着，良心可以促使个体保持已拥有的良心，使它不至于在不知不觉中因各种名利物欲的引诱而丢失。

第四，良心可以使个体以追求独立、高尚的人格为归宿。如孟子就力倡人人要追求"富贵不能淫，贫贱不能移，威武不能屈"的"大丈夫"人格，此精神与释迦牟尼的"天上天下，唯我独尊"（《指月录》）是相通的，而一个人真要去追求这种高尚人格，前提条件之一就是要有高水平的良心，否则，在外界各种物欲的诱惑下怎能做得到？

正由于先哲看到道德自我的上述重要功能，他们在育德时才特别强调培育道德自我的重要性，认为培育道德自我是育德的关键，这从前文在论述品德的形成与发展时，先哲将形成道德自我作为个体品德形成与发展的最高阶段的观点中就可见一斑。事实上，就育德方法而言，先哲所讲的诸种方法，如化育法、觉悟法、力行法、内省法、寡欲法、诚敬存心法和慎独法，等等。说到底，这诸种方法实都是培育道德自我的方法，这一思想与当代德育强调"学会选择"的主旨殊途同归。顺便说一句，"选择"人人都会，本不用学。"学会"一词里本已隐含"正确"之义，因此，"学会选择"的实质本是要人学会正确选择，而不是要人学会错误选择，一个人作出自私的选择、仅凭自己一时冲动而作出的选择或明知错误仍选择错误的选择，等等，都属于没有真正学会选择，在此切不可凭自己的小聪明而在"学会选择"一句上玩弄字眼，否则，"聪明反被聪明误"。

（二）良心的来源

良心在育德过程中既然非常重要，它又是从何而来？就良心的来源问题，先哲的观点有差异，主要有两种观点，即内求说和外铄说。

内求说的核心观点是，坚信人人生来就有作为"德之端绪"的良知或良心，换言之，作为"德之端绪"的良知或良心是人心本有，是一种不待思考便能知道的"知"，是一种德性之知，不依靠一般的对待客观事物的"闻见之知"。这样，良知的形成与发展过程主要是一个内发的、逐渐成熟的过程。这种观点可以用内求说来予以概括，它在中国以孟子、二程、朱熹、王守仁等人为典型代表。

> 人之所不学而能者，其良能也；所不虑而知者，其良知也。孩提之童无不知爱其亲者，及其长也，无不知敬其兄也。亲亲，仁也；敬长，义也；无他，达之天下也。（《孟子·尽心上》）

> 仁义礼智，非由外铄我也，我固有之也，弗思耳矣。（《孟子·告子上》）

> 良能良知，皆无所由，乃出于天，不系于人。德性谓天赋天资，才

之美者也。(《二程集·河南程氏遗书》卷第二上，引自程颢，程颐，2004，p.20）

良者，本然之善也。(朱熹《四书章句集注·孟子集注·尽心章句上》)

良知良能，愚夫愚妇与圣人同。但惟圣人能致其良知，而愚夫愚妇不能致，此圣愚之所由分也。(《传习录中·答顾东桥书》，引自王守仁，1992，p.49）

夫良知即是道，良知之在人心，不但圣贤，虽常人亦无不如此。若无有物欲牵蔽，但循着良知发用流行将去，即无不是道。但在常人多为物欲牵蔽，不能循得良知。(《传习录中·答陆原静书》，引自王守仁，1992，p.69）

人孰无根？良知即是天植灵根，自生生不息；但着了私累，把此根戕贼蔽塞，不得发生耳。(《传习录下·王守仁语录》，引自王守仁，1992，p.101）

由此可见，在孟子等人看来，诸如"知爱其亲"和"知敬其兄"等"知"，是人"不虑而知"的"知"和"不学而能"的"能"。"良知"即"我固有之"的道德意识，它指人关于是非善恶之当然的知识，是生而自有的，不是由外铄得来的（张岱年，1982，pp.497-498）。孟子将道德意识说成是"所不虑而知者"，是人与生俱来的最好之知，其用意在于把人的成善根源植于人心。人人心中本皆有此良知或良能，这就为个体品德的形成与发展提供了必要的内在依据。就其大目而言，这种良心或良能包括恻隐之心、羞恶之心、辞让之心和是非之心等"四心"，它们是人心中固有的四德端（或说品德的萌芽）。如前文所论，内求说虽内含天赋道德的观念，但它确实有一定的依据，而且从育德的角度看，它彰显了道德自我、修心和主体性在育德中的重要地位，这是至今还有许多学者在论述道德伦理修养时仍强调人有为善潜能的一个理由。

外铄说的核心观点是，坚信人生来本没有良知，良知是个体在后天环境中逐渐习得的。这种观点可以用外铄说来予以指称。若细分，它又可以分为两种。

第一种主张人性本恶，人的良知是通过后天的道德教育而逐渐习得和发展

起来的。这种观点在中国以荀子为典型代表。如《荀子·性恶》说:

> 人之性恶,其善者伪也。今人之性,生而有好利焉,顺是,故争夺生而辞让亡焉;生而有疾恶焉,顺是,故残贼生而忠信亡焉;生而有耳目之欲,有好声色焉,顺是,故淫乱生而礼义文理亡焉。然则从人之性,顺人之情,必出于争夺,合于犯分乱理而归于暴。故必将有师法之化,礼义之道,然后出于辞让,合于文理而归于治。由此观之,然则人之性恶明矣,其善者伪也。

在荀子等人看来,人的本性是恶,哪来什么良知。假若顺从人的本性,就会发生争夺与淫乱等不道德行为。要想让人产生辞让、忠信和礼义等道德行为,要想使人心生良知,就必须通过后天的道德教育,使之生成相应的良知。荀子等人的观点也有一定的依据:(1)生物学上的依据。《荀子·性恶》说:"夫陶人埏埴而生瓦,然则瓦埴岂陶人之性也哉?工人斫木而生器,然则器木岂工人之性也哉?夫圣人之于礼义也,辟则陶埏而生之也,然则礼义积伪者,岂人之本性也哉?"(2)生理学上的依据。《荀子·性恶》说:"今人之性,饥而欲饱,寒而欲暖,劳而欲休,此人之情性也。"(3)心理学上的依据。《荀子·性恶》说:"若夫目好色,耳好声,口好味,心好利,骨体肤理好愉佚,是皆生于人之情性者也,感而自然,不待事而后生之者也。"

第二种虽不主张人生来本性为恶,却坚信良知不是人与生俱来的,而是个体在后天环境中通过教育逐渐习得和发展起来的。这种观点在中国以王廷相为典型代表(汪凤炎,等,2005,pp.108-110)。王廷相在《雅述上篇》里说:

> 婴儿在胞中自能饮食,出胞时便能视听,此天性之知,神化不容已者。自余因习而知,因悟而知,因过而知,因疑而知,皆人道之知也。父母兄弟之亲,亦积习稔熟然耳。何以故?使父母生之孩提而乞诸他人养之,长而惟知所养者为亲耳。涂而遇诸父母,视之则常人焉耳,可以侮,可以置也。此可谓天性之知乎!由父子之亲观之,则诸凡万物万事之知,皆因习、因悟、因过、因疑而然,人也,非天也。

就中国传统文化的主体而言,在有关良心来源的上述两种观点里,内求说的观点占优势。这样,先哲多主张良知是人心本有的,特别强调用直觉的体悟或觉悟来唤醒心中的良知。这也是为什么先哲强调将觉悟作为培育美德的重要方式与方法的缘由之一。同时，先哲强调道德自我的思想也为当代新儒学所继承。如牟宗三就认为："我们普通泛说的'我'，可分为三个方面说，即：一、生理的我；二、心理的我；三、思考的我。……此上一、二、三项所称的我，都不是具体而真实的我。"只有道德的自我，才是具体而又真实的我，才是"我的真正的主体"。它是一种超越的存在，不属于经验的东西。本质上与生理学的和心理学的东西有所不同。这种道德自我在人类的天赋之"性"中有其根源（罗义俊，1989，pp.58-61）。将道德自我的本质和生理我与心理我区别开来，突出了道德自我的独特价值，这是对的；认为道德自我在人类的天赋之"性"中有其根源，这是继承了孟子人心本具善端说思想的结果；说道德自我"是一种超越的存在，不属于经验的东西"，是继承孟子"良知"说和宋明理学家"德性之知"的思想，带有一定的神秘色彩。

（三）致良知：使良心发挥作用的途径与方法

在宽泛意义上讲，"良知"约等于"良心"，但细究起来，良心与良知的含义不尽相同。良心主要指静态存在的心，良知指实践活动中的心。这样，为了发挥良心的作用，中国先哲尤其是王守仁提倡个体要致良知。

《孟子·告子上》认为："（良知，引者注）思则得之，不思则不得也。此天之所与我者。先立乎其大者，则其小者不能夺也。此为大人而已矣。"这彰显了道德自我在育德中的重要地位，这一思想对后人产生了深远的影响。自孟子始，儒家多重致良知法来修心育德，此传统至宋明时期的陆王心学而发扬光大。据《陆九渊集》卷三十二《拾遗·求则得之》记载，陆九渊说：

> 良心之在人，虽或有所陷溺，亦未始泯然而尽亡也。下愚不肖之人所以自绝于仁人君子之域者，亦特其自弃而不之求耳。诚能反而求之，则是非美恶将有所甚明，而好恶趋舍将有不待强而自决者矣。移其愚不肖之所为，而为仁人君子之事，殆若决江疏河而赴诸海，夫孰得而御之？此无他，所求者在我，则未有求而不得者也。（陆九渊，1980，p.377）

他认为良心人人都有，只要愿意反身内求，人人均可得其良心；良心一旦获得，"则是非美恶将有所甚明，而好恶趋舍将有不待强而自决者矣。"

据《王阳明全集》卷三十四《年谱二》记载，当王守仁五十岁时，"是年先生始揭致良知之教"（王守仁，1992，p.1278）。王守仁（1472—1529）活了57岁，这表明"致良知"之教是王守仁晚年提出的一个重要观点，是王守仁从百死千难的实践中得来的，因此王守仁一提出"致良知"之教，随即就声称"致良知"三字为其学说的"正法眼藏"："近来信得'致良知'三字，真圣门正法眼藏。往年尚疑未尽，今自多事以来，只此良知无不具足。譬之操舟得舵，平澜浅濑，无不如意，虽遇颠风逆浪，舵柄在手，可免没溺之患矣。"（王守仁，1992，pp.1278-1279）据《王阳明全集》卷二十六《续编一·寄正宪男手墨二卷》记载，王守仁又说："吾平生讲学，只是'致良知'三字。仁，人心也；良知之诚爱恻怛处，便是仁，无诚爱恻怛之心，亦无良知可致矣。"（王守仁，1992，p.990）王守仁的"致良知"思想既来源于王守仁自己的实践，也是继承和发展《大学》与孟子思想的结果，因为"致良知"源自《大学》，"良知"也是《孟子》里的一个重要概念。《大学》主张"致知"的重要性："欲诚其意者，先致其知；致知在格物。"王守仁认为，《大学》讲的"致知"中的"知"就是孟子所说的"良知"，进而将"致知"发展为"致良知"（陈来，2004）。同时，王守仁认为一切作圣之学无非是致良知而已，只不过人心的自觉程度有高有低，致使其致良知的主动性和积极性也有高有低。《王阳明全集》卷八《书魏师孟卷》说：

> 心之良知是谓圣。圣人之学，惟是致此良知而已。自然而致之者，圣人也；勉然而致之者，贤人也；自蔽自昧而不肯致之者，愚不肖者也。愚不肖者，虽其蔽昧之极，良知又未尝不存也。苟能致之，即与圣人无异矣。此良知所以为圣愚之同具，而人皆可以为尧舜者，以此也。是故致良知之外无学矣。自孔孟既没，此学失传几千百年。赖天之灵，偶复有见，诚千古之一快，百世以俟圣人而不惑者也。（王守仁，1992，p.280）

那么，"良知"是什么？在王守仁看来，良知并不是什么虚无缥缈的东西，《传习录下·王守仁语录》说："良知只是个是非之心，是非只是个好恶，只好恶就尽了是非，只是非就尽了万事万变。"何谓"致良知"？要理解它，关键在于理解其中的"致"字。王守仁说：

> 致者，至也，如云丧致乎哀之致。《易》言"知至至之"，"知至"者，知也；"至之"者，致也。"致知"云者，非若后儒所谓充广其知识之谓

也，致吾心之良知焉耳。良知者，孟子所谓"是非之心，人皆有之"者也。是非之心，不待虑而知，不待学而能，是故谓之良知。是乃天命之性，吾心之本体，自然灵昭明觉者也。凡意念之发，吾心之良知无有不自知者。其善欤，惟吾心之良知自知之；其不善欤，亦惟吾心之良知自知之；是皆无所与于他人者也。（王守仁，1992，p.971）

知其如何而为温凊之节，则必实致其温凊之功，而后吾之知始至；知其如何而为奉养之宜，则必实致其奉养之力，而后吾之知始至。如是乃可以为致知耳。若但空然知之为如何温凊奉养，而遂谓之致知，则孰非致知者耶？《易》曰："知至，至之，知。"至者，知也；至之者，致知也。此孔门不易之教，百世以俟圣人而不惑者也。（王守仁，1992，pp.277–278）

可见，王守仁主要以"至之"解释"致"，将"致"作了"知"与"行"两个层面的发挥。在王守仁看来，"致"的含义有二：一是"扩充"之义，即人应扩充自己的良知，使之达到最大限度。换言之，既然良知就是人与生的是非之心，此心"不待虑而知，不待学而能"，致良知其实很简单，就是心上用功，即要人从心理的层面或"知"的层面加强为善去恶的内省自求功夫，此时，"致良知"就是发明本心（自己对自己良知的发现），扩充自己的良知，使之达到最大限度，并不是要"充广其知识"。二是"行"之义，即将良知所知实实在在地付诸自己的行动中去。这主要是从外在行为的层面要人加强为善去恶的道德实践（陈来，2004）。此时，"致良知"意味着一个人依自己的良知去行动。也就是说，在"行"的层面，就是要在事上磨炼，即在日常生活中做到依自己的良知去行动，通过具体的道德行为训练来提高个体的品德，也是一种重要的"致良知"方法，《传习录下·王守仁语录》说："良知本是明白，实落用功便是。不肯用功，只在语言上转说转糊涂。"因此，为了让修德者更好地在事上致良知，王守仁倡导事上磨炼法。事上磨炼法既是一种独立的修心法，也可与静坐修心法配合使用，为免赘述，放在下文与静坐修心法一起进行详细探讨。合言之，王守仁所讲的"致良知"包含知与行两个方面，"知"是要人自己去体验、去发现自己心中的良知；"行"要人将"良知"贯彻到自己的日常行为中去，不能知行分离。在王守仁看来，致良知对个体修养品德效果很大。

442

王守仁在《传习录中·答欧阳崇一》中说："良知之外，别无知矣。故'致良知'是学问大头脑，是圣人教人第一义。"（王守仁，1992，p.71）王守仁在《传习录中·答顾东桥书》里又说："若鄙人所谓致知格物者，致吾心之良知于事事物物也。吾心之良知，即所谓天理也。致吾心良知之天理于事事物物，则事事物物皆得其理矣。致吾心之良知者，致知也。事事物物皆得其理者，格物也。是合心与理而为一者也。合心与理而为一，则凡区区前之所云，与朱子晚年之论，皆可以不言而喻矣。"（王守仁，1992，p.45）

需要指出两点：（1）既然良知之端是个体与生俱来的，为什么在现实生活里一些人尤其是身心发展正常的成人却常常不依良知而行呢？这是因为，趋利避害是人之本能，个体若不能为了大义及时克服趋利避害的本能，其在致良知时就易遇到三大阻力，导致无法致良知：个体的良知被贪欲蒙蔽；个体在压力下抛弃良知；个体因缺少意志力而无法持之以恒地致良知。（2）在中国历史上，除了王守仁明确力倡"致良知"的修养方法外，更多的人是用内省法、观照法、慎独法、求放心法、寡欲法等其他方式或方法来唤醒和培育自己的良心。例如，曾子就是通过"吾日三省吾身"的方式来唤醒和培育自己的良心。

美国心理学家弗洛姆（Erich Fromm，1900—1980）指出，现代人与自己良心沟通发生困难的缘由主要有二：一是我们宁可经常听取来自电影和电视等媒体以及周围人的胡说八道，也不愿听自己的良心之声；另一是现代人患了一种独处恐惧症，极端缺乏独处的能力，宁可与某些最无聊甚至讨厌的人在一起，宁可参加一些毫无意义的活动，也不愿静下来独处（佛洛姆，1970，p.154）。从弗洛姆的分析中可以让我们重新认识中国传统文化中的修心育德观，尤其是致良知法与慎独法对拯救现代人心灵危机的重要性所在（韦政通，1988，p.65）。从心理学视角看，致良知的过程是一个人在心理与行为两个层面自觉地用自己现实的我与道德的我不断观照、对比，找出现实我与道德我之间的差距，从而不断修正现实我，使之趋向道德我的过程。一旦现实我与道德我之间界限完全消失，二者完全融合到一起时，品德修养也就达到孔子所说的"从心所欲，不逾矩"的境界。用今天的语言讲，此人的品德修养也就从道德自律阶段进入到道德自由阶段。致良知的过程也是一个激活个体心中潜在的善性、使之复活并释放出来的过程。一个人不论过去是何等地不善，只要心中的良心未泯灭，就有觉悟成善的可能，就能做到"放下屠刀，立地成佛"。用现代西方哲学的语言来讲，致良知的过程还是一个人既将自己看作主体，又将自己视作客体，然后用主体的我来不断审视客体的我，使客体的我不断走向完善的过程。客体的我不断完善的过程，也就是主体的我不断自我实现的过程。

先哲强调致良知，主张个体凡事在做之前都要先与自己的良心进行对话，弄清楚哪些该做，哪些不该做，以便使自己所做的任何事情都能对得起良心，达到"内省不疚"的君子境界。而个体一旦获得其本有的良心，"则是非美恶将有所甚明，而好恶趋舍将有不待强而自决者矣"，即"我有良知，岂能绝判断"。可见，先哲主张致良知的实质是，强调个体在行动中要彰显自己的主体性，要学会独立思考并作出合宜的选择，而不要人云亦云，跟着他人走，此思想与当代的价值观澄清学派有相通之处。价值观澄清学派——当代西方重要德育理论流派之一——也认为，我们生活在一个纷繁复杂的社会里，在每一个转折关头或处理每件事务时都面临选择。个体在作出选择时从理论上讲是依据自己已有的价值观，但价值观念是个体的一种内在价值，它常常不能被个体清醒地意识到，因而难以有效地指导个体的行为，结果，许多人常常在不清楚自己所持的价值观是什么时就已作出选择了。这种现象不仅年长者有之，年轻人亦有之，青少年则表现得更为突出。为了让个体心中潜在的价值观念发挥作用，就需要对它们进行一步步的澄清，因此，道德教育应是创造条件，利用一些特别的途径和方法帮助青少年澄清他们作出选择时依据的内心的价值观，这对他们今后的正确选择具有重要意义。于是，价值澄清学派提出了一个包括三部分七阶段的价值观澄清过程，并认为只有这七个阶段完全被经历之后才算真正澄清并获得了价值观。这三部分七阶段分别是：第一个部分是选择，它包括三个子阶段：（1）完全自由地选择；（2）在尽可能广泛的范围内自由选择；（3）对每一个可选择途径的后果加以充分考虑之后进行选择。第二个部分是赞赏，它包括两个子阶段：（1）喜爱作出的选择并感到满足；（2）乐于向公众宣布自己的选择。第三个部分是行动，它包括两个子阶段：（1）按作出的选择行事；（2）作为一种生活方式不断加以重复（拉思斯，2003，pp.25-27）。稍加比较可知，致良知方法与当今西方价值观澄清派理论在精神上有相通之处，因二者的核心精神实际上都是要求修德者自己要学会在不同情境下选择适宜的行动方式，即都是为了张扬主体性在育德中的重要作用。

四、"人不可以无耻"：培育羞耻心法

（一）什么是羞耻心

1. 羞耻心的定义

在中国人看来，羞耻心有广义与狭义之分。

广义的羞耻心也称"羞耻感"，或简称"羞"、"耻"、"辱"，它包括三大类：一是素养欠缺型羞耻，即狭义的羞耻心。它是指一个人因自我觉知到自身素养或言行表现上的欠缺（前者如缺德或无能等，后者如说脏话或做了违反道德的行为等，这仍是因个体自身素养有欠缺所致），或是认可他人对自身素养或言行表现上存在的欠缺及由此招来的谴责或批评，从而主动或被动地产生的一种指向自我的不光彩、不体面或自责的心理，通常表现为内心的不安、愧疚、难为情、难过、自责、悔恨等。就其表现而言，它既有耻，更有羞。例如，项羽因被刘邦打败而产生的羞耻就是一种素养欠缺型羞耻，因为综观《史记》等方面记载的史料看，项羽之所以从"西楚霸王"到最终自刎乌江，重要原因之一便是他自身素养上存在诸多重大缺失。

二是受辱型耻辱或蒙羞（humiliation）。它是指个体因受到他人的侮辱，致使自己的自尊心或人格受到伤害而产生的一种指向自我的不光彩、不体面或愤怒的心理，通常表现为内心的愤怒、无脸见人、悲伤、自责等心理。这种类型的羞耻就其产生的根源而言，主要是由于个体受到来自他人的侮辱所致，此时并不一定意味着个体自身素养或言行表现上就真的存在某些欠缺，毕竟即便一个人修养再好（如君子），有时难免也会无端受到小人的侮辱；就其表现而言，它既有耻，更有辱。例如，韩信因"胯下之辱"而产生的羞耻就是一种受辱型耻辱。顺便说一句，西人密尔（William Ian Miller）也将"shame"与"humiliation"作了如下区分：

In fact, humiliation is the emotional experience of being caught inappropriately crossing group boundaries into territory one has no business being in. If shame is the consequence of not living up to what we ought to, then humiliation is the consequence of trying to live up to what we have no right to. （Miller, 1993, p.145，转引自 Klaassen, 2001）

可见，在密尔看来，假若说"shame"（羞耻）是由于人们做了不该做的事情而引起的消极情绪体验的话，那么"humiliation"（蒙羞）就是由于人们做了本无权做的事情而引起的消极情绪体验。稍加比较可知，笔者讲的受辱型耻辱或蒙羞与密尔讲的"humiliation"（蒙羞）有差异。在笔者看来，只有那些自我修养不够的人才会自不量力地去做自己本无权做的事情，所以密尔讲的"humiliation"（蒙羞）仍属于一种素养欠缺型羞耻，而不属于笔者所讲的"蒙羞"。

三是转移型羞耻。它是指个体自身并无过错，也未受辱，纯粹只是因为与自己关系密切的重要他人或个体所在的组织做出了某种不道德的事情后而让自己也感到不光彩或不体面的心理，通常表现为无脸见人、悲伤、自责等心理（汪智艳，张黎黎，高隽，钱铭怡，2009）。例如，《史记·廉颇蔺相如列传》记载：

> 既罢归国，以相如功大，拜为上卿，位在廉颇之右。廉颇曰："我为赵将，有攻城野战之大功，而蔺相如徒以口舌为劳，而位居我上，且相如素贱人，吾羞，不忍为之下。"宣言曰："我见相如，必辱之。"相如闻，不肯与会。相如每朝时，常称病，不欲与廉颇争列。已而相如出，望见廉颇，相如引车避匿。于是舍人相与谏曰："臣所以去亲戚而事君者，徒慕君之高义也。今君与廉颇同列，廉君宣恶言而君畏匿之，恐惧殊甚，且庸人尚羞之，况于将相乎！臣等不肖，请辞去。"蔺相如固止之，曰："公之视廉将军孰与秦王？"曰："不若也。"相如曰："夫以秦王之威，而相如廷叱之，辱其群臣，相如虽驽，独畏廉将军哉？顾吾念之，强秦之所以不敢加兵于赵者，徒以吾两人在也。今两虎共斗，其势不俱生。吾所以为此者，以先国家之急而后私仇也。"廉颇闻之，肉袒负荆，因宾客至蔺相如门谢罪。曰："鄙贱之人，不知将军宽之至此也。"卒相与欢，为刎颈之交。（司马迁，2005，pp.1907-1908）

在这里，蔺相如的下属因蔺相如畏惧廉颇而感到羞耻，这种羞耻就属于转移型羞耻。

《史记·管晏列传》记载：

> 晏子为齐相，出，其御之妻从门间窥其夫。其夫为相御，拥大盖，策驷马，意气扬扬，甚自得也。既而归，其妻请去。夫问其故。妻曰："晏子长不满六尺，身相齐国，名显诸侯。今者妾观其出，志念深矣，常有以自下者。今子长八尺，乃为人仆御，然子之意自以为足，妾是以求去也！"其后夫自抑损。晏子怪而问之，御以实对。晏子荐以为大夫。（司马迁，2005，p.1698）

齐相晏子车夫的妻子之所以要求离开自己的丈夫，是因为她在从门缝里偷看自己丈夫驾车的样子后，为丈夫的所作所为感到羞耻，这种羞耻也是一种转移型羞耻：身高不满六尺的晏子位居齐国的宰相，而且在诸侯国里声名远扬，仍能保持一颗谦虚的心。与此相反，自己的丈夫虽身高八尺，却仅是给人家当车夫；他不但不为此感到羞愧，反而以此为荣，洋洋自得。可见，转移型羞耻就其产生的根源而言，主要在与自己关系密切的人身上，而不在个体自身。由于受辱型耻辱与转移型羞耻就其产生的根源而言，都与个体自身无关，而是来自外在的他人：因别人无端羞辱某个个体而让该个体产生的羞耻是受辱型耻辱，其过错往往出自他人；因与自己关系密切的人做了令人感到羞耻的事情之后而让自己感到的羞耻叫转移型羞耻，这主要是由于中式自我受儒学影响后变成爱有差等式自我以及中国古代有连坐的惩罚制度之所致（汪凤炎，2019a，2019b，pp.222-231），今天宜让人去掉转移型羞耻。所以，从教育心理学的角度看，相对而言，细致研究素养欠缺型羞耻或狭义的羞耻心，对于提高个体的道德修养，对于完善个体的自我与人格，对于促进社会主义和谐社会的建设等都更有益处，因此下文若无特别说明，所讲的羞耻（心）均是指素养欠缺型羞耻（心）。

朱熹在《四书章句集注·孟子集注卷三·公孙丑章句上》里说："羞，耻己之不善也。恶，憎人之不善也。"（朱熹，1983，p.237）这里朱熹所讲的"羞"指的就是素养欠缺型羞耻（或狭义的羞耻心）。在此意义上，"羞"与"恶"分别指向不同的主体：羞是个体对着自己的不善而生发的，恶是个体对着他人的不善而生发的。"耻己之不善"里的"不善"，从动机与行为结果的角度看，既指行动招致的不善后果，也指不善的动机，前者是指对客观规范、原则的违背，是已成的事实，后者指尚未形于迹却已在心灵中展开了的行为与规范之间冲突的预演（贡华南，2009）。从"不善"的性质上看，既有道德领域的"不善"，也有非道德领域的"不善"。所以，根据个体自身欠缺素养或表现言行的性质不同，素养欠缺型羞耻心或狭义的羞耻心可以粗分为两个子类：一是具有道德意蕴的羞耻心（moral chǐ）。它指一个人因自身品行的欠缺，使得自己内心产生了不道德的念头，或者做出了违背自己内心的善恶、荣辱标准的行为，由此而自觉产生的一种指向自我的不光彩、不体面或自责的心理，或因周围的人对自己不道德言行的谴责而产生的不光彩、不体面或自责心理。这种道德性欠缺既可以是客观的，也可能是主观的。如一个人（像宋代的秦桧）嫉贤妒能、陷害忠良，就表明此人身上存在客观性的道德性欠缺；而一个人"自认为自己无德"，就可能是属于一种主观性的道德性欠缺，因为一个人"自认为自己无德"，并不意味着此人真的就无德，可能在周围人眼中，此人其实是一个有德之人，此人之所以有这种念头，是由于他或她做人谦虚或对自己要求严格的结果。同时，道德性欠缺属于可以改变的欠缺，所以，一个人即便一时糊涂，在道德上犯有过错，或是自己的道德品质存在欠缺之处，只要知过能改，就能够不断弥补自己在道德修养上存在的欠缺，甚至使自己最终成为一个道德高尚的人。正所谓："放下屠刀，立地成佛。"二是与伦理道德无关的羞耻心（amoral chǐ）。它指一个人因自身身体素质、才华或出身等方面存在非道德性欠缺而自觉产生的一种指向自我的不光彩、不体面或自责的心理，或因周围的人对自己身体素质、才华或出身等方面存在的非道德性欠缺进行谴责后产生的不光彩、不体面或自责心理。非道德性欠缺是指与伦理道德无关的欠缺；换言之，指不涉及他人和社会的利益，没有道德意义的欠缺。像无能、身材太矮、太过肥胖、相貌丑陋或缺乏进取心等，在一些人心中都被视作一种非道德性欠缺。这种非道德性欠缺既可以是客观的，也可能是主观的。如一个人身有残疾，就属于在身体方面存在客观性的非道德性欠缺；而张三"自认为自己无能"，就可能是属于一种主观性的非道德性欠缺，因为张三"自认为自己无能"，并不意味着张三真的就无能，可能在周围人眼中，张三其实是挺能干的，张三之所以有这种念头，是由于张三对自己能力的期望值太高之故。同时，这种非道德性欠缺既可以是永久的、不可变更的素质，也可以是短期的、能够变化的素质。如，在当今科技条件下，一个成人如果身材矮小，那么这一辈子都无法长高了，这种身材矮小的身体素质就属于永久的、不可变更的素质；而一个人的无知或无能则属于能够变化的素质（因其能够变化，往往就属短期的素质），只要此人以此为耻，并做到知耻而后勇，然后自强不息，终将能够成长为知识渊博、才华出众的人，像历史上的"苏老泉"（即苏洵，唐宋八大家之一）的成长史就是很好的例证。

由此可见，在中国人看来，羞耻心或羞耻感并不局限于伦理道德领域，一个人的羞耻心或羞耻感既可以由其内心萌生邪念或做了一件或多件不道德的行为而产生，也可以由其自身存在非道德性欠缺而产生。前一种羞耻心或羞耻感与个体的道德修养高低有关，属于伦理道德领域的羞耻心或羞耻感，它是一种道德情感。后一种羞耻心或羞耻感与个体拥有的各类非伦理道德性成就的大小有关，属于非伦理道德领域的羞耻心或羞耻感，它不能算作一种真正意义上的道德情感。同时也表明，对于中国人而言，"个人无能"和"违背道德"均能引发羞耻感。一些实证研究也证明了这一点。例如，钱铭怡等人对大学生的研究以及竭婧与杨丽珠对小学中高年级学生的研究都发现："个人无能"和"违背道德"都能引发羞耻感（钱铭怡，戚健俐，2002；竭婧，杨丽珠，2006）。

2. 中西式羞耻心的同与异

在英文中，当"shame"用作名词时，其含义主要有四：（1）"羞愧；羞耻；耻辱；惭愧"；（2）羞耻心；羞耻感；（3）不名誉；（4）不足取之事物；引起羞耻的事物（张芳杰，1988，pp.1050-1051）。由此可见，在英文里，"羞耻"与"羞愧"指的是同一种心理现象。换言之，在西方，羞耻又叫羞愧，与羞怯（shyness）、害羞（bashfulness）是非常相似的情感。美国心理学家韦纳（Bernard Weiner）将羞耻描述为个体把消极的行为结果归因于自身能力不足时产生的指向整个自我的痛苦体验（施承孙，钱铭怡，1999）。密尔（Miller，1985）将"羞耻"定义为，当一个人认定"自我"不好或不够好时（defines the self as no good or as not good enough），自我体验到的一种令人苦恼的、涉及自我状态的情绪体验（转引自 Klaassen，2001）。"现在我们可以把羞耻规定为当某人经受了对于他的自尊的一种伤害或对于他的自尊的一次打击时所产生的那种情感。如果所丧失的是一种引为自豪的善，那么羞耻就尤其令人痛苦。应当指出羞耻和悔恨之间所存在的一种区别。后者是一种丧失了任何一种善都可引起的情感，……悔恨是由我们认为对我们是善的那些东西的损失或缺乏而引起的一般感情，而羞耻则是由于对我们的自尊———一种特殊的善———的打击而产生的情感。所以，悔恨和羞耻都是自我关心，但羞耻包含着一种对我们的人格和那些我们赖以肯定我们自己的自我价值感的人们的尤其亲密的相互关系。"（约翰·罗尔斯，1988，pp.429-430）西方文献对羞愧已有较一致的认识：当个体以不光彩的方式做事，说到不幸的事或表现不光彩的、有缺陷的特征时，如果自己或他人见证了此行为并消极地评价此个体，此个体就会产生羞愧。这时个体常感到自己很渺小、无价值，试图通过低头、遮住脸或眼睛来隐藏或逃避被观察与判断，甚至通过否认这些消极行为和特征或批评他人来转移自己的不良感觉。所以，在西方国家，羞愧指一种极端的痛苦和社会性耻辱，而且往往认为只有懦弱、无能的人才体验到更多的羞愧（徐琴美，翟春艳，2004）。

将西式羞耻定义与中式羞耻定义进行比较后可知，在中、西方的社会文化中，人们对羞耻的界定有一定的相通之处：主张有类属于伦理道德领域的羞耻心与类属于非伦理道德领域的羞耻心；认可由不光彩的方式行事或个人无能之类的原因会让人体验到羞耻；羞耻一旦产生都会让人感到"不好意思"，进而会采取一些类似的应对方式，如想隐藏或逃避被观察与判断；羞耻心有时会伤及自尊、自信等自我里的一些重要心理成分，进而有可能伤及整个自我；等等。不过，读者千万不可产生如下误解：误以为中西方人所讲的羞耻心是小异而大同。实际上，中西方人在羞耻心的看法上有很大差异，认清这些差异对于今人准确把握中西方羞耻心的内涵及正确看待中西式羞耻心等都有一定价值。那么，中西方人在羞耻心的看法上到底有哪些差异呢？大致说来，这些差异概括起来主要有五个。

第一，中西式羞耻心的内涵与外延有差异。在西方文化中，羞耻一般指一种极端的痛苦和社会性耻辱。由此可见，西方人对羞耻心的界定非常狭窄，相应地，西式羞耻心的外延也就较小。在一项对美国人、意大利人与中国人进行情绪词对比的研究中，外国学者发现中文里与羞耻相关的词汇十分丰富，英文里根本无法找到可资对译的足够用语（黄光国，2005，pp.426-427）。这一实证研究也证实西式羞耻心的外延较之中式羞耻心的外延要小得多。中国文化尤其是中国传统文化由于具有明显的尚德色彩，一向重视人的伦理道德修养，结果，在中国文化中，人们对羞耻的定义要宽泛得多，它包括持续时间、强度、内容和表现形式都有所不同甚至极大差异的情感体验，如害羞、难堪、羞辱、痛苦等。在这个意义上讲，西方人所说的"shame"只相当于中国人所说的羞耻里的一类特例而已（谢波，钱铭怡，2000）。

第二，引发中西式羞耻的原因有差异。在西方人看来，一般认为只有懦弱、无能的人才体验到更多的羞愧，由此可见，西方人一般将懦弱、无能视作是导致羞耻产生的主要原因。对于中国人而言，虽然在某些情况下，羞耻也是由于个人的某种失败而引起的，但羞耻常常并不与对个人能力的负性评价相联系（谢波，钱铭怡，2000）。所以，无论是从学理上说，还是从中国人所做的某些实证研究看，与西方人不同的是，在中国人看来，很多时候，羞耻心的产生并不意味着个体的无能（"无才之耻"除外），而是意味着两件截然相反的事情：一是暗示个体道德修养上存在某些欠缺。如个体因自己做了某件"缺德事"而感到羞耻，此时个体产生的羞耻就意味着个体在道德修养上有所欠缺。二是暗示个体道德品质的高尚。如在清朝末年，许多中国人都以抽鸦片烟为时尚、为光荣之事，为此而不惜倾家荡产，但民族英雄林则徐则为此事而深感耻辱，进而奋起反抗，最终才有了"虎门销烟"的壮举。林则徐以抽鸦片烟为耻，这种羞耻不但不表明林则徐本人在道德修养上有任何欠缺，反而衬托出林则徐人格的伟大。毕竟在举世混浊的清朝末年，林则徐能够做到"唯我独醒"，进而奋发图强，这难能可贵。

第三，中西方人对待羞耻心的态度与应对方式有差异。在西方国家，由于人们一般将羞耻限定在"指一种极端的痛苦和社会性耻辱"，这样，体验到羞耻就是一件非常严重的事情，是与对自我的负性评价紧密联系在一起的。于是，西方人通常都认为，只有那些软弱或没有能力的人才会感到羞耻。所以，在西方文化背景下建构起来的西式羞耻理论及相应的实验研究都表明，当西方人体验到羞耻时，人们便会觉得自己不太能控制情况；会对自己的能力产生怀疑，觉得自己没有用、没有能力，比其他人差；关注他人对自己的看法。既然在西方人看来，个体一旦体验到羞耻，容易对自我造成或大或小的伤害，所以西方人对羞耻多持消极的看法；在应对方式上，则主要采取"退缩"（withdrawal）、"攻击自我"（attack self）、"回避"（avoidance）和"攻击他人"（attack other）四种类型中的一种（Klaassen, 2001）。在中国，对于一个人而言，"感到羞耻"并不一定就是一件非常严重的事情，也不一定真的就会伤及自我；恰恰相反，"知羞"、"知耻"是一件值得称许的事情，"不知羞耻"或"恬不知耻"才是非常严重、非常恶劣的事情（谢波，钱铭怡，2000）。相应地，中国人对羞耻的态度也多种多样。其中，有的是持赞赏的态度，有的是持批评或自责的态度。在应对方式上，中国人除了也可能会采用"退缩"、"攻击自我"、"回避"和"攻击他人"的应对方式外，还会采用"打肿脸充胖子"与"加强自身修养"等多种应对方式。

第四，体验到中西式羞耻的人数多少有差异。在西方国家，一般认为只有懦弱、无能的人才体验到更多的羞愧，因此，相对而言，在西方，经常体验到羞耻的人，其数量是较少的。在中国，人们多深受"无羞耻之心，非人也"之类格言的影响，结果，无论是才高者还是才低者，无论是德高者还是德寡者，在个人的人生历程里，几乎人人都会或多或少地体验到羞耻。

第五，中西式羞耻心与心理健康之间的关系有差异。在西方国家，由于人们一般多将羞耻视作一种极端的痛苦和社会性耻辱，高羞耻感会让个体很不舒服，相应地，在西方人看来，羞耻感往往与身心障碍甚至身心疾病关系密切，一个人若经常体验到羞耻，较之较少体验到羞耻的人而言，更容易产生身心方面的障碍，甚至患上身心疾病。在中国，人们所讲的羞耻多种多样，对羞耻的态度也多种多样。其中，既有肯定性态度，也有否定性态度。在持肯定态度的人看来，体验到羞耻感是个体道德品质开始发挥作用的重要标志之一，较高的羞耻感意味着较高的道德水平。相应地，较之西方人，对中国人而言，羞耻与心理是否健康之间关系并不紧密（汪凤炎，郑红，2010b, pp.86-95）。

（二）羞耻心的功能

中国先人有意或无意地认识到，羞耻心的唤醒与激发，在培育人的善心与善行方面具有三个重要功能。

1."礼义廉耻，国之四维"：知耻心理的社会规范功能

知耻心理的社会规范功能，是指知耻心理具有调节、规范和约束人的心理与行为方式的作用。根据下文所讲的羞耻心产生的心理机制可知，对于个体

而言，一个人一旦产生羞耻心或羞耻感，它对于个体的心理与行为均具有巨大的调节、规范和约束作用：一方面，它能约束个体的行为；另一方面，它能促使个体去改过迁善。假若由于种种原因，一个有羞耻心的人偶尔做了一件羞耻之事，随即就会因他人的提醒、批评或自己良心发现，而受到自己良心上的谴责，这种良心上的谴责往往促使个体去改过迁善。如果一个成人或青少年没有羞耻心，不但任何伤风败俗之事都能做出来，而且做出来之后其内心还颇为"心安理得"或"以耻为荣"，这往往是一个人最终沦为罪犯的重要内因之一。正是在此意义上，《管子·权修》才说："民无廉耻，而求百姓之安难、兵士之死节，不可得也。"

个体如此，对于民族与国家来说，也是这样。因为民族与国家也是由个体组成的，人民有耻，社会风气才能美善。《论语·为政》说得很清楚："道之以政，齐之以刑，民免而无耻；道之以德，齐之以礼，有耻且格。"假若用政法来诱导他们，使用刑法来整顿他们，人们只是暂时地免于罪过，却没有廉耻之心；如果用道德来诱导他们，使用礼教来整顿他们，人们不但有廉耻之心，而且人心归服。正是在此意义上，《管子·牧民》才说："四维不张，国乃灭亡。……国有四维，一维绝则倾，二维绝则危，三维绝则覆，四维绝则灭。倾可正也，危可安也，覆可起也，灭不可复错也。何谓四维？一曰礼，二曰义，三曰廉，四曰耻。礼不逾节，义不自进，廉不蔽恶，耻不从枉。故不逾节则上位安，不自进则民无巧诈，不蔽恶则行自全，不从枉则邪事不生。""礼"指礼节，就是要求人们遵守一定的社会规范；"义"即正义，就是要求人们的思想与行为要符合正确的原则；"廉"指廉洁，即要人廉洁自爱，不能起贪心，生贪行；"耻"指羞耻心，要求人们对自己所犯的过错要有羞耻意识。《管子》认为，假若人们都依礼行事，其行为就不会违背社会规范，国家就可以安定和谐；如果人们都信奉正义，就会以义制利，以义导利，而不会唯利是图，自然也就不会生出机巧之心和欺骗行为；假若人们有了廉洁之心，就不会贪污受贿，也不会掩饰自己的过错，行动自然周全；如果人们有了羞耻心，对待自己所犯错误或过失就会自然生出羞愧或羞辱的负面心理，进而产生改过自新的行为动机，也就不会与坏人为伍了，这样，邪恶的事情也就不会去做了（周瀚光，等，2000，pp.5-6）。尽管《管子》的这一言论带有明显的儒家尚德的思想传统，但重视通过道德教化的方式来达到有效治理国家的思想也有一定的合理之处，而且在今日崇尚社会主义法治建设的中国仍有其现实意义。因为法治的特点与长处是客观性（有法可依）、公平性（法律面前人人平等）、强制性（有法必依）、适应性（随时代发展而发展）；不过，法律毕竟是消极性的、治标不治本的。例如，身为法治鼻祖的当代欧美国家，其法制的健全有目共睹，仍不能完全铲除诸如色情、暴力、吸毒等歪风；而且法律不能对人民生活的每一环节都管，否则人便没有自由，法律就会成为独裁的工具。这样，关于人的生活方式和态度的问题，只能通过教化，"导之以正"，而不能"齐之以刑"（刘国强，2001，p.154）。换言之，法律有一定的适用范围，超出这个范围，法律就管不到了。相对于法律，道德规范约束的范围更广。所以，一般而言，一种言行，违反道德却不一定会违反法律，违反法律则一定会违反道德。更重要的是，法律对人是一种外在控制，而道德对人是一种内在控制，前者不可能时时起作用，后者却无时无刻不在起作用。德治与法治各有长短，仅靠德治或仅靠法治，都不是最佳的管理。正如《孟子·离娄上》所说："徒善不足以为政，徒法不能以自行。"言下之意，仅有善或仅有法都不行，须仁法兼用，"双管齐下"方能收到最佳效果。荀子的观点颇为鲜明。《荀子·大略》明确主张："君人者，隆礼尊贤而王，重法爱民而霸，好利多诈而危。"《荀子·成相》说："治之经，礼与刑，君子以修百姓宁。明德慎罚，国家既治四海平。"以习近平同志为核心的党中央根据新时代的新情况新要求，在加快建设社会主义法治国家的征程中，坚持依法治国和以德治国相结合，大力倡导社会主义核心价值观，既重视发挥法律的规范作用，又重视发挥道德的教化作用，实现法律和道德相辅相成、法治和德治相得益彰。

2. "如知耻，则洁己励行"：知耻心理的导善功能

知耻心理的导善功能，是指羞耻心具有激发和维持个体的善心与善行的功能。在中国人看来，知耻心理具有强烈的导善功能，因为，从理论上讲，一个人有了羞耻之心，就是其品德发展的开端。正如《孟子·公孙丑上》所说："羞恶之心，义之端也。"同时，从下文将讲的羞耻心产生的心理机制可知，羞耻心与良知之间存在密切的正相关。而用心理学的眼光看，良知实是一个人的道德自我。这样，一个人若知羞耻，内则心存善念，思学正人，外必洁身自

好，不做歪人。正如石成金在《传家宝·人事通》里所说："耻之一字，乃人生第一要事。如知耻，则洁己励行，思学正人，所为皆光明正大。凡污贱淫恶，不肖下流之事，决不肯为。"康有为在《孟子微》卷六中声称："人之有所不为，皆赖有耻心，如无耻心，则无事不可为矣。风俗之美，在养民知耻。耻者，治教之大端。"反之，一切不道德的念头与不道德行为的产生，皆在于一个人丢失了羞耻心，正如顾炎武在《日知录·廉耻》里所说："人之不廉，而至于悖礼犯义，其原皆生于无耻也。"

3."知耻而后勇"：知耻心理的激励功能

知耻心理的激励功能，是指羞耻心具有激发和维持个体进行活动，并导致该活动朝向某一积极目标的功能。《吴子兵法·图国》说得好："凡制国治军，必教之以礼，励之以义，使有耻也。夫人有耻，在大足以战，在小足以守矣。"中国民谚"知耻而后勇"表达的也是这个道理。中国历史上有无数"知耻而后勇"并最终彻底洗去先前所受耻辱的动人故事。限于篇幅，这里仅举三例。《史记·越王勾践世家》记载，当越王勾践兵败会稽山而被吴王拘禁到吴国后，忍气吞声地为吴王养了三年的马，直到公元前491年，"吴既赦越，越王勾践反国。乃苦身焦思，置胆于坐，坐卧即仰胆，饮食亦尝胆也。曰：'女忘会稽之耻邪？'身自耕作，夫人自织，食不加肉，衣不重采，折节下贤人，厚遇宾客，振贫吊死，与百姓同其劳。"可见，回到越国的越王勾践每想起会稽之耻，就油然而生艰苦奋斗、自强不息之动力，经过多年的精心准备，越王勾践最终于公元前438年打败吴王，逼吴王夫差自杀，一雪在会稽山所受的耻辱。据《史记·淮阴侯列传》记载，西汉开国名臣之一的韩信正是在年少时受过胯下之辱，为此才发奋图强，终于成就一番事业。据《史记·太史公自序》记载，司马迁遭受屈辱的宫刑之后更加勤奋写作，终于完成史学巨著《史记》。这些动人的真实历史故事向人们证实了知耻心理具有的强大激励功能。

（三）培育羞耻心是一种重要的修心育德方法

中国先人有意无意地认识到，羞耻心的唤醒与激发在培育人的善心和善行方面具有上述三个重要功能，使得中国人一贯重视"耻"，这必然会产生一个重要的心理：爱"面子"与"脸"。"面子"和"脸"与"耻"是一而二，二而一的，在中国人看来，"丢面子"或"丢脸"非常可耻。于是，中国人向来强调通过培育羞耻心的方法来修心育德。顾名思义，它是一种通过培育个体具有一定羞耻感或羞耻心的途径来达到修心育德效果的方法。羞耻心，也称羞耻感，或简称耻，是一个人由自己言行的过失而产生的，表现为对自己违背内心的善恶、荣辱标准而产生的不光彩、不体面的心理，或因周围的人的谴责而产生的自责心理。

早在先秦时期，《周易·恒》就说："不恒其德，或承之羞，贞吝。"认为一个人不能持久地保持他的德行，或许会因此蒙受耻辱。据《论语·子路》记载，孔子也说"行己有耻"，主张一个人在做任何行为时，都要保持一份羞耻之心。孟子力倡羞耻心是一个人必须具备的一种最基本的情感，"无羞恶之心，非人也"（《孟子·公孙丑上》）。《孟子·尽心上》说："人不可以无耻，无耻之耻，无耻矣。……耻之于人大矣，为机变之巧者，无所用耻焉。不耻不若人，何若人有？"《荀子·非十二子》认为一个道德高尚的人对于三件事应感到非常羞耻：一是平日不加强自身的品德修养；二是对人不守信；三是自己没有才华："故君子耻不修，不耻见污；耻不信，不耻不见信；耻不能，不耻不见用。"《管子·权修》从男女有别的角度出发，主张"男女无别，则民无廉耻"。《中庸》认识到让每个人都具有羞耻心是一件颇为困难的事情，因此它才说"知耻近乎勇"。此思想为秦汉之后很多学者所继承和发展。如《淮南子·泰族训》说："民无廉耻，不可治也；非修礼义，廉耻不立。"王通在《文中子·关朗篇》里说："痛，莫大于不闻过；辱，莫大于不知耻。"周敦颐在《通书·幸》里说："人之生，不幸，不闻过；大不幸，无耻。必有耻，则可教；闻过，则可贤。"《朱子语类》卷第十三说："耻，有当忍者，有不当忍者。人须是有廉耻。孟子曰：'耻之于人大矣。'耻便是羞恶之心。人有耻，则能有所不为。"陆九渊在《人不可以无耻》一文中说："人惟知所贵，然后知所耻。不知吾之所当贵，而谓之有耻焉者，吾恐其所谓耻者非所当耻矣。""不善之不可为，非有所甚难知也。人亦未必不知，而至于甘为不善而不之改者，是无耻也。夫人之患莫大乎无耻。人而无耻，果何以为人哉？"据《王阳明全集》卷六《与黄宗贤》记载，王守仁说："所谓知耻，只是耻其不能致得自己良知耳。"顾炎武在《日知录·廉耻》里说："礼义，治人之大法；廉耻，立人之大节。盖不廉则无所不取，不耻则无所不为。人而如此，则祸败乱亡，亦无所不至。况为大臣而无所不取，无所不为，则天下其有不乱、国家其有不亡者乎！然而四者（指礼、义、廉、耻，引者注）之中，耻尤为要。故夫子之论士曰：'行己有耻。'《孟子》曰：'人不可以无耻，无耻之耻，无耻矣。'又曰：'耻之于人大矣，为机变之巧者，无所用耻焉。'所以然者，人之不廉而至于悖礼犯义，其原皆生于无耻也。故士大夫之无耻，是谓'国耻'。……教化者，朝廷之先务；廉耻者，士人之美节；风俗者，天下之大事。朝廷有教化，则士人有廉耻；士人有廉耻，则天下有风俗。"《龚定庵全集类编·明良论二》说："士皆知有耻，则国家永无耻矣。士不知耻，为国之大耻。"可见，在中国传统文化中，学者多将羞耻感视作做人的起码的"底线"，一个没有羞耻感的人，简直不能称之为"人"。对于个人而言，知羞耻是做人的大节，一个人有耻才能有所为有所不为，若无耻则无所不为，任何伤风败俗之事都能做出。对于民族与国家来说，也是如此。人民有耻，社会风气才能美善。正是在此意义上，《管子·牧民》才说："四维不张，国乃灭亡。……何谓四维？一曰礼，二曰义，三曰廉，四曰耻。"一句话，中国传统文化中关于羞耻心的丰富论述，使得中国传统文化中有厚重的知耻文化。因此，正如金耀基在《"面"、"耻"与中国人行为之分析》一文里所言，假若说，由于"原罪说"是基督教的一个基本教义，西方文化从某种意义上讲是一种"罪的文化"（guilt culture），"原罪感"成为西方人的一种集体潜意识，那么，相对于西方"罪的文化"，中国传统文化可以说是一种"耻的文化"（chǐ culture，不能译作"shame culture"），潜藏在中国人心灵深处的一个"剪不断，理还乱"的"情结"是"知耻的心态"（杨国枢，1988a，pp.320–321，p.336）。

可惜的是，自西学东渐之后，由于种种原因，除了极少数学人还在耗尽心力以弘扬中国传统知耻文化的精髓思想外，绝大多数中国学人几乎早已忘记中国传统文化中还有知耻文化，退而言之，即便晓得中国传统文化中有知耻传统，也多将其看作是"老古董"或是封建糟粕，然后弃之如糟糠了。从一定意义上说，正是由于当代中国在一段时间内人为地割断了自有的知耻文化传统，不注重对人进行必要的羞耻教育，不注重彰显民众心中的羞耻心，使得在现实生活中，某些人连一点羞耻心或羞耻感也没有，这不能不说是道德在当代中国失落的重要原因之一。可见，为了提高当代中国德育的实效性，为了在新时代更有效地开展核心价值观教育，重要措施之一就是重新审慎地对接中国传统的知耻文化，并将之作现代转换，以便营造出符合社会主义精神文明要求的新型知耻文化。因为，根据辩证唯物主义的有关原理和科尔伯格关于习俗（convention）与道德关系的论述可知，一旦在全社会重新营造出符合社会主义精神文明要求的新型荣耻文化，必将有助于人们重新培育起荣耻心或荣耻感的。

（四）羞耻心产生的心理机制

也许读者会进一步追问：培育羞耻心为什么能达到修心育德的效果呢？这是一个值得深入思考的问题。从心理学角度看，羞耻心与良知之间存在明显的正相关关系：一个有羞耻心的人，其心中必存有发展程度不一的良知，一个有良知的人必也存有自觉程度不一的羞耻心；与此相反，一个没有任何羞耻心的人，其心中良知之光也定已熄灭，一个良知已完全被贪欲遮蔽的人必也没有任何羞耻之心。因为羞耻心的产生本与良知存有密切关系。"耻（恥）"字左边是一只"耳朵"（汉语大字典编辑委员会，2010，p.2451），右边是一颗"心"，可以作两种解释：（1）意思是被敌方捉去割耳后又放回来的人的心情，由此产生耻辱的含义（窦文宇，窦勇，2005，p.17）。当然，用今天人道主义的眼光看，贪生怕死与忍辱负重是有区别的。一个人若因贪生怕死而投降敌方，随后被敌方以割耳朵的方式进行羞辱，只要其良心未泯灭，当然会生羞耻之心。但是，一个人若为了避免无谓的牺牲而向敌人投降，或者因伤重等正当理由而被敌人捉去，并被敌人以割耳朵的方式进行羞辱，其实这算不上是不光彩之事，没有必要产生羞耻感，将来他若有机会平安返回，己方应善待他。（2）耳朵听到了来自心灵的声音。孙隆基认为，"耻（恥）"表示自己从耳中听到别人在说自己，在心中就马上觉得了（孙隆基，2011，p.188）。这两种解释都有一定道理，但都不够准确。因为被敌方捉去割耳后又放回来的人只有听到来自良心的批评之声才会生出耻辱之心，否则，也不一定会产生耻辱之心；同时，既然"耻（恥）"字带有明显的伦理道德色彩，"耻（恥）"字右边的这颗心绝不是一颗不带道德判断或价值判断的"平常之心"，而是一颗带有明显道德判断或价值判断的"心",即"良心"。这样,对"耻(耻)"字字面意义的上述两种解释其实是相通的:一个人在心中有了不道德的念头、正在做不道德事情的过程之中或者在做了不道德或不光彩的事情(如被敌方捉去割了耳朵后被放回)之后,只有其耳朵里听到了来自自己良心发出的谴责之声,其心中才会产生或体验到羞耻感这种负面的情绪体验。假若一个人由于种种原因——例如,一个人的良心尚处在萌芽阶段;或者,一个人的良心已彻底被贪欲遮蔽;又或者,虽有良心,但良心发出的声音太弱,不能达到此人"心灵知觉"的最低阈限(此处"知觉"是借用心理学上的概念,其含义是指"觉察到"或"意识到"之义,故与普通心理学上讲的"知觉"的含义不尽相同);等等——没有听到来自良心的谴责之声,这个人即便心中有了不道德的念头,或正在做不道德的事情,或者做了不道德或不光彩的事情,一般也不会产生羞耻心或羞耻感,也就没有羞耻心或羞耻感。本书所讲的"没有羞耻心"或"没有羞耻感"内含两种用法:作为中性词,主要用于年幼儿童,用以表示年幼儿童因为良心尚处于萌芽状态,不能对自己所做的羞耻之事(文化认可的)产生正确的知觉,从而没有羞耻心或羞耻感;作为贬义词,主要用于指没有良心的人,用以表示这类人的良心已被贪欲遮蔽或丢失,不能对自己所做的羞耻之事产生正确的知觉,从而没有羞耻心或羞耻感,此时,"没有羞耻心"或"没有羞耻感"与"无耻"同义。

综上所论,"耻(耻)"字左右两边的"耳"与"心"合起来的表面意思是,耳朵听到了来自自己良心的批评或谴责之声。可见,一个人在遇到或做了一件从伦理道德角度看是羞耻之事后,其心中到底会不会产生羞耻心或羞耻感,以及能产生多大强度的羞耻感,取决于此人的良心发展程度或水平(见图 9-1)。

第一种情形:假若此人是年幼儿童,此时其品德发展尚处于前良心阶段,成人社会普遍认可的有关耻辱的标准还没有被儿童内化。相应地,成人社会引以为耻的事情,对于这一阶段的儿童而言,尚没有认知上的意义,自然不能让这一阶段的儿童产生相应的羞耻心。于是,对于成人社会引以为耻的事情,此阶段的儿童一般均是以自己的自然喜好去对待:做了也不觉得羞耻(因为此时儿童的良心尚处于萌芽状态,尚不能对自己的所作所为做伦理道德的判断,其

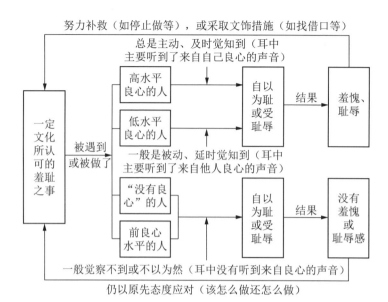

努力补救（如停止做等），或采取文饰措施（如找借口等）

总是主动、及时觉知到（耳中
主要听到了来自自己良心的声音）

一般是被动、延时觉知到（耳中
主要听到了来自他人良心的声音）

一般觉察不到或不以为然（耳中没有听到来自良心的声音）

仍以原先态度应对（该怎么做还怎么做）

图 9-1　羞耻心产生的心理机制

耳朵听不到来自良心的声音）；不做也往往并不是为了避免耻感心理的产生，而常常是自己本不乐意做。

第二种情形，如果此人是少年或成人，但由于种种原因，其良心已被贪欲遮蔽或已丢失，成为一个"没有良心"的人。这时，即使他或她做了羞耻之事，即使在做羞耻之事的过程中或做过之后受到了来自有良知的他人的严厉谴责，其耳中也听不到来自良心的声音，自然其心中一般也不会产生任何羞耻感的，甚至还可能以此为荣。对于这类人，中国人常常以"无耻之徒"来相称。也需特别指出，这里之所以在"没有良心"上面用了双引号，是缘由在于：它仅是一种通俗的说法，并不真的意味着一个人真的就毫无"良心"可言。事实上，人与人之间的良心只有大小之分（即只有道德水平上的高低之分），而不存在有无之分。任何人，哪怕是十恶不赦的大恶人，其心中仍有一丝良知之光。正是由于有了此一丝良知之光，才使其在今后的修德过程中有"放下屠刀，立地成佛"的可能。

第三种情形，假若此人心中已有良知，但良知的发展水平很低，那么，当他或她心中浮现出某种非分之想、正在做某件不道德的事情或做了一件不道德的事情之后，在通常情况下，他或她自己是不可能随即听到来自自己良心的评判声，自然也就不能立即、自觉地产生羞耻感的，而是要经过他人的提醒或受到他人的谴责之后，耳中听到来自他人良心的评判声，然后才激活自己的良心，随即其内心才会产生被动、延时觉知到的羞耻感。从一定意义上说，中国先人在创造"耻"这个字时就已向人们暗示有两种自觉程度不同的耻：他律之耻和自律之耻。如果将"恥（耻）"字右边的"心"当作"他人之良心"理解，这就意味着，一个人正在做某件不道德的事情或在做了违背道德规范的事之后，由于其自己的良心发出的声音太弱，常常不能达到自己听觉的最低阈限，这个人一般是不会自以为耻的，但是，假若他或她察觉到已被他人知晓，耳中听到了来自他人的谴责之声后，这时其心理一般也会产生一种羞愧感，进而停止做不道德的事情。正如孙隆基所说，"恥"又写作"耻"，从"耳"从"止"，亦即一个人只有耳中听到别人在说自己，心中才能随即产生一种羞愧感，然后才能停止做不道德的事情。"人言可畏"对一个人的制约作用就很形象地说明了他律之耻对人的制约作用。（孙隆基，2011，p.188）这种由于觉察到自己的不道德行为已被他人知晓或受到他人的谴责之后才产生的羞耻感就是一种他律之耻。可见，一个心中有良知但良知发展程度不高的人一般只有他律之耻。对于只拥有他律之耻的人而言，如果发现自己所做的不道德行为没有被他人知晓，或是没有"听到"来自他人的谴责之声，一般而言，其内心是不会产生羞耻感的。这表明具有他律之耻的人的品德发展水平相对而言有较大的发展空间，必须继续努力，使自己的耻感意识尽早达到自律之耻的水平。

第四类情形，假若此人心中已有高度发展的良知，那么，只要他或她心中偶生某种不道德的念头，心中随即就会主动、及时产生并觉知到羞耻感的；如果因自己一时糊涂做了一件不道德的事情，即便这种不道德的行为没有被任何他人知道，而只是天知、地知和自己知，仍会从内心中产生强烈的羞耻感，进而一边产生自责心理与行为，一边赶紧想方设法采取补救措施；若是自己一时所做的不道德行为已被他人知晓，更会产生极其强烈的羞耻感，更是会想尽一切方法予以补救，以期重新赢回声誉。有时这种羞耻感的强度如此之大，以至于即使自己的事后补救措施得到了他人的认可，他人宽恕了自己，但自己也不能原谅自己，而会羞愧终身，甚至因羞愧难当而求一死了之。这从"恥（耻）"字的字形也可看出。假若将"恥（耻）"字右边的"心"当作"自己的良心"理解，这就意味着，一个人在做了违背道德规范的事之后，无论他人察觉与否，只要被自己的良心知晓，就一定会从心中产生羞耻感。这种不需要他人的提醒或警示，只要自己一旦起了非分之想或做了不道德的行为，随即内心就主动产生的羞耻感，就是一种自律之耻。由此可见，具有自律之耻的人往往其良知的觉醒阈限颇低，相应地，说明其已拥有高尚的道德品质。当然，拥有自律之耻的人切不可沾沾自喜，而必须慎始慎终，若平日不继续加以修养，可能也会倒退至他律之耻甚至沦为无耻之徒（汪凤炎，2006a）。

综上所论，没有羞耻感、他律之耻与自律之耻三者的关系可以表示为图 9-2。

图 9-2　没有羞耻感、他律之耻、自律之耻三者的关系

同时，既然羞耻心的产生与良知关系密切，这样，培育个体的羞耻心就能有效地激活和生成个体的良知了。由此可见，培育个体的羞耻心的确是一种培育个体良知的有效方法。这也启示当代中国人，现代汉语宜重新启用"恥"字，而不能以"耻"代"恥"；退一步言之，可以将"耻"和"恥"二字并行通用，但在重要语境里要求使用"恥"字。因为"耻"字本是"恥"的俗字（汉语大字典编辑委员会，2010，p.2976）；再者，二字的笔画相同，并无繁简之别；更重要的是，"耻"字不但缺少厚重的文化底蕴（因它本是俗字），字面还有"只有当自己的耳朵听到别人在批评自己之后，才停止做不道德的事情"之义，这极易误导人的心灵，让人错误地以为恥是他律的，而不是自律的，这是导致当代一些中国人内心缺乏自律型羞耻心或羞耻感的原因之一。丢弃雅字"恥"而启用俗字"耻"，当这类现象逐渐增多时，也易诱导当代一些中国人的心理与行为越来越低俗化。为了增强读者对这一认知的直观感，不妨做一做如下的小测验。

某一天，当你正悠闲地在大街上散步时，突然看到街左边有几个人正拉开架势准备打架，街右边刚好有个演讲厅，你从贴在演讲厅门口的海报中得知，演讲厅里公益讲座即将开讲，主办方邀请一位知名学者来解读孔子的智慧，你此时更乐意看哪个？

假若在路边随机挑选 100 名做上述小测验，你预测是选"围观别人打架"的人多，还是选"听公益讲座"的人多？估计大概率是选"围观别人打架"的人多。一个人如果乐意围观别人打架，说明他"俗"；假若乐意去听公益讲座，就证明他"雅"。

五、"故君子慎其独也"：慎独法

易让人放纵的场合主要有六：独处时、春风得意时、醉酒时、破罐子破摔时、钱多时以及大权独揽时。其中，又以独处最常见，而且涉及人数最广。毕竟，多数人不会破罐子破摔，绝大多数人终生既无权也无很多钱，有些人一辈子都不得志，也有些人平日几乎滴酒不沾，更不会喝醉，但是人人都有独处时。在外界充满各种诱惑、内心藏有不少贪念与恶念的背景下，能慎独是一种特别的素养，拥有这种素养的人并不多见。慎独不仅仅是一种素养，也是一种道德修养的经典中式方法，南宋的叶适在《习学记言序目》卷八中说得直截了当："慎独为入德之方。"除此之外，慎独还是一种道德修养的崇高境界。有个广为流传的故事很能说明慎独的境界。事见《后汉书·杨震传》："杨震……四迁荆州刺史、东莱太守。当之郡，道经昌邑，故所举荆州茂才王密为昌邑令，谒见，至夜怀金十斤以遗震。震曰：'故人知君，君不知故人，何也？'密曰：'暮夜无知者。'震曰：'天知，神知，我知，子知。何谓无知！'密愧而出。"（范晔，1965，p.1760）这是说，东汉的杨震调任荆州刺史、东莱太守，赴任途中路过昌邑。碰巧，昌邑的县令王密是杨震昔日的门生，曾受过杨震的举荐之恩。王密听说恩师路过昌邑，为了知恩图报，于深夜带着十斤钱币去拜访杨震。杨震谢绝了王密的礼物。王密说，现在已是深夜，无人知晓，还是收下吧。杨震答道，天知，神知，我知，你知。怎能说无人知晓？王密听到此话，惭愧地走了。正由于杨震重修德，并将此贯彻于其家教中，结果，《后汉书·杨彪传》记载："自震至彪，四世太尉，德业相继……"（范晔，1965，p.1790）

慎独思想在中国源远流长。早在《诗经》里就蕴含这种思想。《诗经·大雅·抑》说："相在尔室，尚不愧于屋漏。"提倡一个人即使在独处时也不要起坏念头。不过，据现有文献记载，"慎独"一词最早出自《礼记》。《礼记》中有三篇论及慎独（廖名春，2004）。《礼记·礼器》记载："孔子曰：'礼，不可不省也。礼不同、不丰、不杀。'此之谓也。盖言称也。礼之以多为贵者，以其外心者也。德发扬，诩万物，大理物博，如此，则得不以多为贵乎？故君子乐其发也。礼之以少为贵者，以其内心者也。德产之致也精微，观天下之物，无可以称其德者，如此，则得不以少为贵乎？是故君子慎其独也。"《礼记·中庸》说："天命之谓性，率性之谓道，修道之谓教。道也者，不可须臾离也，可离非道也。是故君子戒慎乎其所不睹，恐惧乎其所不闻。莫见乎隐，莫显乎微，故君子慎其独也。"认为隐蔽的东西最易看出人的品质，微小的事情最易显示出人的品格高下。品德高尚的人即使在别人不知晓的环境中也能谨守道德，不做出任何越轨的言行。《礼记·大学》也说："所谓诚其意者：毋自欺也，如恶恶臭，如好好色，此之谓自谦，故君子必慎其独也。小人闲居为不善，无所不至，见君子而后厌然，掩其不善，而著其善。人之视己，如见其肺肝然，则何益矣。此谓诚于中，形于外，故君子必慎其独也。"《礼记》，亦称《小戴礼记》或《小戴记》。儒家经典之一。有《曲礼》、《学记》、《乐记》、《大学》、《中庸》①等四十九篇，是秦汉以前各种礼仪论著的选集。相传西汉戴圣编纂，今本为东汉郑玄注本。大率为孔子弟子及其再传、三传弟子等所记，是研究中国古代社会情况、儒家学说和文物制度的参考书（陈至立，2019，p.2567）。司马迁在《史记·孔子世家》中说："子思作《中庸》。"朱熹认可司马迁的说法，在《中庸章句序》中写道："《中庸》何为而作也？子思子忧道学之失其传而作也。"由此可见，《礼记》里的文章多早于《荀子》，"慎独"一词最早出自《礼记》。尽管清人王念孙在《读书杂志》中认为："《礼器》、《中庸》、《大学》、《荀子》之'慎独'，其义一而已矣。"（王先谦，1988，p.47）廖名春认为王念孙的这一看法是正确的（廖名春，2004）。不过，也有学人如庞朴在《帛书五行篇研究》中认为："儒

---

① 南宋时期，朱熹将《礼记》中的《大学》、《中庸》与《论语》、《孟子》合编在一起加以注释，称为《四书章句集注》，"四书"由此得名。

书屡言慎独，所指不尽同。"（庞朴，1980，p.33）从历史上看，慎独在后世学人的理解中的确出现了分歧，主要有两种观点，二者的影响力有大有小。

（一）以"谨慎独处、道德自律"释慎独

"独"，据朱熹所著《四书章句集注》里的《中庸章句》和《大学章句》讲，指"人所不知而己所独知之地也"。"慎独"意即个体在独处时也能做到严于律己，无论在思想上还是在行为上都能不违背道义。以谨慎独处、道德自律释慎独。此观点以《中庸》《大学》、郑玄的《三礼①注》、孔颖达的《礼记正义》、朱熹的《四书章句集注》为代表，长期以来，这是对慎独的最主流看法，影响极大（廖名春，2004）。

《文子·精诚》也说："老子曰：'子之死父，臣之死君，非出死以求名也，恩心藏于中，而不违其难也。君子之憯怛，非正为也，自中出者也，亦察其所行。圣人不惭于影，君子慎其独也，舍近期远塞矣。故圣人在上，则民乐其治，在下则民慕其意，志不忘乎欲利人也。'"（王利器，2009，p.97）《淮南子·缪称》说："动于近，成文于远。夫察所夜行，周公［不］惭乎景，故君子慎其独也。"《淮南子·说山训》说："兰生幽谷，不为莫服而不芳。舟在江海，不为莫乘而不浮。君子行义，不为莫知而止休。"这显然是继承了《中庸》"莫见乎隐，莫显乎微，故君子能慎其独也"的思想。

西汉的刘向在《说苑·敬慎》里说："存亡祸福，其要在身，圣人重诚，敬慎所忽。《中庸》曰：'莫见乎隐，莫显乎微，故君子能慎其独也。'谚曰：'诚无垢，思无辱。'夫不诚不思，而以存身全国者，亦难矣。《诗》曰：'战战兢兢，如临深渊，如履薄冰。'此之谓也。"（刘向，2009）"敬慎所忽"类似于下文郑玄所说的"慎其闲居之所为"，故刘向引《中庸》"莫见乎隐，莫显乎微，故君子能慎其独也"以证之（廖名春，2004）。

东汉的郑玄最早阐发"慎独"的含义（廖名春，2004）。郑玄对《礼记·礼器》中"如此则得不以少为贵乎？是故君子慎其独也"一语作注："少

---

① "三礼"之名始于东汉的郑玄，指《周礼》《仪礼》和《礼记》。

其牲物，致诚悫。"对《中庸》里"故君子慎其独也"一语，郑玄作注："慎独者，慎其闲居之所为。小人于隐者，动作言语自以为不见睹，不见闻，则必肆尽其情也。若有佔听之者，是为显见，甚于众人之中为之。"郑玄的这一见解类似于刘向。稍后于郑玄的徐幹也持类似见解，徐幹在《中论·法象》里说："人性之所简也，存乎幽微；人情之所忽也，存乎孤独。夫幽微者，显之原也；孤独者，见之端也。胡可简也？胡可忽也？是故君子敬孤独而慎幽微。虽在隐蔽，鬼神不得见其隙也。"

汉代学人对慎独的上述理解到魏晋南北朝时已成为共识（廖名春，2004）。《刘子新论·慎独》就持此见解。《刘子新论》，亦名《刘子》、《新论》。这部书的著录今可见者始于《隋书·经籍志》。关于该书的作者问题学术界至今仍存有争论，主要观点有二：一是主张为刘昼所撰，另一是主张为刘勰所撰，但多数人主张是刘昼所撰（傅亚庶，1998，pp.614-628），本书从众说，也将刘昼视为《刘子》的作者。《刘子新论·慎独》说：

> 善者，行之总，不可斯须离也，若可离，则非善也。人之须善，犹首之须冠，足之待履。首不加冠，是越类也；足不蹑履，是夷民也。今处显而循善，在隐而为非，是清旦冠履而昏夜倮跣也。荃荪孤植，不以岩隐而歇其芳。石泉潜流，不以涧幽而不清。人在暗密，岂以隐翳而回操？是以戒慎所不睹，恐惧所不闻。居室如见宾，入虚如有人。故蘧瑗不以昏行变节；颜渊不以夜浴改容；勾践拘于石室，君臣之礼不替；冀缺耕于坰野，夫妇之敬不亏。斯皆慎乎隐微，枕善而居，不以视之不见而移其心，听之不闻而变其情也。谓天盖高而听甚卑，谓日盖远而照甚近，谓神盖幽而察甚明。《诗》云："相在尔室，尚不愧于屋漏。无曰不显，莫予云觏。"暗昧之事，未有幽而不显；昏惑之行，无有隐而不彰。修操于明，行悖于幽，以人不知。若人不知，则鬼神知之；鬼神不知，则己知之。而云不知，是盗钟掩耳之智也。孔徒晨起，为善孳孳。东平居室，以善为乐。故身恒居善，则内无忧虑，外无畏惧。独立不惭于影，独寝不愧于衾，上可以接神明，下可以固人伦。德被幽明，庆祥臻矣。

稍加比较可知，《刘子新论》对慎独的看法与刘向和郑玄的看法相一致。

到了唐代，孔颖达对《礼记·礼器》"是故君子慎其独也"的"正义"是："独，少也。既外迹应少，故君子用少而极敬慎也。"以"少"释"独"。不过，在《中庸》里，孔颖达又坚持"疏不破注"的原则（廖名春，2004），明确主张："故君子慎其独也者，以其隐微之处，恐其罪恶彰显。故君子之人恒慎其独居，言虽曰独居，能谨慎守道也。"

在宋代，朱熹的《大学章句》、《中庸章句》进一步发展了郑玄、孔颖达的慎独思想。朱熹在《大学章句》里说：

> 独者，人所不知而己所独知之地也。言欲自修者知为善以去其恶，则当实用其力，而禁止其自欺。使其恶恶则如恶恶臭，好善则如好好色，皆务决去，而求必得之，以自快足于己，不可徒苟且以殉外而为人也。然其实与不实，盖有他人所不及知而己独知之者，故必谨之于此以审其几焉。……此言小人阴为不善，而阳欲掩之，则是非不知善之当为与恶之当去也；但不能实用其力以至此耳。然欲掩其恶而卒不可掩，欲诈为善而卒不可诈，则亦何益之有哉！此君子所以重以为戒，而必谨其独也。（朱熹，1983，p.7）

在《中庸章句》里，朱熹又说："独者，人所不知而己所独知之地也。言幽暗之中，细微之事，迹虽未形而几则已动，人虽不知而己独知之，则是天下之事无有着见明显而过于此者。是以君子既常戒惧，而于此尤加谨焉，所以遏人欲于将萌，而不使其滋长于隐微之中，以至离道之远也。"（朱熹，1983，p.18）《朱子语类》卷第十六也说："君子慎其独，非特显明之处是如此，虽至微至隐，人所不知之地，亦常慎之。小处如此，大处亦如此；显明处如此，隐微处亦如此。表里内外，粗精隐显，无不慎之，方谓之'诚其意'。"

宋代以后，《四书章句集注》被列为钦定的教科书，成为科举考试的标准读本，与"五经"具有同等地位，对中国古代社会产生了极大影响。这样，朱熹对慎独的解释自然也成为明清时期最具影响力的观点。例如，明代的陈确对慎独的解释就继承了朱熹等人的观点。据《陈确集·文集》卷十六《寄诸同志》记载，陈确说："诸过皆从欲念起，无欲即无过。是以善学者不在随处弭禁，而在闲居慎独。慎独之功，要在去私。今人动念，无不为私心所蔽。"

（二）用"内心的诚，保持内心专一"释慎独

用"内心的诚，保持内心专一"释慎独。此观点以《礼记·礼器》、荀子、郭店楚简《五行》篇、马王堆三号汉墓出土的帛书《五行》篇、王栋、刘宗周、凌廷堪和王念孙等为代表（庞朴，1980，p.33；廖名春，2004）。由于荀子不是儒学的正统，郭店楚简《五行》篇和马王堆三号汉墓出土的帛书《五行》篇其后失传，直至近年才重新被发现，王栋、刘宗周、凌廷堪和王念孙等人的影响远不及朱熹等人的影响力大，对慎独的这一看法在中国不占主流。

荀子继承了《礼记·礼器》的慎独思想。《荀子·不苟》说：

> 君子养心莫善于诚，致诚则无它事矣，唯仁之为守，唯义之为行。诚心守仁则形，形则神，神则能化矣；诚心行义则理，理则明，明则能变矣。变化代兴，谓之天德。天不言而人推高焉，地不言而人推厚焉，四时不言而百姓期焉。夫此有常，以至其诚者也。君子至德，嘿然而喻，未施而亲，不怒而威。夫此顺命，以慎其独者也。善之为道者，不诚则不独，不独则不形，不形则虽作于心，见于色，出于言，民犹若未从也，虽从必疑。天地为大矣，不诚则不能化万物；圣人为知矣，不诚则不能化万民；父子为亲矣，不诚则疏；君上为尊矣，不诚则卑。夫诚者，君子之所守也，而政事之本也。唯所居以其类至，操之则得之，舍之则失之。操而得之则轻，轻则独行，独行而不舍则济矣。济而材尽，长迁而不反其初则化矣。（王先谦，1988，pp.46-48）

由此可见，荀子讲的慎独实即诚心。正如郝懿行所说："此语甚精，杨氏不得其解，而以谨慎其独为训。今正之云：'独者，人之所不见者也。慎者，诚也；诚者，实也。心不笃实，则所谓独者不可见。'"（王先谦，1988，p.46）

郭店楚简《五行》篇也论及慎独："'淑人君子，其仪一也。'能为一，然后能为君子，慎其独也。"[瞻望弗]及，泣涕如雨。能差池其羽，然后能至哀，君子慎其[独也]。"（说明：为减少印刷麻烦，引用时，假借字、错字直接写作本字，引者注）（荆门市博物馆，1998，pp.149-150）。马王堆三号汉墓出土的帛书《五行》篇，则有更详细的说解："'鸤鸠在桑，其子七分。淑人君子，其宜一分。'能为一然后能为君子，君子慎其独。""'燕燕于飞，差池其羽。之子于归，远送于野。瞻望弗及，泣涕如雨。'能差池其羽然后能至哀。

君子慎其独也。"（说明：为减少印刷麻烦，引用时，假借字、错字直接写作本字，引者注）（庞朴，1980，p.31）。综合郭店楚简《五行》篇和马王堆三号汉墓出土的帛书《五行》篇对慎独的解释可知，守丧不在于孝服。守丧只有不在于孝服，然后才能极尽哀思。守丧若专注于丧服，其哀思就会减少。由此推知，慎独是指不重外表，只重内心专一。换言之，内心专一即慎独。这显然是继承了荀子的慎独思想（廖名春，2004）。可惜，由于荀子不是儒学的正统，再加上郭店楚简《五行》篇和马王堆三号汉墓出土的帛书《五行》篇其后失传，自此之后直至明代之前，除了唐代的孔颖达和李翱外，几乎无人再对慎独持此看法。如前文所论，孔颖达曾以"少"释"独"，这显然是继承了《礼记·礼器》对慎独的看法。李翱在《复性书中》一文里说："不睹之睹，见莫大焉；不闻之闻，闻莫甚焉。其心一动，是不睹之睹，不闻之闻也，其复之也远矣。故君子慎其独。慎独者，实其中也。""中"，据《中庸》讲，即是"喜怒哀乐之未发，谓之中"。朱熹注："喜、怒、哀、乐，情也。其未发，则性也，无所偏倚，故谓之中。"所以，"慎独者，实其中也"就是讲慎独要防微杜渐。

到了明清两代，王栋、刘宗周、凌廷堪和王念孙等人走出郑玄、孔颖达（字冲远）和朱熹等人的阴影，对郑玄等人的观点提出异议，主张慎独绝不仅仅是谨慎地独处，而是要时刻保持内心的诚，即要诚其心、诚其意。《明儒学案》卷三十二载："诚意工夫在慎独。独即意之别名，慎即诚之用力者耳。意是心之主宰……"（黄宗羲，1985，p.734）据《明儒学案》卷六十二记载，刘宗周也以心之主宰的"意"为《大学》、《中庸》"慎独"之"独"，认为"独之外别无本体，慎独之外别无工夫"（黄宗羲，1985，p.1580）。清人凌廷堪在《慎独格物说》一文里也说：

> 慎独指礼而言。礼之以少为贵，《记》文已明言之。然则《学》、《庸》之慎独，皆礼之内心精微可知也。后儒置《礼器》不观，而高言慎独，则与禅家之独坐观空何异？由此观之，不惟明儒之提倡慎独为认贼作子，即宋儒之诠解慎独亦属郢书燕说也。……今考古人所谓慎独者，盖言礼之内心精微，皆若有威仪临乎其侧，虽不见礼，如或见之，非人所不知、己所独知也。仲弓问仁，子曰："出门如见大宾，使民如承大祭。"言正心必先诚意也，即慎独之谓也。（凌廷堪，1998，pp.144-145）

清人王念孙在《读书杂志》中也认为：

> 《中庸》之"慎独"，"慎"字亦当训为诚，非上文"戒慎"之谓。（"莫见乎隐，莫显乎微"，即《大学》之"十目所视，十手所指"，则慎独不当有二义。陈硕甫云："《中庸》言慎独，即是诚身。"）故《礼器》说礼之以少为贵者曰："是故君子慎其独也。"郑注云："少其牲物，致诚悫。"是慎其独即诚其独也。慎独之为诚独，郑于《礼器》已释讫，故《中庸》、《大学》注皆不复释。孔冲远未达此旨，故训为谨慎耳。凡经典中"慎"字，与"谨"同义者多，与"诚"同义者少。训谨训诚，原无古今之异，（慎之为谨，不烦训释，故传注无文，非诚为古义而谨为今义也。）唯"慎独"之"慎"则当训为诚，故曰"君子必慎其独"，又曰"君子必诚其意"。《礼器》、《中庸》、《大学》、《荀子》之"慎独"，其义一而已矣。（王先谦，1988，p.47）

这些看法与郭店楚简《五行》篇和马王堆三号汉墓出土的帛书《五行》篇对慎独的看法相一致。

到了当代，随着 1972—1974 年马王堆三号汉墓的出土，其内有帛书《五行》篇的出土，1993 年 10 月在湖北省荆门市郭店村的郭店一号楚墓发掘出竹简，其内有《五行》篇（郭店楚简《五行》篇），一些学人通过研究郭店楚简《五行》篇和马王堆三号汉墓出土的帛书《五行》篇，对慎独的看法又倾向于认可荀子以来以诚释慎独的传统。如庞朴为马王堆帛书《五行》篇作注，时说："《礼记·礼器》：'礼之以少为贵者，以其内心也。德产之致也精微，天下之物无可称其德者，如此则得不以少为贵乎？是故君子慎其独也。'本佚书所谓慎独，亦指内心专一。"（庞朴，1980，p.33）廖名春虽不认可以诚释慎独的做法，主张以"珍重"释慎，却仍是在心上下功夫。廖名春说："慎独"的"慎"字是形声兼会意，"心"为义符，"真"既为声符也为义符，本义是"（心里）珍重"，所以将释"慎独"的"慎"训为"谨"或"诚"，或读为"顺"，皆不足取（廖名春，2004）。

（三）慎独法须注意几点

第一，慎独法是一种自我约束、诚心实意、知行合一、言行一致的具体落实，做不到此点，就做不到慎独，也谈不上"诚其意"。正如陆九渊在《语录上》里所说："慎独即不自欺。"由此可见，慎独不但是一种道德修养的经典中式方法，也是一种素养，还是一种道德自律的崇高境界。它能让个体即使是在个人独处、无人监督时，也能诚心诚意且自觉地按照一贯的道德准则去规范自己的言行，严于律己，谨慎对待自己的一言一行，丝毫不放松自我监督的力度。三者的关系是：一般先将慎独作为一种修德方法，持之以恒地加以修炼，逐渐就让自己获得了能慎独的素养；当这种素质达到自觉程度时，就达到了慎独的境界；个体一旦达到慎独的境界，就不再需要有形或无形的监督力量的监督，当自己独处时自然便能慎独；当自己独处时受到外界的诱惑，或心中突生邪念，便能立即自觉抵制诱惑或邪念，做到慎独。

第二，慎独法是一种防微杜渐的修养方法。朱熹在《四书章句集注·中庸章句》里注解"独"字时说："独者，人所不知而己所独知之地也。言幽暗之中，细微之事，迹虽未形而几则已动，人虽不知而己独知之，则是天下之事无有著见明显而过于此者。是故君子既常戒惧，而于此尤加谨焉，所以遏人欲于将萌，而不使其滋长于隐微之中，以至离道远也。"从中也可以看出慎独具有的防患于未然之意。

第三，慎独法是一种去私欲的修养方法。如陈确就说："慎独之功，要在去私。"

第四，慎独法的唯一目的是提高自身的品德修养，它不是做给别人看的，即"君子行义，不为莫知而止休"。古人一贯倡导"德者所以修己也"。提倡道德修养是为己之事，而不是做给别人看的（"为人"）。正如孔子所说："古之学者为己，今之学者为人。"陆九渊在《语录上》里也说："夫子曰：'古之学者为己，今之学者为人。'须自省察。"为己精神贯彻至道德修养中，就是提倡修德者要善于慎独。

用今天的眼光看，作为一种育德方法，慎独法实际上是一种自我约束的方法，它高扬了修德者的主体精神，对提升道德境界仍不失为一种值得提倡的方法。但在我们的日常生活中，很多人的言行是，领导在场与领导不在场时不一样，有人检查与无人检查时不一样，在人前与在人后不一样。这种事例正说明现代一些中国人缺乏慎独精神，做事是人前一套人后又一套，见人说人话，见鬼说鬼话，既欺人也自欺，这不能不说是导致德育低效的原因之一。今人若想提高自己的道德修养，若想使自己逐渐拥有待己智慧，就必须适当借鉴并运用慎独法来修德。因为多一事增一事的累，识一人费一人的心，只有独处才可以省事，省事就可以心清，心清才可以神旺，所以独处可以收摄精神，凝聚生命的全力。独处静坐之中，有一股清明之气从孤独处生出来，心光一片，照见了自己，也照见了万物，照彻了事物的所以然，于是有"静一分，慧一分"的效果。独处就是在求这一分清明，所谓"清明在躬，志气如神"，有这分清明，求道则易悟，为事则易成，从事艺文创作则神思奇逸，所以慎独可以养精、养气、养神、养德，对德业与艺术生活都是有益的（黄永武，2013）。当然，在运用慎独法时，也应注意对象的合宜性，因慎独法得以实现的前提是，个体要有较强的自制力和辨别是非的能力。所以，对自制力较弱的个体如低年级学生要慎用，否则易流于形式。

六、"君子养心，莫善于诚"：诚敬存心法

据《二程集·河南程氏遗书》卷第二十五记载，程颐说得好："学者不可以不诚，不诚无以为善，不诚无以为君子。修学不以诚，则学杂；为事不以诚，则事败；自谋不以诚，则是欺其心而自弃其忠；与人不以诚，则是丧其德而增人之怨。"（程颢，程颐，2004，p.326）因此，儒家提倡诚敬存心法。诚敬存心法是一种通过思诚或守敬的途径来达到修心育德效果的方法。既真心诚意，必严肃认真，反之亦然。因此，有些学者将此两种方法合而论之，有些学者则分开探讨。

（一）"诚"的含义

司马迁在《史记·孔子世家》曾说"子思作《中庸》"。据此记载，孔子的孙子子思应年长于孟子。《中庸》首开儒家重"诚"的传统。自《中庸》开始，儒家多将"诚"视作极重要的道德规则。这从《中庸》里"诚者，天之道也；诚之者，人之道也"可见一斑。孟子继承了《中庸》的观点。《孟子·离娄上》曰："是故诚者，天之道也；思诚者，人之道也。"《荀子·不苟》说：

"天地为大矣，不诚则不能化万物；圣人为知矣，不诚则不能化万民；父子为亲矣，不诚则疏；君上为尊矣，不诚则卑。夫诚者，君子之所守也，而政事之本也。唯所居以其类至，操之则得之，舍之则失之。操而得之则轻，轻则独行，独行而不舍则济矣。济而材尽，长迁而不反其初则化矣。"从"夫诚者，君子之所守也"之语可看出，至荀子时，已明确将"诚"视作君子应具备的一种品德。何谓"诚"？如前文第三章所论，"诚"有三种重要含义：（1）本义是指真实无妄或真心诚意；（2）指诚实、无欺、诚实无欺；（3）恭敬。

如前所述，为了提高化育的效果，孟子等大教育家多要求实施化育者本人要做到心诚，唯此方能感动被化育者。除此之外，在中国传统文化中，教育家一般也将"诚"作为个体自己修心育德的重要方法。如上文所引，《荀子·不苟》说："君子养心莫善于诚，致诚则无它事矣，唯仁之为守，唯义之为行。"《中庸》对"诚"更是作了全面而完整的论述：

诚者，天之道也；诚之者，人之道也。诚者不勉而中，不思而得，从容中道，圣人也。诚之者，择善而固执之者也。博学之，审问之，慎思之，明辨之，笃行之。……

自诚明，谓之性；自明诚，谓之教。诚则明矣，明则诚矣。

……

唯天下至诚，为能尽其性；能尽其性，则能尽人之性；能尽人之性，则能尽物之性；能尽物之性，则可以赞天地之化育；可以赞天地之化育，则可以与天地参矣。

其次致曲，曲能有诚，诚则形，形则著，著则明，明则动，动则变，变则化。唯天下至诚为能化。

至诚之道，可以前知。国家将兴，必有祯祥；国家将亡，必有妖孽。见乎蓍龟，动乎四体。祸福将至：善，必先知之；不善，必先知之。故至诚如神。

诚者自成也，而道自道也。诚者物之终始，不诚无物。是故君子诚之为贵。诚者非自成己而已也，所以成物也。成己，仁也；成物，知也。性之德也，合外内之道也，故时措之宜也。

故至诚无息。不息则久，久则征，征则悠远，悠远则博厚，博厚则高明。博厚，所以载物也；高明，所以覆物也；悠久，所以成物也。

可见，一方面，《中庸》将"诚"视作世界的本源，"诚"不是由另外的更高的东西产生的，而是"自成"的，而且是万物变化的开端和结局，没有诚就没有万物，这表明"诚"在《中庸》里被视作天地化育万物的原动力；另一方面，《中庸》将"诚"与人联系起来，为人的道德修养确立内在的依据，认为人的道德准则和道德教化都必须从诚的本性出发，按诚的本性来确立和开展（李春秋，毛蔚兰，2003，pp.192-193）。当然，用今天的眼光看，这个论述看似一气呵成，环环相扣，且说得如此自信，实则多处都有逻辑不通的问题。如，"能尽其性"仅涉及个体的修身问题，"尽人之性"涉及他人的修身问题，这里面有亲人、熟人与陌生人之别，故从"能尽其性"推演到"能尽人之性"，在逻辑上不知放大了多少倍；从"能尽人之性"推演到"能尽物之性"，有将道德理性与科技理性相混同的弊病。可见，上述推理是跳跃式推理，既不算演绎推理，也不属归纳推理或类比推理。要使推理的结论真实，必须遵守"前提真实"和"推理的形式正确"两个条件（陈至立，2019，p.4423），上述想当然式的推理无法满足这两个条件，自然多处推论不能成立。不过，从修身、做人与做事的角度看，它对人们正确使用中庸思维和劝人行善等都有一定作用。根据《中庸》的这一论述，并结合朱熹的集注可知，"诚"指"真实无妄"，"天之道"就是"天理"。经朱熹这一解释，"诚"就被解释为天理的本然状态。"诚之"是人仿效天理本然的真实无妄，尽力达到那种真实状态的努力。圣人的道德与天理浑然一体，真实无妄，且"从心所欲，不逾矩"，不待思勉就能从容中道，所以圣人的境界同于天道。常人因有人欲私心，不能像圣人那样自然真实无妄，若想做到真实无妄，就需要择善才能明善；择善后还须坚定地依善践行，才能诚身。经过自身的努力去达到真实无妄，这是人道的特点，这就是"诚之"。"诚之"的具体方法就是博学、审问、慎思、明辨、笃行。其中学、问、思、辨属于学而知之，其目的在"择善"；笃行即利而行之，属于固执；至于人一己百的努力，属于"困知勉行"了。同时，朱熹认为，德是指道德的德性，明是指道德理性的能力。圣人之德真实无妄，这是诚；圣人之道德理性普照万物，这是明。天命之性人人都有，但率性为道只有圣人才能做得到，圣人是天然如此，与天道本然相同；贤人以下都是修道为教，由教而入，不是自然，必须用各种功夫。先从学知明善入手，然后去实在地践行善，这是人道的特点。它实际上是以一种先知后行的知行观来说明贤人由明至诚的方法。尽人之性是指没有丝毫人欲之私，德性真实无妄；尽物之性是指充分明了事物的性质而处理妥当。这样的人可以协助化育流行，就可以与天地并立为三了（朱熹，1983，pp.31–33；陈来，2007）。稍后的孟子继承了此思想。《孟子·离娄上》说："诚身有道，不明乎善，不诚其身矣。是故诚者，天之道也；思诚者，人之道也。至诚而不动者，未之有也；不诚，未有能动者也。"（杨伯峻，2005，p.173）《孟子·尽心上》说："尽其心者，知其性也。知其性，则知天矣。存其心，养其性，所以事天也。"（杨伯峻，2005，p.301）"万物皆备于我矣。反身而诚，乐莫大焉。强恕而行，求仁莫近焉。"（杨伯峻，2005，p.302）《淮南子·泰族训》说："施而仁，言而信，怒而威，是以精诚感之者也；施而不仁，言而不信，怒而不威，是以外貌为之者也。"至宋明时期，儒家更是将诚看作最高的道德范畴或修身养性的根本原则。如王安石在《礼乐论》中就曾说："神生于性，性生于诚，诚生于心，心生于气，气生于形。形者，有生之本。故养生在于保形，充形在于育气，养气在于宁心，宁心在于致诚，养诚在于尽性，不尽性不足以养生。"（王安石，1974，p.333）主张通过致诚来宁心。宋代周敦颐在《通书·诚下》里干脆说："诚，五常之本，百行之源也。"

因先哲多主张"诚是心之本体，求复其本体，便是思诚的工夫"（《传习录上》），这样有些学者有时也将诚与敬合在一起论述。如《二程集·河南程氏遗书》卷第二上说："学者先须识仁。仁者，浑然与物同体。义、礼、知、信，皆仁也。识得此理，以诚敬存之而已，不须防检，不须穷索。若心懈则有防，心苟不懈，何妨之有？理有未得，故须穷索。存久自明，安待穷索？"（程颢，程颐，2004，pp.16–17）

（二）"敬" 的含义

何谓"敬"？"敬"的含义有多种。作为一种修心育德方法的"敬"，其本义主要有三种：一是恭敬、严肃。《说文·苟部》说："敬，肃也。"二是慎重。《玉篇·苟部》说："敬，慎也。"三是警惕、戒备。《释名·释言语》说："敬，警也，恒自肃警也。"以敬存心法古已有之。《易·坤》说："君子敬以直内，义以方外。"孔颖达疏："内谓心也，用此恭敬以直内。"据《论语·宪问》记载，孔子也赞成运用此法来修心。"子路问君子。子曰：'修己以敬。'"孔子认为君子应修养自己来严肃认真地对待工作。此法为其后很多学者所继承。如据《二程集·河南程氏遗书》卷第十八记载，程颐说："涵养须用敬，进学则在致知。"（程颢，程颐，2004，p.188）《朱子语类》卷第十二说："'敬'之一字，真圣门之纲领，存养之要法。一主乎此，更无内外精粗之间。"王廷相在《慎言·潜心篇》里也说："是故君子主敬以养心，精义以体道。"不过，至宋明理学家的手中，"敬"的含义主要指"主一"，即"一心在天理上"。如《朱子语类》卷第十二说："只收敛身心，整齐纯一，不恁地放纵，便是敬。"王守仁在《传习录上》里说：

> 且道如何是敬？曰：只是主一。如何是主一？……一者天理，主一是一心在天理上。若只知主一，不知一即是理，有事时便是逐物，无事时便是着空。惟其有事无事，一心皆在天理上用功，所以居敬亦即是穷理。就穷理专一处说，便谓之居敬；就居敬精密处说，便谓之穷理；……名虽不同，功夫只是一事。就如《易》言"敬以直内，义以方外"，敬即是无事时义，义即是有事时敬，两句合说一件。如孔子言"修己以敬"，即不须言义，孟子言"集义"即不须言敬，会得时横说竖说工夫总是一般。（王守仁，1992，p.33）

> 陆澄问："主一之功，如读书则一心在读书上，接客则一心在接客上，可以为主一乎？"先生曰："好色则一心在好色上，好货则一心在好货上，可以为主一乎？是所谓逐物，非主一也。主一是专主一个天理。"（王守仁，1992，p.11）

可见，以敬修心法的实质是要人将注意力集中在"德"（天理）而不是别的东西上，这样，宋儒讲的居敬常与"主静"联系起来（方克立，1982，p.284）。

（三）以诚修心

怎样做到以诚修心？在先哲看来，除了要坚守"懂变通，让守信服从于讲仁义"这一原则外，还要做到如下三点。

第一，要准确把握善的要义。要修诚，先要把握善的要义。一旦准确把握了善的要义，就能修诚，正如《中庸》说："诚身有道：不明乎善，不诚乎身矣。"孔颖达疏："言明乎善行，始能至诚乎身。"此思想为后儒所继承。如《孟子·离娄上》说："居下位而不获于上，民不可得而治也。获于上有道，不信于友，弗获于上矣。信于友有道，事亲弗悦，弗信于友矣。悦亲有道，反身不诚，不悦于亲矣。诚身有道，不明乎善，不诚其身矣。"《传习录上》也说："如说格物是诚意的工夫，明善是诚身的工夫，穷理是尽性的工夫，道问学是尊德性的工夫，博文是约礼的工夫，惟精是惟一的工夫。诸如此类，始皆落落难合，其后思之既久，不觉手舞足蹈。"

第二，要真实无欺地依良知办事。正如《荀子·不苟》所说："诚心守仁则形，形则神，神则能化矣；诚心行义则理，理则明，明则能变矣。"主张一个人能以仁义为目标，以主动积极的态度、诚心诚意去做事情，就能化恶迁善。《庄子·渔父》主张既要心诚也要言诚还要行诚：

> 真者，精诚之至也。不精不诚，不能动人。故强哭者虽悲不哀，强怒者虽严不威，强亲者虽笑不和。真悲无声而哀，真怒未发而威，真亲未笑而和。真在内者，神动于外，是所以贵真也。其用于人理也，事亲则慈孝，事君则忠贞，饮酒则欢乐，处丧则悲哀。忠贞以功为主，饮酒以乐为主，处丧以哀为主，事亲以适为主，功成之美，无一其迹矣。事亲以适，不论所以矣；饮酒以乐，不选其具矣；处丧以哀，无问其礼矣。礼者，世俗之所为也；真者，所以受于天也，自然不可易也。故圣人法天贵真，不拘于俗。愚者反此。不能法天而恤于人，不知贵真，禄禄而受变于俗，故不足。

为了做到真诚无欺，就要破"伪"与"欺"，正如《孟子·离娄下》所说："大人者，不失其赤子之心者也。"《传习录下·王守仁语录》更是直截了当地说："诚是实理，只是一个良知。"凡自己的所作所为，只要对得起自己的良知，也就是守诚了。同时，在生活德育中，若教育者本人能做到心诚，就能通过自己的诚心诚意来感化和影响周围的人，进而影响与你相距甚远的他人，使他人也思诚守善。这就是俗话说的"精诚所至，金石为开"。另外，为了体现诚，心要专一。《淮南子·主术训》说："诚身有道：心不专一，不能专诚。"

第三，灵活采用一些彰显以诚修心的具体方法，将以诚修心落到实处。常用方法除了内省法和慎独法之外，还有数豆知善恶法。它指以红豆（当然也可根据自己喜好换白豆）代表善，以黑豆代表恶，每当自己心中有一善念，或是说出一句善言，或是做了一件善事，便往容器中投一粒红豆，反之，每当自己心中有一邪念或言行有一过失，便投一粒黑豆，然后每晚临睡前数一次，由此知晓自己当日道德修养的表现高低。这种方法虽简便易行，但关键在一个"诚"字，若能做到诚且恒久修之，一定能收到奇效。例如，北宋著名政治家文彦博有"数豆宰相"的美誉。文彦博在年轻时就特别注重克己正心，不断清除私心杂念，使善心永远战胜恶念。为了警示和鞭策自己，文彦博曾找来两个罐子，一旦心中有了一个善念或做了一件好事，就在一个罐子里放一颗红豆，有了一个恶念或做了一件坏事，就在另一个罐子里放一颗黑豆。每天晚上再把两个罐子里的红豆和黑豆倒出来数一数，以检查和反省自己一天的修为。日子一天天过去，一个罐子里装的红豆越来越多，另一个罐子里装的黑豆的增速越来越慢。又过了一段时间，只有装红豆的罐子里的红豆的数量在继续增长，装黑豆的罐子里的黑豆的数量则停止增长了，此时就表明文彦博的心中只有善念而无私心杂念了。此后一辈子文彦博都这样严于克己，终成一代名相（刘立祥，2016）。又如明代大学士徐溥早年读书期间常常仿效古人，不断检点自己的言行：他在书桌上放两个瓶子，分别贮藏黑豆和黄豆，每当心中产生一个善念，或是说出一句善言，或是做了一件善事，便往瓶中投一粒黄豆；反之，若是言行有什么过失，便往瓶中投一粒黑豆。每天晚上他将两个瓶子里的黄豆和黑豆倒出来数一数，并记下相应的数字。开始时，黑豆多，黄豆少，他就不断地深刻反省并警诫自己。渐渐地，黄豆和黑豆数量持平，他就再接再厉，更加严格地要求自己。久而久之，瓶中黄豆越积越多，黑豆越来越少。直到他后来为官一直都还保留着数豆的习惯。凭着这种持久的修心，他不断地完善自己的品德，终于成为德高望重的一代名臣（康井泉，2015）。

儒家力倡依良知办事，由此来修诚，又看重诚敬在修德中的重要作用，这是抓住了道德教育的命脉，因为虚情假意是人们修德的大敌。中国儒家道德文化推崇依良知办事，由此来修诚，又以诚敬来修心，这对于培育人们的诚实精神和消除虚假之心均有一定的积极意义。从这个意义上说，当代中国的德育仍要大力提倡人们依良知办事，由此来修诚，以诚敬来修心养心，这不但有利于提高个体的德性，对于社会主义和谐社会的建立也具有促进作用（李春秋，毛蔚兰，2003，p.195）。

七、"心反其初而民性善"：返璞归真法

返璞归真法是一种通过返璞归真的途径来保持或恢复人的童心，达到修心育德效果的方法。此法由老子明确提出。老子主张处于无知无欲的纯朴状态的婴儿的德性是最善的，提倡返璞归真以养心育德。《老子·四十九章》说："圣人无常心，以百姓心为心。善者，吾善之；不善者，吾亦善之，德善。信者，吾信之；不信者，吾亦信之，德信。圣人在天下，歙歙焉为天下浑其心，百姓皆注其耳目，圣人皆孩之。"他认为圣人通过使人们回复至婴孩一般纯真的状态的方法来使人们得到善。

这种方法为其后道家弟子和受到道家思想影响的许多思想家所继承和发展。如《淮南子·齐俗训》说："率性而行谓之道，得其天性谓之德。性失然后贵仁，道失然后贵义。是故仁义立而道德迁矣，礼乐饰则纯朴散矣。"《淮南子·本经训》也说：

> 是故仁义礼乐者，可以救败，而非通治之至也。夫仁者所以救争也，义者所以救失也，礼者所以救淫也，乐者所以救忧也。神明定于天下而心反其初，心反其初而民性善，民性善而天地阴阳从而包之，则财足而人澹矣，贪鄙忿争不得生焉。由此观之，则仁义不用矣。道德定于天下而民纯朴……

这一观点与儒家的思想针锋相对。张湛也赞成返璞归真养心法，他在《列子注·天瑞篇注》里主张："学者，所以求复其初，乃至于厌倦，则自然之理亏矣。"

从日常生活中或一些媒体（包括书、电视、电影、广播等）报道中都可知，某些"未开化"的山村，民风往往多纯朴，而一经过度开发，则常常染上世俗社会的一些恶习。像某风景秀丽的山区和小镇，过去因交通闭塞，很少与外界打交道，初去该地写生或观光的人经常受到当地人的热情款待或帮助，如

向外地人免费提供茶水等。后来随着旅游业的兴起，商业气息日渐浓厚，乐于助人的事情日渐减少，凡事多讲有偿服务。返璞归真的目的，是消除人们的"贪欲"，唤醒人们的善心，有时的确能起到修心育德的效果。不过，此法的理论依据主要是童心至善说，从而受到人们的批评。戴震在《孟子字义疏证》卷上里就说：

> 试以人之形体与人之德性比而论之，形体始乎幼小，终乎长大；德性始乎蒙昧，终乎圣智。其形体之长大也，资于饮食之养，乃长日加益，非"复其初"；德性资于学问，进而圣智，非"复其初"明矣。

同时，返璞归真的方法有消极避世思想之嫌。另外，在西方德育心理学思想史上，卢梭力主遵从自然是德育的基本原则，在德育过程中遵从自然，就要求教育者要相信儿童具有善良的天性，引导儿童内心的自爱情感不断向爱他人的方向发展。稍加比较可知，尽管老、庄与卢梭都主张顺应自然来育德，但老、庄讲的返璞归真法与卢梭的方法小同而大异。

八、"教之静坐"与"人须在事上磨"：静坐修心法与事上磨炼法

静坐是王守仁教人修心的一种方法。《传习录上》记载：

> 一日，论为学工夫。先生曰："教人为学，不可执一偏：初学时心猿意马，拴缚不定，其所思虑多是人欲一边，故且教之静坐、息思虑。久之，俟其心意稍定，只悬空静守如槁木死灰，亦无用，须教他省察克治。省察克治之功，则无时而可间，如去盗贼，须有个扫除廓清之意。无事时将好色好货好名等私逐一追究，搜寻出来，定要拔去病根，永不复起，方始为快。常如猫之捕鼠，一眼看着，一耳听着，才有一念萌动，即与克去。斩钉截铁，不可姑容与他方便，不可窝藏，不可放他出路，方是真实用功，方能扫除廓清。到得无私可克，自有端拱时在。虽曰何思何虑，非初学时事。初学必须思省察克治，即是思诚，只思一个天理，到得天理纯全，便是何思何虑矣。"（王守仁，1992，p.16）

王守仁认为，心性修养初期面临的主要问题是心神不定，静坐可以通过调理呼吸和注意力扫除"心猿意马"之病。静坐不是简单的枯坐，而是向内集中精力

自我反省和向外排除纷扰克制私欲两个方面功夫的合一。

对于静坐修心法，据《传习录上》记载，当弟子陆澄问道："静时亦觉意思好，才遇事便不同，如何？"面对这一质疑，王守仁的回复是："是徒知静养而不用克己工夫也。如此临事，便要倾倒。人须在事上磨，方立得住；方能静亦定、动亦定。"（王守仁，1992，p.12）可见，在王守仁看来，静坐功夫虽是一种修心的好方法，不过，单纯静坐的修心效果有限，因为此时个体没有经历生活中大事小情的磨炼，简单静坐犹如纸上谈兵，其获得的静心效果经不起变故的冲击。只有在静坐前或静坐后加上事上磨炼的功夫，经由"入世"而不是简单的"出世"或避世，通过事上磨炼真切体验到临事时自己心中所生的各种动机冲突、体验到的各种情绪状态（包括焦虑和恐惧等），在此基础上若能做到消除心中的诸种杂念，使内心中和，才能达到修心的效果。

事上磨炼法是主张修德者要在日常生活中通过一个个的道德实践（即"事上磨炼"）来培养自己良好道德品质的方法。何谓"事"？据《传习录上》记载，当学生请教陆九渊所说的"在人情事变上做工夫"该如何解释时，王守仁说："除了人情事变，则无事矣。喜怒哀乐非人情乎？自视听言动，以至富贵贫贱、患难死生，皆事变也。事变亦只在人情里。其要只在致中和；致中和只在谨独。"（王守仁，1992，p.15）可见，王守仁讲的"事"就是人情事变或人情，认为生活诸事不过是人情而已。举一个《传习录上》中记载的实例：

> 澄在鸿胪寺仓居，忽家信至，言儿病危。澄心甚忧闷不能堪。先生曰："此时正宜用功。若此时放过，闲时讲学何用？人正要在此等时磨炼。父之爱子，自是至情。然天理亦自有个中和处，过即是私意。人于此处多认做天理当忧，则一向忧苦，不知已是有所忧患，不得其正。大抵七情所感，多只是过，少不及者。才过便非心之本体，必须调停适中始得。就如父母之丧，人子岂不欲一哭便死，方快于心。然却曰'毁不灭性'，非圣人强制之也，天理本体自有分限，不可过也。人但要识得心体，自然增减分毫不得。"（王守仁，1992，p.17）

在王守仁看来，儿子病重虽说令做父亲的非常担心，却是做父亲的用以磨炼自己的好时机，只有此时能做到忧虑适度，才能真切提升自己的道德修养。若一

481

遇到事时就心乱如麻、情绪不稳定，那平日所谓的修心都是空说。钱穆之言可谓切中要点："讲王学的人，只不要忘了龙场驿的忧危，和征濠后的馋讥交作，便自明得先生这里所谓'正要在此等时磨炼'的意义和来历。"（钱穆，2012，p.74）王守仁主张在育德时要将主观的存心养性法与客观的行为训练法统一起来，这比有些宋儒只一味地注重存心养性的反求诸己式内省法，要合理得多（许文涛，汪凤炎，2018）。

第三节　修心育德思想对当代德育的启示

今天再来重新审视中国传统修心育德思想，除了要继续坚持"德性就是中庸"的理念外，还可以从中得出以下三点重要启示。

一、道德及道德教育是一种与人的身心发展相一致的力量

先哲有意或无意地认识到，完善的道德行为不仅具有自觉（合乎理性的规范）与自愿（出于内在的意愿）的品格，而且表现出自然的向度。只有当行为不仅自觉自愿，而且同时又出乎自然，才能使行为摆脱人为的强制而真正获得自律的形式。《中庸》说："诚者不勉而中，不思而得，从容中道，圣人也。"诚者指具有真诚德性的主体。不思不勉，不是完全取消理性的作用，而是普遍的规范内化于主体的深层意识，人的行为由此获得了近乎自然的性质；而这种自然之境，又以形成"诚"的德性为前提。在这里，行为境界与人格境界（德性）呈现统一的格局（杨国荣，2000）。表明中国传统文化非常强调道德伦理的自觉与自律，这是中国传统文化的一个显著特色，它与西方道德伦理思想重视意志自由的研讨明显不同。

为了论证道德伦理自觉与自律的合法性，先哲多从人心去寻找道德的根源，打通心、性、德三者之间的间隔，将心、性与德融为一体；更有甚者，进而将心与天也打通成一片，强调"天人合一"，把道德自律说成是天经地义、

至高无上的"宇宙法则",是"绝对命令"。像《孟子·尽心上》就说:"尽其心者,知其性也。知其性,则知天矣。存其心,养其性,所以事天也。夭寿不贰,修身以俟之,所以立命也。"《荀子·王制》也说:"君臣、父子、兄弟、夫妇,始则终,终则始,与天地同理……"张载在《正蒙·天道篇》中则说:"天体物不遗,犹仁体事无不在也。"用今天的眼光看,这种做法使德育蒙上了一层神秘色彩,从哲学观上看,也有一定的唯心主义倾向。

但是,先哲通过种种努力,以试图让人明白:道德及其教育不是一种约束人、限制人的异己力量,而是一种与个人自身不断发展、完善相一致的力量,以便让人们自觉地去加强自身的道德修养,提升自己的道德境界,并将道德视为自己终身追求的目标与信仰,以至于为此不惜牺牲任何东西甚至包括个体的宝贵生命(舍生取义),这就大大增强了道德及其教育的魅力与实效性。这种做法在中国历史上曾起过巨大的积极作用,使得在中国历史上的不同时期都曾涌现出大量的道德君子,如苏武、包拯和郑板桥等,尤其在民族危亡的关键时刻更是涌现出诸如岳飞与文天祥之类的道德典范式英雄人物。当然,它也曾起过"以礼杀人"的消极影响,让封建统治者用一套封建式的德育来钳制人的心灵,禁锢人的头脑。

今天我们再来研究中国传统修心育德的思想,要吸收其中的精华,去除其中的糟粕,以为中国社会主义道德教育服务。这样,今天中国的德育要想提高实效性,措施之一就是要通过种种手段或方法来让大家明白:道德及其教育是与个体身心发展相一致的力量。说得明白点就是,要想方设法让个体明白道德及其教育对他们的身心发展有"用",只有这样做才能增强个体修德的自觉性。

二、自我心性修养是育德的重要途径

据《王阳明全集·与杨仕德薛尚谦》记载,明代心学大家王守仁曾说:"某向在横水,尝寄书仕德云:'破山中贼易,破心中贼难。'区区剪除鼠窃,何足为异? 若诸贤扫荡心腹之寇,以收廓清平定之功,此诚大丈夫不世之伟绩。""破山中贼易,破心中贼难"的含义是,想要剿灭藏在山中的贼寇非常容易,想要灭掉藏在心中的贼念就非常困难。"心中贼",从字面上讲,是指心中的作贼之念；稍加引申，就可泛指心中各类贪念或邪念。"心中贼"原本就藏在心中，容易成为"灯下黑"，只有通过"心上修，事上磨"的手段才能破除，也就是，点亮良心这盏心灯，才能扫除"心中贼"的阴影。为此，个体要有一颗机敏的自省之心，及时捕捉自己心中随时冒出的哪怕一丝贪念或邪念；要有一颗是非之心，及时分清善与恶；要有一颗向善之心，做到弃恶扬善；要有一颗清净之心，不断剔除私心杂念，使心保持湛然澄澈；要有一颗坚定之心，保持心理定力，不向邪恶势力低头。先哲看到了个人的心性修养在培育品德中所起的巨大作用，大力提倡个体通过自我心性修养来达到提高道德修养的目的，并将之作为一种最重要的育德方式，即自育。此思想对于今天的德育仍有重大的启发性。因为自我心性修养作为一种育德方法，至少具有"针对性强"、"直接从'心'上下功夫而不易流于形式"、"易发挥修养者自己的主动性"三个优点，易提高德育的效果。中国有一段时间的德育受过去"左"的思想的影响，较为重视通过开展大规模的、诸如"学雷锋，树新风"之类的集体活动来育德，忽略了个人心性修养在提升其道德境界中所起的作用。这类运动式集体活动虽说能解决一些普遍性问题，开展得好也的确能收到一定成效。不过，它的不足之处也很明显：较难细致开展、缺乏针对性和易流于形式等。"雷锋无户口，三月里来四月里走"正是这种情形的写照。同时，在当代西方，道德观已经回归到个体的自我检视，对他人的批判不叫道德，对自己行为的反省才是。例如，苏格拉底被判处死刑时，学生要他逃走，他在服刑和逃跑之间，选择了饮下毒堇汁而死，因为他认为他的死刑是经过民主投票的，他必须遵守这样的道德意识，接受这样的结局。这才是道德！非如今日某些人在振振有词地指着别人骂：不道德！道德不是批判他人，而是自己对自己的评判。阮籍不在母亲丧礼上哭，别人由此说他不孝，而看到他吐血的只有一个朋友，于是这件事被记录在《世说新语》中。可见，阮籍不在母亲丧礼上哭不是没有道德，而是不想让道德情操变成一种表演。当道德成为表演，就是作假，就会让最没有道德的人变成最有道德的人，此时，语言、行为和良心便开始分离（蒋勋，2015）。

所以，为了提高当代中国德育的实效性，在发挥集体活动和"他育"（强调个体的品德由他人通过种种方式或方法来培育）在德育中重要作用的同时，也要适当借鉴中国传统修心育德思想的精华部分和西方德育的精髓，重视个人的自我心性修养（"自育"），并将之作为一种重要的育德途径。同时，中国先哲尤其是宋明理学家从佛道两家中吸取其关于心性修养的理论和方法并加以改造，倡导用静坐、养神、明心、见性等方法来增强人的心性修养，以超凡脱俗的精神境界去参与治国平天下的入世活动，这种路向有一定的合理之处（王启康，1997）。但是，宋明理学家过于重视心性修养而忽视事功的训练，以至于被颜元讥为："无事袖手谈心性，临危一死报君王。"这又是我们在德育中应引以为戒的。

三、培育道德自我是育德的关键

在道德修养中，致良知法至今无疑仍是一种重要的修德方法。可惜的是，自科学昌盛以来，凡事多重证据、重数量、重有形的东西，思维方式也多推崇外向式思维，忽视了内向思维、体认（心心相印）的价值，人们多视良知为幽灵，弃之如敝履，忽视了自我与良知的对话在育德中的重要作用，使德育中要张扬主体性的思想未落到实处。同时，中国前一段时间的道德教育仍主要是教会个体一味顺从权威或是随意选择，而不是教会个体进行正确选择，从某种意义上讲，这种道德教育是一种"无我"、"无头"或"无心"的道德教育，这不能不说是导致中国前一段时间道德教育实效性不尽如人意的两个重要根源。

要改变这种境况，今天中国德育应批判地吸收中国传统道德文化中致良知的修德方法，将培育个体的道德自我作为育德的关键，注重培养和唤醒个体的道德自我或个体心中的良知，使道德教育变成一种"有我"、"有头"或"有心"的道德教育。当然，在这样做时不但要让人明白良知约相当于俗语中讲的良心，它并不是什么神秘莫测的幽灵，而是一个人内心的道德自我。更重要的是，要让人清楚地了解道德自我发展历程的漫长性和艰巨性：道德自我的形成与发展是一个漫长过程，可以延续至一个人的终生而不见得会最终完成。当一个人开始对自己的言行作一种道德评价或要求时，他的道德自我就开始萌芽了。随着所受社会影响（含德育）的增多和身心的成熟，当人能不需要他人的监督而自觉地顾及自己行为的道德要求时，他的道德自我也就初步形成了。已初步形成的道德自我还需要不断充实与完善，并沿着由他律至自律至自由，从呆板至灵活，从一味遵守至不断发展创新的线路向前发展（王启康，1997）。人一旦明白了上述道理，在培育自己或他人的道德自我的过程中，就更容易做到有备而来，而不是浅尝辄止。

第十章

美德在践履思想

在先哲眼中，践履不但是修德的起点，而且是修德的重要载体与"印证信物"。无论是化育美德或觉悟美德，还是情育美德或修心育德，不但都须以"行"为载体（不能仅停留在口头上），而且它们的最终效果都要由"行"来检验。修养者在接受某种德育或按某种方法修德后，假若效果只停留于言说，则说明这种德育不成功；如果其行为方式发生了预期的变化，就证明这种德育有效。这可以说是中国传统文化中最重要的一种德育心理观，可称之为美德在践履。

第一节　美德在践履的理论根基

先哲强调美德在践履的理论依据主要有二：一是重行的知行合一论；二是美德在践履论。前者是元理论。

一、"行所知而至其极，圣之事也"：重行的知行合一论

知行论是着重说明知与行关系的理论。不过，在中国传统文化中，"知"与"行"的含义众多，要准确把握知行论的含义，先要了解"知"与"行"的含义。据《汉语大字典》（第二版）解释，《说文》："知，词也。从口，从矢。"徐锴系传："凡知理之速，如矢之疾也，会意。"苗夔声订："当从建首字（矢）声例补'矢亦声'。"（汉语大字典编辑委员会，2010，p.2763）当读作"zhī"时，"知"的含义与用法有 17 种之多，其中与"知行论"相关的"知"的含义主要有五：（1）知识。《说文·矢部》："知，词也。"段玉裁注："'词也'之上当有'识'字。"《论语·子罕》："吾有知乎哉？无知也。"（2）知觉；感觉。《荀子·王制》："草木有生而无知。"（3）知道；了解。如：知无不言。《玉篇·矢部》："知，识也。"（4）使知道；告知。如：通知；知照，知单。宋戴复古《南安王使君领客湛泉流觞曲水》："连朝好雨千山润，昨夜新秋一叶知。"（5）记忆；记住。《论语·里仁》："父母之年，不可不知也。"朱熹注："知，犹记忆也。"（汉语大字典编辑委员会，2010，pp.2763-2764）用心理学眼光看，"知"的后四种含义可以统称为"认知"。"行"，当读作"xíng"时，其含义与用法有 36 种之多，其中与"知行论"相关的"行"的含义只有一种，即指"行为；德行"。《周礼·地官·师氏》："敏德以为行本。"郑玄注："德行，内外之称，在心为德，施之为行。"（汉语大字典编辑委员会，2010，pp.872-874）根据"知"与"行"的字义，再结合中国传统文化的特质看，中国古代的知行论虽然也涉及一般认识论意义上的认知与行为或意识与行为的关

系问题，但其主旨和主体实是探讨伦理道德领域中的道德认知与道德行为之间关系的问题。认识论问题假若不与道德修养问题相结合，就很难在中国传统文化中占据一席之地而流传下来。同时，从总体上看，重行的知行合一思想贯穿中国传统文化的始终。先哲将知行是否统一看作是关系到做人的根本态度问题，在知行统一的前提下去践履某种德性，是他们孜孜以求的理想之一（汤一介，1988，pp.5-9）。只不过，有些人承认知与行是两件事，而且行在知先，在此基础上再来谋求知与行的统一或合一关系；也有些人认为知就是行，知与行是一件事，或认为知前行后，在这个前提下论述知行合一关系。另外，若从只言片语看，有些学者（如二程）似乎更重视知，好像持重知的知行合一论，但对他们的思想作整体考察，可以看出他们实也是更偏重行，持重行的知行合一论。从德育心理学视角看，中国传统文化中对知行问题的总体看法，可概括为重行的知行统一论或重行的知行合一论。这种观点在伪《古文尚书》中就有，在荀子那里得到明确表述，其后代有继承者，尤以王守仁所讲的知行合一说最为著名。

（一）重行的知行合一论：先秦学者对知行关系的主流见解

先秦诸子颇为重视探讨知与行的问题，只有极少数人如老子在知行问题上持以直觉主义为特征的唯心主义先验论。《老子·四十七章》说："不出户，知天下；不窥牖，见天道。其出弥远，其知弥少。是以圣人不行而知，不见而名，不为而成。"完全否认"行"在"知"中的作用，但这种观点在中国传统文化中并不占主流。

除老子外，先秦多数学人在强调知行统一的前提下多推崇行。这种思想至少可追溯至伪《古文尚书·说命中》里的"非知之艰，行之惟艰"一语。在商朝以至西周时期，不可能提出"非知之艰，行之惟艰"的命题，因为那时甚至连"知"字都没有，"行"也没有后来引申发展出来的做或实践的含义。"非知之艰，行之惟艰"这种思想可能产生于春秋时期。作为一种朴素的知行观，它既显示出知与行之间的确存在相互脱节的可能性，又强调了知行统一的主旨，即一个人知道了就必须去做，不能只说不做，突出了行比知难（方克立，1982，pp.3-6）。

孔子知行观的主流思想是强调知与行要统一，在此基础上，他更重视"行"。据《论语·子路》记载，孔子曾说："诵《诗》三百，授之以政，不达；使于四方，不能专对；虽多，亦奚以为？"认为读书再多，若不能用于实处，也是无益的。而且，至少自孔子起，就将言行一致作为判断"君子"与"小人"的重要标准之一。《论语·为政》记载："子贡问君子。子曰：'先行其言，而后从之。'"邢昺在《十三经注疏·论语注疏·为政第二》中的解释是："君子先行其言，而后以行从之，言行相副是君子也。"可见，孔子非常强调做人言行要一致，对于多说少做的"小人"非常痛恨。当然，孔子也认识到要做到这点很难。据《论语·述而》讲，孔子自己就曾自我评价道："文，莫吾犹人也。躬行君子，则吾未之有得。"虽有些自谦，但也表明一个人要想在生活实践中做正人君子（不是仅知君子之名，而是要行君子之实），确实不是一件容易的事情。这样，孔子虽没有明确、直接论述知行关系，但他把认识论问题与伦理道德修养问题结合起来，对后世儒家乃至整个中国传统文化的知行观都产生了重大影响。另外，孔子有时也将知和行割裂开来，认为圣人的知识与道德品质与生俱来，用不着学习和实践，表现出一种唯心主义先验论的倾向。孔子在《论语·季氏》中说："生而知之者上也，学而知之者次也；困而学之，又其次也；困而不学，民斯为下矣。"不过，这种观点在孔子的心目中只处于次要位置，因为孔子马上又在《论语·述而》中说："我非生而知之者，好古，敏以求之者也。"否认自己是"生而知之者"，认为自己是一个"学而知之者"。更何况，综观孔子的其他言论及孔子一生的所作所为，"生而知之"的观点在其思想中并不占什么重要位置，孔子重视的是学知论（行知论）。

稍后的墨子强调言出必行。《墨子·公孟》说："政者，口言之，身必行之。"《墨子·耕柱》又说："言足以复行者，常（尚，引者注）之；不足以举行者，勿常。不足以举行而常之，是荡口也。"并将见之于行的实效（"用"）作为衡量言论是非的三个标准之一。《墨子·非命上》说："于何用之？发以为刑政，观其中国家百姓人民之利。"墨子还认为正确的道德认识不在于知道抽象的"名"，而在于能认出"名"所指的"实"。换句话讲，只有做到知行统一才算是"真知"。此思想与后世王守仁的知行合一说有某种程度的暗合之处。《墨子·贵义》说："今瞽曰：'巨者，白也；黔者，黑也。'虽明目者无以易之。兼白黑，使瞽取焉，不能知也。故我曰：'瞽不知白黑者，非以其名也，以其取也。……天下之君子不知仁者，非以其名也，亦以其取也。'"可见，墨子实也主张重行的知行合一论。

《大学》中有一段阐述"三纲领八条目"的名言。其中，自格物致知到治国平天下，既是一个认识的过程，更是一个实践的过程，这样，《大学》中的三纲领八条目实也是一个重行的知行统一的过程。所以，《中庸》在论述为学之方时，提倡"博学之，审问之，慎思之，明辨之，笃行之"。将学、问、思、辨和行五者结合起来考虑，并将"行"视作最重要的环节，此思想对后人产生了深远影响。

孟子认为人有"不学而能"的"能"和"不虑而知"的"知"，主张恻隐之心等四心是人心"固有"的，无需外求。尽管如此，在道德修养上，孟子仍主张要知行合一，而且更为重视"行"。因为在他看来，恻隐之心、羞恶之心、辞让之心和是非之心等四德端虽都是人本性中先天固有的，但它们充其量只是一种"萌芽"（为善的潜能）而已，要使之变为真实的仁、义、礼、智等道德品质，还必须通过更为重要的"扩而充之"的道德实践过程，即要经历"为"（"行"）的过程。所以，据《孟子·梁惠王上》记载，当有人问"不为者与不能者之形何以异？"时，孟子答道："挟太山以超北海，语人曰'我不能'，是诚不能也。为长者折枝，语人曰'我不能'，是不为也，非不能也。""为"就是实践之义。在孟子看来，仁、义、礼、智等既然是人的良知良能，践行这些仁道，就犹如"为长者折枝"一般容易，假若一个人借口说自己"不能"，那是"不为也，非不能也"。假使一个人用心践行仁道，他就可成尧舜。《孟子·滕文公上》记载："颜渊曰：'舜，何人也？予，何人也？有为者亦若是。'"《孟子·离娄下》又说："大人者，言不必信，行不必果，惟义所在。"认为一个德行高深的人说话不一定要句句算数，行为不一定要全都贯彻始终，只要心中有义在，凡事依义而行即可。这表明孟子对言与行之间关系的认识颇为辩证，突出了主体自觉在道德修养中的作用，显得颇为灵活。孟子的这些观点在中国传统文化中影响甚大，对后世学者尤其是陆王心学产生了深远影响。同时，这些观点至今仍有较强的现实意义。它告诉我们，在自我道德修养过程中，要具体问题具体分析，不能死守"言行一致"或"言出必行"的格条，否则，有"好心做坏事"的隐患，如对坏人也以诚相待（详见本书第三章第三节"诚信"部分）。

先秦时期，在知行论上作出了重要贡献的学者要首推荀子。荀子明倡重行的知行统一说，既将行动与认识结合了起来，又突出了"行"的重要性。《荀子·儒效》说：

> 不闻不若闻之，闻之不若见之，见之不若知之，知之不若行之，学至于行之而止矣。行之，明也。明之为圣人。圣人也者，本仁义，当是非，齐言行，不失毫厘，无它道焉，已乎行之矣。故闻之而不见，虽博必谬；见之而不知，虽识必妄；知之而不行，虽敦必困。不闻不见，则虽当，非仁也，其道百举而百陷也。（王先谦，1988，p.142）

他主张学习可以有不同的样式，但只有在知的前提下又去力行，才能达到学习的最高境界。于是，荀子把完整的道德学习过程分为道德认识、道德内化、道德行动三个阶段。个体先通过耳闻目见获得道德知识及相应的道德认知，然后通过一系列的内化过程将之转换为个体的道德品质并内存于心，最后个体身上具备的道德品质自然会支配人的一切行动，使之合乎社会认可的道德规范。因此，一个人若通过道德学习，仅知道和能说出一些道德规则，而没有内化，没有体现在行动中，那根本算不上真正意义上的道德学习，自然只能制造出"知而不行"或"空话连篇"的伪君子。（刘丽，2001）荀子对道德实践的这一肯定，与孔、孟的观点相似。不过，荀子思想中的经验主义倾向，使他对成德的路径有了与孔、孟不同的思考。这就是：荀子强调知之再行，主张行也须知的指导，进而重视后天的学习，强调要习"礼"（主要指一套规范性知识），认为规范性知识的学习有助于善行，《荀子》开篇就是《劝学》，其重学之情不言而喻。在《劝学》篇中，荀子说："学不可以已。……君子博学而日参省乎己，则知明而行无过矣。"知明而行无过的观点，充分肯定了后天学习在德育中的重要地位。知明而行无过中的"知"，尽管并不仅仅指"规范性知识"，但毕竟此观点中含有这样的意思：认为规范性知识的学习有助于善行，这种准"知识即美德"的思想即使在今日的德育思想中仍有其应有的地位。只不过到了今日，大家认识到不仅仅只有规范性知识的学习，其他的如合理科学精神的培养和民主生活方式的学习等，都有助于人类身心的健康发展。扩而充之，所有能发展人类智力的教育同样也可以提升人的道德能力。当然，荀子虽认为规范性知识的学习有助于善行，但他又认为，学习规范性知识并不一定会产生善行。在荀子看来，要使二者之间产生一种必然性的关系，必须加上另一种训练，即培养清明之心，由清明之心摄取规范性知识，并接受其导化，然后能遵之而行（韦政通，1988，pp.8-9）。《荀子·解蔽》说："人何以知道？曰：心。心何以知？曰：虚壹而静。"合言之，在荀子的知行统一观中，知与行是相辅相成的，所以《荀子·劝学》说：

> 君子之学也，入乎耳，箸乎心，布乎四体，形乎动静，端而言，蝡而动，一可以为法则。小人之学也，入乎耳，出乎口。口耳之间则四寸耳，曷足以美七尺之躯哉！（王先谦，1988，pp.12-13）

由此可见，荀子所讲的"君子之学"与"小人之学"的明显差异主要有二：一是，从学习方式看，"君子之学"是知行合一式学习，"小人之学"是知行分离式学习。二是，从学习内容看，"君子之学"主要学习"成就君子的知识"，"小人之学"主要学习指"成为小人的知识"。由于"君子之学"的学习内容主要是一些有关"成就君子"的知识，其学习方式是知行合一的，这种学习才对个体身心发展有益处，即能"美七尺之躯"。这种学习的一般目的是让人成为"君子"，最高目的是培育"圣人"。与此相反，"小人之学"的学习内容主要是一些有关"做小人"的知识，其学习方式是知行分离、言行不一致的，这种学习就无法对个体身心发展有益处（汪凤炎，燕良轼，郑红，2019，pp.92-95）。既然道德学习本质上是"君子之学"而非"小人之学"，这进一步凸显道德学习是知行合一式学习。《荀子·大略》又说："口能言之，身能行之，国宝也。口不能言，身能行之，国器也。口能言之，身不能行，国用也。"这表明，荀子最推崇能做到知行合一的人，将能做不能说的人排在其次，将能说不能做的人排在第三位。

（二）重行的知行合一论在秦汉至五代的艰难传承

先秦时期产生并有重要影响的重行的知行合一论，在秦汉至五代时期的命运颇为艰险。导致此一境况产生的缘由主要有如下三个方面。

第一，"知先行后"观直接冲击了重行的知行合一论。在中国历史上，西汉大儒董仲舒最早提出"知先行后"的观点，否认行对知的作用。《春秋繁露·必仁且智》记载，董仲舒说："何谓之智？先言而后当。凡人欲舍行为，皆以其知先规而后为之。""知先行后"的观点看到了知对行的指导作用，却否认行对知的决定作用，是一种片面的知行观。但是，由于董仲舒在汉代拥有崇高的学术地位，并以"儒学大师"著称于世，董仲舒的"知先行后"观成为一种著名的知行观，对后世学者尤其是宋明理学家产生了巨大影响，从而直接冲击了重行的知行合一论。

第二，盛极一时的重玄理轻实践的倾向冲击了重行的知行合一论。魏晋至隋唐时期，受到道学、佛学和玄学的影响，许多学者尤其是一些著名学者都产生了重玄理轻实践的倾向，不但导致直接探讨知行问题的学者很少，而且即便有少数学者偶尔论及知行问题时，也往往割裂知与行的关系。如王弼在《老子道德经注·四十七章》里，从唯心主义出发，主张"得物之致，故虽不行，而虑可知也。识物之宗，故虽不见，而是非之理可得而名也"。认为"不行而虑可知"，即"知"不依赖于"行"，将知与行的关系割裂开来，这种知行观与重行的知行合一论是格格不入的。

第三，战事频繁让学人无暇顾及传承重行的知行合一论。秦汉至五代时期，有一些时段——像三国时期、南北朝时期和五代时期等——战事频发，使得一些学人将心思主要用在探讨更为实用、旨在治国安邦的学问上，无暇顾及传承重行的知行合一论。

由于上述三方面因素的交互影响，重行的知行合一论在秦汉至五代时期犹如风中残烛，由极少数学人在艰难地传承着。例如，《全后汉文》卷八十九《昌言下》记载，东汉末的仲长统继承了先秦荀子的观点，主张重行的知行统一说，认为"知言而不能行谓之疾，此疾虽有天医莫能治也"。魏晋至隋唐时期，也有学者主张知行统一观，并重视"行"的作用。如傅玄就主张"观事不如观行"，他在《傅子·通志》里说："闻言不可不审也。闻言未审而以定善恶，则是非有错，而饰辩巧言之流起矣。故听言不如观事，观事不如观行。听言必审其本，观事必校其实，观行必考其迹，参三者而详之，近少失矣。"

（三）重行的知行合一论获得空前发展：两宋至清代学者的一大贡献

宋明时期，统治者重视道德修养和践履，使得学者对知行问题又进行了激烈辩论，出现了多种观点。不过，宋代理学家大都继承了董仲舒知先行后的观点。例如，程颐说：

> 须是识在所行之先，譬如行路，须得光照。（《二程集·河南程氏遗书》卷第三，引自程颢，程颐，2004，p.67）

> 知之深，则行之必至，无有知之而不能行者。知而不能行，只是知得浅。（《二程集·河南程氏遗书》卷第十五，引自程颢，程颐，2004，p.164）

> 故人力行，先须要知。非特行难，知亦难也。《书》曰："知之非艰，行之惟艰。"此固是也。然知之亦自艰。譬如人欲往京师，必知是出那门，行那路，然后可往。如不知，虽有欲往之心，其将何之？自古非无美材能力行者，然鲜能明道，以此见知之亦难也。……到底，须是知了方行得。若不知，只是觑却尧学他行事。无尧许多聪明睿知，怎生得如他动容周旋中礼？有诸中，必形诸外。德容安可妄学？……未致知，便欲诚意，是躐等也。学者固当勉强，然不致知，怎生行得？勉强行者，安能持久？（《二程集·河南程氏遗书》卷第十八，引自程颢，程颐，2004，p.187）

> 君子以识为本，行次之。今有人焉，力能行之，而识不足以知之，则有异端者出，彼将流宕而不知反。内不知好恶，外不知是非，虽有尾生之信，曾参之孝，吾弗贵矣。（《二程集·河南程氏遗书》卷第二十五，引自程颢，程颐，2004，p.320）

> 君子之学，必先明诸心，知所养，然后力行以求至，所谓自明而诚也。（《二程集·河南程氏文集》卷第八，引自程颢，程颐，2004，p.577）

因此，程颐主张："到底，须是知了方行得。"但是，程颐强调知先行后，并不意味着就主张知行分离，更不意味着提倡知重行轻。事实上，程颐等理学家对董仲舒的知先行后观多采取这样的处理方式：既赞成知先行后，又更为重视行，仍是持知先行重式知行合一观。这样，在论述道德修养时，程颐也主张："人既能知见，岂有不能行？"为此，黄宗羲在《宋元学案》卷十五《伊川学案上·语录》中评价道:"伊川先生已有知行合一之言矣。"同时,程颐虽主张知为先,但更重视行。据《二程集·河南程氏遗书》卷第十八记载,程颐说:"始于致知,智之事也。行所知而至其极,圣之事也。"(程颢,程颐,2004,p.211)

朱熹继承和发展了程颐的这一思想。在知行先后问题上,朱熹认为就一个具体认识而言,先有知后有行。在《晦庵集》卷四十二《答吴晦叔》,他说:"今就其一事之中而论之,则先知后行,固各有其序矣。"在知行的轻重问题上,朱熹主张知轻行重。但从总体上看,朱熹又主张"知行常相须"。《朱子语类》卷第九说:

> 知、行常相须,如目无足不行,足无目不见。论先后,知为先。论轻重,行为重。……致知、力行,用功不可偏。偏过一边,则一边受病。如程子云:"涵养须用敬,进学则在致知。分明自作两脚说,但只要分先后轻重。论先后,当以致知为先;论轻重,当以力行为重。"

他主张知与行不可偏废,认为知与行之间的关系是,知靠行来实现,行靠知来指导,二者不能截然分开。可见,朱熹对知与行的关系论述得较为全面、确切,超越了前人。《朱子语类》卷第十四又说:"知与行,工夫须着并列。知之愈明,则行之愈笃;行之愈笃,则知之益明。二者皆不可偏废。如人两足相先后行,便会渐渐行得到。若一边软了,便一步也进不得。然又须先知得,方行得。"这就触及知与行的辩证关系。朱熹既认识到知行不可截然分开,必然会提倡知与行要互相依赖、互相促进。假若只知不行,则如车的两轮,"便是一轮转,一轮不转"(《朱子语类》卷第一百一十三)。由于主张重行的知行合一论,朱熹在《朱子语类》卷第九中认为,修养道德"只有两件事:理会,践行"。但"博学、审问、慎思、明辨是讲学,笃行是修德"(《朱子语类》卷第三十四)。他认为德育"若不用躬行,只是说得便了,则七十子之从孔子,只用两日说便尽,何用许多年随着孔子不去"(黎靖德,1994a,p.222)。

朱熹高足陈淳对朱熹"知行常相须"的观点作了进一步发展,由此对二程的知先行后观作了一定程度的修正。据《宋元学案》卷六十八《北溪学案·示学者文》记载,陈淳曾说:"圣门用功节目,其大要不过曰'致知力行'而已。……然二者亦非截然判先后为二事也。故知之明则行愈速,而行之力则所知又益精矣。"据《宋元学案》卷六十八《北溪学案·北溪文集补》记载，陈淳又曾说："知行不是两截事，譬如行路，目视足履，岂能废一？若瞽者不用目视，而专靠足履，寸步决不能行。跛者不用足履，而专靠目视，亦决无可至之处。""致知、力行二事，当齐头着力并做，不是截然为二事。先致知，然后行，只是一套底事。行之不力，非行之罪，皆知之者不真。"

陆九渊在《语录下》里也提倡一个人必须做到："言必信，行必果。"因此，他在"诸处论学者次第，只是责人，不能行去"。同时，陆九渊又认为亲身践履是修养道德的基础，并将之列为"君子修身之要"的首位。陆九渊在《语录上》里说：

> 《履》，德之基也；《谦》，德之柄也；《复》，德之本也；《恒》，德之固也；《损》，德之修也；《益》，德之裕也；《困》，德之辨也；《井》，德之地也；《巽》，德之制也。……"《履》，德之基"，谓以行为德之基也。基，始也，德自行而进也。……九卦之列，君子修身之要，其序如此，缺之不可也。

这说明，在陆九渊眼中，修养道德是一项系统工程，只有做到众术合修，才能获得较好效果。

明代王守仁以提出"知行合一"说而闻名于世，但从其"知是行之始，行是知之成"等话语看，他实际上也是主张一种重行的"知行合一"说。

> 知是行的主意，行是知的工夫；知是行之始，行是知之成。若会得时，只说一个知已自有行在，只说一个行已自有知在。古人所以既说一个知，又说一个行者，只为世间有一种人，瞢瞢懂懂的任意去做，全不解思惟省察，也只是个冥行妄作，所以必说个知方才行得是。又有一种人，茫茫荡荡悬空去思索，全不肯着实躬行，也只是个揣摸影响，所以必说一个行，方才知得真。此是古人不得已补偏救弊的说话。若见得这个意时，即一言而足。今人却就将知行分作两件去做，以为必先知了，然后能行。我如今且去讲习讨论做知的工夫，待知得真了方去做行的工夫，故遂终身不行，亦遂终身不知。此不是小病痛，其来已非一日矣。某今说个知行合一，正是对病的药。又不是某凿空杜撰，知行本体，原是如此。今若知得宗旨时，即说两个亦不妨，亦只是一个。若不会宗旨，

便说一个，亦济得甚事？只是闲说话。(《传习录上》)

知之真切笃实处，即是行；行之明觉精察处，即是知。知行工夫本不可离，只为后世学者分作两截用功，失却知行本体，故有合一并进之说。真知即所以为行，不行不足谓之知。(《传习录中·答顾东桥书》，引自王守仁，1992，p.42)

可见，"知行合一"说是王守仁针对二程和朱熹等人"知先行后"观及其产生的一些弊端（如知行脱节、言行不一致等）提出的一种观点，认为道德认识既可指导道德行为，又是道德行为的起点；道德行为既是道德认识的具体体现，又是道德认识的结果；道德认识与道德行为之间是你中有我、我中有你的相互包含关系；强调知中有行、行中有知，主张知行不可分。

又据《传习录下·王守仁语录》记载，当弟子问"知行合一"。王守仁曰："此须识我立言宗旨。今人学问，只因知行分作两件，故有一念发动，虽是不善，然却未曾行，便不去禁止。我今说个知行合一，正要人晓得一念发动处，便即是行了。发动处有不善，就将这不善的念克倒了。须要彻根彻底，不使那一念不善潜伏在胸中。此是我立言宗旨。"(王守仁，1992，p.96)这说明王守仁主张知行合一的初衷是让人明白将知行分开的最大害处是：一个人假若心中产生了不善之念，因它不是行，故放松了警惕而不去克制，这就留下了后患；若持知行合一思想，知道"一念发动处，便即是行了"，这样，只要心中有了一丝不善的念头，就要赶紧去掉，防患于未然。王守仁将道德认知与道德行为在道德动机上统一起来，要人从道德动机上就要防止不善之念的产生，此思想非常深刻。如果从道德修养的角度看，强调知行合一的观点颇为精当，有一定的积极意义。因为知行合一的观点对防范人不良动机的产生、激发人的善良的潜能发挥了很大的作用。不过，以往因受到匮乏经济条件的制约，竟使人们将发展人类善良潜能的努力与人的欲望对立起来，让宋明时期发生了长达几百年的理欲之争。从事这场漫长的人欲之战必须以牺牲人的创造力为代价。这种做法与现代人幸福生活的要求已不能协调。今后应努力走出一个新方向，从传统窒欲的方式中转出来，积极而直接地发挥人的潜能——创造力。人在奋斗向上的过程中，恶念和私欲都将消失得无影无踪（韦政通，1988，p.9）。同时，假若从认识论角度看，王守仁的知行合一只看到了知行的机械合一，没有看到知行矛盾的对立统一，抹杀了知与行之间的本质区别，实际上是知行不分，以知代行，有合行于知与颠倒知行关系之嫌，受到了人们的批评。因为从根本上讲，人们的认识遵循行→知→行的模式，先有行后有知，然后又由知到行。所以，陶行知在《行是知之始》一文里说："阳明先生说：'知是行之始；行是知之成。'我以为不对。应该是'行是知之始；知是行之成'。我们先从小孩子说起，他起初必定是烫了手才知道火是热的；冰了手才知道雪是冷的；吃过糖才知道糖是甜的；碰过石头才知道石头是硬的。"（陶行知，1981，p.182）当然，若从某一个具体的人看，其认识也很可能是由知至行的。

王廷相既继承了荀子重行的知行统一论思想，又批判地吸收了朱熹和王守仁等人知行观中的某些合理因素，提出了"知行兼举"观，以此批评二程和朱熹的"知先行后"观。

> 学之术二：曰致知，曰履事，兼之者上也。……虽然，精于仁义之术，优入尧舜之域，必知行兼举者能之矣。（《慎言》卷八《小宗篇》）

> 讲得一事，即行一事；行得一事，即知一事，所谓真知矣。徒讲而不行，则遇事终有眩惑。（《王氏家藏集》卷二十七《与薛君采二首》）

> 练事之知，行乃中几。讲论之知，行尚有疑，何也？知，在我者也。几，在事者也。譬久于操舟者，风水之故审矣，焉往而不利涉？彼徒讲于操舟之术者，未涉江湖而已不胜其恐矣，安所济之哉？盖风水者，几之会也，非可以讲而预者也。（《慎言》卷八《小宗篇》）

这都是讲通过行得到的知才是真知，只讲而不行，所知不能算真知，因为"徒讲而不行，则遇事终有眩惑"。"知行兼举"既是对知行关系的一种合乎科学的看法，又是对知行分离的错误观点的一种恰当批判。这是王廷相对知行理论作出的贡献。尤其值得指出的是，王廷相提出了"实践"的概念。他在《与薛君采二首》中说："近世学者之弊有二：一则徒为泛然讲说，一则务为虚静以守其心，皆不于实践处用功，人事上体验。往往遇事之来，徒讲说者多，失时措之宜。盖事变无穷，讲论不能尽故也。"

明代另一唯物主义思想家吴廷翰在《吉斋漫录》卷下里认为知即是知，行即是行，"知行决是两项"，二者不可混同。在此基础上，他也赞成重行的知行统一观，反对知先行后的观点，认为知先行后观点的最大不足是，割裂了知与行的关系，为那些只说不做的人留下了空档与借口，王守仁的"知行合一"说的长处则恰恰在于可以补"知而不行"的弊病。在《吉斋漫录》卷下里，吴廷翰又说：

> 知行常在一处，自有先后。故谓知得一分便行一分，……如是，则谓今日知，明日行，今年知，明年行，二十年知，三十年行，可乎？非惟先儒未尝有是说，而天下本无是理也。所不取以致知为力行之说者，谓其知得一分便以为行得一分，知得二分便以为行得二分，其始也以行为知，其流也以知为行，则今日之所讲者全无一字着落，其终只成就得一个虚伪。若曰："吾之知已到此，则行已到此矣。"是知行合一之说，适足以掩其知而不行之过，而欲以讲说论辨为圣贤也。

不过，吴廷翰认为"知行决是两项"，进而承认知对行的指导作用，反对王守仁"知行合一"说中将知与行完全等同起来的观点。吴廷翰在《吉斋漫录》卷下里说：

> "知行合一"所以必辨其不然者，无他，盖知行两处用工，而本则一耳。若以知即是行，则人之为学只是力行便了，又何必致知？其以为必用致知者，正以即行有不当，欲求其当，非知不可耳。若行便是知，则即其所行，不问当与不当，一切冥行，曰我能致知，则许之乎？

吴廷翰既注意将知与行相分开，又看到了知对行的指导作用，在此基础上再来主张重行的知行统一论，这一观点较之前人有所发展。

明末清初具有进步倾向的思想家陈确在知行问题上也赞成重行的知行合一论。据《陈确集·文集》卷二《与沈朗思书》记载，陈确主张："所谓有志者事竟成，君子之志于道者，不犹是乎！千闻不若一见，以此益信'知行合一'之说。"同时，据《陈确集·别集》卷十四《答格致诚正问》记载，陈确强调"知行并进"："学者用功，知行并进。故知无穷，行亦无穷；行无穷，知愈无穷。"据《陈确集·别集》卷十六《答张考夫书》记载，陈确对重知轻行观点提出了批判："重知则轻行，虽欲不禅，不可得矣。"由于相信"知行合一"之说，据《陈确集·文集》卷十六《书示两儿》记载，陈确主张："读书不能身体力行，便是不曾读书。"

明末清初王夫之的知行理论又前进了一大步，他的知行理论含有辩证色彩。第一，他批判了过去一切重知轻行的唯心论知行观，在强调知与行都很重要的同时，突出了行的重要性。他在《尚书引义·说命中二》里说："《说命》曰：'知之非艰，行之惟艰。'千圣复起，不易之言也。……知非先，行非后，行有余力而求知，圣言决矣，而孰与易之乎？"认为知行并重，不赞成将它们人为地分成两截工夫。第二，在《礼记章句》卷三十一中，王夫之对王守仁"知行合一"说进行了批评："知行相资以为用。惟其各有致功，而亦各有其效，故相资以互用；则于其相互，益知其必分矣。同者不相为用，资于异者乃和同而起功，此定理也。不知其各有功效而相资，于是姚江王氏'知行合一'之说得借口以惑世。"他认为知与行因其各有不同的功夫而有不同的功用，这样，二者才可以相互补充而发挥更大的作用。他主张先对知与行作明确的区分，在此基础上再来强调知行二者之间的统一关系，并由此批评王守仁在未界定知与行的前提下就强调知行合一的做法，这一批评有一定道理。从其"知行相资以为用"的观点看，王夫之的知行观含有辩证色彩，这难能可贵。第三，王夫之认为认识的目的是"实践之"，这是一种朴素的实践观。他在《张子正蒙注·至当篇》中说："知之尽，则实践之而已。实践之，乃心所素知，行焉皆顺，故乐莫大焉。"第四，在《尚书引义·说命中二》里，王夫之还说："且夫知也者，固以行为功者也；行也者，不以知为功者也。行焉可以得知之效也，知焉未可以得行之效也。……行可兼知，而知不可兼行。"他认为行既是知的效果的体现，又是用以检验知的真假的标准，这有一定的合理之处；但认为"行可兼知，而知不可兼行"，也有知行不分之意。最后，王夫之虽主张"行可兼知"，不过，在论述品德修养时也主张知行要合一并进，他在《读四书大全说》卷四《论语·为政篇》中说："盖云知行者，致知、力行之谓也。唯其为致知、力行，故功可得而分。功可得而分，则可立先后之序。可立先后之序，而先后又互相为成，则由知而知所行，由行而行则知之，亦可云并进而有功。"他认为二者既有分别又是统一的，这里更触及了知与行的辩证关系。

（四）对重行的知行合一论的简要评价

道德实践中为善避恶的逻辑前提，践履者本人要能区分何为善何为恶。而区分善恶的过程实质上就是道德认知的过程。道德认知意义上的"知"虽不同于事实的认知，不过，就其以善恶的分辨、人伦关系的把握、规范的理解等内容来讲，似乎也近于对"是什么"的探讨。拿善恶之知而言，知善知恶要解决的也不外乎什么是善、什么是恶的问题。从逻辑上看，关于是什么的认知，与应当做什么的行为要求之间并不存在蕴含关系。因此，西方学者（如休谟）多将事实认知与价值评价截然分开，认为仅从"是"之中难以推出"应当"（杨国荣，2000）。西方学者在理论上未解决好知与行的问题，导致在西方德育心理学中，有用知代替行的（典型者如科尔伯格的道德认知派），也有用行代替知的（典型者如班杜拉的行为主义观点）。中国先哲似乎也于有意或无意间看到了"是"与"应当"之间的悖论，即在知其善与行其善之间存在着某种逻辑的距离。为了解决这个问题，中国古人先从真与善的定义入手，在内涵上打通真与善的界限，将真与善合二为一，持一种真善合一或仁智合一的观点。然后，他们多从道德修养的角度来主张重行的知行合一论（这一点与西方学者多从知识论的角度来讲知与行的问题大异其趣），在理论上将知其善与行其善直接等同起来。典型者如王守仁所说："知之真切笃实处，即是行；行之明觉精察处，即是知。"从而将知其善与行其善之间存在着的某种逻辑的距离消除了，这就是中国重行的知行合一论的高明之处。从德育心理学的视角看，重行的知行合一论既有助于消除道德修养中的知行脱节现象，也为解决"是"与"应当"的悖论提供了新思路，还能弥补西方知行二分观的不足。更为重要的是，如果按重行的知行后一论进行道德教育，必将是一种人性化的德育。因为现代有心理学家雷斯特（Rest，1984）指出，凡是知行合一的道德行为，必定包括四个阶段的心理历程：（1）发现道德情境，这是初步的道德认知；（2）自觉应有行动，这是道德的情意因素；（3）了解如何行动，这是道德的认知判断；（4）实际采取行动，这是道德行为。试以某十六岁中学生路见受伤流血倒地老人的道德情境为例：当他发现伤重无助的老人后，油然而生同情怜悯之心，自觉如见死不救，良心上肯定会感到不安。于是，他停下来查看老人的伤势并思考如何救法。最后采取的行动是，也许因缺乏能力送老人去医院而只好打120或110电话，但他的表现仍不失为道德行为。在此例子中，或许从头至尾也就几分钟或更少的时间，其中却包括知、情、意、行等全部心理历程。这仅仅是一个救助陌生人的例子，假若道德情境是发生在亲情或友情之间，则知与行之外将包含更浓的情意成分（张春兴，1998，pp.151-152）。

二、"力行近乎仁"：美德在践履论

（一）美德在践履论的含义

稍有西方文化常识的人都知道，虽然西方传统文化对人情感的设计自古以来有理性主义与感性主义两种进路，但是在西方伦理道德文化尤其是道德教育领域，理性主义一向占据上风，处于主流地位。同时，在古希腊时期，西方也有人重视践行在修德中的重要作用。例如，后人只要细心阅读亚里士多德的《尼各马科伦理学》一书，可以深切体会到亚里士多德是特别强调践行在修德中的重要作用的。不过，在古希腊时期，西方人也有了明显的"爱智"传统，相信"知识就是力量"（培根语）。例如，古希腊"三哲"——苏格拉底、柏拉图和亚里士多德——均有明显的尚智思想。这样，在知、行与德的关系上，西方哲人的一个根本看法是，重视理智德性，强调知性德育，使得西方主流伦理道德思想一向推崇苏格拉底的"美德即知识"理念。例如，亚里士多德就主张德性活动最大的快乐是合于智慧的活动，将思辨、理智和智慧提升到德性的顶峰，以思辨活动为完满的幸福，为合乎本己德性的现实活动。思辨是自足的、闲暇的和孜孜不倦的，因为一个思辨者对外物一无所需、一无所求；它以其强大、持久而永不停息。较之任何活动，我们更倾向于持续的思辨。思辨活动与神相关，对于人来说理智（nous）就是神，如若赋予神以生命，以活动，那只能是不假外物、专注于自身的思辨。神以对自身的思辨活动为最高的、神圣的至福（makar），而人因其思辨与神相类似，才能享有完满的幸福（eudaimonia）。理智也是灵魂中最高贵的部分，或类似于神的部分，神钟爱的当然是热爱理智并按照理智行动的人。哲学作为纯粹和经久的智慧之学具有惊人的快乐（亚里士多德，1992，pp.465-466）。亚里士多德的这种观点典型地体现了西方哲人的爱智精神。受此传统的影响，以皮亚杰、科尔伯格为代表的当代最著名的道德认知派的核心假设之一就是，品德发展水平与道德认知水平之间存在着正相关，这样，一个人德性的高低可以从其道德认知水平或道德推理水平的高低中得出判断。在这种理念的支撑下，当代西方的道德教育的主流做法之一是，尝试运用多种方法来开发学生的道德认知，以此提升学生的品德发展水平。

但是，中国传统文化一向缺乏"知识就是力量"的爱智传统，而具有"品德就是力量"的爱德传统，并强调美德在践履。西方人如康德的思想里实也有"德性就是力量"的思想，但它在西方文化传统里不是主导理念。美德在践履论，其主要含义是：衡量一个人是否有品德以及品德高下的标准，不在于其懂得多少道德知识，而在于其能否依据一定的道德准则诚心实意地去进行践履；一个人只要在其日常生活中能诚心实意地按照一定道德准则去进行践履，就算是一个有道德的人；假若一个人在其日常生活中不但能诚心实意地按照一定道德准则去践履，而且能终生持之以恒地、创造性地这样去做，那就是一个高尚道德情操的人。

要准确理解美德在践履的内涵，关键是要理解"践履"的内涵。在这里，践履是指一个人按一定的道德准则诚心实意去做人之义。依践履时个体的自觉程度的不同，践履可以分为两个层次或两种：一是低层次的践履，也称机械式践履，它指一个人依他人（通常是老师、家长、年长者或权威人物）的教导或模仿他人，在日常生活中虽诚心实意，却机械地或一知半解按一定的道德准则去做人之义；二是高层次的践履，也称"觉行"，它指一个人准确或较准确地理解了某套道德准则，并在其日常生活中诚心实意地、持久地按此套道德准则去做人之义。依这种理解，践履在性质上有真伪之分，判断一个人是在真践履还是在假践履，关键是看其心是否"诚"：诚心实意的践履为真践履，虚情假意的践履者为假践履。同时，践履还有程度上的差异，判断一个人的践履是低层次的践履还是高层次的践履，关键是看其对某套道德规范的认知程度：基于认知程度高的践履为觉行，基于认知程度低的践履为机械式践履。用道德教育和道德心理学的眼光看，真假践履是判断一个人道德高低的重要依据之一：真心诚意地按一定道德规范去做人的人，往往拥有较高的道德水准；虚情假意地按一定道德规范去做人的人，往往其道德水准也低。践履也会因个体的认知水平的不同而不同，这样，判断一个人是在真践履还是在假践履，还须依个体的身心发展规律而定。例如，"小和尚念经，有口无心"式的践履，对儿童而言，仍是一种真践履，因为儿童在这样做时，其内心是诚心实意的，只不过由于儿童的道德自我没有成熟到足以能让自己作出合理合宜的道德判断，从而在行为上展现出机械或一知半解的特点。"小和尚念经，有口无心"式的践履，对"知之甚少"的成人而言，也仍是一种真践履，因为他们在这样做时，其内心也是诚心实意的，只不过由于自己缺乏必要的"知"，只能先做机械的行。但是，如果成人在践履时，明知该怎样做人的道理，却故意地去做"小和尚念经，有口无心"式的践履，那就是"假践履"（Wang，2004）。

（二）美德在践履论的主要依据

美德在践履论有其扎实的史料依据，主要有两大方面。

1. 先哲对学、知、行与德关系的论述

从先哲对学、知、行与德的关系的论述里可以提炼出美德在践履的思想。事实上，先哲从正反两个方面来论述美德在践履的思想。

第一，"力行近乎仁"：正面阐述美德在践履的思想。

中国传统文化重视实践伦理，强调践行德性的重要性。"力行近乎仁"的思想至少可以追溯到《周易》。《周易·系辞下传》曾说："是故《履》，德之基也。"将"履"视作德的根基。蕴含在《周易》里的这种将"履"视作德的根基的思想为孔子所发扬光大。据《中庸》记载，孔子曾说："好学近乎知，力行近乎仁，知耻近乎勇。"联系《论语》里有关孔子的言论，可知"力行近乎仁"的"重德行"思想的确是孔子的一贯主张。据《论语·宪问》记载，孔子说："君子耻其言而过其行。"《论语·里仁》记载，孔子说："君子欲讷于言而敏于行。"《论语·为政》记载："子贡问君子。子曰："先行其言而后从之。"据《论语·述而》记载，孔子说："文，莫吾犹人也。躬行君子，则吾未之有得。"孔子又说："仁远乎哉？我欲仁，斯仁至矣。"据《论语·学而》记载，孔子说："弟子，入则孝，出则悌，谨而信，泛爱众，而亲仁。行有余力，则以学文。"从这些言论里可以看出四点：（1）在孔子心中，真正有道德修养的人必会在其言行中展现出自己的高尚品质，而不仅仅是停留在书本和口头的言说上。（2）一个人若能真正按照"君子"的道德行为规范去待人处世，那说明这个人的道德修养一定是很高的，可惜的是，生

活中能真正做到这种程度的人真是少之又少，连孔子都自愧不如（虽有自谦之意），更何况他人呢？（3）诸如"仁"之类的美德离人并不远，一个人只要能亲身去力行这些美德，这些美德也就来到了你身上。（4）既然美德在践履，这样，一个人在修德时，如果能在行动上真正体现"入则孝，出则悌，谨而信，泛爱众，而亲仁"，那就是说明其道德学习已达到颇高的境界，此时如果还有"余力"，那就可以去"学文"。正由于孔子有明显的美德在践履思想，据《论语·学而》记载，比孔子小44岁的孔子学生子夏才明确主张："贤贤易色；事父母，能竭其力；事君，能致其身；与朋友交，言而有信。虽曰未学，吾必谓之学矣。"这段话虽出自子夏之口，却是以孔子为代表的儒家的一贯主张。这段话表明，一个人尽管在形式上没有进行任何的道德学习，但是，只要他在自己的实践中真切地做到以下四件事情，那么，他一定是进行了良好的道德学习的：对待妻子，看重的主要是妻子的内在品质，而不是妻子的外在容貌；能尽心竭力侍奉父母；能够牺牲性命服务于君主；与朋友交往能够做到诚实守信（杨伯峻，1980，p.5）。反之，假若一个人在日常生活实践中做不到上述四件事情，即便曾接受过所谓的道德教育或进行过道德学习，那也仅是停留在形式上或认知上，就其实质而言，是不能称作接受了真正意义上的道德教育或开展了真正意义上的道德学习的。稍后的孟子将《论语》中修德重力行的思想更是向前推进了一步。在《滕文公上》中，孟子引颜渊的话说："舜，何人也？予，何人也？有为者亦若是。"这里不但具有明确的美德在践履思想，更是进一步强调道德修养者自身的主观能动性，鼓励修德者一定要去"有为"——力行，认为任何一个人只要真真切切地去力行道德，就一定也能使自己成为像舜一样的人。扬雄在《法言·修身》中直截了当地说："或问：'何如斯谓之人？'曰：'取四重，去四轻，则可谓之人。'曰：'何谓四重？'曰：'重言，重行，重貌，重好。言重则有法，行重则有德，貌重则有威，好重则有观。'"扬雄明确主张"行重则有德"，并将之视为做人的基本条件之一。

在中国历史上，尽管不同流派不同阶层的人对何谓善的看法不一，但大都认为知与行必须是统一的，否则就谈不上善。正如《朱子语类》卷第十三所说："善在那里，自家却去他。行之久，则与自家为一；为一，则得之在我。未能行，善自善，我自我。"（黎靖德，1994a，p.222）"善在那里"是知的问题，

"自家却去行他"是行的问题,只有先知,然后再"行之久",使之成为自己的习惯,即变成自己的"第二天性",才可以获得至善的品德,这时,善才能与"自家"为一,变成个体的内在品质。假若"未能行",则"善自善,我自我"。若用现代心理学的眼光去看,朱熹是说,道德知识原本主要通过修养者自身的道德生活去体验和体悟而获得,而不是像科尔伯格所说的那样靠道德推理获得,因为道德知识主要是默会知识(tacit knowledge),而不是"科学的"知识类型(加涅,1999,pp.47-49)。

综上所论,中国先哲尽管未明确提出美德在践履的命题,但是从其力倡"力行近乎仁"和"知行统一是善的充要条件"的言论看,笔者作出美德在践履的概括本也顺理成章。

第二,自觉地将知识学习与道德学习区分开:从反面阐述美德在践履的思想。

除了直接阐述"力行近乎仁"的思想外,先哲还自觉地将知识学习与道德学习区分开,这实际上是从反面阐述美德在践履思想,因为一旦知识学习与道德学习区分开,并坦言个体知识的增长有时不但不会促进其品德的发展,反而成为其德性修养的障碍,这实际上就直接否定了"美德即知识"的理念,也就从另一个角度证明了美德在践履。具体地说,先哲尽管认识到学有时是有助于道德修养的,如孔子曾说:"好仁不好学,其蔽也愚……"不过,先哲讲的学,其含义主要在求觉悟道德,也有模仿或效仿道德高尚的人以使自己最终也成为道德高尚的人之义,换言之,先哲所讲的"学"主要指道德学习,并不像今天讲的是在求取分门别类的知识。先哲也多没有为知识而求知识的兴趣,即便是那些能直接为人增进幸福的知识,先哲只愿实行之以增进人的幸福,不愿空言讨论,所谓"吾欲托之空言,不如见之行事之深切著明也"。正如颜元在《颜元集·颜习斋先生言行录》卷下《刁过之第十九》里所说:"人之为学,心中思想,口内谈论,尽有百千义理,不如身上行一理之为实也。"这样,先哲不太重视著书立说,"太上有立德,其次有立功,其次有立言"。先哲多推崇内圣外王之道,"内圣"就是"立德","外王"即是"立功"。他们的最高理想就是实有圣人之伟德,实立帝王之功业(冯友兰,2000,p.7)。这样,先哲又大都未将知识的学习与修养道德等同起来,而是倾向于认为学习知识与修养品德是两回事。将知识与品德分开，不只是儒家如此，道、佛两家尤是。儒家学者如张载在《正蒙·诚明篇》中说："'不识不知，顺帝之则'，有思虑知识，则丧其天矣。"陆九渊在《语录下》里曾说："今人略有些气焰者，多只是附物，元非自立也。若某则不识一个字，亦须还我堂堂地做个人。"（陆九渊，1980，p.447）王守仁"知行合一"的"知"是良知之知，不是知识之知。《老子·六十五章》更是主张："古之善为道者，非以明民，将以愚之。民之难治，以其智多。故以智治国，国之贼；不以智治国，国之福。"先哲之所以将知识（指关于客观事物的知识，不包括做人的知识）与道德分开，是因为他们清楚地认识到，个体知识的增长有时不但不会促进其品德的发展，反而成为其德性修养的障碍，对知识的执着于人心性的发展有损无益。受此思想的深刻影响，宋代哲学家张载明确将统一的"知"一分为二，首次提出"见闻之知"和"德性之知"。张载在《正蒙·大心篇》里说：

> 大其心，则能体天下之物，物有未体，则心为有外。世人之心，止于闻见之狭。圣人尽性，不以见闻梏其心，其视天下，无一物非我，孟子谓尽心则知性知天以此。天大无外，故有外之心不足以合天心。见闻之知，乃物交而知，非德性所知；德性所知，不萌于见闻。
> ……
> 人谓己有知，由耳目有受也；人之有受，由内外之合也。知合内外于耳目之外，则其知也过人远矣。

这里，后一段中讲的"内外之合"的"知"和"合内外于耳目之外"的"知"，相当于前一段中讲的"见闻之知"（或"闻见之知"）和"德性之知"。可见，"见闻之知"是由耳目与外物相交所生，合内外于耳目之内，它指感知过程，相当于今天讲的"感性认识"。在张载看来，一方面，"见闻之知"不限于直接感知，还包含表象。据《张载集·语录上》记载，张载说："若以闻见为心，则止是感得所闻见。亦有不闻不见自然静生感者，亦缘自昔闻见，无有勿事空感者。"其"不闻不见自然静生感者"看来很神秘，实质上可能指表象和想象。"缘自昔闻见"意指个体过去所闻所见事物的形象可以通过记忆重现出来，这实际上相当于心理学上讲的"记忆表象"。"无有勿事空感者"意指一个人不可脱离闻见而凭空得到感知。合言之，张载认为，"见闻之知"来源于个体直接对外物的感知，以及个体对过去经历过的事物的感知。另一方面，"见闻之知"是人们认识外界事物必不可少的手段，有了"见闻之知"，才能让主体与客体沟通起来，才能通过耳闻目睹、躬亲见闻来检验认识的正确与否（燕国材，2004，p.374）。但是，"见闻之知"又有一定的局限性，即不能够做到"穷理尽物"。据《张载集·语录上》记载，张载说："闻见不足以尽物，然又须要他。耳目不得，则是木石，要他便合得内外之道，若不闻不见又何验?"张载看到"见闻之知"的局限性，故而提出"德性之知"这一概念，它既有所本，更有张载的创新。在儒学典籍中，"德性"一词最早见于《中庸》："故君子尊德性而道问学，致广大而尽精微，极高明而道中庸。"对"德性"有不同解释，《十三经注疏》注为"德性，谓性至诚者"，疏为"君子贤人尊敬此圣人道德之性，自然至诚也"。张载认为，"德性之知"与耳目无关，知合内外于耳目之外。

对"德性之知"也有多种解释，试举三种：（1）张载所说的"德性之知"，是指一种以道德意识为核心的"体天下之物"的、"合天心"的、"尽心尽性"的心理状态。它主要是属于道德哲学的概念。"见闻之知"主要是属于认知哲学的概念，但它不限于感性认识，凡不具有德性意义的纯粹客观知识（包括今天所说的理性认识）都属于"见闻之知"。理性认识是一个认知哲学的概念，道德哲学和认知哲学分属不同领域。总之，"德性之知"是求仁之知，"见闻之知"是求智之知（周炽成，1994）。（2）"德性之知"是儒者通过对德性的"天道"本源及其道德属性的把握，形成以"天道"为底层的认知框架，进而以此对当下人、物进行德性价值层面的解释，并产生相关行为和情感体验，最终获得德性、达成理想生命境界。"德性之知"的认知机制是，对终极信念图式的体证和基于此的对当下日常世界的德性认知与体验，二者互动性地推动着德性境界的发展，而"问极启性"是其精神驱动力。"德性之知"既不是宗教神秘体验，也与现代的智力观念和认知科学中"具身认知"有实质性差异（景怀斌，2015）。（3）"德性之知"实指人的直觉思维和抽象思维过程，与今天讲的直觉认识与理性认识大体相符，因为张载曾说"大其心则能体天下之物"。这表明，不同于"见闻之知"由耳、目等感知觉器官与外物接触后产生，"德性之知"则由"心"通过体悟产生。在这里，张载之所以能够提出"德性之知"，在一定意义上是借鉴了老子道家的"玄鉴"思想的结果。"玄鉴"本就是用来比喻人的心灵深处明澈如镜，其隐含的意思是，一个人如果能够利用自己心中这个极其光明的"形而上之镜"来照察事物，自然能通悟诸事物之大道。这不正是"德性之知"的妙处吗？张载所说的"德性之知"与墨家所讲的"说知"也有一定的相通之处。《墨子·经说上》所说："知，传受之，闻也；方不廑，说也；身观焉，亲也。"在这里，墨家按获得知识的方式明确将"知"分为"传闻之知"、"说知"和"亲知"。"传闻之知"指得自他人的传授的认知或知识。"说知"指超越一般的可见之物或媒介，通过推论才获得的认知或知识。"亲知"指个体通过亲身观察事物或亲身实践获得的认知或知识（燕国材，2004，p.88），这显然是一种具身认知。正由于"德性之知"不受制于"见闻之知"，故而它就具有尽物、穷理和尽心的功能，这就弥补了"见闻之知"的不足。《张子语录下》说：

> 言尽物者，据其大总也。今言尽物且未说到穷理，但恐以闻见为心则不足以尽心。人本无心，因物为心，若只以闻见为心，但恐小却心。今盈天地之间者皆物也，如只据己之闻见，所接几何，安能尽天下之物？所以欲尽其心也。穷理则其间细微甚有分别，至如遍乐，其始亦但知其大总，更去其间比较，方尽其细理。若便谓推类，以穷理为尽物，则是亦但据闻见上推类，却闻见安能尽物！今所言尽物，盖欲尽心耳。
>
> （张载，1978，p.333）

这实际上又是孟子思想的翻版。孟子在《尽心上》里曾说："尽其心者，知其性也。知其性，则知天矣。存其心，养其性，所以事天也。夭寿不贰，修身以俟之，所以立命也。"既然张载的"德性之知"深受孟子思想的影响，孟子讲的"心"主要是指"良心"，孟子讲的"知"主要是指"良知"，自然而然地，张载的"德性之知"并不是纯粹的认知概念，实乃孟子所说的"良知"。因此，张载在《正蒙·诚明篇》里说："诚明所知乃天德良知，非闻见小知而已。"这表明，张载的"德性之知"是继承了孟子"良知"思想的结果。《孟子·尽心上》说："人之所不学而能者，其良能也；所不虑而知者，其良知也。孩提之童无不知爱其亲者，及其长也，无不知敬其兄也。亲亲，仁也；敬长，义也；

无他，达之天下也。"相应地，张载所说的"天德良知"也类似于孟子所讲的"良知"，能够做到"不虑而知"。但读者于此千万别误解张载的真意。张载的真意是，"德性之知"的产生不依赖于感知，而主要是个体通过道德修养获得（高觉敷，2005，p.243）。张载在《正蒙・神化篇》里说：

> 神化者，天之良能，非人能；故大而位天德，然后能穷神知化。

> 大可为也，大而化不可为也，在熟而已。《易》谓"穷神知化"，乃德盛仁熟之致，非智力能强也。

> ……

> "穷神知化"，与天为一，岂有我所能勉哉？乃德盛而自致尔。

> "精义入神"，事豫吾内，求利吾外也；"利用安身"，素利吾外，致养吾内也。"穷神知化"，乃养盛自致，非思勉之能强，故崇德而外，君子未或致知也。

> 圣不可知者，乃天德良能，立心求之，则不可得而知之。

在张载看来，一个人只有通过一定的心性修养功夫，去掉贪欲、伪情和谬见对心的干扰，才能让自己的心进入既善良又清明的境界（即孟子所说的"良心"境界），心一旦进入既善良又清明的境界，就能产生"德性之知"。事实上，"德性之知"一词就已明确告诉人们，它是一种"德性"的"知"，因为它是由人的良心发出来的"知"。用现代心理学的眼光看，将"心"（而不是"脑"）视作认知的主要生理基础，这没有足够的科学依据；但是，假若将人的心理状态视为影响人的认知的重要因素之一，那么贪欲、伪情和谬见的确会干扰人的正确认知，从这个意义上说，张载的"德性之知"又有一定的合理之处。

综上所论，从张载有关"见闻之知"和"德性之知"的言论可以看出，张载的认知心理学思想其实是为其伦理道德思想和道德教育提供理论依据的，并不是在纯粹的认知心理学的意义上来谈"见闻之知"与"德性之知"的。这本也是儒家的认知心理学思想自孔孟以来"一以贯之"的鲜明特色。

自宋代哲学家张载起，中国人一般将"德性之知"（指关于做人的知识）与"闻见之知"（指关于客观事物的知识）区分开，认为只有前者才有利于德性的养成，后者虽有时有助于德性的养成，若处理不好其与德性的关系，过于执着于知识的追求，反而会有损德性。这与苏格拉底以来的"美德即知识"观中充分肯定知识能促进品德发展的思想相比，从字面意义上看简直有天壤之别（韦政通，1988，p.110）。当然，尽管"美德即知识"这个命题是由苏格拉底提出的，不过，在苏格拉底所处的时代里所讲的知识是一种广义的知识，其中主要是指"懂道理"的知识，不是今天所讲的科技知识，这样，在当时，知识与美德之间才可画等号，此思想本与中国传统德育心理学思想有相通之处。西方只是到了后来（至少是近代以来）才将知性与德性相分离。这一事实表明，从源流上看，中西文化有较大的相通之处，只是后来由于种种机缘巧合，才使中西文化走向两个几乎完全不同的路径。

2. "德"的定义

美德在践履思想在"德"的定义中也可看出。如前文第三章所论，"德"从本源意义上讲就具有"践履"的性质，"道德"二字的连用也意味着道德不仅是理论的知识，更是实践的知识。同时，先哲虽多主张"德者，得也"，但这之中的得不是指认识上的得，而是指践履上的得。如王夫之说："盖尝论之，何以谓之德？行焉而得之谓也。何以谓之善？处焉而宜之谓也。不行胡得？不处胡宜？"认为只有通过道德践履而有得于心，才可谓之德。至于认识上的得，不是真得，不足为据。正如颜元所说："吾谓德性以用而见其醇驳，口笔之醇者不足恃；学问以用而见其得失，口笔之得者不足恃。"于是，先哲多认为任何德育或道德修养，若没有落实到行上，就不能算是成功的。所以，《周易·蒙》早就主张君子要用果敢的行为来培育他人的品德，即"君子以果行育德"。据《二程集·河南程氏遗书》卷第十八记载，程颐也说："始于致知，智之事也。行所知而至其极，圣之事也。"（程颢，程颐，2004，p.211）朱熹认为："博学、审问、慎思、明辨是讲学"，只有"笃行"才是"修德。"王守仁则在《传习录中·答顾东桥书》里说："夫学、问、思、辨、行皆所以为学，未有学而不行者也。如言学孝，则必服劳奉养，躬行孝道，则后谓之学，岂徒悬空口耳讲说，而遂可以谓之学孝乎？……尽天下之学，无有不行而可以言学者，则学之始，固已即是行矣。"由二程等人的上述言论可知，在儒者看来，贯彻孝道的根本做法是行孝，不是口头说孝。推而广之，求知方法往往也是道德修养的方法，求知并不是为知而知，而是为了修养自己的道德品质，以便更好地做君子和作圣。如果只是致知，则永远也不能成圣，致知只有与践履相结合，才能成为完整的为圣方法。一句话，美德在践履。

（三）对美德在践履论的简要评价

在知、行与德的关系上，中国先哲的一个根本看法是主张美德在践履。假若说"美德即知识"在西方文化传统中被视为圭臬，那么，美德在践履则被中国传统文化视为信条。美德在践履观是基于认识到知识学习与品德修养的同与异之基础上提出来的，较之西方学者基于知行二分和知性优先而提出的"美德即知识"观点更有其合理之处，它能较好地克服"美德即知识"观中仅偏重知而忽视行的根本缺陷。因为，与知性优先的特点相一致，西方自苏格拉底提出"美德即知识"的主张后，此思想在西方德育心理学思想史上就一直处于主导地位。此后也较少有学者专门就知、行与德的关系问题进行深入探讨，多只是在承认"美德即知识"的前提下，去探讨如何通过获得"知识"的途径来使德性获得提升的问题，像作为现代德育心理学主要流派之一的道德认知派，就试图通过培养人的道德认知能力来提升人的道德。这一流派尽管也取得了一些举世瞩目的研究成果，但忽视对受教育者进行道德实践的训练，受到了人们的批评。同时，美德在践履观强调道德行为在品德修养中的作用，注重于一个人实际的行为表现。受此观点的影响，先哲在对一个人进行德育时，强调要从培养其良好的行为习惯入手；在对人进行品德考评时，多用非文字的考评方法。这样，美德在践履观对于改变中国当前学校道德教育中遇到的一些窘境也有一定的作用。前段时间中国的学校道德教育多停留在"美德袋"式教育模式上，重视道德知识的传授和掌握而忽视道德品质的培养与践履，面临很多窘境：一方面是受教育者对一些道德行为规范和道德准则等知识记得滚瓜烂熟；另一方面是受教育者实际道德素质的滑坡，有些受教育者尽管掌握了一套道德规范，却不会将之运用到现实生活的实际道德情境中去。要改变这种状况，只有适当借鉴美德在践履的思想，在传授道德知识的前提下，大力加强道德实践的机会，通过道德实践，受教育者在道德实践的切身体会中去领悟所学到的道德知识，然后再运用所掌握的道德知识去自觉地指导自己的道德实践活动，真正做到知行合一，言行一致。

第二节　美德如何践履

一、在日常生活中践履

先哲清楚地认识到，被社会肯定有道德的人是着眼于其"德行"（道德行为），不是"德知"（道德认知），因此，培养个体良好的道德行为，而不是简单地让个体掌握丰富的道德知识，才是德育或道德学习的真正目的。但道德的知与行二者之间并没有恒定的因果关系：知而后行虽可能，不过，在更多情况下往往是知而不行、行而后知乃至行而不知（张春兴，1998，p.151）。同时，朱熹在《四书章句集注·论语集注·述而第七》所说的"道，则人伦日用之间所当行者是也"一语为先哲所普遍相信。这样，在实际的德育中，先哲多从道德实践入手，主张要将道德践履融进修养者的日常生活中（此处指广义的日常生活，既包括今人习称的日常生活，像每天的刷牙、洗脸、吃饭和睡觉之类的事情；也包括今人讲的学习生活、工作生活、娱乐生活和精神生活等），让个体在日常生活中养成良好的道德行为习惯。此后，随着个体年龄的增长（用德育心理学的术语讲，就是随着个体认知发展水平的提高），再通过个体自己的内省功夫或通过"教之以理"等途径，让个体避免行而不知，而做到行而后知，知之再行，这可说是中国传统德育的一大特色所在。如据《论语·学而》记载，孔子主张弟子要在日常的生活中去践履德行："弟子，入则孝，出则悌，谨而信，泛爱众，而亲仁。行有余力，则以学文。"朱熹认为践履道德并不是要人特意去做某种行为，而只是要人将自己的日常生活处理好了即可，于是他明确主张个体践履道德要在其"日用之间"进行。《朱子语类》卷第十三说：

> 人言匹夫无可行，便是乱说。凡日用之间，动止语默，皆是行处。
> 且须于行处警省，须是战战兢兢，方可。若悠悠泛泛地过，则又不可。
> （黎靖德，1994a，p.222）

这里面实有"生活即德育"的思想。

由此可见，在当代中国德育界十分红火的"生活即德育"理念本是一个亦新亦旧的德育理念。说它"新"，是由于"生活即德育"的理念确是在受到西方"教育即生活"、"学会生活"和"学会学习"之类理念的启示之后才明确提出的；说它"旧"，是因为"生活即德育"本是中国传统道德文化自孔子以来的优良传统，只是没有明确表达出现而已。同时，受性习论思想的影响，朱熹非常注重自小从儿童的日常生活方式入手来对儿童实施早期的道德行为训练，以便让儿童从小就养成良好的道德行为习惯。所以，在《晦庵先生朱文公文集》卷七十六《题小学》中，朱熹写道：

> 教人以洒扫、应对、进退之节，爱亲、敬长、隆师、亲友之道，皆所以为修身、齐家、治国、平天下之本，而必使其讲而习之于幼稚之时，欲其习与知长，化与习成，而无扞格不胜之患也。

在《四书章句集注·大学章句序》中，朱熹再次强调："人生八岁，则自王公以下，至于庶人之子弟，皆入小学，而教之以洒扫、应对、进退之节，礼乐、射御、书数之文。"（朱熹，1983，p.1）另外，朱熹还提倡在培育个体尤其是儿童的品德时，要做到习惯的养成与知识的增长相互促进，为此，朱熹编订了《小学》和《童蒙须知》两书，对儿童的行为习惯培养提出了许多具体的要求，目的是让儿童从小就养成良好的行为习惯。陆九渊同样提倡德育要从人的日常生活入手，因为正如《陆九渊集》卷三十五《语录下》所说："圣人教人，只是就人日用处开端。"王守仁在《传习录中·答欧阳崇一》中也说："良知不由见闻而有，而见闻莫非良知之用，故良知不滞于见闻，而亦不离于见闻。孔子云：'吾有知乎哉？无知也。'良知之外，别无知矣。故'致良知'是学问大头脑，是圣人教人第一义。今云专求之见闻之末，则是失却头脑，而已落在第二义矣。近时同志中盖已莫不知有致良知之说，然其功夫尚多鹘突者，正是欠此一问。大抵学问功夫只要主意头脑是当，若主意头脑专以致良知为事，则凡多闻多见，莫非致良知之功。盖日用之间，见闻酬酢，虽千头万绪，莫非良知之发用流行，除却见闻酬酢，亦无良知可致矣。故只是一事。若曰致其良知而求之见闻，则语意之间未免为二，此与专求之见闻之末者虽稍不同，其为未得精一之旨，则一而已。"（王守仁，1992，p.71）这表明，在王守仁看来，致良知既不能离开从日常生活里得来的闻见之知，也不能仅仅停留在闻见之知上。因此，如前文所论，在王守仁看来，"致良知"的"致"的含义有二：其中之一便是"行"，也就是将良知所知实实在在地付诸自己的日常行动，并提倡"事上磨炼法"，这表明王守仁也赞成要将德育与弟子的日常生活融为一体。

在此基础上，王守仁又提倡将品德考评放在弟子的日常生活中进行。据《传习录中·教约》记载，王守仁做到：

> 每日清晨，诸生参揖毕，教读以次。遍询诸生：在家所以爱亲敬长之心，得无懈忽，未能真切否？温清定省之仪，得无亏缺，未能实践否？往来街衢，步趋礼节，得无放荡，未能谨饰否？一应言行心术，得无欺妄非僻，未能忠信笃敬否？诸童子务要各以实对，有则改之，无则加勉。（王守仁，1992，p.88）

据《颜习斋先生言行录·刚峰第七》记载，颜元曾说："人心动物也，习于事则有所寄而不妄动，故吾儒时习力行，皆所以治心。"同样强调"时习力行"在育德中的重要性，从中还可看出力行也有治心的功效。另外，即便是禅宗或道教，也信奉"大隐隐于朝，中隐隐于市，小隐隐于野"的格言，其实质仍是主张不能离开尘世去修行，这之中也蕴含有修道（修德）要在日常生活中进行的思想。

先哲将德育与个体的日常生活打成一片、融为一体的做法，注重从日常生活入手对个体进行德育的思想，与陶行知在《生活即教育》一文中主张的"生活即教育"的思想有暗合之处（陶行知，1981，pp.243-250），简直可将古人的这一思想概括为"生活即德育"的思想。受此思想的影响，古人多强调体验在育德中的作用。体验法是用理智的同情去体察外物，去反省自己。因为要了解一人或一物，必须设身处地，用同情的态度去了解他（或它）。体验本身就是一种生活，一种精神的生活，因为所谓体验是在生活中体验，离开生活便无所谓体验。这种方法用来体察人生、欣赏艺术、研究精神生活或文化创造特别适用（贺麟，1988，p.178）。同时，古人多主张将良好行为习惯的养成视作提高道德水准、完善道德人格的根本途径，主张德育要从幼稚之时开始，通过习见习闻或实践锻炼的方法，使之习惯成自然。这种"少成若天性，习惯成自然"的思想与亚里士多德的"习惯是第二天性"的名言有异曲同工之妙。用现代心理学观点看，先哲这种做法的实质是习惯说或定势说的具体应用。用行为主义心理学的观点看，它实际上是一种通过反复强化的方式来训练个体的道德行为方式的做法。当然，二者也有不同之处：先哲强调知在其中所起的重要作用，行为主义心理学家则忽视知的作用。另外，与此观点相对应，古人在对人进行品德考评时，也多将考评方法放在个体的日常生活中进行，收到了预期的效果，这在下文有详细探讨，此处就不多讲。

二、影响践履的心理因素

为了保证美德在践履的思想能顺利实施，先哲也探讨了影响践履的心理因素。

（一）"三军可夺帅也，匹夫不可夺志也"：立志

俗话讲得好："说起来容易，做起来难。"践履道德也是如此。多数德行在践履时都需一定的意志力才能完成，更何况要一以贯之地践履德行，没有坚强的意志力是做不到的。有一句名言也说，一个人做一件好事并不难，难的是一辈子做好事。古人认识到行的艰辛，于是在谈到行时又不能不提志。如据《论语·为政》记载，孔子说："吾十有五而志于学，三十而立……"将立志作为自己学习和修养的起点。《庄子》在《逍遥游》篇里用一则寓言故事来说明"燕雀安知鸿鹄之志"的道理，强调志向远大在人生中的意义："蜩与学鸠笑之曰：'我决起而飞，抢榆枋而止，时则不至而控于地而已矣，奚以之九万里而南为？'适莽苍者，三餐而反，腹犹果然；适百里者，宿舂粮；适千里者，三月聚粮。之二虫又何知？"嵇康在《家戒》里说："人无志，非人也。但君子用心，所欲准行（按准则行事，引者注），自当量其善者，必拟议（行动之前的考虑和议论）而后动。"他认为人如果没有志向就不能称之为人。而"自当量其善者"一语表明嵇康非常强调个体在行动中要彰显自己的主体性，要学会独立思考并作出合宜的选择，不要人云亦云，跟着他人走，此观点与今天价值观澄清派的思想有相通之处。这一观点在嵇康所著《家诫》一文中表现得更为明显："凡行事先自审其可，不差于宜，宜行此事，而人欲易之，当说宜易之理。若使彼语殊佳者，勿羞折遂非也（羞于改变自己而按错误的决定行事，引

517

者注）。若其理不足，而更以情求来守。人虽复云云，当坚执所守。此又秉志之一隅也。"另外，张载在《经学理窟·义理》中说："人若志趣不远，心不在焉，虽学无成。"朱熹在《论语集注·述而篇第七》中说："盖学莫先于立志，志道，则心存于正而不他；据德，则道得于心而不失；依仁，则德性常用而物欲不行；游艺，则小物不遗而动息有养。学者于此，有以不失其先后之序、轻重之伦焉，则本末兼该，内外交养，日用之间，无少间隙，而涵泳从容，忽不自知其入于圣贤之域矣。"据《陈确集·文集》卷二《复吴裒仲书》记载，陈确曾主张："学者立发个真切向上心，时时惟恐堕于禽兽，那敢因循，那得轻放过一事，……此志既立，自然知之即行，行又求知，所谓知行并进者也。"俗话也说："有志者，事竟成。"这些都是强调志在践履美德中的重要作用。

（二）"不知，如何行"：致知

先哲未将知识学习与道德修养等同起来，不过，也看到了学习有时有助于道德修养，因为从哲学根基上看，先哲多赞成重行的知行合一观。这样，在强调践履即美德的前提下，先哲也多认为，若不好学多学以增加阅历，只盲目地践履德行，不但不会增强自己的品德修养，反而会导致诸多弊病。受此思想的影响，先哲非常重视知在行中的作用，认为一个人若习惯于如此做，却不明白为何要这样做，他只能算作是一般的人。如《孟子·尽心上》说："行之而不著焉，习矣而不察焉，终身由之而不知其道者，众也。"言下之意是，德行高尚的人既会去践履道德，又知道为何要践履的道理所在。这告诉我们，就德育而言，只一味地要求学生去做，而不告诉他们为什么要这样做，也不能真正提升他们的道德境界。

秦汉以后的学者也重视致知在力行中的作用。如《朱子语类》卷第六十四说："不知，如何行？安行者，只是安而行之，不用着力，然须是知得，放能行得也。学知利行主于行而言。虽是学而知得，然须是着意去力行，则所学而知得者不为徒知也。"《朱子语类》卷第九又说："义理不明，如何践履？……如人行路，不见，便如何行。……若讲得道理明时，自是事亲不得不孝，事兄不得不弟，交友不得不信。而今人只管说治心、修身。若不见这个理，心是如何地治？身是如何地修？"当然，先哲讲的知，其含义不限于道德知识，而是泛指做道德高尚的人的一般道理。一个人哪怕一字不识，也可以通过生活磨炼来觉悟（做中知或行中知）这些道理。同时，他只要在明白这些做人的道理后，又能按照它的要求去做，就有成圣的可能性。就德育而言，这一思想至今仍有很强的启发性。反观今天中国德育，在未落实生活德育思想之前，有一段时间受西方道德认知派思想的深刻影响，过于重视道德理论知识的传授与钻研，缺少基本做人道理的传授，造就了一批批道德理论家，真正德行高深的人却少之又少。

（三）"信者，行之基"：守信

先人也多强调"信"在道德践履中的重要作用。如据《论语·为政》记载，孔子就认为"人而无信，不知其可也"，要求弟子言行要一致，《论语·里仁》提倡"讷于言而敏于行"的做法。《墨子·兼爱下》主张："言必信，行必果，使言行之合犹合符节也，无言而不行也。"《刘子新论》主张"为善"须"知立行"，而"立行"又须"知立信"。《刘子新论·履信》说："信者，行之基。行者，人之本。人非行无以成，行非信无以立。故行之于人，辟济之须舟也。信之于行，犹舟之待楫也。将涉大川，非舟何以济之？欲泛方舟，非楫何以行之？今人虽欲为善而不知立行，犹无舟而济川也；知欲立行而不知立信，犹无楫而行舟也。是适郢土而首冥山，背道愈远矣。"

先哲之所以特别强调守信在道德践履中的作用，主要是在他们看来，诚信是做人之本，一个人只有表里一致、言行一致，于外，才容易获得他人的认可与尊重；于内，才不至于常常因心中有鬼而惴惴不安，这样，才可堂堂正正做人，不至于产生口是心非或"当面一套，背后一套"的虚假人格。

（四）"此已私欲隔断，不是知行的本体了"：消除私欲

古人多认为不好的欲望往往是诱发个体产生不道德行为的根源，为了保证践履美德时不至于因不良欲望的诱惑而停滞不前或发生方向性的偏差，他们多主张个体在践履美德时要尽量消除自己的私欲，即不好的欲求。如据《论语·颜渊》记载，孔子要求人们要做到："非礼勿视，非礼勿听，非礼勿言，非礼勿动。"儒家学说中讲的"礼"，用现在的眼光看其实就是一整套行为规

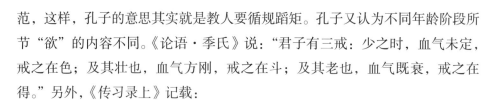

范，这样，孔子的意思其实就是教人要循规蹈矩。孔子又认为不同年龄阶段所节"欲"的内容不同。《论语·季氏》说："君子有三戒：少之时，血气未定，戒之在色；及其壮也，血气方刚，戒之在斗；及其老也，血气既衰，戒之在得。"另外，《传习录上》记载：

> 爱因未会先生"知行合一"之训，与宗贤、惟贤往复辩论，未能决，以问于先生。先生曰："试举看。"爱曰："如今人尽有知得父当孝、兄当弟者，却不能孝，不能弟，便是知与行分明是两件。"先生曰："此已被私欲隔断，不是知行的本体了。未有知而不行者。知而不行，只是未知。……就如称某人知孝，某人知弟，必是其人已曾行孝行弟，方可称他知孝知弟，不成只是晓得说些孝弟的话，便可称为知孝弟。又如知痛必已自痛了方知痛，知寒必已自寒了，知饥必已自饥了，知行如何分得开？此便是知行的本体。"

与孟子类似，王守仁也认为人人都有良知，这种良知既是人的一种内省活动，也是人先天独有的能力；这种良知本是能够直接导发人的善行的，人凭这种良知来分是非与辨善恶。不过，有的人的良知被其私欲隔断，才会有恶行。一个人的知与行能否合一的关键在于他能否消除自己的私欲，以打通知与行之间的隔阂，使良知贯彻于行，成为行的主宰（韦政通，1988，pp.8-9）。换句话说，要消除知行分开的毛病，就必须先消除人的私欲。因节欲的思想在前文已有详细探讨，这里不赘述。

（五）"为仁由己"：发挥主观能动性

为了鼓励人们要自觉、努力地去践履美德，先哲也多强调要彰显践履者的主观能动性。如，据《论语·颜渊》记载，孔子说："为仁由己，而由人乎哉？"据《论语·述而》记载，孔子说："仁远乎哉？我欲仁，斯仁至矣。"孔子的这两句话表明，影响个体品质高低的重要因素在于个体自身。如果一个人能够努力发挥自己的主观能动性，努力塑造自己，那就很容易获得仁德；反之，假若一个人自甘堕落，不去主动而积极地修德，那么，仁德就会离其越来越远了。孔子的"为仁由己"的思想对后世影响深远，如上文所引，孟子在《滕文公上》里引颜渊的话说："舜，何人也？予，何人也？有为者亦若是。"

进一步强调道德修养者自身的主观能动性，鼓励修德者一定要去力行，只有这样做才有可能使自己成为像舜一样道德高尚的人。一些经验与事实都表明，德育取得成功的经验之一是教育者要确立学生的主体地位，换句话说，德育是否取得实效，关键因素之一是教育者能否真正将学生放在主体地位上，以发挥学生的主观能动性。从教育心理学的角度看，影响个体心理（包括道德心理）发展的因素复杂多样，概括起来，主要有遗传、成熟、环境、教育和主体性等五个变量。其中，遗传、成熟、环境、教育的含义大家都已很熟悉，这里不多讲。主体性，指个体的需要、兴趣、爱好、价值观、人生观和世界观，以及个体根据它们对来自体内外的诸种刺激进行判断、选择、吸收、利用或改造的能力。这五种因素之间的交互作用最终决定了个体心理发展的程度大小与质量高低，此观点可概括为"五因素交互作用论"。若模仿拓扑心理学家勒温（Kurt Lewin，1890—1947）提出的著名公式 $B = f(P, E)$，即人的行为（B）是个体的综合因素（P）和环境因素（E）的函数，可以将五因素论用下列公式来表示，$P = f(H, M, E1, E2, S)$，即人的整个身心素质是其遗传（H）、成熟（M）、环境（E1）、教育（E2）和主体性（S）之间的函数。根据"外因是变化的条件，内因是变化的根据，外因必须通过内因而起作用"的原理，遗传、成熟、环境和教育对个体心理产生什么样的影响，以及影响程度的大小，说到底要取决于人这个主体的应对方式。因此，对于影响个体心理发展的五个因素之间关系的唯一合理解释是，虽然遗传与成熟对人的心理（包括道德心理）发生作用的大小依赖环境与教育的变化，而环境与教育作用的发挥也受到遗传与成熟的制约，但遗传等四因素对人的心理与行为（包括人的道德心理与道德行为）的影响必须通过"人"这个中介变量才能真正实现。假若引入时间因素，就可以看到，遗传等因素在个体不同年龄阶段所起的作用不同。

在受精卵的形成阶段，也就是个体生命最初形成阶段，此时个体的身心素质受遗传因素影响最大。在此阶段，个体生命处于最初形成中，"人形""八字都还没有一撇"，当然不可能有什么主体性，毕竟只有"形具"才能"神生"。同时，既然此时个体还没有一点"人"的样子，当然教育也就"英雄无用武之地"了。在此阶段，环境虽然对受精卵的形成有影响，但这种影响只能促进或延缓遗传素质的自我发展和自我表露，不能改变它的本质。

在受精卵一旦形成至青春期结束为止这一阶段，虽然个体的心理发展也受到环境和教育因素以及个体主体性的影响，但从总体上看，个体心理发展受成熟因素影响最大。同时，在此阶段尤其是在此阶段的后半期，随着个体年龄的增长和阅历的增加，个体的主体性对其心理发展将发挥越来越大的作用，但是，由于这一阶段个体的自我先只处于萌芽水平后也至多只处于初步形成水平，多数人的主体性都不强，必须发挥教育者的主体性来帮助个体进行正确的判断和选择，"孟母三迁"故事讲的就是这个道理。

在个体自青春期结束起至稳定人格形成前这一阶段，个体心理发展受环境和教育因素影响最大。参照皮亚杰的认知发展阶段理论，只有当个体度过青春期以后，此时个体的思维方式才基本处于成熟水平，这样，遗传与成熟在影响个体的心理发展方面所起的作用将越来越小，环境和教育对个体心理的影响第一次超过遗传与成熟的作用，而且至个体的稳定人格形成前，环境和教育在影响个体心理发展的诸因素中将一直扮演最为重要的角色，中国人常说的"染于苍则苍，染于黄则黄"之类格言讲的就是这个道理。可见，在个体稳定人格形成之前的时期都是心理可塑性强的时期。个体的心理可塑性强，也就从一个侧面证明其主体性不强；换言之，此时虽然个体的心理发展会受到其主体性的影响，不过，因个体的主体性还没有真正成熟与定型，他或她还没有特别强烈的主体意识，从而给环境和教育的影响留下了非常大的可塑性空间。

自个体的稳定人格形成后起（时间不能确定，有人早些，有人迟些，有人终其一生也不见得能形成稳定的人格），个体的主体性首次在影响个体心理发展的诸因素上起第一重要的作用，而且将长期起最重要的作用，直至个体老死为止。具体地说，虽然个体自呱呱落地开始就具有最低水平的主体意识，此后，随着个体年龄的增长，这种主体性在其中所起作用的比例越来越大，遗传等因素对个体心理的影响说到底都要经由个体的主体性这一中间环节。不过，还是可以这样说，至个体形成稳定的人格之前，遗传、成熟、环境和教育对个体心理的影响要比主体性对个体心理的影响要大。但是，个体一旦形成稳定人格，其心理发展受其主体性影响最大。只有到了这时，主体性对个体心理发展的影响才第一次超过环境与教育对其心理发展的影响；也只有到了这时，环境和教育对个体心理有无影响或有什么样的影响，从根本上讲都要取决于个体自己的选择与决定。

当然，各阶段之间并无明显分界线，而是与"长江后浪推前浪"的情形类似；同时，遗传、成熟、环境、教育和主体性等五因素对个体心理发展所起影响依个体年龄不同而呈现出不同的发展曲线：遗传与成熟对个体心理发展所起的影响从总体上看随个体年龄的逐渐增长而日渐减小。在个体稳定的人格未形成之前，环境和教育对个体心理发展所起的影响，随个体年龄的逐渐增长而日渐增大，并在个体的思维方式达到成熟水平后逐渐占据最重要位置；不过，在个体稳定人格形成后，环境和教育对个体心理发展所起的影响又会逐渐下降。主体性对个体心理发展所起的影响随个体年龄的逐渐增长而日渐增长，至个体形成稳定人格后达到最高峰，在此之后个体的心理发展主要是受其主体性控制（汪凤炎，2006c）。

从五因素交互作用论的观点看，虽然个体要到稳定人格形成后，其主体性才会在影响其心理发展的诸因素中第一次居于最重要位置，但是在此之前个体的主体性其实也一直在起重要作用（只不过不是起最重要作用），尤其是当个体年龄越来越大时更是如此。这就意味着，教育对象不同于其他物质活动的对象，他们是具有主体性的实体。在从德育影响到德育效果的因果链条中，他们不是被动的环节，他们的需要、兴趣、价值观、情感、认知等因素必然要作为一种现实的原因插入这一因果链条中并发生作用。于是，一种德育影响无论其方向如何正确，力度如何强大，如果不为受教育者所认同，就绝不可能转化为德育的效果，德育在有些人身上遭遇的"刀枪不入"的困境源出于此。同时，即使是受教育者接受了某种德育影响，这种"接受"也只能理解为受教育者按照其内在的尺度，将各种外部德育影响改造为可以被掌握被同化的对象，同化于他自身原有的品德结构之中，扩展或提升自己原有的品德结构。不理解这一点也就不能真正准确理解德育过程。在人们预期实现的德育效果中应当包含这种受教育者主体改造的因素，否则任何预期都将是一厢情愿的。当然，这里并不否认受教育者的主体因素在很大程度上是在外部环境和教育影响下形成的。不过，它一经形成，哪怕只是初步的形成，就成为一种现实的本质力量，制约着人们对德育影响接受的取向和水平。用建构主义学习理论的眼光看，任何儿童都不可能是任人随意描绘的一张白纸。随着年龄的增长，各种主体因素逐步发展，德育影响要产生其效果，就不能不更多地考虑主体因素的作用。一句话，要充分发挥德育在培育人的品质方面所起的重要作用，就宜紧紧抓住主体性这个重要的中介变量，毕竟，德育内容和育德方法等是否被接受以及接受的程度等，在很大程度上要为受教育者的主体性所决定（鲁洁，2001，pp.182-183）。

根据上文所论，"为仁由己"的思想与现代教育心理学强调尊重学习者的主体性和充分发挥学生的主体性的思想大体是暗合的，当然，在这样做时也须考虑学生的身心发展特点，对于年幼儿童或自觉性不高的个体而言，更主要的是发挥教育者的引导和教育作用，而要谨慎运用"为仁由己"的思想，否则，就易沦落为"放鸭式"德育，不但育德效果不佳，也是一种不负责任的教育理念。

第三节　美德在践履思想对当代德育的启示

一、德育的"行→知→意→行→心"路径

综观美德在践履的思想，可以清楚地发现其中蕴含行（主要是低层次的践履）→知→意→行（主要是自觉的行）→心（即良心或良知，也就是现代心理学所讲的"道德自我"）的德育模式。因为古人多将践履看作修德的起点和重要载体，突出行在道德修养中的作用，认为"行重则有德"；同时又主张"不知，如何行"，突出知在道德践履中的地位，这种知就其来源讲多数提倡要于做中去知或行中去知。即使是孟子和王守仁这些主张人人心中本有良知或良能的学者，也多赞同人要于生活中去自家体认（即觉悟）这些良知或良能。这样，先哲多主张个体要先践履那些对社会来讲是合理的规范（礼），随后，经过克己复礼和内省等功夫逐渐认识到这些行为背后的内在价值，在此基础上从内心产生想实践这些行为的意志（含情），再由意志生发出更加主动的行为，然后通过反复自觉地践行这种道德行为，才能经过象征模仿（symbolic modeling）——依班杜拉的社会学习理论的见解，象征模仿是指学习者对楷模人物所模仿的，不是他的具体行为，而是其性格或行为所代表的意义——的途径将之内化成自己的良知的一部分。这种由行生知，由知生意，由意生行，再由行生心的修德过程，既与西方文化中强调由知生意，由意生行，是大不相同的（杜维明，1988；杨中芳，1991），又表明在他们的德育思想中实蕴含行→知→意→行→心的德育模式（汪凤炎，等，2005，pp.105-128）。在这种育德模式的指导下，先哲多主张"小学"阶段的德育只是"教之以事"，到了"大学"阶段的德育才"教之以理"。

若从人类道德演化的轨迹看，行→知→意→行→心的过程恰恰符合主体道德发生发展的客观规律。苏联心理学家列昂节夫认为，人类活动起先总是外部的、实践的，然后才具有内部活动的形式，即意识活动的形式。苏联伦理学家阿尼西莫夫也曾在《道德是人活动的一个方面》中说，如果离开人们的实践活动，离开他们多种多样的实际行为，而孤立地研究道德意识的本质、特点、结构的话，显然是不可能完全、充分地理解他们的。亚里士多德则说，追求德性，实现主体的道德，只知道是不够的，还要应用或以某种方法使我们变得善良；我们必须先进行有关的现实活动，才能获得德性。皮亚杰也认为，认识既不起源于自我意识的主体，也不起源于业已形成的、会把自己烙印在主体上的客体，而起源于主客体之间的相互作用。以科尔伯格为代表的道德认知派的建构者，通过大量的实证研究，发现了人类道德认知发展的一大原则：他律而后自律的原则。在这一原则下，儿童的道德认知是告知的而不是自知的，是外化或外铄的而不是内化或内发的。这样，对年幼儿童而言，制定明确可行的道德规范并要求他们去身体力行，无论是在家庭还是在学校都是必要的。等到儿童认知发展到接近成熟程度（达到具体或形式运算阶段）之后，他们将由于思维能力的提高和通过践履积累起来的经验而形成是非判断的自律性道德认知，由此而产生更加主动的道德行为（张春兴，1998，p.149）。现代很多研究也表明，以活动为载体进行德育的效果较好，因为活动是学生最主要的实践，只有经过道德活动，学生才会对道德观念有一种切身的体会；也只有让学生产生了这种切身体会，他们才可能去实实在在地践行；学生之间通过活动加强了彼此的交往，易从中学会正确评价他人与自己，养成悦纳他人和正确认识自己的品性。可见，先哲一向强调的美德在践履的观点有可取之处。

但是，有一段时间，中国德育受西方德育思想和反传统思想的影响，德育地位一降再降，而且过于强调道德知识的灌输，只止于讲授，少身体力行，或者是将知行分开，行没有知的指导，知未在行中去接受考验，使得德育效果低下，这一经验教训不能忘记。道德被马克思称为"实践精神"，道德规范、道德原则和道德理想等精神性东西假若不能转变成人的实践，其价值与意义何在？为了改变前段时间中国德育中存在的上述诸种弊端，提高中国德育的实效性，当代中国德育也应走行→知→意→行→心的路子。

二、生活即德育

中国传统道德文化的精义是强调知行合一，一种思想学说与相应的生活实践融为一体。这样，为了有效探讨德育问题，先哲常从自己的生活实践出发，将反省自己的心性修养作为入手处，通过反复实践而有所体悟，然后将体悟到的东西回归实践，通过实践加以检验。通俗地说，任何一种思想或学说，多半以生活实践为起点和归宿。在中国传统文化的主流里，并没有像西方那样将生活世界分为世俗世界和意义世界，而是主张修德要打通意义世界和世俗世界之间的界限，并力倡将道德践履与个体的日常生活联系起来，融德育于个体的日常生活，认为"道，则人伦日用之间所当行者是也"（朱熹语）。主张个体修德要通过觉悟和践履等方式或方法以便做到"内得于己"，又强调个体还要将"内得于己"的德外推于人，以使他人也有所得（即"外得于人"），强调践履在修德中的重要作用。这一思想可以概括为"生活即德育"的思想。"生活即德育"是美德在践履思想的又一精华，也是中国传统德育心理学思想的最重要观点和最大特色，它犹如一条红线贯穿中国传统德育心理学思想。假若只用五个字来概括中国传统德育心理学思想的精髓，那就是"生活即德育"，因为化育美德、觉悟美德、情育美德、修心育德乃至践履美德，都必须在生活中进行。在先哲眼中，生活既是育德最重要的媒介和手段，也是育德的最终归宿和目的。用张闻天的话说，就是"生活的理想，就是为了理想的生活"。这一思想与先哲倡导"德者，得也"和德育是培养"做人"的主旨相通，与当代德育强调"学会（正确）生活"的主旨也不谋而合。

反观前一段时间的中国德育，似乎遗弃了中国传统德育中向有的这一优良传统。前一段时间的中国德育主要在学校中进行，学校中的德育又主要局限于学生的课堂学习上，课堂学习虽也可说是学生日常生活的一部分，但它毕竟只是学生日常生活的一小部分。假若学校只将德育局限于几节专门的德育课上，而其他课程和学校课外生活均不育人，这种德育课在学生的日常生活中所占比重就更微乎其微。这样做，从理论上讲，学校德育既然仅局限于课堂中，没有贯穿个体的全部日常生活，就将德育与个体的其他日常生活分离开来了；从实际上看，易给学生造成一种错觉：以为德育只是上几节课的事情，与自己其他日常生活并没有多大关联，而学校开德育课的目的仅在于让学生获得德育分数而已。这种心理不但学生有，甚至部分德育老师也有，难怪有些德育老师甚至在德育课上公开向学生讲："你们可以不认同我说的这些道理，你们却必须记住这些道理，否则将来的考试就难以过关。"由于学校德育课的效果多只停留在课堂上，没有融进学生的其他日常生活，这种德育的实效性不尽如人意也就在情理之中。当个体所受德育只在考试或考评上有用，与个体的日常生活没有关系时，这种德育就出了问题，应该改变德育考评的方式和方法来适应 21 世纪的要求。

陶行知在《生活即教育》中说："没有生活做中心的教育是死教育。没有生活做中心的学校是死学校。没有生活做中心的书本是死书本。在死教育、死学校、死书本里鬼混的人是死人——先生是先死，学生是学死！先死与学死所造成的国是死国，所造成的世界是死世界。"为了形象地说明这一思想，陶行知在该文中打了一个生动的比方："学校即社会，就好像把一只活泼泼的小鸟从天空里捉来关在笼里一样。它要以一个小的学校去把社会所有的一切东西都吸收进来，所以容易弄假。社会即学校则不然，它是要把笼中的小鸟放到天空中使他能任意翱翔。是要把学校的一切伸张到大自然里去。要先能做到'社会即学校'，然后才能讲'学校即社会'；要先能做到'生活即教育'，然后才能讲到'教育即生活'。要这样的学校才是学校，要这样的教育才是教育。"（陶行知，1981，pp.245-250）教育是如此，身为教育分支之一的德育又何尝不是如此呢？从某种意义上讲，德育尤甚。因为德育要解决的一个最基本且最核心的问题是做人问题。如何做人是与个体日常生活紧密联系、实实在在的问题，任何人在日常生活中都必须面对它。某些学科（如理论物理学等）的知识体系与个体的日常生活关系不大，是一些纯理论问题，在这类学科的教学中，若想贯彻"生活即教育"的思想，相对而言有一定难度。这么说并无贬低陶行知先生"生活即教育"的主张之义，陶先生当年为了改变劳苦大众多不能进学校读书的局面，为了纠正当时教育中存在理论脱离实际的情况，及时提出"生活即教育"的伟大主张，实在难能可贵！

当代中国的德育要想有成效，就要树立大德育观，借鉴中国传统文化中"生活即德育"思想，进行创造性诠释、转换与建构，赋予它新时代的内容，让当代中国的德育真正与个体的日常生活（广义的）实践打成一片，在学生的日常生活中去育德。因为相对于一般的规范，生活实践具有更本源的性质，这一点既体现在规范的形成过程上，也体现在对规范的把握上。就个体来说，对"应当"作什么样的理解，首先来自生活实践。生活中的榜样人物为个体提供了现实的示范，与其他方面的实践过程相类似，个体的道德行为也多开始于模仿。亚里士多德曾以公正和节制的德行为例对此作了阐释。行为者"并不是仅仅由于他做了这些事情而成为公正的和节制的，而是因为他像公正和节制的人那样做这些事情"（亚里士多德，1990，p.30）。模仿可以是外在的依仿，也可以是内在的依照，但这两种模仿都源于生活实践。同时，与个体的社会化相应，品德的培养也体现为一个化天性为德性（或自然的人化）的过程。不过，人化的德性本身不能与自然相互对峙，否则，德性容易以超我的形式来强制自我，变成异己的规定。所以，在实现自然的人化的同时，德性的培养也应指向人的自然化，即让德性变为人的第二天性。用亚里士多德的话来说，德性"非反乎本性而生成"，而是"通过习惯而得以完成"（亚里士多德，1990，p.25）。从一定程度上讲，德性自然化的过程与化德性为习惯的过程紧密相关，实现这一转换的现实前提之一就是，生活世界里道德实践的不断反复。从本体论的层面讲，德性只有取得自然（第二天性）的形态，才能与人的存在融合为一（成为人自身存在的内在规定），并使主体在道德实践中达到孔子所说的"从心所欲不逾矩"的境界（杨国荣，2000）。

"生活即德育"的育德模式也告诉人们，道德知识原本主要通过修养者自

528

身的道德生活去体验和体悟而获得，不是像科尔伯格所说的那样靠道德推理获得。因为，从现代心理学的视角看，道德知识主要是"非科学的知识"（non-scientific knowledge）或"默会知识"（tacit knowledge），而不是"科学的"知识，因此在一些著名学者关于学习分类的论述中一般多将知识学习与道德学习分开探讨。如加涅提出的五种学习结果（包括智力技能、认知策略、言语信息、动作技能和态度）的分类就是这样做的（加涅，1999，pp.47-49）。同时，"生活即德育"的育德模式还告诉人们，道德虽具有一定的理想性，要向人们表明什么是至善，以便使人们能树立高尚的道德理想；但更重要的是，道德应有现实性，即道德应更多地体现在人们的日常生活中，这样，我们在育德时要遵从人性化原则，从人们的日常生活入手，根据受教育者的年龄特点、心理发展规律提出具体的行为规范，督促受教育者在日常生活中践履，在小事中慢慢养成良好的行为习惯。德育不能眼高手低、好高骛远，那种假、大、空、高的"空手道"式德育，除了让人产生云里雾里的虚幻感觉外，没有任何实际效果。这种德育若施之于儿童，只会产生对牛弹琴的效果；若施之于青少年或成年人，有时会引起他们的逆反心态。

三、德育与智育并重

中国传统文化将道德实践置于社会生活的第一位，又将仁与智合在一起，主张"必仁且智"，而智主要表现为一种德慧，"必仁且智"中有以仁代智的倾向。这样，在先哲的眼中，践履的主要内容就是道德，用先哲的原话说，或称之为礼，或称之为仁。正如《荀子·大略》所说："夫行也者，行礼之谓也。礼也者，贵者敬焉，老者孝焉，长者弟焉，幼者慈焉，贱者惠焉。"同时，先哲重人生而不重知识，重体悟而不重论证，使得中国传统文化中缺少为知识而求知识的纯粹知性探求态度以及知识就是力量的思想。先哲探求真理，更多的是为了改造行为、完美德性、完善人格。致知与践履互为基础，求真就是求善，修德就是致知。这一思想的最大缺点是限制了实证科学的发展。受这一思想的影响，在中国传统社会里，医学、天文历算、农业技术等往往被视作小技，而身心性命之学才是大道；不太注重对客观世界的研究，导致认识论不发展，缺乏完整的认识论系统；对人的心理活动的分析较笼统；逻辑学也欠发达，少系统的推理理论；等等（汤一介，1988，pp.5-9）。再者，先哲虽重践履，但一些人（如朱熹）并不是将它视作知识的来源，而只是强调要贯彻已知之理于行动之中，这从认识论上讲有一定的欠缺。今天再来探讨中国传统文化中蕴含的美德在践履思想，就要做到扬其所长而避其所短，既不能将"小孩"与"脏水"一起泼掉，也不能毫无批判地吸收。为了克服先哲过于强调道德教育而轻视其他知识传授的陋习，今天中国的教育应做到德育与智育相并重，不能厚此薄彼。只有这样做，才能培养出德智体美劳全面发展的社会主义建设者和接班人。

第十一章

品德考评思想

　　中国古代虽然没有严格科学意义的心理测量，却有丰富的心理测量思想，不但历史久远，还对西方品德测量思想产生一定影响。限于篇幅，这里仅举两例。

　　一是，1928—1930 年美国心理学家哈特肖恩（Hugh Hartshorne，1885—1967）和梅（Mark A. May）设计的若干《道德教育检查测验》（包括诚实、义务感、自我约束力等测验）就采用了"临之以利"、"期之以事"的技巧（林传鼎，1980）。另一是，明万历十年（1582 年）天主教耶稣会传教士意大利人利玛窦（Matteo Ricci，1552—1610）来华后，向欧洲介绍了中国的科举制度。欧洲学者受此启发，推崇科举的公平选拔理念。19 世纪中后期，法国（1870年代）和英国（1853 年）在建立现代文官制度时，部分借鉴了科举考试的形式。这也成为现代心理测验的一个间接根源（洪丕煦，1984）。美国心理学家斯多罗（Lester M. Sdorow）1990年在其著作《心理学导论》(*Psychology: The Introduction*)中就引用英国科学史家福克斯（Robert Fox）1981年说的话："The use of tests of mental abilities can be traced as far back as 2200 B.C., when the Chinese used them to identify talented individuals to serve as civil servants."（心理能力测验的运用，可追溯到公元前2200年的中国，因那时的中国人已用它们来选拔优秀人才以充当公务员。）程俊英于20世纪初在《汉魏时代之心理测验》一文中就曾说，中国的心理测验在古代已开其端倪，舜"纳于大麓，烈风雷雨弗迷，恐怖心之试验也"。"余课余之暇，偶诵汉魏诸儒名著，知其对于心学一门，较周秦研究，愈加精密；其所施检查人心之方法，亦颇有独到之处。谓心理测验发明于汉魏时代，并非无因。"（张耀翔，1933，pp.723-730）用今天的眼光看，中国古代的心理测量主要包括品德考评、能力鉴定两大内容。不过，中国传统文化主要是一种伦理道德型文化，这样，从很大程度上讲，中国古代的心理测量思想实主要是品德考评思想，这与西方现代心理测量不但主要起源于智力测验而且用力最多的也是智力测验不一样。品德考评是指通过考评的方法来衡量人的品德发展类型及水平高低的一类科学方法的总称。先哲运用哪些方法去判断一个人是否真正获得某种品性？这些方法是否基于一定的理论之上？传统品德考评思想对当代品德测量有什么启示？要回答这些问题，必须对传统品德考评思想作一番整理和研究。

顺便指出，在指称人的道德品质、德性或品性时，现代心理学常用"品德"一词，中国先哲多用"德"、"性"等词。先哲讲的"德"主要指人的品德，"性"主要指人的品性、德性，所以"德"与"性"的名称虽与"品德"一词不尽一致，其内涵却大致相当。考虑到今人的习惯，这里就用"品德"一词。同时，古人爱用"考"之类的字眼，少用"测量"之类的词语。如《传习录中·教约》记载王守仁的教学活动时，说他"每日工夫，先考德，次背书诵书"。"考德"就是本书讲的品德考评之义。考虑到"考评"一词既合乎中国先哲的本义，又与今人喜欢用双音节词的用语习惯一致，这里就多用"考评"一词。

第一节 品德考评的意义、依据与原则

一、"聪明之所贵，莫贵乎知人"：考评旨在知人

中国古人之所以一向重视品德考评，主要由于他们认可并传承下述四种传统。中国向有此四种传统，再加上传统文化主要是一种伦理道德型文化，政治家选拔人才和教育家考评弟子等，一般都将品德考评放在第一位，这样，中国自古以来非常重视品德考评也就在情理之中。

（一）知人品性，做到知人善用

中国向有重视品德考评的传统，其缘由主要在于先哲很早就认识到知人的重要性。中国最古老的著作之一的《尚书》在《虞夏书·皋陶谟》中曾说："知人则哲，能官人。"主张一个人只有能了解他人才显得很明智，一个人也只有在了解他人的基础上才能做到任人唯贤。这可以说是中国知人善任优良传统的最古典的表述。此传统后世代有继承人。如《鬼谷子·飞箝》说："用之于人，则量智能、权材力、料气势，为之枢机以迎之、随之，以箝和之，以意宜之；此飞箝之缀也。"明确将"量智能"作为"飞箝"之术的核心内容之一。何谓"飞箝"？《鬼谷》所讲的"飞"意指"飞扬，褒奖"，"箝"意指"箝制，控制"，因此"飞箝"之意是，用赞美、褒奖的方法赢得对方的欢心，取得信任，从而诱导对方，掌握实情，达到箝制对方、控制对方的目的（曹胜高，安娜，2007，p.265）。刘劭在《人物志·自序》里说："夫圣贤之所美，莫美乎聪明。聪明之所贵，莫贵乎知人。知人诚智，则众材得其序，而庶绩之业兴矣。"认为圣贤聪明智慧的最显著的特征和最可贵的品质是能了解人的心理面貌，而且只有了解人的心理，才能正确地选拔和使用人才，真正做到各种人才各得其所，各得其用，这样才能取得良好政绩（燕国材，朱永新，1991，pp.207-208）。

（二）知人品性，做到因材施教

假若说为政者为了做到知人善任就要善于知人的话，那么，对为师者、为人父母者或单位领导者而言，只有在知人的基础上才能做到善于教育自己的学生、自己的子女或自己的属下，这就是自孔子开始的知人善教、因材施教的传统。孔子通过察言观行法和问答鉴别法等考评方法了解每个弟子不同的个性心理，做到因材施教。孔子开出的知人善教传统在其后也被许多教育家继承，关于这点在前文已有较详细论述，此处不赘述。

（三）知人品性，做到结交良友

个体一般受其周围伙伴的影响甚大，结果，除了极少数人能做到"出淤泥而不染"外，多数人都是会"近朱者赤，近墨者黑"的。这样，个体若想健康发展，慎交朋友无疑是非常重要的。结交德才兼备的好朋友，对自己人格与事业的发展都将有大益；结交德少才多或者有才无德的"狐朋狗友"，可能就会使自己身受其害。诚如孔子所说："益者三友，损者三友。"葛洪在《抱朴子外篇·交际》里也讲得好："交之为道，其来尚矣。天地不交则不泰，上下不交即乖志。夫不泰则二气隔并矣，志乖则天下无国矣。然始之甚易，终之竟难。患乎所结非其人，败于争小以忘大也。《易》美金兰，《诗》咏百朋。虽有兄弟，不如友生。切思三益，大圣所嘉，门人所以增亲，恶言所以不至；管仲所以免诛戮而立霸功，子元所以去亭长而驱朱轩者，交之力也。"用"管仲所以免诛戮而立霸功"之类的史实来证明交一个好友对自己成长的力量之大，的确颇有说服力。据《史记·管晏列传第二》记载，管仲之所以能够辅助齐桓公而成就一番事业，重要原因之一就是由于有好友鲍叔牙一如既往地赏识和力荐，管仲对此也心知肚明，于是发出"生我者父母，知我者鲍子也"的著名感叹（司马迁，2005，pp.1695-1696）。由此可见，品德测评的又一个现实意义是，知人品性，以便能够结交良友。因为要交益友，也需先知人，尤其是对他人的品性要有一定的了解。

（四）知己品性，不断发展和完善自己

中国先哲很早就认识到人际知觉里存在这样的困境：知他人不易，知自

己更难。正所谓："不识庐山真面目，只缘身在此山中。"因为人之常情是，对"我"易产生晕轮效应，只看到"我"的优点，看不到"我"的不足，由此常常会事事只从"我的"角度出发，自然容易陷于"我执"（即执迷于自我），并易出现所罗门悖论（Solomon's paradox）：对他人遇到的困境与冲突往往可以进行智慧推理并给出智慧的建议，面对自身困境与冲突时则缺乏智慧（Grossmann & Kross, 2014；魏新东，汪凤炎，2021）。更糟糕的是，一个人在拥有巨大成功或极大权力之后，往往容易忘掉"过去先进不等于现在先进，现在先进不等于永远先进"的道理，从而让自己在不知不觉中陷入五个常见的思维误区：（1）盲目乐观。当一个人相信自己聪明或力量强大，没有任何事情值得自己担心时，盲目乐观就发生了。（2）自我中心误区。当个体开始觉得世界是以自己为中心的时候，自我中心误区就出现了。在生活中，一切都围绕着他转，其他人只是他实现自己目标的工具而已。依皮亚杰的认知发展阶段理论，许多聪明人实际上早已过了自我中心的年龄阶段，为什么仍保持自我中心的思维方式呢？其中的重要原因是，传统意义上的聪明人因聪明而得到太多的奖励，以至于他看不到自己的局限性。（3）无所不知误区。智慧需要人知道什么是自己懂得的，什么是自己不懂的。聪明人经常看不到自己的无知之处，而认为自己学识渊博、无所不知、无所不晓，从而使自己陷入无所不知误区。（4）无所不能误区。它产生于个体掌握极大权力之时。在一定的领域中，个体基本上可以做他想做的所有事情，而危险就在于此个体开始对自己的权力过度泛化，相信自己在所有领域都拥有至高无上的权力。（5）坚不可摧误区。源于对完全保护的幻想，例如来自一个巨大群体的保护。人们一旦陷入上述思维误区，就容易在心理与行为上产生自以为是、小心眼、嫉妒、纵容自己的贪欲等毛病，一旦德性沦落，不但容易作出愚蠢的举动，甚至成为一个大愚蠢者（Sternberg, 2004），其结果常常是既害了自己，也对他人甚至国家造成巨大危害。正是在这个意义上，《老子·三十三章》告诫人们："知人者智，自知者明。"王弼在《老子道德经注·三十三章》中也说："知人者，智而已矣，未若自知者，超智之上也。"由此，许多善于做人的人都非常认可《管子·内业》所说的"德成而智出"的见解，以及《孙子兵法·谋攻》里所说的一句至理名言——"知彼知己者，百战不殆；不知彼而知己，一胜一负；不知彼，不知己，每战必殆"，进而强调修身要先知己。只有先清楚把握自己品性方面存在的优点与不足，在此基础上才能做到有的放矢地修身养性，促进自己的品性不断发展和完善。而要知己，就需采取相应的考评措施来了解自己的品性。

二、品德考评的理论依据

（一）"权，然后知轻重……物皆然，心为甚"：人心可测论

人心可测论，指人的心理是可以测量的观点。它从理论上肯定了人心像其他万物一样也可以测量，为人们进行各种形式的品德考评提供了理论依据，成为中国传统重视品德考评最重要的理论基础。在中国传统文化中，大凡主张要对人或对己的品行进行鉴定或已实际运用了某种方法对人或对己的品行进行鉴定的人，几乎都将此观点作为其理论预设或公开主张（或赞成）此理论。

人心可测思想在中国起源很早。据《尚书》记载，早在传说中的三皇五帝时代，尧就曾运用多种准情境测验法来考评舜的品德与才能，表明那时的人们已意识到人心可测。这种思想在《诗经》中也有反映。《诗经·小雅·巧言》曾说："他人有心，予忖度之。"

至战国时期，孟子就认识到万物皆可测量，其中测量人心更为重要。《孟子·梁惠王上》明确主张："权，然后知轻重；度，然后知长短。物皆然，心为甚。"这句话"既说明了个别差异测量的可能性，也说明了测量的必要性"（林传鼎，1985，pp.5-6），与现代心理测量中的两句名言也有相通之处：一句是由美国心理学家桑代克（Edward Lee Thorndike，1874—1949）于1918年说的："凡是客观存在的事物都有其数量。"另一句是由美国心理学家麦柯尔（William Anderson McCall，1891—1982）于1939年说的："凡是有数量的事物都可以测量。"

在人心能否测量一问题上，较之孟子的乐观态度，《庄子》认为人心变化多端，难于测量，态度显得颇为谨慎，但也只是认为人心难于测量而已，没有得出人心不可测的结论。《庄子·列御寇》载：

> 孔子曰："凡人心险于山川，难于知天；天犹有春秋冬夏旦暮之期，人者厚貌深情。故有貌愿而益，有长若不肖，有顺懁而达，有坚而缦，

有缓而釬。故其就义若渴者，其去义若热。……"

即使在今日科学昌明的时代，较之其他学科的发展，心理测量的进展仍非常缓慢，心理测量无论在手段上还是在方法上都还不尽如人意。考虑到人心的复杂性，今天的心理学家对心理测量仍持非常谨慎的态度。这样，《庄子》的这一观点至今仍具借鉴作用。

鬼谷子对人的心理的测评态度较接近《庄子》，下面列举数段言论以资为证。

夫情变于内者，形见于外。故常必以其见者而知其隐者，此所谓测深揣情。（《鬼谷子·揣》）

审定有无以其虚实，随其嗜欲以见其志意。（《鬼谷子·捭阖》）

人言者，动也；己默者，静也。因其言，听其辞。言有不合者，反而求之，其应必出。言有象，事有比。其有象比，以观其次。象者象其事，比者比其辞也。以无形求有声，其钓语合事，得人实也。（《鬼谷子·反应》）

微摩之以其所欲，测而探之，内符必应。其应也，必有为之。（《鬼谷子·摩》）

从中可知，鬼谷子已认识到人的心理尽管是一种变化莫测的现象，但是人的心理活动会通过言语、表情与行为表现出来，若想测量人的心理，也还是有端倪可寻的。据此，鬼谷子还提出"反应"等方法来测评人的心理。

《礼记·礼运》说："人藏其心，不可测度也。美恶皆在其心，不见其色也。欲一以穷之，舍礼何以哉？"陈澔在《礼记集说·礼运》中说："欲恶之心藏于内，他人岂能测度之？所欲之善恶，所恶之善恶，岂可于颜色觇之？若要一一穷究而察识，非求之于礼不可。盖七情中节，十义纯熟，则举动自然合礼；若七情乖僻，人伦有亏，则言动之间，皆失常度矣。有诸中，必形诸外也。若不知礼，则无以察其情义之得失于动作威仪之间矣。"可见，《礼记》虽然认为人心深藏于内，别人不可能从一个人的一般面部表情中就能测量到，但紧接着它又说，若想穷究他人之心，可以从其日常的礼仪表现中测量出来。换句话说，仍是承认人心可测，只是要讲究测量的方法和技巧而已。陈澔在这里提出的"有诸中，必形诸外也"的观点至今仍有可取之处。

王充在《论衡·定贤》中说:"夫虞舜不易知人,而世人自谓能知贤,误也。然则贤者竟不可知乎?曰:易知也。而称难者,不见所以知之则难,圣人不易知也;及见所以知之,中才而察之。譬犹工匠之作器也,晓之则无难,不晓则无易。"如果知道怎样鉴别人的方法,智力一般的人也可对他人进行才性的考评;反之,假如不知道怎样鉴别人的方法,即使是智力超群的人也难以对他人进行才性鉴定。这就是俗话说的"会者不难"的道理。王充肯定心理测量有规律可循以及强调知晓鉴别人才方法的重要性的思想,难能可贵。

刘劭力主要对人的才性进行鉴定,撰写了《人物志》一书专论才性鉴定问题。但是,刘劭也认为在才性鉴定过程中经常会遇到三方面的困难:一是"难知之难"。刘劭在《人物志·效难》中说:

> 何谓难知之难?人物精微,能神而明,其道甚难,固难知之难也。是以众人之察不能尽备,故各自立度以相观采。或相其形容,或候其动作,或揆其终始,或揆其拟象,或推其细微,或恐其过误,或循其所言,或稽其行事。八者游杂,故其得者少,所失者多。是故必有草创信形之误,又有居止变化之谬。

这里,刘劭不但界定了"难知之难",而且分析了其原因是鉴定者各有偏好,标准不一,只能观察到人物的某一方面,不能观察到各个方面。二是表里不一致给才性鉴定带来困难。刘劭在《人物志·材理》中说:

> 若乃性不精畅,则流有七似。有漫谈陈说,似有流行者。有理少多端,似若博意者。有回说合意,似若赞解者。有处后持长,从众所安,似能听断者。有避难不应,似若有余而实不知者。有慕通口解,似悦而不怿者。有因胜情失,穷而称妙,跌则掎跚,实求两解,似理不可屈者。凡此七似,众人之所惑也。

他列举了七种表面相似、实质相异的心理品质,认为这"七似"会迷惑人们,造成才性鉴定的困难。三是"七缪"的存在造成才性鉴定的困难。刘劭在《人物志·七缪》里说:

> 七缪:一曰察誉有偏颇之缪,二曰接物有爱恶之惑,三曰度心有大小之误,四曰品质有早晚之疑,五曰变类有同体之嫌,六曰论材有申压之诡,七曰观奇有二尤之失。

这说明刘劭对才性鉴定的复杂性的认识较之前人更为全面、具体。

诸葛亮在《知人性》一文中认为人的心理表里不一致，很难对他人的心思进行鉴定："夫知人之性，莫难察焉。美恶既殊，情貌不一，有温良而为诈者，有外恭而内欺者，有外勇而内怯者，有尽力而不忠者。"不过，读者于此千万别误会，以为诸葛亮否认心理的可测性。事实上，诸葛亮说这话的目的并不是认为人心不可测量，而仅仅是认为人心较难测量。如果考评方法设计巧妙，则可以将他人的心理品质测量出来，诸葛亮本人就主张运用七观法去对人的德与才进行鉴定。

《刘子新论》继承《庄子》的思想，认为人的心理深藏于内，"未易测"，但还是可测，只是难度较大而已。《刘子新论·心隐》说："以夫天地阴阳之难明，犹可以术数揆，而耳目可知。至于人也，心居于内，情伏于里，非可以算数测也。凡人之心，险于山川，难于知天。天有春夏秋冬旦暮之期，犹有可知，人有厚貌深情，而不可知之也。故有心刚而色柔，容强而质弱，貌愿而行慢，性慄而事缓，假饰于外，以明其情：喜不必爱，怒不必憎，笑不必乐，泣不必哀，其藏情隐行，未易测也。"

颜之推主张人的心理无论虚实真伪都有迹可寻，只要善于观察，多加观察，可以鉴定其虚实真伪。《颜氏家训·名实》说："人之虚实真伪在乎心，无不见乎迹，但察之未熟耳。一为察之所鉴，巧伪不如拙诚，承之以羞大矣。"

另外，自隋唐开始历代中国封建统治者就一直利用科举来取士，缘由之一就是承认人的品性与能力可以测量。

先哲承认人心可测，并且认为测量人心非常重要；但是，考虑到人心的复杂性，主张对人心的测量要持谨慎的态度，切不可草率行事。此思想反映至德育中，就是重视对学生的品德进行考评。如据《传习录中·教约》记载，王守仁在其教育中做到："每日工夫，先考德，次背书诵书，次习礼，或作课仿……"当然，在当今科学颇为发达的时代里，心理测量学与心理统计学早已步入"科学"的行列。现在对心理测量与心理统计的态度早已不是能不能测量和计量的问题，而是怎样进行测量和计量的问题，以便保证心理测量与心理统计的准确性与有效性。所以，较之现代的心理测量与心理统计理念，人心可测论多只具历史的意义，不过，其中包含的对人心的测量要持慎重态度的思想，至今看来仍具借鉴意义。

（二）"合其志功而观焉"：志功并重观

考评某人品行的高下，不可避免地要涉及对道德动机（志）与道德行为效果（功）及其二者关系的看法。先哲多主张志功并重，即总的倾向是将道德动机与道德行为效果联系起来考虑。志功并重观可以说是先人进行品德考评时的另一重要理论基础。当然，尽管从总的倾向看先人多持志功并重观，但具体到某个学者身上，各人对志和功会有侧重；即使是同一个人，在不同情境下对志与功也各有偏重，显示出先哲思想的多样性与思维的辩证性。

孔子虽未明确论及志和功的问题，但从其有关言论看，孔子在对人进行品德考评时，总的倾向是志功并重，不过，在不同情境下，有时侧重志，有时侧重功。如，据《论语·学而》记载，孔子曾说："父在，观其志；父没，观其行；三年无改于父之道，可谓孝矣。"他主张在鉴定一个人是否孝顺时，父亲在世与父亲过世这两种情境下的考核标准应该不一样：假若其父亲还健在，因这时他无权独立行动，就要观察其动机与志向；如果其父已过世，就要观察他的行为；若他对他的父亲的合理部分能长期地不加以改变，就可以说是尽孝了。又《论语·宪问》记载：

> 子路曰："桓公杀公子纠，召忽死之，管仲不死。"曰："未仁乎？"
> 子曰："桓公九合诸侯，不以兵车，管仲之力也。如其仁！如其仁！"
> 子贡曰："管仲非仁者与与？桓公杀公子纠，不能死，又相之。"子曰："管仲相桓公，霸诸侯，一匡天下，民到于今受其赐。微管仲，吾其被发左衽矣。岂若匹夫匹妇之为谅也，自经于沟渎而莫之知也？"

从重功角度出发，孔子认为管仲有仁德。因为管仲辅相桓公，称霸诸侯，停止了战争，使天下一切得到匡正，人民到今天还受到他的好处。这也表明，孔子在评价一个人的品德时，有"大礼不辞小让"的思想。孔子有时也从志出发去评价一个人的品行高低。如《论语·微子》记载："微子去之，箕子为之奴，比干谏而死。孔子曰：'殷有三仁焉。'"孔子肯定微子、箕子和比干三人都有仁德，主要从动机立论（张岱年，1982，pp.490-492）。因为《四书章句集注·论语集注·微子第十八》说："三人之行不同，而同出于至诚恻怛之意，故不咈乎爱之理，而有以全其心之德也。杨氏曰：'此三人者，各得其本心，故同谓之仁。'"

在中国思想史上，墨子明确提出志功问题。《墨子·鲁问》记载：

> 鲁君谓子墨子曰："我有二子，一人者好学，一人者好分人财，孰以为太子而可？"子墨子曰："未可知也。或所为赏与为是也。钓者之恭，非为鱼赐也；饵鼠以虫，非爱之也。吾愿主君之合其志功而观焉。"

从"吾愿主君之合其志功而观焉"之语看，墨子主张在对人进行品德考评时要做到志功并重。

《孟子·滕文公下》记载：

> 曰："梓匠轮舆，其志将以求食也；君子之为道也，其志亦将以求食与？"曰："子何以其志为哉？其有功于子，可食而食之矣。且子食志乎？食功乎？"曰："食志。"曰："有人于此，毁瓦画墁，其志将以求食也，则子食之乎？"曰："否。"曰："然则子非食志也，食功也。"

与孔、墨一样，在总的倾向上，孟子也是志功并重，而且他也主张在评价某人的某一行为时，应灵活对待志与功之间的关系，有时要以人的行为动机为依据而给予奖赏，有时又要以人的行为结果为依据而给予奖赏。

王充在《论衡·定贤》里说：

> 人之举事，或意至而功不成，事不立而势贯山。荆轲、医夏无且是矣。荆轲入秦之计，本欲劫秦王生致于燕，邂逅不偶，为秦所擒。当荆轲之逐秦王，秦王环柱而走，医夏无且以药囊提荆轲。既而天下名轲为烈士，秦王赐无且金二百镒。夫为秦所擒，生致之功不立。药囊提刺客，益于救主，然犹称赏者，意至势盛也。天下之士不以荆轲功不成，不称其义；秦王不以无且无见效，不赏其志。志善不效成功，义至不谋就事，义有余，效不足，志巨大而功细小，智者赏之，愚者罚之。

认为一个人只要"志善"或"志巨大"，哪怕其"功细小"，聪明人也要对他进行奖赏。这说明王充在对人的品行进行考评时优先考虑其道德动机，是典型的动机论者。

宋代朱熹和陈亮曾就如何评价汉高祖刘邦与唐太宗李世民的功业进行过辩论。朱熹从动机论出发，在《答陈同甫》中对刘邦与李世民多加否定："视汉高帝、唐太宗之所为而察其心，果出于义耶，出于利耶？出于邪耶，正耶？若高帝，则私意分数犹未甚炽，然已不可谓之无。太宗之心，则吾恐其无一念之不出于人欲也！"陈亮从效果论出发，在《答朱元晦》中对刘邦与李世民大加赞赏："汉唐之君本领非不洪大开廓，故能以国与天地并立，而人物赖以生息。"（张岱年，1982，pp.490-492）这一思想与孔子肯定管仲有德的思想有相通之处。

明末清初的王夫之在《读四书大全说》卷五《论语·子罕篇》里说："志也，心之发用而志之见功也。"主张将动机与效果综合起来考虑，这也是先秦志功并重思想的一种延续。

即便在当代的品德测量中，多数学者仍主张在对人的品行进行鉴定时，要充分考虑到其道德动机与道德行为结果这两方面的因素。志功并重观要求人们在对人对己进行品德考评时，既要考察其中的道德动机，又要兼顾道德行为结果产生的功效，这种思想至今仍值得吸取。就人心可测论而言，它不仅有历史上的意义，更具时代意义。

三、品德考评的原则

为了更加准确地进行品德考评，古人实际上已阐述品德考评宜遵循的一些原则，其中兼顾道德动机与道德行为结果的原则在上文进行了探讨，下面只论余下的几个原则。

（一）适当区分主要德性与次要德性

主要德性，指一个人在事关做人"大节"或大是大非问题上展现出来的德性。次要德性，指一个人在事关做人"小节"或小是小非问题上展现出来的德性。在评价一个人的德性时，宜坚持"适当区分主要德性与次要德性"的原则。

"适当区分主要德性与次要德性"的含义是，在一个人身上展现出来的德性往往有主次之分，只要一个人在主要德性方面是善的，哪怕其在次要德性方面有些瑕疵，仍可以将其整体德性视作是高尚的；反之，如果一个人在主要德性方面是恶的，尽管其在次要德性方面有值得肯定之处，但其德性从总体上看仍是低下的。在中国古代，孔子明确主张在对人进行品德考评时要遵循"适当区分主要德性与次要德性"的原则，所以孔子说："君子不可小知而可大受也，小人不可大受而可小知也。"（杨伯峻，1980，p.169）主张不可用小事情去考验君子，却可以让君子接受重大任务；与此相反，不可让小人接受重大任务，却可以用小事情去考验他（杨伯峻，1980，p.169）。正由于此，《论语·八佾》记载：

> 子曰："管仲之器小哉！"
>
> 或曰："管仲俭乎？"曰："管仲有三归，官事不摄，焉得俭？""然则管仲知礼乎？"曰："邦君树塞门，管氏亦树塞门。邦君为两君之好，有反坫，管氏亦有反坫。管氏而知礼，孰不知礼？"

从这两段话可知，在孔子心中，管仲器量非常狭小。内在缘由，唐人张守节在"正义"里的解释颇合情理："言管仲世所谓贤臣，孔子所以小之者，盖以为周道衰，桓公贤主，管仲何不劝勉辅弼至于帝王，乃自称霸主哉？故孔子小之云。盖为前疑夫子小管仲为此。"（司马迁，2005，p.1699）而且，管仲不节俭，因为管仲收取了百姓大量的市租，其手下的职员又往往是一人一职，从不兼差。同时，管仲也不懂礼，因为国君宫殿门前立了一个塞门，管仲也立了塞门；国君设宴招待外国的君主，在堂上有放置酒杯的设备，管仲也有这样的设备（杨伯峻，1980，p.31）。

但是，《论语·宪问》记载：

> 子曰："晋文公谲而不正，齐桓公正而不谲。"
>
> 子路曰："桓公杀公子纠，召忽死之，管仲不死。"曰："未仁乎？"
>
> 子曰："桓公九合诸侯，不以兵车，管仲之力也。如其仁！如其仁！"
>
> 子贡曰："管仲非仁者与？桓公杀公子纠，不能死，又相之。"子曰："管仲相桓公，霸诸侯，一匡天下，民到于今受其赐。微管仲，吾其被发左衽矣。岂若匹夫匹妇之为谅也，自经于沟渎而莫之知也？"

从这几段话可知，在孔子看来，虽然管仲没有像召忽那样因公子纠为其弟齐桓公所杀而自杀，虽然管仲有器量狭小、不节俭、不懂礼之类的小毛病，不过，从总体上看，管仲仍然是一个有仁德的人。因为齐桓公之所以能够多次主持诸侯间的盟会，停止了战争，都是凭借管仲的力量。而且，也是管仲的努力使当时的社会文明获得了显著的进步；假若没有管仲，大家至今（指孔子生活的年代）仍然都披散着头发，衣襟向左边开，从而沦落为落后民族了。所以，管仲没有必要像普通老百姓一样守着小节小信，在山沟里悄悄地自杀（杨伯峻，1980，pp.151-152）。合而言之，孔子认为，虽然管仲在次要德性上有许多为后人诟病之处，但是其在主要德性方面仍颇为崇高，也是典型践行"仁"的人，是真正的仁者。

需要指出，孔子之所以主张在对人进行品德考评时要遵循"适当区分主要德性与次要德性"的原则，是由于他清楚地认识到这样一个事实：世界上本无所谓完人，只要是人就都可能有缺点，所谓"金无足赤，人无完人"。何谓"完人"？它指在身心各个方面都发展得相当完善的人。若借用《论语》的话说，就是《论语·宪问》所讲的"成人"：

> 子路问成人。子曰："若臧武仲之知，公绰之不欲，卞庄子之勇，冉求之艺，文之以礼乐，亦可以为成人矣。"曰："今之成人者何必然？见利思义，见危授命，久要不忘平生之言，亦可以为成人矣。"

根据这段对话可知，在孔子眼中，所谓的"全人"有两种类型。上佳的"全人"是大智、大勇、多才多艺、清心寡欲、懂礼乐、有文采的合金。换言之，要像鲁国大夫臧武仲那样聪明，据《左传·襄公二十三年》记载，臧武仲，鲁国大夫，人很聪明，他逃到齐国之后，能预见齐庄公的被杀而设法辞去庄公给他的田。同时，要像孟公绰那样清心寡欲，要像卞庄子那样勇敢，要像冉求那样多才多艺，然后再用礼乐来成就自己的文采，这样的人才算是上佳的"全人"。退而求其次的"全人"是这样一种人：看见利益便能够想起该得该不得，遇到危险便肯付出生命，经过长久的穷困日子都不忘记平日的诺言（杨伯峻，1980，p.149）。在孔子看来，能够按照"见利思义，见危授命，久要不忘平生之言"的标准去做退而求其次式的"全人"已非常困难，若要做到上佳的"全人"那几乎是不可能的，所以孔子所讲的上佳的"全人"实际上仅是一个"拼盘"：将真实生活里许多真人的优秀素质拼合在一起的结果。这就意味着，在孔子看来，其实现实生活里找不到一个真实的、上佳的"完人"。

孔子主张品德考评时要遵循"适当区分主要德性与次要德性"的原则，后人多继承了这一思想。如《史记·项羽本纪》记载："樊哙曰：'大行不顾细谨，大礼不辞小让。'"（司马迁，2005，p.222）"不拘小节"、"不能求全责备"之类的话语告诉人们的也是同样道理。一则《大刺和小刺》的短文将此道理讲得颇透彻：

> 吃鱼的时候，小刺要比大刺麻烦，因为大刺很容易被发现，小刺则必须下很大的功夫才能清除。
>
> 做人，小毛病要比大毛病难改正，因为大的差错很容易被发现，小缺点却必须格外留意才会被发现。
>
> 虽然有小刺的鱼往往肉都特别细腻而鲜美，但是许多人就因为怕小刺而不愿意吃那种鱼。
>
> 虽然脾气怪异、不拘小节的人常有特殊的才华，但是许多人就因为讨厌这些小毛病而不愿用这类人。（刘墉，2012）

在历史上，诸葛亮选才求全责备，最终致使"蜀中无大将，廖化当先锋"，这是三国时期蜀国最先灭亡的重要原因之一；与此截然相反，曹操选才不拘小节，结果魏国人才济济。这是今人应予以深刻反思的。

（二）适当区分道德知识与道德品质

古希腊哲学家苏格拉底有一句名言："美德即知识。"这告诉人们一个道理：有高尚道德品质的人往往有丰富的做人知识，与此相反，无知者的道德品质一般不会很高。尽管如此，仍不能将人的道德品质与其拥有的知识相提并论，尤其不能将人的道德品质与其拥有的文字知识或科技知识相提并论。理由至少有三。

第一，虽然不同学科常常从不同角度来定义"知识"，不过，在心理学界，皮亚杰对知识作了较权威的界定："知识是主体与环境或思维与客体相互交换而导致的知觉建构，知识不是客体的副本，也不是由主体决定的先验意识。"与此相适应，现代认知心理学一般将"知识"定义为，主体通过与其环境相互作用而获得的信息及其组织。这样，贮存于个体脑海中的知识就是个体的知识；用一定方式记录下来且贮存于个体外的知识就是人类的知识（邵瑞珍，1997，p.58）。用此眼光看，道德知识既可以展现为文字知识，也可以展现为

"口头语言知识"甚至默会知识。相应地，读书很多的人可能拥有丰富的道德知识，进而可能具有高尚的品德；即便一字不识的人——如一个目不识丁的老农——同样也可以拥有丰富的道德知识，进而可能具有高尚的品德。

第二，科技知识虽然有助于人们消除迷信之类的错误认识或错误心态及相应的行为方式，但是不能说拥有丰富科技知识的人就一定拥有高尚的道德品质，因为科技知识本属"真"，而高尚道德品质属"善"，从"真"推导不出"善"。前者如，拥有丰富天文地理知识的人知道雷是电，打雷不具有惩恶扬善的功能，若他不幸被雷打死，绝不意味着他是因为先前曾做了坏事而被雷打死了，而极有可能是他在打雷时没有注意防雷之所故。后者如，在抗日战争期间，日本臭名昭著的"731部队"虽拥有科技知识，却是人类历史上最大规模、最灭绝人性的细菌战研究中心之一，他们假借研究防治疾病和净化饮用水之名，实则使用活体中国人、朝鲜人、东北抗联战俘进行生物武器和化学武器的效果实验，其恶行无善可言。

第三，道德知识基本上是一种实践理性或实践知识，道德学习说到底是程序性知识学习，相应地，道德学习的显著特点在"行"，一个人仅"知道"丰富的道德知识，仅知道了该怎样做人的道理，充其量只是道德理论家，而不见得是大德之人，因为并不意味着他一定会照着此做人的道理去脚踏实地地做人，否则，世间就不会有满口仁义道德的伪善人。所以，德者行也，道德学习的关键在于行。当然，只知盲目地行，而不知为什么要这样行，也不能真正彰显其德性的高低。因为依科尔伯格的理论，单纯的利他行为不是道德行为，只有在利他行为之前加上道德认知与道德判断，这种利他行为才是一种真正的道德行为。合而言之，道德学习一定是知行合一的：即行即知，即知即行。

综上所论，在品德考评里，一定要坚持"适当区分道德知识与道德品质"的原则，反映到具体的考评方法中，一定要兼顾文字考评方法与非文字考评方法，并努力遵循文化公平原则，不能陷入文化中心论的泥潭。

（三）教育性原则

要想获得"浪子回头金不换"的效果，就必须给人改过自新的机会。这样，本着教育性原则，宜辩证看待个体德性的有无或高低，除非某人犯下滔天罪行，罪大恶极，否则，在通常情况下不宜简单给人下定论尤其是下不好定论。

第二节　品德考评的方法

如何考评品德？从具体方法上看，先哲运用了两大类考评方法：一是他评法，即主考者运用某种方法来对他人的品行进行考评的方法；二是自评法，即自己给自己的品行打分以评定自己品行高低的考评方法。

综观先哲的诸种他评法，大致可以归为察言观行法、问答鉴别法、准情境测验法、观人类推法、观过知人法、观相知人法这六种，其中前三种较为通用，后三种不太常用。

先哲也认识到，"人心险于山川，难于知天"，他评法即使设计再精巧，主考者经验再丰富，有时仍难以对他人作出准确考评，所谓"人心隔肚皮，做事两不知"。但一般而言，自己对自己的言行往往心知肚明，只要善于自我考评，极易发现自己德行上的不足之处。同时，先哲多推崇自知。如《老子·三十三章》说："知人者智，自知者明。"王弼在《老子道德经注·三十三章》中也说："知人者，智而已矣，未若自知者，超智之上也。"这样，他们不但主张要用察言观行法等他评法去对他人的品行进行考评，而且也提倡要通过自我反省来进行自我考评，即个体通过对自己的德行作自我反省途径来作出评价，以便不断完善自己的道德修养，提升自己的道德境界。这可以说是中国传统品德考评思想的一大特色，也是中国传统德育彰显主体性的重要措施之一。

大致说来，先哲主要运用了两种自评法，即内省式自我考评法和观照式自我考评法。这两种自评法既是先人用以修心育德的方法，又是他们进行自我考评的方法，还是他们进行防治品行不端的方法。在中国传统文化中，有很多像这样一种方法有多种用途的情况，体现出中国传统思维具有一定模糊性的特点。同时，这两种自评法既有相通之处也有不同之处。相通之处是，都要经由修养者自己的自我内省才能实现。不同之处是，相对而言，前者可以无明确的外在标准，全凭修养者的良心为评判标准进行自我考评；后者有外在的评判标准。

一、"听其言而观其行"：察言观行法

察言观行法，指主考者通过观察一个人的言行来对此人品行进行考评的方法。如前文所论，孔子继承《尚书·虞夏书·皋陶谟》中"知人则哲"的思想，进而明确提出察言观行法。据《论语·公冶长》记载，孔子说："始吾于人也，听其言而信其行；今吾于人也，听其言而观其行。于予与改是。"用自己的亲身体会来强调在对他人进行品德考评时，要结合其言与行来综合评价，既要听听他说什么话语，也要考察他的行为表现，若只偏信他人的"言"，容易得出错误的结论。为什么会这样呢？据《论语·宪问》记载，孔子认为其缘由在于："有德者必有言，有言者不必有德。""其言之不怍，则为之也难。"那么，怎样去察言观行呢？据《论语·为政》记载，孔子说："视其所以，观其所由，察其所安。人焉廋哉？人焉廋哉？"他主张对一个人进行品德考评时，要综合考察其心情、结交的朋友和为达到某种目的采用的方法，认为只有这样做，才能洞察一个人品性的好坏。正由于通过察言观行可以洞察一个人的品德高下，因此，如果一个人不懂得分辨他人的话语，辨其是非善恶，就不可能正确认识他人。正如《论语·尧曰》所说："子曰：'……不知言，无以知人也。'"（杨伯峻，1980，p.211）

《孟子·公孙丑上》也说："智足以知圣人。"进而《孟子·离娄上》说："存乎人者，莫良于眸子。眸子不能掩其恶。胸中正，则眸子瞭焉；胸中不正，则眸子眊焉。听其言也，观其眸子，人焉廋哉？"他认为观察一个人品性好坏的最好方法是观察他的眼睛。因为眼睛不能遮盖一个人的丑恶。心正，眼睛就明亮；心不正，眼睛就昏暗。在听一个人说话的同时，注意观察他的眼睛，就能知道此人是善还是恶。这就是俗话讲的"眼睛是心灵的窗户"的道理。针对国君易被其周围人迷惑的情况，《孟子·梁惠王下》认为国君在运用察言观行法时要做到："左右皆曰贤，未可也；诸大夫皆曰贤，未可也；国人皆曰贤，然后察之；见贤焉，然后用之。左右皆曰不可，勿听；诸大夫皆曰不可，勿

听；国人皆曰不可，然后察之；见不可焉，然后去之。"这种识人法至今仍有一定的借鉴作用。它告诉人们，在对他人的品行进行考评时，一定要注意区分"世故式老好人"与"坚持原则的好人"，前者虽然人缘好，却原则性不强，其品德也不见得很高尚，只是极会做人而已；后者可能人缘不太好，却坚持原则，常常是品德高尚的人。

《吕氏春秋·论人》提出用"八观六验"法来考评人的品性。其中，"八观"就是八种察言观行法。何谓"八观"：

> 通则观其所礼，贵则观其所进，富则观其所养，听则观其所行，止则观其所好，习则观其所言，穷则观其所不受，贱则观其所不为。

为了保证测评结果的真实性，《吕氏春秋》主张根据被试的身份及所处情境的不同来决定相应的考核内容：当一个人显达时，观察他礼遇的是哪些人；当一个人尊贵时，观察他推荐的是些什么人；当一个人富裕时，观察他所养的门客是些什么人；当一个人听取意见后，观察他采纳施行的是什么；当一个人无事时，观察他的爱好是什么；当一个人学习时，观察他说的都是些什么；当一个人不得志时，观察他不接受的东西是些什么；当一个人贫贱时，观察他不做的事情是什么。这一观点较之前人有所发展。

《大戴礼记·文王官人》主张在运用察言观行法对人的品性进行鉴定时，对处于不同年龄阶段的个体，其考核的内容应有所区别；对不同社会角色的人的考核，其标准也要有所不同。"其少，观其恭敬好学而能弟也；其壮，观其挈廉务行而胜其私也；其老，观其意宪慎，强其所不足而不逾也。父子之间，观其孝慈也；兄弟之间，观其和友也；君臣之间，观其忠惠也。"这是《大戴礼记》对察言观行法的一大发展。

《史记·魏世家》中记载了鉴定人品性的"五视"法：

> 居视其所亲，富视其所与，达视其所举，穷视其所不为，贫视其所不取，五者足以定之矣，何待克哉！

也主张要根据一个人的身份与地位来变换考核内容：观察他安定时喜欢什么；富足时帮助哪些人；做官时推荐什么样的人才；不得志时哪些事不会去做；贫困时哪些财物不会去要。可见，"五视"法也就是五种察言观行法，它是继承孔子思想的结果，与《吕氏春秋》的"八观"法也有相通之处。

王充也主张用察言观行法以"观心"。《论衡·定贤》说:"何以观心?必以言。有善心,则有善言。以言而察行,有善言,则有善行矣。"

刘劭运用"八观"法来对人进行才性鉴定。《人物志·八观》说:

> 八观者,一曰观其夺救,以明间杂。二曰观其感变,以审常度。三曰观其志质,以知其名。四曰观其所由,以辨依似。五曰观其爱敬,以知通塞。六曰观其情机,以辨恕惑。七曰观其所短,以知其长。八曰观其聪明,以知所达。

提倡要从多方面入手了解人的品行:观察一个人对待争夺和救济的态度,可以洞察其彼此间杂的才性品质;观察一个人在骤变时的反应,可以了解其在常态下的才性特点;观察一个人禀受的清浊质气,可以确定其各种异状殊名的才性;观察一个人的行为的来龙去脉,可以辨别那些表面上似是而非的才性特点;观察一个人的爱、敬行为,可以知道其与上下之间的关系;观察一个人的情欲特点,可以探知其心胸的宽窄;观察一个人才性在某些方面的短处,可以知道其在某些方面的长处;观察一个人的聪明才智,可以知晓其会成为某方面的人才。稍加比较可知,刘劭的"八观"法与《吕氏春秋》的"八观"法尽管名字相同,内容却有很大的差异。刘劭在《人物志·效难》中也提出了观人的"五视"法:

> 故必待居止,然后识之。故居视其所安,达视其所举,富视其所与,穷视其所为,贫视其所取,然后乃能知贤否。

这几乎是《史记》"五视"法的一种翻版,不过刘劭在此处提出了一种很重要的心理测量思想,就是主张要在一个人处于稳定的状态下,再去对他进行才性鉴定。因为一个人在稳定状态下表现出来的品性也多颇为稳定。当然,用今天的眼光看,这一观点也有不足之处,因为人的品性有时在稳定的状态下反而不易测量出来,倒是在某一非常情境下一试就测出来了,这也是先哲非常重视准情境测验法来考评人的品性的缘由。刘劭又看到通过察言观行法进行才性鉴定存在一个规律,那就是一流人才可以识别一流人才,二流人才只能识别二流人才。《人物志·接识》说:"故一流之人,能识一流之善;二流之人,能识二流之美。"这告诉人们,一个人若要对他人进行品德考评,自己首先就要有"德",否则,极易发生以小人之心度君子之腹的偏差。这一看法至今仍有一定的借鉴意义。

晋代的傅玄主张在运用察言观行法来考评他人的品行时，要将考评的重点落在"行"上，认为"观事不如观行"。《傅子·通志》说："闻言不可不审也。闻言未审而以定善恶，则是非有错，而饰辩巧言之流起矣。故听言不如观事，观事不如观行。听言必审其本，观事必校其实，观行必考其迹，参三者而详之，近少失矣。"

在中国古代，察言观行法是最常用的他评方法之一。与今天的观察法相比，它有一定的观察目的；因这种察言观行法多是老师在弟子的日常学习与生活中进行的，于是观察的情境在大多数情况下也颇为自然，评价也颇为客观，能在一定程度上对弟子的品性作出较客观的评价。不过，先哲在运用这种方法时，多有偶然性（不定期性）的特点，也多不作长期的跟踪记录，往往是凭弟子的某一言行或短时期内表现出的某些言行作出判断，也易发生偏差。

从总体上看，察言观行法是一种经验型的考评方法。既然如此，今天在品德考评中若要用察言观行法，为了保证其科学性，就不能简单照搬中国古人的做法，而必须借鉴现代心理测量思想将之作一番现代改造。具体说来，为了保证察言观行法所获结果的可靠性，观察者必须做到：（1）事先根据被观察者的身心发展特点以及任务要求，制定一个合理合情的观察目的，既不能太高，也不能太低。（2）事先定下客观的、具操作性的、细化的评价标准。既不能仅凭自己的喜好或一时冲动来制定或临时修改评价标准，也不能只制定一些模糊的、粗放式的评价指标。（3）观察方法使用得当。也就是，要根据不同的任务要求、不同的观察对象，采取恰当的观察方法。（4）在被观察者的日常生活中进行，以便保证观察情境的自然性与真实性。（5）不可"以貌取人"。《韩非子·显学》："故孔子曰：'以容取人乎，失之子羽；以言取人，失之宰予。'"《史记·仲尼弟子列传》也有类似记载："孔子闻之，曰：'吾以言取人，失之宰予；以貌取人，失之子羽。'"原来，孔子的学生宰予（字子我）能言会道（"利口辩辞"），孔子因此而特别喜欢他。可是，孔子在与宰予相处时间长了以后，就发现宰予有好吃懒做的毛病，而且人品也不好。孔子三番五次地教育宰予，宰予却不思悔改，气得孔子大骂宰予道："朽木不可雕也，粪土之墙不可圬也。"宰予离开孔子后，到齐国都城临淄做了官，后与田常一起作乱，最终被齐王处死了，孔子为此事深感为耻（司马迁，2005，p.1742）。需要指出，依唐代司马贞的"索隐"，《左氏传》无宰我与田常作乱之文，但有一个名叫"阚止"的人也字"子我"，阚止因争宠，遂为陈恒所杀。可能是阚止与宰予都"字子我"，由此司马迁将阚止误认为是宰予（司马迁，2005，p.1742）。澹台灭明，字子羽，小孔子39岁，也曾是孔子的学生。但子羽长得其貌不扬，孔子因此而嫌弃子羽，对子羽态度冷淡，弄得最后子羽只得"退学"。但是，子羽"退学"回家却发愤读书，刻苦钻研，成了有名的学者，很多年轻人都慕名到子羽门下求学。"从弟子三百人，设取予去就，名施乎诸侯。"（司马迁，2005，p.1749）孔子了解了上述事实后，才说了上述的话。《论语·公冶长》里也有类似记载："子曰：'始吾于人也，听其言而信其行；今吾于人也，听其言而观其行。于予与改是。'"（6）作尽可能全面而客观的跟踪记录，不能凭被观察者的某一言行或短时期内表现出的某些言行作出判断。（7）进行长期观察，避免偶然性，所谓"日久见人心"。从这个角度看，察言观行法不太适宜用作考核陌生人品行的主要方法；换言之，主考者切不可凭自己对陌生人的一次或偶尔几次的接触，就仓促地给陌生人或半生不熟的人的品行下定论。否则，就会使察言观行法沦落为算命先生的"看相法"，而不是科学的品德考评法。

二、"欲审知其德，问以行"：问答鉴别法

问答鉴别法，指通过主考者提问而被测者作答的方式来对被测者品行进行考评的一种方法。

孔子喜欢用问答鉴别法来鉴别学生的品行与志向。《论语·先进》里记载的"子路、曾皙、冉有、公西华侍坐"的著名故事，讲的就是孔子通过问答鉴别法来了解弟子志向的事情：

> 子路、曾皙、冉有、公西华侍坐。子曰："以吾一日长乎尔，毋吾以也。居则曰：'不吾知也！'如或知尔，则何以哉？"子路率尔而对曰："千乘之国，摄乎大国之间，加之以师旅，因之以饥馑；由也为之，比及三年，可使有勇，且知方也。"夫之哂之。"求！尔何如？"对曰："方

六七十，如五六十，求也为之，比及三年，可使足民。如其礼乐，以俟君子。""赤！尔何如？"对曰："非曰能之，愿学焉。宗庙之事，如会同，端章甫，愿为小相焉。""点！尔何如？"鼓瑟希，铿尔，舍瑟而作，对曰："异乎三子者之撰。"子曰："何伤乎？亦各言其志也。"曰："莫春者，春服既成，冠者五六人，童子六七人，浴乎沂，风乎舞雩，咏而归。"夫子喟然叹曰："吾与点也！"

问答鉴别法自孔子运用后，为其后历代学者所继承。如王安石在《上仁宗皇帝言事书》中说："欲审知其德，问以行；欲审知其才，问以言。得其言行，则试之以事。所谓察之者，试之以事是也。"由"试之以事"一语可知，王安石已有"实践是检验真理的唯一标准"的潜在思想。如前文所述，王守仁主张德育要在弟子的日常生活中进行，为此，他主张通过询问弟子在日常生活中的行为表现来鉴定弟子的品行，这实际上也是一种问答鉴别法。另外，由下文将要论述的准情境测验法中可知，《庄子》中的"九征"法、《六韬》中的"八征"法、诸葛亮的"七观"法和李翱的三种"相人之术"等方法中都将问答鉴别法作为一种重要的考评方法，为不破坏这几种知人方法的完整性及行文简练，这几种知人方法中的问答鉴别法就留在下文探讨准情境测验法时一并加以阐释，此处不赘述。

与今天的问答鉴别法相比，先哲所用的问答鉴别法也有一定的考核目标；这种问答鉴别法多是老师在弟子的日常学习和生活中进行的，这样，多数问答鉴别法也都能在较为自然的情境下进行；假若老师本人是弟子崇拜的对象（像孔子和王守仁之类的大儒就是如此），弟子也就多能将心中所想的如实说出来，于是弟子的答案也多颇为真实，这样，能在一定程度上对弟子的品性作出较客观的评价。不过，先哲在运用这一方法时，像其所用察言观行法一样，也多有偶然性（不定期性）的特点；如果弟子对老师的提问不据实回答，老师自己对弟子的虚假答案又不能及时予以识破的话（这两种情况肯定是会有的），就容易得出失真的结论。这种问答鉴别法也是一种经验型的考评方法。

既然如此，今天在品德考评中若要用问答鉴定法，为了保证其科学性，也不能简单照搬中国古人的做法，而必须借鉴现代心理测量思想将之作一番现代改造。具体说来，为了保证问答鉴定法所获结果的可靠性，主考者必须做

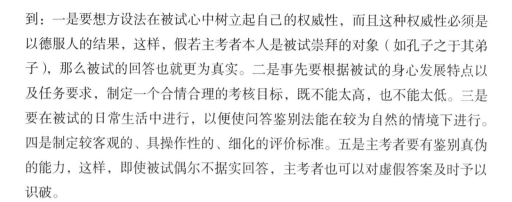

到：一是要想方设法在被试心中树立起自己的权威性，而且这种权威性必须是以德服人的结果，这样，假若主考者本人是被试崇拜的对象（如孔子之于其弟子），那么被试的回答也就更为真实。二是事先要根据被试的身心发展特点以及任务要求，制定一个合情合理的考核目标，既不能太高，也不能太低。三是要在被试的日常生活中进行，以便使问答鉴别法能在较为自然的情境下进行。四是制定较客观的、具操作性的、细化的评价标准。五是主考者要有鉴别真伪的能力，这样，即使被试偶尔不据实回答，主考者也可以对虚假答案及时予以识破。

三、"故君子远使之而观其忠"：准情境测验法

先哲认识到察言观行法和问答鉴别法是考评他人品性好坏的重要方法，不过，由于人的心理与行为表现之间关系的复杂性，有时通过日常生活的察言观行与一般的问答鉴别很难准确考评出他人的品行。但是，通过设计某种特殊的非常情境，观察被试在这种情境下的反应，有时反而很容易将被试的真实品性考评出来，这就是所谓的准情境测验法。它指一种通过有目的地创造某种情境，用以观察被测者在这种情境下的行为反应，从而对被测者品行作出鉴定的考评方法。传统文化中包含很多准情境测验法的文献记载，不但时间早，而且内容丰富，表明这种方法在当时非常通用。

据《尚书》记载，早在传说中的三皇五帝时代，尧为了考察舜的品行高低，就曾运用了多种准情境测验法。一是让舜迎接四方来朝的宾客，结果是四方来朝的宾客都对舜肃然起敬，表明舜有高尚的人格和良好的人际交往能力。二是将舜一个人独自放在大山之中，让他被烈风吹，被雷雨淋，目的是考察舜的意志力和勇敢程度，结果舜在这种恶劣的自然环境下仍能从容处之，表明舜不但意志坚强，而且具备勇敢品质。三是当尧听到周围人以孝行美德之名推荐舜时，尧为了探明虚实，不惜将自己的两个女儿嫁给舜作夫人，以便从两个女儿那里观察舜的德行好坏。这三件事中，前两件事见《尚书·虞夏书·舜典》：舜"宾于四门，四门穆穆。纳于大麓，烈风雷雨弗迷"。后一件事见《尚书·虞夏书·尧典》："帝曰：'我其试哉！'女于时，观厥刑于二女。厘降

二女于妫汭，嫔于虞。"

《庄子·列御寇》认识到人的心理变化多端，提倡用"九征"法来鉴定人的品行：

> 故君子远使之而观其忠，近使之而观其敬，烦使之而观其能，卒然问焉而观其知，急与之期而观其信，委之以财而观其仁，告之以危而观其节，醉之以酒而观其则，杂之以处而观其色。九征至，不肖人得矣。

也就是，将一个人放到远处使用来观察他是否忠诚；将一个人放在身边使用来观察他是否恭敬；派一个人去处理复杂事务来观察他的能力大小；向一个人突然提问来观察他的智慧如何；分配迫切任务命人限期完成来观察他的守信程度怎样；委托一个人管理财产来观察他是否廉洁；告诉一个人一件危急事件来观察他的气节如何；让人醉酒来观察他的仪态好坏；让一个人与男女混杂相居来观察他洁身自爱能力如何。可见，第一，"九征"法中，除了"卒然问焉而观其知"相当于前文讲的问答鉴别法外，其余"八征"法都相当于现代的情境测验法。第二，用"九征"法测量到的心理品质，除了第三、四征是测量人的能力与智慧外，其他均是测量人的品性好坏。第三，庄子认为人心虽难于测量，但仍承认是可以测量的，关键在于所用的测量方法要得当。相对而言，庄子较推崇用准情境测验法来考评人的品性。

荀子在《君道》一文里说："故校之以礼，而观其能安敬也；与之举错迁移，而观其能应变也；与之安燕，而观其能无流惰也；接之以声色、权利、忿怒、患险，而观其能无离守也。彼诚有之者与诚无之者，若白黑然，可诎邪哉！"赞成用礼仪相交往，借以观察他能否稳静谦恭；和他一起处理灵活的工作，借以观察他能否随机应变；与他一起闲居，借以观察他是否心存邪念；让他接触声色与权利、使他发怒、使他处于患难之境，借以观察他是否会擅离职守。通过这诸种情境测验方法的考评，他真正具有的品质和真正不具备的品质，就像黑白一样分明。

《吕氏春秋》主张用"八观六验"法来对人的品性进行考评。"八观"实际上是八种察言观行法，"六验"是六种准情境测验法。何谓"六验"法？《吕氏春秋·论人》说：

> 喜之以验其守，乐之以验其僻，怒之以验其节，惧之以验其特，哀

之以验其人，苦之以验其志。

主张通过设置六种情境来观察一个人的品行：使他高兴，借以检验他的操守；使他快乐，借以检验他的邪念；使他发怒，借以检验他的气度；使他恐惧，借以检验他的卓异品行；使他悲哀，借以检验他的仁爱之心；使他困苦，借以检验他的志向。

据 1972 年山东临沂银雀山汉墓出土的竹简《六韬》，可断定该书其年代上限不早于周显王时，下限不晚于秦末汉初，故本书将它看作与《庄子》和《吕氏春秋》差不多同时期的著作进行阐述。《六韬·选将篇》说："武王曰：'何以知之？'太公曰：'知之有八征：一曰问之以言以观其辞，二曰穷之以辞以观其变，三曰与之间谍以观其诚，四曰明白显问以观其德，五曰使之以财以观其廉，六曰试之以色以观其贞，七曰告之以难以观其勇，八曰醉之以酒以观其态。'"前"四征"实际上都是问答鉴别法，后"四征"是通过创造"使之以财"、"试之以色"、"告之以难"和"醉之以酒"这四种情境来观察被试的廉、贞、勇和态这四种品性，类似于今天的情境测验法。

《大戴礼记·文王官人》提出知人的"六征"："一曰观诚，二曰考志，三曰视中，四曰观色，五曰观隐，六曰揆德。"这"六征"中，几乎每一"征"都是在探讨准情境测验法或察言观行法等知人的方法。限于篇幅，这里仅以"观诚"来略加说明。何谓"观诚"？《大戴礼记·文王官人》说：

> ……考之，以观其信；挈之，以观其知；示之难，以观其勇；烦之，以观其治；淹之以利，以观其不贪；蓝（犹滥也，引者注）之以乐，以观其不宁；喜之以物，以观其不轻；怒之，以观其重；醉之，以观其不失也；纵之，以观其常；远使之，以观其不贰；迩之，以观其不倦；探取其志，以观其情；考其阴阳（犹隐显也，引者注），以观其诚；覆其微言，以观其信；曲省其行，以观其备成。此之谓观诚也。

主张检查一个人所做的事情，以考核其信用水平；让一个人提纲挈领地回答问题，以考核其智力水平；将一个人置身于困难的境界，观察其是否勇敢；让一个人处理繁杂的事务，以观察其办事能力；给一个人大量有利可得的机会，以观察其是否贪婪；让一个人经常听靡靡之音，以观察其是否能洁身自好；让一个人得到大量的他喜爱的东西，以观察他是否轻浮；对一个人莫名其妙地大发脾气，以观察他是否稳重；用酒将一个人灌醉，以观察他的言行是否检点；给一个人任其放纵的机会，以观察其行为是否能合乎常规；派一个人到远处做事，以观察其是否忠于职守；让一个人在身边做事，以观察其是否勤奋；设法了解一个人的志向，以观察其性情如何；全面考察一个人的表现，看看其是否诚实；向一个人暗示某件事情，以观察其办事认真的态度如何；曲折隐秘地察看一个人的行为表现，用以观察其是否成熟（燕国材，朱永新，1991，pp.216-217）。这十六种方法中既有准情境测验法，也有察言观行法，还有问答鉴别法。看来，《大戴礼记》主张运用多种方法来对人的品性作一综合考评；就这十六种方法的内容而言，有继承也有发展。

诸葛亮提倡用"七观"法来对人的品性进行考评。因诸葛亮本人在中国人心目中享有良好的声誉，其主张的"七观"法对后世影响巨大，有必要作一较详尽的分析。什么是"七观"法呢?《诸葛亮集·知人性》说：

> 知人之道有七焉：一曰，间之以是非而观其志；二曰，穷之以辞辩而观其变；三曰，咨之以计谋而观其识；四曰，告之以祸难而观其勇；五曰，醉之以酒而观其性；六曰，临之以利而观其廉；七曰，期之以事而观其信。

这表明"七观"法的具体做法是：拨弄是非离间一个人来了解其立场，以观察其志向；穷尽一个人的言辞，以观察其应变能力的快慢；询问一个人的计谋，以观察其才识的大小；告诉一个人某种祸难，以观察其勇敢程度；用酒灌醉一个人，以观察其品性好坏；让一个人面临财物，以观察其廉洁程度；与一个人约定某事，以观察其信誉的好坏。可见，第一，"七观"法既可以鉴定人的品性，也可以鉴定人的才能，鉴定的内容较全面。第二，"七观"法中的前三种方法实际上是问答鉴别法，后四种方法是设置一定情境来观察一个人的才性特点，带有某种实验性质，实为三种准情境测验法，所以，诸葛亮的"七观"法与刘劭的"八观"法虽只有一字之差，但无论就鉴定的内容还是就鉴定的形式而言，二者的区别都较大。第三，只要稍加比较，便知"七观"法是脱胎于《六韬》一书中的"知有八征"的，二者非常相似；与《庄子·列御寇》中的"九征"法和《吕氏春秋·论人》中的"六验"法等都有明显的一脉相承关系。第四，"七观"法中包含对思想、情感、意志、道德等的测验，而且多半不用文字去做，是一种具文化共性的测验，它比一般纸上谈兵的测验价值更高。

李翱在《答朱载言书》中说："相人之术有三：迫之以利而审其邪正，设之以事而察其厚薄，问之以谋而观其智与不才，贤不肖分矣！"提倡让一个人接近财物来审察其品性的好坏，安排一个人处理事情来观察其是否公平，询问一个人的谋略来观察其才能的大小。这里，前"二观"带有实验性质，是一种准情境测验法，后"一观"相当于问答鉴别法。李翱的"三观"法与诸葛亮的"七观"法有类似之处。

概言之，准情境测验法也是先哲常用的一种品德考评方法。与今天的情境测验法相比，它也有一定的测验目的；在设计思路上颇为精巧，并注意与日常生活相联系；也知道创设一定的情境来诱发被试的某种行为反应，确实能在一定程度上测量到人的品质，不过，中国传统所用的情境测验法，多没有严格地控制其他相关条件，也只停留在经验的水平上，与现代意义上的情境测验法相比，它只能叫作准情境测验法。

既然如此，今天在品德考评中若要用情境测验法，为了保证其科学性，就不能简单照搬中国古人的做法，而必须借鉴现代心理测量思想将之作一番现代改造。具体说来，为了保证情境测验法所获结果的可靠性，必须做到：一是最好事先要通过实验设计对情境作严格控制，以使一因对一果。二是情境设计要巧妙。三是一定要与其他方法配合使用。因为有时候一个人在某一特定情境里能表现得好，在日常生活里却不能将好的品质持之以恒。犹如有些领导在"代理"期间表现突出，一旦"扶正"，就露出本来面目。又有些时候，一个人在特定情境里易紧张，从而"投你所好"，结果，不能将自己的德性真实地展现出来。所以，情境测验法也不是万能的，还必须结合其他方法来综合考察。另外，在运用情境测验法时，也要妥善处理好其中的伦理道德问题，毕竟，让被试身处一些易犯伦理道德性错误的情境（如让男女杂居等情境），有诱导被试犯错之嫌。主考官切不可一味地追求情境测验法的有效性而违背职业伦理道德规范，故意让一些明显自控力不强的被试置身于易犯伦理道德性错误的情境中，否则，不但违背了品德考评的初衷，而且可能产生害人害己的严重后果。例如，主考官切不可故意将处于青春期的男女个体杂居在一起。如果一定要考察处于青春期个体的洁身自爱能力，必须采用其他的品德考评法（例如上文所讲的察言观行法或下文将讲的观人类推法等)。

四、"不知其子,视其父":观人类推法

观人类推法,就是观此人的德行以类推彼人的德行的一种品德考评方法。在具体使用过程中主要有两种变式。

变式一是,观察自己品行来类推他人品行。例如,老子的以身观身法就属此。《老子·五十四章》说:

> 故以身观身,以家观家,以乡观乡,以国观国,以天下观天下。吾何以知天下然哉?以此。

主张要从我个人观照其他人,从我家观照其他人的家,从我的家乡观照其他人的家乡,从我的国家观照其他人的国家,从我的天下观照其他人的天下。从现代德育心理学视角看,以身观身法的理论依据是,只要是人,必然会有相类似的心理与行为,通过反思自己的品行可推知他人的品行。此法的优点是看到人心具有相似的一面,使人易用同情的眼光去对待他人品行上的得与失,与孔子的"己所不欲,勿施于人"的思想有相通之处。它的缺点是,没有看到人心也有独特性的一面,以身观身,既易以君子度君子或以小人度小人,也易发生以君子度小人或以小人度君子的错误。

变式二是,若想测评甲的德行,可以先考评与甲经常交往的乙的德行,再从乙的德行来推测甲的德行。这是一种迂回式的品德考评方法。这种方法虽不是直接就甲本人的德行进行考评,但有时也不失为一种品德考评的好方法。据说孔子就曾论述过这种方法。《说苑·杂言》记载:

> 孔子曰:"不知其子,视其所友;不知其君,视其所使。"又曰:"与善人居,如入兰芷之室,久而不闻其香,则与之化矣;与恶人居,如入鲍鱼之肆,久而不闻其臭,亦与之化矣。故曰:丹之所藏者赤,乌之所藏者黑。君子慎所藏。"

《孔子家语·六本》中也有类似言论:

> 子曰:"……不知其子,视其父;不知其人,视其友;不知其君,视其所使;不知其地,视其草木。故曰:与善人居,如入芝兰之室,久而

不闻其香，即与之化矣；与不善人居，如入鲍鱼之肆，久而不闻其臭，亦与之化矣。丹之所藏者赤，漆之所藏者黑，是以君子必慎其所与处者焉。"

对比这两段话，发现它们不但文字基本相同，表述的思想也基本一样，只是有些细微区别：如《说苑》说"不知其子，视其所友"，不太合乎汉语的语言逻辑；《孔子家语》说"不知其子，视其父；不知其人，视其友"，就合情合理。两相比较，《孔子家语》的言论较之《说苑》的言论显得更为合乎逻辑。若从心理学角度看，这两段话实际上是在阐述一种品德考评方法——观人类推法，即若想对身为人子的某人进行品德考评，可以通过先考评其父或其友的品行来类推此人的品行。同时，观人类推法的理论依据主要是性习论。性习论在前文曾有较详细探讨，此处不赘述。不过，前文是将性习论作为化育美德的理论依据来论述的。但从现在掌握的材料看，先哲还将它作为品德考评的理论依据之一。作为品德考评理论依据的性习论，它的含义是指，在相类似环境熏陶下的人们易形成相类似的德性，若想考评甲的德行，可以通过观察与甲同处于一个环境的乙的德行来类推甲的德行。由于人的心理的形成与发展具有这种规律，才可以通过观人类推法来考评他人的德行。但需要指出，尽管居于同一环境的人们易形成相类似的心理特点与行为方式，不过，也应看到，人并不是环境的机械产物，即使是在完全相同的环境下成长起来的不同个体，其心理与行为仍会有差异，这就是人的心理的复杂性所在，所以，用这种观人类推法来考评一个人的品行，弄得不好易发生张冠李戴或拉郎配式错误。观人类推法也为后人所承继。如《荀子·大略》说："君人者不可以不慎取臣，匹夫不可以不慎取友。友者，所以相有也。道不同，何以相有也？……以友观人，焉所疑？取友善人，不可不慎，是德之基也。"从"以友观人，焉所疑"一句看，荀子也赞成通过观人类推法去对人进行品德考评。

五、"观过，斯知仁矣"：观过知人法

观过知人法，是指通过仔细考察一个人所犯的错误，就可以知道他是什么样的人。此法最早由孔子提出。《论语·里仁》说："人之过也，各于其党。观过，斯知仁矣。"认为人是千姿百态的，人的错误也是各种各样的，什么样的人一般会犯什么样的错误，仔细考察一个人所犯的错误，可以知道他是什么样的人。

通过观察一个人所犯的错误（特别是经常犯的错误），有时的确最易找出犯错误的人在品行修养上存在的某些不足之处，并由此推知此人已有的道德水准。西方也有类似做法。如精神分析学派就认为，被压抑在潜意识中的欲望有时会通过口头言语失误方式表达出来，这样，通过对口误（slip of tongue）的研究，有时不失为研究潜意识的一种好方法。不过，也应看到，导致一个人犯错误的原因是多种多样的，同一种错误可以由不同的原因引发；再者，有些人的错误是偶发性的，带有很大的偶然性，难以找出其中规律（或者根本就没有规律可循），所以这种考评方法宜慎用。正是由于这种考评法难以把握，后人很少用它。

六、"性之所尽，九质之征也"：观相知人法

观相知人法，就是通过仔细观察一个人身体和言谈举止等九个方面的情况，就可以推知他的才性如何。它有些类似于算命先生的看相法，故取名为观相知人法。

刘劭是一位非常重视才性鉴定的学者，他除了使用"八观"法和"五视"法外，还提出了"九征"法来观人。刘劭认为，人的性情的所有规律都体现在九个方面的征象中，可以用"九征"法来考评人的才性。刘劭在《人物志·九征》里说：

> 盖人物之本，出乎情性。……性之所尽，九质之征也。然则平陂之质在于神，明暗之实在于精，勇怯之势在于筋，强弱之植在于骨，躁静之决在于气，惨怿之情在于色，衰正之形在于仪，态度之动在于容，缓急之状在于言。

刘劭按人的性格差异来考察人才，既然性格特点体现在九大方面的征象中，通过这九种征象就可以对人进行才性鉴定。具体地讲，通过神明可以观察到一个人是平直还是陂邪，通过精气可以观察到一个人是明智还是愚暗，通过筋腱可

以观察到一个人是勇敢还是怯弱，通过骨骼可以观察到一个人是强健还是纤弱，通过血气可以观察到一个人是躁进还是沉静，通过面色可以观察到一个人是悲痛还是愉快，通过仪表可以观察到一个人是衰微还是端直，通过容貌可以观察到一个人的举止是造作还是自然，通过言语可以观察到一个人所处的状态是缓和还是焦急。

必须指出两点：一是刘劭把性格差异作为鉴定人才的标准，通过"九征"法观察到的多是性格的特点。二是刘劭的上述方法并不完全正确，因为在这"九征"中，前"五征"主要是五种从人的体形来推知人的心性的方法。但现代心理学家研究表明，人的形体与人的性格之间几乎没有什么相关，更谈不上二者之间有什么因果关系，如筋与勇怯或者骨与强弱之间并无必然联系，从人的体形来考评人的性格缺乏科学依据。后"四征"主要是四种察言观行法，即通过观察人的面色、仪表、容貌和言语等来考评人的品性，这四种方法至今仍是作为了解人的品性的重要方法。由此可见，刘劭的"九征"与《庄子》的"九征"名同而实异。

七、"吾日三省吾身"：内省式自我考评法

内省式自我考评法，指个体通过自我反省的方式来对自己的品行进行鉴定的一种考评方法。此法由孔子最先提出。如前文所述，孔子认为一个人若想成为道德高尚的君子，就要时常自我检查自我反省，找出缺点并加以改正，以便做到事事都能问心无愧。受孔子影响，其后很多学者和政治家大都提倡用此法来自评。如，据《论语·学而》记载，曾子说："吾日三省吾身——为人谋而不忠乎？与朋友交而不信乎？传不习乎？"这样做的目的无非是想通过反省自己，找出自己言行上的不足并改正之，慢慢地自己的品性也就得到提高了。

孟子也赞成内省式自我考评法，当有人横暴无理时，孟子提倡这时人们自己先要善于通过自我反省来找出自己言行上的缺失。《孟子·离娄下》说：

> 有人于此，其待我以横逆，则君子必自反也：我必不仁也，必无礼也，此物奚宜至哉？其自反而仁矣，自反而有礼矣，其横逆由是也，君

子必自反也，我必不忠。自反而忠矣，其横逆由是也，君子曰："此亦妄人也已矣。如此，则与禽兽奚择哉？于禽兽又何难焉？"

荀子也说："君子博学而日参省乎己，则知明而行无过矣。"（《荀子·劝学》）

据《贞观政要·求谏第四》记载，唐太宗李世民也常常运用内省式自我考评法来找出自己品行上的不足："朕每闲居静坐，则自内省。恒恐上不称天心，下为百姓所怨。但思正人匡谏，欲令耳目外通，下无怨滞。"

内省式自我考评法的优点是，针对性强，易深入而细致地开展，易激发道德修养者本人的主动性和自觉性，也不受时空的限制，可随时随地进行，易提高品德考评的效果。但是，它得以实现的一个基本前提，自我考评者本人要有较完整而清晰的道德自我，否则，此法就不易施行。像儿童，其道德自我尚处于萌芽或初始发展阶段，就不宜采用此法来考评，所以它有一定的适用范围，若超出其范围而强行为之，易流于形式。

八、"以人为镜，可以知得失"：观照式自我考评法

观照式自我考评法，指自己以他人为镜进行自我观照，以检验自己德行高低的一种品德自评法。据《论语·里仁》记载，孔子明确提出了观照式自我考评法："见贤思齐焉，见不贤而内自省也。"这里，"贤者"和"不贤者"是个体进行自我考评的外在评判标准，个体将自己的言行与贤者和不贤者的言行进行相互观照，看看自己有没有与贤者类似的优点以及和不贤者类似的缺点，如果没有与贤者类似的优点，就要努力向贤者的优点靠齐，假若有与不贤者类似的缺点，就要及时努力将其去掉。孔子的这一自评法为其后多数儒家所继承。如荀子在《修身》里也说：

见善，修然必以自存也；见不善，愀然必以自省也。善在身，介然必以自好也；不善在身，菑然必以自恶也。故非我而当者，吾师也；是我而当者，吾友也；谄谀我者，吾贼也。

提倡一个人在见到善的行为时，要端端正正地反问自己；见到不善的行为时，要兢兢业业地检讨自己。通过观照式自我考评，假若发现善良的行为自己已具

563

备，就牢固地爱好自己；如果发觉自己已有不善良的行为，就要如同受到灾害似的痛恨自己，直到改正为止。

不独儒家主张观照式自我考评法，《鬼谷子》、法家、杂家以及政治家也都赞成运用此法以自评。《鬼谷子·反应》说："反以观往，覆以验来；反以观古，覆以知今；反以知彼，覆以知己。动静虚实之理，不合来今，反古而求之。"主张通过了解别人的途径反过来了解自己，此中含有观照式自我考评法的潜在蕴意。《韩非子·观行》说："古之人目短于自见，故以镜观面；智短于自知，故以道正己。镜无见疵之罪，道无明过之恶。目失镜则无以正须眉，身失道则无以知迷惑。"由"古之人目短于自见，故以镜观面"一语可知，法家代表人物韩非子也有观照式自我考评法的思想。《吕氏春秋·自知》也说："欲知平直，则必准绳；欲知方圆，则必规矩；人主欲自知，则必直士。"更是明确主张为人主者，若要自知，就必须以正直之士为镜，作观照式自我考评。《贞观政要·任贤第三》记载，唐太宗李世民"尝谓侍臣曰：夫以铜为镜，可以正衣冠；以古为镜，可以知兴替；以人为镜，可以明得失。朕常保此三镜，以防己过。今魏徵殂逝，遂亡一镜矣"。这段话成为延续至今的至理名言。

观照式自我考评法既有一定的外在标准，又是一种自评法。相对于内省式自我考评法，观照式自我考评法更易施行，因它尽管也需要考评者本人具有一定的道德自我，但其要求较之内省式自我考评法要低得多，所以它的适用范围更广；也具有针对性强和易深入而细致地开展等特点。当然，作为一种自评法，它毕竟还是需要自评者本人的道德自我必须能达到最低的限度，即见到贤者或不贤者均能幡然悔悟，若是无动于衷，此自评法就难以实行。再者，观照式自我考评法需要外界刺激来激发修德者以自评，相对于内省式自我考评法，此法就多少带有一点被动色彩。也需要指出，这种以他人为镜来达到认识自我的方法，即使现在仍受到人们的重视。美国社会学家库利（Charles Horton Cooley，1864—1929）曾提出"镜中我"（looking-glass self）理论。依库利的解释，在社会互动过程中，"自我"必须时时将自己投射于对方，然后从对方的立场，将他人当作一面镜子，反射性地看出他人对自己的期望与评价，再作出最适当的行动，这种"反射性的角色取替"（reflexive role-taking）就叫"镜中我"，它是社会互动得以进行的先决条件。可见，"镜中我"指人们通过观察别人对自己的行为反应而形成的自我概念。人们正是从他人对自己的言行中了解别人对自己的看法，帮助自己认识自我形象，并以此为基础进而调节自己的种种活动，简言之，人们正是以他人的看法为镜子而认识自己的。用库利的话说："人们彼此都是一面镜子，映照着对方。"（查尔斯·霍顿·库利，1989，pp.108-119）德国诗人、剧作家、思想家歌德（Johann Wolfgang von Goethe，1749—1832）在《塔索》一剧里也有类似的著名台词："只有在人中间，人才能认识自己；只有生活才能教会人去认识自己。"可见，观照式自我考评法是一种正确认识自己、不断完善自己品德的方法。

第三节　中国传统品德考评思想对当代品德测量的启示

一、将测量置于日常生活中

先哲认识到人的品性一旦形成，就具有一定的稳定性，而且会在其日常生活中通过其言与行有意无意地表露出来；同时，先哲多有"生活即德育"的思想，这样，他们多提倡将考评方法放在被测者的日常生活中进行。如孔子等人所用的察言观行法就是在与学生的日常交往中进行的。在现代的品德测评中，以科尔伯格为代表的"两难故事法"运用得颇为普遍，科尔伯格取得的丰硕研究成果也证明，"两难故事法"的确是研究人的品德发展水平的一种有效方法。不过，"两难故事"毕竟只是虚构的故事，不是被测者的真实生活，用虚构的故事来测量被试真实的品德，从方法论上讲有缺陷。再者，如前文所述，当个体所受的德育只在考试或考评上有用，与个体的日常生活没有关系时，这种德育就出了问题。所以，先哲主张应在被测者的日常生活中去测量其品德发展水平，这种思想仍值得今人借鉴。我们应该改变评价的方式和方法来适应 21 世纪的要求，换句话说，今天的品德测量仍应回到被测者的生活中去，因为生活即德育。

二、测量方法设计要巧妙

先哲充分考虑到人品性本身的复杂性，在方法设计和考评工具上苦下功夫。设计巧妙的考评方法（如运用准情境测验法、自评法等），筛选最易测到人品性的事物作为考评的工具，如认为人酒后会吐真言就运用醉酒来观人"性"，相信贪财之人见财会起贪欲就以利为试金石来观人"廉"，等等，从而在一定范围内将人的品性考评出来。今天的品德测量若想提高其信度和效度，也应在测量方法的设计上多下功夫，尽可能地设计出一些巧妙的测量方法。

三、适当运用经验型测量方法

先哲将人的品德视作一整体来看待，未将其作条块分割式处理；又充分认识到人的品性与其外在行为表现之间关系复杂多变，并不是简单的一对一关系，于是在对他人的品德考评中主要采用了经验型的考评方法，充分发挥主考者自己的人生阅历在考评中的作用，以期能对被测者的品性作出一综合性的、较符合实际的评价，这一做法极可贵。这表明，先哲在对他人进行品性考评时，将他人当作一个完整的人看，不是像现在的一些测量专家将人当物或肢解的人看；同时，先哲主张主考者应以自己的心为衡量工具去考评他人，做到"己所不欲，勿施于人"，以期能对被测者的言行作一同情式理解。这些思想值得今人借鉴。换句话说，考虑到人的品性的复杂性，今天的品德测量仍要适当运用经验型测量方法。

四、兼顾文字考评方法与非文字考评方法

先哲认识到知识与品德之间并无必然的正相关，一个人掌握了丰富的道德知识，并不意味着其品德就真的得到了提升。就道德修养而言，与其掌握一大堆空洞、抽象的道德知识，还不如在实际的生活中踏踏实实地做人来得实在。这样，他们在品性考评方法上就多用非文字的考评方法，如察言观行法和准情境测验法等，即使是问答鉴别法，也多用口头问答法而不用书面问答法。这表

明，他们在对人的品性进行考评时，不太注重其是否掌握了多少道德知识，而注重其实际的言行表现，这就将品性考评落到了实处。考虑到道德学习不同于一般的知识与技能的学习，今天的品德测量若要提高可信度，仍应适当运用非文字的测量方法。

当然，从一定意义上说，"美德即知识"具有一定道理，因为一个人若想做有道德的人，其中的一个重要前提是：他或她要知道什么是有道德的人，什么是没有道德的人。依科尔伯格等人的研究，一个人的道德认知水平的高低在许多时候的确与其道德发展水平有一定的关联。这样，在品德考评时就要采取必要的做法将一个人的道德认知水平考评出来。这样，在品性考评方法上又要适当运用文字考评方法，如问卷法等。综合起来看，今人在品德考评时，妥善的做法是，灵活运用文字考评法与非文字考评法，在对一个人的品性进行考评时，既注重其是否了解其道德认知发展水平，更注重其实际的言行表现，从而尽量杜绝双重人格的人的产生。

五、适当区分普通德性与美德

中国古代德育由于将道德标准定得过高，而且太单一，不易获得学生的心理认同，也就影响了育德的效果。吸取这一教训，先要区分普通德性与美德，既不宜将德性等同于普通德性，也不宜将德性等同于美德，因为普通德性太过于强调道德标准的现实性而忽视道德标准的理想性，美德则太过于强调道德标准的理想性而忽视道德标准的现实性，二者都未辩证地处理道德标准的现实性与理想性的关系。何谓普通德性？何谓美德？苏格兰经济学家、哲学家、作家亚当·斯密的言论有助于人们理解这两个概念。

> 如同鉴赏力和良好的判断力，当它们被认为是那种应加赞扬和钦佩的品质时，应该是指一种不常遇到的细腻感情和锐利的洞察力那样，情感和自我控制的美德也不被理解为存在于一般的品质之中，而是存在于那些绝非寻常的品质之中。仁爱这种和蔼可亲的美德确实需要一种远比粗俗的人所具有的优越的情感。宽宏大量这种崇高的美德，毫无疑问需要更高程度的自我控制，它远非凡人的菲薄力量所能做到。一如平常的

智力之中无才智可言，普通的品德中也无美德可言。美德是卓越的、决非寻常的高尚美好的品德，远远高于世俗的、一般的品德。和蔼可亲的美德存在于一定程度的情感之中，它以其高雅、出人意料的敏感和亲切而令人吃惊。令人敬畏和可尊敬的美德存在于一定程度的自我控制之中，它以其使人惊异地优越于人类天性中最难抑制的激情而令人吃惊。

在这一方面，在那些应该得到钦佩和赞颂的品行和那些只应该得到赞同的品行之间，存在着很大的差别。在许多场合，最完美合宜的行为，只需要具备大部分凡夫俗子所具有的普通程度的情感或自我控制就行了，有时甚至连这种程度的自我控制也不是必要的。举一个非常粗俗的例子，例如，在普通场合，当我们饥饿的时候吃东西当然是完全正当和合宜的。因此，每个人都会表示赞同。然而说吃东西就是德行，却是再荒唐不过的了。

……

在这种情况下，当我们决定对某一行为进行责备或称赞的程度时，经常会运用两个不同的标准。第一是关于完全合宜和尽善尽美的概念。在那些困难情况下，人类的行为从来不曾或不可能达到完全合宜和尽善尽美；人们的行为同它们相比，总是显得应该受到责备和不完美的。第二是关于同这种尽善尽美接近的程度或相距多远的概念，这是大部分人的行为通常达到的标准。无论什么行为超过了这个标准，不管它同尽善尽美相距多远，似乎都应该得到称赞；无论什么行为达不到这个标准，就应该受到责备。（亚当·斯密，1997，pp.25-27）

可见，德性有普通德性与美德之分，对于普通民众，要求其品行达到"大部分人的行为通常达到的标准"，具有普通德性就可以了，任何学生的行为若达到这个标准，都应该受到老师、家长或其他人的认同；与此同时，学校也应为学生指明什么是"美德"以及达到"美德"的标准：无论什么行为，超过了"大部分人的行为通常达到的标准"，不管它同尽善尽美相距多远，都是"美德"，都应该得到称赞。这样做不但使道德标准朝多样化方向发展，以便满足不同学生的需求；也使道德标准更具亲和力，更具现实性，执行起来也更易操作；还使道德标准具有一定的理想性，具有一定的发展空间。当然，怎样确定一个"大部分人的行为通常达到的标准",这是一个值得深思的问题。比如,从人数上看,"大部分人"到底指多少人?是指超过总人数的50%,还是指超过总人数的60%,或是超过总人数的70%,或是超过总人数的80%,甚或是超过总人数的90%;从具体德目上看,是统一使用同一个标准,如指超过总人数的50%,还是针对不同的德目(因为有些德目做起来较容易,有些德目做起来较难)使用不同的标准,如对较易的德目,则以超过总人数的80%为指标;对较难的德目,则以超过总人数的50%为指标。对于这些问题,笔者的看法是,不同学校、不同个人宜根据自己的具体情况来定,不宜确定一个统一的标准。

六、加强自评力度

人的心理深藏于人的脑海之中,尽管时至今日,科学技术已有相当大的发展,但科学家仍未发现或发明一种能将人的心理直接测量出来的仪器,这使得目前的任何心理测量(含品德测量)均不是一种像诸如物理学测量物体的长度那样的直接测量(例如,木工要测量一张桌子桌面的长度,可以用尺子直接去测量它),而只能是一种间接测量:通过人的外显行为去间接推测其背后的心理状态。因为人的外显行为与其背后的心理状态之间并不存在一一对应的因果关系或相关关系,这样,品德测量中的他评法,即使设计再精巧,主考者经验再丰富,有时仍难以对他人的品德作出准确的考评。但是,一个稍有自我意识的人,自己对自己的言行往往心知肚明,只要善于自我考评,极易发现自己德行上的不足。于是,中国自古以来就主张要通过自评法来考评自己品德修养的得失,以期做到有则改之,无则加勉。由于提倡要自评自纠,这就极易唤醒品德修养者的道德自我,并使修养者随时随地都能检讨自己在品德修养上的得失。从这一事实可以看出,先哲非常推崇主体自觉在自我品德修养中的重要作用,体现出中国自古以来道德教育中盛行的"学者为己"(德育的目的是提高自己的道德境界)的优良传统。这也表明,先哲已有意无意地认识到,对于个体而言,道德品质不但是一种内在于人心中的重要素质,是人的一种价值规定,而且也是个体行为的规范,是个体进行道德评价的标准。今天中国前一段时间的品德测量割裂了中国向有的重自评的传统，品德测评法多只推崇他评法，德育成了做给别人看的东西，使得德育缺乏一种内在的约束力，降低了实效性。为了改变这种状况，为了纠正他评法中存在的"作秀"行为，措施之一是要借鉴中国自古以来重视自评的传统，在品德测评中适当加强自评的力度，这对于提高品德的自律性毫无疑问具有积极作用。

七、定性考评与定量考评相结合

先哲认识到人的品性难于作出精确的定量分析，多用定性的方法来对考评结果进行分析。在当今迷信数据的时代里，品德测量也追求一种完全的量化标准，以至于某些小学生曾有这样滑稽的做法：小学生甲因上课迟到而被老师在其品德栏中扣了1分（老师不问甲为何迟到）。甲为了补回这1分，第二天向老师谎称自己在上学的路上捡到5元钱（其实是甲自己的零用钱）并将它交给了老师，老师为了表扬甲的这种拾金不昧精神，就在甲的品德栏中加了2分，这样，甲的品德栏中就净得1分。类似情况在如今的大学生一学期一次的综合素质测评中也时有发生。这对现今品德测评中重量化的做法不能不说是一种讽刺。为了纠正这种"一条腿走路"做法带来的弊端，今后的品德测量就要在重视量化分析的同时，也要适当运用定性方法来分析测量结果。换言之，一方面，为了提高品德考评的科学性，就必须有一定的量化标准；另一方面，考虑到人的品德本是一个整体，人的品性与其外在行为表现之间关系也是复杂多变的，并不是简单的一对一关系，为了避免将被测者当物或肢解的人而不是一个完整的人看的错误做法，这样，在品德考评时又不宜过于强调量化，而要充分发挥定性测量的作用，以期能对被测者的品性作出一综合性的、较符合实际的评价。合起来看，品德考评宜定性与定量相结合，不宜厚此薄彼，更不能过于迷信数据，否则，容易生出一些流弊。

八、谨慎解释，慎用考评结果

品德考评往往涉及对一个人品性的看法与态度，有时甚至会跟一个人的未来发展紧密相连。而依科尔伯格的见解，一个人的品德发展水平与其认知发展水平有一定的关系，而且一个人的品德即便暂时处于与其年龄不相符的低水平阶段，只要采取适当的方式，仍可以使其品德向高一阶段甚至向更高阶段或最高阶段发展。这样，考评者一定要谨慎解释考评结果，不能简单地给人下定论尤其是下不好的定论。同时，也要慎用考评结果，毕竟品德考评也是心理测量的一种，而它只是间接的考评，或多或少，或大或小，都可能有一定误差。

九、品德测量融科学精神与人文精神于一体

传统品德考评诸法在施行步骤、计算过程和结果分析等上面没有严格按照"科学"的规则来办事，结果，从总体上看传统品德考评诸方法都只能属于经验型的测量方法，传统品德考评方法的最大贡献在此，最不足之处也在此。正如张耀翔所说：

> 总之，中国古代对于心理测验的贡献，不在施行步骤、计算、结果或结论方面，而在择题与方法（设计）上。择题与方法是测验中较重要的部分，须用思想。其余计算等都是很机械的。早年西洋测验家只知在运动、感觉、记忆等简单特性上做测验。他们认情绪测验很困难，品性测验更谈不到。最近才有这一类尝试，竟得意外收获。中国自始即认情绪及品性测验为可能，且最需要，故再三论及。品性是许多特质的综合，异常复杂；测验时当然不能像测验知能限定时间，草率从事。这正是中国提议的测验切实处。假使我们运用现代科学仪器，控制及统计诸原则，将先哲提出的问题加以分析，方法加以补充，然后一一去试验，焉知没有惊人的发现。（张耀翔，1983，p.215）

传统品德考评方法的最大不足是，它必须依赖主考者本人的已有经验，这就带有很大的主观性、随意性。正是经验型考评方法，使得后世之人在运用这些方法时，难以做到站在前人的肩膀上再向前进一步，必须自己又从头摸索起，使得很多方法自先秦提出后就保持较大惰性，在其后2000余年的历史上竟无大突破，不能不说是一件憾事。为了使这种憾事不再重演，同时考虑到人的心理既有自然性的一面也有社会性的一面，以及品德考评本身的复杂多变

性，今天中国的品德测量乃至世界上的品德测量，都应该走融科学精神与人文精神于一体的综合性道路，既不能像中国先哲那样过于偏爱经验型考评方法，也不能像西方心理测量专家那样走唯科学主义的道路。

总之，中国传统品德考评思想的特色与价值的事实表明，它在历史上不失为一套颇有效果的品德考评方法，这也是中国传统德育实效性较好的缘由之一。因为品德考评方法的得当，其提供的许多反馈信息既易让教育者及时发现德育中存在的问题并及时予以改正，又易让受教育者本人及时发现自己道德修养上的不足，及时调整自己的道德修养策略与方法，所有这些做法显而易见有利于提高德育的实效性。假若今人能批判吸收中国传统品德考评思想，对于促进中国当代的品德测量思想的发展和中国当代德育的实效性等都有一定的积极意义。同时，假如我们运用现代科学的心理测量理念、诸种科学的统计与测量方法以及科学仪器等，对中国传统品德考评方法做一系统而科学的整理与研究，使之科学化、常模化，就能形成有中国特色的品德测评工具。

第十二章

防治品行不端思想

　　据朱智贤主编的《心理学大词典》，品行不端（misdemeanor），指经常违反道德准则或犯有严重道德过错的行为表现。品行不端和违法犯罪有严格区分，不过，品行不端往往又是违法犯罪的前奏，违法犯罪常常是品行不端的必然结果。品行不端的形成原因有主客观两个方面。主观原因主要有：（1）受错误道德观或错误道德逻辑的支配；（2）对道德准则不理解或未转化为道德信念；（3）道德意志薄弱，不能抑制不正当的欲望；（4）与集体的关系不正常；（5）不良行为习惯；（6）缺乏高尚的志趣和理想等。客观原因主要有：（1）家庭教育不良；（2）不良环境的影响；（3）不良社会风气的侵袭；（4）学校教育工作中的缺点和失误等（朱智贤，1989，p.473）。先哲对品行不端的看法又是怎样的？先哲的观点对于今人正确防治品行不端有无可借鉴之处？

第一节　防治品行不端的理论依据与原则

对于如何防治个体产生不良品行，先哲曾作过较深入的思考，并有一定的理论依据，这就是性习论。为了正确、有效地防治品行不端，先哲提出预防为主、防微杜渐、从小实施正面教育三条育德原则。

一、"祸始于引蔽，成于习染"：性习论

性习论在前文曾有较详细阐述，为免重复，这里不多讲，只再补充几条证据。

《二程集·河南程氏遗书》卷第二上说：

> 古人虽胎教与保傅之教，犹胜今日庠序乡党之教。古人自幼学，耳目游处，所见皆善，至长而不见异物，故易以成就。今人自少所见皆不善，才能言便习秽恶，日日消铄，更有甚天理？……据此个薰蒸，以气动气，宜乎圣贤之不生，和气之不兆也。……不然，何以古者或同时或同家并生圣人，及至后世，乃数千岁寂寥？（程颢，程颐，2004，p.35）

这段话虽有厚古薄今之嫌，但通过对比古人与今人（指宋代人）从小所受的教育，得出古代多圣人而宋代少圣人的缘由是，古人从小就受到良好的道德教育，宋人刚好相反，从小就受到不良习俗的影响。这一分析又颇有道理，对当今的道德教育也有一定启迪。

颜元认为人性本善，人之所以会品行不端，是不良环境的长期习染所致。

> 祸始于引蔽，成于习染。以耳目、口鼻、四肢、百骸可为圣人之身，竟呼之曰禽兽，犹币帛素色，而既污之后，遂呼之曰赤帛黑帛也，而岂其材之本然哉！然人为万物之灵，又非币帛所可伦也。币帛既染，虽故质尚在而骤不能复素；人则极凶大憝，本体自在，止视反不反、力不力之间耳。尝言盗跖，天下之极恶矣，年至八十，染之至深矣，傥乍见孺

子入井，亦必有怵惕恻隐之心，但习染重者不易反也。蠡一吏妇，淫奢无度，已逾四旬，疑其习性成矣；丁亥城破，产失归田，朴素勤俭，一如农家。乃知系蹠囹圄数年，而出之孔子之堂，又数年亦可复善。(《颜元集·存性编》卷二《性图》)

然则恶何以生也？则如衣之著尘触污，人见其失本色而厌观也，命之曰污衣，其实乃外染所成。(《颜元集·存性编》卷一《棉桃喻性》)

简言之，先哲不但将性习论作为防治品行不端的主要理论依据，又用性习论来解释人为什么会为恶。这一观点与教育心理学对品德不端产生原因的看法有相通之处。教育心理学也认为，就品行不端形成的客观因素看，主要有三个方面：第一，来自家庭方面的因素。它又可细分为五点：（1）家庭成员的溺爱、迁就；（2）家庭对孩子要求过高、过严，又缺乏正确的教育方法；（3）家庭成员教育的不一致性，这种不一致性表现在家长对子女要求前后不一，或父母对子女的要求不一致，让子女无所适从，或是让子女养成多重人格；（4）家长缺乏表率作用；（5）家庭氛围的不和谐或家庭结构的剧变，前者如父母经常吵架，后者如父母离异、父母一方或双方去世等，都可能使儿童心灵受到创伤而引起性格变异。第二，来自社会方面的因素。影响学生品德形成的社会环境有两个方面：一是广义的社会环境，指整个社会关系和社会风尚；另一是狭义的社会环境，指学校和家庭以外的学生的朋友、邻居、社区以及影响个体的各种社会活动等。就广义的社会环境来说，长期的皇帝专制制度给社会遗留下来的某些腐朽思想，现实生活中某些不正之风对学生可能产生的侵蚀和影响也不能低估。处于成长发展中的青少年缺乏较全面、深刻的分析能力，一些思想不健康甚至低级趣味的文艺作品也可能对学生的品行发展产生副作用。第三，来自学校方面的原因。学校是专门的教育场所，由于某些教育工作者存在某些错误观念或方法上的偏颇，也会在一定程度上间接地造成或助长学生的不良品行（章志光，1984，pp.340-341）。

既然导致个体产生不良品行的缘由主要是后天的，要防止个体产生不良的品行，关键在于为个体选择或创造良好的育德环境，同时，个体自己也要加强自我道德修养，以便提高自身的免疫力，这一思想至今看来仍有一定道理。

二、"禁于未发"：预防为主

先哲一贯主张防治品行不端要做到"禁于未发"，以预防为主。如孔子就赞成将预防为主作为防治品行不端的重要原则，为此，他要求弟子：凡事"非礼勿视，非礼勿听，非礼勿言，非礼勿动"。《墨子·修身》也说："谮慝之言，无入之耳；批扞之声，无出之口；杀伤人之孩，无存之心。"《学记》说："大学之法：禁于未发之谓豫，当其可之谓时，不陵节而施之谓孙，相观而善之谓摩。此四者，教之所由兴也。"认为事情尚未发生就预先防止叫作"豫"。此思想一直为后人所承继。据《二程集·河南程氏文集》卷第六记载，程颐在《上太皇太后书》中曾说："古人生子，能食能言而教之小学之法，以豫为先。人之幼也，知思未有所主，便当以格言至论日陈于前。虽未晓知，且当薰聒，使盈耳充腹，久自安习，若固有之，虽以他言惑之，不能入也。若为之不豫，及乎稍长，私意偏好生于内，众口辩言铄于外，欲其纯完，不可得也。故所急在先入，岂有太早者乎？"（程颢，程颐，2004，p.543）这是说，儿童的心理纯洁无瑕，从小对他们进行正面的道德教育，让其耳濡目染、潜移默化，他们易于接受。个体一旦有了良好的道德心理品质，对异端邪说的诱惑、不良道德行为的影响，或恶劣环境的干扰，都会有抵抗力。儿童一旦长大成人，假若已养成了不好的品性，再去对他们实行正面的道德教育，就会遭到他们已有错误观念的干扰与抵触，收不到预期的效果。同时，二程认为，必须把不良习惯等消灭在发生之前，以培养学生好的道德品质。《二程集·河南程氏遗书》卷第二上形象地说："教人之术，若童牛之牿，当其未能触时，已先制之，善之大者。其次，则豶豕之牙。豕之有牙，既已难制，以百方制之，终不能使之改，惟豶其势，则性自调伏，虽有牙亦不能为害。如有不率教之人，却须置其榎楚，别以道格其心，则不须榎楚，将自化矣。"（程颢，程颐，2004，p.14）这告诉人们：对不良行为要防患于未然，及早进行教育，把问题消灭在萌芽状态，不能放任危害变大的时候再行教育，这样效果就会大打折扣，或者完全无效；同时，教育不是万能的，对那些不受教育，屡教不改者，应以相关规定或法律予以制约或制裁。而经教育言行符合要求的，可使其自行教育，自己改正错误。陈献章在《记·程乡县社学记》中说："天下之事，无本不立。小学，学之本也。保自然之和，禁未萌之欲，日就月将，以驯致乎大学，教之序也。"

不独儒家如此，道教亦然。像全真道士李道纯也主张修德要做到"知乱于未乱，知危于未危，知亡于未亡，知祸于未祸"。他在《中和集·智行第八》中说：

> 智者深知其理也，行者力行其道也。深知其理，不见而知；力行其道，不为而成。不出户，知天下；不窥牖，见天道，深知也。自强不息，无往不适，力行也。知乱于未乱，知危于未危，知亡于未亡，知祸于未祸，深知也。存于身而不为身累，行于心而不为心役，行于世而不为世移，行于事而不为事碍，力行也。深知其理者，可以变乱为治，变危为安，变亡为存，变祸为福。

在防治不良品行问题上，先哲提倡"未病先治"，预防为主，这有一定道理。因为与其等到不良品行产生后再花大力气去纠正，不如在其未发生之前就阻断为佳；更何况，有些不良品行等到养成后再去克服，谈何容易。

三、"禁于微"：防微杜渐

先哲认识到无论是良好品行还是不良品行，都不是一朝一夕所能形成的，而是从细微处逐渐积累起来的。所谓："冰冻三尺，非一日之寒。"因此，修养是从一件件小事做起的，"勿以恶小而为之，勿以善小而不为"。一句话憋不住，一口气忍不下去，就失了教养，故修养难得！这样，一个人在修养道德时，从正面说，若想使自己尽快觉悟，就必须时时注意从小善做起，一个个小善不断积累，终有一天就会成大善；从反面说，一个人若想防止自己产生不良品行，必须时刻严格要求自己，不放过任何细微处，努力将所有不良因素都禁于渐始之际，不让其逐渐积累，否则，一个个小恶的不断积累，终有一天就铸成大错或大恶。

在西方流传的下面这首民谣对此有形象说明：

> 丢失一个钉子，坏了一只蹄铁；
>
> 坏了一只蹄铁，折了一匹战马；
>
> 折了一匹战马，伤了一位骑士；
>
> 伤了一位骑士，输了一场战斗；

输了一场战争，亡了一个帝国。

马蹄铁上一个钉子的丢失，本是初始条件中一个十分微小的变化，但其长期效应却是一个帝国存与亡的根本差别。这就是军事和政治领域中的蝴蝶效应（butterfly effect）。蝴蝶效应 1963 年由美国气象学家洛伦兹（Edward N. Lorenz，1917—2008）提出，原意是：一只南美洲亚马孙河流域热带雨林中的蝴蝶偶尔扇动几下翅膀，可能会两周后在美国得克萨斯引起一场龙卷风。其原因在于：蝴蝶翅膀的运动导致其身边的空气系统发生变化，并引起微弱气流的产生，而微弱气流的产生又会引起它四周空气或其他系统产生相应的变化，由此引起连锁反应，最终导致其他系统的极大变化。广言之，蝴蝶效应是指在一个动力系统中，事物发展的结果，对初始条件具有极为敏感的依赖性，初始条件的极小偏差，将会产生巨大的连锁反应，并引起结果的极大差异（Lorenz，1995，pp.1-227）。

同理，在培育个体的道德品质时同样也存在蝴蝶效应。例如，《韩非子·喻老》记载：

> 昔者纣为象箸而箕子怖。以为象箸必不加于土铏，必将犀玉之杯。象箸玉杯必不羹菽藿，则必旄象豹胎。旄象豹胎必不衣短褐而食于茅屋之下，则锦衣九重，广室高台。吾畏其卒，故怖其始。居五年，纣为肉圃，设炮烙，登糟丘，临酒池，纣遂以亡。故箕子见象箸以知天下之祸，故曰："见小曰明。"

商纣王的叔叔箕子为什么纣王用象牙筷子就感到害怕呢？这是因为箕子清楚地认识到：一旦纣王有了象牙筷子，杯子也必将换成犀玉杯，有了象牙筷子与犀玉杯，就不能用它来吃粗食，而要吃牛肉、象肉、豹肉以及未出世的胎肉等精美食物。一个三餐只愿吃精美食物的人，自然也就不会再愿意穿着短的粗布衣在茅屋中吃饭，而要穿着华衣美服，在华丽的宫殿中进食。这种贪欲一步步往前发展，自然就劳民伤财，最终会招致亡国。可见，箕子虽没有说出"蝴蝶效应"这个术语，却清楚地预知到"纣为象箸"后产生的蝴蝶效应的全过程。

蝴蝶效应告诉人们，在做人做事过程中，今人宜深刻领会《后汉书·陈蕃传》所引出的"一屋不扫，何以扫天下"的典故，深刻体会老子、《礼记》、荀子、《淮南子》、《抱朴子》等重"积"的思想。

　　　　合抱之木，生于毫末；九层之台，起于垒土；千里之行，始于足下。
（《老子·六十四章》）

　　　　《易》曰："君子慎始，差若毫厘，缪以千里。"（《礼记·经解》）

　　　　故不积跬步，无以至千里；不积小流，无以成江海。（《荀子·劝学篇》）

　　　　君子不谓小善不足为也而舍之，小善积而为大善；不谓小不善为无伤
也而为之，小不善积而为大不善。是故积羽沉舟，群轻折轴，故君子禁于
微。壹快不足以成善，积快而为德；壹恨不足以成非，积恨而成恶。故三
代之善，千岁之积誉也；桀、纣之谤，千岁之积毁也。（《淮南子·缪称训》）

　　　　故治身养性，务谨其细，不可以小益为不平而不修，不可以小损为
无伤而不防。凡聚小所以就大，积一所以至亿也。若能爱之于微，成之
于著，则几乎知道矣。（《抱朴子内篇·极言》）

主张"要想成就大事，就应该从一点一滴的小事做起"以及"力倡人们宜注意
小节，善于'消积化瘀'，切不可积小恨而成大恶"。这种观点至今看来仍有价
值。心理学研究表明，个体的不良行为习惯多是于不知不觉中形成的。假若一
个人能时时严于律己，"勿以恶小而为之，勿以善小而不为"，的确能有效地防
止自己养成不良的品性。

四、"蒙以养正"：从小实施正面教育

　　为了杜绝个体产生不良品行，先哲大多主张对个体实施教化时要做到"蒙
以养正"，它也叫"养正当于蒙"：为培养个体具有良好道德品质，对个体自
小就要实施正面教育。在先哲眼中，这既是一条重要的育德原则，也是一种重
要的育德方法。

　　"蒙以养正"思想至少可追溯至《周易》一书。《周易·蒙》说："蒙以养
正，圣功也。"将培养儿童使之获得善良的品德尊为"圣功"，对启蒙教育大为
推崇！此思想自产生后在中国历史上代有继承者。如程颐用具体的实例来证
明"蒙以养正"的重要性。据《二程集·河南程氏文集》卷第六记载，程颐在
《论经筵第一劄子》中曾说：

　　　　成王之所以成德，由周公之辅养。昔者周公辅成王，幼而习之，所

见必正事，所闻必正言，左右前后皆正人，故习与智长，化与心成。今士大夫家善教子弟者，亦必延名德端方之士，与之居处，使之薰染成性。故曰："少成若天性，习惯如自然。"（程颢，程颐，2004，p.537）

为了做到"蒙以养正"，先哲提倡易子而教。所以，《孟子·离娄上》记载：

> 当公孙丑曰："君子之不教子，何也？"孟子曰："势不行也。教者必以正；以正不行，继之以怒。继之以怒，则反夷矣。'夫子教我以正，夫子未出于正也。'则是父子相夷也。父子相夷，则恶矣。古者易子而教之，父子之间不责善。责善则离，离则不祥莫大焉。"

可见，君子不亲自教育儿子的原因是，情势行不通。因为德育一定要用正理正道，用正理正道进行教育若没有效果，跟着来的就是愤怒。一旦愤怒，那就伤害了父子的感情。儿子会这样指责父亲："您拿正理正道教我，您的所作所为却不出于正理正道。"父子间互相伤害感情就很不好了。为了避免这种情况的发生，古时候互相交换儿子来教育，目的是使父子间不因求好而相互指责（杨伯峻，2005，pp.178-179）。这说明孟子主张对子女进行道德教育时要做到"蒙以养正"。

至于为什么要"蒙以养正"，先哲也提出颇具心理学意蕴的解释。归纳起来，理由主要有三：一是认为儿童的心理纯洁无瑕，对他们进行正面的道德教育时，他们易于接受。儿童一旦长大成人，假若已养成不好的品性，再去对他们实行正面的道德教育，就会遭到他们已有错误观念的干扰与抵触，收不到预期的效果。正如据《二程集·周易程氏传》卷第一记载，二程所说："未发之谓蒙，以纯一未发之蒙而养其正，乃作圣之功也。发而后禁，则扞格而难胜。养正于蒙，学之至善也。"（程颢，程颐，2004，p.720）王廷相在《雅述上篇》里也说：

> 童蒙无先入之杂，以正导之而无不顺，受故易。可以养其正性，此作圣之功。壮大者已成驳僻之习，虽以正导，彼以先入之见为然，将固结而不可解矣，夫安能变之正？故养正当于蒙。

这一见解与教育心理学的有关研究结论相吻合。二是人的品性塑造易，改造难。正如王夫之在《俟解》里所说：《易》言：'蒙以养正，圣功也。'养其习于童蒙，则作圣之基立于此。人不幸而失教，陷入于恶习，耳所闻者非人之言，目所见者非人之事，日渐月渍于里巷村落之中，而有志者欲挽回于成人之后，非洗髓伐毛，必不能胜。"用反面教材教育人们，假若一个人从小未受到良好的道德教育，长大以后若再想改好，那就颇为困难。"非洗髓伐毛，必不能胜。"既然如此，在培育个体的品德时，应做到"蒙以养正"。三是如上文所论，既然"人只是一个习"，一个好的教师要做到为学生提供前后一致的教育环境与教育要求，切不可反复无常，出尔反尔，否则，学生就会无所适从，容易养成双面人格。为了增强这一观点的说服力，张载等人还以动物的行为作实例进行效验性论证。

> 勿谓小儿无记性，隔日事皆能不忘。故善养子者，必自婴孩始鞠之使得所养，令其和气，乃至长性美，教之便示以好恶有常，至如不欲犬之上堂，则时其上堂而扑之，若或不常，既挞其上堂，又食之于堂，则使孰适从？虽日挞而求不升堂，不可得也，是施之妄。庄生有言，养虎者，不敢以生物与之，为其有杀之之怒；不敢以全物与之，为其有决之之怒。养异类尚尔，况于人乎？故养正者，圣人也。（张载，1978，pp.315–316）

《二程集·河南程氏遗书》卷第二下里也有类似话语，只是个别字词不同而已："勿谓小儿无记性，所历事皆能不忘。故善养子者，当其婴孩，鞠之使得所养，全其和气，乃至长而性美，教之示以好恶有常。至如养犬者，不欲其升堂，则时其升堂而扑之。若既扑其升堂，又复食之于堂，则使孰从？虽日挞而求其不升堂，不可得也。养异类且尔，况人乎？故养正者，圣人也。"（程颢，程颐，2004，p.57）从实验心理学角度看，这里的"挞"是一种惩罚，"食"是一种正强化（奖赏）。要想使小狗不乱跑进厅堂，就应该一以贯之，在小狗每次进入厅堂都实施惩罚；如果对狗的同一行为（狗进入堂屋）有时奖赏（食之），有时惩罚（"扑之"），那么想让狗不进入堂屋，是不可能的。同理，对个体进行道德教育也要做到一以贯之，让他们自小受到良好的道德教育，因为幼儿已经有了记忆功能，能够"隔日事皆能不忘"。所以，早期教育须让孩子"使得所养，令其和气"。在孩子稍大一点之后，应该教育孩子社会中的善恶是有固定标准的。从设计方式上看，把这一"实验"视为动物学习心理实验是不为过的，与现代联结派的学习心理实验有异曲同工之妙。可惜，张载只是描述了这一事实，并无明确的实验目的，也未控制条件，只能算作一种"准心理实验"；更可惜的是，张载未从中提炼出学习的强化原理。

可见，先哲对"蒙以养正"这条防治不良品行原则的认识颇为深刻。"蒙以养正"至今看来也仍是一条重要的育德原则。很多事实表明，一些青少年之所以会有不良品行，多是从小未受到良好道德教育的结果。

第二节 防治品行不端的方法

为了切实、有效地防治个体产生不良品行，先哲通过总结前人与自己的经验心得提出一些具体的防治方法，主要有自我反省法、改过法、效仿榜样法、准行为矫正法、环境熏陶法、培育羞耻感法、追求高级需要法、磨炼意志法和自小实施正面教育法（蒙以养正）等。因后五种方法在前文相关内容中已作较详细论述，下面只谈其他四种方法。

一、"见贤思齐焉，见不贤而内自省也"：自我反省法

如前文所述，自我反省法既是一种自我考评方法，也是修心育德的方法，还是一种防治不良品行的方法。先哲非常强调修德者本人要不断地反求诸己，通过自我与心灵对话来自察自纠，提高自我道德修养，防治不良品行产生。因自我反省法类似于前文讲的自评法，只是论述的角度略有不同而已，为免重复，前文已用的资料，这里就不多讲。

先哲多主张一个人要善于观察身边人品行的得失，并将之与自己的品行进行对比，找出自己品行上的优缺点，有则改之，无则加勉，从而使自己的品德得到提升。如孔子就主张一个人要做到"见贤思齐焉，见不贤而内自省也"，提倡人们要以他人为镜来观照自己的品行，通过学习他人的长处改正自己的缺点，"以友辅仁"。《学记》明确主张"相观而善之谓摩"。这一思想为后人所认同。如据《二程集·河南程氏遗书》卷第二十五记载，程颐说：

582

甚矣欲之害人也。人之为不善，欲诱之也。诱之而弗知，则至于天理灭而不知反。故目则欲色，耳则欲声，以至鼻则欲香，口则欲味，体则欲安，此皆有以使之也。然则何以窒其欲？曰思而已矣。学莫贵于思，唯思为能窒欲。曾子之三省，窒欲之道也。（程颢，程颐，2004，p.319）

"思"即反思，也就是内省，主张通过内省来节欲育德。朱熹主张个体在内心深处要常常处于戒备状态，以杜绝不良品行的产生。《御纂性理精义》卷七《省察》记载，朱熹曾说：

未发已发，只是一件功夫，无时不涵养，无时不省察耳。谓如水长长地流，到高处又略起伏。恐惧戒谨是长长地作，到谨独是又提起一起。又如骑马，自家常常提掇，及至遇险处，便稍加提控。……谓省察于将发之际者，谓谨之于念虑之始萌也。谓省察于已发之后者，谓审之于言动已见之后也。念虑之萌，固不可以不谨；言行之著，亦安得而不察？

同时，朱熹认为，一个人也只有通过自我反省，才能将改过迁善落到实处。他在《四书章句集注·论语集注·公冶长第五》中说：

内自讼者，口不言而心自咎也。人有过而能自知者鲜矣，知过而能内自讼者为尤鲜。能内自讼，则其悔悟深切而能改必矣。夫子自恐终不得见而叹之，其警学者深矣。

陆九渊在《与郭邦瑞》中说：

良心正性，人所均有，不失其心，不乖其性，谁非正人。纵有乖失，思而复之，何远之有？不然，是自昧其心，自误其身耳。

他吸取孟子人性本善的思想，认为人人都有"良心正性"，一个人只要不失"良心"，就是正人君子；良心一旦失去，只要肯反省内求，仍可将其找回来，良心一旦找回来，仍是一个正人君子；那些已丢失良心、又不肯内省自求的人，是自昧良心的人。如前文所引，据《传习录上》记载，针对初学修德者易心猿意马的心态，王守仁主张初学者先要学会静坐收心；等到初学者心意稍定后，再教他们省察克治的功夫；并要求初学者从道德动机入手，时时刻刻地进行自我反省，以便将自己心中的不良动机连根去除。在王守仁看来，修德者只有做到心中没有任何私欲可去之时，才算是真修德，这也表明王守仁非常重视内省功夫在防治不良品行中所起的作用。

二、"改过，是修德中紧要事"：改过法

改过法指个体一旦意识到自己在品行上所犯的错误，就要及时予以改正，以便提高自己品行修养的一种育德方法。

中国向有改过迁善是复性之道的思想。《尚书·商书·仲虺之诰》说："改过不吝。"主张改正自己的过错一点也不吝惜。《周易·益·象》也说："君子以见善则迁，有过则改。"据《左传·宣公二年》记载，至少在春秋时期，中国就有了"人谁无过？过而能改，善莫大焉"的思想。

孔子继承了上述思想，也认识到"人非圣贤，孰能无过？"[①]主张个体要勇于通过自我批评与自我责备的方式来改正自己的错误，提高自我品德修养。《论语》中有多处言论记载了孔子的这一思想。如《论语·学而》说："过则勿惮改。"《论语·卫灵公》说："过而不改，是谓过矣。"孔子在《论语·述而》中又以自身经验进行现身说法："丘也幸，苟有过，人必知之。"当然，孔子也认识到要做到这点很难，在《论语·公冶长》中曾发出感叹："已矣乎，吾未见能见其过而内自讼者也。"意即，算了吧！我没有看见过能够看到自己的错误便自我责备的。《论语·子罕》记载："子曰：'法语之言，能无从乎？改之为贵。巽与之言，能无说乎？绎之为贵。说而不绎，从而不改，吾末如之何也已矣。'"这是说：严肃而合乎原则的话，能够不接受吗？改正错误才可贵。顺从己意的话，能够不高兴吗？分析一下才可贵。盲目高兴，不加分析；表面接受，实际不改，这种人孔子认为自己是没有办法对付他的了（杨伯峻，1980，p.94）。另外，孔子在《论语·卫灵公》中主张："君子求诸己，小人求诸人。"认为一个品行高尚的人，是善于作自我批评的，他们多半能认真检查自己在品行上所犯的错误并及时予以改正。《论语·子张》说："君子之过也，如日月之食焉：过也，人皆见之；更也，人皆仰之。""小人之过也必文。"通过对比君子与小人对自己错误的不同处理方式，同样赞成个体在修德时要勇于改过自新。此思想为孟子所承继。《孟子·公孙丑下》也说："且古之君子，过

[①]《二程集·河南程氏粹言》卷第二《圣贤篇》记载："或问：'圣人有过乎？'子曰：'圣人而有过，则不足以为圣人矣。'"（程颢，程颐，2004，p.1228）

则改之；今之君子，过则顺之。古之君子，其过也，如日月之食，民皆见之；及其更也，民皆仰之。今之君子，岂徒顺之，又从为之辞。"

自此以后，历代学者多赞成通过改正过错的方式来防治品行不端。因他们的言论多半通俗易懂，主旨又大致相同，这里就不多加分析，只罗列数人的言论以资为证。朱熹在《四书章句集注·论语集注·卫灵公第十五》中说："过而能改，则复于无过。惟不改则其过遂成，而将不及改矣。"《朱子语类》卷第三十四又说："迁善、改过，是修德中紧要事。盖只修德而不迁善、改过，亦不能得长进。"陆九渊在其两封书信里，也提倡一个人要改过迁善。在《与傅全美》的书信里，陆九渊说："古之学者，本非为人，迁善改过，莫不由己。善在所当迁，吾自迁之，非为人而迁也。过在所当改，吾自改之，非为人而改也。故其闻过则喜，知过不讳，改过不惮。"在《与罗章夫》的书信里，陆九渊又说："著是去非，改过迁善，此经语也。非不去，安能著是？过不改，安能迁善？不知其非，安能去非？不知其过，安能改过？自谓知非而不能去非，是不知非也；自谓知过而不能改过，是不知过也。真知非则无不能去，真知过则无不能改。人之患，在不知其非不知其过而已。所贵乎学者，在致其知，改其过。"王守仁在《改过》里说："夫过者，自大贤所不免，然不害其卒为大贤者，为其能改也。故不贵于无过，而贵于能改过。"在《传习录上》里，王守仁又说："悔悟是去病之药，然以改之为贵。"叶适在《习学记言序目》卷第二《周易二·损益》中说："君子之当自损者，莫如惩忿而窒欲；当自益者，莫如改过而迁善。"《陈确集·文集》卷一记载，陈确在《与吴仲木书》中说："力行之功，莫先改过。吾人日用，过失最多，自圣人且不能免，何但后学。细心体察，当自知之。知之即改，改而不已，功夫纯熟，渐不费力。圣贤学问，端不越此。"《颜元集·颜习斋先生言行录》卷下《学须第十三》记载，颜元也说："学者须振萎惰，破因循，每日有过可改，有善可迁，即成汤'日新'之学也。迁心之善，改心之过，谓之'正心'；改身之过，迁身之善，谓之'修身'；改家之过，迁家之善，谓之'齐家'；改国与天下之过，迁国与天下之善，谓之'治平'。学者但不见今日有过可改，有善可迁，便是昏惰了一日；人君但不见天下今日有过可改，有善可迁，便是苟且了一日。"

三、"择其善者而从之"：效仿榜样法

此处所讲的"榜样"是中性词，指可以被他人观察的对象。效仿榜样法是指，个体通过观察他人的言行，从其身上学到优秀的品质，以此来提高自己的品行修养；或者，个体通过观察他人身上展现出来的不良品行给其带来的不良影响，进而以此为戒，警示自己将来不要拥有此不良品行，或以此为鉴，从而改正自己已有的不良品行，结果使自己的品行修养得到提高。《论语·述而》记载，孔子说："三人行，必有我师焉，择其善者而从之，其不善者而改之。""多闻，择其善者而从之。"这表明孔子主张个体要通过效仿榜样的方法来改正自己品行上的缺点，以提高自己的品德修养。

此法为历代学者所继承。如荀子在《修身》里也说："见善，修然必以自存也；见不善，愀然必以自省也。善在身，介然必以自好也；不善在身，菑然必以自恶也。故非我而当者，吾师也；是我而当者，吾友也；谄谀我者，吾贼也。"叶适在《习学记言序目·论语·述而》中说："孔子曰：'三人行，必有我师焉，择其善者而从之，其不善者而改之。'故造次颠沛皆道所在，而无难求难得之患，圣人所以能终其身于学而不厌，由此也。"从心理学视角看，效仿榜样法实为一种观察学习，学习者通过观察品德高尚的正人君子的一言一行，然后模仿他们的言行方式去行动，或者，通过观察一个曾犯错误的人如何改正自己的错误，然后学习者模仿他们的做法去改正自己的错误，确是两条防止自己产生不良品行的有效办法。

四、"西门豹之性急，故佩韦以自缓"：准行为矫正法

先哲在防治不良品行方面，曾运用了准行为矫正法，即通过采取一定的行为措施（如佩韦）来改变自己不良性情的方法。这里将古人所用的"行为矫正法"称作准行为矫正法，是因为古人不可能使用现在通常意义上讲的行为矫正（behavior modification）。后者是依据条件反射理论和社会学习理论改正人们不良行为的一种技术，一般采取正负强化的奖惩方式进行训练。

在防治自己不良性情方面，古人很早就使用了这种准行为矫正法。《韩非

子·观行》记载："西门豹之性急，故佩韦以自缓；董安于之心缓，故佩弦以自急。"战国时期的西门豹意识到自己性格过于急躁，就身佩柔韧的皮带来提醒自己谨慎行事；春秋末期的董安于意识到自己性情缓慢，时常身佩绷紧的弓弦来督促自己办事干练些。可见，早在先秦时期，中国古人在防治自己性情上的某些缺点时，就运用了类似于行为主义心理学家主张的行为矫正技术，只是未从理论上加以总结，才将它称作准行为矫正法；同时，这种方法也多停留在个人使用的层面上，未加以推广运用而已，甚为可惜！

第三节　中国传统防治品行不端思想对当代德育的启示

一、走防治结合的道路

先哲认识到，与其等到个体产生不良品行后再花大力气去矫正，不如在其未发生之前就阻断为佳；无论是良好的品行还是不良的品行，都是从细微处逐渐积累起来的。这样，在防治不良品行方面，先哲力主走防治相结合的道路。为此，他们多主张要运用多种方法来达到防止个体产生不良的品行，其中既有偏重"防"的方法，如自我反省法和从小实施正面教育法等，也有偏重"治"的方法，如改过法与准行为矫正法等。这一思路至今看来仍有借鉴意义。换句话说，今天中国的德育工作者在防治个体产生不良品行这一问题上，仍应走防治相结合的道路，不能偏执一方。

二、"蒙以养正"：一个重要的育德做法

在防治不良品行方面，先哲力主走防治相结合的道路。为实现这一策略，先哲的一个重要做法是，主张"蒙以养正"，即通过向个体实施连贯的正面教育，让个体自小养成良好的道德行为习惯，以便杜绝不良品行的产生和发展。这样，先哲多认为，培养"圣人"要从人的童蒙时代开始，将小学（古人一

587

般将 15 岁以前所受的教育叫小学教育，15 岁以后受大学教育）的德育比喻为"打坯模"的工作。如《朱子语类》卷第七说："古者小学已自养得小儿子这里定，已自是圣贤坯璞了，但未有圣贤许多知见。及其长也，令入大学，使之格物、致知，长许多知见。""古者，小学已自暗养成了，到长来，已自有圣贤坯模，只就上面加光饰。"这一思想至今看来也颇有启示，今人在进行道德教育时，也应适当借鉴"蒙以养正"的思想与做法，因为"蒙以养正"非常符合人的心理发展规律。

三、改过迁善：一条重要的育德经验

"金无足赤，人无完人。"任何人都有缺点，都有犯错的时候，犯错不可怕，怕的是知错不改、明知故犯或屡错屡犯。先哲将改过法作为防治不良品行的重要方法，强调对待错误的态度是要做到知错即改，这是颇为实在的，也是人人都能做到的。毛泽东在《关于正确处理人民内部矛盾的问题》中说："我们曾经把解决人民内部矛盾的这种民主的方法，具体化为一个公式，叫做'团结—批评—团结'。讲详细一点，就是从团结的愿望出发，经过批评或者斗争使矛盾得到解决，从而在新的基础上达到新的团结。"（毛泽东，1999，p.210）这是把马列主义与中国知错则改的优良传统相结合的产物，从而将中国传统美德发展至新的阶段。今天中国的德育工作者应将改过迁善作为一条重要的育德经验予以重视。

以性善论为基础塑造出来的儒家自我结构图因将伊底（Id，本我）排除在自我的结构之外，导致多数中国人不易宽恕自己或他人在道德上所犯的过错，而倾向于严厉对待。但改过迁善的思想告诉人们，只要守住不犯大错的底线，在一定情境里，宜鼓励个体尤其是年轻人大胆去尝试，要允许人们犯小错误。美国心理学家桑代克（Edward Lee Thorndike，1874—1949）提出著名的"尝试错误说"（trial-and-error theory），它告诉人们，犯点小错是"尝试错误学习"的必经阶段，有些事情只有试过之后才知适不适合自己，才知其背后的道道。担心犯小错，什么事都不敢尝试，这样做是不会犯错误，却也无法让自己进步，这才是愚蠢。只要不是犯了严重的错误或十恶不赦的错误，对于犯

过"偷鸡摸狗"之类小错误的人要持一种宽恕的态度，要给予他们改过自新的机会，毕竟"浪子回头金不换"。当然，"浪子回头金不换"也表明，"浪子回头"的概率非常小，所以"浪子回头"才显得稀罕，才显得有宣扬的价值，故才能"金不换"。因此，在道德教育中，正道还是宜相信"少成若天性，习惯成自然"的道理，接着以正面教育为主，引导个体逐渐生成良好的品性，不要等到个体成了"浪子"，再来予以矫正，希望他改过迁善，毕竟积重难返。此外，不要过于向个体尤其是青少年宣扬"一失足成千古恨"的思想。因为，许多事实表明，"一失足成千古恨"的思想易产生这样的负面影响：某些人为了不"失足"，往往养成对权威者（如家长、老师、领导等）言听计从的思维定势或"好孩子倾向"，这种人多存在"不求有功，但求无过"的心态，这就容易限制人们创造性思维的发展；同时，假若一个人一旦由于种种原因而一时失足，因得不到他人的理解、同情和宽恕，易走上"破罐子破摔"的道路，不利于社会的繁荣与稳定。

第十三章

中国传统德育心理学思想的
基本特色和主要价值

至此，中国传统德育心理学思想的主要内容与现实意义都已呈现在读者面前，为便于读者从宏观上全面准确把握中国传统德育心理学思想，下面简要概括中国传统德育心理学思想的基本特色和主要价值。

第一节　中国传统德育心理学思想的基本特色

一、强调美德在践履，"美德即知识"的思想较少

如前文所引，现代认知心理学一般将知识定义为，主体通过与其环境相互作用而获得的信息及其组织。根据这个定义，知识的范围极广。从安德森（Anderson，1980）的知识分类角度看，既包括陈述性知识（declarative knowledge）也包括程序性知识（procedural knowledge）。从波兰尼（Polanyi，1959）的知识分类角度看，既包括显性知识（explicit knowledge）也包括隐性知识（implicit knowledge），其中显性知识也叫"明言知识"（articulate knowledge），隐性知识也叫默会知识或暗知识（tacit knowledge）或非明言知识（inarticulate knowledge）。从获取知识的方法看，包括用各种方法（包括思辨法、观察法、实验法、问卷法等）获得的知识。中国古人虽未对知识作如此清晰的分类，却持广义的知识观。《墨子·经说上》说："知，传受之，闻也；方不㢓，说也；身观焉，亲也。"在这里，墨家按获得知识的不同方式，明确将"知"分为传闻之知、说知和亲知。《庄子·天道》里记载了一段桓公与轮扁关于读书的对话：

> 桓公读书于堂上，轮扁斫轮于堂下，释椎凿而上，问桓公曰："敢问，公之所读者何言邪？"公曰："圣人之言也。"曰："圣人在乎？"公曰："已死矣。"曰："然则君之所读者，古人之糟魄已夫！"桓公曰："寡人读书，轮人安得议乎！有说则可，无说则死。"轮扁曰："臣也以臣之事观之。斫轮，徐则甘而不固，疾则苦而不入。不徐不疾，得之于手而应于心，口不能言，有数存焉于其间。臣不能以喻臣之子，臣之子亦不能受之于臣，是以行年七十而老斫轮。古之人与其不可传也死矣，然则君之所读者，古人之糟魄已夫！"

这段对话实际上是在告诉人们一个道理：不能将书本知识（显性知识）等同于作者的全部知识，读书只能学到作者的显性知识，却无法学到作者的默会知识，因为默会知识已随作者的去世而消失。王守仁（1992，p.115）也说："用功到精处，愈着不得言语，说理愈难。若着意在精微上，全体功夫反蔽泥了。"这表明《庄子》和王守仁已无意中触及默会知识的存在。由于知识是广义的，人们常说的"文盲"只是缺乏文字知识，从而既无法用文字将自己的所知表达出来，也无法识别由文字记载的知识。不过，"文盲"虽无文字知识，却可有丰富的人生知识和默会知识。这种知识观其实是中国古代的一贯传统。例如，据《邵雍集·伊川击壤集》卷八记载，邵雍（2010，p.297）在《知识吟》中说："目见之为识，耳闻之谓知。奈何知与识，天下亦常稀。"既然"目见之为识，耳闻之谓知"，那么，一个人只要不是天生的既盲又聋的残疾人，便都能通过自己的眼睛观察而不断积极"见识"，通过耳听而不断积累"闻知"。

基于上述认识，中国人早在先秦时期就清楚地认识到知识学习与品德修养的联系和区别，进而将知识学习与品德修养相分开，产生厚重的重行的知行合一论思想。结果，在育德这一问题上，与西方知性优先、"美德即知识"的思想大异其趣，中国传统文化不太重视知识在育德中的作用，一向缺乏"知识就是力量"的爱智传统，而素有"品德就是力量"的爱德传统。此外，先哲非常强调践履在道德修养中的功效，不但视之为修德的起点，而且视作修德的主要载体。因此，中国传统道德文化的第一个特色是，蕴含有浓厚的美德在践履思想，"美德即知识"的思想较少。既然如此，当代中国德育如果想使自己拥有历史的深邃与厚重，而不是成为无根的浮萍，就不宜断然斩断其与中国传统文化的联系，而是要自觉地反省传统，并继承和弘扬中国传统道德文化的精髓。有一段时间，有些中国学人尤其是某些青年学人，有意无意地将中国传统文化与封建糟粕等相提并论，这种"一刀切"的做法是不合辩证唯物主义精神的。同时，当代中国德育如果能清楚地认识到中西传统道德文化的上述重要差异，就会清楚地知道，中国人没有"美德即知识"的心理习惯、思维方式和文化传统，在中国德育实践里盲目照搬西方知性德育的种种做法，只能致使其在中国的水土不服，绝不会有什么好结果。果真如此，今后中国德育就能较好地避免像前一段时间那样走一些弯路。

二、阐述育德方法多，系统、全面、深入的理论分析较少

综观整个中国传统德育心理学思想，可以发现先哲特别重视对育德方法的阐述，这从本书的篇幅安排中就可见一斑。本书用了整整五章的篇幅来阐述先哲的育德方法。至于德育的理论，先哲尽管也加以论述，但多只是采取"语录体"的言论进行概说或简短论证，一般不作深入、全面、系统的论证。这一特点与中国传统文化过于讲实用而不太重视知识的探讨的总体特点一致，也吻合中国传统文化擅长整体思维和直觉而少分析思维和逻辑思维的特点。这一特点致使中国先人对德育、德育心理学的理论往往缺乏系统、深刻和严谨的论证与阐述，不但增加了后人研究的难度，也不利于人们准确、全面、深刻地把握育人的规律，这是中国传统德育心理学思想历史悠久并绵延至今而仍生机勃勃，但其自身又未自然而然地演化为科学意义的德育心理学的重要内因。借鉴中国传统德育心理学思想发展的这一经验与教训，当代中国德育心理学研究者宜在重视德育实践的同时，加强理论修养，及时将自己在育人过程中获得的心得体会提升成小型的理论，然后在众多小型理论的基础上再建构较大型理论。果真如此，终有一天我们就也会拥有自己的一套德育心理学理论体系。

三、重质的研究，轻量的探讨

中国传统德育心理学思想的第三个特色在于：重质的研究，轻量的探讨。这一特色充分体现在品德考评思想中。先哲虽重品德考评，但一般只作定性分析，不作定量分析。即便有某些定量研究，也多是一种粗略的统计分析。这既是中国传统品德考评的优点，也是中国传统品德考评的缺点。中国传统德育心理学思想之所以具有此特色，缘由主要有二：一是品德心理研究本身的复杂性所致。品德心理以其研究的复杂而著称于世，致使在当代心理学大家庭中，相对于知识学习的研究，道德学习的研究从总体上看仍非常薄弱，至今为止，在此领域可圈可点的大家主要是皮亚杰和科尔伯格等少数明星，与此形成鲜明对

比的是，在知识学习领域，涌现出了众多的大家，拥有纷繁复杂的理论与研究技术。同时，由于品德心理的复杂性，至今人们仍不敢轻易在心理测量领域谈品德测量，今人都如此，更何况古人！从这个意义上，中国先哲在研究道德学习时只能重质的研究，他们即便想多做量的分析，也是"心有余而力不足"，今人不宜苛求古人。二是与中国人习惯模糊思维的思维方式有关。中国人很早就习惯模糊思维，喜欢对客观事物作一种笼统而不是精细的把握。例如，《老子·二十一章》在向人描述"道"时，所用的语言就带有明显的模糊性，让人看过之后如坠云雾，三分清楚七分模糊："道之为物，惟恍惟惚。惚兮恍兮，其中有象；恍兮惚兮，其中有物。窈兮冥兮，其中有情；其情甚真，其中有信。自今及古，其名不去，以阅众甫（万物的本原，引者注）。吾何以知众甫之然哉？以此。"《庄子·应帝王》更是讲了一个对后世中国人思维方式影响深远的、推崇自然的"浑沌"状态而反对人为精确化的寓言故事："南海之帝为倏，北海之帝为忽，中央之帝为浑沌。倏与忽时相遇于浑沌之地，浑沌待之甚善。倏与忽谋报浑沌之德，曰：'人皆有七窍，以视、听、食、息，此独无有，尝试凿之。'日凿一窍，七日而浑沌死。"由于习惯模糊思维，多数中国古人的思维方式里缺乏精确思维的习惯，不习惯去做量化研究（汪凤炎，2019c，p.417）。这是中国传统学问的整体偏失，是今天中国人在做学问时宜引以为戒的。当然，"过犹不及"，考虑到品德心理的复杂性和研究手段的有限性，今人在对品德心理进行量化研究时也要适度而止，切不可在此问题上矫枉过正！

四、重整体把握，少细致分析

重整体把握，少细致分析，是中国传统德育心理学思想的第四个特点。先哲对品德的心理结构的看法鲜明地体现了这一特色。关于品德的心理结构，先哲中几乎没有一人有意识地对它作细致分析，以便将品德的心理成分——厘定出来，多是在未弄清品德的心理成分的前提下，就对它作一整体把握，这与中国向来重整体思维而轻分析思维的传统相一致。由此可见，中国传统的整体思维虽然有助于先哲们从整体上把握自己的研究对象，并使先哲们养成了用"事物是普遍联系的"观点来看待世界；但毋庸讳言，中国传统的整体思维是在没有经过对事物进行科学的分解，没有精确研究事物的细节之前，只凭直觉大谈事物的整体性，这种缺少分析思维的整体思维带有明显的不足：思维方式虽重视对事物作质的探讨，但轻视对事物作定量的分析；习惯于用宏大叙事的方式描述事物，并且在描述事物的过程中常常带有朦胧的猜测成分，不求准确清晰，往往具有不确定性与多义性的特点；在方法上，讲究设象喻理，却疏于作严密推理。这种整体思维方式从总体上看只能给人提供关于事物的模糊整体图景（荣开明，等，1989，pp.124-125）。有鉴于此，今天的中国人在研究德育心理学时，宜兼顾整体思维与分析思维的长处，而扬弃二者的短处，进而在研究过程中做到：在认识事物的各个细节的基础上，再对事物作全面、系统的把握。果真如此，必将有助于提高中国德育心理学研究的科学性。

五、他育与自育兼顾，更重自育

先哲意识到德育的复杂性与独特性，在德育方式与方法上，提倡他育与自育要兼顾。这样，先哲既主张教育者要通过化育等方式或方法来培育他人的品德（他育），同时，也提倡每个有自主学习能力的个体都要通过自我心性修养的方式或方法来培育自己的品德（自育）。正如《淮南子·诠言训》所说，"德可以自修"。不过，考虑到道德教育的独特性（德育的实质是使人获得某种道德品质），在兼顾他育与自育的前提下，先哲多认为德育的关键是自育，而不是他育，强调个体通过道德理性的自觉来进行自我品行的修养，进而将个体的这种自我心性修养过程（即修身过程）与"齐家"、"治国"乃至"平天下"联系起来。这就是《大学》讲的"三纲领八条目"（详见本书第二章第一节）。

六、重视提升个人自我道德境界，较少探讨提高公德与群体道德的方法

中国古代社会主要是"家天下"式朝代国家，用古人的话语说，就是"溥天之下，莫非王土"。用社会心理学的术语讲，在中国古代社会，一个人的公

我与私我没有真正分开，公我与私我之间是我中有你你中有我的交叉关系。再加上中国古代社会是一种宗法型的家族社会，"国"与"家"紧密相连，在"国"与"家"之间缺少"社会"这一环节。许多古人都相信，一个在家讲孝的人，走入社会肯定会尽忠；一个人只有先修身，身修之后，才能齐家、治国、平天下。将"修身"视作"齐家"、"治国"、"平天下"的前提与基础。正如《中庸》所说："知所以修身，则知所以治人；知所以治人，则知所以治天下国家矣。"于是，先哲非常重视个人自我的心性修养，注重一个人自我道德境界的提升。至于如何提升群体的道德境界，先哲不太深究。用今天的眼光看，先哲重视一个人私德的培育，却几乎不重视如何培育个体的公德与群体的道德。于是，重视个人自我道德境界的提升，不太重视探讨提升群体道德的方法，就成为中国传统道德文化的第六个特色。由于这个特色，中国传统文化中虽有"天下兴亡、匹夫有责"的思想，但更多是"不在其位，不谋其政"、"明哲保身"、"穷则独善其身，达则兼善天下"之类的思想。这样，尽管各朝各代都会出几位人品非常高尚的道德楷模，但不可否认的是，几乎每个王朝又多半是因为整个社会的道德沦散才灭亡的。这是今天研究中国传统德育心理学思想时不能不予以反省的。这一经验教训告诉我们，在道德教育过程中，不但要注重培育个体的私德，还要注重培育个体的公德和群体的道德，尽量杜绝"平庸之恶"的发生。只有二者兼顾，方能使道德教育收到良好效果。

七、多持"生活即德育"的大德育观，几无片面强调学校道德教育的狭隘德育观

先哲充分认识到道德习俗在育德中的重要作用。从个体的角度看，只有极少数人能做到"出淤泥而不染"，多数人的品德随道德习俗而变。正所谓"习与性成"，"习俗移人，贤智者不免"，"近朱者赤，近墨者黑"。或者如《晏子春秋·内篇杂下》所说："橘生淮南，则为橘；生于淮北，则为枳。叶徒相似，其实味不同。所以然者何？水土异也。"相应地，在探讨道德教育时，先哲多未持片面强调学校道德教育的狭隘德育观——不将眼光局限于学校的道德教育

上，而主张"生活即德育"的大德育观。这主要体现在三个方面：一是强调德育要从胎教开始，并持续人的一生，有"活到老，学到老"的终身教育思想。二是主张道德教育在个体的日常生活中进行，以使道德教育渗透个体日常生活的方方面面。据《论语·学而》记载，孔子说："弟子，入则孝，出则弟，谨而信，泛爱众，而亲仁。行有余力，则以学文。"孔子学生子夏主张："贤贤易色；事父母，能竭其力；事君，能致其身；与朋友交，言而有信。虽曰未学，吾必谓之学矣。"三是强调个人、家庭、学校和国家共同参与，在德育中有全民参与的思想。就学校生活德育而言，其最佳切入点是改变学校的道德习俗，花大力气加强学校良好道德习俗的建设，让每位师生都持久地生活在良好的道德习俗中，自然会使其良好德性在潜移默化中逐渐生成，而且是"少成若天性，习惯成自然"。就家庭和社会生活德育而言，其最佳切入点是改变本国、本地区的道德习俗，这就要充分发挥政府各级部门（包括部门领导和各级各类公务员的良好道德示范作用以及各类媒体的良好宣传与引导作用）、各类民间团体或组织、各类名人以及父母或家长在传承和建构良好道德习俗中的重要作用。因为这四种因素在传承已有优秀道德习俗以及改变旧道德习俗和形成新道德习俗的过程中扮演重要作用（汪凤炎，郑红，2012）。以儒家生活德育思想为例，其内在逻辑见图 13-1。

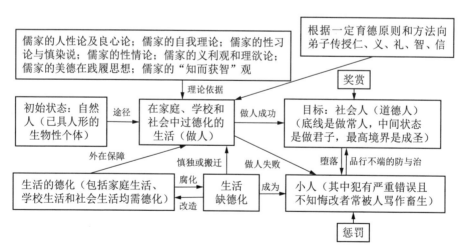

图 13-1　儒家生活德育思想的内在逻辑

　　"生活即德育"的大德育观对于今天中国道德教育的启示是，道德教育的眼光不能太狭隘，即不能将道德教育仅仅局限于学校道德教育。因为单纯的学校道德教育形式太单一，也不能持续于人的一生，毕竟学校生活只是一个人一生中的一小段生活而已；再者，学校仅是"小社会"，社会才是真正的"大学校"，道德教育若仅注重学校的道德教育，其实效性不高也是情理中的事情。这样，今天中国的道德教育要想改变实效性不高的被动局面，就应该去除过去那种片面强调学校道德教育的狭隘德育观，而持"生活即德育"的大德育观，重视日常生活（广义的）在培育个体德性中所起的重要作用。换言之，在重视学校道德教育的同时，也不应忽视个人的心性修养、家庭的道德教育以及社会教化等所起的作用。

第二节　中国传统德育心理学思想的主要价值

　　为了使读者对中国传统德育心理学思想的主要价值一目了然，再对它们作一简要概括。

一、理论价值

　　中国传统德育心理学思想的理论价值主要体现在七个方面：（1）中国传统道德文化中蕴含的真善合一观可以弥补西方真善二分观的不足；（2）中国大哲力倡的"美德即仁爱"观可以弥补西方大哲主张的"美德即公正"观的不足；（3）中国先哲主张的知行合一观可以弥补西方知行二分观的不足；（4）中国传统道德文化中蕴含的美德在践履观可以弥补西方"美德即知识"观的不足；（5）中国古人主张的性习论可以弥补西方遗传决定论和环境决定论的不足；（6）中国传统道德文化中蕴含的情理融通观可以弥补西方理情二分观的不足；（7）中国传统道德文化中蕴含的"生活即德育"的大德育观可以弥补今人只注重学校道德教育的不足。

二、现实价值

中国传统德育心理学思想的现实价值主要体现在四个方面：（1）提供了"生活即德育"的育德模式、情理融通的育德模式和培育道德自我的育德模式等三种有价值的育德模式。（2）提出了五大类至今仍有价值的育德方法，即化育美德的方法、觉悟美德的方法、情育美德的方法、修心育德的方法和践履美德的方法，这些方法只要细心体会、用心琢磨，都可以用在现实的道德教育中，为当代中国道德教育提供一些行之有效的方法。（3）提出了多种方便可行的品德考评方法。（4）能促进中国德育心理学的学科建设。当前中国德育心理学主要通过移植西方德育心理学建立起来的，缺乏自己的理论、观点和方法，使得很多研究者在研究德育心理学时多按照西方的模式进行研究，缺乏自己独特的研究视角。中国传统德育心理学思想能通过直接提供具有借鉴意义的理论观点、模式和方法等以及提供一种新研究视角来促进中国现代德育心理学的建设。

假若用五个字来概括中国传统德育心理学思想的精髓，那就是"生活即德育"。"生活即德育"是中国传统德育心理学思想的最重要观点和最大特色，它犹如一条红线贯穿中国传统德育心理学思想，因为化育美德、觉悟美德、情育美德、修心育德乃至践履美德都必须在生活中进行。在先哲眼中，生活既是育德最重要的媒介和手段，也是育德的最终归宿和目的。这一思想既与古人倡导"德者，得也"和德育是培养"做人"的主旨相通，与当代德育强调"学会（正确）生活"的思想也暗合。同时，"培育道德自我是育德关键"的思想是中国传统德育心理学思想的另一个重要观点和显著特色。就育德方法而言，先哲所讲的诸种方法，如化育法、觉悟法、力行法、内省法、寡欲法、诚敬存心法和慎独法等，说到底，实际上都是培育道德自我的方法，这与当代德育强调"学会（正确）学习"和"学会（正确）选择"的主旨殊途同归。同时，中国传统德育心理学思想是在漫长的中国社会政治经济文化历史演变中形成和发展起来的，不仅时间跨度大，涵盖了中国人心理特质形成和发展变化的绝大多数时间；更重要的是，它是植根于中国社会政治经济文化历史土壤的德育思想，符合中国人的哲学传统和思维习惯，能真正反映中国人心理尤其是道德品质发生、发展及变化的规律；中国传统德育心理学思想里蕴藏的许多理论观点、育德模式和育德方法等，都是历代对中国传统文化历史了解甚深的大思想家或教育家等人，在深入研究中国人心理与行为的基础上提出来的，其中的许多德育心理学思想大都从不同程度、不同侧面反映出中国人道德品质发展变化的规律，一些育德模式和育德方法经过实践检验后也证明是颇为科学而有效的。这样，当代中国德育要想有"根"，而不是想自毁其"根"，不想走上"欲练神功，挥刀自宫"（出自金庸的《笑傲江湖》）的邪路，就必须在做到放眼世界的同时，将其与中国传统文化对接，"根深"才能"叶茂"，空中楼阁毕竟好看不中用。正如贾谊在《惜誓》中所说："水背流而源竭兮，木去根而不长。"韩愈在《答李翊书》中也说得好："根之茂者其实遂，膏之沃者其光晔。"

参考文献

一、中文部分

［德］埃利希·诺伊曼（Erich Neumann）.（1998）.*深度心理学与新道德*.高宪田，黄水乞，译.北京：东方出版社.

［美］爱德华·希尔斯（Edward Shils）.（1991）.*论传统*.傅铿，吕乐，译.上海：上海人民出版社.

［美］安乐哲.（2006）.*自我的圆成：中西互镜下的古典儒学与道家*.彭国翔，编译.石家庄：河北人民出版社.

白奚.（2000）."仁"字古文考辩.*中国哲学史*,（3），96–98.

班华.（1986）.思想品德结构与新时期德育任务.*华东师范大学学报（教育科学版）*,（2），25–29.

北京大学哲学系外国哲学史教研室.（1961）.*古希腊罗马哲学*.北京：商务印书馆.

［美］本杰明·M.弗里德曼（Benjamin M. Friedman）.（2008）.*经济增长的道德意义*.李天有，译.北京：中国人民大学出版社.

［美］彼得·F.德鲁克.（1989）.*有效的管理者*.屠端华，张晓宇，译.北京：工人出版社.

［古希腊］柏拉图（Plato）.（1986）.*理想国*.郭斌和，张竹明，译.北京：商务印书馆.

曹胜高，安娜.（2007）.*六韬·鬼谷子*.北京：中华书局.

曹先擢.（1985）.*通假字例释*.郑州：河南人民出版社.

岑国桢.（1998）.从公正到关爱、宽恕——道德心理研究三主题略述.*心理科学*,*21*（2），163–166.

［美］查尔斯·霍顿·库利（Charles Horton Cooley）.（1989）.*人类本性与社会秩序*.包凡一，王源，译.北京：华夏出版社.

陈初生.（1987）.*金文常用字典*.西安：陕西人民出版社.

陈独秀.（1915）.东西民族根本思想之差异.*青年杂志*,*1*（4），1–4.

陈独秀.（1916）.吾人最后之觉悟.*青年杂志，1*（6），1-4.

陈独秀.（1917）.再论孔教问题.*新青年，2*（5），1-4.

陈根法.（1997）.论德性与心灵的秩序.*复旦学报（社会科学版）*，（4），58-62.

陈谷嘉，朱汉民.（1998）.*中国德育思想研究*.杭州：浙江教育出版社.

陈鼓应.（1984）.*老子注译及评介*.北京：中华书局.

陈鼓应.（2009a）.*老子注译及评介*（修订增补本）.北京：中华书局.

陈鼓应.（2009b）.*庄子今注今译*.北京：中华书局.

陈洪娟.（2010）.远离诱惑.*大公报*，2010-08-08.

陈坚.（1999）.中国哲学何以能成立——四位学者对中国哲学成立的证明.*中国哲学*，（3），3-9.

陈来.（2004）.*宋明理学*.上海：华东师范大学出版社.

陈来.（2007）.朱熹《中庸章句》及其儒学思想.*中国文化研究*，（2），1-11.

陈来.（2014）.论儒家的实践智慧.*哲学研究*，（8），36-41+128.

陈立.（1994）.*白虎通疏证*.吴则虞，点校.北京：中华书局.

陈升.（1999）.论道德教育中存在的问题.*道德与文明*，（5），29-33.

陈雅凌.（2014）.法不诛心.*人民法院报*，2014-12-19（007版）.

陈泽河，戚万学.（1991）.*中学德育概论*.济南：山东教育出版社.

陈至立.（2019）.*辞海*（第七版彩图本）.上海：上海辞书出版社.

［宋］程颢，程颐.（2004）.*二程集*（第二版）.王孝鱼，点校.北京：中华书局.

［美］成中英.（1991）.*论中西哲学精神*.李志林，编.上海：东方出版中心.

迟希新.（2014）."吃苦教育"是一个教育假命题.*人民教育*，（20），7.

［日］池田大作，［英］汤因比.（1985）.*展望21世纪——汤因比与池田大作对话录*.荀春生，朱继征，陈国梁，译.北京：国际文化出版公司.

邓晓芒.（2010）.对儒家"亲亲互隐"的判决性实验.*南风窗*，（23），96.

丁四新.（2019）."罢黜百家，独尊儒术"辨与汉代儒家学术思想专制说驳论.*孔子研究*，（3），126-138.

董诰，等.（1983）.*全唐文*（第7册）.北京：中华书局.

窦文宇，窦勇.（2005）.*汉字字源：当代新说文解字*.长春：吉林文史出版社.

［美］杜威（John Dewey）.（1994）.*学校与社会·明日之学校*.赵祥麟，等译.北京：人民教育出版社.

［美］杜维明.（1988）.*人性与自我修养*.胡军，于民雄，译.北京：中国和平出版社.

［美］杜维明.（2016）.儒家的"仁"是普世价值.*西安交通大学学报（社会科学版），36*（3），1-8.

樊浩.（1997）.*中国伦理精神的现代建构*.南京：江苏人民出版社.

［宋］范晔.（1965）.*后汉书*.［唐］李贤，等注.北京：中华书局.

范忠信.（1997）.中西法律传统中的"亲亲相隐".*中国社会科学*,（3），87–104.

方克立.（1982）.*中国哲学史上的知行观*.北京：人民出版社.

费孝通.（1998）.*乡土中国　生育制度*.北京：北京大学出版社.

冯达甫.（1991）.*老子译注*.上海：上海古籍出版社.

［明］冯梦龙.（2007）.*智囊全集*.栾保群，吕宗力，校注.北京：中华书局.

冯天瑜，何晓明，周积明.（2010）.*中国文化史*（第3版）.上海：上海人民出版社.

冯友兰.（1957a）.中国哲学遗产底继承问题.*光明日报*，1957-01-08.

冯友兰.（1957b）.再论中国哲学遗产底继承问题.*哲学研究*,（5），73–81.

冯友兰.（1984a）.*三松堂自序*.北京：三联书店.

冯友兰.（1984b）.*三松堂学术文集*.北京：北京大学出版社.

冯友兰.（1996a）.*贞元六书*.上海：华东师范大学出版社.

冯友兰.（1996b）.*中国哲学简史*.北京：北京大学出版社.

冯友兰.（2000）.*中国哲学史*（上、下册）.上海：华东师范大学出版社.

［美］佛洛姆（Erich Fromm）.（1970）.*人类之路*.蔡伸章，译.台北：协志工业社.

［奥］弗洛伊德（Sigmund Freud）.（2009）.*精神分析引论*.高觉敷，译.北京：商务印书馆.

［奥］弗洛伊德（Sigmund Freud）.（2016）.*自我与本我*.涂家瑜，李诗曼，李佼矫，译.北京：台海出版社.

傅统先，等.（1986）.*教育哲学*.济南：山东教育出版社.

傅亚庶.（1998）.*刘子校释*.北京：中华书局.

高觉敷（2005）.*中国心理学史*.北京：人民教育出版社.

葛荣晋.（1991）.儒家"中庸"概念的历史演变.*哲学与文化*,*18*（9），797–809.

葛鲁嘉.（1995）.*心理文化论要——中西心理学传统跨文化解析*.大连：辽宁师范大学出版社.

葛新斌，郭齐家.（1999）.西学东渐与中国近代道德教育观的演变.*华东师范大学学报（教育科学版）*,（1），10–17.

贡华南.（2009）.羞何以必要？——以孟子为中心的考察.*孔子研究*,（1），23–33.

顾伟康.（1990）.*禅宗：文化交融与历史选择*.北京：知识出版社.

广东、广西、湖北、河南辞源修订组，商务印书馆编辑部编.（1983）.*辞源（修订本；全两册）*.北京：商务印书馆.

郭本禹.（1999）.*道德认知发展与道德教育——科尔伯格的理论与实践*.福州：福建教育出版社.

郭本禹.（2003）.*当代心理学的新进展*.济南：山东教育出版社.

郭本禹.（2006）.*高觉敷心理学文选*.北京：人民教育出版社.

郭沫若.（1954）.*十批判书*.北京：人民出版社.

郭沫若.（1982）.*郭沫若全集（历史编第一卷）·青铜时代*.北京：人民出版社.

郭沫若.（1996）.*十批判书*.北京：东方出版社.

［晋］郭象，注.［唐］成玄英，疏.（1998）.*南华真经注疏*.曹础基，黄兰发，点校.北京：中华书局.

［美］海德格尔（Martin Heidegger）.（2012）.*存在与时间（修订译本）*.陈嘉映，王庆节，译.北京：生活·读书·新知三联书店.

韩进之，等.（1986）.*德育心理学概论*.上海：上海人民出版社.

［美］汉娜·阿伦特（Hannah Arendt）.（2016）.*艾希曼在耶路撒冷——一份关于平庸的恶的报告*（*Eichmann in Jerusalem：A Report on the Banality of Evil*）.安尼，译.南京：译林出版社.

汉语大字典编辑委员会.（2010）.*汉语大字典*（第二版 九卷本）.成都：四川出版集团·四川辞书出版社，武汉：湖北长江出版集团·崇文书局.

［美］豪尔·迦纳（Howard Gardner）.（2000）.*再建多元智慧——21世纪的发展前景与实际应用*.李心莹，译.台北：远流出版事业股份有限公司.

何怀宏.（1994）.*良心论*.上海：三联书店上海分店.

何怀宏.（2004）.*良心与正义的探求*.哈尔滨：黑龙江人民出版社.

何怀宏.（2019）.中国改革开放经济发展的文化价值动因.*武汉大学学报（哲学社会科学版）*，*72*（3），43-49.

河北省文物管理处.（1979）.河北省平山县战国时期中山国墓葬发掘简报.*文物*，（1），1-31.

贺麟.（1988）.文化与人生.北京：商务印书馆.

洪丕煦.（1984）.西方心理测验史略（之一）.*大众心理学*，（1），44.

胡伟希.（1992）.*传统与人文*.北京：中华书局.

胡平生.（1996）.*孝经译注*.北京：中华书局.

黄光国.（1995）.*知识与行动：中国文化传统的社会心理诠释*.台北：心理出版社有限公司.

黄光国.（2005）.*儒家关系主义：文化反思与典范重建*.台北：台湾大学出版

中心 .

黄光国 .（2021）."关系论"与"心性论"：儒家思想的开展与完成 . 宗教心理学，（6），23-42.

黄济 .（1994）. 中国传统教育哲学思想概论 . 郑州：河南教育出版社 .

黄希庭 .（2007）. 心理学导论（第二版）. 北京：人民教育出版社 .

黄永武 .（2013）. 独处时分 . 读者，（24），1.

黄裕生 .（2022）. 论自由、差异与人的社会性存在 . 中国社会科学，（2），23-42.

黄宗羲 .（1985）. 明儒学案 . 北京：中华书局 .

［美］霍尔（R.T.Hall），戴维斯（J.U.Davis）.（2003）. 道德教育的理论与实践 . 陆有铨，魏贤超，译 . 杭州：浙江教育出版社 .

［荷兰］吉尔特·霍夫斯泰德（Geert Hofstede），［荷兰］格特·扬·霍夫斯泰德（Gert Jan Hofstede）.（2010）. 文化与组织：心理软件的力量（第二版）. 李原，孙健敏，译 . 北京：中国人民大学出版社 .

戢斗勇 .（2000）. 儒家经济伦理精华 . 北京：中国文联出版社 .

［美］加涅（Robert M.Gagné）.（1999）. 学习的条件和教学论 . 皮连生，等译 . 上海：华东师范大学出版社 .

荆门市博物馆 .（1998）. 郭店楚墓竹简 . 北京：文物出版社 .

蒋勋 .（2015）. 道德不是批判他人 . 读者，（8），42.

金观涛 .（1989）. 奇异悖论——证伪主义可以被证伪吗？ 自然辩证法通讯，11（2），1-10.

焦国成 .（2019）. 孔子"一贯之道"定论析疑 . 中州学刊，（1），106-111.

焦丽颖，杨颖，许燕，高树青，张和云 .（2019）. 中国人的善与恶：人格结构与内涵 . 心理学报，51（10），1128-1142.

竭婧，杨丽珠 .（2006）.10—12 岁儿童羞愧感理解的特点 . 辽宁师范大学学报（社会科学版），（4），53-56.

景怀斌 .（2015）. 德性认知的心理机制与启示 . 中国社会科学，（9），182-202.

［德］康德（Immanuel Kant）.（1986）. 道德形而上学原理 . 苗力田，译 . 上海：上海人民出版社 .

康井泉 .（2015）. 自律是美德亦是能力 . 中国纪检监察报，2015-04-14（第 004 版）.

康有为 .（1987）. 孟子微 . 楼宇烈，整理 . 北京：中华书局 .

［美］拉思斯（L.E.Raths）.（2003）. 价值与教学 . 谭松贤，译 . 杭州：浙江教育出版社 .

［宋］黎靖德 .（1986）. 朱子语类 . 王星贤，点校 . 北京：中华书局 .

［宋］黎靖德 .（1994a）. 朱子语类（一）. 王星贤，点校 . 北京：中华书局 .

［宋］黎靖德．（1994b）.*朱子语类（三）*.王星贤，点校．北京：中华书局．

黎翔凤．（2004）.*管子校注*.梁运华，整理．北京：中华书局．

李伯黍．（1992）.*品德心理研究*.上海：华东化工学院出版社．

李伯黍．（1993）.*教育心理学*.上海：华东师范大学出版社．

李春秋，毛蔚兰．（2003）.*传统伦理的价值审视*.北京：北京师范大学出版社．

李凯成．（2015）.吴昌硕真迹换"真迹".*读者*,（8），45.

李美枝．（1994）.内团体偏私的文化差异：中美大学生的比较．载：杨国枢，等主编.*中国人的心理与行为：文化、教化及病理篇（一九九二）*（pp.153-155）.台北：桂冠图书股份有限公司．

李美枝．（2011）.评论黄光国的"含摄文化的心理学"：好像不是心理学？*本土心理学研究*,（36）：111-125.

李平．（2014）.中国智慧哲学与中庸之道研究．载：杨宜音，主编.*中国社会心理学评论（第八辑）*（pp.237-255）.北京：社会科学文献出版社．

李学勤．（1999）.*十三经注疏·周礼注疏（上）*.北京：北京大学出版社．

李亦民．（1915）.人生唯一之目的.*青年杂志*,1（2），3-6.

李拥军．（2014）."亲亲相隐"与"大义灭亲"的博弈：亲属豁免权的中国面相.*中国法学*,（6），89-108.

李宗桂．（1988）.*中国文化概论*.广州：中山大学出版社．

［美］理查德·格里格（Richard J.Gerrig）.（2023）.*心理学与生活（第20版）*.王垒，等译．北京：人民邮电出版社．

［美］理查德·J.格里格（Richard J. Gerrig），菲利普·G.津巴多（Philip G. Zimbardo）.（2003）.*心理学与生活（16版）*.王垒，王甦，等译．北京：人民邮电出版社．

梁启超．（1989）.变法通议·论幼学.*饮冰室合集（第一册）*.北京：中华书局．

梁漱溟．（1999）.*东西文化及其哲学（第2版）*.北京：商务印书馆．

廖名春．（2004）."慎独"本义新证.*学术月刊*,（8），48-53.

廖申白，等．（1997）.*伦理新视点——转型时期的社会伦理与道德*.北京：中国社会科学出版社．

林传鼎．（1980）.中国古代心理测验方法试探.*心理学报*,（1），75-80.

林传鼎．（1985）.*智力开发的心理问题*.北京：知识出版社．

林崇德．（1989）.*品德发展心理学*.上海：上海教育出版社．

林崇德，杨治良，黄希庭．（2003）.*心理学大辞典*.上海：上海教育出版社．

林森，陈鲲，黄美燕，蒋乐平．（2019）.*浙江义乌桥头遗址发现距今9000年左右上山文化环壕一台地聚落*.国家文物局．资料来源：http：//kaogu.cssn.cn/zwb/

xccz/201908/t20190814_4957446.shtml.

凌廷堪.（1998）.*校礼堂文集*.北京：中华书局.

刘长林.（2011）.养生是一种高尚的审美活动.*中国社会科学报*.2011-02-15（18）.

刘次林.（2006）.德目与道德教育.*全球教育展望，35*（6），33-36.

刘国强.（2001）.*儒学的现代意义*.台北：鹅湖出版社.

刘海春.（2024）.立足马克思主义文化观　担负新时代新的文化使命.*中国社会科学报*，2024-02-20（第1版）.

刘丽.（2001）.荀况的道德社会化思想.*心理科学，24*（3），378-379.

刘立祥.（2016）.文彦博："数豆宰相"的文成武德与修身之功.*领导科学*，（19），47-49.

刘梦岳.（2017）.从"经济伦理"到"制度主义"——"儒家文化与现代经济"的研究转向及其启示.*山西大学学报（哲学社会科学版），40*（2），98-106.

刘能，周航.（2021）.社会性死亡：互联网时代的社会控制和道德重塑.*江苏行政学院学报*，（6），53-60.

刘士林.（1999）.俗语"直"与道德的本源——俗语人类学札记.*中国人民大学复印报刊资料《伦理学》*，（9），13-19.

刘松来.（2007）."罢黜百家，独尊儒术"完成于汉成之世考.*江汉论坛*，（11），101-111.

刘伟林.（1989）.*中国文艺心理学史*.上海：上海三联书店.

［汉］刘向.（2009）.*说苑译注*.程翔，译注.北京：北京大学出版社.

刘笑敢.（1988）.*庄子哲学及其演变*.北京：中国社会科学出版社.

刘学照.（1997）.走出困境，把握机遇.*光明日报*，1997-04-22.

刘文典.（1989）.*淮南鸿烈集解*.冯逸，乔华，点校.北京：中华书局.

刘墉.（2012）.大刺和小刺.*读者*，（4），29.

卢兴.（2011）.现代新儒家视野中的"鹅湖之会".*中国社会科学报*，2011-5-3（第7版）.

鲁洁.（2001）.*超越与创新*.北京：人民教育出版社.

鲁洁，王逢贤.（1994）.*德育新论*.南京：江苏教育出版社.

陆谷孙.（2007）.*英汉大词典*（第2版）.上海：上海译文出版社.

［宋］陆九渊.（1980）.*陆九渊集*.钟哲，点校.北京：中华书局.

［美］罗伯特·K.默顿（Robert King Merton）.（2006）.*社会理论和社会结构*.唐少杰，齐心，等译.南京：译林出版社.

罗国杰.（1995）.*中国传统道德*（简编本）.北京：中国人民大学出版社.

罗国杰.（1998）.我们应当怎样对待传统——关于怎样正确对待传统道德的一点

思考．*道德与文明*，（1）：8-10．

罗义俊．（1989）．*评新儒家*．上海：上海人民出版社．

［战国］吕不韦．（2002）.*吕氏春秋新校释*.陈奇猷，校释．上海：上海古籍出版社．

［宋］吕大临，等．（1993）.*蓝田吕氏遗著辑校*.陈俊民，辑校．北京：中华书局．

［美］马丁·塞利格曼（Martin Seligman）.（2012）.*持续的幸福*.赵昱鲲，译．杭州：浙江人民出版社．

［德］马克思，恩格斯．（1979）.*马克思恩格斯全集*（第42卷）.中共中央马克思恩格斯列宁斯大林著作编译局，译．北京：人民出版社．

［德］马克思，恩格斯．（2009）.*马克思恩格斯文集*（第一卷）.中共中央马克思恩格斯列宁斯大林著作编译局，译．北京：人民出版社．

［美］马克斯·韦伯（Max Weber）.（1987）.*新教伦理与资本主义精神*.于晓，等译．北京：三联书店．

马文驹．（1990）.*当代心理学手册*.上海：上海科学技术出版社．

马有度．（1988）.*中国心理卫生学*.成都：四川科学技术出版社．

毛礼锐，沈冠群．（1987）.*中国教育通史*（第3卷）.济南：山东教育出版社．

毛泽东．（1999）.*毛泽东文集*（第七卷）.北京：人民出版社．

毛泽东．（1991）.*毛泽东选集*（第二卷）（第2版）.北京：人民出版社．

［明］梅膺祚．（1991）.*字汇　字汇补*.上海：上海辞书出版社．

蒙培元．（1993）.*中国哲学的主体思维*.北京：人民出版社．

孟万金．（1992）.中国传统德育观与当代西方德育观的比较.*教育研究*，（8），70-75.

莫雷．（2002）.*教育心理学*.广州：广东高等教育出版社．

南怀瑾，徐芹庭．（2009）.*周易今注今译*.重庆：重庆出版社．

倪梁康．（2000）.良知：在"自知"与"共知"之间——欧洲哲学中"良知"概念的结构内涵与历史发展.载：刘东，主编.*中国学术*（第一辑）.北京：商务印书馆．

宁业高，等．（1995）.*中国孝文化漫谈*.北京：中央民族大学出版社．

潘富恩．（1989）.论儒家孝观念的历史演变和影响.*儒学国际学术讨论会论文集*（上）（pp.440-449）.济南：齐鲁书社．

潘菽．（1980）.*教育心理学*.北京：人民教育出版社．

潘菽．（1984）.*心理学简札*（下）.北京：人民教育出版社．

庞朴．（1980）.*帛书五行篇研究*.济南：齐鲁书社．

彭国华．（2010）."中庸"辨义.*人民日报*，2010-01-15（07）．

钱铭怡，戚健俐．（2002）.大学生羞耻和内疚差异的对比研究.*心理学报*，（6），

626–633.

钱穆 .（2012）. *阳明学述要* . 北京：九州出版社 .

曲德来 .（2005）."忠"观念先秦演变考 . *社会科学辑刊*，（3），109–115.

任继愈 .（1990）. *中国道教史* . 上海：上海人民出版社 .

荣开明，等 .（1989）. *现代思维方式探略* . 武汉：华中理工大学出版社 .

邵瑞珍 .（1997）. *教育心理学*（修订本）. 上海：上海教育出版社 .

［宋］邵雍 .（2010）. *邵雍集* . 郭彧，整理 . 北京：中华书局 .

申辰 .（1984）."中庸"本义 . *国内哲学动态*，（2），22–24.

盛邦和 .（2013）."亚洲价值观"与儒家文化的现代评析 . *中州学刊*，（1），95–101.

施承孙，钱铭怡 .（1999）. 羞愧和内疚的差异 . *心理学动态*，7（1），35–38.

［战国］尸佼 .（2006）. *尸子译注* .［清］汪继培，辑 . 朱海雷，撰 . 上海：上海古籍出版社 .

［宋］司马光 .（2012）. *资治通鉴* .［元］胡三省，音注 . 北京：中华书局 .

［汉］司马迁 .（2005）. *史记* .［宋］裴骃集解 .［唐］司马贞，索隐 .［唐］张守节，正义 . 北京：中华书局 .

宋健 .（1996）. 超越疑古　走出迷茫（1996 年 5 月 16 日在夏商周断代工程会议的发言提纲）. *光明日报*，1996-05-21（5）.

孙宝瑄 .（1983）. *忘山庐日记* . 上海：上海古籍出版社 .

孙隆基 .（2011）. *中国文化的深层结构*（第 2 版）. 桂林：广西师范大学出版社 .

孙喜亭 .（2000）. 学生德性或德行能由内而外的生成吗？ *北京师范大学学报（人文社会科学版）*，（6），18–23.

［清］孙诒让 .（2001）. *墨子间诂* . 孙启治，点校 . 北京：中华书局 .

檀传宝 .（2019）. 爱的解释及其教育实现——孔子的"仁"与诺丁斯的"关怀"概念之比较 . *教育研究*，（2），149–152.

汤一介 .（1988）. *中国传统文化中的儒释道* . 北京：中国和平出版社 .

唐凯麟，罗能生 .（1998）. *契合与升华：传统儒商精神和现代化中国市场理性的建构* . 长沙：湖南人民出版社 .

唐劭廉，吕锡琛 .（2002）.《淮南子》道德认知图式省察 . *道德与文明*，（2），47–51.

陶德怡 .（1932）. 善恶字汇 . 载：张耀翔，主编 . *心理杂志选存*（上册）. 上海：中华书局 .

陶行知 .（1981）. *陶行知文集* . 南京：江苏人民出版社 .

［美］泰勒（Edward Burnett Tylor）.（1992）. *原始文化* . 连树声，译 . 上海：上海文艺出版社 .

田文军 .（2004）. 道德的中庸与伦理的中庸 . *武汉大学学报（哲学社会科学版）,* *57*（5），599–605.

万明钢 .（1996）. *文化视野中的人类行为——跨文化心理学导论* . 兰州：甘肃文化出版社 .

汪凤炎 .（1999）. 从心理学角度析理学中的理欲辩 . *心理科学, 22*（2），183–184.

汪凤炎 .（2002）. *中国传统德育心理学思想及其现代意义* . 哈尔滨：黑龙江教育出版社 .

汪凤炎 .（2006a）. 荣耻心产生的心理机制及其教育意义 . *教育研究,*（6），11–14.

汪凤炎 .（2006b）. "德"的含义及其对当代中国德育的启示 . *华东师范大学学报（教育科学版）,*（3），11–20.

汪凤炎 .（2006c）. 从五因素交互作用论看德育的作用 . *南京师大学报（社会科学版）,*（6），90–94.

汪凤炎 .（2007）. *中国传统德育心理学思想及其现代意义（修订版）* . 上海：上海教育出版社 .

汪凤炎 .（2015）. *中国养生心理学思想史* . 上海：上海教育出版社 .

汪凤炎 .（2019a）. 独立自我和互依自我：从文化历史演化看中式自我的诞生、转型与定格 . *南京师大学报（社会科学版）,*（4），61–77.

汪凤炎 .（2019b）. *中国文化心理学新论（上）* . 上海：上海教育出版社 .

汪凤炎 .（2019c）. *中国文化心理学新论（下）* . 上海：上海教育出版社 .

汪凤炎 .（2022a）. 关于智慧教育的三个基本问题 . *阅江学刊,*（1），85–97.

汪凤炎 .（2022b）. 自我的太极模型：提出背景与核心观点 . *南京师大学报（社会科学版）,*（2），53–64.

汪凤炎 .（2023a）. 如何开展智慧教育：以诚信教育为例 . *阅江学刊,*（2），135–143.

汪凤炎 .（2023b）. 关于自我的太极模型的三个问题 . *南京师大学报（社会科学版）,*（6），57–65.

汪凤炎 .（2024）. 培育智慧心：提升立德树人效果的有效路径 . *阅江学刊,*（3），144–154.

汪凤炎，等 .（2005）. *德化的生活——生活德育模式的理论探索和应用研究* . 北京：人民出版社 .

汪凤炎，傅绪荣 .（2017）. "智慧"：德才一体的综合心理素质 . *中国社会科学报,* 2017-10-30（6）.

汪凤炎，许智濛，孙月姣，周玲 .（2014）. 中国人孝道心理的现状与变迁 . *心理学探新, 34*（6），527–535.

汪凤炎，燕良轼，郑红 .（2019）. *教育心理学新编（第五版）* . 广州：暨南大学出版社.

汪凤炎, 郑红.（2001a）.心理学研究的中国化：目的、涵义与做法.*心理科学*, *24*（2）, 244+241.

汪凤炎, 郑红.（2001b）.中国古代有心理学思想吗? *中国人民大学复印报刊资料《心理学》*,（8）, 2-6.

汪凤炎, 郑红.（2008）.孔子界定"君子人格"与"小人人格"的十三条标准.*道德与文明*,（4）, 46-51.

汪凤炎, 郑红.（2009）."知而获智"观：一种经典的中式智慧观.*南京师大学报（社会科学版）*,（4）, 104-110.

汪凤炎, 郑红.（2010a）.语义分析法：研究中国文化心理学的一种重要方法.*南京师大学报（社会科学版）*,（4）, 19-118.

汪凤炎, 郑红.（2010b）.*荣耻心的心理学研究*.北京：人民出版社.

汪凤炎, 郑红.（2011）.*良心新论——建构一种适合解释道德学习迁移现象的理论*.济南：山东教育出版社.

汪凤炎, 郑红.（2012）.改变道德习俗：生活德育的最佳切入路径.*南京社会科学*,（6）, 113-119.

汪凤炎, 郑红.（2014）.*智慧心理学的理论探索与应用研究*.上海：上海教育出版社.

汪凤炎, 郑红.（2015）.品德与才智一体：智慧的本质与范畴.*南京社会科学*,（3）, 127-133.

汪凤炎, 郑红.（2022）.*智慧心理学*.上海：上海教育出版社.

汪凤炎, 郑红.（2025）.*中国文化心理学（第六版）*.广州：暨南大学出版社.

汪凤炎, 郑红, 陈浩彬.（2012）.*品德心理学*.北京：开明出版社.

汪智艳, 张黎黎, 高隽, 钱铭怡.（2009）.中美大学生羞耻体验的异同.*中国心理卫生杂志*, *23*（2）, 127-132.

汪荣宝.（1987）.*法言义疏*.陈仲夫, 点校.北京：中华书局.

［宋］王安石.（1974）.*王文公文集*.唐武, 标校.上海：上海人民出版社.

王安石.（1992）.*荆公论议*.上海：上海古籍出版社.

王德培.（1983）.《书》传求是札记（上）.*天津师范大学学报*,（4）, 71-72.

王殿卿.（1999）.东方道德研究（第三辑）.北京：中华工商联合出版社.

王光耀.（1998）.*简明金文词典*.上海：上海辞书出版社.

王国维.（1959）.*观堂集林*（第2册）.北京：中华书局.

王海明.（2008a）.*新伦理学*（修订版, 全三册）.北京：商务印书馆.

王海明.（2008b）.*道德哲学原理十五讲*.北京：北京大学出版社.

王剑 .（2017）."亲亲相隐"制度在法治中国构建中的回归与适用 . *重庆社会科学*,（8）, 55-63.

王克先 .（1987）. *学习心理学* . 福州：福建少年儿童出版社 .

王利器 .（2009）. 文子疏义（第 2 版）. 北京：中华书局 .

王立浩, 汪凤炎 .（2010）. 大学生"仁"观结构研究 . *西南大学学报（社会科学版）, 36*（3）：7-12.

王启康 .（1997）. 再论道德自我 . *华中师范大学学报（哲学社会科学版）*,（6）, 76-83.

王启康 .（1999）. *格心治本——理论心理学研究及其发展道路* . 武汉：华中师范大学出版社 .

王启文 .（1988）."灌输论"是谁最早提出来的？ *国际共远史研究*,（2）, 116-122.

王庆节 .（2006）. 作为示范伦理的儒家伦理 . *学术月刊*,（9）, 48-50.

王世舜 .（2012）. *尚书* . 王翠叶, 译注 . 北京：中华书局 .

［明］王守仁 .（1992）. *王阳明全集* . 吴光, 等编校 . 上海：上海古籍出版社 .

王文锦 .（2001）. *礼记译解* . 北京：中华书局 .

［清］王先谦 .（1984）. *释名疏证补* . 上海：上海古籍出版社 .

［清］王先谦 .（1988）. *荀子集解* . 沈啸寰, 王星贤, 点校 . 北京：中华书局 .

王易 .（1997）. 论荀子的"性恶"伦理思想 . *河北学刊*,（6）, 30-33.

［清］王筠 .（1987）. 说文释例 . 北京：中华书局 .

王中江 .（2006）."身心合一"之"仁"与儒家德性伦理——郭店竹简"悬"字及儒家仁爱的构成 . *中国哲学史*,（1）, 5-14.

韦政通 .（1988）. *中国的智慧* . 北京：中国和平出版社 .

韦政通 .（2003）. *中国的智慧* . 长沙：岳麓书社 .

韦政通 .（1990）. *儒家与现代中国* . 上海：上海人民出版社 .

魏新东, 汪凤炎 .（2021）. 自我—朋友冲突情境下智慧推理的文化差异及其机制 . *心理学报, 53*（11）, 1244-1259.

魏英敏 .（2008）. 关于社会公德的再认识 . *党政干部学刊*,（8）, 3-5.

卫旭华, 邹意 .（2020）. 亲亲相隐何时休？关系对揭发意向影响的边界 . *心理科学, 43*（2）, 423-429.

吴甘霖 .（2002）. 用智慧统率知识——21 世纪的智慧宣言（上）. *读者*,（6）, 47.

吴根友, 崔海亮 .（2020）."五伦"与"新五伦"之探索 . *南京师大学报（社会科学版）*,（2）, 5-19.

吴文丁 .（1999）. *陆九渊全传* . 南昌：百花洲文艺出版社 .

夏伟东 .（1989）. 论道德文化的承接 . *中国人民大学学报*,（6）, 66-73.

夏秀 . (2020). 朱熹对"温柔敦厚"的哲学阐释 . *中州学刊*, (2), 144-150.

夏征农 . (2002). *辞海* (1999 年版缩印本). 上海：上海辞书出版社 .

夏征农, 陈至立 . (2010). *辞海* (第六版缩印本). 上海：上海辞书出版社 .

向斯 . (1998). 漫话皇帝的寿命 . 紫禁城, (3): 46-48.

谢波, 钱铭怡 . (2000). 中国大学生羞耻和内疚之现象学差异 . *心理学报, 32* (1), 105-109.

熊十力 . (1996). *十力语要* (卷二). 北京：中华书局 .

徐复观 . (2004). *中国思想史论集* . 上海：上海书店出版社 .

徐公喜 . (2011). 鹅湖书院 . *中国社会科学报*, 2011-5-3 (第 7 版).

徐琴美, 翟春艳 . (2004). 羞愧研究综述 . *心理科学, 27* (1), 179-181.

徐晓波, 孙超, 汪凤炎 . (2017). 精神幸福感：概念、测量、相关变量及干预 . *心理科学进展, 25* (2), 275-289.

〔汉〕许慎, 撰 . 〔清〕段玉裁, 注 . (1988). *说文解字注* (第 2 版). 上海：上海古籍出版社 .

许文涛, 汪凤炎 . (2018). 人须在事上磨：《传习录》的生活德育思想 . *赣南师范大学学报, 39* (1), 109-113.

〔英〕亚当·斯密 (Adam Smith). (1997). *道德情操论* . 蒋自强, 等译 . 北京：商务印书馆 .

〔古希腊〕亚里士多德 (Aristotélēs). (1990). *尼各马科伦理学* . 苗力田, 译 . 北京：中国社会科学出版社 .

〔古希腊〕亚里士多德 . (1992). 尼各马科伦理学 . 苗力田, 译 . 见：苗力田, 主编 . *亚里士多德全集* (第八卷). 北京：中国人民大学出版社 .

〔古希腊〕亚里士多德 . (2003). *尼各马可伦理学* . 廖申白, 译注 . 北京：商务印书馆 .

严北溟, 严捷 . (1986). *列子译注* . 上海：上海古籍出版社 .

严耀中 . (1991). *中国宗教与生存哲学* . 上海：学林出版社 .

燕国材 . (1987). *唐宋心理思想研究* . 长沙：湖南人民出版社 .

燕国材 . (1988). *明清心理思想研究* . 长沙：湖南人民出版社 .

燕国材 . (1998). *中国心理学史* . 杭州：浙江教育出版社 .

燕国材 . (2004). *心理学思想史·中国卷* . 长沙：湖南教育出版社 .

燕国材, 朱永新 . (1991). *现代视野内的中国教育心理观* . 上海：上海教育出版社 .

杨伯峻 . (1980). *论语译注* . 北京：中华书局 .

杨伯峻 . (2005). *孟子译注* . 北京：中华书局 .

杨伯峻 .（1990）.*春秋左传注（修订本）*.北京：中华书局 .

杨国荣 .（2000）.道德系统中的德性 .*中国社会科学*,（3）, 85-97.

杨国枢 .（1988a）.*中国人的蜕变*.台北：桂冠图书股份有限公司 .

杨国枢 .（1988b）.*中国人的心理*.台北：桂冠图书股份有限公司 .

杨国枢 .（2004）.*中国人的心理与行为：本土化研究*.北京：中国人民大学出版社 .

杨国枢，等 .（1994）.*中国人的心理与行为：文化，教化及病理篇（一九九二）*.台北：桂冠图书股份有限公司 .

杨国枢，黄光国，杨中芳 .（2005）.*华人本土心理学（上下册）*.台北：远流出版事业股份有限公司 .

杨国枢，文崇一，吴聪贤，李亦园 .（2006）.*社会及行为科学研究法（上下册）*.重庆：重庆大学出版社 .

杨世英 .（2008）.智慧的意涵与历程 .*本土心理学研究*,（29）, 185-238.

杨鑫辉 .（1994）.*中国心理学思想史*.南昌：江西教育出版社 .

杨泽波 .（2019）.做好"常人"——儒家生生伦理学对一种流行观点的修正 .*哲学研究*,（10）, 75-80.

杨中芳 .（1991）.试论中国人的"自己"：理论与研究方向 .载：杨中芳，高尚仁，主编 .*中国人·中国心——人格与社会篇*（pp.103-131）.台北：远流出版事业股份有限公司 .

杨中芳 .（2001）.*如何理解中国人——文化与个人论文集*.台北：远流出版事业股份有限公司 .

姚新中，洪波 .（2002）.知识·智慧·超越——早期儒学与犹太教智慧观的伦理比较 .*伦理学研究*,（1）, 83-89.

姚中秋 .（2015）."允执其中"还是"偏执一端"——论中华价值观的思维方式兼与陈来教授商榷 .*探索与争鸣*,（4）, 33-37.

佚名 .（2022）.桥头遗址：让中华文明再前推至 9000 多年 .*吉林人大*,（10）, 48-50.

佚名 .（2024）.锐词·烂尾娃 .*当代教育家*,（6）, 8.

易白沙 .（1916a）.孔子平议（上）.*青年杂志*, *1*（6）, 1-6.

易白沙 .（1916b）.孔子平议（下）.*新青年*, *2*（1）, 1-6.

余秋雨 .（2015）.小人的出现 .*特别关注*,（2）, 18.

余显斌 .（2009）.名臣的遗憾 .*读者*,（6）, 13.

［美］约翰·罗尔斯（John Rawls）.（1988）.*正义论*.何怀宏，等译 .北京：中国社会科学出版社 .

约斋 .（1986）.*字源*.上海：上海书店影印 .

张持平，吴震．（1985）.殷周宗教观的逻辑进程.*中国社会科学*，（6），73-86.

张春兴．（1998）.*教育心理学*.杭州：浙江教育出版社.

张岱年．（1982）.*中国哲学大纲*.北京：中国社会科学出版社.

张岱年，方克立．（2004）.*中国文化概论*.北京：北京师范大学出版社.

张德胜，金耀基，陈海文，陈健民，杨中芳，赵志裕，伊沙白．（2001）.论中庸理性：工具理性、价值理性和沟通理性之外.*社会学研究*，（2），33-48.

张芳杰．（1988）.*牛津现代高级英汉双解词典：简化汉字版*.北京：商务印书馆.

张洪高．（2011）.正义及相关概念辨析.*大学教育科学*，（6），3-5.

张鸿翼．（2010）.*儒家经济伦理及其时代命运*.北京：北京大学出版社.

张可为．（2019）.金融危机十年再反思及对当前的警示.*科技经济导刊，27*（22），8-9.

张立文．（1995）.*中国哲学范畴发展史（人道篇）*.北京：中国人民大学出版社.

张荣明．（1993）."道德"小考.*北方论丛*，（5），99-101.

张世平．（1994）.儒家文化与经济发展——国外研究述评.*社会学研究*，（3），63-68.

张维迎．（2014）.社会合作的制度基础.*读书*，（1），61-69.

张耀翔．（1933）.*心理杂志选存*.上海：中华书局.

张耀翔．（1983）.*心理学文集*.上海：上海人民出版社.

张荫麟．（1942）.论中西文化的差异.*思想与时代*，（11），1-6.

[宋]张载．（1978）.*张载集*.章锡琛，点校.北京：中华书局.

张志学．（1990）.论品德心理的结构.*教育研究*，（7），37-41.

章志光．（1984）.*心理学*.北京：人民教育出版社.

章志光．（1990）.试论品德的心理结构.*北京师范大学学报*，（1），7-17.

赵军华．（1998）.*新编中华伦理*.北京：首都师范大学出版社.

赵志毅．（2011）.论品德结构与人格系统的关系.*教育研究*，（1），82-86.

浙江省文物考古研究所，浦江博物馆．（2007）.浙江浦江县上山遗址发掘简报.*考古*，（9），7-18.

郑春兰．（2018）.*精彩汉字*.成都.四川辞书出版社.

郑红，汪凤炎．（2025）.从大我视角分析中国古代如何孕育中华民族共同体意识.*心理学探新，45*（1），3-10.

[汉]郑玄，注.[唐]贾公彦，疏．（1990）.*周礼注疏*.黄侃，经文句读.上海：上海古籍出版社.

中国大百科全书（第三版）总编辑委员会．（2021）.*中国大百科全书（第三版）·心理学*.北京：中国大百科全书出版社.

中国基督教三自爱国运动委员会．（2007）.圣经（和合本）.中国基督教协会出版发行.

钟哲.（2011）.首届中美学术高层论坛在京召开　传统依然活在世界的历史进程中.*中国社会科学报*，2011-11-01.

周炽成.（1994）.德性之知与见闻之知：从宋明儒家到现代新儒家.*中国哲学史*，（6），25–28.

［宋］周敦颐.（2002）.*周敦颐集*.谭松林，尹红，整理.长沙：岳麓书社.

周辅成.（1964）.*西方伦理学名著选辑（上辑）*.北京：商务印书馆.

周瀚光，等.（2000）.*管子直解*.上海：复旦大学出版社.

周振甫.（1991）.*周易译注*.北京：中华书局.

［清］朱彬.（1996）.*礼记训纂*.饶钦农，点校.北京：中华书局.

朱海林.（2006）.先秦儒家与古希腊智德观的四大差异.*广西大学学报（哲学社会科学版）*，28（6），52–55.

朱熹.（1983）.*四书章句集注*.北京：中华书局.

朱熹.（2002）.*朱子全书·第六册·四书或问·卷三*.上海：上海古籍出版社；合肥：安徽教育出版社.

朱小蔓.（1993）.*情感教育论纲*.南京：南京师范大学出版社.

朱小蔓.（2005）.*情感德育论*.北京：人民教育出版社.

朱小蔓.（2019）.*情感教育论纲（第3版）*.南京：南京师范大学出版社.

朱智贤.（1989）.*心理学大词典*.北京：北京师范大学出版社.

二、外文部分

Anderson, J. R. (1980). *Cognitive Psychology and its Implications*. San Francisco: W. H. Freeman.

Bai, Y., Maruskin, L. A., Chen, S., Gordon, A. M., Stellar, J. E., McNeil, G. D., Peng, K., & Keltner, D.（2017）. Awe, the diminished self, and collective engagement: Universals and cultural variations in the small self. *Journal of Personality and Social Psychology, 113*（2），185–209.

Bandura, A.（1977）. *Social Learning Theory*. Englewood Cliffs, New Jersey: Prentice-Hall, Inc.

Baumeister, R. F.（1987）. How the Self Became a Problem: A Psychological Review of Historical Research. *Journal of Personality and Social Psychology, 52*（1），163–176.

Becker, E.T.（1998）. Integrity in Organizations: Beyond Honesty and Conscientiousness. *The Academy of Management Review, 23*（1），154–161.

Berg, M. K., Kitayama, S., & Kross, E.（2021）. How relationships bias moral reasoning: Neural and self-report evidence. *Journal of Experimental Social Psychology, 95*, 104–156.

Berry, J. W., Poortinga, Y.H., & Pandey, J.（Eds.）.（1997）. *Handbook of Cross-Cultural Psychology: Volume 1. Theory and Methods.* Boston, MA: Allyn and Bacon.

Cattell, R. B.（1963）. Theory of fluid and crystallized intelligence: A critical experiment. *Journal of Educational Psychology, 54*（1）, 1–22.

Darwin, C.（1871）. *The Descent of Man, and Selection in Relation to Sex.* London: John Murray, Albemarle Street.

Erikson, Erik H.（1959）. *Identity and the Life Cycle.* New York: International Universities Press.

Evans, J. St. B. T., & Stanovich, K. E.（2013）. Dual-process theories of higher cognition: Advancing the debate. *Perspectives on Psychological Science, 8*（3）, 223–241.

Graham, J., Nosek, B. A., Haidt, J., Lyer, R., Koleva, S., & Ditto, P. H. (2011). Mapping the Moral Domain. *Journal of Personality and Social Psychology, 101*(2), 366–385.

Greene, J. D.（2007）. Why are VMPFC patients more utilitarian? A dual-process theory of moral judgment explains. *Trends in Cognition Science, 11*（8）, 322–323.

Greene, J.D.（2014）. Beyond point-and-shoot morality: Why cognitive（neuro）science matters for ethics. *Law and Ethics of Human Right, 9*（2）, 141–172.

Grimm, S. R.（2015）. Wisdom. *Australasian Journal of Philosophy, 93*（1）, 139–154.

Grossmann, I., & Kross, E.（2014）. Exploring "Solomon's paradox": Self-distancing eliminates the self-other asymmetry in wise reasoning about close relationships in younger and older adults. *Psychological Science, 25*（8）, 1571–1580.

Haidt, J. (2007). The new synthesis in moral psychology. *Science, 316*(5827), 998–1002.

Haidt, J., & Graham, J. (2007). When morality opposes justice: Conservatives have moral intuitions that liberals may not recognize. *Social Justice Research, 20*(1), 98–116.

Hansen, C. (1983). *Language and Logic in Ancient China.* University of Michigan Press.

Horn, J. L.（1965）. *Fluid and crystallized intelligence: A factor analytic study of the structure among primary mental abilities.* Unpublished doctoral dissertation, University of Illinois.

Horn, J. L., & Cattell, R. B.（1966）. Refinement and test of the theory of fluid and crystallized general intelligences. *Journal of Educational Psychology, 57*（5）, 253–270.

Horn, J. L. & Cattell, R.B.（1967）. Age differences in fluid and crystallized intelligence. *Acta Psychologica, 26*, 107–129.

Kahn, H.（1979）. *World Economic Development: 1979 and beyond.* Boulder, Colo.:

Westview Press.

Klaassen, J. A.（2001）. The taint of shame: Failure, self-distress, and moral growth. *Journal of Social Philosophy*, *32*（2）, 174–196.

Kluckhohn, C., & Murray, H. A. (1953). Personality formation: The determinants. In C. Kluckhohn, H. A. Murray, & D. M. Schneider (Eds.), *Personality in nature, society, and culture* (pp.53–67). New York, NY: Knopf.

Kohlberg, L.（1970）. Education for justice: A modern statement of the Platonic view. In N. F. Sizer & T. R. Sizer（Eds.）, *Moral Education: Five Lectures*（pp.57–83）. Cambridge, Massachusetts: Harvard University Press.

Lee, J., & Holyoak, K. J.（2020）. "But he's my brother": The impact of family obligation on moral judgments and decisions. *Memory and Cognition*, *48*,158–170.

Lewis, M. (1992). *Shame: The exposed self*. New York: The Free Press.

Lorenz, Edward N.（1995）. *The Essence of Chaos*. Seattle: University of Washington Press.

Markus, H. R., & Kitayama, S.（1991）. Culture and the self: Implications for cognition, emotion, and motivation. *Psychological Review*, *98*（2）, 224–253.

Markus, H. R., & Kitayama, S.（2010）. Cultures and selves: A cycle of mutual constitution. *Perspectives on Psychological Science*, *5*（4）, 420–430.

Mastroianni, A.M., & Gilbert, D.T.（2023）. The illusion of moral decline. *Nature*, *618*, 782–789.

Mayer, J. D., & Salovey, P. (1997). What is emotional intelligence? In P. Salovey & D. Sluyter (Eds.), *Emotional development and emotional intelligence: Implications for educators* (pp.3–31). New York: Basic Books.

Mayer, J. D., Salovey, P., Caruso, D. L., & Sitarenios, G. (2001). Emotional intelligence as a standard intelligence. *Emotion*, *1*(3), 232–242.

Merton, R. K. (1957). The role-set: Problems in sociological theory. *British Journal of Sociology*, *8*(2), 106–120.

Miller, W. I. (1993). *Humiliation: And Other Essays on Honor, Social Discomfort, and Violence*. Ithaca, N. Y., and London: Cornell University Press.

Moshagen, M., Hilbig, B. E., & Zettler, I.（2018）. The Dark Core of Personality. *Psychological Review*, *125*（5）, 656–688.

Nisbett, R. E.（2003）. *The Geography of Thought: How Asians and Westerners Think Differently . . . and Why*. New York: A Division of Simon & Schuster Inc.

Noddings, N.（1984）. *Caring: A Feminine Approach to Ethics and Moral Education*.

California: University of California Press.

Polanyi, M. (1959) . *The Study of Man*. London: Routledge & Kegan Paul Ltd.

Prade, C., & Saroglou, V. (2016). Awe's effects on generosity and helping. *The Jounal of Positive Psychology*, *11* (5), 522–530.

Rest, J. (1984) . Research on moral development: Implications for training counseling psychologists. *The Counseling Psychologist*, *12*(3–4), 19–29.

Rosch, E. (1975). Cognitive Representations of Semantic Categories. *Journal of Experimental Psychology: General, 104* (3), 192–233.

Shi, Juan, & Wang, Fengyan. (2019). Three-Dimensional Filial Piety Scale: Development and Validation of Filial Piety among Chinese Working Adults. *Frontiers in Psychology*, *10*, 1–15. doi: 10.3389/fpsyg.2019.02040.

Shweder, R.A., Goodnow, J., Hatano, G., LeVine, R., Markus, H., & Miller, P. (1998). The cultural psychology of development: One mind, many mentalities. In W. Damon (Ed.). *Handbook of Child psychology: Theoretical Models of Human Development* (Vol.1) (pp.865–937). New York: John Wiley & Sons.

Soter, L. K., Berg, M. K., Gelman, S. A., & Kross, E. (2021). What we would (but shouldn't) do for those we love: Universalism versus partiality in responding to others' moral transgressions. *Cognition*, *217*, 104886.

Standish, P. (2016). Making sense of data: Objectivity and subjectivity, fact and value. *Pedagogika*, (6), 622–637.

Stellar, J. E., Gordon, A., Anderson, C. L., Piff, P. K., McNeil, G.D., & Keltner, D. (2018). Awe and humility. *Journal of Personality and Social Psychology*, *114* (2), 258–269.

Sternberg, R. J. (1998). A balance theory of wisdom. *Review of General Psychology*, *2* (4), 347–365.

Sternberg, R. J. (2004). Why smart people can be so foolish. *European Psychologist*, *9* (3), 145–150.

Talhelm, T., Zhang, X., Oishi, S., Shimin, C. , Duan, D., Lan, X., & Kitayama, S. (2014). Large-scale psychological differences within China explained by rice versus wheat agriculture. *Science*, *344*, 603–608.

Wang, F.-Y. (2004). Confucian thinking in traditional moral education: Key ideas and fundamental features. *Journal of Moral Education*, *33* (4), 429–447.

Wang, F.-Y., Wang R.-J., & Wang, Z.-D. (2019). The taiji model of self. *Frontiers in Psychology*, *10*, 1–10. doi: 10.3389/fpsyg.2019.01443.

620

Wang, Z.-D., &Wang, F.-Y. (2020). The taiji model of self II: Developing self models and self-cultivation theories based on the Chinese cultural traditions of Taoism and Buddhism. *Frontiers in Psychology*, *11*:540074. doi: 10.3389/fpsyg.2020.540074.

Weidman, A. C., Sowden, W. J., Berg, M. K., & Kross, E. (2020). Punish or protect? How close relationships shape responses to moral violations. *Personality and Social Psychology Bulletin*, *46* (5), 693–708.

Weststrate, N. M. & Glück, J. (2017). Hard-earned wisdom: Exploratory processing of difficult life experience is positively associated with wisdom. *Developmental Psychology*, *53* (40), 800–814.

Xiong, M.-M., & Wang, F.-Y. (2022). Manifestations of wisdom in ancient China: An analysis of the Zhinang Quanji. *Culture and Psychology*, *28* (4), 506–526.

Xiong, M.-M., Wang, F.-Y. , & Cai, R.-X. (2018). Development and validation of the Chinese Modesty Scale (CMS). *Frontiers in Psychology*, *9*:2014. doi: 10.3389/fpsyg.2018.02014.

Zaki, J., & Mitchell, J. P. (2013). Intuitive Prosociality. *Current Directions in Psychological Science*, *22* (6), 466–470.

Zhang, K.-L., Shi, J., Wang, F.-Y., & Ferrari, M. (2023). Wisdom: Meaning, structure, types, arguments, and future concerns. *Current Psychology*, *42*, 15030–15051.

图书在版编目（CIP）数据

中国传统德育心理学思想新论 / 汪凤炎著. — 上海：
上海教育出版社，2024.12. —（中国德育心理学丛书 /
王云强，郭本禹主编）. — ISBN 978-7-5720-3347-6

Ⅰ. G44

中国国家版本馆CIP数据核字第2024E6H372号

责任编辑　谢冬华

书籍设计　郑　艺

中国德育心理学丛书

王云强　郭本禹　主编

中国传统德育心理学思想新论

汪凤炎　著

出版发行　上海教育出版社有限公司
官　　网　www.seph.com.cn
地　　址　上海市闵行区号景路159弄C座
邮　　编　201101
印　　刷　山东京沪印刷科技有限公司
开　　本　700×1000　1/16　印张 40　插页 5
字　　数　632 千字
版　　次　2024年12月第1版
印　　次　2024年12月第1次印刷
书　　号　ISBN 978-7-5720-3347-6/B·0088
定　　价　148.00 元

如发现质量问题，读者可向本社调换　电话：021-64373213